HISTORIA DE LA IGLESIA CATÓLICA EN CUBA

I

COLECCIÓN FÉLIX VARELA Nº 17

EDICIONES UNIVERSAL, Miami, Florida, 2003

Mons. Ramón Suárez Polcari

HISTORIA DE LA IGLESIA CATÓLICA EN CUBA

I

Copyright © 2003 by Ramón Suárez Polcari

Primera edición, 2003

EDICIONES UNIVERSAL
P.O. Box 450353 (Shenandoah Station)
Miami, FL 33245-0353. USA
Tel: (305) 642-3234   Fax: (305) 642-7978
e-mail: ediciones@ediciones.com
http://www.ediciones.com

Library of Congress Catalog Card No.: 2002103480
I.S.B.N.: 0-89729-985-x (obra completa)
0-89729-847-0 (Volumen I)
0-89729-849-7 (Volumen II)

Diseño de la cubierta: Luis García Fresquet

Todos los derechos
son reservados. Ninguna parte de
este libro puede ser reproducida o transmitida
en ninguna forma o por ningún medio electrónico o mecánico,
incluyendo fotocopiadoras, grabadoras o sistemas computarizados,
sin el permiso por escrito del autor, excepto en el caso de
breves citas incorporadas en artículos críticos o en
revistas. Para obtener información diríjase a
Ediciones Universal.

«El alba o amanecer anuncian que la noche ya ha pasado,
pero no muestran todavía la íntegra claridad del día, sino que,
por ser la transición entre la noche y el día,
tienen algo de tinieblas y de luz al mismo tiempo».

San Gregorio Magno

«Ésta es mi convicción: que el que ha inaugurado entre ustedes
una empresa buena la llevará adelante hasta el día de Cristo Jesús».

San Pablo a los Filipenses, 1, 6.

Al Siervo de Dios Presbítero Félix Varela y Morales
Como un humilde tributo de agradecimiento por su obra grande.

A mi padre, que sin saberlo, fue el primer impulsor de mi pasión por la Historia y mi primer formador de principios cívicos.

ÍNDICE GENERAL VOLUMEN I

MI PRÓLOGO (cuándo, cómo y otras explicaciones) 17

I / INTRODUCCIÓN GENERAL 21
    ¿Cómo y cuándo comienza la evangelización en Cuba? 22
    ¿Vino en aquel primer viaje algún presbítero o hermano religioso? ... 23
    Unas narraciones interesantes. 26
    ¿Primera Misa en Cuba? 26
    El Primer Catequista 27
    Un segundo encuentro 28
    COMIENZO DE LA CONQUISTA Y COLONIZACIÓN DE LA ISLA . 30
    Antecedentes. Geografía y población de la Isla de Cuba. 30
        Algo de su Geografía 30
        Su población original vista por los españoles 33
        Comienza la conquista (1511-1515) 37
        Don Diego Velázquez de Cuéllar 40
        El Padre Bartolomé de Las Casas 42
        El Patronato Regio, ¿ayuda u obstáculo para la evangelización? 44
    SE ORGANIZA LA IGLESIA EN EL SIGLO XVI 47
        El primer Obispo de Cuba y los demás que le sucedieron 47
        Una mirada al siglo XVI en Cuba 50
    ¿Qué pasó con las villas fundadas por Velázquez? 52
    El problema del indio 55
    Un Obispo con muy pocos fieles 56
    El primer Obispo sepultado en Cuba 58
    Los últimos Obispos del Siglo XVI 59
    La Habana se convierte, de hecho, en la Capital de la Isla. 59
    El primer hospital de La Habana 60
    Un dato musical 61
    El Obispo Castillo 61
    Franciscanos y Dominicos fundan en La Habana 62
    La Parroquia de Guanabacoa y otras ermitas 62
    El obispo Francisco Antonio Díaz de Salcedo 63
    El primer maestro de San Cristóbal de La Habana 65
    El primer pintor de la Villa de San Cristóbal de La Habana 66
    Las Fiestas religiosas de carácter popular 66
    El Obispo Fray Bartolomé de La Plaza, ¿último Obispo de Cuba
        en el siglo XVI? 68

II / **LOS OBISPOS DEL SIGLO XVII** 69
    Introducción 69

El Obispo Fray Juan de las Cabezas y Altamirano, llamado
   el Reverendísimo 69
División territorial de la Isla de Cuba 71
El primer Colegio Seminario 71
Continúa la obra del Obispo 72
El Padrón de la población y casas de Santiago de Cuba 73
Los finales de su estancia en Cuba 73
EL HALLAZGO DE LA IMAGEN DE LA VIRGEN DE LA CARIDAD:
EL FENÓMENO RELIGIOSO MÁS IMPORTANTE DE NUESTRA
HISTORIA ECLESIÁSTICA. 73
   Antecedentes 73
   Una ermita dedicada a la Virgen 74
   ¿Cuándo ocurre el hallazgo? 74
   Veneración popular, declaraciones de los testigos. Un documento
     que derramó abundante luz 75
   Conclusiones importantes 79
   La fecha del hallazgo 79
   Capellanes del Santuario 80
Situación de la Isla de Cuba en la segunda década del siglo XVII 80
   Los indocubanos 81
   Un visitante exótico 82
   La Santa Inquisición 83
Fray Alonso Henríquez de Toledo (el Obispo Armendáriz) 87
   Primera Visita Pastoral. Situación de la Catedral y discrepancia con el
     Cabildo 88
   Los enfrentamientos con el Gobernador 88
   Tercera Visita Pastoral 90
   Su episcopado 90
   Fin de su episcopado 91
Fray Gregorio de Alarcón 91
   Dr. Fray Leonel de Cervantes Carvajal 92
Fray Jerónimo Manrique de Lara 92
   Los frailes vagabundos 92
   El Gobernador General como Vice-Patrono 93
   La Iglesia Auxiliar del Espíritu Santo 93
   El primer convento de monjas en Cuba 93
   Tres pintores de la primera mitad del siglo XVII en La Habana 95
   Un Prelado que renunció a ser Obispo de Cuba 95
   El Cabildo toma las riendas 95
   El primer maestro titulado de Cuba 96
   Dr. Nicolás de la Torre Muñoz 97
   Dr. Juan de Montiel 97
   Dr. Pedro Reina Maldonado 98

Un largo espacio de inestabilidad 98
Dr. Juan de Santo Mathías y Saenz de Mañosca y Murillo 99
Situación de desorden en la Diócesis 100
Maestro Fray Francisco Bernardo Alonso de los Ríos Guzmán...... 101
Dr. Gabriel Díaz Vara Calderón 101
Comunicación real 102
Su labor pastoral 102
Dr. Juan García de Palacios y García 105
Costumbres extravagantes 105
Fray Baltazar de Figueroa y Guinea 106
Dr. Diego Evelino y Vélez (El Obispo Compostela) 106
Inicio de su labor en Cuba 106
Un caso pendiente de indisciplina eclesiástica 107
El número de clérigos 108
Es necesario trasladar la Iglesia al interior del país 109
Compostela y la educación 110
Compostela y la labor asistencial 110
Algo sobre los Belemitas 111
Fundación de conventos 111
Las Visitas a la Diócesis 112
Solución de un problema y fundación de dos nuevas ciudades........ 113
Antecedentes 113
Comienza el litigio 113
Solución del problema 115
La fundación de San Carlos de Matanzas 116
A manera de balance final 117
La fuerza del ejemplo 117
Conclusión de una vida fructífera 118
Lcdo. Don Dionisio Rezino y Ormachea, primer Obispo Auxiliar de Cuba 118
Su labor como Presbítero 118
La Iglesia y las Misiones en La Florida......................... 120
Algunos hechos 120
La Población 121
Las Misiones 121
La Iglesia y la propiedad territorial e inmueble 126
La Iglesia y la Esclavitud 127
Un caso extraordinario de lucha por la abolición de la esclavitud 128
Algunos eclesiásticos hablan y obran a favor de los negros esclavos.... 131
Los Cabildos 134
Las Cofradías 134
El clero secular en el siglo XVII.................................... 136
El Clero regular en el siglo XVII. Los Conventos 138
El primer Sínodo Diocesano de Cuba y el clero 141

«Acogerse a sagrado», el refugio en las iglesias 142
La educación media y superior en el siglo XVII cubano 143
Las fiestas religiosas 145
Conclusión del siglo XVII 147

III / LOS OBISPOS DEL SIGLO XVIII 150
Excmo. y Rdmo. Dr. Fray Gerónimo Valdés y Sierra O. S.
   Basilio (1705- 1729) 150
   La Casa Cuna 151
   El Hospicio de San Isidro 151
   El Convento de Belén 152
   El Hospital de San Lázaro 154
   El Protomedicato 155
   Colegio Seminario de San Basilio 155
   El Colegio San José de los PP. Jesuitas 156
   La Universidad Pontificia de San Gerónimo 158
   Erección de Iglesias y Parroquias 160
   Dos Presbíteros colaboradores 161
   Enfrentamientos con el Poder Civil 162
   Fin de su Episcopado 164
El Dr. D. Francisco de Izarregui o Sarriegui 164
   Fray Gaspar de Molina y Oviedo 164
Excmo. y Rdmo. Sr. Fray Juan Lazo de la Vega y Cansino (1732-1752). 165
   Doctor Fray Francisco de San Buenaventura Tejada O.F.M.,
   el segundo Obispo Auxiliar de Santiago de Cuba y La Florida 166
   Un primer recorrido 167
   Continua su labor pastoral 167
   Preocupación por la Parroquial Mayor 168
   Nuevas parroquias y nuevos conventos 169
   Su segunda Visita Pastoral por toda la Isla 169
   Labor del Obispo Auxiliar en La Florida 170
   El Obispo Lazo de la Vega actúa contra el juego y la inmoralidad . . . 171
   Ermitas de La Habana 171
   Desarrollo del Colegio San José 172
   Final del Episcopado de Lazo de la Vega 174
El Excmo. y Rdmo. Dr. Pedro Agustín Morell de Santa Cruz (1753-68). 175
   Antecedentes 176
   Un Deán con muchas luces 176
   Elegido Obispo de Nicaragua, primero, y de Cuba, después 179
   Comienza su misión en Cuba 179
   El Obispo se preocupa por la situación de los negros 181
   La gran Visita Pastoral 184

Valoración del propio Obispo sobre la Visita Pastoral 186
Morell continua el plan de Compostela de llevar la Iglesia a toda la Isla 187
Generosidades del Obispo 188
¿Otras Visitas Pastorales? 189
El Obispo Auxiliar 189
El Obispo Morell ante los problemas morales de la población 189
Morell de Santa Cruz y la educación 191
Establecimientos religiosos (1757) 193
Impresiones del Obispo Pedro Agustín sobre el Santuario de Nuestra
    Señora de la Caridad de El Cobre. 195
El Santuario de Nuestra Señora de Regla tal y como lo vio Morell de
    Santa Cruz 197
El Colegio Seminario de San Basilio Magno 198
La Universidad de San Jerónimo en tiempos de Morell 199
El Archivo Eclesiástico 200
La realización de su «sueño musical» 201
Llega el tiempo de las amarguras:
    La toma de La Habana por los ingleses 202
Una rápida retrospectiva 202
Participación del Obispo Morell en la defensa de la Ciudad 204
El destierro 205
Un proyecto con mirada de futuro 206
«Den frutos que permanezcan»: la virtud de la Caridad en el Obispo
    Pedro Agustín Morell de Santa Cruz 207
Morell de Santa Cruz, historiador y geógrafo 208
Los finales del Pastor 209
El Clero secular a mediados del siglo XVIII 212
El Clero regular. Los Conventos 215
Dos notables Dominicos habaneros y otros más 218
Un fraile de origen cubano ajusticiado por la Inquisición 219
Situación y participación de los eclesiásticos en la sociedad del s. XVIII 221
Los Hospitales y casas de beneficencia 222
El Hospital de San Felipe y Santiago 223
El Hospital del Señor San Lázaro 225
El Hospital de convalecientes de Belén 226
Hospital de San Francisco de Paula 227
Hospital de San Juan de Dios de Santiago de Cuba 229
La Iglesia y la tierra 230
Excmo. y Rdmo. Doctor Santiago José de Hechavarría y Nieto
    –Elguezua– (1769-1787) 231
    Su experiencia como estudiante en la Pontificia Universidad de
        La Habana 233
    Los territorios de la Louisiana incorporados a la Diócesis de Cuba .. 235

Un Sínodo anunciado pero no realizado 235
La fundación del Seminario de San Carlos y San Ambrosio de
   La Habana 235
Fundación de Nueva Filipinas y de Jaruco 237
La Primera Visita Pastoral 237
El Colegio Seminario de San Basilio Magno 238
La Casa de Recogidas de San Juan Nepomuceno 239
Una mancha en el gobierno del Marqués de La Torre 240
El Censo de la población de la isla de Cuba 240
El Segundo Sínodo Diocesano 242
Las otras Visitas Pastorales 242
Otras actividades 243
La situación en la Louisiana y los territorios de La Florida 245
Un proyecto para cambiar la sede episcopal 246
Las Pastorales y otros escritos del Obispo Hechavarría .. 246
El traslado definitivo de la Parroquial Mayor de San Cristóbal 247
Correspondencia real de cierta importancia 247
Fray Francisco Antonio Pablo Sieni O.F.M. Cap. Obispo Titular de
   Tricala y el cuarto Auxiliar de Santiago de Cuba y La Florida 248
El obispo Santiago José de Hechavarría y Elguezua «promovido» a la
   sede arzobispal de Puebla de los Ángeles en el Virreinato de Méjico 248
Valoración del Obispo Hechavarría 249
El Presbítero Doctor Rafael del Castillo y Sucre 250
Presbítero Bernardo Antonio del Pico Redín 251
Excmo. y Rdmo. Doctor Felipe José de Trespalacios y Verdeja
   (1789-1799). Primer Obispo de La Habana. 252
División de la Diócesis de Cuba 254
El Obispo Trespalacios y el Gobernador Don Luis de las Casas y
   Aragorri 255
Labor pastoral del Obispo Trespalacios 260
Traslado de los restos de Cristóbal Colón a La Habana ... 260
Las publicaciones del Obispo Trespalacios 262
Algo sobre la Iglesia en la Florida 263
La muerte del Obispo 263
¿Quién era Trespalacios? 264
Fray Cirilo de Barcelona o.f.m. cap., Obispo titular de Tricali, quinto
   Obispo Auxiliar de Santiago de Cuba y primero de San Cristóbal de
   La Habana 265
Excmo. y Rdmo. Señor Doctor Don Luis María Peñalver y Cárdenas,
   Primer Obispo de la Louisiana 266
La Fiesta del Corpus en Matanzas, un modelo de las fiestas religiosas.
   Populares 270
Los pintores cubanos dedicados al tema religioso en el siglo XVIII 270

La Archicofradía del Santísimo Sacramento. Antecedentes 272
Diócesis Primada de Santiago de Cuba 274
Excmo. y Rvmo. Sr. Dr. Antonio Feliú y Centeno, Primer Obispo de
    Santiago de Cuba 274
Presbítero Esteban Salas, el Maestro de la Música Barroca en Cuba 275
Excmo. y Rvmo. Sr. Dr. Joaquín Osés de Alzúa y Cooparacio, segundo
    Obispo de Santiago de Cuba. 278

IV / LOS OBISPOS DEL SIGLO XIX 283
La Diócesis de Santiago de Cuba elevada al rango de Metropolitana. .. 284
El Ilustre Señor Doctor Joaquín Osés de Alzúa, su primer Arzobispo ... 284
    Continúan las erecciones de Parroquias y construcción de templos .. 285
    Las Madres Ursulinas en Camagüey 285
    Fray Juan de la Cruz Espí, O.F.M., el Padre Valencia 286
La Diócesis de San Cristóbal de La Habana en el siglo XIX 289
Ilustrísimo Señor Doctor Don José González Candamo y Cauniego, Obispo
    Titular de Milasa y segundo Auxiliar de La Habana 289
Doctor Don Juan José Díaz de Espada y Fernández de Landa 291
    Comienzo de su episcopado 293
    Primeras disposiciones 295
    El Obispo se enferma de gravedad 296
    Los incendios del barrio de «Jesús María» y del pueblo de Bejucal .. 296
    El Obispo y la Real Sociedad Patriótica de Amigos del País 297
    La Casa de Beneficencia 298
    Parroquias, Iglesias y Conventos 299
    Las Madres Ursulinas en La Habana 300
    El Obispo se enfrenta a los desórdenes e indisciplinas del clero 303
    La Visita Pastoral 305
    El Obispo Espada y el Plan de vacunación antivariólica 311
    Conflictos con religiosos 314
    El Obispo Espada y las leyes de desamortización (1820-1823) 315
    El Obispo da solución a problemas heredados 315
    La situación pésima del sistema carcelario 316
    La Obra de los cementerios generales 317
    El Obispo Espada y la educación 320
    El Real Colegio Seminario de San Carlos y San Ambrosio, la niña de los
        ojos del Obispo Espada 321
    Los Colaboradores del Obispo Espada 325
    Publicaciones del Obispo 326
    El pensamiento del Obispo Espada sobre el Independentismo 328
    Comienzan los tiempos difíciles 329
    Una «post mortem» ejemplar 332

La Archicofradía del Divinísimo Señor Sacramentado 334
Presbítero Doctor Don Juan Bernardo O'Gavan y Guerra 335
Arzobispo Doctor Don Pedro Valera y Jiménez 339
El Ilustrísimo Señor Doctor Fray Ramón de Cassaus y Torres, O.P. 340
Algunos Sacerdotes que vivieron y trabajaron en tiempos del Obispo
    Espada 342
Presbítero Doctor Don José Agustín Caballero y Rodríguez de la Barrera 342
El Presbítero Doctor Félix Fernández de Veranes 346
Fray Remigio Cernadas, O.P. 346
Presbítero Doctor Don Manuel Hechavarría y Peñalver 347
Presbítero Lcdo. Don Juan Justo Vélez de Eloriaga 348
El Siervo de Dios Presbítero Doctor Félix Varela y Morales 351
Un laico muy comprometido con su pueblo: el Doctor Don Tomás
    Romay y Chacón 353
El proceso de la desamortización de 1835 al 1844 357
    Antecedentes 358
    Las leyes de desamortización como medio para eliminar las órdenes
        religiosas masculinas 359
    La Primera Restauración 361
    Situación económica de las órdenes religiosas en la Cuba de 1839... 361
    La etapa más dura en el proceso de desamortización 363
    Resultado final de la aplicación de las leyes de desamortización y
        sus consecuencias, a corto y a largo plazo, para la evangelización
        en Cuba..364
    Situación final de las órdenes religiosas 365
El Arzobispado de Santiago de Cuba en la primera mitad del siglo XIX
Ilustrísimo Señor Doctor Don Mariano Rodríguez de Olmedo y Valle.
segundo Arzobispo de Santiago de Cuba 365
    Algunas fundaciones durante su gobierno 366
    Un proyecto ambicioso de reestructuración de la Arquidiócesis ... 367
    Muere el Arzobispo 367
    Una propuesta rechazada 367
El Ilustrísimo Señor Fray Cirilo de Alameda y Brea, O.F.M., tercer
    Arzobispo de Santiago de Cuba 367
    ¿Qué sucedió en Santiago de Cuba desde la partida del Obispo? 369
    La educación en este período...............................371
    La labor asistencial 373
La Diócesis de La Habana durante el largo período de sede vacante 374
    Disminuye la educación en la Diócesis 375
El Ilustrísimo Señor Doctor Don Francisco Fleix y Solans, el tercero
    de los Obispos de La Habana..............................377
    Algo sobre la situación de la Iglesia en Cuba dos años antes de
        su llegada 378

Nuevos templos y reconstrucción de los ya existentes 379
El Obispo Fleix y Solans y la educación 380
Real Colegio de Belén 381
Colegio San Francisco de Sales 382
Escuela Nuestra Señora de la Asunción 383
Colegio San Vicente de Paúl 383
Colegio del Sagrado Corazón 384
Los Padres Escolapios en la Diócesis de La Habana 384
Otros centros de educación 386
El Seminario de San Carlos y San Ambrosio 387
La labor asistencial 387
Las Hijas de la Caridad de San Vicente de Paúl en Cuba. 389
El Hospital de San Lázaro 390
Hospital de San Francisco de Paula. 390
Hospital de Caridad de Guanabacoa 390
La Verdad Católica 391
El Obispo Solans fue un hombre caritativo 393
Curiosidades del período en que gobernó eclesiásticamente su Diócesis 394
Nueva Legislación Matrimonial 396
Las Santas Visitas Pastorales 397
Antecedentes del primer conflicto bélico 402
Final del episcopado 403
San Antonio María Claret y Clará, el Santo Arzobispo 403
El Obispo Claret siguió siendo misionero 406
Adversidades naturales 407
Erección de nuevas parroquias y edificación de templos 408
Nueva Clasificación de las Iglesias de la Arquidiócesis. 408
Un Obispo preocupado por los problemas sociales 410
El Obispo no se detiene en su obra 411
Fundación de las Hijas de María 412
Claret y la educación 412
Colegio de María Inmaculada de Santiago de Cuba 413
El Seminario San Basilio Magno, una preocupación del Obispo Claret 414
Publicaciones hechas en Cuba por el Arzobispo Claret 415
El Dogma de la Inmaculada Concepción de María 415
El Arzobispo deja la Arquidiócesis 415
Dos grandes colaboradores de la Arquidiócesis de Santiago de Cuba en
    camino a los altares 417
    Pbro. Jerónimo Usera y Alarcón 417
    Fray Esteban de Adoáin, O.F.M. Cap. 421
Situación de la esclavitud y semiesclavitud en la Isla a mediados del s. XIX 425
Estadísticas de la población de la Isla a mediados del siglo XIX 428
Diócesis de San Cristóbal de La Habana 431

Ilustrísimo Señor Don Jacinto María Martínez Saez 431
   El Padre Jacinto María Martínez en Cuba....................... 432
   Párroco y Vicario Foráneo en Matanzas 433
   Su estancia fuera de Cuba 434
   Nombramiento de Obispo de La Habana 434
   Llegada del Obispo y comienzo de su episcopado 435
   El Obispo y su clero 435
   El Obispo Martínez prevé el surgimiento de la Revolución del 68 ... 437
   Crónica de la Visita Pastoral 437
   El Obispo Martínez Saez y la reconstrucción de los templos........ 441
   Nueva distribución de las distintas Parroquias según la clasificación establecida 443
   El Papa Pío IX felicita al Obispo Martínez 446
   Comienzas los hostigamientos contra el Obispo................... 446
   El Seminario de San Carlos y San Ambrosio 447
   Un nuevo cementerio para la ciudad de La Habana 447
   Reinicio de la Visita Pastoral y de las hostilidades contra el Obispo.. 448
Estalla la Guerra del 68 449
   El caso Esquembre, un sacerdote fusilado 451
   Se desata la crisis 454
El Siervo de Dios Padre Jerónimo Usera (2ª parte de su vida en Cuba) .. 457
La Arquidiócesis de Santiago de Cuba en ausencia del Arzobispo Claret 460
El Ilustrísimo Señor Licenciado Don Manuel María Negueruela y Mendi 460
El Ilustrísimo Señor Licenciado Don Primo Calvo y Lope 461
    Comienza sus labores................................... 462
    Un problema harto delicado: el Clero 462
    Escuela de Religiosas Claretianas 468
    Un asilo para niñas pobres 468
    El Arzobispo se marcha 468
La situación en España 470
El cisma de Santiago de Cuba 471
   El Clero santiaguero se reúne 472
   Empiezan las presiones 473
   Comienza el Cisma 474
   Los cismáticos se posesionan del Arzobispado 477
   Continúan las destituciones y las detenciones de clérigos 478
   Siguen los trajines del Cisma.............................. 480
   Reacción de los cismáticos 481
   Llorente pierde terreno.................................. 482
   Crece el prestigio de Orberá 483
   Llorente se traslada a La Habana.......................... 485

MI PRÓLOGO
(cuándo, cómo y otras explicaciones)

En el año 1992, cuando el mundo occidental celebraba los 500 años del llamado Descubrimiento de América, actualmente conocido también como Encuentro de las dos Culturas, comenzó a publicarse en la Arquidiócesis de La Habana una especie de tabloide que terminó siendo la revista diocesana bajo el nombre de Palabra Nueva. Su director me invitó a escribir una serie de artículos sobre el proceso de la evangelización en Cuba. No se trataba de un estudio pastoral, sino de presentar, de forma sencilla, cómo se desarrolló la misión de la Iglesia durante los quinientos años de historia cubana.

Debía hacerlo en un espacio, no muy amplio. No podía excederme en datos y fechas pero, tampoco, prescindir de ellos. Sólo narrar los acontecimientos, presentar las figuras más sobresalientes, colocándolas dentro de su contexto socio cultural, analizar los hechos con una crítica tal, que dejara en el lector una enseñanza aplicable al momento actual. Y con lenguaje sencillo, pensando en un público que, por lo general, no estaba adiestrado en este tema.

Tarea difícil y apasionante a la que me enfrenté atrevidamente pues, ni soy historiador ni escritor de oficio. Eso sí, amo la Historia y amo la Iglesia, y me entusiasmó la idea de que muchos conocieran y disfrutaran, sin demasiados adornos y con toda la veracidad posible, lo que hicieron nuestros antecesores. Aprender a mirar con sana tolerancia el hecho histórico, enjuiciarlo equilibradamente, liberados, hasta donde fuese posible, de apasionamientos personales o de la presumida frialdad científica de quien no se siente afectado por ellos.

Pasados un par de años, algunos laicos de la Diócesis me pidieron que cuando terminara con los artículos, los ampliara un poco y los uniera logrando así un folleto o manual que pudieran tener a mano para conocer la Historia de la Iglesia en Cuba.

A todo esto, se sumaron las clases que sobre esta materia debía comenzar a impartir en el Seminario San Carlos y San Ambrosio, para lo cual, carecíamos de un texto adecuado.

Entonces me dije a mí mismo, ¿por qué hacer un folleto y no un libro? Lo que me estaba planteando era un gran reto mucho mayor que el que me propuse al principio. Dudé, compartí la idea, me desinhibí y me lancé a esta aventura que me ha resultado más que estimulante, sobre todo, cuando ya se corre en los cincuenta años y se comienza a pensar con más intensidad en los trajines del tiempo y de lo acontecido.

Después de tomada la decisión, tenía que plantearme un proyecto de ejecución donde estuvieran presentes mis criterios y el bien de aquellos para los que escribiría.

Me decidí por un esquema cronológico, es decir, enfrentar cada siglo de nuestra historia y encontrar todo cuanto había acontecido en la vida de los hombres y mujeres que profesaban una misma fe, la católica, mientras vivían el proceso, muchas veces inconscientes, de estar gestando una nación.

En este esquema resaltaría a los Obispos pero procurando, a la vez, encontrar otros protagonistas, conocidos o anónimos, de la evangelización en Cuba.

Me surgió otra pregunta un tanto inquisitiva: –¿Y no hay otros que han hecho esto antes que tú? La respuesta fue afirmativa pero me dejaba insatisfecho porque conocía varias obras de Historia de la Iglesia –unas más logradas que otras–, en las que se reflejaba sólo una parte de ella; o toda ella, pero con muchas lagunas y errores.

Esto me ayudó a definir mi trabajo en la línea del recopilador, lo cual he hecho, logrando reunir la mayor cantidad de materiales disponibles en obras de carácter eclesiástico o civil, fueran libros, artículos de revistas, archivos diocesanos u otras fuentes bibliográficas.

Estos materiales los fui conformando según mi estilo, aplicando el método de trabajo del destacado historiador Doctor Jorge Le Roy Cassá, presente en su magnífica obra *Historia del Hospital de San Francisco de Paula*, que consiste en corroborar el dato histórico con precisión y objetividad.

Muchos de nuestros libros de historia contienen errores. Estos se deben a la tendencia de copiar de otras obras sin preocuparse por constatar las fuentes históricas, deduciendo *a priori* que son válidas por corresponder a uno u otro autor.

Es el caso de la apreciable obra de Don Francisco Calcagno, *Diccionario Biográfico Cubano*. Calcagno se esforzó, recopilando datos biográficos de la gran mayoría de los personajes históricos de Cuba, en la etapa comprendida entre el descubrimiento y la conquista hasta el año 1878. Sin embargo, en esta obra se detectan muchos errores referentes a fechas, apellidos y hechos. Probablemente fueron copiados de Arrate o de Pezuela o de Valdés. Los que le sucedieron, los copiaron de él y continuaron propagándolos.

Un ejemplo de lo anteriormente expresado, según mi parecer, lo constituye la obra de Juan Martín Leiseca *Apuntes para la Historia Eclesiástica de Cuba* de 1938, aunque la misma es un notable intento de lograr una recopilación sintetizada.

Monseñor Ismael Testé nos dejó como herencia de inapreciable valor su obra *Historia Eclesiástica de Cuba* en cinco tomos. Es indiscutiblemente, una de las fuentes en las que hay que beber, pero en la cual, el dato histórico está diseminado en una estructura que no permite captar una mirada de conjunto de la Historia.

Al referirme a estos ejemplos no pretendo presentar mi obra como la mejor, lejos de mí esa torpeza. Pero sí puedo asegurarles que he tomado en cuenta todos estos intentos y muchos más, para presentar una historia sistematizada.

Carente de posibilidades para realizar una investigación seria en los Archivos Generales de Sevilla y de Madrid, me he auxiliado en muchas ocasiones de la monumental obra del Dr. Leví Marrero *Cuba: Economía y Sociedad* que constituye una literatura más que abundante de datos históricos obtenidos de los Archivos antes referidos, y que no se puede dejar de consultar.

Gracias a mi condición de Canciller del Arzobispado de La Habana he tenido libre acceso a los Archivos Históricos Diocesanos y he encontrado datos que, al parecer, son desconocidos por no hallarse en ninguna de las obras de referencia existente. Otro tanto ha sucedido con el Boletín Eclesiástico en sus tres etapas, diocesana (siglos XIX y XX), de la única Provincia eclesiástica de Cuba o de las dos existentes a partir del año 1925.

Comencé con un objetivo poco ambicioso, pero en la medida en que me enfrentaba al hecho histórico y le iba descubriendo sus causas, sus consecuencias, y sus acciones colaterales, mi entusiasmo fue cada vez mayor, de manera tal que la obra ganó en volumen. Aunque me he mantenido fiel al propósito de no pasar del año 1950.

Considero que para la Historia un período de 50 años, no es distancia suficiente para poder emitir juicios, porque quedan muchos personajes vivos y muchos datos que aún se mantienen inéditos. Queden los años que siguen al cincuenta para los que quieran hacer crónica y para los historiadores que surgirán en el futuro.

Quisiera además, que mi intento estimulara a otros a seguir el camino. Y me ilusiono con la idea de que se conciba como proyecto escribir una Historia Eclesiástica Cubana amplia, profunda y calificada, que además sea el fruto de un trabajo colectivo, donde muchos aporten sus investigaciones y la riqueza de sus conocimientos en esta materia.

Pongo este empeño en las manos de Aquel que es el Alfa y la Omega, el principio y el fin de la Historia, nuestro Señor Jesucristo, en las de su Santísima Madre, la Virgen de la Caridad del Cobre, nuestra Reina y Patrona y en las del Siervo de Dios Presbítero Félix Várela y Morales, a quien dedico con todo amor mi trabajo como humilde tributo a su obra gigante.

Ciudad de La Habana, enero de 2002.

I
INTRODUCCIÓN GENERAL

Se habían agrupado los discípulos en torno al Señor Resucitado en aquella mañana llena de luz.

Llegaba el momento de la despedida, ¡quién hubiera podido prolongarla hasta la eternidad!

El Cristo sabía muy bien las necesidades de todos ellos, por eso, les había prometido la asistencia del Espíritu Paráclito. Treinta y tres años habían transcurrido desde que el Verbo se hiciera hombre: vida oculta, llamamientos, caminatas, milagros y predicaciones. El recuerdo amargo de la traición y de la cruz.

La alegría del encuentro con el Señor resucitado: paz, perdón, últimas palabras y, ahora, el envío.

Jesús, el Cristo, los quería en el mundo aunque no fueran del mundo.

Con ustedes me quedo hasta el final de la historia. Era la promesa hecha por el Señor y que recordarían siempre.

Así comenzó la Historia de la Evangelización y empezaron a escribirse sus páginas entre luces y sombras, pero siempre con una idea clara, permanente como hilo conductor, como columna vertebral: La predicación del Cristo como camino, verdad y vida.

No importaron las distancias, las fronteras, las culturas o los sacrificios.

Las puertas del cenáculo se abrieron y pudieron entrar todos los pueblos...

Era el mes de octubre del año del Señor de mil cuatrocientos noventa y dos, y en aquel amanecer teñido de oro, se oían gritos de alegría y cantos de Te Deum. Se iniciaba un nuevo capítulo para la Historia de la Humanidad. Europa descubría un nuevo mundo.

Se iniciaba una nueva etapa en la Historia de la Evangelización semejante a las anteriores, con luces y sombras, miserias y gloria.

Plantada la primera cruz en el suelo de América, muchas otras se le sucedieron como expresión de la Fe. El proceso de la evangelización en América se llevó a cabo, al igual que en otras partes del mundo, en medio de grandes sacrificios, pagando las correspondientes cuotas de muertes que, después, dieron paso a la vida. Los evangelizadores se enfrentaron a muchos obstáculos y si pudieron continuar, fue por el amor con que se entregaron a esta epopeya.

Era, en verdad, un mundo nuevo, nuevas culturas, nuevas lenguas, nuevas concepciones de la vida.

La Evangelización, como el Descubrimiento, comenzó por el Caribe siguiendo la ruta de sus islas: La Española (Santo Domingo), Cuba, Tierra firme.

De todo este proceso, ponemos nuestra atención en el origen y desarrollo de la Iglesia en Cuba, por ser ésta la motivación de nuestro trabajo.

¿Cómo y cuándo comienza la evangelización en Cuba?

Es una pregunta difícil de responder porque no se encuentran crónicas específicas que hablen de este proceso, por tanto, debemos acudir a los datos generales y particulares que se hallan en los primeros documentos de la época (Diario de Cristóbal Colón, la Obra de Fray Bartolomé de Las Casas y Actas del Archivo General de Indias, Sevilla, entre otras).

Para comenzar a hablar de este tema es bueno recordar las motivaciones que impulsaron a Colón y a los Reyes de España a realizar un proyecto de navegación totalmente novedoso. El plan presentado por Colón, en particular a la Reina Isabel de Castilla, reunía todas las características de una aventura extraordinaria aunque estuviera basado en los conocimientos científicos de la época y en los rumores que, a manera de sagas, recorrían la Europa del siglo XV y hablaban de viajes hechos por los hombres del Norte y de tierras descubiertas, más allá del *finis terrae*.

Existía una necesidad económica que presionaba a España, como a los demás países europeos.

El Imperio Bizantino había desaparecido con la caída de su capital, Constantinopla, a consecuencia de su conquista realizada por del Imperio Otomano, en 19 de mayo de 1453. Las rutas de comercio con el Lejano Oriente quedaron cerradas.

Portugal procuraba llegar a la India, y lo logró, bordeando, con sus naves, todo el Continente africano.

Es bueno destacar que los griegos doctos emigrados de Constantinopla llevaron a Italia la cultura antigua, contribuyendo, fuertemente, al florecimiento del Humanismo y del Renacimiento, componentes básicos de la formación de la nueva sociedad europea que se proyectará sobre América.

La propuesta de Colón se basaba en un concepto nuevo de la geografía: la Tierra no era plana como hasta entonces se afirmaba, sino redonda. Partiendo de este concepto y navegando hacia el poniente, se podría encontrar al Japón (Cipango), a la China(Catay) y a las Indias.

Si todo resultaba como decía Colón, España sería dueña de una ruta que le aportaría grandes riquezas comerciales. España lo necesitaba porque recién terminaba su guerra de reconquista.

Con estos antecedentes se realizó el viaje del Descubrimiento. Debieron pasar varios años para que el mundo europeo reconociera que las tierras descubiertas por Colón, no eran las del Lejano Oriente, sino las de un nuevo Continente que, terminó llamándose, América.

¿Vino en aquel primer viaje algún presbítero o hermano religioso?

Según el Diccionario enciclopédico Espasa (tomo 28, página 1400), en la Nao capitana embarcó un fraile Mercedario nombrado Fray Juan Infante.

En 1922, aparece citado este nombre en la obra El Centón de Fray José Vicente de Santa Teresa y se basa en datos conservados en el Archivo del convento de La Merced de Camagüey.

El Dr. Chacón y Calvo refiriéndose a los trabajos históricos de la norteamericana Alicia B. Coluda, sita al fraile mercedario entre los acompañantes de Colón.

La expedición estaría compuesta por una nao propiedad de Juan de la Cosa llamada «La Gallega» y que Colón rebautizó con el nombre Santa María; y de dos carabelas, «La Pinta» y «La Niña».

Durante mucho tiempo se habló de que la tripulación fue formada con presidiarios, pero las investigaciones modernas lanzan por tierra ese dato. También se ha discutido sobre el número de los tripulantes. Hoy se saben los nombres de ochenta y siete. Entre estos iba un gran grupo de familiares y amigos de los Pinzón, gentes de Palos, Moguer y Huelva, y bastantes viscaínos que trabajaban en la nao de Juan de la Cosa.

En la lista se destacan como personal de primera línea, el maestre de la «Niña», Juan Niño; los pilotos Cristóbal García Sarmiento, Sancho Ruiz de Gama y Peralonso Niño; el cirujano Juan Sánchez, el físico Alonso, y Diego, probablemente boticario; Rodrigo de Escobedo, escribano de la Armada; Diego de Arana, alguacil de la armada; los dueños de la «Pinta», Cristóbal Quintero y Gómez Rascón; los italianos Jacome el Rico, genovés, y Antón Calabrés; Rodrigo Sánchez de Segovia, veedor de la Armada, y Pedro Gutiérrez, repostero de los estados del Rey; como paje de Colón iba Pedro de Salcedo, y como maestresala, Pedro de Terreros, fiel al Almirante y quien le acompañaría en los cuatro viajes. Por último, Luis de Torres, judío converso que fungía como intérprete de arábigo.

Resulta extraño que no apareciera en la lista oficial el nombre del religioso –sacerdote o hermano–, pues en las listas de los otros viajes, sí aparecen los nombres de los religiosos.

Sea como fuere, de lo que sí tenemos conocimiento cierto es que este personal que conformaban la tripulación del primer viaje, era, en su mayoría, gente sencilla e inculta, marineros de profesión, con muy poca instrucción religiosa, pero con fe cristiana. En ella habían nacido, en su atmósfera respiraban y en el nombre de Dios obraban, aunque no siempre de la forma que Dios quería.

Estos serían los primeros portadores de la fe católica, aun cuando no fuera ese su objetivo.

Primer desembarco de Colón en América

Colón era un creyente convencido y conocedor de la Biblia, por tanto, no es extraño que rebautizara la nao capitana con el nombre de Santa María. Al parecer, era su intención que aquel primer viaje se realizara bajo el patrocinio de la Madre de Dios.

Colón se consideraba un elegido de Dios para realizar la misión de hallar nueva ruta de navegación e incorporar aquellas tierras a la fe cristiana. Y sin ignorar el factor económico que investía su empresa, planta la cruz y, en nombre de ella, declara que esas tierras quedan bajo la soberanía de los muy católicos Monarcas españoles.

Se siente con la potestad de poner nombres cristianos a cada isla y lugar por él descubiertos: San Salvador, Concepción, Fernandina, Isabela, Juana (Cuba) y tantos más.

PRIMERA MISA CELEBRADA EN LA HABANA

El primer asentamiento español en América (Santo Domingo –La Española) es el fuerte llamado Natividad, por haber quedado establecido el 25 de diciembre de 1492.

En 1493 regresa a España llevando consigo los primeros frutos del descubrimiento, siete indios y un cargamento de objetos oro, así como, papagayos y plantas exóticas. Su llegada a España provocó una gran conmoción. De inmediato, se transmitió la noticia al entonces Papa Alejandro VI. Los Reyes Católicos, Fernando e Isabel, se apresuraron en solicitar del Papa la gracia de dominar las tierras descubiertas.

Los siete indios fueron bautizados en la Catedral de Toledo en presencia de los Monarcas. El rey Fernando y el príncipe Juan sirvieron de padrinos.

Para el segundo viaje, se tuvo en cuenta los nombramientos reales de los primeros religiosos que iniciarían la obra evangelizadora, ellos fueron, **Fray Bartolomé de Olmedo, Fray Antonio Bravo, Fray Juan de las Varillas** y **Fray Juan Pérez**, éste último franciscano y los tres primeros, mercedarios. Todos bajo la dirección del Padre Boil, encargado real de la primera empresa evangelizadora, que había recibido los títulos de Arzobispo, Patriarca y Legado *a letere* de las Indias (Morell de Santa Cruz, *Historia de la Isla y Catedral de Cuba)*

Unas narraciones interesantes.

La Evangelización de Cuba demoraría varios años después de la llegada de los primeros misioneros a la Española (Santo Domingo) Las condiciones económicas de esta isla concentraron la atención de los colonizadores muy preocupados, como estaban, en el oro del Cibao.

Pero Colón quería reafirmar su plan y, para ello, realizó un pequeño viaje de reconocimiento a lo largo de toda la costa sur de Juana (Cuba) Era el año 1494.

¿Primera Misa en Cuba?

Pasadas muchas dificultades para navegar a causa de la abundancia de bancos de arena y gran cantidad de cayos, llegaron a otra isla que nombró Evangelista (Isla de Pinos), donde se proveyeron de leña. Emprendido el viaje de regreso, se detuvieron en un puerto de la costa sur –¿la desembocadura del río Jatibonico o del Jobabo?– y allí desembarcaron para oír misa. De manera que aquel día, 7 de julio –Martín Leiseca considera que fue el 14 de junio–, se celebró la primera Misa en Cuba. Según cuenta el propio Colón, en aquel momento se presentó un cacique anciano que, con devoción y reverencia, expresó su complacencia por la ceremonia allí realizada y les manifestó su creencia en la otra vida donde habría lugar de alegría para aquellos que obrasen bien en ésta y lugar de tristeza para los que obrasen el mal. Además de estas narraciones que aparecen en la obra ya citada de Morell de santa Cruz, existen otros testimonios como el de Don Miguel Rodríguez Ferrer que aparece en su obra *La Naturaleza y Civilización de la Isla de Cuba*, página 116:

> [...]Elevóse, pues, este signo de redención a las márgenes del río, y a su vista tuvo lugar el santo sacrificio, con cuyo motivo puede decirse que fue el primer acto religioso y católico que de esta clase tuvo lugar en el Nuevo Mundo y en las costas no descubiertas por entero, aún de la gran isla de Cuba[...]

El diálogo del cacique octogenario con el Almirante aparece trascripto por Fray Bartolomé de las Casas y aseverado por Pedro Mártir de Anglería en sus *Décadas*:

> [...]Por mi parte creo discreta esta clasificación del P. Las Casas como extraordinario lo califico, en mérito de quién en medio de aquellas selvas así filosofaba, sin proceder de escuela ni de civilización alguna y hasta dudaríamos este aserto histórico si el hecho no lo testificasen los tres historiadores nombrados[...]
>
> (Década I, Libro III)

El Primer Catequista

Aunque se realizaron varios viajes de reconocimiento a la Isla, siendo el más importante el bojeo de ésta por Sebastián de Ocampo no es, hasta 1509, que se tiene referencia del primer encuentro importante de los habitantes de la Isla con la fe católica.

El hecho tiene sus antecedentes en una tormenta tropical que arrojó a algunos españoles sobre las costas del sudeste de la región oriental; sin orientación alguna, comenzaron a caminar hasta llegar a los poblados indígenas llamados, por ellos, Macaca y Cueibá, cuyos caciques y vecinos les brindaron hospedaje. Los españoles, sintiéndose acogidos, permanecieron un buen tiempo entre ellos.

Uno de los marinos enfermó y no pudo seguir viaje, quedándose en el primer poblado.

Aprendió la lengua de los aborígenes y, con gran celo, se empeñó en enseñarles todo cuanto sabía de la doctrina cristiana.

La buena disposición de aquella gente sencilla permitió que la semilla de la fe prendiera en sus almas. El cacique fue bautizado por el primer catequista con el nombre de Comendador. Dirigidos por el marinero español, construyeron una pequeña capilla en la que fue colocada una imagen de papel –pintura o grabado– de la Virgen María. Éste les anunció que aquella estampa representaba a la Madre de Dios. Les enseñó a rezar con el saludo angélico y les acostumbró a hacerlo dos veces al día, con mucha confianza, pues la gran Señora era, también, madre de ellos.

La devoción mariana se hizo fuerte entre los pobladores de Macaca de tal forma que, cuando el anónimo catequista pudo marcharse, no se perdió la costumbre de acudir a la capilla para rezarle a la Virgen. Además, compusieron cantos bailables (areitos) con el estribillo Ave María. Aquella capilla fue el primer templo cristiano de Cuba.

Un segundo encuentro

En 1511, Alonso de Ojeda, procedente del Darién, llegó a las tierras del cacique de Macaca, de nombre Comendador, y éste le recibió de muy buenas formas y le llevó de la mano hasta la pequeña capilla donde permanecía colocada la estampa de la Virgen María y le contó todo lo que había sucedido y como querían mucho a la Madre de Dios.

De regreso a la Española, naufragaron cerca de Jagua; después de muchos inconvenientes y peligros, hicieron un voto de dejar una imagen de la Virgen que llevaban consigo y que le había entregado a Ojeda el Obispo de Burgos Don Juan Rodríguez de Fonseca, en el primer poblado que les brindara acogida. Llegados a Cusiba (Morell de Santa Cruz), fueron muy bien recibidos por su cacique. Allí construyeron una rústica ermita donde colocaron la imagen, que al parecer, era una tabla pintada en Flandes como más tarde consideró el Padre Las Casas cuando narra el hecho en su *Historia de las Indias*, tomo II, página 340. Ojeda y sus compañeros les impartieron rudimentos de doctrina cristiana y emprendieron el regreso. Según el Padre Las Casas el poblado era Cueyba, lo cual, provoca cierta dificultad en la interpretación del hecho, pues da la impresión de que se han entrecruzado las narraciones.

Estas narraciones han sido tomadas de *La Historia de la Isla y la Catedral de Cuba* obra del Obispo Morell de Santa Cruz. El Obispo debió obtener estas informaciones de las fuentes que hemos señalado y, después, haberlas recompuesto siguiendo sus criterios.

El Dr. Levi Marrero en su obra monumental *Cuba: Economía y Sociedad*, refiere que hay una gran ausencia de informes directos de Cuba en los períodos comprendidos entre los años 1503 al 1509 (año en que Sebastián de Ocampo recorre la totalidad de sus costas), aunque entre 1505 y 1507, Vicente Yañez Pinzón, confirmó que Cuba era una Isla, como lo atestigua Pedro Mártir de Anglería (1511 y 1514), y esto obliga a las conjeturas más o menos aceptables. Otro dato negativo es que el Diario del Segundo Viaje de Colón se perdió y sólo se tienen noticias de este viaje por una carta escrita por el Almirante a Michelle de Cuneo

Existen noticias de naufragios ocurridos frente a las costas de Cuba antes de su «conquista» y colonización:

El de Ojeda anteriormente referido

El de la expedición de Juan de Valdivia que, enviado por Vasco Núñez de Balboa, se dirigía del Darién hacia La Española y naufragó cerca del cabo de San Antonio, pereciendo con casi toda la tripulación; año más tarde, Velázquez rescataba a cuatro sobrevivientes –tres hombres y una mujer– en la región de La Habana.

El otro corresponde al letrado Martín Fernández de Enciso que se ve obligado a refugiarse en Cuba cuando viajaba del Darién a La Española. Llegado a la costa meridional de Oriente, fue acogido por el cacique de Macaca que dijo haber sido bautizado por cristianos con el nombre de Comendador. El hecho fue narrado por Pedro Mártir de Anglería, amigo de Enciso. A continuación el relato original:

> [...]Anciso recorrió con más favorable fortuna (que Ojeda) las mismas tierras, donde según me lo dijo en la corte halló los vientos deseados, gloriándose de haber sido con benevolencia acogido por los indígenas cubanos y en particular de los dominios de un cacique llamado Comendador. Al solicitar éste el bautismo de unos cristianos que por allí pasaban, y preguntar cómo se llamaba el gobernador de La Española, oyó que se le decía Comendador (Nicolás de Ovando) Hospitalariamente recibió el tal Comendador a Anciso, y le colmó de la que necesitaba para subsistir[...]
>
> Década II, Libro VI

Ante este relato de Enciso, contado por Pedro Mártir, cabe preguntarnos, ¿quiénes fueron esos cristianos a los que se refiere el cacique Comendador?

La narración del marino enfermo y que dejaron al cuidado de aquellos indios y se convirtió en el primer catequista tiene, hasta cierto punto, lógica. Pero un laico no puede bautizar por cuenta propia a no ser en caso de peligro de muerte.

La respuesta podría encontrase en un documento que podemos presentar gracias al trabajo minucioso de investigación del Dr. Levi Marrero. Este documento muy poco conocido nos habla de la experiencia de catorce dominicos de La Española y está fechado en 4 de diciembre de 1519.

> [...] que yendo los frailes delante, como a acaecido, a predicalles la Fe a los yndios de la Ysla de Cuba, sin haber otros cristianos con los yndios mas que los frailes, recebiendo la fe muy de buena gana e the-

niéndolos ya amansados e ya enseñados e baptizados fueron los cristianos allá a poblar los primeros que mataron, en el sacar de su oro, fueron aquellos donde ya había opinión entre ellos que los frailes non yban allá sinon para amansallos, para que los cristianos los tomasen para matallos, y ansi se platicaba entrellos que las cruces que les enseñaban facer en las frentes y en los pechos non sygnificaban otra cosa sinon los cordeles que les habían de echar a la gargantas para llevallos a matar, sacando el oro, que era el dios de los cristianos[...]

Podría ser esta la explicación del bautizo de cacique de Macaca y de la gran devoción a la Virgen de la cual habla Pedro Mártir de Anglería haciendo alusión a lo narrado en las Cortes por Martín Fernández de Enciso; es decir, que aunque el texto habla, quizás, de una experiencia vivida en La Española, los misioneros podrían haber sido los iniciadores de la evangelización en Cuba.

Por otra parte, Velázquez llevó cuatro frailes que fueron por delante para pacificar a los indios y de hecho, sólo hubo resistencia al principio en la región oriental a causa de las referencias hechas por el cacique Hatuey a sus paisanos del cacicazgo de Maisí.

COMIENZO DE LA CONQUISTA Y COLONIZACIÓN DE LA ISLA

Antecedentes. Geografía y población de la Isla de Cuba.

Algo de su Geografía

De acuerdo con las cifras manejadas por los geógrafos actuales, la Isla de Cuba, la Isla de Pinos y los cayos que, en conjunto, conforman el Archipiélago Cubano, alcanzan un área de 110.931 Km2. La Isla de Cuba, por su dimensión –107.206 Km2– se encuentra entre las islas medianas. Es larga y estrecha y se proyecta como un arco con su parte convexa hacia el Norte y la cóncava hacia el Sur.

En el siglo XVI, López de Gómara la compara con una hoja de sauce. Después, se le compararía con una lengua de pájaro o con un cocodrilo o caimán.

Esta configuración hace que sus costas sean de gran longitud, abiertas a la influencia del mar, y de los vientos alisios y las brisas, hacia el interior del territorio.

Su posición es de 23° 15' Latitud Norte (Punta del Francés) y 19° 50' Latitud N. (Cabo Cruz); 84° 57' Longitud Oeste (Cabo San Antonio) y 74° 08' Longitud W. (Cabo Maisí).

Su situación, que es marítimo-insular, constituyó y constituye un elemento muy importante en el desarrollo de su cultura y de su historia.

La localización geográfica de Cuba es un factor cambiante en la evolución de su historia. Antes del Descubrimiento, le mantenía, prácticamente, aislada de Mesoamérica. No así de la región NE. De Sudamérica, de donde proceden los grupos amerindios que la poblaron. Con la Conquista y Colonización españolas, se convierte en centro básico de contactos entre la Metrópoli y la Tierra firme.

En 1538, el Adelantado Hernando de Soto escribía en su informe a la Corona:

[...] Sabed que yo he mandado a hacer una fortaleza en La Habana...
así para guarda della como para el amparo y defensa de los navíos
que van y vienen de las Yndias[...]

Con el tiempo y el aumento de las fortificaciones, La Habana, y en general toda la Isla, se convertiría en la llave del Nuevo Mundo y antemural de las Indias.

Según el destacado historiador español Jaime Vicens Vives, desde esa temprana edad de nuestra historia, La Habana fue uno de los tres vértices de:

«...la triangulación que fue clave del dominio español en América:
Cuba-México-Panamá.»

Con la caída del Imperio español y el auge de los Estados Unidos, Cuba cambió su localización estratégica para España, pero no así para el poderoso vecino del Norte que, desde 1898, la consideró clave en su «lago» norteamericano.

La localización geográfica de Cuba la ha seguido colocando a lo largo del siglo XX en un punto estratégico política y socialmente.

Por ser Cuba una isla, tiene como fronteras el Océano Atlántico que, en esa porción podría considerársele el «Mediterráneo Americano» y que toma diferentes nombres.

Así, al Norte, el Golfo de México y al Sur el Mar Caribe que, en la zona limítrofe con Cuba, se le nombra tradicionalmente como Mar de las Antillas.

En cuanto a las demás islas; se encuentra al Este, Santo Domingo, llamada por los conquistadores La Española y por los aborígenes, Haití. Al Nordeste, las Islas Bahamas y al Noroeste, la Península de La Florida. Al Sudeste, la Isla de Jamaica y al Sudoeste, las Islas Caimán.

CONFECCION DE CASABE

DIEGO VELAZQUEZ

CANOA Y BARBACOA DE LOS SIBONEYES.

Su población original vista por los españoles
Cristóbal Colón refiere en sus impresiones del primer viaje que:
[...]Cuando yo llegué a la Juana (Cuba), seguí yo la costa della al Poniente, y la hallé tan grande que pensé que sería tierra firme, la provincia de Catayo; y como no hallé así villas y lugares en la costa de la mar, salvo pequeñas poblaciones, con gente de las cuales no podía haber habla, porque luego huían todos [...]
[...] envié dos hombres por la tierra para saber si había rey o grandes ciudades, Andovieron tres jornadas y hallaron infinitas poblaciones pequeñas y gente sinnúmero, mas no cosa de seguimiento, por lo cual se volvieron[...]
Con referencia a los pobladores de las Antillas, Colón declara:
[...]La gente de esta isla y de todas las otras que he hallado y habido ni haya habido noticia, andan todos desnudos, hombres y mujeres, así como sus madres los paren, aunque algunas mujeres se cobijan un sólo lugar con una hoja de hierba o una cosa de algodón que para ello hacen [...]
[...] Verdad es que, después que aseguran y pierden este miedo, ellos son tanto sin engaño y tan liberales de lo que tienen, que no lo creerían sino el que lo viese. Ellos de cosa que tengan, pidiéndosela, jamás dicen que no; antes convidan la persona con ello y muestran tanto amor que darían los corazones [...]
Y continua diciendo:
[...] En estas islas hasta aquí no he hallado hombres monstrudos, como muchos pensaban; mas antes es toda gente de muy lindo acatamiento; ni son negros como de Guinea, salvo con sus cabellos corredíos y no se crían a donde hay ímpetu demasiado de los rayos solares[...]
Por la descripción que, de los aborígenes, nos hace Colón, sacamos en conclusión que los llamados por él indios eran gente pacífica, dócil y afable; al menos los antillanos.
Se les puede ubicar en el Neolítico inferior (instrumentos de piedra pulimentada, trabajos rudimentarios en cerámica), dedicados a la caza, la pesca y a la recolección de frutos, pero con una agricultura incipiente (yuca, boniato, malanga, tabaco) Vivían agrupados en pequeños poblados cercanos a la costa o a los ríos y construían sus viviendas (bohíos, caneyes, barbacoas y bajaretes) empleando las palmas existentes en la Isla (real, cana y barrigona) También construían canoas y un tipo de mueble llamado duje.
El grupo indio de cultura más avanzada era el taíno –presente en todas las Antillas Mayores–, existían, además, los ciboneyes y los guanahatabeyes,

estos últimos, los más primitivos, que ocupaban el extremo occidental de la Isla y vivían en cuevas cercanas al mar.

De los dos primeros nos habla, también, Fray Bartolomé de Las Casas: [...] En la isla Española, y en la de Cuba, y en la de San Juan y Jamaica, y las de los Lucayos, había infinitos pueblos, juntas las casas, y de muchos vecinos juntos de diversos linajes, puesto que de uno se pudieron haber muchas casas y barrios multiplicados; y porque en esta isla y en las demás era muy asentada la paz y conformidad de unos pueblos y regnos con otros, y no había bestias dañosas ni otras cosas exteriores que a los vecinos y habitadores dellas molestasen por esto no tuvieron necesidad de sé ayuntar mucha gente y construir poblaciones muy grandes, y así comúnmente había en ésta y en las ya dichas islas los pueblos de ciento y doscientos y quinientos vecinos, digo casas, en cada una de las cuales diez y quince vecinos con sus mujeres e hijos moraban. [...]

Su amor hacia los indoamericanos llevó al buen Padre Las Casas a idealizarlos un tanto, pues no todos eran tan pacíficos. Es verdad que nuestros aborígenes lo eran hasta que exasperados por el mal trato de los castellanos adoptaron, en algunos casos, posturas agresivas en defensa de su integridad.

[...] Y esto es harto notable y cierto argumento de la bondad natural, mansedumbre, humildad y pacabilidad destas naciones (porque en todas estas Indias es lo mismo), que en una casa de paja que terná comúnmente treinta y cuarenta pies de hueco, aunque redonda, y que no tiene retretes y apartados, pueden vivir diez y quince vecinos toda la vida, sin que los maridos con los maridos, ni las mujeres con las mujeres, ni los hijos con los hijos tengan reyertas y contenciones, más que si fuesen todos hijos de un padre y de una madre; manifiesto es que si las tuvieran entre sí e no vivieran en paz y unidad y conformidad, no se pudieran sufrir, y, por consiguiente, apartarse un vecino de otro para vivir en paz les fuera necesario[...]

Fray Bartolomé de Las Casas ha sido tildado por algunos, como un detractor de España por la actitud de ésta en la conquista de América. ¿Fueron los escritos de Las Casas fruto de una imaginación mal intencionada?

La comparación con otros textos que, por distinta vía, hacen referencia de la llamada destrucción de las Indias, atestiguan que, en mucho, Las Casas tenía razón.

La población indígena en Cuba sufrió una gran disminución en el número de sus habitantes. Las cantidades de aborígenes muertos a partir del comienzo de la conquista de la Isla, causan verdadero pesar en los que hoy podemos constatar los hechos.

Aunque a finales del siglo XVI la despoblación indígena se hizo casi total; en el siglo XIX sobrevivían grupos de indocubanos en pequeñas comunidades localizadas en el extremo oriental de la Isla.

Pero, ¿fueron tantos los indios que perecieron bajo la espada y el sistema de explotación colonialista español?

En la «Brevissima relación de la destrucción de las Indias», el Padre Las Casas exagera cuando dice que, en el corto término de medio siglo, la cifra de indios muertos asciende, nada más y nada menos, que a quince millones. Hoy se sabe que no fueron tantos, aunque sí los suficientes como para lamentarnos de los medios que se emplearon para sojuzgar a los pueblos del Nuevo Mundo y, mucho más, cuando sabemos que unidas a ese proceso, estuvo la transmisión de la cultura y la fe cristianas.

Fueron tres las causas principales de las muertes masivas de los aborígenes cubanos.

La primera se debe directamente, al espíritu bélico con el que los castellanos enfrentaron el proceso de conquista y colonización de las Islas. Y especifico, de las Islas, porque como nos lo han atestiguado, Colón, Las Casas y otros cronistas de la época, los llamados indios de estos parajes eran gente pacífica y con buena disposición para con aquellos seres extraños que, de pronto, irrumpieron en sus vidas. Ese no fue el caso de los indios de Tierra Firme.

Fueron pocos los casos reportados de resistencia y ataque por parte de los indios. Y cuando estos ocurrieron, estuvieron siempre precedidos de actos de crueldad —matanzas sin sentido, violaciones y explotación— de los conquistadores; todo lo cual, era ajeno a las disposiciones, que hacia ellos, habían determinado los Reyes de España y el Papado. Una vez más, comprobamos que el divorcio entre fe y vida conlleva actitudes deplorables en el hombre y la mujer que se consideran a sí mismos cristianos, sin que para esto importe la época o la cultura.

La segunda causa corresponde al sistema de explotación a la que fueron sometidos nuestros aborígenes. El sistema de Encomienda fue una forma brutal de esclavitud, donde no se tuvo en cuenta la capacidad de trabajo de los indígenas, donde la sed de oro deshumanizó al colonizador y llevó a muchos de los explotados a buscar en el suicidio, una forma de liberación. Las encomiendas fueron prohibidas, definitivamente, a mediados del siglo XVI pero, para entonces, ya habían muerto muchos de los naturales.

FRAY BARTOLOME DE LAS CASAS.

MATANZA DE INDIOS EN CAONAO.

La tercera se refiere al contacto entre europeos y amerindios provocando que los últimos contrajeran enfermedades no conocidas por ellos y, ante las cuales, carecían de toda protección inmunológica. Viruela, sífilis, influenza y otras enfermedades fueron causantes de muchas bajas en la población indígena.

Podría hablarse de una cuarta causa; ésta sería el reclutamiento de indios que hiciera, primero, Hernán Cortés al organizar la conquista de México y, después, Hernando de Soto para su campaña en La Florida.

Por otra parte, existe documentación referente a la «importación» de indios de Yucatán y de las Islas Lucayas.

Lo cierto es, que los indios no desaparecieron por completo, pues terminado el sistema de encomiendas, subsistieron grupos indígenas que asimilaron la cultura española y la fe cristiana y, aunque, mantuvieron cierta organización tribal, hablaron, vistieron y se nombraron como los castellanos. En los primeros años del siglo XIX aparecen en los Libros de Bautismo de las Parroquias de San Fernando de Camarones y de San Juan Bautista de Jaruco, indios bautizados. En el Libro de la primera anotaron que, en aquella fecha, quedaban algunos indios pobres que terminaron retirándose hacia la Ciénaga de Zapata.

En el Libro segundo de Actas del Cabildo Habanero y correspondiendo al año 1802, hay una referencia a la vigencia de la ley real que otorgaba a los indios la exención del pago de impuestos.

El trabajo de evangelizar a los aborígenes se hacía bien difícil por la diferencia de lengua y de cultura; pero el mayor obstáculo lo representó el encomendero. La mayoría de ellos eran conquistadores convertidos en dueños de una porción, más o menos grande, de tierra acompañada de una dote de indios esclavos a los cuales tenían la obligación de transmitir la fe pero, en general, no lo hacían.

Comienza la conquista (1511-1515)

El grupo de castellanos, unos 300, con Velázquez al frente, partió de Salvatierra de la Sabana, en la Española, en 3 o 4 naos en las que también viajaban algunos indios y, posiblemente, un pequeño número de negros esclavos. Otros que formaron parte de la expedición fueron algunos franciscanos, entre ellos Fray Juan de Tezín el más cercano colaborador del Conquistador; también venía un Presbítero llamado Bartolomé de Las Casas.

Llegados al extremo oriental de Cuba, desembarcaron en el puerto de Palmas no lejos del Cabo Maisí. Debió ser una caleta entre Guantánamo y Puerto Escondido. Atravesarían el valle de Toa en dirección norte. De este recorrido no se tienen datos.

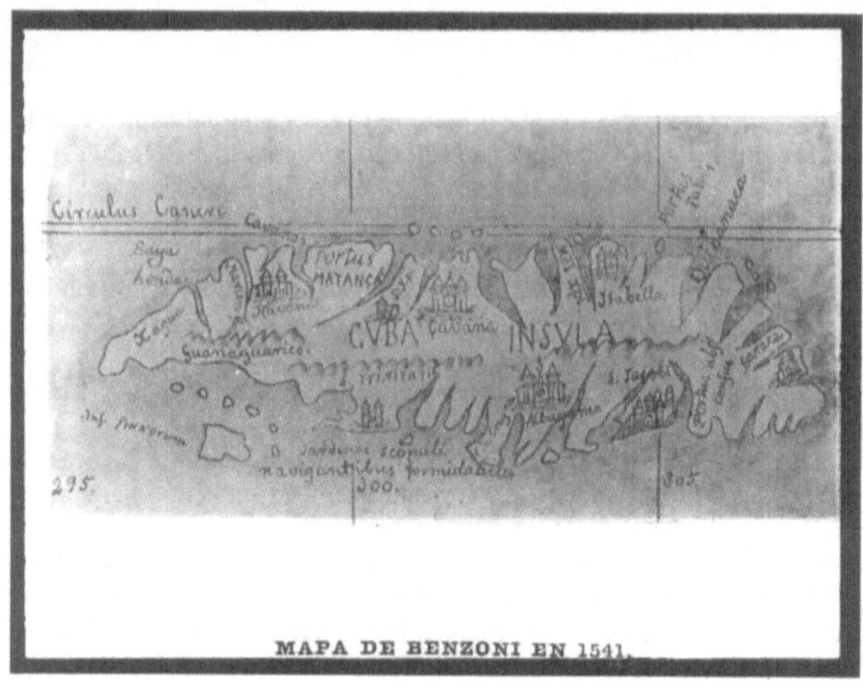

Mapa de Cuba de Benzoni en 1541

Después de anular la resistencia de los aborígenes que seguían al cacique Hatuey, llegaron al territorio llamado Baracoa y fundó, allí, la primera villa bajo la tutela de «La Asunción de Nuestra Señora», era el año 1512.

Un grupo se trasladó hasta la costa norte y embarcaron en un bergantín desde Sagua de Tánamo y recorriendo la costa norte de la Isla, llegaron al puerto de Carenas.

En 1513, Velázquez funda la villa de San Salvador de Bayamo. Una columna, al mando de Don Pánfilo de Narváez, quien se había unido a la campaña de Velázquez procedente de Jamaica, inició el avance por el centro de la Isla. De este viaje hacemos referencia en las notas dedicadas al Padre Las Casas.

Al año siguiente (1514), Velázquez parte con otro grupo, a bordo de varias canoas, desde el puerto del actual Manzanillo y llega a la bahía de Jagua (Cienfuegos) En este punto se vuelven a encontrar Velázquez y Narváez. Durante este año que fundan las villas de Nuestra Señora de la Santísima Trinidad, Sancti Spíritus, Santa María de Puerto Príncipe y San Cristóbal de La Habana. Y en 1515, Santiago de Cuba, donde Velázquez fija su residencia.

Diego Velázquez era hombre de experiencia en cuanto a fundaciones se tratara, como ya lo había demostrado en La Española. Su criterio de selección de los lugares para fundar villas, respondía a las necesidades y aspiraciones de los colonos; así, buscaba que hubiera una densa población indígena, posibilidades de yacimientos de oro, suelos cultivables y montes para criar cerdos y cercanía a las costas para facilitar las comunicaciones.

El esquema de fundación era el mismo para todas las villas: al lado o al frente de la Casa de Gobierno se levantaba la Iglesia y las demás casas que se agrupaban alrededor de una plaza. Al principio, todo fue muy sencillo y de pequeñas dimensiones. Las edificaciones eran construidas de tabla y guano de palma real.

El erudito cubano José María de la Torre confeccionó un mapa de Cuba con los distintos cacicazgos encontrados por Velázquez y que aparecen en sus informes al rey Fernando (1514), además de otros datos obtenidos por las narraciones del Padre Las Casas y de otros documentos. Nos parece interesante transcribirlos con el fin de poder ubicar mejor la situación de las primeras villas y de las otras poblaciones que fueron surgiendo en el proceso de colonización de la Isla.

Empezamos por la región oriental. Al Sur, de Este a Oeste: Maisi, Bayaquitiri, Macaca, Guaimaros.

Al centro: Sagua, Barajagua, Guaymaya, Maiye, Maguanos, Bayamo, Guacanayabo, Cueiba.

Al Norte: Bani, Maniabon, Boyuca, Cayaguabo. Completa la región oriental, de Norte a Sur, Camagüey.

En la región central. Al Sur, de Este a Oeste: Ornofay, Maoon, Guamumaya, Jagua, Hanabana.

Al centro: Cubanacán.

Al Norte: Sabana o Sabaneque.

En la región occidental, ocupando ambas costas: Habana, Marien, Guaniguanico y Guanahacabibes.

Algunos de estos cacicazgos desaparecieron del todo, otros perduraron en la memoria porque sus nombres continuaron designando zonas geográficas o pueblos.

Aunque Baracoa tuvo el privilegio de ser la primera villa en alcanzar el título de Ciudad-Capital y de ser la primera Sede Episcopal, pronto perdió importancia por encontrarse en un lugar de difícil acceso y ser muy insegura su bahía. En 1520 sólo vivían en ella dos o tres vecinos españoles con un grupo de indios. Sin embargo, logró sobrevivir y mantenerse como ciudad.

Trinidad fue fundada a nueve o diez leguas del puerto de Xagua (Jagua), donde mucho tiempo después se erigiría la ciudad de Cienfuegos. La villa cambió de asentamiento algunas veces hasta quedar en el lugar en el que hoy se encuentra. Entrado el siglo XVI estuvo a punto de sucumbir ante el notable desarrollo de su vecina villa de Sancti Spíritus,

Igual suerte corrió la villa de Santa María de Puerto Príncipe, que tuvo su primera fundación junto a la bahía de Nuevitas, pero fue trasladada al poco tiempo hacia el interior de la provincia taina de Camagüey, junto al río Tínima. En el asiento original quedaron algunos pobladores y el puerto se mantuvo como principal punto de comunicación marítima para la ciudad de Camagüey.

Otra villa que se «movió» fue la de San Cristóbal. Su primera fundación parece localizarse en la costa meridional de la provincia taína de Habana, probablemente cerca de la desembocadura del río Mayabeque.

Por entonces, Velázquez prefería hacer sus fundaciones hacia la costa sur de la Isla pensando que fueran puntos de partida más fáciles para la conquista de Tierra Firme.

Los dos asentamientos en la costa norte se debieron, al parecer, a pequeños grupos que permanecieron en esos lugares, cuando viajaron desde Sagua de Tánamo como parte de la ocupación de la Isla.

Unos se establecieron en la zona cercana a la bahía de Matanzas, lugar de tierras fértiles (Valle del río Yumurí) Cuando la expedición de Grijalva se dirigía hacia México, los pocos vecinos que allí vivían como colonos les proveyeron de casabe y carne de puerco.

Cortés, no encontró allí población alguna.

Otros en el puerto de Carenas —como llamó Don Sebastián de Ocampo a la actual bahía de La Habana porque allí carenó sus naves cuando realizaba el primer bojeo a la Isla de Cuba.

La primera fundación de San Cristóbal estuvo al sur en 1515 y no fue hasta después de 1518 que sus pobladores se trasladaron a la zona del puerto de Carenas (1519)

En 1521, San Cristóbal de La Habana tenía carácter de villa con un alcalde llamado Don Diego de Castañeda.

Don Diego Velázquez de Cuéllar

Este hombre ligado fuertemente a los comienzos de nuestra historia, nació en Cuéllar, España, entre 1461 y 1466.

Del período de su vida anterior a su llegada al Nuevo Mundo sólo se sabe que fue militar y sirvió en el ejército del Rey Fernando en las campañas de Italia. Al año siguiente al Descubrimiento lo encontramos en La Española, a la cual llegó, en el segundo viaje del Almirante. Allí se mostró fuerte y despiadado con los indios sublevados y muy hábil en asuntos de comercio, hasta el punto que, en pocos años, se convirtió en el hombre más rico de La Española.

De aquella etapa de su vida habla Fray Bartolomé de Las Casas: «Era más rico que ninguno... tenía mucha experiencia en derramar o ayudar a derramar sangre destas gentes malaventuradas... de todos los españoles que debajo de su regimiento vivían era muy amado, porque tenía condición alegre y humana y toda su conversación era de placeres y agasajos... Era muy gentil hombre de cuerpo y de rostro, y así amable por ello; algo iba engordando, pero todavía perdía poco de su gentileza; era prudente, aunque tenido por grueso de entendimiento, pero engañóles con él. Era bien acondicionado y durábale poco el enojo... que todo lo perdonaba pasado el primer ímpetu, como hombre no vindicativo, sino que usaba de la benignidad.» (Tomado de La Historia de las Indias, Libro III, Caps. XXI y XXVII)

Mandado por Don Diego Colón a conquistar y colonizar a la Isla de Cuba, con el título de Teniente Gobernador, lo supo hacer con rapidez. A lo primero contribuyó la relativa mansedumbre de los indígenas, pues sofocada la resistencia del grupo que siguió al cacique Hatuey, no se presentaron más obstáculos de esta índole; además, para esta empresa encargó a su lugarteniente Pánfilo de Narváez.

En cuanto a la colonización, demoró cuatro años en fundar las siete primeras villas y distribuir las correspondientes parcelas de tierra y grupos de indios a los hombres que le acompañaban. De esto ya tenía experiencia por las cinco villas que había fundado en La Española. Velázquez tenía buen ojo para encontrar los lugares mejores, teniendo en cuenta la bondad del terreno para el cultivo de yuca y la cría de cerdos, y los poblados indígenas para asegurar la mano de obra.

Por eso, planificó muy bien la pacificación de Cuba como lo demostró en el caso de la matanza de Caonao donde murieron dos mil indios, según Las Casas, cien según Velázquez. Su intervención, propicio el castigo de los culpables y la represión a Narváez, de manera que, en lo adelante, no volvieran a ocurrir hechos semejantes.

Otro tanto hizo con los caciques responsables de la muerte de los náufragos de la expedición de Valdivia, a los que supo atraerse perdonándoles la vida y comprometiéndoles a declararse fieles vasallos del Rey.

Si Velázquez había sido soldado, ahora era un empresario capitalista que procuraba aumentar sus riquezas invirtiendo en Cuba y preparando la tan deseada conquista de México. Para llevar adelante la empresa designó a Hernán Cortés e invirtió en ella mucho dinero. Cortés se aprovechó de la inversión y organizó por su cuenta la expedición. De nada le sirvió a Velázquez mandarlo a detener y declararlo un proscrito. Cortés conquistó el

Imperio Azteca y se llevó toda la gloria. Velázquez perdió los casi 50,000 pesos que invirtió y no pasó de ser considerado un personaje sin luz en medio de toda una generación de conquistadores hidalgos.

Su «empresa» cubana continuó aumentando y proporcionándole riquezas hasta que murió en el año de 1524 en Santiago de Cuba siendo enterrado en la Catedral. Al morir, su fortuna consistía en 3 hatos, 12 estancias, 970 cabezas de ganado vacuno, 2 800 puercos, 900 ovejas y 205,000 «montones» de yuca y ajes.

En resumen, que Velázquez fue un fundador y un gran colono. Su contemporáneo, Gonzalo Fernández de Oviedo, quien le visitara en Santiago de Cuba un año antes de morir, dejó su impresión sobre la obra de Velázquez con estas palabras:

[...]Pacífica la isla, e repartidos los indios por mano de Diego Velázquez, sacóse mucho oro, porque es isla de muy ricas minas, e lleváronse ganados de esta isla Española e hanse hecho allí todas aquellas cosas... que se han aumentado acá, de árboles e plantas e hierbas e de todo lo que de España se ha traído, o desde aquesta isla se ha llevado. Y en esto diose mucho recabido Diego Velázquez, e como era mañoso, e no solamente quería las gracias de lo que él hacía, pero aún de lo que la tierra por la propia fertilidad producía. En fin, que la isla llegó a estar muy próspera e bien poblada de cristianos e llena de indios, e Diego Velázquez muy rico[...]

El Padre Bartolomé de Las Casas

Bartolomé de Las Casas era hijo y sobrino de dos españoles que viajaron con Colón en su segundo viaje, y se establecieron en la Española logrando una fortuna considerable. Su tío fue por tres veces capitán de la región central de aquella isla.

Esto le permitió enviar a su hijo el oro suficiente para pagar sus estudios en la Universidad de Salamanca. Además del dinero, cuando su padre retornó a España en 1498, le «regaló» un joven indio arahuaco para que fuera su criado, entablándose entre ambos muy buenas relaciones. El indígena le habló de los sufrimientos de su pueblo a causa de la explotación a la que habían sido sometidos, por las masacres perpetuadas y por su propia condición de esclavo.

En 1502 muere su padre y Bartolomé viaja con Nicolás de Ovando a la Española para recibir su herencia. Su vida sufre un cambio brusco: de joven ilustrado se convierte en encomendero y puede comprobar por sí mismo todo cuanto le había contado su fiel criado. No es extraño que de sus muchas reflexiones sobre la nueva realidad, surgiera la vocación a la vida sacerdotal.

En 1507 regresa a España y, concluido los estudios, recibe la ordenación sacerdotal en Roma, en 1510.

En su condición de presbítero, regresa a la Española para ocuparse de sus propiedades.

Por entonces conoce algunos frailes dominicos establecidos recientemente en la Isla, a Fray Pedro de Córdoba y a Fray Antonio de Montesinos. De éste último escuchó un sermón correspondiente al cuarto Domingo de Adviento, donde fustigó duramente a los encomenderos por la crueldad y tiranía que usaban con los indios. Las palabras de Montesinos penetraron muy hondo en la conciencia del joven sacerdote.

El Padre Bartolomé era amigo de Don Diego Velázquez y cuando éste recibió la orden de conquistar y colonizar la isla de Cuba, le invitó a acompañarle en calidad de capellán del grupo de Narváez y Grijalba.

Después de la fundación de Baracoa, Velázquez ordenó a Narváez y a Grijalva se dirigieran con rumbo occidental y llegaron al poblado de Cusiba. El Padre celebró la Santa Misa en la ermita levantada por Ojeda y se admiró mucho por la imagen de la Virgen. Les predicó la doctrina cristiana y bautizó a los niños.

Desgraciadamente fueron pocas las narraciones de este tipo durante el oscuro período de la colonización de la Isla que, más bien, se caracterizó por el desalojo, la rapiña y la violencia de todo tipo. La matanza de Caonao es un triste ejemplo del desenfreno de los conquistadores.

Las Casas poseía ahora una encomienda en Jagua, pero las experiencias sufridas mientras acompañó a Narváez le sirvieron para decidirse, finalmente, a renunciar a todas sus posesiones e ingresar en la Orden de Predicadores.

Y, aprovechando la llegada de cuatro frailes dominicos que pretendían establecerse en Santiago de Cuba, les expuso sus criterios y propósitos de defender a los indios.

La fundación no se pudo efectuar, por lo que determinaron regresar a Santo Domingo.

El Padre Bartolomé se unió a ellos, a fin de obtener el apoyo de Fray Pedro de Córdoba, superior de la Orden Dominica en América, para ingresar en ella.

Aunque en el viaje a España se había previsto que fuera acompañado por Fray Gutierre De Ampudia, por haber enfermado éste, le acompaño el propio Montesinos.

Ya en España, el Padre Las Casas logró una audiencia real gracias a las gestiones del Arzobispo de Sevilla, Fray Diego de Deza y de Fray Tomás Matienzo, capellán y confesor del Rey Fernando. En presencia del soberano, el insigne sacerdote pudo exponer sus ideas e inquietudes, mas no consiguió otra cosa que promesas.

La muerte del Rey le obliga a comenzar nuevamente las gestiones. Esta vez, se auxilió de los Cardenales Regentes Cisneros y Adriano –éste último fue más tarde Papa con el nombre de Adriano VI– para exponer su causa ante el joven monarca Carlos V, del cual obtiene, en 1520, la supresión de las Encomiendas.

La alegría duró muy poco para él, pues la negligencia o complicidad de los gobernadores, mantuvo los privilegios de los encomenderos, haciendo ineficaces las Leyes de Indias.

Para denunciar esta dura realidad el Padre Las Casas escribió la *Brevissima relación de la destrucción de las Indias* y la *Historia de las Indias*.

Además de polemista, hay en el incansable Fray Bartolomé defensor de los indios, un magnifico historiador y geógrafo. Carl O. Sauer (1966) considera que «nadie conoció la tierra (del Nuevo Mundo) y los indígenas tan bien y durante tanto tiempo. A Cuba vino como un explorador. Tomó en cuenta, cuidadosamente, de las diferencias en fertilidad, de vegetación y de la vida animal, de la producción de alimentos por los nativos mediante la agricultura pesca y caza. Individuo de notable inteligencia, describía con claridad, y cuidando localizar lo que describía. Su contribución a la geografía humana y física fue extensa. Tuvo una buena memoria para ordenar acontecimientos y participantes. Como escritor dominó el oficio apropiadamente, diciendo cuando parafraseaba, condensaba o citaba una fuente. Estaba consciente de que estaba viviendo en un gran período de la historia y se sentía obligado a conservar las noticias para la posteridad.»

Fray Bartolomé de Las Casas terminó sus días (1566) como Obispo de Chiapas sin cansarse nunca de levantar su voz en nombre de los indios.

El Patronato Regio, ¿ayuda u obstáculo para la evangelización?

El Papa Alejandro VI concedió, por medio de la bula *Inter Caetera* (1493), las gracias que confirmaron el dominio de la Corona española sobre las llamadas Indias occidentales.

Para el año 1501 los descubrimientos realizados hacían suponer que las posesiones de la Corona española serían más que extensas y como todo el proceso de colonización dependía mucho de que esas tierras fueran primero conquistadas y luego trabajadas o explotadas, los Reyes de España solicitaron al Papa Alejandro que se les concedieran los Diezmos y Primicias de las Iglesias que se fundasen en las Indias, comprometiéndose ellos a sostener el culto Divino aplicando dichos diezmos y supliendo lo que faltase, reservándose, eso sí, el derecho de presentar a la Santa Sede a los que debían ser

Obispos y nombrar a los que fuesen a ocupar dignidades, canongías, raciones, curatos y demás cargos eclesiásticos.

Al Papa le pareció conveniente el arreglo propuesto por los Reyes y sin darle muchas dilación al asunto, promulgó en Roma el 15 de septiembre de aquel mismo año, la Bula *Eximiae devotionis*, otorgándoles los diezmos en la forma indicada, quedando así constituido el Patronato Real Eclesiástico de Indias vinculado a la Corona de España por el tiempo que poseyesen los monarcas dichas islas y tierras firmes.

Entre las obligaciones que debían asumir los Reyes Católicos se encontraba la de dar atención a todo cuanto estuviese relacionado con la propagación y conservación de la Fe católica en los nuevos territorios conquistados. Los monarcas españoles manejaron con alto sentido político sus relaciones con Roma.

Para cumplir con esta obligación crearon el Real Patronato o Patronato Regio, organismo encargado de todo lo referente a la vida y obra de la Iglesia en América y Filipinas.

El Patronato se ocupó directamente de la selección de los candidatos para Obispos, del nombramiento de canongías y prebendas, pero dejando a sus Virreyes y Gobernadores de América, bajo en título de Vice –Patronos, el derecho de aprobar o vetar el nombramiento de curas, capellanes y cargos inferiores que le fuesen propuestos y presentados por los Obispos y Gobernadores Eclesiásticos en los casos de Sede Vacante.

Muerta Isabel, el rey Fernando V, menos piadoso que su difunta esposa, pero más previsor y eficaz en el control del poder, obtuvo del Papa Julio II (1503-1513) el derecho permanente de presentación de candidatos para la provisión de mitras.

De esta forma, todos los obispos de la Colonia estaban sujetos al beneplácito de la Corona y, en general, respondieron siempre con fidelidad a ella y, en ella, encontraron el apoyo para sus obras y para solucionar los conflictos entre el poder eclesiástico y el civil

Estas concesiones quedaron ratificadas después entre su nieto, el Emperador Carlos V, y el Papa Adriano (1522-23), su antiguo preceptor.

De acuerdo con los derechos que le otorgaba el Real Patronato, la Monarquía española fue, virtualmente, la administradora de las rentas y bienes de la Iglesia en América.

Al aumentar los territorios conquistados, el Rey no podía dar atención personal a todos estos asuntos. Para mantener este control, creó y encargó al Consejo de Indias (Sevilla, 1524), para que se ocupara, en su nombre, de los asuntos eclesiásticos.

El Consejo, de acuerdo con los Vice-Patronos, designaba a los párrocos, vicarios, capellanes, sacristanes mayores y demás personal eclesiástico; además se encargaba de erigir las nuevas parroquias, autorizar las fundaciones religiosas y prioratos y determinar donde se hacían. En fin, debía asumir toda la dirección de todo el complejo sistema eclesiástico.

Nos preguntamos si esta organización establecida para el desarrollo de la obra evangelizadora en América sirvió, de verdad, a su encomienda. Creemos que no.

Los datos recogidos por la Historia nos lo reafirman. Los enfrentamientos entre los obispos y los gobernadores fueron tan abundantes que crearon un ambiente de inestabilidad, reforzado por períodos, más o menos largos, de sedes vacantes; sumémosle los períodos en los que el Obispo declaraba en entre dicho ciudades o territorios; la poca atención del gobierno civil a las necesidades pastorales y la negligencia o complicidad ante las situaciones de inmoralidad.

Fray Juan de Witte Hoose

SE ORGANIZA LA IGLESIA EN EL SIGLO XVI

El primer Obispo de Cuba y los demás que le sucedieron
Desde el siglo XVI, con *De Orbe Novo* del Presbítero Pedro Mártir de Anglería, hasta bien entrado el siglo XX, varios historiadores han sostenido que el primer Obispo nombrado para la nueva diócesis de Cuba se llamó Fray Bernardo de Mesa, de la Orden de Santo Domingo.

Muchos son los documentos que así lo refieren (*Bulario de la Orden de Predicadores*, tomo cuarto; Gil González, "*Teatro Eclesiástico*"; Escritos del Dr. Pérez Cabrera) Pero, recientemente y como fruto de una profunda investigación en los Archivos de Sevilla y del Vaticano, el Padre Lebroc demuestra que Mesa nunca fue nombrado Obispo de Cuba.

El supuesto segundo Obispo, Fray Julián Garcés, O.P., aparece en la *Historia de la isla y Catedral de Cuba* del Obispo Morell de Santa Cruz, como el sucesor de Mesa cuando éste renuncia a la sede.

Sin embargo, la fuente común del Bulario de la Orden de Predicadores y las Actas Consistoriales de León X, lo sitúan como primer Obispo de México cuya sede fue erigida el 24 de enero de 1519, pero nunca lo nombran como Obispo de Cuba. Otro tanto declara Carlos V, quien habla de sus virtudes y condición de simple Presbítero de la Orden de Santo Domingo, es decir, no hay referencia a ninguna condición episcopal previa. Ciertamente que el Obispo de Burgos y Presidente del Consejo de Indias, de apellido Fonseca, hizo grandes presiones para que ocupara la sede vacante de Cuba, pero todo parece indicar que la solicitud de la Archiduquesa Leonor, hermana mayor del Emperador Carlos V, tuvo más peso que la de Fonseca, recayendo el nombramiento en el Obispo Witte.

Esta tesis defendida por el R.P. Francisco Vázquez, O.P. y avalada por los documentos antes señalados, como la del Padre Reinerio Lebroc Martínez en su libro *Episcopologio Cubano*, nos parecen las más cercanas a la historia documentada y no a ciertas tradiciones cargadas de errores que se han ido copiando a través de los siglos.

Por tanto, no podemos hablar de Bernardino de Mesa como el primero de los Obispos nombrados para Cuba, ni tampoco de Garcés como el segundo.

Carlos V solicitó al Papa León X, la creación de la Diócesis de Cuba. Para ello, el Papa emitió la bula Super Specula Militantis de 11 de febrero de 1517 y situó la sede en la primer villa fundada por Velázquez, con el título de Nuestra Señora de la Asunción. El nuevo Obispado dependía de la sede Metropolitana de Santo Domingo y su jurisdicción abarcó toda la isla de Cuba y, sucesivamente, la isla de Jamaica y la península de La Florida.

Para ocuparla designaron al dominico Fray Juan de Witte Hoose, natural de Flandes, gran amigo del difunto rey Fernando y de la Archiduquesa Leonor, hermana mayor del Emperador Carlos V.

Sobre su fecha de nombramiento parece que debe situarse entre 1517 y 1518 dada una Real Cédula dirigida a Diego Velázquez, que por error se le nombra como «nuestro capitán y gobernador» por el joven Rey Carlos donde, entre otras cosas, le dice:

[...]muy sancto padre ha proveído del obpado de esa isla al rev yn Xpo padre don Juan de Ubitte y ha enviado en su favor las bullas dla dicha provisión[...]¹

Antes que tomara posesión, el rey pidió al nuevo Papa Adriano VI –el Cardenal Adriano de Utrech, Holanda, su preceptor–, el traslado de la sede episcopal a la ciudad de Santiago de Cuba; era el año 1522. Santiago de Cuba se presentaba como una villa con muchas más posibilidades de desarrollo y porque era ya la capital de la Isla. Roma aceptó la solicitud poniéndola bajo el patrocinio del Apóstol Santiago.

El Obispo Witte hizo la erección canónica desde Valladolid y designó las dignidades del Cabildo (1521-23) pero nunca viajó a Cuba. Renunció a la sede en 1525 y se trasladó a Francia para ocupar el cargo de Capellán y Confesor de la reina Leonor, esposa de Francisco I.

Cuando murió en 1540, dejó en herencia una Cátedra de Teología con el título de Cuba en el convento de Santo Domingo de Brujas, su ciudad natal.

En 1528 designaron a **Fray Miguel Ramírez de Salamanca O.P.**, natural de Burgos y que, por entonces, ocupaba el cargo de Abad de Jamaica. Fue consagrado por el Cardenal Alfonso Manrique, Arzobispo Hispalense y asistido por Bartolomé del Río, Obispo de Scala y por Luis de Vivaldis, Obispo Titular de Arbe, en la Iglesia del Convento de San Pablo de los Dominicos en Sevilla, en 1533.

Al llegar a Santiago se encontró con que no tenía Catedral, pues ésta, que era de tabla y guano, había sido destruida por un incendio. Mientras tanto debió conformarse con celebrar en la pequeña ermita de Santa Catalina. Cuatro años demoró para iniciar la construcción de un templo de piedra y tejado. Los trabajos concluyeron en 1532, año en que viajó a España para ser consagrado. Estuvo en Cuba como Obispo electo sin consagrar. Falleció en 1534.

---

¹ Tordesillas 18.1.1518. Archivo General de Indias, 419 Legajo 7.

El Obispo Ramírez tropezó con la ineficacia del Patronato Regio ya que, no sólo no le ayudó en la construcción de la Catedral, sino que le rebajó las entradas del 3 por 10 al 1 por 10.

Los dominicos no encontraron las debidas condiciones para establecerse en la Ciudad y se marcharon. Pero los franciscanos decidieron hacerlo y fundaron su convento en 1531, gracias a la ayuda brindada por la población santiaguera.

Aunque de pena decirlo, el Obispo Ramírez de Salamanca estuvo muy implicado en el mal manejo de la cuestión de las encomiendas de indios. De hecho era beneficiario por trasmano de una cuantiosa encomienda.

Fray Miguel Ramírez de Zalamanca

De él escribió al Emperador el Lcdo. Vadillo en su informe de 24 de noviembre de 1532 sobre la situación de los indios:

[...]Hallé cien indios en experiencia en el Bayamo, 25 leguas de Santiago; ningún provecho sacó dello, salvo a un clérigo que llevaba el provecho de los que granjeaban los indios, los que estaban maltratados, sin tener que comer y con poco sosiego.

Proveyó V.M. protector al Obispo con facultad de crear visitadores generales los que pueden condenar hasta 50 pesos. Esto y quel

Gobernador y Protector tengan cargo de repartimiento, trae muchos daños; sus criados son los visitadores; los hacen para aprovecharles y son los robadores de indios y españoles[...]

El clérigo al que hacía referencia el Lcdo. Vadillo era Francisco Guerrero de conducta inescrupulosa

La renuncia y partida del Obispo coincidió con una etapa difícil para la Isla:

La economía disminuyó a la par que la población y, lo peor de todo, la obra misionera se estancó afectándose así, el desarrollo de la vida espiritual de los habitantes de la Diócesis.

Una mirada al siglo XVI en Cuba

No pasó mucho tiempo para que los primeros colonizadores se dieran cuenta de que en Cuba escaseaba mucho el oro, por lo cual, muchos de ellos haciendo caso omiso a las leyes que les prohibían abandonar sus tierras, se marcharan, con Hernán Cortés, a conquistar los territorios de Imperio Azteca.

Toda esta generación de españoles respondía al ambiente de reconquista dejado en España, después de finalizada la guerra contra el último bastión árabe en Granada.

Terminado el período de la Conquista de América se presentó un elemento nuevo en la vida de las colonias. Algunas de las naciones europeas que no entraron en la repartición de tierras concedida por el Papa Alejandro VI a España y a Portugal, manifestaron su protesta creando la Patente de Corso (gracia otorgada por los monarcas a determinados súbditos que, en nombre de su rey, debían hostigar las posiciones españolas y portuguesas en América).

Los corsarios franceses, ingleses y holandeses asediaron ciudades y asaltaron las flotas cargadas de oro y mercancías que debían desembarcar en los puertos de Sevilla y Cádiz. El mar Caribe se convirtió en el nuevo escenario de guerra entre las potencias europeas.

A la acción de los corsarios se sumaron la de los piratas, filibusteros y bucaneros que realizaban todo tipo de pillaje por cuenta propia y tenían sus bases de operaciones en algunas de las Islas Bahamas y en Isla de Pinos.

Coincide con este período de la Historia universal, la aparición del Protestantismo luterano y calvinista, al cual, se añadió el Anglicanismo con toda una fuerte carga anticatólica. Así, religión, política y economía se unían en una mezcla difícil de separar. Si los conquistadores españoles llevaban dentro su fe católica, los corsarios y piratas, en su gran mayoría, llevaban la protestante, aunque, ninguno de ellos fueran los mejores exponentes de la fe cristiana.

- Entre ellos cabe destacar a los piratas franceses Jacques de Sores. Gilberto Girón y De la Roque conocido también por Baal, que acosaron las costas y algunas ciudades de la Isla en los dos primeros tercios del siglo XVI; y los corsarios ingleses John Hawkins y Francis Drake que hicieron otro tanto y se «paseaban» tranquilamente por algunos parajes de los cayeríos o bahías como la de Matanzas donde, por entonces, sólo moraban algunas familias campesinas aisladas de la organización colonial y que mantenían un buen negocio de intercambio ajeno a las leyes establecidas por España.

El elemento religioso de la llamada unidad europea se había roto, creando bloques opuestos que, bajo la bandera de su credo, luchaban entre sí. No es de extrañar, pues, que para el español de América –peninsular o criollo– el corsario o el pirata, además de ser un enemigo agresor era un hereje. Los españoles de la primera mitad del siglo XVI vivían dentro de un mundo de militancia religiosa que les infundía una gran dosis de energía vital.

Al avanzar el siglo, el hereje no fue sólo un enemigo de la fe sino, también, un enemigo del ordenamiento de la sociedad representado por el Rey. El hecho de que los corsarios que tomaron La Habana en 1555 y Santiago de Cuba en 1585, se ensañaran contra los templos y las imágenes, provocó en el colono español y criollo una identificación entre la defensa de su fe y de la Patria, entonces representada en la Monarquía y concretizada en su tierra.

Por eso la Iglesia se constituye en el centro de la vida civil del pueblo de la Colonia. Así, los habitantes de Santiago de Cuba no tuvieron a menos gastar cuatro mil pesos oro para construir su primera iglesia en 1532. El templo fue edificado con cal y canto, cubierta de madera y tejas, cuando la mayoría de las casas eran de tabla y guano.

Lo mismo ocurría en La Habana de la segunda mitad de siglo. Mientras se construía el castillo de La Fuerza nueva (1577) para la defensa contra el enemigo hereje, se levantaban la Iglesia Mayor de San Cristóbal y los monasterios de San Francisco y de Santo Domingo como si fueran fortalezas para luchar contra el poder del Demonio.

Para los vecinos de éstas y de otras villas, el asistir a la Misa dominical constituía una ocasión especial de reunión. El Santo Sacrificio Eucarístico se celebraba con la mayor solemnidad posible en presencia de las principales figuras de una sociedad que iba creciendo en forma estratificada; en las primeras filas se sentaban los jefes del gobierno y del ejército junto con los hacendados y comerciantes notables, las damas iban acompañadas por sus esclavas y el resto de la población ocupaba cuanto quedaba de la nave. Todos, bajo un mismo techo, participaban de la misma y única Eucaristía.

Allí se facilitaba la comunicación de las últimas noticias llegadas de la Península o de Tierra firme, de los acuerdos del Cabildo o de las disposiciones del Obispo; y todo se hacía en forma de pregón al finalizar la celebración.

La carencia de oro se suplantó con el desarrollo de la ganadería y de la tenería como su industria derivaba más importante, así como la de la carne salada o tasajo.

Por aquel entonces, la isla Cuba se convirtió en una gran exportadora de estos productos.

Pero lo que influyó en su crecimiento e importancia fue la posición geográfica privilegiada de la bahía de La Habana.

Con la conquista de los territorios continentales, especialmente los del Virreinato de la Nueva España (el Imperio Azteca-México) y el Virreinato del Perú (el Imperio Inca), la villa de San Cristóbal de La Habana pasó a ser el puerto obligado de todas las flotas españolas que venían o iban a Sevilla. El tránsito continuo de una población flotante y la estadía de los barcos en el puerto habanero para su abastecimiento, trajo consigo cambios sociales y económicos.

La Iglesia debió tomar medidas fuertes para que el fervor religioso de sus fieles no se viera afectado por el interés pecuniario y las atenciones mundanas.

El Cabildo intervino con un edicto fechado en 13 de enero de 1567 en el que se disponía que [...] Ningún bodegonero, ni tabernero, ni tendero, antes de misa los domingos y fiestas de guardar, no tengan sus tiendas abiertas ni en de comer antes de misa.[2]

¿Qué pasó con las villas fundadas por Velázquez?

Si Santiago de Cuba, que era la capital de la Isla, se encontraba en pésimas condiciones, ¿cómo se encontrarían las demás villas fundadas por Velázquez?

Respondemos a esta pregunta hablando de **Trinidad**. Esta villa fue fundada en la región indígena de Guamuhaya, el 25 de diciembre de 1513.

El fraile dominico Fray Juan de Tesín celebró la primera misa en un altar improvisado bajo un jigüe. Como ocurrió con otras villas, el lugar de funda-

---

[2] Actas Capitulares del Ayuntamiento de La Habana. Tomo II, pág. 39.

ción cambió; así, al año siguiente se informaba al Rey del traslado de ésta a " un lugar saludable donde el cielo era claro y el aire puro y suave."

A finales de ese año y procedente de Santiago de Cuba, llegó Hernán Cortés, y luego de doce días de permanencia se llevó a un buen numero de vecinos españoles e indios, en su afán de salir a conquistar el Imperio Azteca. Con esta acción, estaba enfrentándose a la autoridad de Velázquez que se oponía al abandono de la Isla por parte de los colonos.

El Adelantado reclutó al resto de los vecinos para perseguir a Cortés. De los que regresaron, una parte se fue con Vasco Porcayo de Figueroa a fundar **San Juan de los Remedios del Cayo** y, después, marcharon con él a la Florida.

Para el año 1534 se reportaban sólo once o doce vecinos y un fraile de la Merced que les decía misa en un pequeño bohío. El Obispo Sarmiento no se preocupó por llegar a la villa, pues le informaron que ya no estaba habitada (1544).

Doce años después, el Gobernador Mazariegos reportaba la existencia de seis pueblos de españoles, ignorando la existencia de Trinidad.

Al parecer fueron los indios los que mantuvieron su condición de villa pues, en 1570, el Obispo Castillo expresaba que en Trinidad vivían 50 indios casados y conservaban la iglesia pero no tenían sacerdote que les atendiera. No es hasta 1585 que existió una Parroquial Mayor con su Primer Libro de Bautismos.

La suerte de **Bayamo** fue otra. Esta villa conoció un incipiente pero progresivo desarrollo gracias a su posición no tan cercana a la costa. Esta lejanía la libraba de los ataques de piratas pero no la privaba del comercio porque, por entonces, el río que pasaba muy cerca de ella, poseía un caudal suficiente para la navegación de barcos de mediano tamaño.

Otro beneficio era la distancia que le separaba de la Capital y de los ojos del Gobernador.

Con estas condiciones, se desarrolló el comercio de contrabando entre sus vecinos y los filibusteros.

Santa María de Puerto Príncipe fundada originalmente en un lugar de la costa norte conocido por Punta del Guincho (Nuevitas), en 1514, se trasladó a Caonao en 1516 y su iglesia fue incendiada por los indios en 1528.

Su último establecimiento fue el cacicazgo de Camagüey en el centro del territorio más occidental de la región oriental. A pesar de su situación precaria, sus vecinos lograron edificar en piedra su Iglesia Mayor, en 1530. Sorprende que la villa fuera pobre, pues poseía grandes extensiones de bosques donde abundaban las maderas preciosas. ¿Qué pasó con esos bosques? Los árboles fueron talados, en su mayoría, y la madera exportada a la

Península para la construcción del Escorial, última residencia del monarca Felipe II.

En esta villa encontramos, de nuevo, a Don Vasco Porcayo de Figueroa, como ocurre con Sancti Spíritus.

De él se sabe que fue uno de los acompañantes de Velázquez y, quizás, el más rico y cruel de los encomenderos. Sus posesiones abarcaban casi todo el Camagüey llegando hasta la actual provincia de Santa Clara. En ese territorio funda estancia con su ermita y la llamó **Santa Cruz de la Sabana**, núcleo de la futura población de San Juan de los Remedios.

De **Sancti Spíritus**, diremos que corrió la misma suerte que Santa María de Puerto Príncipe; asimiló la población española de Trinidad hasta los años ochenta del siglo XVI y fue zona de monteros y de ganado vacuno y caballar que crecía salvaje en los pequeños bosques y sabanas.

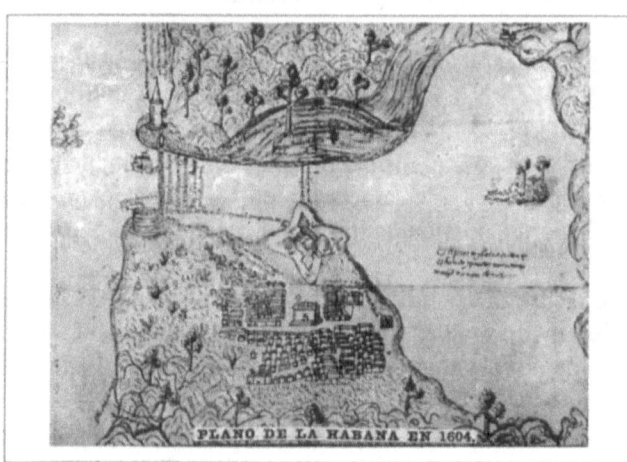

Plano de La Habana en 1604

En cuanto a la villa de **San Cristóbal de La Habana**, podemos afirmar que fue la más agraciada de todas las villas y terminó siendo, a principios del siglo XVII, la capital de la Isla y habiendo obtenido la gracia real de ser considerada Ciudad a finales de siglo XVI.

Además de las primeras siete villas, se crearon otros poblados ocupados por los grupos de indios que subsistieron al sistema de las Encomiendas. Estos pequeños poblados llegaron a ser, en los siglos siguientes, ciudades y pueblos de importancia, otros, desaparecieron.

Al finalizar el siglo XVI eran éstos: Yateras, Maysí, Juraguá, El Cobre, El Caney, Jiguaní, Yara, Sevilla, Holguín, Jobabo, Caonao, Yaguahay,

Canarreo, Jaruco, Guanabo, Tarará, Guanabacoa, Batabanó, Marien, Cabañas y Guaniguanico.

Todos ellos fueron visitados, de forma esporádica, por algún que otro fraile, generalmente franciscano, que se atrevía a andar por aquellos lugares carentes de comunicaciones.

De lo que sí podemos estar seguros es que en aquellos pequeños pueblos se habló de Cristo y se enseñó la doctrina cristiana, se transmitió la nueva cultura y se edificaron ermitas, que más tarde, se convirtieron en Iglesias y Parroquias.

El problema del indio

Aunque nos pareciera increíble, en los años posteriores al descubrimiento del Nuevo Mundo –como le llamara el humanista Pedro Mártir de Anglería– se suscitaron una serie de discusiones acerca de la naturaleza de los aborígenes conocidos como indios. Algunos filósofos y teólogos sostenían que los indios eran seres sin alma, colocándolos, así, en un nivel de animalidad especial.

Esta idea perniciosa venía como anillo al dedo a todos los que pretendían despojarles de sus derechos y someterlos a los más duros trabajos, ignorar sus diferentes culturas y eliminarles cuando hiciera falta, sin que sus conciencias se sintieran afectadas.

Gracias a los valores cristianos presentes en la cultura hispana y la tradición católica iluminada por la teología de San Agustín y de Santo Tomás de Aquino; pensadores eclesiásticos como Suárez y Victoria, defendieron al indio como parte de la humanidad y, por tanto, con todos los derechos que la dignidad humana les otorgaba.

Desde América, hombres de Iglesia como Fray Bartolomé de las Casas y el Obispo Sepúlveda, defendieron concretamente esos derechos enfrentándose a conquistadores y encomenderos y denunciándolos ante la Corte.

En 1537 y a solicitud del Obispo Fray Julián Gargés, el Papa Pablo III emitió una bula en la que proclamaba a todo el mundo cristiano:

[...] Conociendo que aquestos mismos indios, como verdaderos hombres, no solamente son capaces de la fe de Cristo, sino que acuden a ella, corriendo con grandísima prontitud, según nos consta; por el tenor de las presentes determinaciones y declaramos que los dichos indios, y todas las demás gentes que de aquí adelante vinieren á noticia de los cristianos, aunque estén fuera de la fe de Cristo, no están privados, ni deben serlo de su libertad, y del dominio de sus bienes, y que no deben ser reducidos a servidumbre. Declaramos que los dichos indios y las demás gentes han de ser traídos y convidados á la dicha fe de Cristo, con la predicación de la palabra divina, y con el ejemplo de la buena vida. [...]

Por una Real Cédula de 15 de febrero de 1528 dirigida la provincial de los Franciscanos en La Española, Fray Pedro Mexía de Trillo a quien se le ordenó fuera a Cuba, el Rey revelaba que:

[...]porque somos informados que en la isla Fernandina los indios... son muy maltratados por las personas que los tienen encomendados y que allí hay mas necesidad de remedio que en otras partes al presente[...]

[...]Para descargo de nuestra conciencia hemos acordado que todos los indios en que hubiere habilidad y capacidad para poder vivir por sí en pueblos, en orden y manera de cristianos y en paz, se pongan en libertad... y les sea predicada nuestra santa fe católica[...]

Desgraciadamente, abundó más la desobediencia que el fiel cumplimiento de las Disposiciones papales y de las Leyes de Indias. La conquista y la colonización siguieron adelante con todos sus abusos e injusticias para con los pobladores originales de nuestro Continente y, aunque se predicó la Palabra, los ejemplos de vida dados por la mayoría de los colonizadores provocaron serias contradicciones que se arrastraron durante todo el período de la Colonia.

Un Obispo con muy pocos fieles

Después de la renuncia del Obispo Ramírez de Salamanca a la sede cubana y de su traslado a España, el Gobernador de la Isla, Don Manuel de Rojas, informaba al Rey del estado de desolación en que se encontraba la Colonia. La población española y la indígena había disminuido notablemente y los recursos económicos, igual. En toda la Isla había sólo catorce sacerdotes. Tal era la situación, que se pensó convertir la Diócesis en Abadía.

Cuatro años demoró el Consejo de Indias para presentar un nuevo candidato para ocupar la sede vacante.

En 1536 arriba a Santiago de Cuba el nuevo Gobernador, Hernando de Soto, acompañado del nuevo Obispo, Fray Diego de Sarmiento de la Orden de los Cartujos, natural de Burgos.

De Soto traía un plan preconcebido para conquistar La Florida y, en cuanto pudo, organizó su expedición.

Se comentaba que en La Florida abundaban riquezas y, lo más importante, una fuente cuyas aguas devolvían la juventud. Un buen número de españoles se enrolaron en la expedición, entre ellos, Don Vasco Porcallo de Figueroa que fue uno de los pocos que regresaron.

La esposa de Don Hernando, Isabel de Bobadilla, quedó al frente del gobierno esperando infructuosamente el retorno de su esposo que, como tantos, murió sin encontrar la legendaria Fuente de la Juventud.

Fray Diego, sin embargo, venía a ocupar su sede con mucho ánimo pastoral y la encomienda de atender al buen trato de los indios, asegurando el adoctrinamiento de éstos.

Fue el primero en visitar toda la Isla a pesar de las muchas dificultades que encontró.

En el mismo año de su llegada, el corsario francés Richard saqueó y quemó Santiago de Cuba. Otro tanto hizo con La Habana, en 1538, el pirata Baal, hecho que repitió en 1545.

Entre los pocos sacerdotes con que el Obispo contó para ejecutar sus proyectos pastorales, se encontraba el Presbítero Don Miguel de Velázquez, canónigo de Santiago que había nacido en esa ciudad y debió ser pariente cercano de Don Diego Velázquez, como fruto del matrimonio de español con india cubana. Fue enviado a estudiar a España –Sevilla y Alcalá de Henares– y, a su regreso, enseñó gramática y se encargó de tocar el órgano y del canto litúrgico. Está considerado, sin lugar a dudas, como el primer sacerdote y el primer maestro nacido en Cuba.

Hay un texto del Padre Velázquez, refiriéndose a Cuba, que dice: *«Triste tierra, como tierra tiranizada y de señorío».*

Cintio Vitier, en su obra *Ese sol del mundo moral*, comenta el texto y ve en él «el primer chispazo de conciencia moral autóctona en los comienzos de una historia dominada por la codicia y la crueldad...»

Del Padre Miguel Velázquez, dijo el Obispo, que era hombre de vida ejemplarísima.

Sarmiento fue acusado al Rey por el Alcalde de Santiago, Lcdo. Bartolomé Ortíz, de prodigar ordenaciones de corona. Esta era una de las formas de obtener inmunidad ante las arbitrariedades de los gobernadores, pues los que la recibían –la clerical tonsura– se situaban bajo la jurisdicción eclesiástica, pero, también, recibían una pequeña prebenda. Aquí el texto de la acusación:

> [...]Ordena de corona a niños no de siete años y aun a mestizos hijos de indias, que son criados y mozos que sirven a otros; y a otros que son hombres, teniendo por cierto que no se ordenan para se ordenar de más ordenes[...]

Terminada su visita, el Obispo rindió el informe debido al Emperador, dibujando un paisaje verdaderamente desolador, sin más consuelo que la pronta terminación del castillo de la Fuerza en La Habana, en 1540, primera construcción de este tipo que proporcionaría cierta protección a la población habanera contra la barbarie de los corsarios y piratas que, por entonces, le acosaban.

Los continuos enfrentamientos con el Gobernador Dávila y con el Cabildo de Santiago, que muy poco respeto manifestaban al Prelado, lo llevaron a solicitar la renuncia de la Sede. Aceptada ésta, murió en Sevilla el 30 de Mayo de 1547.

La postura del Obispo quedó bien clara, pues ese mismo año, el Gobernador Don Juan de Dávila fue enviado preso a España a causa de sus muchas inmoralidades y desafueros.

La poca atención, que por entonces, prestaba el Regio Patronato a los problemas eclesiásticos de Cuba, se hizo sentir con la demora de seis años para nombrar un nuevo Obispo.

Saqueo de una Iglesia por los piratas

El primer Obispo sepultado en Cuba

Fue en 1551 que nombraron al Dr. Don Fernando de Uranga, del clero secular y natural de Guipúzcoa, Euskadi. La nueva responsabilidad lo sacó del ambiente apacible en que vivía como maestro de Teología en la universidad de Salamanca y le colocó en el ambiente adverso de la isla de Cuba, empobrecida económica y humanamente y atacada por piratas y corsarios.

Después de tomar posesión de la Diócesis se empeñó, de inmediato, en la obra de reconstrucción de las iglesias de Bayamo y Baracoa. La de Bayamo quedó destruida, como el resto de la villa, por un fuerte terremoto ocurrido en el año de su llegada y la de Baracoa, incendiada por los piratas.

Al año siguiente, el corsario francés Jacques de Sores tomó por asalto la ciudad de Santiago de Cuba, saqueándola e imponiéndole al Obispo la alta suma de 80,000 pesos como rescate pues, de lo contrario, la destruiría. En aquellos momentos se encontraba en la fase terminal la reconstrucción del templo. Se había invertido sumas considerables y, ahora, se añadía el monto de la extorsión. Muchos fueron los esfuerzos del Prelado para lograr, primero, el rescate y, después, su terminación.

En 1555, Sores ataca La Habana y a pesar de estar concluida la construcción del castillo de La Fuerza, toma la ciudad y la entrega al saqueo, ensañándose en la Parroquial Mayor, a la cual, despojó de sus tesoros. Este era el único templo de la ciudad construido con muros de mampostería y techo de tejas y se había terminado de construir en 1553.

Los sufrimientos del Obispo se atenuaron con la consagración de su Catedral. Las dos ciudades más importantes de la Isla tenían templos dignos y esto se logró gracias al esfuerzo y la generosidad de los fieles y de su Pastor.

Por entonces existía la costumbre de enterrar en las iglesias y los conventos –costumbre de permaneció hasta las primeras décadas del siglo XIX–. Y cuando el Obispo Uranga falleció en Santiago de Cuba, en 1556, sus restos fueron colocados en la Catedral, siendo así, el primer Obispo enterrado en su sede.

Lo mismo ocurría en La Habana con el Gobernador Gonzalo Pérez de Angulo que falleció en ese año y fue sepultado en la Parroquial Mayor. El Gobernador fue uno de los que más se empeñó en la construcción y embellecimiento del templo habanero, lo cual quedó expresado en el informe que de él se hizo:

> [...] Por su persona ha andado pidiendo
> limosnas e por haber siempre hecho
> buenas obras a la dicha iglesia[...]

Los últimos Obispos del Siglo XVI

El Patronato demoró tres años en nombrar un nuevo Obispo. El 20 de abril de 1559 designaron para ocupar la sede al Dr. Bernardino Villalpando de los canónigos regulares de San Agustín, nacido en Talavera de la Reina.

Realiza una visita pastoral a la Isla. La Misión de la Florida pasa a formar parte del Obispado de Cuba.

En 1565 lo trasladaron a la sede de Guatemala donde muere cuatro años después.

La Habana se convierte, de hecho, en la Capital de la Isla.

El gobernador Dr. Gonzalo Pérez de Angulo había trasladado su residencia de Santiago de Cuba a La Habana en 1549; por este motivo, la capital oficial quedó desamparada y a merced de los ataques de corsarios y piratas, como referimos en el caso de Jacques de Sores.

En 1565, el nuevo gobernador, Don Diego de Mazariegos, se instaló en La Habana, pero esta vez lo hacía con propiedad, es decir, venía acompañado de la Disposición Real de constituir a la ciudad de San Cristóbal de La Habana como capital de la Isla de Cuba, y si bien no fue hasta 1607 que quedó definitivamente declarada Capital General, ya de facto comenzó a serlo.

Los Obispos siguieron la costumbre del gobierno civil. Uranga se había trasladado a Bayamo y situado allí su sede cuando el ataque del corsario francés, aunque después regresara a Santiago. Los que le sucedieron, prefirieron la nueva capital.

El primer hospital de La Habana

Para aquellos hombres y mujeres, habitantes y gestores de nuestras actuales ciudades y pueblos, fieles y pecadores miembros de la Iglesia Católica, la sociedad era una y era cristiana. Así instituciones como la Iglesia, el Ayuntamiento y el hospital podían servirse mutuamente en espera de tiempos más prósperos en los que pudieran construirse edificios más dignos y funcionales que los que se tenían antes del 1538, en una insipiente ciudad como la de San Cristóbal de La Habana.

Hubo pues, una primera edificación de paredes de tablas y techo de guano que sirvió de hospital, de capilla y de lugar de reunión del Cabildo.

En aquel lugar se celebraba la Santa Misa mientras concluían la construcción de la primera Iglesia Parroquial, se reunía el Alcalde con el Cabildo mientras terminaban la Casa consistorial y, además se atendían a los enfermos en un supuesto hospital que llamaron de San Francisco y que fue destruido por el pirata francés Jacques de Sores en 1555.

Este primer hospital tenía su fuente de ingresos, en su mayor parte, en las limosnas que depositaban espontáneamente los transeúntes o las que se recogían en la Misa Mayor.

El Cura Don Juan Díaz Aldeano de Mendoza, recorría los domingos la población habanera recogiendo limosnas para el hospital.

Según la historiadora Irene A. Wright en su obra *Historia Documentada de San Cristóbal de La Habana en el siglo XVI*, publicada en 1927, el hospital destruido debió pasar a formar parte de las posesiones del Obispo de las Cabezas Altamirano, porque en aquel lugar estableció el primer seminario pero, al irse el Obispo, la obra perdió importancia por lo cual, después de determinarse que lo atendieran los «juaninos» o Hermanos de San Juan de Dios como hospital, los soldados desalojaron a los colegiales.

Al parecer, este antiguo edificio se encontraba en el lugar que hoy ocupa la calle Mercaderes entre las calles del Obispo y de O'Relly, es decir, detrás del Palacio de los Capitanes Generales y delante del antiguo Convento e Iglesia de Santo Domingo.

Un dato musical

En las dos últimas décadas del siglo XVI existía una orquesta en la ciudad de Santiago de Cuba que se componía de dos tocadores de clave o clavicordio, un joven sevillano, tocador de violón, y dos negras libres, dominicanas, tocadoras de bandola, llamadas Teodora y Micaela Ginés. Esta orquesta tocaba, también, en las iglesias.

Corresponde a esta época la pieza musical de carácter popular más antigua que se haya compuesto en Cuba, conocida como La Ma Teodora.

El Obispo Castillo

A los tres años de la partida del Obispo Villalpando, designaron como nuevo Obispo al Pbro. Don Juan del Castillo, del clero secular, natural de Burgos y doctorado en Teología en Sigüenza y en la universidad de Salamanca donde ejerció el magisterio.

Llegó a Cuba en enero de 1568. Bajo su gobierno pastoral se erigieron ermitas en los poblados indios de Los Caneyes, Managuabo, Mayarí Arriba y Jiguaní.

El Obispo Castillo realizó una visita pastoral a la Isla e informó al Rey del estado deplorable en que se encontraba su obispado. Esta fue, quizás, la etapa colonial más crítica en materia de economía sumándosele, además, un aumento de los ataques de piratas y corsarios.

La visita pastoral se extendió desde el mes de agosto de 1569 hasta el de abril del 70. La población española alcanzaba la cifra de 157 vecinos. Las ciudades de Baracoa, con 8 españoles muy pobres y 17 indios casados, la de Santiago de Cuba, con 32 vecinos y el poblado de Los Caneyes con 20 indios.

Según el informe del Obispo, Bayamo era el mejor pueblo de la Isla, muy sano y con muchas haciendas, con 70 vecinos españoles y 80 indios casados.

En las villas que visitó no había libros de bautismo ni de matrimonio y, en muchas de ellas, faltaba el sacerdote.

En 1570, el Obispo pide al Cabildo habanero que agilicen las obras de reconstrucción de la Parroquial Mayor. Las obras se realizaron gracias al legado que para ello dejó Don Juan de Rojas, uno de sus vecinos más ricos.

En 1574 se acabó de cubrir la nave con techo de tejas y, al año siguiente, se concluyó la torre de tres cuerpos.

Franciscanos y Dominicos fundan en La Habana

Fue en 1570 cuando los Franciscanos llegaron a La Habana. El referido Juan de Rojas les apoyó en la realización del plan de construcción de su Convento. A la muerte de éste, el Prior de la Comunidad, Fray Francisco Jiménez, entró en litigios con el sobrino y heredero de Rojas por no querer dar cumplimiento al testamento de su difunto tío.

Con la conclusión de las obras de la Parroquial, en 1575, los Franciscanos lograron la licencia necesaria para iniciar la construcción del convento. En junio de 1579, compraron el solar y la casa de Mateo Sánchez, que lindaba con el mar y el embarcadero de Ambrosio Hernández y emprendieron la obra que no concluyó hasta el año 1591.

Los Padres Dominicos llegan a la Capital en el año 77 y, al año siguiente, presentan la solicitud de construcción de su convento al Cabildo habanero. Obtenido el permiso, inician los trabajos de construcción del Convento de San Juan de Letrán, siendo Prior de la comunidad, Fray Andrés Denís. Lo que comenzó con una casa y capilla terminó siendo, muchos años después, la sede de la primera universidad de Cuba.

Con estas dos construcciones se resolvía el problema de los frailes distraídos que, llegando con las flotas a la Ciudad, tenían que hospedarse en mesones e tabernas e posadas indecentes y no conformes a su religión y hábito.

La Parroquia de Guanabacoa y otras ermitas

Al Este de la bahía de La Habana se encontraba el poblado de Guanabacoa fundado, en 1556, por Hernán Manrique de Rojas a partir de un núcleo poblacional de indios.

Cuando el Obispo Castillo lo visitó, encontró 60 indios y un sacerdote, pero no tenían iglesia, por lo cual, mandó que se erigiera una ermita —construida de tabla y guano— y la nombró Iglesia Auxiliar de la Parroquial bajo el título de la Asunción de Nuestra Señora la Virgen María, el 15 de agosto de 1578. Las iglesias auxiliares funcionaban en la práctica como parroquias; en ella se celebraban todos los sacramentos y se llevaban los libros de Bautismo, Matrimonios y Defunciones.

La ciudad de San Cristóbal de La Habana poseía algunas ermitas.

La de Nuestra Señora del Buen Viaje fundada a mediados del siglo XVI cerca del lugar que ocupa la actual Parroquia del Cristo.

La del Humilladero (1559) en el barrio de Campeche lugar que ocupó, más tarde, la Iglesia y Hospital de Paula. En 1574, el Cabildo concedió la merced de un terreno para la ermita de San Sebastián por solicitud que hicieran los vecinos Francisco Dávalos y Alonso Rojas. Esta se levantó en el lugar conocido por La Anoria en los territorios del Campo de Marte y llamada, después, de Guadalupe.

En 1570 y en el barrio de La Ciénaga comienza a funcionar una humilde casa hospital para pobres y negros bajo la tutela de los Santos Apóstoles Felipe y Santiago; tres años después, levantaron una ermita junto al pequeño hospital, dedicada a los mismos Patronos. De aquí surgiría, a principios del siguiente siglo, la primera Comunidad de Hermanos Hospitalarios y el Hospital de San Juan de Dios.

El incansable Obispo Castillo intentó visitar la Florida pero no pudo hacerlo, sin embargo, envió doctrineros a evangelizar aquella parte de su Diócesis.

Tras once años de duros y difíciles trabajos por la carencia de personal, por los enfrentamientos con la autoridad civil (llegó a excomulgar al Gobernador Carreño) y la situación precaria de la Isla, el Obispo Castillo pidió la renuncia y su correspondiente traslado, en 1579. El Patronato se la concedió al año de pedida y le otorgó una Abadía en Extremadura. Ese año ocurrió un fuerte terremoto en Santiago de Cuba que causó daños considerables a la Catedral y al Convento de los Franciscanos.

El obispo Francisco Antonio Díaz de Salcedo

Eclesiástico erudito y de vida ejemplar nacido en la ciudad de Burgos, ocupó la sede en 1ro de junio de 1579 –según la cronología de Morell de Santa Cruz– y se estableció en Bayamo, encontrándose con una colonia empobrecida en el orden material y en el espiritual.

Sin embargo, comenzaba un ligero ascenso en la economía insular. La caña de azúcar, tras un largo viaje de circunvalación desde el Asia hasta Cuba, halló en ella las mejores condiciones para su desarrollo en un clima benigno y una topografía abundante en terrenos llanos y, aunque la tecnología azucarera era aún incipiente, ya iba dando pasos seguros hacia un futuro que le convertiría en la principal industria de la Isla.

La búsqueda infructuosa del oro, que provocó el traslado de tantos castellanos hacia la conquista del Continente, se sustituyó por la explotación del cobre, componente básico en la obtención del bronce tan necesario para la fabricación de cañones y otras armas de fuego. La Corona española tomó en cuenta el alto valor del cobre cubano y estimuló la creación de fundiciones, primero en La Habana, y luego en Santiago.

Para esta época, el puerto habanero había sustituido a Santo Domingo en el tráfico de las flotas procedentes de Sevilla y de retorno a ésta. La ciudad de La Habana se convertía en la plaza fuerte de las Indias para proteger y abastecer las flotas.

Entre las mercancías más preciadas se encontraban los cueros y las carnes saladas (tasajo); la distribución de tierras en la primera mitad del siglo, se realizó a gran escala, permitiendo el desarrollo de la ganadería y la industria de sus derivados.

Cuando el Obispo Salcedo llegó a Cuba, comenzaba a observarse un ligero aumento de la población, tan disminuida a mediados del siglo XVI. Esto se debía a una modesta inmigración española y el creciente número de esclavos negros procedentes de África.

Pero algo seguía obstaculizando el mejoramiento de la vida en la Colonia: el continuo ataque de corsarios y piratas que respondía a los enfrentamientos bélicos entre las potencias europeas. A esto se sumaba el monopolio comercial impuesto por la Metrópoli que obligaba a intercambiar sólo con el puerto de Sevilla.

Como subproductos sociales de esta situación, surgen grupos derivados de la Piratería conocidos como bucaneros, filibusteros y los llamados perros de la costa, que se dedicarán al comercio de contrabando y, peor aún, el de rescate. El contrabando se convirtió en una forma de supervivencia para todos los habitantes de la Isla.

El Obispo Salcedo tenía costumbres austeras que le llevaron a enfrentarse con la relajación de costumbres que dominaba, cada vez más, en la población. No pasó mucho tiempo para que surgieran los conflictos entre la autoridad civil y la eclesiástica. Hasta tal punto llegaron los problemas, que el Obispo lanzó la excomunión contra los gobernadores Tejeda y Maldonado Barnuevo.

Preocupado por su Diócesis, visitó la misión de la Florida donde se venía trabajando desde hacía ya varios años en el empeño de evangelizar a sus habitantes autóctonos.

Bajo en gobierno del Adelantado Don Pedro Menéndez de Avilés se realizaron campañas militares para exterminar a los colonos protestantes franceses (hugonotes) establecidos en la Florida. En una campaña fulminante dio muerte a 600 hugonotes antes de fundar a San Agustín, como bastión español. Eran las órdenes de Felipe II y, aunque hoy las consideramos inadmisibles, entonces se tenía por guerra santa.

Este gobernador se preocupó por crear escuelas en La Habana para enseñar a niños y jóvenes indios de la Florida, pero no logró su objetivo.

Díaz de Salcedo, que había fijado por entonces su residencia en La Habana, pudo contemplar con gozo la conclusión de las obras de ampliación de la Parroquial Mayor.

El cuerpo del templo quedaba constituido por dos naves, una central y otra lateral, una sacristía a espalda del altar mayor. A continuación de la nave lateral corrían varias oficinas bajas y altas con sus balcones para uso del Cura Párroco y los demás dependientes de la Iglesia. Siguiendo la misma dirección de la nave principal, se disponía de un cementerio cerrado con tapias.

Hasta que no terminaron de construirse los conventos de San Francisco y de San Juan de Letrán, el cementerio de la Parroquial era el único disponible para los enterramientos. Allí fueron sepultados los miembros de las familias prominentes de la ciudad, los Rojas, los Recio y, junto a ellos, los vecinos más humildes como una india llamada Isabel de Mansilla y un negro horro (libre) de nombre Francisco de Rojas.

El gobierno civil podía negarle a los indios y negros horros la tenencia de terrenos en las calles principales, relegándolos al barrio de Campeche, pero la Iglesia los acogía al morir recordando, así, su justo valor de cristianos.

Los dominicos, por su parte, seguían trabajando en la edificación del convento. Mientras ésta se realizaba, los frailes cumplían su misión espiritual atendiendo a los vecinos y a los negros que trabajaban en el castillo de La Fuerza, en la capilla que era aún de techo de paja y «se llueve, y en ella está el Santísimo Sacramento con mucha indecencia...» (Acta del Cabildo de 16 de diciembre de 1587)

Al concluir el siglo XVI, quedó terminado el cuerpo principal y una parte del primer claustro, no así la capilla mayor y la torre.

En 1592, el ingeniero Juan Bautista Antonelli concluyó la obra de la Zanja Real, iniciada en 1566.

«La Zanja corría a través de los actuales barrios de Puentes Grandes, El Cerro y El Príncipe, y a lo largo de la calle de su nombre y la de Dragones, y se bifurcaba en dos ramales, uno que llegaba al callejón del Chorro, contiguo a la Plaza de la Catedral, y otro que terminaba en el muelle de Luz».[3]

El Obispo Díaz de Salcedo fue promovido en 1597 a la Diócesis de Nicaragua.

El primer maestro de San Cristóbal de La Habana

Gracias a la conservación de uno de los más antiguos padrones de la población de La Habana fechado en el año 1582, se conoce la composición de la sociedad habanera de los últimos 20 años del siglo XVI.

Los vecinos calificados como principales eran 48 que, según lo dictaba la «honra castellana», no trabajaban sino que vivían de lo que sus propiedades les rentaban.

---

[3] J.E. Weiss: *Arquitectura Colonial Cubana*.

El resto era considerado sin prestigio porque tenían que vivir de su trabajo. Entre ellos aparece el nombre de Martín Hernández de Segura con el singular oficio de maestro descuela.

Por entonces, aunque necesaria, no se tenía ni por profesión y, como siguió siéndolo, mal retribuida.

El primer pintor de la Villa de San Cristóbal de La Habana

Según consta en la primera parte de las Actas Capitulares del Ayuntamiento de la Villa de San Cristóbal de La Habana de fecha 7 de marzo de 1597 se conoce la existencia en la Iglesia Parroquial Mayor de un retablo de madera pintado al óleo, para ocupar su lugar en el altar mayor del Presbiterio. El tal retablo fue confeccionado en la misma ciudad, pero su realizador, ¿sería natural de la Villa de San Cristóbal o de otra villa de Cuba? Hasta el momento se desconoce este dato importante; sólo se sabe que el contador Don Diego Ochoa reclamó a nombre de Juan Tamargo o Camargo el pago de cuatrocientos ducados por «la hechura de dicho retablo que hizo para la dicha iglesia mayor».

Con este dato podemos suponer que Juan Tamargo o Camargo fuera el primer maestro de talla y pintor de óleo que tuviera, al menos, La Habana sino toda Cuba.

Las Fiestas religiosas de carácter popular

La Iglesia en Cuba –como era ya antigua tradición en Europa– propició la participación popular en las celebraciones religiosas.

Las principales festividades del calendario católico se celebraban con Misa Solemne que, en algunos casos, estaba precedida de Vigilias y canto del Oficio dirigidos por el Chantre, clérigo docto en música y canto llano, y acompañado del Coro de Canónigos.

El Oficio Eucarístico era cantado, al menos, por el celebrante y sus ministros, acompañados por el órgano y, en cuanto se pudo, por coro y orquesta. Concluida la Liturgia, seguía la procesión en la que el pueblo participaba activamente con cantos y danzas cargadas de elementos folklóricos.

Las más antiguas fiestas religiosas –populares de que se tiene noticias se llevaron a cabo en Santiago de Cuba en el día marcado por el calendario católico para celebrar el Corpus Christi y en el año 1520. El vecino Pedro de Santiago fue encargado por el mayordomo del cabildo de hacer una danza. Se supone que, para entonces, hubo corridas de toros, pues consta en el acta del cabildo que, el mayordomo, Juan Herver pagó 6 y 8 pesos oro por dos toros. Como era costumbre en España, los cabildos indianos estaban encargados de sufragar los gastos de las fiestas de Corpus.

En La Habana aparece la figura de Pero Castilla, panadero con recursos e ingenio, animando y dirigiendo las fiestas de Corpus. En 1570 el cabildo acordó:

> [...] para que vaya la procesión (de Corpus) cor. más solemnidad y regocijo se trate con Pedro Castilla para que saque una danza, y que para ayudar al gasto Su merced el Señor gobernador le dará de gastos de justicia media docena de ducados [...][4]

Los llamados regocijos podían ser juegos, fuegos de artificio o danzas que, por lo demás, se tenían por muy buenos y apropiados para honrar al Señor:

> [...] El día de Corpus viene presto e que para aquel día es cosa conveniente al servicio de Dios Nuestro Señor que en la procesión e fiesta que se hiciese... haya algunos regocijos e fiesta, mandaron que para lo susodicho todos los sastres, carpinteros, zapateros y herreros e calafates saquen invenciones e juegos [...]

Esos juegos y danzas que precedían al Santísimo en la procesión fueron, por lo general, representación de batallas entre moros y cristianos. Los primeros, o bien eran negros –horros o esclavos– o blancos pintados de negro. Los segundos, eran jóvenes blancos que siempre triunfaban en el simulacro de batalla.

Probablemente, de estas representaciones quedó el sabroso recuerdo del arroz cocinado con frijoles negros conocido entre los cubanos como «**moros con cristianos**» y que constituye uno de los platos típicos de la gastronomía criolla.

En otras ocasiones se presentaban los «**mascarones**» y los «**muñecones**» muy utilizados en la Península y que han permanecido en los desfiles de carnavales. Muchas veces, estos muñecones eran quemados al final de la fiesta con mucha algarabía por parte de los fieles.

Entre las danzas interpretadas en la Fiesta de Corpus estaba la llamada «**bulla**» que representaba la batalla entre los diablos (siempre negros) y los ángeles (blancos) encabezados por San Miguel Arcángel.

Llama la atención que además de representaciones anteriores, apareciera las **tarascas** o sierpes monstruosas que hacían alusión al demonio. Suponemos que se quería demostrar con gestos o destruyéndolas al final de la fiesta,

---

[4] Actas Capitulares del Ayuntamiento de La Habana, II, pág. 183.

que el Santísimo Sacramento acababa o alejaba al demonio de toda influencia en el pueblo cristiano.

Se utilizaban para la animación de las representaciones, de las danzas y el desfile, instrumentos musicales de todo tipo: de los traídos de España, de los que conservaban los indios y de los fabricados por los negros.

En 1577, el Cabildo habanero encargó a Juan Pérez de Vargas quien «dijo tiene una obra buena», para que ayudase a solemnizar la fiesta de Corpus. Es muy probable que esta sea la primera obra representada a manera de teatro o de auto sacramental. Las Actas Capitulares recogen datos sobre estas obras que fueron aumentando en cantidad e importancia. Ya para la fiesta de Corpus de 1596, hubo danzas y entremeses; y en 1599, dos comedias.

Otra fiesta de carácter religioso–popular, fue **la procesión y fiesta a San Simón**, abogado contra las hormigas. Esta fiesta comenzó en 1569 y parece que estuvo relacionada con plagas de hormigas bravas y bibijaguas. Pero, ¿por qué San Simón? Pues, porque el Cabildo solicitó se encontrase un santo que abogara contra la plaga y el Padre Alonso Alvarez propuso echar suertes sobre los Doce Apóstoles, y le tocó a Simón.

Además de Misa solemne y procesión, acordaron que también se corrieran toros.

A medida que avanzaron los años, las procesiones se multiplicaron en todas los pueblos, villas y ciudades de la Isla, siempre con carácter religioso pero, también, con un marcado sentido popular, en las que se mezclaron españoles, criollos, indios y negros –horros y esclavos -.

El Obispo Fray Bartolomé de La Plaza, ¿último Obispo de Cuba en el siglo XVI?

Según Morell de Santa Cruz en su Historia de la Catedral e Isla de Cuba, menciona como sustituto de Salcedo al franciscano Bartolomé de La Plaza pero, hasta el momento, no se conoce nada sobre él e, incluso, se duda que haya sido nombrado para ocupar la sede de Cuba.

II
LOS OBISPOS DEL SIGLO XVII

Introducción

Se ha hablado del siglo XVII como de una etapa de oscuridad en la Historia de Cuba. El declive del Imperio de los Austria repercutió en la vida social y económica de la Isla. Pero no todo es oscuridad y desolación. El destacado profesor cubano Leví Marrero en su obra monumental «Cuba: Economía y Sociedad», nos demuestra, con sus investigaciones de archivo, que existe un abundante material documental correspondiente a esta época y a una sociedad en lento pero continuo desarrollo, la cual, creó las bases para la realización de un nuevo tipo de hombre fruto de la conjunción de varias razas y culturas, con una conciencia cada vez más clara de pertenencia a una nacionalidad y a un estilo propio que, entre la segunda mitad del siglo XVIII y la primera del XIX, se llamó latinoamericano. Clasifiquemos este período del siglo XVII como de tránsito, de manera tal, que en él encontraremos elementos similares al período anterior entretejidos en la madeja de los nuevos componentes.

Fray Juan de las Cabezas Altamirano

El Obispo Fray Juan de las Cabezas y Altamirano, llamado el Reverendísimo

Abriendo el portón de este siglo aparece el Obispo Cabezas Altamirano, Prior de la Orden de Santo Domingo de Madrid, nacido el Zamora, España.

Elegido como Obispo de Cuba el 15 de abril de 1602 y consagrado ese mismo año en Madrid. Sin otros datos, lo encontramos en La Habana en 1603 donde, posiblemente, desembarcó procedente de Cádiz.

Ese mismo año, los Hermanos de San Juan de Dios llegan también a La Habana y se hacen cargo del Hospital de los Santos Felipe y Santiago (fundado en el siglo XVI, en la esquina sudeste de la actual calle Obispo y la de Mercaderes, junto a la «Pequeña Ciénaga") El Hospital se trasladó al lado nordeste de la actual plaza de San Juan de Dios –nombre que tomó por el nuevo Hospital de los juaninos –en el cruce de las calles Aguiar y Empedrado– y allí permaneció hasta el año 1879. Desde 1587 existía la Cofradía de la Soledad y entierro de Cristo, que los Hermanos Hospitalarios protegieron y estimularon. En 1606 se consideraba la de más fervor en la ciudad.

Tiempo difícil el que le tocó vivir al Obispo. En una Isla casi despoblada y asediada continuamente por piratas y corsarios. Coincidió su llegada con la toma de posesión del Gobernador Don Pedro Valdés, hombre enérgico y de experiencia militar que organizó y armó unas naves para combatir a la piratería.

Un poco antes, en 1601, los Mercedarios se establecieron en Camagüey donde fundaron el convento de La Merced. Mientras tanto, los piratas atacaban Santiago de Cuba, tomando la ciudad y sometiéndola al pillaje y al fuego. La Catedral quedó destruida, así como la mayor parte de los principales establecimientos.

El Obispo decidió trasladarse, sin mucha dilación, a la sede y aprovechar el viaje para realizar una Visita Pastoral a la Isla.

En Bayamo le recibió el canónigo Francisco Puebla en representación del Cabildo. Encontrándose en el hato de Yara, fueron sorprendidos y capturados por el pirata francés Gilberto Girón, quien los trasladó al puerto de Manzanillo donde había fondeado su nao.

Ochenta días duró el cautiverio en la espera del rescate exigido: mil cueros de res, cien arrobas de carne salada y mil ducados oro. Los vecinos de las haciendas cercanas se reunieron para lograr el rescate del Obispo. Contactados con Girón, llegaron al acuerdo de entregar dos mil ducados y, así, rescataron al Obispo. El canónigo quedó de rehén hasta que completaran lo exigido.

Gregorio Ramos, vecino de la villa de Bayamo organizó una leva de veinticuatro hombres, entre ellos, el esclavo criollo Salvador Golomón. La partida criolla se enfrentó a los veintiséis hombres del pirata, dando muerte a veintitrés. En la huida, el pirata Girón cae en manos del esclavo Salvador, que lo ejecutó.

Las tres etnias –españoles, indios y africanos–, que convivían en el valle de Cauto, se unieron para salvar a su Pastor y luchar contra el invasor hereje.

Bayamo exaltó la acción de su alcalde Gregorio Ramos sin olvidar al otro héroe, el negro criollo Salvador Golomón, a quien fue otorgada la libertad. Este hecho sirvió de inspiración al Escribano Silvestre de Balboa y Troya de Quesada, canario de origen y vecino de Santa María de Puerto Príncipe, para que compusiera una obra en soneto titulada *Espejo de Paciencia*, obra considerada como primera en la literatura cubana y que se conservó por su incorporación a la Historia escrita por el Obispo Morell de Santa Cruz. La obra está dedicada por su autor al Obispo Altamirano y fechada en 30 de julio de 1608.

Después de reponerse, el Obispo partió para Santiago de Cuba. Viéndola tan desolada y con su Catedral reducida a cenizas, escribió el primer proyecto de solicitud de traslado de la sede episcopal para La Habana por ser ésta la capital y estar en mejores condiciones de defensa.

Los santiagueros se resistieron a aceptar este nuevo infortunio y el Cabildo apresuró sus gestiones ante el Consejo de Indias, logrando conservar la sede. El Obispo y sus sucesores se negaron a vivir en Santiago y mantuvieron su residencia en la Capital. No obstante, se preocupó de reconstruir la Catedral, todo cuanto pudo, empleando sus propios recursos.

División territorial de la Isla de Cuba.

En 1607 se efectuó la primera división territorial de la Isla de Cuba, quedando La Habana como capital de Occidente y de toda la Gobernación General y Santiago de Cuba para la región Oriental. Los dos Departamentos dependían en lo militar del Capitán General que fijó su sede en La Habana. Los asuntos de gobierno debían referirse siempre a España (Rey-Consejo de Indias), los de justicia a la Audiencia de Santo Domingo, donde también se ventilaba, en primera instancia, todos los asuntos religiosos por encontrarse allí la Sede Primada de América.

La línea de demarcación se situó en Puerto Príncipe (Camagüey), y las Villas de Trinidad, Sancti Spíritus y Santa Cruz de la Sabana (Remedios) quedaban gobernadas por sus respectivos alcaldes.

El primer Colegio Seminario

El Obispo, cuidadoso de cumplir lo dispuesto por el Concilio de Trento, fundó un pequeño colegio seminario en La Habana, que tuvo muy poco tiempo de duración y alcance cultural. Hay historiadores que niegan su existencia y lo consideran sólo con carácter nominal. Sin embargo, en la «Historia Documentada de San Cristóbal de La Habana», tomo III, pág. 72, la historiadora norteamericana Irene Wright señala que el Obispo Altamirano utilizó la primitiva enfermería del Hospital de San Felipe el Real para fundar el Colegio del Apóstol Santiago y que el cabildo Municipal tomó la determinación el 10 de marzo de 1607 de conceder «dos reales de carne diarios, uno de vaca y otro de puerco, al colegio fundado por el obispo Fray Juan de las Cabezas Altamirano con maestros que los enseñen (a los niños) gramática y arte y otras virtudes, conforme a lo dispuesto en El Concilio de Trento.»

Por otra parte, en unos apuntes del Presbítero Alejandro Fernández Trevejo que se remontan a 1813, habla éste de una Real Cédula de Felipe III que dice: «Cedo gustoso el Colegio que con el título de Apóstol Santiago mandó fundar mi abuelo el Señor Don Carlos I siendo mi Real Voluntad que se ha de titular en lo venidero tanto de palabra como por escrito Hospital Real de San Felipe y Santiago.»

Continúa la obra del Obispo

La dura experiencia del secuestro no melló al espíritu admirable del Prelado. Preocupado por su Diócesis, visitó todo su territorio incluyendo La Florida y Jamaica.

En el tiempo transcurrido entre el último obispo del siglo XVI y la consagración de Cabezas Altamirano, exactamente en 1601, fue fundado el Convento de los Mercedarios en Santa María de Puerto Príncipe por los padres Gaspar de la Rocha y Luis Fernández, a partir de una ermita de madera y guano dedicada a la Virgen de la Altagracia.

Altamirano fue un hombre de Dios, de bondad profunda y una gran confianza en sus semejantes y en las buenas intenciones de éstos. Indicó la importancia de gobernar con cuidado y justicia a la Isla. Siempre se preocupó por los indios que formaban núcleos en varios puntos del territorio insular. Lo mismo hizo con los demás habitantes, ejecutando obras encaminadas a mejorar sus condiciones de vida.

Durante sus años de estancia en Santiago, compró el hato Ocaña, en la región de Guantánamo, «no tanto para alivio de las necesidades propias, cuanto para remedio de las comunes, y así todos los años repartían su pesa al Hato del Reverendísimo, que era el título que le daban" (Morell de Santa Cruz).

A mediados del siglo XVIII, la posesión conservaba aún su nombre y un paso del río Guantánamo era llamado «el paso del Obispo"'

En sus buenos oficios, procuró la cría de caballos y cuando partió de Cuba hacia la sede de Guatemala, legó estos bienes a la Cofradía de las Ánimas del Purgatorio, fundada por él en la Catedral en 1604. Por todo esto, mereció ser llamado el Buen Obispo.

El Padrón de la población y casas de Santiago de Cuba

En el Archivo General de Indias de Santo Domingo, 150 aparece el Documento 33 que corresponde al Padrón de la gente de Santiago de Cuba realizado en 1604 a instancias del Obispo como lo certificó el notario eclesiástico Antonio Zapata.

El Obispo de las Cabezas Altamirano aparece como uno de los vecinos con una «familia» formada por un estanciero, tres criados, un indio, cinco mozos de soldada, dos pajes y cuatro esclavos, dos hombres y dos mujeres.

La población total era de 626 personas incluyendo a 73 indios, 325 europeos, 221 esclavos y 7 viviendo en los 6 hatos mayores.

En 1608 se calculaban 150 habitantes en Puerto Príncipe; 80 en Sancti Spíritus; 50 en Trinidad; 20 en Baracoa; San Juan de los Remedios del Cayo, 24; 200 en Bayamo; La Habana, 3.000 habitantes de los cuales, 400 soldados formaban la guarnición

Los finales de su estancia en Cuba

Tres años antes de su promoción a la Sede guatemalteca, los Ermitaños de San Agustín inician la construcción de su nueva iglesia de piedra y madera, en La Habana; junto a la misma, establecieron su convento (actual San Francisco el nuevo). Y la Orden Terciaria Franciscana asumía la atención de la Capilla de la Vera Cruz.

Don Juan de las Cabezas Altamirano partió de Santiago de Cuba hacia Guatemala el 19 de julio de 1610; Obispo de Arequipa el 16 de septiembre de 1615. Murió al año siguiente.

EL HALLAZGO DE LA IMAGEN DE LA VIRGEN DE LA CARIDAD:
EL FENÓMENO RELIGIOSO MÁS IMPORTANTE DE NUESTRA HISTORIA ECLESIÁSTICA.

Antecedentes

En 1599 llegó a Santiago de Cuba el Capitán de Artillería Don Francisco Sánchez de Moya con la orden real de explotar las minas de cobre situadas a cuatro leguas de la Ciudad y conocida con el nombre indio de Tarará. Sánchez de Moya las bautizó con el nombre de Santiago del Prado. Para el sustento de la población constituida, en su inmensa mayoría, por indios y negros esclavos, se contaba con los hatos de Puerto Pelado y Barajagua.

En el proyecto de explotación de las minas estaba la construcción de una fundición que reemplazara a la fábrica de La Habana, donde se hacían los cañones para la defensa de la Isla. En 1604, el Obispo Altamirano sugirió su traslado para un lugar cercano a las Minas de Santiago del Prado. Moya, que era hombre de empresa, ordenó la siembra de los Hatos, construyó un tejar para la fabricación de 18,000 tejas que emplearían en el techo de la fundición. En el informe que realiza en 6 de agosto de 1609 al primer Gobernador de Santiago, refiere la existencia de una iglesia fundada sobre pilares de madera, cercada de tablas y cubierta de tejas, con tres altares cada uno con su lámpara de plata –compradas con las limosnas de la gente de la mina– y sus ornamentos ordinarios y viejos, además de dos campanas en buen estado.

Una ermita dedicada a la Virgen

En el cerro de la mina había una ermita dedicada a Nuestra Señora de Guía Madre de Dios de Illescas, donde residía un ermitaño de vida ejemplar a quien el Reverendísimo dio licencia, que no recibía más pago que un real diario para la manteca de la lámpara, porque acudían los negros todas las noches a decir la oración y recibían doctrina y una ración de casabe, pescado y miel. El ermitaño se llamaba Matías de Olivera.

El Administrador de las Minas era conocido como hombre cristiano de buenas costumbres, dos de sus hijos y un sobrino eran clérigos. Demostró una gran sensibilidad hacia los esclavos, confiriéndoles un trato más humano que el de costumbre y procurando convertirlos al catolicismo.

¿Cuándo ocurre el hallazgo?

Durante este periodo, ocurre el hallazgo de la imagen bendita de Nuestra Señora de la Caridad. El Padre Onofre de Fonseca –primer Capellán del Santuario, 1683-1721–, y el Padre Bernardino Ramírez –séptimo Capellán, 1761 a 1778–, escribieron historias sobre el hallazgo de la Imagen y los posteriores milagros atribuidos a la misma. El primero en 1703. El Padre Alejandro De Paz –noveno Capellán, 1794 a 1836–, se basó en las anteriores historias para escribir un pequeño libro que circuló mucho en la Isla.

Su narración contribuyó a popularizar el conocimiento de estos hechos. Jacobo de la Pezuela en su *Diccionario de la Isla*, anota: «Túvose por milagro tal hallazgo...» (Tomo 2, pág. 10).

En el año 1921, la historiadora e investigadora Irene Aloha Wrigth (1879-1972), analiza el tema, pone en duda la narración del hallazgo y considera que la Virgen de la Caridad del Cobre no es otra que la de Illescas, en Castilla, cuya imagen trajo Sánchez de Moya y se veneraba en la ermita del cerro de la Mina desde 1608.

Esta hipótesis ha suscitado una polémica que dura hasta nuestros días.

También se ha sugerido para descartar el asunto del hallazgo que la tal imagen de la Virgen no es otra que la del cacique de Macaca, Comendador, el cual, temeroso de perder la imagen, la arrojó al río. Pero, según la narración de Fernández de Enciso habla de una estampa de la Virgen. En el caso de la imagen que le entregó Ojeda al cacique de Cueyba y que, al decir del Padre Las Casas era una hermosa pintura en tabla probablemente pintada en Flandes, y que también fue arrojada al río.

Tomando en cuenta la época en que ocurrieron estos hechos, debió transcurrir casi un siglo o un poco más. Durante todo ese tiempo la imagen estuvo flotando y navegando hasta desembocar en la bahía de Nipe. No me resulta lógica la hipótesis.

Todas estas especulaciones que rechazan el real hallazgo de la imagen acompañado de signos milagrosos, tenían cierta fuerza y sentido porque la primera historia narrada por el Capellán Fonseca está cargada de elementos extraordinarios o sobrenaturales; la *Historia de la Caridad* del Rdmo. Fray Paulino Álvarez concluye con estas preguntas: «Este caso, ¿es historia? ¿Es leyenda? Cierto, que carece de notas de credibilidad, que a la narración siguiente abonan –refiriéndose a la obra de Fonseca– pero si quien lo niega no merece censura, tampoco será cándido quién lo crea.» Y no se había encontrado ningún documento de la época que testimoniara lo ocurrido. Pero...

El Dr. Leví Marrero descubrió en el Archivo General de Indias el Legajo 363 fechado en 1 de abril de 1687 –la Wrigth llegó sólo hasta 1660–, que corresponde a las declaraciones de Juan Moreno.

Veneración popular, declaraciones de los testigos. Un documento que derramó abundante luz

La imagen de la Virgen María bajo el título de Nuestra Señora de la Caridad y los Remedios que era muy venerada por los vecinos y esclavos de las minas de Santiago del Prado, se convirtió en la veneración general de los pobladores dela región oriental de la Isla en las últimas décadas del siglo en que fue hallada la imagen.

En 1687 el Lcdo. D. Roque de Castro Machado, Vicario General de Santiago de Cuba quiso que se recogieran los testimonios de los milagros acaecidos por causa de la bendita imagen.

Entre los testigos entrevistados por el notario mayor Antonio González de Villarroel en presencia del Cura Beneficiado Juan Ortiz Montejo se encontró el esclavo del Rey Juan Moreno, casado, antiguo capitán de las minas, de 85 años de edad y único superviviente de los tres rancheros que hallaron la imagen en la bahía de Nipe.

La entrevista se llevó a cabo el 1ro. de abril del año 1687.

Después de jurar por la Cruz sobre su fiel intención de decir la verdad, a las preguntas del Padre Juan Ortiz Montejo, Juan Moreno responde:
[...]Siendo de 10 años de edad fue por ranchero a la bahía de Nipe, que es en la banda norte de esta Isla de Cuba, en compañía de Rodrigo de Joyos y de Juan de Joyos, que los dos eran hermanos e indios naturales, los cuales iban a coger sal. Y habiendo ranchado en Cayo Francés, que está en medio de __ bahía de Nipe, para con buen tiempo ir a la salina, estando una mañana la mar en calma, salieron de Cayo Francés antes de salir el sol __ embarcados en una canoa para la __ salina __ Apartados de _ (el) cayo, vieron una cosa blanca sobre la espuma, que no distinguieron lo que podía ser; y acercándose más le pareció pájaro. Ya más cerca dijeron dichos indios: _ Parece una niña.

Y en estos discursos, llegados reconocieron la imagen de Nuestra Señora de la Virgen Santísima con un niño Jesús en los brazos, sobre una tablita pequeña y en __ (la) tablilla unas letras grandes Las cuales leyó [...] Rodrigo Joyos y decían: Yo soy la Virgen de La Caridad. Y siendo sus vestiduras de ropaje se admiraban que no estaban mojadas. Llenos de gozo y alegría, cogiendo sólo 3 tercios de sal, se vinieron para el *jatto* (sic) de Varajagua, donde estaba Miguel Galán, mayoral del jatto y le dijeron lo que pasaba, de haber hallado a *Nuestra Señora de la Charidad* __ (el) mayoral muy contento y sin dilación, envió luego a Antonio Angola con la noticia__ al capitán don Francisco Sánchez de Moya que administraba las minas__ para que dispusiese lo que había de hacer. Y mientras llegaba la noticia pusieron en la casa de vivienda de(l)__ jatto un altar de tablas y en él a la Virgen Santísima, con luz encendida.
Con la referida noticia el__capitán Sánchez de Moya envió orden al__mayoral__Galán que viese una casa en (el) jatto y que allí pusiese la imagen de Nuestra Señora__y que siempre la tuviese con luz, y para ello envió una lámpara de cobre[...]
Continua el testimonio oral de Juan Moreno:
[...]Se hizo la casa cubierta de guano, cerca de tablas de palma y puesta en su altar esta Divina Señor__ (el) indio Rodrigo de Joyos cuidaba de encender la lámpara. Yendo de noche a reformar dicha lámpara no hallaba a esta Divina Señora en su altar y dando voces__Joyos al mayoral y demás personas que serían hasta 21 las__ que estaban en__ Varajagua, les decía que la Virgen Santísima no estaba en su altar y haciendo todas las diligencias no la hallaba en su

casa__ Al otro día por la mañana, volviendo a la casa la hallaban en su altar con los vestidos mojados. Y esto se vio por dos veces, de cuyos milagros el mayoral Miguel Galán dio aviso al Capitán Sánchez de Moya, el cual__ dispuso que fuese al__ hato de Varajagua el Padre Bonilla, religioso de San Francisco, y no se acuerda de su nombre. Si lo sabe y se acuerda que estaba administrando el curato deste lugar a las minas del Cobre[...]

[...]Con toda prevención de cerca le despachó (Sánchez de Moya) acompañado de toda la infantería del real de estas minas, y mucha gente de su población para que trajese a la Virgen Santísima, como lo hizo, en una nadas, en procesión y la pusieron en un altar de la Iglesia parroquial__ mientras le hacían una ermita.

Deseando fuese en parte de su santísimo agrado, le encomendaron al Espíritu Santo y para ello le hicieron una fiesta de misa cantada y sermón. Discurriendo hacer la ermita en una loma que llaman la Cantera, se vieron tres luces arriba del Cerro de la Mina, en derecho de la Fuente, y dichas luces se aparecieron y vieron por tres noches continuas, con admiración de todos, y luego se desaparecían[...]

[...]Por este milagro eligieron el lugar donde se veían las luces para la ermita y santa casa desta Divina Señora de la Charidad, que hoy está en dicho cerro haciendo muchos milagros con los devotos que le llaman.

Muchos frecuentan esta santa casa, viniendo a novenas de la ciudad de Cuba (Santiago) que dista 5 leguas pocos más o menos y de la villa de San Salvador del Bayamo, que dista más de 30 leguas[...]

Las declaraciones continúan con la narración de la vida cotidiana en las minas:

[...]Son muchos los milagros que ha hecho y hace cada día esta Divina Señora que hoy está en su santa casa, como dos cuadras más al Oeste de donde se le hizo la primera casa sobre (el)__ Cerro de la Mina, la cual se retiró por estar el terreno más capaz, porque el de la primera casa estaba muy inmediato a la mina y arriesgada, como se vio.

Estando el hermano Mathías de Olivera, que servía a la Virgen Santísima de la Charidad, arrimado a una cerca de palos que guarnecía la parte de la Mina, para librar del peligro a los que viniesen a la primera casa, se despidió la cerca y cayó (el)__ hermano__ Olivera en (la)__mina, que es profunda, y como se ve con el riesgo de que si alguno cae parece imposible escapar con la vida.

Al caer estaba una mata de maguey en aquella parte de la mina y a las voces que daba acudió la gente del lugar y le vieron asido a una penca de maguey de la__ mata y estaba llamando a la Virgen Santísima de la Charidad. Le sacaron echándole unas sogas de que se agarró y sólo por la providencia desta Divina Señora pudo mantenerse en dicha penca__ siendo tan pequeña y__ Mathías de Olivera hombre corpulento, el cual, dando muchas gracias a Nuestra Señora de la Charidad decía que así que se despidió la cerca, llamó a esta Divina Señora y se halló en el aire, mantenido en (la)__ penca de maguey. Supo, por haberlo oído decir a (l)__ hermano Olivera y a otras muchas personas que habiendo faltado la manteca para la lámpara, que sólo había la que estaba en__ (ella), que era muy poca, __vendo (el) hermano a reconocer (la), la halló llena de aceite y se vio que duró dicho aceite dos días continuos hasta que vino manteca que se estaba aguardando de fuera del lugar. Y oyó decir, por muy cierto y notorio en todo ese lugar, que por dos veces halló el hermano__ a esta Divina Señora de la Charidad no estar en su altar, y cuando venía le hallaba todos los vestidos mojados, y oían los que estaban en el trabajo de la mina que dicho hermano decía:
¿De dónde venís Señora? ¿Cómo me dejáis aquí solo? ¿Por qué ensuciáis los vestidos si sabéis que no tenéis otros ni dineros con que comprarlos? ¿Cómo los traéis mojados? ¿De dónde venís mojada? Y esto fue tan patente que se repartieron los vestidos en reliquias.
[...]En una ocasión fue tan grande la seca que hubo, que se secó el río que pasa por medio de este lugar y La Fuente, que nunca se seca, se secó... y pasaban mucho trabajo yendo más de tres cuartos de legua a buscar el agua. Se dispuso hacer una rogativa a la Madre de Dios de la Caridad, bajándola a la Iglesia parroquial...y cachando(a) de su santa casa__ había andado como dos leguas, se levanto un gran viento y comenzó a llover tanto que volvieron a la santa casa y pusieron en su altar a la Virgen__ y en un instante creció el río y cesó la seca.
Los milagros que esta Divina Señora hace (son) muchos, siendo la manteca de su lámpara remedio para todas las dolencias[...]
[...]Por muerte del hermano Mathías de Olivera, de allí a algunos días entró el hermano Melchor de los Remedios, el cual invocaba a la Virgen Santísima, Señora Nuestra de la Charidad y Remedios. Y así le llamaban todos en sus necesidades y en su santísimo rosario que le rezan todas las tardes a coro en su santa casa __ Todo lo cual es verdad y así lo afirma como cristiano[...]

Leídosele de verbo ad verbum esta su declaración (a Juan Moreno) dijo estar bien escrita y se ratificó. No firmó, porque dijo no saber escribir. Firmóla Su Merced, de que doy fe.
El beneficiado Juan Ortiz Montejo de la Cámara.
Ante mí: Antonio González de Villarroel. Notario Mayor público. Santiago del Prado, 1 - IV - 1687.

Conclusiones importantes

Estas declaraciones hechas 75 años después por Juan Moreno que, según sus propias palabras, tenía en el momento del hallazgo 10 años de edad, coinciden con el núcleo básico de todas las narraciones escritas años después por los Capellanes Fonseca, Ramírez y De Paz.

Algunos historiadores actuales pueden objetarlas por la avanzada edad del testigo presencial, pero la objeción es para mí ambigua, pues con esa edad y aún con más, hay hombres y mujeres que conservan muy bien la memoria; por otra parte, en la mayoría de los ancianos hay mejor recuerdo de lo antiguo que de lo nuevo. Yo me uno al grupo de los que toman en serio la declaración.

La Imagen guarda relación con la de Illescas, aunque ésta es sedente, y con la de Sanlúcar de Barrameda, que difiere en algunos de sus atributos.

Son varias las advocaciones españolas a la Virgen de la Caridad.

¿Nuestra Imagen sería parte de una nave que naufragó o habría sido lanzada al mar —como era costumbre de los marinos españoles—, ante un peligro que se avecindaba?

No podemos determinarlo y creo que nunca se determinará.

La fecha del hallazgo

Hay otra cuestión, la fecha del hallazgo. Juan Moreno declara que, entonces, tenía 10 años y hace esta declaración a los 85 años de edad en el año 1687. Por todo esto, pensamos que el hallazgo pudo ocurrir en 1612.

Lo cierto es que desde los primeros años del siglo XVII, era venerada por los indios y los esclavos de las Minas de Santiago del Prado, y ya en las décadas finales, se veneraba en toda la región oriental de la Isla. Las peregrinaciones se multiplicaron en forma masiva desde Santiago de Cuba y Bayamo y, desde entonces comenzó a invocársele con el título de Nuestra Señora de la Caridad del Cobre, siendo hoy uno de los símbolos de la Patria cubana.

Capellanes del Santuario

La Capellanía del primitivo santuario comenzó más por devoción que por nombramiento, pues su primer capellán el Pbro. Onofre de Fonseca, que era Teniente de Cura de la Catedral, visitó con su hermana Polonia (Apolonia) la pequeña capilla y fue tanto su fervor que decidió no volver a Santiago de Cuba y quedarse allí al servicio de la Señora. Fue un gran promotor de la devoción a la Virgen representada por aquella bendita imagen. Procuró mejorar la situación de la capilla con las limosnas que ofrecían los devotos. En 1701 escribió la primera historia sobre la aparición (hallazgo) de la imagen de la Virgen de la Caridad. En 1705 comenzó a beneficiarse de una renta de 5,000 pesos por dos misas semanales correspondientes a la Capellanía fundada por los presbíteros santiagueros Manuel Cabral de Melo y Baltazar Moreno Girón.

El tercer capellán, Pbro. Julián José Bravo escribe una segunda historia que introduce elementos ajenos a la realidad de los hechos pero que se hicieron populares como es el caso de los llamados «tres Juanes». El Padre Bernardino Ramírez compone la primer novena a la Virgen de la Caridad, y el noveno capellán, el Pbro. Alejandro De Paz Ascanio, escribe la tercer historia tomando en cuenta la obra del Padre Fonseca.

Situación de la Isla de Cuba en la segunda década del siglo XVII

El Gobernador Don Gaspar Ruiz de Pereda (1608-1616) informó al Rey sobre la población general de la Isla de Cuba en los primeros años de la segunda década del siglo.

Según Pereda la población alcanzaba sólo los 20,000 habitantes entre españoles, mestizos, negros e indios. De éstos, 10,000 los situaba en La Habana y sus haciendas cercanas. Santiago de Cuba tendría un poco más de 1,000 habitantes.

Baracoa era una simple aldea y las Villas de Puerto Príncipe, Sancti Spíritus y San Juan de los Remedios tenían tal penuria que a veces carecían del vino y las hostias para celebrar la Eucaristía.

La Villa de San Salvador de Bayamo ocupaba, después de La Habana, el segundo lugar entre las villas de la Isla debido a su riqueza pecuaria y a su floreciente comercio de reses y todo tipo de corambres y, por supuesto, con el comercio de contrabando para lo cual el entonces río Bayamo tenía las mejores condiciones para la navegación de naves de mediano tamaño que podían entrar y salir, desde la costa a la ciudad sin grandes dificultades.

La Villa de Trinidad ocupaba el tercer lugar especialmente por su abundante comercio clandestino.

En febrero de 1609 existían seis conventos en toda la Isla. Tres en La Habana: San Francisco (franciscanos), Santo Domingo (dominicos) y San Agustín (agustinos)

El de la Merced en Trinidad; San Francisco en Santiago de Cuba y San Francisco en Bayamo.

El 3 de diciembre de 1610 llegaba a La Habana el familiar y notario del Santo Oficio Juan Bautista Guilisasti, Comisario del Tribunal de la Santa Inquisición de México para ejercer sus funciones en toda la Isla.

El Obispo Armendáriz procuró, y lo obtuvo, que el Comisario del Santo Oficio fuera un miembro de su Cabildo catedralicio.

Los indocubanos

Si es cierto que la población indígena de Cuba se vio diezmada en el siglo XVI por los varios factores que ya analizamos, también lo es que permanecieron núcleos repartidos por distintos lugares de la Isla y, aunque fueron muchos los casos de mestizaje de español e india, esto no significó que se acabaran las familias donde el elemento indígena ocupara el mayor porcentaje.

El indio cubano, pasado el corto tiempo de resistencia a la conquista y colonización, se dispuso a asimilar la nueva cultura que, por supuesto, lo sobrepasaba. Acogió con seriedad y piedad la religión católica, incorporándose a ella por el bautismo y los demás sacramentos, enseñando a sus hijos la doctrina cristiana y el cuerpo ético cultural hispano.

Se asoció al español, formando parte de las milicias, sirviendo como vigías en la lucha contra los piratas y corsarios, y como «cuadrillero» buscando negros cimarrones.

El Obispo Fray Juan de las Cabezas Altamirano declaraba:

[...]A los pueblos de indios... ya en esta tierra casi no se les puede dar ese nombre, porque todos están españolados[...]

Algunos Obispos como Fray Alonso Enríquez de Armendáriz y Juan de Montiel fueron defensores de los derechos de los indios en cuanto a mantener sus tierras y ser remunerados con justicia.

Las autoridades, muchas veces en contubernio con los hacendados españoles, pretendían desaparecida a la población india como lo hacía saber a la Corona.

Para el gobernador de Santiago, ya se habían extinguido los indios en 1637, sin embargo, en 1682 se reportaba la existencia del poblado de San Luis de los Caneyes con 200 indocubanos.

En los padrones de 1684 se reportan 7 comunidades indígenas entre Santiago de Cuba (San Luis de los Caneyes) y Bayamo (Santa Ana, Guanarubi, Jiguaní arriba, Los Quemados, Cautillo y el Sao) con 261 indios sin contar 18 vecinos que no se presentaron al censo.

En 1700 se reconoció la fundación del pueblo de San Pablo de Jiguaní o Higuaní con todos sus habitantes indios naturales que eran considerados como blancos.

Según refiere L. A. Baralt en sus Apuntes Históricos del pueblo de indios de San Luis de los Caneyes (Santiago de Cuba, 1847) existía un manuscrito muy antiguo (¿Siglo XVI?) donde se nombraba al cacique de Cuba bautizado con el nombre de D. Alonso Rodríguez y casado con Da. María de la Ma Cuba y que con todos los de la estirpe formaron un burgo o villaje.

Deseando recibir el «pasto espiritual» y por estar a dos leguas de Santiago de Cuba, el cacique Marcos Rodríguez solicitó al Obispo se estableciera un Curato en el pueblo y que los propios vecinos lo mantendrían.

Marcos Rodríguez, nieto del cacique Alonso, fue el último es ostentar el título de cacique de Cuba, además de Capitán de las milicias rurales del Caney. Costeó la primera ermita dedicada a San Luis y San Magín. Allí fueron colocados sus restos mortales.

El Curato fue creado por disposición del Obispo Compostela por auto de 20 de marzo de 1690, imponiéndole al Cura la obligación de enseñar la Doctrina Cristiana y los primeros rudimentos de lectura y escritura a sus feligreses indios.

A finales del s. XVII, el señor Escribano D. Fernando de Espinosa fue designado como protector de la comunidad india del Caney que se preocupó por el cumplimientos de todas las disposiciones y por la reedificación de la ermita en 1701.

Un visitante exótico

Entre los informes que enviara el Gobernador Gaspar Ruiz de Pereda al Rey aparece el caso insólito de un visitante muy exótico llegado al puerto de La Habana procedente de Puerto Rico y con destino a la Nueva España (México)

El personaje correspondió a un monje Basilio, natural de Grecia que dijo ser Arzobispo y Primado de Macedonia.

Había partido de Constantinopla después de estar apresado por el «turco» y de haberle cobrado cierto tributo. Poseía pasaporte del embajador del Rey de Francia, y que estando en París ocurrió el asesinato del Rey Enrique IV (1610); de allí pasó a Londres y, de ésta, a Canarias, luego a Guinea y del África a La Española, pasando por Puerto Rico antes de venir a La Habana.

Pero, ¿cuál era el objetivo de aquella especie de periplo?, pues no era otro que lograr recaudar la cantidad de 30.000 ducados que debía entregar al «turco» para redimir a su Iglesia.

Y aunque el Gobernador no estaba muy convencido de que todo aquello fuese verdad pues no traía «recado ninguno de Roma, ni lo principal para andar por estas partes, que es licencia de V. M.» Y trató de disuadirle de que no continuara viaje, terminó acomodándolo en un barco junto a un criado francés que le acompañaba, con destino a Nueva España.

Pero cual sería la firmeza y soltura en el hablar de este personaje que «para aviallos ha sido menester juntalle yo limosna de todas maneras.»

Informe al Rey con fecha 20 de marzo de 1614 –

Archivo General de Indias. Santo Domingo, 100. Documento 225 (copia en el Archivo personal del Dr. Leví Marrero)

La Santa Inquisición

En la época colonial cubana, y mientras ejerció su poder, fueron muy pocos los casos procesados por el Tribunal del Santo Oficio considerados graves.

Los funcionarios de la Santa Inquisición trabajaron más revisando y obstaculizando algunos aspectos que podían afectar la economía, como fue el caso de las revisiones de barcos fondeados en los puertos habanero y santiaguero en busca de literatura prohibida, o algún que otro caso de hechicería de poca monta en zonas del interior de la isla.

Escudo de la Santa Inquisición

Quizá la característica de encrucijada marítima propia del puerto de La Habana y la consecuente diversidad de procedencias de sus vecinos, permanentes o transeúntes, crearon una atmósfera nebulosa para el trabajo de la Inquisición o un estilo de vida mucho más laxo del que pudiera encontrarse en España o en otras partes de las Indias Occidentales.

En la primera década del siglo XVII, el Tribunal de México extendió su influencia sobre Cuba, y en 1610 fue creado el Tribunal del Santo Oficio de la Inquisición en la ciudad de Cartagena de Indias con jurisdicción sobre toda el área del Caribe y comenzó sus funciones en 1614, lo cual restó responsabilidad en esta materia a los Obispos de la zona que, antes, ejercían en su jurisdicción el cargo de Inquisidores.

Fray Juan de las Cabezas elevó su protesta al Rey y al Consejo de Indias cuando el Tribunal de México nombró como su Comisario para Cuba a Fray Francisco de Carrasco, guardián del convento de San Francisco porque éste, no solo revisaba los barcos anclados en el puerto de La Habana, sino que exigía un documento con su autorización para que pudieran zarpar. A pesar de las protestas del Obispo, el Tribunal mexicano continuó dirigiendo la Inquisición en Cuba por medio de un Comisario. En 1610 lo fue Juan Bautista Guilisasti y en 1612, el Deán de la Catedral de Santiago de Cuba, Don Fernando Ortiz.

El sucesor de Cabezas Altamirano, el Obispo Henríquez de Toledo aunque se vio involucrado en una pesquisa que sobre su persona hiciera el Santo Oficio, logró que, en lo adelante, se nombrara como Comisario a un miembro del Cabildo catedralicio.

El Comisario tenía su sede en La Habana y contaba con la ayuda de «familiares» que se encontraban en distintos puntos de la Isla y constituían una especie de agentes auxiliares del Santo Oficio. Pero como siempre ocurre, no faltaron los que se consiguieron este título a costa de sus dineros y se valieron de él para encubrir sucios manejos mercantiles, incluyendo el comercio de rescate tan de moda por entonces.

Además de la real o presunta relajación de la ortodoxia católica, eran clasificados como delitos a buscar y sancionar, los blasfemos, hechiceros, adivinos, invocadores del demonio, astrólogos, alquimistas, bígamos, excomulgados, protestantes, moriscos y judíos que se mantenían en su fe.

Entre los casos más destacados en tiempo de Cabezas Altamirano se encuentra el del Presbítero bayamés Diego Rodríguez Hormigo acusado de origen sospechoso y opiniones heterodoxas. Muchos fueron los testigos acusadores entre los que se encontraron varios religiosos.

De esas muchas acusaciones aprece recogida la siguiente:

[...]no se debía creer en la Madre de Dios, ni en los Santos, ni él creía en ellos, sino solamente en Dios. Que en los santos no se debía creer sino en la comunicación y vida santa que hicieron[...]

Llama la atención que en el proceso apareciera siempre el Obispo Cabezas Altamirano como protector y defensor del Presbítero acusado pues, si eran verdad todas las acusaciones que se le hacían, no había motivo para esa postura del Obispo, por el simple hecho de que se sintiera despojado de sus poderes inquisitoriales.

El Obispo Henríquez de Toledo enfrentó también al Santo Oficio, excomulgando al Comisario Bonilla en cuanto se enteró de que éste le había mandado investigar. Le envió el decreto al Convento de San Francisco donde se encontraba recogido ya en su celda y lo hizo saber a la población habanera con un toque de campanas a las 9 de la noche.

En 1615 sólo se reportaron dos casos de encarcelados, el de un fraile franciscano cuya causa eran «proposiciones malsonantes», y el portugués Francisco Gomes, antiguo procurador general de los judíos portugueses en la Corte de Madrid y un connotado judaizante que había sido detenido en su paso por La Habana.

Los casos que más ocuparon la atención fueron los referentes a la práctica de la hechicería, muy en uso en el siglo XVII, tanto en la Península y en Europa como en las Islas y Tierra Firme del Nuevo Continente. Por lo general, a estas prácticas van unidas las actitudes fanáticas y supersticiosas. Sólo por poner un ejemplo del alcance que estas actitudes podían tener por entonces, recuerdo al rey Carlos II el Hechizado.

El hechicero o hechicera «trabajaba» en el ámbito de los sortilegios, filtros y adivinaciones. En Cuba abundaban más las hechiceras sin descartar a los hombres, como fue el caso de Antón Carabalí enviado y juzgado en Cartagena de Indias en 1628.

En el informe que le hiciera el Obispo Dr. Juan de Santo Mathia al Rey sobre su Visita Pastoral a la Isla, habla del uso de hierbas por parte de las hechiceras:

> [...]mujeres yerbateras que tratan de malificar y de hacer otros daños, como me consta en la visita eclesiástica. Punto, Señor, que me tiene muy desconsolado viendo cuán tardía es la correspondencia desde esta ciudad con el Tribunal de la Inquisición de Cartagena de estas Indias, en cuyo distrito se halla, para el remedio eficaz de que necesita[...]
>
> La Habana, 10-IX-1667

Así también, el Obispo Dr. Gabriel Díaz Vara Calderón cuando visitó la Isla entre los años 1673 y 1674, remitió al Tribunal de Cartagena a varios acusados de la zona oriental, principalmente de Santiago de Cuba y de Bayamo:

> [...]Remití a la Inquisición de Cartagena a *La Pilindinga* y a *Haba Vieja* dos mujeres así llamadas, por famosas hechiceras que tenían más de 20 muertes a su cargo. Y esta última andaba huida en el monte y se buscaba por el Santo Tribunal más había 3 años, como depuso el Lcdo. Juan de Gámez, comisario de dicha villa[...]
>
> Informe del Obispo a la reina Gobernadora, 15-VIII-1674–

Otros fueron los conflictos entre los Gobernadores y los Comisarios del Santo Tribunal, cuando estos últimos interferían en los asuntos del gobierno civil, abrogándose más prerrogativas de las que su cargo les concedía.

Fue el caso del Comisario y Cura Beneficiado de la Parroquial Mayor de La Habana, el Presbítero Nicolás Esteves Borges y el Gobernador Salamanca que, ante la postura intransigente del Presbítero estuvo dispuesto a renunciar a su cargo antes de acceder a sus disposiciones.

El Padre Esteves que tuvo mucho que ver con la fundación del Hospital de San Francisco de Paula, era, además, Provisor y Vicario del Obispo Reina Maldonado.

El Comisario quiso utilizar la Inquisición para combatir el contrabando generalizado, como había pretendido hacer a principios de siglo el Oidor Manso de Contreras con los rescatadores.

Como el Comisario debía visitar los barcos en busca de material herético, principalmente, libros y libelos, aprovechaba la ocasión para registrar y encontrar mercancías de contrabando. Así ocurrió con un barco procedente de Canarias.

El Comisario, excediéndose en sus funciones, mandó «abrir toda la pipería del vino la fondeó con una vara y puso pena de descomunión para que no se pudiese embodegar nada sin su licencia».

Además encontró ropa de contrabando.

El Gobernador protestó, a pesar de lo ilícito de ese comercio porque la:
[...]visita causó escándalo y turbación en el comercio y grande sentimiento a toda la ciudad, porque si se continúa faltará el comercio y por esta razón todo lo que es necesario para la vida humana en esta isla[...]

Salamanca al Rey, 26-IX-1662–

Con este conflicto se hacía patente como aquella sociedad, casi en pleno, vivía del contrabando dadas las leyes tan restrictivas y centralistas de la Monarquía para con sus posesiones; pues resulta que el Padre Esteves tenía despacho del Rey para ser juez de contrabando, pero el Gobernador ofendido se quejaba y procuraba poner a mal al Comisario porque, al contrario del Tribunal de Cartagena de Indias que era «justo, piadoso y benigno», el Comisario Esteves era «cruel, soberbio y vengativo», queriendo actuar más rápido que el Tribunal.

Con anterioridad se dio el caso de familiares del Santo Oficio que se cubrieron con ese manto para perpetrar fechorías como fue el caso del Capitán Salvador Alonso, hombre muy rico, poseedor de un barco negrero y familiar del Santo Oficio que, al final, fue condenado por introducir en La Habana en 1653, un total de 500 esclavos, en complicidad con el Gobernador Gedler y los oficiales reales Arias Maldonado y Aréchaga.

Y el caso escandaloso del Comisario de la Inquisición Presbítero Joseph Díaz Garaondo, rico dueño de haciendas que se destacó por su mal proceder tanto en lo público como en lo privado.

Entre las malas acciones que pudieron probárseles se encuentra la de haber participado en el contrabando de esclavos. Taimado e inteligente, supo esquivar las reclamaciones de justicia del Consejo de Indias, manteniéndose en su cargo.

Desde antes, el Obispo Díaz vara Calderón había puesto en sobre aviso al Consejo de Indias, denunciando a Díaz Garaondo cuando todavía no era más que un simple sacerdote de La Habana:

[...]Este sacerdote, Señor, es de los más inquietos y revoltosos que hay en esta ciudad: tablajero y piedra de escándalo del convento. Fue escribano y casado... Mientras este eclesiástico estuviere en esta ciudad no habrá paz en ella[...]

16 de agosto de 1674–

A pesar de esta referencia hecha por el Obispo, el padre Díaz Garaondo obtuvo el cargo de Comisario del Tribunal del Santo Oficio de Cartagena. Su proceder fue tal, que las acusaciones aumentaron entre los años 1687 y 1693, hasta el punto de ser mandado a detener y enviado a Cartagena para juzgarle y castigarle por orden expresa del Rey dictada desde 1686. Pero aunque parezca extraño, en 1691 no se había ejecutado sobre él ninguna pena.

Este caso movió al Consejo de Indias a llamar la atención al Rey para que utilizara toda su fuerza en hacer cumplir sus ordenanzas, pues de lo contrario podría perder las regalías ante estos u otros Tribunales que se veían en el derecho de obrar más allá de lo establecido por las Leyes Reales.

Fray Alonso Henríquez de Toledo (el Obispo Armendáriz)

El segundo obispo del siglo XVII perteneció a la Orden de los Mercedarios, y gobernó la sede de Cuba desde 1611 hasta 1624. Fue Provincial de su Orden en Andalucía, de donde era original.

En el momento que recibe el nombramiento de Residencial de Cuba, era Obispo Titular de Sidón y Auxiliar de Burgos. Fue consagrado en la ciudad de Burgos, en 1605, por el Arzobispo de aquella ciudad, Don Alonso Manrique.

El historiador Pérez Cabrera nos ofrece una imagen resumida y objetiva del Prelado:

«De elevada alcurnia y conducta moral irreprochable, caritativo con los pobres, lleno de compasión con los enfermos, celoso defensor de los fueros e inmunidades eclesiásticas, de genio irascible y de condición recia e intolerable.»

Con esos antecedentes sobre su carácter, comprendemos por qué entró tan rápido en contradicción con el Cabildo Catedralicio y con el Gobernador General Ruiz de Pereda.

Primera Visita Pastoral. Situación de la Catedral y discrepancia con el Cabildo

El Obispo encontró su Catedral en un triste estado de abandono. Ni la mísera lámpara de cobre del Sagrario tenía aceite para mantenerse encendida. Sin esperar para luego, le exigió al Cabildo que se administraran bien las rentas y se aplicaran para lo que estaban destinadas. Mandó comprar una lámpara de plata y conservar el orden y la dignidad del templo.

Pronto se disiparon los enojos, pues si el Obispo acostumbraba a manifestarse con brusquedad tenía, por otra parte, una gran nobleza espiritual, lo que permitía a sus interlocutores y asistentes más cercanos obviar cualquier exabrupto, por lo demás, pasajero.

Llegada clandestina de clérigos, un problema para la Diócesis

En 1612, el Rey escribía al Obispo para que interviniera en el caso de los Clérigos y Frailes que llegaban a la Ciudad de La Habana disfrazados y formando parte de las Compañías de Infantería de la Armada de las Indias, y que al llegar, algunos se quedan revistiéndose de sus hábitos y enseñando sus papeles de identidad.

En la Cédula Real se determinaba que, descubriéndoseles se les deporte a España con la orden de entregárseles al Ordinario o Superior de Sevilla o de Cádiz.

Al parecer eran clérigos que burlaban las restricciones de viajes que para entonces mantenía el Patronato en coordinación con el Consejo de Indias, de manera que sólo pudieran viajar aquellos que fuesen aprobados con cargos eclesiásticos o destino de convento.

Un caso de escándalo fue el de un tal Lorenzo Salas clasificado como Eclesiástico Delincuente, mandado a detener por orden real y para lo cual, se encomendaba a la fuerza pública que auxiliasen al Señor Obispo a ejecutar la orden de arresto y deportación.

Los enfrentamientos con el Gobernador

Con relación al Gobernador la cosa fue distinta. Las contradicciones se fueron sumando, por lo que se creó un clima permanente de mutuos rechazos y fuertes enfrentamientos. Y es que la conducta personal del Gobernador, tanto en su vida privada como en ejercicio público de su cargo, dejaba mucho que desear.

Si el Obispo hubiera tenido más control de su carácter, podría haber logrado más; pero el estilo autoritario y violento con el que se manifestaba y las decisiones que tomaba, le proporcionaron a sus enemigos y detractores material suficiente para preparar una larga lista de cargos en su contra. Estos cargos no quedaron guardados en gavetas, sino que fueron enviados a la Audiencia de Santo Domingo o al mismo Consejo de Indias.

Obviando la autoridad del Patronato, Armendáriz autorizó las obras de mejoramiento del convento de San Agustín con dineros de donaciones y limosnas, pero como no tenía el permiso de del Patronato, el Gobernador le suspendió la obra. Sin tomar en cuenta lo sucedido, determinó elevar la iglesia de San Cristóbal a Parroquial mayor cuando no existían otras parroquias en La Habana y, sin perder tiempo, dispuso el traslado de la Catedral para la Capital de la Isla. El Cabildo santiaguero no demoró en presentar su protesta formal a la que se unió la del Gobernador, que le acusó ante el Consejo de Indias de desacato a la autoridad real.

Armendáriz respondió el día 2 de febrero de 1614 con la excomunión del Gobernador e intentó un «golpe de estado" con el apoyo de los clérigos habaneros, pero la negativa del Castellano del Morro frustró el intento.

El Obispo emprendió su segunda Visita Pastoral sin levantar la excomunión. El Gobernador envió tras él emisarios para obligarle a levantarle el entredicho, con orden de emplear la violencia si fuera necesario.

El hecho no llegó a consumarse gracias a la intervención rápida del Gobernador de Santiago, Don Francisco Sánchez de Moya.

Convencido el Obispo de la magnitud que iba alcanzando la situación por él creada y los peligros futuros que pudiera acarrear, retiró la excomunión y regresó a La Habana.

No pasó mucho tiempo sin que volvieran a enfrentarse, con violencia, Obispo y Gobernador, por lo cual, éste último volvió a quedar fuera de la Comunión.

El escándalo llegó a oídos del Metropolitano quien intervino en el caso, poniéndose a favor del Gobernador. En contra del Obispo estaban, también, los Dominicos que se sentían ofendidos por las palabras fuertes que éste les dirigiera a causa de ciertos excesos en la tenencia de riquezas y costumbres irregulares de los frailes.

Armendáriz se dirigió a las Cortes de Santo Domingo, primero, y de Roma después. Pero no lo hizo por medio de documentos, sino enfrentándose personalmente a los Superiores.

El Papa intervino a su favor, y muerto el Arzobispo de Santo Domingo, le fueron restituidos todos sus derechos.

Tercera Visita Pastoral

De regreso a Cuba y con todos los ánimos pacificados, El Obispo Armendáriz pudo realizar su tercera visita pastoral. De mutuo acuerdo con el Cabildo catedralicio, eligió al Presbítero Agustín Serrano Pimentel para representar a la Iglesia de Cuba en el Sínodo de Santo Domingo, donde asistieron delegados de Venezuela y Puerto Rico.

Finalizada la visita pastoral, y estando en La Habana, convocó a un Sínodo, que hubiera sido el primero realizado en Cuba, pero el Patronato le trasladó a la sede episcopal de Michoacán, Méjico. Era el año 1624.

Su episcopado

El episcopado del Obispo Henríquez de Toledo (Armendáriz) no se puede reducir a los períodos de enfrentamientos con el Gobernador y el Cabildo. Su carácter enérgico le impulsó, además, a realizar tres visitas pastorales en las que puso todo su empeño en mejorar su pobre Iglesia.

En 1612 logró sustituir el templo de Sancti Spíritus, hasta entonces de tabla y guano, por uno de piedra.

Elevó a Parroquial Mayor a la iglesia de Bayamo (1613), con las parroquias filiales de San Fructuoso de Barrancas (Veguitas), San Telmo de Cauto, San Pablo de Hornos, San José de Guisa y Santa Filomena del Retrete (Bariai, hoy Fray Benito).

En la región del Camagüey y con la participación del pueblo y de los aportes del casi centenario Don Vasco Porcallo de Figueroa, reconstruyen el templo de la Parroquial Mayor de Santa María de Puerto Príncipe. La edificación se ejecutó en mampostería y tejas sin torre, con sacristía y capilla del Rosario. El Libro primero de Bautismo señala que los libros anteriores a 1668 fueron destruidos por los piratas ingleses.

En este mismo año de 1617, se inician los tramites para construir el Convento de San Francisco, que tiene su origen en la fundación de una Ermita dedicada a Nuestra Señora de Altagracia en 1587. A saber, un vecino de la Villa, Don Guillermo Olón dispuso la suma de 15,000 ducados para erigirla y estando de visita el padre franciscano Fray Francisco Amado, pidió se le concediera iniciar allí la construcción de un convento para su Orden, pero al no prestarse la debida atención al proyecto, el donante la cedió a los Mercedarios. En 1599 ocurre la fundación en el lugar donde ya existía la Ermita de Santa Ana como lo atestigua una escritura de donación de la india Catalina Carmona fechada en 1617.

Es interesante conocer que por entonces, había muchos clérigos nacidos en Cuba, hijos y nietos de conquistadores y pobladores, como lo atestigua una carta del Obispo al Rey con fecha 12 de agosto de 1621.

En el informe al Rey del año anterior, el Obispo habla, entre otros asuntos, de la existencia de «una pequeña iglesia donde se celebra misa a los negros», que estaba dedicada al Espíritu Santo y se encontraba situada en las márgenes del habanero barrio de Campeche. También habla de la iglesia de San Juan de Dios y la clasifica como «una buena iglesia de una nave". En el altar mayor estaba la imagen tallada de Nuestra Señora del Monte. Allí se celebraba la fiesta de la Presentación de la Virgen con octavario y festejos muy apreciados por los pobladores.

Fin de su episcopado
El Obispo Armendáriz dotó tres becas permanentes para cubanos en el Colegio San Ramón de Méjico.

Murió el 5 de diciembre de 1628 y fue sepultado en la catedral de Valladolid, hoy Morelia.

Amó a Cuba y su memoria permanece en el río habanero que lleva su sobrenombre, porque junto al río poseía una pequeña estancia de descanso.

El escritor Luis Sánchez de Fuentes se refiere a esto en su obra *El Báculo y la Espada*:

> Mientras a Cristo yo no ofenda
> nada me importa lo que digan
> de mí las más terribles lenguas.
> Y acaso si por mis errores
> o mi virtud no me recuerdan,
> lo que hoy juzgan extravagancia
> sirva a mi nombre de bandera
> para que al cabo de los siglos
> el pueblo diga en sus riberas:
> Este es el río de Almendares:
> él halló aquí salud y fuerzas.

Cuando el Cabildo catedralicio supo del traslado del Obispo, quiso declarar la Sede vacante pero ya el Patronato había nombrado un nuevo Obispo.

Fray Gregorio de Alarcón
Agustino que fue consagrado en la iglesia de su convento en Madrid. Enseguida embarcó hacia Cuba pero murió durante la travesía, por lo que su cuerpo recibió cristiana sepultura en las aguas del Atlántico.

Dr. Fray Leonel de Cervantes Carvajal

Cervantes Carvajal era Obispo de Santa Marta, en Nueva Granada, cuando lo designan para ocupar la Sede cubana, el 1º de diciembre de 1625. De origen mexicano y provenía del clero secular, colegial de Salamanca y Sigüenza y Arcediano de Bogotá. Fue consagrado en julio de 1622 en Nueva Pamplona, Colombia, por Don Fernando Arias de Ugarte, Obispo de Santa Fe de Bogotá

Demoró dos años en llegar. Mientras tanto el Canónigo Guerra, único prebendado de la Catedral de Santiago de Cuba, mantuvo el gobierno eclesiástico sin ningún acontecimiento especial.

Después de ocupar su nueva sede, el Obispo Carvajal se preocupó por mejorar el estado físico de la Catedral, pro no logró nada en concreto.

Un año duró su episcopado en Cuba, y lo pasó visitando pastoralmente la zona oriental de la Isla, sin visitar La Habana.

Fue trasladado a la Diócesis de Guadalajara en 17 de diciembre de 1629; después ocupó la sede de Antequera en 1636 y murió en México en 1637.

Fray Jerónimo Manrique de Lara

De la orden de los Mercedarios y nacido en Valladolid, España, en 1581; «docto y virtuoso» (Pérez Cabrera).

Llegó a Cuba en 1630, y en ese mismo año lo hacía Fray Jerónimo de Alfaro, Mercedario también, que venía con la intensión de fundar un convento en La Habana. Recibió un gran apoyo del Obispo. Compró unas casas medio derruidas en el barrio habanero de Campeche, donde inicia la construcción de una hospedería que, pasados once años, se convirtió en el convento de La Merced.

Los frailes vagabundos

Pasados tres años de su llegada, el Obispo recibió un Comunicación Real para que interviniera con firmeza en el caso de muchos religiosos de las Órdenes de Mendicantes que andaban «con notable libertad y escándalo», sin licencia y hasta apostatas. Que fuesen reducidos a obediencia y, si es necesario, se les castigue y encarcele.

Ante la insinuación de que los Dominicos podían ser los más afectados, el Obispo Fray Jerónimo respondió a favor de éstos, considerándolos de mucha observancia y recogimiento «y que acogen a los religiosos de otras órdenes que no tienen convento en la Habana, dándoles comida y posada.»

El Rey siguió insistiendo en tener cuidado con los llamados «frailes vagabundos».

El Gobernador General como Vice-Patrono

Tuvo que asumir con pesar de su parte que desde el comienzo de su gobierno episcopal llegara a la Isla la Real Cédula extendiendo al territorio de su Diócesis las mismas providencias que regían en el resto de América por las cuales, el Gobernador asumía la condición de Vice-Real Patrono Eclesiástico, convirtiéndose así en un verdadero controlador de las actuaciones del Obispo. Era entonces Gobernador de la Isla Don Juan Vitrián Viamonte y Navarra y Auditor real Don Francisco Reje de Corbalán quien puso todo su empeño y autoridad en apoyo del Gobernador.

La Iglesia Auxiliar del Espíritu Santo

A instancias del Obispo se realizó la construcción de la Ermita del Espíritu Santo, en 1638, como auxiliar de la Parroquial Mayor, y dedicada especialmente a la atención espiritual de los negros que abundaban por aquella zona, o por allí se reunían desde tiempos del Obispo Armendáriz.

Con el apoyo del Prelado, los franciscanos inician la construcción de la Ermita del Humilladero, en el punto donde terminaba la procesión del Vía Crucis los viernes de cuaresma, y que salía del antiguo Convento de San Francisco por toda la calle de Amargura.

El origen de esa ermita lo encontramos en otra ubicada en el mismo lugar, conocida en el siglo XVI como de Nuestra Señora del Buen Viaje, y que era muy visitada por los negros horros. En 1629, el prior de San Francisco, Fray Lorenzo Martínez ya había logrado el permiso del Cabildo habanero para construir peanas donde colocar las imágenes del Santo Calvario. Por entonces, ya se llamaba del Humilladero, en sustitución a la que con el mismo nombre se encontraba en pleno barrio de Campeche.

Terminada la construcción en 1644, colocaron una imagen del Santo Cristo del Buen Viaje que, con el tiempo dio nombre a la Iglesia que sustituyó a la Ermita.

El primer convento de monjas en Cuba

Otra obra que debió su existencia al empeño del Obispo Manrique fue el establecimiento de las monjas Clarisas y la construcción de su Convento.

Con anterioridad, en 1610, el Patronato Regio había encargado al Gobernador Ruiz de Pereda que hiciese un informe detallado sobre la conveniencia y posibilidades de establecer un convento de religiosas en la Isla. Muy ocupado estaba el Gobernador en otras cosas ajenas a las religiosas, por lo que no tomó empeño en el asunto, aunque el Cabildo se encargó de iniciar las gestiones. En 1613 se hicieron algunas listas de mandas y limosnas para la fundación, y lo mismo, en 1615 y en el 21. Tres años después, se escogió el lugar para la edificación del convento.

El Patronato no se había preocupado más del asunto, como siempre hacía cuando de aportar dineros se trataba. Pero los vecinos de La Habana si querían la ejecución de la obra, por lo cual, continuaron sus colectas hasta alcanzar la suma que permitiese hacer solicitud formal al Rey Felipe IV quien otorgó el permiso.

Con estos elementos a su favor, el Obispo bendijo la primera piedra del convento el 1º de noviembre de 1638; ese mismo día colocó la del Humilladero y la de una nueva casa para alojar a jóvenes que aspiraban a consagrase. Los pobladores de la Ciudad la conocían como Casa de Beatas.

Como tales empresas dependían, en gran parte, de las limosnas recogidas entre los pobladores, la construcción demoró seis años.

Para lograr esta fundación, la primera de religiosas en Cuba, gestionó el traslado de cinco Clarisas del Convento de Cartagena de Indias.

Estas fueron:

Sor Catalina de la Concepción Mendoza, fundadora y primera priora, con 90 años de edad.

Sor Isabel de san Juan Bautista, maestra de novicias.

Sor Antonia de la Encarnación, tornera.

Sor Angela de Jesús María, vicaria.

Sor Luisa de San Vicente, portera.

Las religiosas llegaron a La Habana 4 de noviembre de 1644, entraron tres aspirantes cubanas. Conocemos el nombre de una, Ana Pérez de Carvajal, más tarde, Sor Ana de Todos los Santos, que según Leiseca fue la primera en ingresar a la Orden en Cuba.

Una inscripción hallada en la techumbre del coro de la iglesia dice: «Gobernando el Señor Don Alvaro de Luna y Sarmiento y su Teniente General Don Fernando de Aguilar, se acabó esta Iglesia año de 1643.»

Pero no fue hasta el 12 de diciembre de 1646 que pudieron tomar posesión del Convento. El monasterio de las Clarisas llegó a ocupar una extensión de cuatro manzanas limitadas por las calles Cuba, Sol, Habana y Luz; y terminan en sus muros las de Santa Clara, Aguiar, Porvenir y Damas. La fachada principal se edificó hacia la calle Cuba entre Sol y Santa Clara.

La Orden se mantuvo en el mismo lugar hasta el 28 de marzo de 1922 cuando, por su traslado al nuevo edificio de Lawton, las religiosas vendieron el antiguo edificio al Estado cubano.

El Obispo Manrique de Lara falleció en La Habana el 22 de junio de 1644. En su testamento, dejaba todos sus bienes a la Catedral.

Tres pintores de la primera mitad del siglo XVII en La Habana.
Entre los pintores que forman la llamada «Escuela Cubana» aparece en el siglo XVII, Juan de las Salas Argüello del cual se conoce que trabajó para las monjas Clarisas. Realizó el mayor retablo habanero reportado en su época y lo donó a dichas monjas en 1643, fecha en que concluían los trabajos de construcción de la gran Capilla del Convento.

A cambio de este regalo de incalculable valor, la Comunidad de Religiosas debería ofrecerle Misas en determinadas fechas del año y, cuando muriera, Misas de Sufragio por tiempo indefinido.

Cuando Juan de las Salas falleció, su cadáver fue amortajado con el hábito franciscano y enterrado en la Iglesia de las Clarisas.

Hay, sin embargo, una referencia documentada (Archivo General de Indias de Santo Domingo, Contadurías, 1102, 1608-1610, Cuentas de la Armada de Barlovento) que nombra a Pedro Arteaga como pintor radicado en La Habana a quien el Gobernador Ruiz de Pereda le encargó la ejecución de seis retablos de imágenes al óleo para las popas de otros tantos galeones del astillero habanero. El trabajo fue entregado el 5 de agosto de 1610 y representaban a la Virgen María bajo las advocaciones de Guadalupe, los Remedios, la Caridad de Illescas, de los Peligros, de la Victoria y del Pilar de Zaragoza. Todo lo cual le sitúa cronológicamente en el primer lugar.

Y otra referencia de pago permite conocer a un tal Gabriel Antonio *maestro pintor* vecino de La Habana, que pintó un escudo con las armas reales para el Convento de San Juan de Letrán.

Un Prelado que renunció a ser Obispo de Cuba
Para ocupar de sede cubana, el Patronato nombró al Dr. Martín Celaya Ocáriz, Inquisidor de Córdoba que, de inmediato, renunció para ocupar el cargo de Maestrescuela de la Universidad de Salamanca.

El Cabildo toma las riendas
El Cabildo santiaguero, en cuanto supo que el Obispo Manrique había muerto, declaró vacante la sede y nombró al Deán Pimentel como Provisor, visitador y Gobernador de La Habana y al Canónigo Dr. Luyando, Provisor, visitador y Gobernador de Santiago de Cuba. Para sustituirle durante su ausencia de la ciudad, nombraron al canónigo Dr. D. Pedro Orozco. Otro tanto debió hacer a la muerte del Obispo de la Torre.

El primer maestro titulado de Cuba

En este siglo tuvo Cuba su primer maestro titulado. Se llamó Sebastián Calvo de la Puerta y perteneció a una de las familias fundadoras de nuestra sociedad, procedente de la ciudad de Cádiz del Quinientos.

Al parecer, su vocación le llevó a prepararse para ejercer el oficio de maestro, aun cuando varios de su familia eran personajes ricos y miembros de la oligarquía habanera.

Resultó que Don Sebastián se empeñó por que su condición de maestro fuese reconocida, para lo cual, escribió un informe al Cabildo fechado en 1648:

> [...]Me he ocupado teniendo escuela pública enseñando en ella doctrina cristiana, leer, escribir y contar y buenas costumbres, procurando aprovechar a los discípulos a satisfacción de los padres de familia. Pretendo ocurrir ente S.M. en su Real Consejo de Indias para que, siendo servido, me habilite de maestro de dicha enseñanza[...]

El Cabildo, por su parte, le acreditó en su capacidad y suficiencia, pues de su escuela «han salido muchos y buenos escribanos, lectores y contadores a satisfacción de toda la ciudad»

Como en los asuntos de palacio no hay apuro, el Rey demoró 13 años para titularlo, autorizándolo además para que fuese examinador de los aspirantes a «escoleros», nombre que entonces se daba a los maestros de primaria. Estos tenían escuelas en sus casas y aunque exigían el pago de un estipendio, se consideraban como *escuelas públicas,* al parecer, por estar abiertas a todos los niños.

La Iglesia vigilaba para que se enseñasen los principios religiosos. Para esto, el Obispo nombraba un sacerdote inspector.

La enseñanza elemental de XVII se circunscribía a cinco materias: lectura, escritura, «contar», religión y buenas costumbres.

El Sínodo Diocesano estableció que todos los maestros y maestras que tuviesen bajo su responsabilidad la enseñanza de niños o niñas, deberían transmitir la doctrina cristiana por el catecismo del Padre Ripalda u otros que estuviesen aprobados, «y no por los formados o inventados por ellos, ni les den a leer sonetos profanos, ni novelas, ni libros de comedias.»

Todos los *escoleros* tenían el deber de llevar a sus discípulos los domingos u otros días señalados a la Iglesia para que fueran examinados en materia de doctrina cristiana por el Párroco u otros Presbítero por él encargado.

Si no la sabían, los maestros eran multados con un ducado. Pero si hicieren caso omiso al señalamiento y no mandasen a los niños a recibir la Doctrina, por tres veces seguidas, se les privaba del oficio de enseñar. (Libro I, Título I. Constitución VIII)

Con respecto a los responsables de enseñar, el Sínodo señalaba a los curas, los padres, los tutores, los padrinos, los amos de esclavos, los dueños de ingenios y haciendas de campo y a cuantos tuviesen esclavos o criados. Y debían hacerlo todas las noches. Esta enseñanza constaba de 4 partes:

La oración del Padre Nuestro, el Ave María y Salve; el Credo y artículos de Fe, los mandamientos de la ley de Dios y de la Iglesia y los Sacramentos.

Al exhortar a todos los clérigos de la Diócesis a predicar y amonestar a los fieles para desterrar de ellos los vicios y sembrar las virtudes, les recuerdan que es necesario que tengan en sus «estudios y aposentos algunos libros morales en que continuamente estudien...» (Libro III. Título I. Constituciones XI)

Y en otro lugar del texto sinodal, se manda a todos los curas y beneficiados a poseer el Santo Concilio Tridentino, el Manual de Paulo V y «si pudieren haber el Concilio Provincial de la Isla Española y el catecismo de la Santidad de Pío V y precisamente esta Santa Sínodo y algunos libros morales para el estudio que continuamente deben tener para buena y segura administración del santo sacramento de la penitencia...»

Dr. Nicolás de la Torre Muñoz

Del clero secular y nacido en Méjico, fue nombrado Obispo de Cuba el 13 de septiembre de 1649 cuando ejercía el cargo de Deán de la Catedral. Consagrado en México el 9 de septiembre de 1650 por el Arzobispo de aquella ciudad, Don Juan de Mañosca; no llegó a La Habana hasta el año siguiente. Quería trasladarse a Santiago de Cuba para visitar su Catedral, pero murió en la capital en 1653. Le sepultaron en la Parroquia de la Asunción de Guanabacoa y, más tarde, trasladaron sus restos a la Catedral de Méjico.

Dr. Juan de Montiel

El 14 de mayo 1655 nombran al Dr. Juan de Montiel como Obispo de Cuba. Nació en Ocón, Navarra. En 1645 era Canónico de Calahorra. Determinó recibir la ordenación episcopal en la ciudad de Tepeaca, del Virreinato de Nueva España, el día 16 de julio de 1656; fue consagrado por Don Diego de Hevia y Valdés, Obispo de Oaxaca; comunicándoselo al Cabildo de Santiago.

El Obispo Montiel falleció en La Habana al tiempo de su llegada, el 23 de diciembre de 1657. Se había demorado dos años en tomar posesión de su sede.

Dr. Pedro Reina Maldonado

Nacido en Lima, Virreinato del Perú, fue designado para ocupar la sede que quedara sin ocupar por su antecesor. En el momento de su nombramiento era Canónigo y Provisor de Puebla de los Ángeles.

Llegó a La Habana en 1658, y permaneció en la ciudad por espacio de dos años esperando el momento de su consagración, que pensaba recibir en Méjico, pero siguió la misma suerte que Montiel. El día 15 de octubre de 1660 muere en La Habana preparado para embarcar. Su cadáver fue sepultado en la Parroquial Mayor.

Dos meses antes, se expedía un Comunicado Real con fecha 6 de agosto en el que se responde a las quejas de algunos ciudadanos del Reino por la falta que padecían los naturales (indios) tanto en la enseñanza de la Doctrina cristiana como en la Administración de los Sacramentos, y en particular de la Confirmación.

Esto se debía principalmente por la «omisión y descuydo que en esto se reconoce, por no cumplir los Obispos y Prelados de aquellas Provincias.» (sic.)

De esta negligencia se desprendía el mal trabajo de los Doctrineros –sacerdotes o frailes encargados de enseñar a los fieles la Santa Doctrina por las distintas regiones de los Obispados.

El 9 de septiembre, se emitió otro Comunicado Real donde se hacía referencia a un hecho desagradable por parte de los frailes franciscanos Alonso Maldonado y Juan de Sosa del Convento de San Francisco de La Habana, que no sólo arrancaron y rompieron un edicto colocado en la puerta de la Parroquial Mayor, por el cual se les citaba al Obispado para que compareciesen a los exámenes previstos para los confesores, sino que profirieron palabras indignas de un consagrado contra la autoridad episcopal.

En el Comunicado, el Rey le informaba sobre la determinación manifestada al Comisario General para que los frailes díscolos fueran sacados del Convento de San Francisco de La Habana y enviados a un convento de la Florida.

Probablemente, estos comunicados –o al menos el último– no habrían llegado a tiempo de encontrar con vida al Obispo preconizado.

Un largo espacio de inestabilidad

Si contamos los años transcurridos entre la muerte de Manrique de Lara y el nombramiento del Obispo Santo Matías, en 1662, nos damos cuenta que, entre el que renunció a la sede y los dos que murieron sin poderse ocupar propiamente de ella, además de lo que se demoró el Patronato en solucionar esta crisis, transcurrieron dieciocho años sin que nuestra Iglesia tuviera un Pastor que la condujese.

Sin embargo, el Cabildo de Santiago hizo frente a esta difícil situación, procurando mantener, de alguna forma, la vida eclesial en la Isla. Así, elevó a Parroquia la iglesia de Guanabacoa, en 1644, manteniendo su «tutelar», Nuestra Señora de la Asunción, que presidía la vida de aquella población surgida varios años atrás del núcleo indígena que sobrevivió a la conquista y colonización. Lo mismo hizo con la Ermita del Espíritu Santo, en 1648.

Durante este período, la población de la Isla se vio sometida a los continuos ataques de corsarios, piratas y filibusteros que saquearon las ciudades de Baracoa, Trinidad y la villa de Santa Cruz del Cayo (Remedios). En estos saqueos, las iglesias eran centro del odio y la rapiña de toda esa crápula. Estos ataques afectaban el ritmo de crecimiento de las poblaciones y, por consecuencia, de la vida de la Iglesia.

Obispo Juan de Santo Mathia Saenz de Mañosca y Murrillo

Dr. Juan de Santo Mathías y Saenz de Mañosca y Murillo

Le nombraron Obispo de Cuba en 1662, siendo consagrado en Puebla de los Angeles el 16 de agosto del mismo año, por Don Diego Osorio, Obispo de Puebla.

Había estudiado en la Universidad de San Marcos de Lima, graduándose de Doctor en Derecho Canónico. Fue Canónigo Doctoral de la Catedral de Lima y Maestre – escuela en la de Arequipa.

De regreso a México, donde nació en 1610, ejerció el cargo de Inquisidor hasta su nombramiento episcopal. Tomó posesión de la Sede en 25 de junio de 1663.

Un año antes, el pirata inglés Henry Morgan conquistó y saqueó la ciudad de Santiago de Cuba; con unos meses de diferencia, otro inglés, el corsario Dolleys, desembarca en esa ciudad y, después de despojar la Catedral de cuantos bienes poseía –hasta las campanas se llevó–, mandó a incendiarla.

Situación de desorden en la Diócesis

El Obispo pasó un breve tiempo en La Habana, lo suficiente para conocer el desorden que reinaba en su Diócesis. Prepara y emprende una Visita pastoral hasta Santiago de Cuba. Para la llegada del Ilustrísimo Señor Obispo, «salió una comisión del Ayuntamiento para recibirlo en Juan Barón, de allí, a Cauto; de allí, al Cobre, y del Cobre al Miradero o Caimanes con los mantenimientos y cubiertos, para el recogimiento y agasajo de su ilustrísima y demás gentes que le acompañan, como se debe hacer a un príncipe de la Iglesia» (Actas Capitulares, Bacardí, Crónicas de Santiago de Cuba)

Con tristeza regresa a la Capital en septiembre de 1664. Dejaba atrás una ciudad destruida al igual que su Catedral, no pudiendo más que apenarse y rezar por la población, ya que carecía de los recursos económicos necesarios para emprender la empresa de reconstrucción que quedó en manos del nuevo Gobernador General Dávila Orejón.

Ya en La Habana, se encarga de organizar la vida de la Iglesia.

Procura hacer reparaciones en la Parroquial Mayor (1666), pero no logra nada en concreto porque el Cabildo determinó que era mejor construir un nuevo edificio que se ubicaría en la Plaza Nueva. Mandó construir la iglesia en Sancti Spíritus, destruida por el pirata Legrand.

Apoyó al Presbítero Nicolás Estebes Borges en la fundación del Hospital de San Francisco de Paula. Este sacerdote, natural de Canarias, ejerció los cargos de Cura beneficiado de la Parroquial Mayor de La Habana y Vicario General para esta ciudad.

En 1664, testó toda su fortuna para la fundación y edificación del Hospital de Paula, obra que debió emprender el Gobernador Dávila, ya que el Presbítero Borges falleció en enero de 1665 y el Obispo Saenz fue promovido de la sede dos años después.

La promoción del Obispo fue para la sede de Guatemala. Partió del puerto de La Habana para ocupar su nueva sede en marzo de 1668. Murió en esa ciudad de Centro América en 1675, en el momento en que había recibido un nuevo nombramiento episcopal, esta vez para Puebla de los Angeles.

Maestro Fray Francisco Bernardo Alonso de los Ríos Guzmán

Religioso español de la Orden de los Trinitarios Calzados y su Provincial en Andalucía. Nacido en Córdoba en 1626.

Electo como Obispo de Cuba el 17 de septiembre de 1668. Recibió la consagración episcopal en Cartagena de Indias en 1669 de manos de Don Antonio Sanz Lozano, Obispo de la Ciudad. Llegó a Santiago de Cuba en 1671.

De inmediato se dio a la tarea de reparar su Catedral, aportando mil pesos de su peculio y parte de los bienes de las iglesias de Jamaica, caída en manos de los ingleses, con la idea de reponerlos si volvían a formar parte de su Diócesis. Su ejemplo entusiasmó al Cabildo y al clero, al Gobernador y los pobladores hasta que se alcanzó la suma de tres mil cuatrocientos cincuenta y cinco pesos.

Para ejecutar la obra, encargó a su Vicario General el Presbítero Francisco Ramos.

Estando todavía en Santiago, recibió la noticia de su promoción a Ciudad Rodrigo en España, el 16 de noviembre de 1671.

Antes de marcharse, dejó provista a la Catedral con impuestos de seiscientos pesos para la fiesta de la Purísima Concepción de la Virgen María, mil cuatrocientos para dos capellanes de coro y mil para cuatro plazas de *monacillos*.

En agosto de 1672 zarpó del puerto de La Habana con destino a Cádiz. El 13 de septiembre de 1677 fue nombrado Arzobispo de Granada y murió en esa ciudad el 5 de octubre de 1692.

Dr. Gabriel Díaz Vara Calderón

Este nuevo Obispo de Cuba, nació en Madrid en 1621. Ocupó una canongía en la Catedral de Avila y poseía el título de Asesor de la Real Capilla. Clérigo ilustrado y de gran celo apostólico. Fue elegido para la sede cubana el 14 de diciembre de 1671 y recibió la consagración el 4 de septiembre de 1672, en la Catedral de Sevilla de manos de su Arzobispo. Don Antonio Spinola y Guzmán.

Tomó posesión en abril del 73, por intermedio de su Deán Moya que lo representó ante el Cabildo de Santiago hasta su llegada, el 8 de septiembre, celebrando en la iglesia de San Francisco, por estar aún la Catedral en reparaciones.

Publicó su visita pastoral, la cual inició en noviembre viajando por tierra hacia La Habana.

Comunicación real

A su llegada, debió encontrar entre los papeles pendientes un Comunicado Real fechado en 2 de diciembre de 1672 y firmado por la Reina «Gobernadora» (Regente) donde se llamaba la atención a los Arzobispos y Obispos de las posesiones de las Indias Occidentales para que vigilasen el fiel cumplimiento de lo determinado por parte de Virreyes y Gobernadores, así como de los Eclesiásticos que se vieren implicados.

El contenido del Comunicado giraba en torno a dos problemas; el primero, relacionado con la mala costumbre de los dueños de permitir que sus esclavos anduviesen sin vestir por los lugares públicos, atentando contra la pureza de costumbres y la decencia cristiana; el otro, se refería al trabajo deshonesto que algunos dueños de esclavas le obligaban a realizar, mandándolas a comerciar de noche con objetos o con su propio cuerpo.

Para solucionar estos problemas se ordenaba le pusieran ropas a los esclavos, al menos cuando se presentaran en público, y quedaba totalmente prohibido que las negras y pardas, fueran esclavas o libres, salieran de noche a trabajar.

Como castigo se imponía en orden a su reincidencia:

Si eran negros o negras libres, multa, cárcel y azotes. Si eran esclavos, multas, cárcel y pérdida del esclavo por parte del dueño. El fruto de las multas y las ventas de los esclavos debería incorporarse al Hospital del lugar o Providencia donde esto sucediera.

Su labor pastoral

El Obispo Vara Calderón era un hombre austero y buen conocedor de los cánones eclesiásticos, por lo que pronto se percata de la necesidad de reformar las costumbres del clero y de las comunidades religiosas, amonestándoles en sus sermones.

Muy interesado en su Diócesis, emprendió un viaje a la Florida donde realizó una importante labor pastoral: bautizó a tres mil ciento cincuentidós indígenas y fundó tres iglesias que abasteció con ornamentos y demás objetos religiosos.

Mientras permanecía en La Florida, su Provisor el Presbítero Francisco Ramos concluyó las obras de restauración y ampliación de la Catedral, bendiciéndola el día 24 de febrero de 1675.

El Obispo había encargado al clero habanero la construcción del baluarte de San Pedro como parte de las obras de amurallamiento de la Ciudad que, así, se vería más protegida del ataque de los piratas.

El mismo Obispo resume estas labores en la carta que envió al Metropolitano de Santo Domingo:

> [...]Dejé sacados los cimientos de cuatro varas de silleria del fuerte real de San Pedro que he hecho a mis expensas, y ya tiene seis varas sobre el suelo, faltándole solo dos del cordón y remate. Es capaz de cien hombres. Este fuerte y la visita a la Florida, donde he mantenido á mi costa una compañía de infantería del presidio de San Agustín casi ocho meses, limosnas, regalos á caciques é indios, ornamentos de tres iglesias que he fundado y dos embarcaciones de ida y vuelta me han empeñado en mas de once mil pesos. Doy gracias á Dios porque, en veinte meses que há que entré en este obispado, he visitado a todas mis ovejas[...]

A su retorno, visitó la población india de Guanabacoa desatendida desde hacia dieciocho años, cuando la visitó el Obispo Montiel, y tomó empeño en mejorar la situación precaria en que se encontraba, tanto en lo material como en lo moral y espiritual.

La ausencia de ocho meses no le hizo olvidar los problemas existentes en la población civil y religiosa. Por eso, se dio a la tarea de mejorar el nivel cultural y moral de sus feligreses.

Enseguida tropieza con el Gobierno civil que miraba con recelo el ímpetu del Obispo. Algo parecido sucedió con los ministros del Tribunal del Santo Oficio, pero el Obispo no se echó atrás en su empeño, y fustigó con sus sermones cualquier desacato a los principios de la moral cristiana.

Se quejó por la mala costumbre de los amos de hacer trabajar a los esclavos en días festivos y mantenerlos ignorantes en materia de religión.

Escribió un libro titulado «Grandezas de Roma».

Proyectó y convocó al primer Sínodo Diocesano; su muerte repentina tronchó lo que hubiera sido la obra más destacada de su episcopado.

Su muerte, acaecida el 15 de marzo de 1676, quedó envuelta en una suerte de misterio, pues mucho se habló de que hubiera sido envenenado por alguno de sus enemigos. El mismo Obispo había hecho referencias de un intento de envenenamiento del que había sido víctima sin mayores consecuencias.

Según Arrate, fue sepultado en la Parroquial pero nunca se supo el lugar exacto por carecer de «ningún honroso distintivo padeciendo el mismo descuido que las de sus antecesores».

Obispo Juan García de Palacios y García

Dr. Juan García de Palacios y García

Nacido en la ciudad de Méjico en 1620, donde recibió una notable educación y ejerció los cargos de abogado de la Universidad, Fiscal del Santo Oficio y Catedrático de Leyes, entre otros. Doctorado en Cánones puso todos su saber y empeño al servicio de la Diócesis cubana. Elegido el 13 de septiembre de 1677; recibió la consagración episcopal en la Catedral de Puebla de los Angeles el 20 de noviembre de 1678, y tomó posesión de su sede a mediados del año 1679.

Por entonces, un huracán y un terremoto afectaron considerablemente a la Catedral que había sido reparada en 1672.

Fundó la Capilla de música en la catedral en 1682.

Costumbres extravagantes

Entre los «papeles pendientes» del Obispo Vara Calderón, había un Comunicado Real que respondía a las quejas elevadas por los vecinos de la ciudad de La Habana sobre la costumbre de algunos de salir a caballo con máscaras las noches de vísperas de San Juan Bautista y de San Pedro profiriendo indecencias. Otra causa de desorden eran los bailes en los Altares de casas particulares, probablemente en estas mismas celebraciones o en la de otros santos.

Se encomendaba al Obispo aplicar penas de excomunión menor y de 500 pesos que debían aplicarse a la construcción de la Muralla. Para hacer cumplir la disposición real se recomendaba lo hicieran las autoridades civiles y no las religiosas para evitar que fueran insultados o agredidos como ya había ocurrido en otras ocasiones.

En 27 de abril de 1679, el Rey le escribía al Obispo desde su palacio del Buen Retiro de Madrid para solicitar su preocupación pastoral con el fin de evitar los pecados públicos que atentaba contra la felicidad común en su reino. Y le proponía como medida efectiva:

> [...]enviando sacerdotes de doctrina, y exemplo á hacer misiones y predicar penitencia a los Pueblos se puede esperar de la Divina Misericordia efectos muy favorables en beneficio de mis dominios[...]

García Palacios conoció el proyecto de su antecesor de convocar a un Sínodo Diocesano, lo llevó a efecto al año siguiente de su llegada.

Para el Dr. Levi Marrero, este primer Sínodo de la Iglesia de Cuba, realizado en 1680, «echó las bases para la organización institucional de la Iglesia insular, que salió de esta reunión claramente estructurada y con sus objetivos y funciones definidas.» (CUBA: Economía y Sociedad)

Aunque criticado por un grupo de sacerdotes de La Habana que, incluso enviaron su reprobación en carta dirigida al Rey, el texto íntegro recibió la aprobación de Madrid en 1682.

Otro de los aciertos del Obispo fue su proyecto de llevar la Iglesia hacia el interior del país. Y, para esto, erigió varias ermitas.

Mientras visitaba su Catedral –destruida por el fuerte terremoto de 1678 – le sorprendió la muerte. Fue sepultado en la Catedral el 1º de junio de 1682. Contaba en el momento de su muerte con 62 años de edad.

Fray Baltazar de Figueroa y Guinea

En esta ocasión, el Patronato Regio se apresuró en nombrar Obispo para Cuba. Y eligió al Maestro Fray Baltazar de Figueroa y Guinea, monje cisterciense y Abad del Real Monasterio de San Basilio de Valparaíso y Maestro General de la misma. Hombre virtuoso y letrado. Fue consagrado en Madrid en 1683. Viajó a Cádiz para embarcarse hacia Cuba, pero la muerte le sorprendió mientras ultimaba los preparativos del viaje. Fue enterrado en la Catedral de aquella ciudad.

Dr. Diego Evelino y Vélez (El Obispo Compostela)

El nuevo Obispo, Fray Diego Evelino y Vélez, será quien cierre la lista de obispos de Cuba en el siglo XVII, y uno de los más ilustres prelados de nuestra historia.

Diego Evelino de Compostela –como más se le conoce–, nació en Santiago de Compostela, Galicia, España, en 1635. Con 23 años de edad se gradúa de Doctor en ambos Derechos en la Universidad compostelana. Rector y Maestro de Humanidades del Colegio de Infantes de Toledo. Enseñó en las Cátedras de Teología, Metafísica y Sagradas Escrituras en la Universidad de Valladolid. Obtuvo, por oposición, la Parroquia de Santiago Apóstol de Madrid.

A la muerte del obispo Figueroa, lo eligen para ocupar la sede cubana a la que, entonces, pertenecían Jamaica (sólo de nombre) y La Florida.

Aunque consagrado en Madrid (Iglesia de Santiago) el 19 de agosto de 1685 por el Cardenal Savus Mellini, Nuncio Apostólico en España; tuvo que permanecer dos años en Madrid para cumplimentar el mandato del Papa Inocencio XI de reformar los Estatutos de las Reales Descalzas de la Corte.

Inicio de su labor en Cuba

El 17 de noviembre de 1687 llega a La Habana y enseguida envió su Poder al Cabildo santiaguero, pero nunca llegó a visitar su Catedral.

En poco tiempo se percató de que su Diócesis estaba muy necesitada de valores espirituales y de bienes materiales y para remediar estas carencias, se empeñó con denuedo, poniendo al servicio de su Grey todas sus capacidades intelectuales y todas sus virtudes que, por lo demás, eran muchas.

Era hombre religioso, de costumbres austeras y de gran elocuencia que combinaba con una gran mansedumbre, sin que por eso dejara de ser firme y decidido.

Por todo lo cual, logró que muchos clérigos y laicos procuraran imitarle y seguirle en todos los proyectos que fue elaborando.

Puso la administración de los diezmos en manos de la Iglesia, evitando los intermediarios ambiciosos y negligentes. Al poco tiempo, los diezmos crecieron y se aplicaron con eficacia, mientras él vivía con sencillez: «...andaba siempre a pie, no hacía más que una comida frugal al día, repartía sus ingresos en limosnas, y con majestuosa y sonora voz conmovía desde el púlpito hasta a los más fríos.» (Pezuela)

Antes de partir de España para Cuba, se agenció con el Padre General de los Jesuitas para que le concediera la gracia de que dos padres de la Compañía de Jesús le acompañasen y sirviesen de apoyo en los trabajos pastorales.

Le fue concedida la petición. Uno de los Padres le ayudó mucho realizando las Visitas Pastorales que él no podía efectuar. El otro, estuvo al frente del Colegio de San Ambrosio donde se preparaban 12 niños para los futuros estudios eclesiásticos; además, este Religioso dedicaba una buena parte de su tiempo al Confesionario en la Parroquial Mayor.

Un caso pendiente de indisciplina eclesiástica

Como ya hemos constatado con los Obispos anteriores, siempre quedaban pendientes asuntos que no se dilucidaban antes por la demora de las comunicaciones, dependientes de las flotas y sujetas a los inconvenientes que pudieran presentarse en dichos viajes.

En este caso es muy probable que el Obispo haya recibido el Comunicado Real en Madrid como uno de los primeros problemas a dar solución en la Diócesis cubana.

El rey encomienda al Señor Obispo para que intervenga en la situación del «intrépido natural» Don José Díaz Garondo, Comisario del Santo Oficio, «por cuyo fuero maquina novedades é inquietudes con el Gobierno secular».

Sin dar explicación de los desafueros del Comisario, le indica que, usando los medios que le parecieren necesarios, le castigue y corrija según el Derecho, o le amoneste en caso de no ser del todo cierta la noticia.

En el mejor de los casos, se le dispone a que viva «con la quietud, y exemplo, q.e corresponde a su estado.» (sic.)

Obispo Diego Evelino de Compostela

El caso terminó remitiéndose, por nueva orden real, al sujeto para que le apliquen justicia en el Tribunal de la Santa Inquisición de Cartagena de Indias, de manera tal que el Obispo quedó libre de esa dificultad y, sobre todo, los vecinos de la Habana.

El número de clérigos
Gracias al Comunicado que le hace el rey Carlos II al Obispo Compostela con fecha 30 de mayo de 1687 podemos conocer sobre la situación del clero tal y como le llegaban los informes al rey.
Los vecinos de La Habana se quejaban del número excesivo de Capellanías impuestas sobre la Ciudad, de mucho valor por ser los Eclesiásticos

muchos «y los que cada dia se ordenan muchos mas en q.e no se pone el cuidado, y Vigilancia q.e es justo...» (sic.)

Pero hay más, «se está experimentando haber sacerdotes hijos, y nietos de mulatos y algunos de color tan obscuro, q.e causan irreverencia...» (sic.)

Al seguir leyendo el documento real, hay dadas una motivaciones que se alejan de la verdadera vocación a la vida sacerdotal porque los que entran en el estado de Sacerdotes se veían exentos de la jurisdicción civil y «se hacen intolerables con su altivez, motivando ocaciones de inquietudes...» (sic.)

No descartamos que una buena parte del clero y de los aspirantes a este estados hubieran puesto su motivación principal en el status social y la posible posición económica acomodada, ya que no todos llegaban a obtener las mejores Prebendas y/ o Capellanías.

Sí llama bastante la atención el hecho de que los Obispos del XVII ordenasen mulatos y negros, y entre ellos Compostela.

En las Leyes de Indias se permitía la ordenación de Mayores a los mestizos, pero estaba bien aclarado, de Español con India o de Indio con Española. Específicamente las Leyes Sexta y Séptima, Título Séptimo, Libro Primero de la Recopilación, estimulaba que se ordenasen de sacerdotes a los mestizos siempre que reunieran las condiciones que exigía el Santo Concilio de Trento.

Incluso se había previsto la posibilidad de que los Arzobispos y Obispos de las Indias dispensasen la ilegitimidad de los candidatos cuando, en lo demás, fueran idóneos (Bulas de los Papas San Pío V y Gregorio XIII)

Pero de los mestizos de Español con Negra –si hubo de la forma contraria, no aparecen registrados –y de los negros, no se dice nada, o más bien se dice que los Obispos no deben continuar ordenando a estos porque «causan irreverencia».

¿Hasta cuándo siguió ocurriendo esto?, no lo sabemos con exactitud.

El Rey ponía su confianza en que el Obispo daría remedio en lo referido, «no dando lugar á que la multiplicidad del citado Ecco vaya tan en aumento q.e por esta causa se consuman las haciendas...»

Al terminar la Comunicación, el monarca hace hincapié en «q.e el estado Ecco se halle en adelante tan ilustrado, honrado, y sin nota q.e conviene al servicio de Dios, y mio.» (sic.)

Es necesario trasladar la Iglesia al interior del país

Su celo apostólico le impulsó a dar solución a la precaria situación en que vivían las poblaciones del interior de la Isla. Con el apoyo incondicional de un gran número de sacerdotes pudo erigir nuevas parroquias que, a su vez, promovieron la creación o el desarrollo de nuevos pueblos y ciudades.

En las zonas rurales, se iban creando núcleos, cada vez más grandes, de campesinos dedicados al cultivo del tabaco, muchos de ellos procedentes de Islas Canarias. Entre estas fundaciones se destacan las de Santiago de Compostela burgo de las Vegas, en 1688 y las de San Miguel del Padrón, Jesús del Monte, San Antonio de Río Blanco, Guamacaro, Macuriges, Guamutas, La Hanábana, Álvarez, Guanajay, Santa Cruz de los Pinos, San Basilio, Consolación del Sur, San Julián de los Güines y Batabanó. En la zona más occidental, Guanes y San Rosendo de Pinar del Río.

Estableció en la margen oriental de la bahía de La Habana, un santuario dedicado a Nuestra Señora de la Regla, en el mismo lugar donde ya existía una ermita bajo la misma advocación mariana.

Erigió como Auxiliar de la Parroquial de Puerto Príncipe a la iglesia de La Soledad.

Donde no podía erigir parroquias por falta de dinero, habilitaba casas para el culto y destinaba misiones a los campos.

Aunque nunca visitó su Catedral sí se preocupó por reedificarla y mejorar la atención espiritual de la zona oriental, para lo cual, se erigieron las parroquias de El Caney, Santiago del Prado (El Cobre) y la de Jiguaní, esta última, en los terrenos que donó el indio Miguel Rodríguez.

Compostela y la educación

Pero su obra no se limitó a crear parroquias y edificar templos, también se preocupó por la instrucción. En 1692 estableció el Colegio Seminario de San Ambrosio de La Habana para fomentar las vocaciones sacerdotales cubanas; unos años antes, en 1689, el Colegio de San Francisco de Sales con 169 niñas y abrió una especie de asilo para doncellas huérfanas y pobres.

Compostela y la labor asistencial

Otro de los problemas a dar solución era el de la salud. El Hospital de San Juan de Dios, único en la capital, ya resultaba insuficiente para la creciente población habanera, de manera que muchos de los pacientes eran dados de alta antes de estar totalmente restablecidos, por lo que el Obispo, decidió iniciar la construcción de un nuevo hospital, pero los recursos monetarios se le agotaron, y por más gestiones que hizo ante el Gobernador, no consiguió lo suficiente para realizar su primer proyecto.

Pero el carácter de Compostela no le permitió darse por vencido en esa empresa, así, mientras esperaba completar la suma requerida, mandó construir una pequeña ermita «en la huerta que le servía para su recreación y retiro» (Arrate). La puso bajo la tutela de San Diego de Alcalá. Junto a la ermita construyó un sencillo hospicio para acoger a los enfermos convalecientes que salían de San Juan de Dios. Procuró traer de Méjico a los religiosos de Nuestra Señora de Belén (Belemitas) para que se encargasen de la atención de los enfermos y, además, enseñasen las primeras letras y operaciones matemáticas a los niños de la barriada y distribuyeran alimentos a los menesterosos que abundaban por la ciudad. Estos sueños del Obispo no se vieron realizados hasta muchos años después de su muerte, y completados por su sucesor, El Obispo Valdés.

Algo sobre los Belemitas

Esta Orden religiosa tiene su origen en Pedro de Betancourt nacido en Tenerife, una de las Islas Canarias, en el año 1612. Como muchos de su época, viajó a América, concretamente a Guatemala, en 1650. Allí tomó el hábito de San Francisco y fundó un hospital y una escuela dedicada a Nuestra Señora de Belén, donde surgió la Orden de los Belemitas que nunca salió de América.

El hábito de los Belemitas era muy parecido al de los capuchinos sólo que la capucha era mucho más corta, no llevaban cordón sino correa de cuero, usaban sombrero y en el lado izquierdo de la capa prendían un escudo de cobre representando el Nacimiento de Jesús.

Fray Pedro falleció en 1667 y la joven Orden debió esperar hasta 1687 año en que el Papa Inocencio XI le dio la aprobación pontificia bajo la Regla de San Agustín y con el nombre de Belemitas.

La Orden estaba organizada de la siguiente forma: Un General que residía en Guatemala, cuatro Definidores con sus secretarios y dos religiosos sacerdotes en cada convento; tres sacerdotes en las casas matrices de México, Buenos Aires y La Habana.

Estos Hospitalarios de Nuestra Señora de Belén llegaron a Cuba por la solicitud que le hiciera El Obispo Compostela al Duque de Albuquerque quien hizo escala en La Habana durante su viaje a México donde ocuparía El cargo de Virrey.

De allí llegaron en 1704 los dos primeros frailes Francisco del Rosario y Julián de San Bartolomé. Para empezar, Compostela los situó en la Ermita y Huerta de San Diego, propiedad de descanso del Obispo y núcleo de los que sería El convento más grande de la Ciudad.

Fundación de conventos

Atento, como siempre estuvo, a la necesidad espiritual de su Diócesis, tomó a su cargo la fundación del Convento de las Recoletas de Santa Catalina, respondiendo, así, a la demanda de muchas jóvenes de consagrase a Dios en la vida religiosa, y por estar limitado el número de religiosas en el Convento de Santa Clara. Fueron sus cofundadoras tres hermanas Francisca, Ana y Teresa Aréchaga Cassas descendientes del tesorero Aréchaga que, además de entregar su fortuna, profesaron en la Regla de Santa Catalina. Para la fundación fueron autorizadas a salir del convento de Santa Clara, Sor María de la Ascensión, Sor Clara de Jesús de Soto y Sor San Buenaventura de Arteaga. El monasterio ocupó las manzanas limitadas por las calles Compostela, O'Relly, Aguacate y San Juan de Dios. Las obras concluyeron en 1698, dedicándose el templo en 1700.

También fundó el convento de las Carmelitas de Santa Teresa con la obligación, por estatutos, de recoger y atender a un número limitado de expósitos. Para darle frente a esta obra, contó con la apreciable ayuda del Dr. Francisco Moreno Alba y su esposa Ana Tadino, quienes se encargaron de la compra, en 1695, de los solares de la familia Sotolongo y que, por lo inapropiados que resultaron para esa empresa, se aprovecharon en la construcción del hospicio de San Isidro. En 1700, llegaron de Cartagena de Indias las tres primeras religiosas, de las cuales, una era cubana, la Madre Bárbara María de Santa Catalina, de apellido Lazo de la Vega. Al frente del pequeño grupo venía la Madre Catalina de San Alberto designada por el Convento de Cartagena para efectuar la fundación que vio la luz en el año 1702. Su primer Capellán y confesor fue el Presbítero Don Juan Fernández de Lara.

Su tercera fundación de carácter religioso fue el Oratorio de San Felipe de Neri. La congregación se estableció en La Habana en tiempos del Obispo Saenz de Mañosca (1666), primero en la Parroquial Mayor y, luego, en el Cristo del Buen Viaje. El Oratorio se edificó gracias a la gestión del Presbítero habanero don Francisco de Sotolongo que, apoyado por el Obispo Compostela, utilizó los solares de la calle Aguiar y Obrapía y aprovechó unas casas heredadas de su padre. El Oratorio fue inaugurado el 13 de noviembre de 1693.

Las Visitas a la Diócesis

Como ya dijimos, Don Diego Evelino era un hombre muy despreocupado de sí mismo en el aspecto material. Este régimen de vida, acompañado de un exceso de trabajo, afectó su salud y le imposibilitó realizar su deseo de visitar toda su extensa Diócesis. Pero como no era hombre de dejarse vencer por las dificultades, y acogiéndose al Decreto Real de 1ro de julio de 1682 sobre los Obispo imposibilitados de cumplir con la grave obligación de visitar su Diócesis, encargó a algunos clérigos de su confianza para que, en su nombre, visitaran y atendieran a todo su Grey. Para las misiones de La Florida, nombró al Presbítero habanero D. Juan Ferro Machado como Visitador de la Península.

Solución de un problema y fundación de dos nuevas ciudades.
La figura de este Obispo ejemplar aparece asociada a la solución definitiva del prolongado litigio entre los pobladores de Santa Clara y los de San Juan de los Remedios, además de la fundación de la Ciudad de Matanzas.

Antecedentes
San Juan de los Remedios del Cayo tuvo su origen en la fundación que hiciera el audaz Don Vasco Porcallo de Figueroa a la que llamaron indistintamente Sabana del Cayo y Santa cruz de la Sabana. Olvidada en los Padrones de 1607 quedó incorporada a la jurisdicción de La Habana, proporcionándole una posición privilegiada como centro de acopio para el abastecimiento de la capital que se hacía por medio de fragatas.

En 1620 se calculaba una población de 1000 habitantes. Dos cayos daban nombre al lugar, el Cayo Conuco y el Francés, este último, punto de referencia para los navegantes que llegaban al centro de la población por la Boca de las Carabelas.

Si esto fue favorable para el desarrollo de aquella población y beneficio económico de los habaneros, también fue una tentación para los piratas y filibusteros que operaban desde la isla de Tortuga e infestaban cada vez más aquella zona.

En 1658 Francisco Nao, el Olonés, uno de los más fieros y desalmados filibustero de la época, cometió una serie de fechorías y atrocidades como la de degollar a toda la tripulación de un barco español armado y enviado desde La Habana por el gobernador Dávila Orejón para apresarle y salvaguardar la vida de los pobladores de aquella zona.

Esto incitó a muchas familias remedianas a abandonar la villa y a solicitar oficialmente al Gobernador la autorización de realizar una nueva fundación.

La burocracia acostumbrada demoró la respuesta afirmativa hasta 1671. Para entonces, muchos habían desistido y otros se mantenían firmes en el proyecto.

Comienza el litigio
Pero, además de los peligros foráneos existía un mal de fondo e la población, y es que se encontraba dividida en dos bando al frente de los cuales estaban dos sacerdotes rivales: el Padre Joseph González de la Cruz y el Padre Cristóbal Bejerano.

El primero, cayero de origen era comisario de la Inquisición y muy interesado en sus propiedades agrarias entre las que figuraba el hato de El Cupey o Copey, según su opinión, el lugar idóneo para la nueva fundación.

La división se convirtió en conflicto. Un conflicto único en la historia de la Isla que duró 25 años y alcanzó niveles increíbles que pueden resumirse en cuatro puntos:
1) Conflicto entre los vecinos azuzados por los dos clérigos para determinar el lugar de la fundación de la nueva villa.
2) Un grupo decide trasladarse con la aprobación oficial al hato Antonio Díaz, donde más tarde se fundaría Santa Clara.
3) Lucha entre los vecinos por atraer, incluso a la fuerza, a los *cayeros* a la nueva villa.
4) Solución del conflicto con el reconocimiento de los derechos de las dos villas y la fundación oficial de Santa Clara en 1696.

La crisis se sitúa en 1672, cuando el padre González logró que el Gobernador enviase un delegado para que, junto al cura y los vecinos, visitase El Cupey.

El lugar establecido por el Padre González fue encontrado malsano por todos los vecinos, mientras que el bueno correspondía a una zona donde el Cura tenía casas y sembrados por lo cual, exigió se le pagase lo requerido, cosa que pareció bien al Gobernador pero no a los vecinos que desistieron del traslado.

El Padre Bejerano aprovechó las circunstancias para fundar en un sitio llamado Santa Fe.

La tensión creada entre los dos bandos, el continuo enfrentamiento de los dos clérigos, el peligro de un ataque pirata y la falta de aceptación de los lugares de fundación, provocaron una afectación psíquica colectiva que enseguida se revistió de elementos propios de la ignorancia religiosa y los miedos supersticiosos.

En 1682, el Padre González esgrimió el argumento de que por designio de Dios, ese lugar (San Juan de los Remedios del Cayo) debía ser abandonado, ya que el mismo se encontraba situado sobre una de las bocas del infierno.

El dato lo había logrado cuando exorcizó a una negra criolla esclava de Dña. Pascuala Leal, llamada Leonarda que, posesa de Lucifer, había declarado que por debajo de una mata de güira que estaba en el pueblo, se podía entrar en el infierno.

El Padre no perdió tiempo y haciéndose poseedor de los designios divinos, partió con el Santísimo Sacramento y 12 familias hacia el hato de El Cupey para establecer allí la nueva villa.

Informado el Gobernador, exigió a los vecinos retornar a Remedios. Al no tener jurisdicción sobre el Padre González y no haber llegado el nuevo Obispo (Compostela), acudió al Cabildo catedralicio el cual ordenó al Padre, bajo pena de excomunión, que regresara también a Remedios con todas las propiedades de la Iglesia que se había llevado para su Ermita y nueva fundación.

Nombró al Cura Párroco de Sancti Spíritus para que investigara los hechos acaecidos. El Padre González tuvo que dar razón de los millares de demonios que expulsó en sus muchos exorcismos.

Los vecinos fueron castigados por el Gobernador. El Cabildo de Remedios se pronunció a favor de los vecinos y declaró como únicos responsables a los dos curas.

En 1757, el Obispo Morell de Santa Cruz emitió un dictamen sobre estos hechos:

> [...]el anterior... fue el expediente del Cabildo Catedralicio y según expresión parece que los individuos que lo componían, aunque por otra parte juiciosos y literarios, dieron asenso formal a los cuentos del padre cura sobre el lanzamiento de tantas legiones de demonios y respuestas que daban.
> Los hechos mismos, y la narrativa que usa, están publicando la sencillez y cortedad de su genio. Es verdad que los capitulares de Cuba incurrieron también en el abuso de la palabra *versadas* en lugar de *vejadas* que es la propia.
> La obra, en fin, era más digna de ponerse en las tablas de un coliseo que de presentarse a un Consistorio tan serio y venerable como un Deán y Cabildo[...]
>
> Relación al Rey de su Visita Pastoral–

Estos hechos inspiraron al Dr. Fernando Ortiz a escribir su obra «Una lucha cubana contra los demonios» de acuerdo a lo que pensó el Obispo Morell.

La intervención del poder civil agudizó la situación cuando el Capitán Pérez de Morales, comisionado del Gobernador Manzaneda, obligó a todos los pobladores a abandonar la villa y la redujo a cenizas. El remediano Jacinto de Rojas marchó a La Habana y protestó ante el Gobernador y ante el Obispo.

Solución del problema

Compostela supo conducir el problema, convenció a Manzaneda de buscar una solución justa y el asunto lo elevó a la Audiencia de Santo Domingo. El litigio quedó resuelto cuando, por Auto final de 13 de diciembre de 1695, las autoridades determinaron que se mantuviera la villa de San Juan de los Remedios del Cayo indistintamente de la recién fundada Santa Clara.

Santa Clara fue fundada en un área de 4 leguas planas (16.96 Km.2) incluyendo el ejido, en el hato de Antonio Díaz cuyos propietarios, Luis de León y Gregoria Pérez, cedieron al efecto. La población se comenzó a construir desde las inmediaciones del punto donde se edificó la ermita del Cristo del Buen Viaje hacia la plaza Mayor.

PLANO DE MATANZAS EN 1680.

La fundación de San Carlos de Matanzas

Otro fue el caso de la Ciudad de Matanzas, en la que se unieron los esfuerzos del Obispo y del Gobernador Manzaneda para su fundación. Compostela bendijo la fundación el 12 de octubre de1693. El lugar estuvo ocupado por indios yucayos sustituidos, ahora, por treinta familias procedentes de Islas Canarias, a las que se les repartieron trescientos veinticuatro solares de donación Real. El Obispo bendijo la primera piedra de la Iglesia que puso bajo el patrocinio de San Carlos Borromeo; y en el sitio conocido por Punta Gorda, la de la fortaleza de San Severino.

El día 14 bendijo otra piedra para la ermita de San Sebastián, en la zona norte junto a la ciénaga que forma la vertiente del río Yumurí.

En realidad fueron 37 vecinos los fundadores de aquella nueva villa que nacía con el título de ciudad. A cada uno se les otorgó un solar en la ciudad y una caballería de tierra de cultivo en las inmediaciones. El proceso de sorteo de solares fue el primero realizado en Cuba. El proceso comenzó en 1690 con el trazado de la futura ciudad.

A manera de balance final

En los últimos años de su episcopado, la Isla contaba con doscientos veinticinco clérigos seculares, doscientos cuatro religiosos y cien monjas. Para culminar su obra, solicitó a Roma y al Patronato un Obispo Auxiliar, siendo elegido el presbítero habanero Lcdo. Dionisio Rezino y Ormachea, Cura Rector de la Parroquial Mayor y Vicario General de la Diócesis.

El Obispo Compostela no fue hombre que gustara de conflictos ni indisciplinas, antes bien, se caracterizó por la suavidad en el trato y una elocuencia magistral que apoyaba en su vida virtuosa. Siempre fue respetado y admirado por la gran mayoría de sus fieles, incluyendo a las autoridades civiles. Su constancia unida a una gran capacidad organizativa le llevó a fundar –con las nuevas parroquias, ermitas y misiones–, en proporción, más villas y poblados que todos los anteriores obispos y gobernadores.

Tuvo una mirada muy clara hacia el futuro, dándose cuenta que, para desarrollar una sociedad con verdaderas raíces religiosas, eran necesarias la caridad y la educación.

Como todo ser humano, por lo demás virtuoso, tuvo sus detractores que, opacados por el ejemplo de su vida y enfrentados a su honradez y disciplina, enviaron acusaciones a España apoyándose en el incumplimiento de su deber de visitar la Catedral o al uso «indiscriminado" de los bienes eclesiásticos.

Es cierto que no visitó la Catedral y que no pasó, en sus recorridos, de los límites matanceros. Sin embargo, estuvo al tanto de todas las necesidades de su Diócesis, encargando a sus más fieles colaboradores, las diferentes visitas pastorales que se efectuaron. Su salud no le permitió otra cosa.

Antes de su muerte, concluyó el informe general del estado pastoral y económico de la Diócesis. El informe pormenorizado enviado al Patronato, arrojó un gasto de 193,000 pesos distribuidos en la fundación de 24 parroquias, colegios, hospitales, capellanías, congregaciones y conventos. Las rentas del Obispo no pasaban de 10,000 pesos.

La fuerza del ejemplo

Aunque el Obispo Compostela no pudo visitar las zona Oriental de la Isla y, por supuesto, no estuvo en Santa María de Puerto Príncipe, su buen ejemplo de Pastor preocupado por el desarrollo integral de sus fieles, hasta donde por entonces se podía, incitó a una dama piadosa vecina de esa ciudad a fundar un colegio para niñas al estilo del fundado por Compostela en La Habana.

La fundación se llevó a cabo en el año 1699 con el nombre de Santa Inés y bajo la protección de la Santísima Virgen de la Caridad del Cobre.

Doña María de Miranda y Barreda donó para la obra una casa de madera y tejas situada frente a la Plaza Mayor, 5,000 pesos en moneda y 20,000 pesos en haciendas.

Conclusión de una vida fructífera

El Ilmo. Dr. D. Diego Evelino Vélez (Compostela) falleció en La Habana el 29 de agosto de 1704, después de 19 años de un fructífero episcopado. Fue enterrado en el convento de las Carmelitas Descalzas.

Su Vicario General, Padre Rezino, quedó al frente de la Diócesis.

Lcdo. Don Dionisio Rezino y Ormachea, primer Obispo Auxiliar de Cuba

Dionisio Rezino Ormachea nació en La Habana en los últimos días del mes de octubre del año 1645, hijo de Don Juan Rezino y Doña Aldonza Ormachea, fue el mayor de ocho hermanos; dos de ellos fueron religiosos, Alejandro fue Fraile Agustino y Andrés de la Compañía de Jesús –uno de los fundadores de la Comunidad de Padres Jesuitas en Cuba.

Con buena capacidad para los estudios y una temprana inclinación al sacerdocio, fue enviado a estudiar a México en el Colegio de los Comendadores de San Ramón, beneficiado con una de las tres becas que dejó instituidas para estudiantes cubanos el Obispo Armendáriz. Obtuvo el grado de Licenciado en Cánones y, probablemente, recibió la ordenación de Presbítero en esa misma Ciudad.

Su labor como Presbítero

En 1674 ocupó durante siete años el cargo de Teniente de Cura de la Parroquial Mayor de San Cristóbal de La Habana hasta que, en 1682 fue nombrado Cura Beneficiado interino y al año siguiente Cura Rector.

Por designio del Obispo, tuvo la responsabilidad de continuar la obra de fundación del Convento de Santa Catalina iniciada en 1698. En esta obra, Rezino puso un gran empeño y como testimonio de su exquisita responsabilidad, le entregó al Obispo Valdés la suma de mil trescientos pesos que sobraron de la obra.

El Obispo Compostela le nombró su Provisor y Vicario General en 1700. En los primeros meses de 1704, el Obispo le envió a realizar la visita canónica a las iglesias de la Florida.

Es probable que cuando esto ocurría, el nombramiento de Obispo Auxiliar solicitado por Compostela, había sido aprobado por el Patronato y por Roma, de tal manera que, al poco tiempo de la muerte de Compostela, llegó el nombramiento. Era el primer cubano que sería consagrado Obispo.

El Cabildo catedralicio le nombró Vicario Capitular y Gobernador Eclesiástico de la Sede Vacante.

Recibió la consagración episcopal en Mérida, Yucatán, el 2 de mayo de 1707, con el titulo de Adramite y Auxiliar de Santiago de Cuba.

En los días 11 y 12 de marzo del año 1708, estuvo en la ciudad de Mérida; y con las correspondientes licencias del Obispo Diocesano, confirió las Órdenes Mayores del Diaconado y del Presbiterado a varios clérigos, unos súbditos de Santiago de Cuba y otros de la propia Diócesis yucateca. La ceremonia tuvo lugar en el Monasterio de Monjas Concepcionistas de Mérida.

En La Florida confirmó e hizo una Visita Pastoral a todas las Provincias.

Junto con su querido Obispo Compostela, Dionisio Rezino abrigó la esperanza de que La Habana tuviera un colegio atendido por los Padres Jesuitas que estuviera a la altura de los que funcionaban en el Virreinato de Méjico. Como prueba fehaciente de este empeño, dejó varias mandas pías para ese propósito.

Falleció el día 12 de septiembre de 1711 a los 66 años de edad, después de haberle entregado el Obispado a otro de los grandes pastores de la Iglesia cubana, Fray Gerónimo Valdés Sierra con quien pudo trabajar los últimos años cinco años de su vida.

Su cuerpo fue enterrado, como él quería, en el Presbiterio de la Iglesia de Santa Catalina de Siena, en el muro del lado del Evangelio del Altar Mayor.

La vida del primer cubano que alcanzó la dignidad episcopal en la Isla, se resume en su tarja mortuoria:

Dr. D. Dionisio Rezino, Obispo de Adramite. Primero de la Patria.
Primer auxiliar cubano de la Diócesis.
Primero para todos, último para sí. Basta de alabanzas.
Fue hecho primero porque se hacía el último. Baste de alabanzas no sea que su pálida ceniza se avergüence porque sólo se gloriaba en su ceniza (pequeñez)

La oración fúnebre estuvo a cargo del R.P. Fr. Juan Tomás Menéndez, franciscano habanero, Lector de Prima del Convento de San Francisco.

En 1818 sus restos fueron extraídos del sepulcro original para ser trasladados a la Catedral donde fueron colocados en el muro que delimita la capilla de Nuestra Señora de Loreto, el día 20 de agosto.

La Iglesia y las Misiones en La Florida

Ni la literatura existente ni los muy pocos documentos presentes en el Archivo Histórico Diocesano de La Habana nos permiten alcanzar una visión amplia de lo que debió ser la vida en esa región de la Diócesis de Cuba en el siglo XVII.

Revisando los legajos de Comunicaciones Reales podemos obtener algunos datos que nos permitan imaginarnos la situación de aquella población compuesta por indios, en su mayoría, unos cuantos colonos y comerciantes, clérigos –seculares y religiosos– y el Cuerpo de Infantería distribuido en las pequeñas poblaciones y, principalmente, en San Agustín donde vivía el Gobernador y Capitán General y se encontraba el castillo de San Marcos.

Algunos hechos

La «limpieza de hugonotes» que ejecutó el Adelantado Don Pedro Menéndez de Avilés en la Florida del siglo XVI, no liberó a la Península como tampoco a la Isla de Cuba de estar en la mirilla de los Corsarios, Piratas y demás especimenes relacionados a todo tipo de comercio ilícito.

En una Comunicación Real dirigida al Obispo Compostela aparece una acusación emprendida por el entonces Gobernador y Capitán General de La Florida Don Juan Márquez Cabrera contra el Cura Interino de la Iglesia de San Agustín, Don José Pérez de Mota y algunos Religiosos franciscanos porque, en 1684, a raíz de un desembarco de once ingleses que, al parecer, preparaban un asalto a la Ciudad, uno de ellos, Andrés Bauzon, condenado a la horca, en el momento de efectuarse la ejecución, al romperse la soga, es ayudado por los clérigos a entrar en la Iglesia manteniéndolo allí en calidad de asilado.

En la Comunicación, fechada en 1688, el Rey exigía al Obispo que conminara al Cura a entregar al reo a la justicia y se le aplicara alguna sanción por tal desacato a las órdenes reales. Los frailes fueron trasladados a las Provincias más remotas de la Nueva España.

Otro hecho conflictivo en el que se encontró implicado el Cura Interino nos permite conocer algo de la vida de aquella Iglesia.

En 1698, San Agustín de la Florida contaba con sólo tres clérigos, el Cura Vicario llamado Alonso del Leturiondo, su hermano el Presbítero Capellán del castillo de San Marcos y el Sacristán Mayor que, entre otras cosas, atendía un coro que animaba las Misas.

Había una escuela sostenida por el Gobierno civil.

El día de San Marcos se celebraba Misa solemne y, a continuación, los fieles realizaban una procesión desde la Iglesia parroquial hasta la fortaleza.

El hecho acaecido fue muy penoso por su fuerte implicación pastoral. El Gobernador dejó de entregarle al Presbítero las fanegas de maíz que procedentes de La Habana, debía distribuir a la Guarnición y a los Clérigos. Éste, en represalia se marchó de la Ciudad llevándose la llave de la iglesia y dejando a la población sin celebración el día 25 de abril, fiesta de San Marcos.

La Población

Un padrón enviado por el Obispo Compostela al Rey sobre la población existente en La Florida en 1689 asegura la presencia de 2,796 familias que calculadas a un promedio de cinco miembros en cada una da una suma total de 13,980 habitantes.

Las familias estaban distribuidas por Provincias, a saber:
Guale (185 familias), Timicua (591), Apalache (1,920) y Nueva (100)
Se hacía mención de 34 pueblos y doctrinas.

Las Misiones

Las Misiones en La Florida comenzaron en el siglo XVI y se extendieron a los dos siglos siguientes.

Las referencias que hicieron Ponce de León, Albar Núñez Cabeza de Vaca y Hernando de Soto sobre la población de la Península presentan a tribus de indios extremadamente agresivos y reacios a la asimilación de una misión sistemática como la que pretendieron iniciar los Padres Jesuitas llegados en 1566 y que, a pesar de las graves penalidades y de la muerte de la mayoría de sus miembros, se mantuvieron hasta 1572, fecha en que abandonaron la misión y, tras una breve estancia en La Habana, pasaron a la Nueva España.

Para el año siguiente, los Padres Franciscanos asumieron la misión. Con la idea de apoyar la misión se inició la construcción en 1574 del Convento de La Habana, en lo que llegó a ser la sede de la Provincia francisca de Santa Elena.

En 1590 se estableció el tránsito de frailes desde Sevilla hasta San Agustín, pasando siempre por La Habana.

Hay una referencia en *Los Apuntes para una Historia Eclesiástica en Cuba* de Martín Leiseca, y en el *Episcopologio* de Lebroc Martínez a la visita que hiciera el Obispo Fray Antonio Díaz de Salcedo, franciscano, a las Misiones de La Florida. De ser cierto este dato, Díaz de Salcedo fue el primero en visitarla.

Al igual que a los jesuitas, los indios recibieron con ferocidad a los misioneros franciscanos, especialmente en la zona que ocupa hoy el Sur del Estado de Georgia. Era el año de 1597.

En el siglo XVII (1616) quedó instituida la provincia Franciscana de Santa Elena de La Florida correspondiente a la Península del mismo nombre, a la Isla a Cuba, y a los territorios de los actuales estados de Georgia y Carolina del Sur.

Por ser La Florida parte de la Diócesis de Cuba, recibió en 1606 la visita de su Obispo, el Reverendísimo Fray Juan de las Cabezas Altamirano, a las poblaciones situadas hacia la zona Norte de la Península.

La zona Sur era la más alejada de los puntos de colonización y misión.

La exención del pago de los diezmos y la forma bastante autónoma –por no decir total– de trabajar los misioneros franciscanos fueron causa de roces y resentimientos entre estos últimos y los Obispos de Cuba. Súmesele a esto que, desde la Visita Pastoral del Obispo Cabezas no hubo otra hasta la de Díaz Vara Calderón en 1674.

Abundan las quejas de los Obispos y de los Gobernadores que dan cuenta al Rey de malas actitudes por parte de los misioneros franciscanos.

En 1659 y 1660 el Obispo Dr. Pedro Reina Maldonado escribió al Rey quejándose de la actuación de los Franciscanos que, según parece, creaban disturbios en La Florida y en La Habana y no cumplían con la misión de evangelizar a los indios. Podríamos asegurar que no era la situación general de los miembros de la Orden de San Francisco.

En la carta de 1659, el Obispo hacía referencia a situaciones irregulares en el Convento de La Habana, como era dejar las puertas del templo abiertas mucho después de las 8 de la noche y lo que esto podía traer de inconvenientes con los transeúntes de esas horas, para entonces tardías. Y que yendo a requerirles personalmente le respondieron «con menos decencia de la que tenían obligación».

La respuesta real incluyó la prohibición de que «las Iglesias de esa Ciudad, las tengan los religiosos abiertas á deshoras de la noche, y se hagan en ellas comedias, enbio las ordenes convenientes al Provincial de esa Ciudad, y provincia de Sta. Elena» (sic.)

La medida se hizo extensiva a toda la América hispana.

En la carta del año siguiente, el Obispo se queja de que hay demasiados frailes en el Convento de La Habana (38) y que, en lugar de marchar a las misiones de La Florida, se detienen en la Ciudad «causando algunos de ellos mucha nota y escándalo...»

La otra queja era el mal trato hacia los indios, acción que era interpretada por el Obispo como discriminación contra los criollos. Leví Marrero hace notar que el Obispo era natural del Perú.

Si los Obispos se quejaban de los franciscanos; los Gobernadores de la Península se quejaban al Rey por la ausencia de los Obispos de aquellos territorios. En su carta al Rey, el Gobernador y Capitán General de La Florida Don Laureano de Torres Ayala, hace ver la necesidad de que los fieles de san Agustín y todos los demás territorios de las Provincias sean visitados por el Obispo y reciban de él el sacramento de la Confirmación.

Desde la Visita realizada por Fray Juan de las Cabezas Altamirano, en 1606, no hubo otra, la de Díaz Vara Calderón, en 1674-75, es decir, sesenta y ocho años. Y cuando escribió la carta el Gobernador Torres Ayala, en 1697, el Obispo Compostela llevaba doce años de episcopado.

El Obispo García de Palacios escribía al Rey para justificar su ausencia de La Florida:

[...]Después que vine a este Obispado lo he visitado todo, excepto las provincias de La Florida, a que me estoy disponiendo, expuesto a las penalidades que hay en un camino tan largo a la navegación que hay de La Habana a las provincias referidas[...]

Santiago de Cuba, 22 de febrero de 1682–

Sin embargo, hay referencias a que los pescadores habaneros, en especial los *tortugueros*, realizaban viajes periódicos a los cayos del Sur de La Florida (de cayo Largo a cayo Hueso), conocidos por entonces como Cayos de los Mártires y ocupados por los indios *matacumbes,* que muchos de estos indios aprendieron el español en los años siguientes a 1670, viajaban a La Habana a comerciar con ámbar.

Por estos indios se pudieron conocer la existencia de otros, los *calusas* del SW de La Florida, cosa que interesó al Obispo García de Palacios que procuró clérigos para evangelizarles, recomendando a los Jesuitas.

Fue el Obispo Compostela el que llegó a tener contacto por mensajes con el Cacique Carlos jefe de los calusas.

Conocedor el Rey de esta situación, insistió para que el Obispo hiciere cuanto pudiera para iniciar la obra de evangelización de esos «infieles».

Compostela escribió un largo edicto dirigido al clero, con fecha 2 de enero de 1690, para que se alistase en tan estimable empresa. Pues, «aunque la religión de San Francisco asiste con su doctrina y enseñanza en las provincias de Timicua, Apalache y Gualú en 32 doctrinas que hay formadas en ellas», no les era factible llegar hasta los territorios del Sur, mucho más cercanos a La Habana que en donde ellos se encontraban.

La posible provincia de los calusas gobernadas por el Gran Cacique Carlos ocupaba un territorio que agrupaba 40 poblaciones, una de ellas, donde radicaba el Cacique, estaba cerca de una ensenada que llamaban de Carlos a unas 60 leguas al Nordeste de La Habana.

El otro cacique estaba al frente de la región de Ais, al Sudeste de la Península.

Entre los primeros en aceptar la solicitud se encontraron el Dr. D. Juan de Cisneros, Chantre y dignidad de la Catedral, el canónigo Don Tomás de Fonseca y el Lcdo. Francisco Vexarano, Sacristán Mayor.

Para iniciar la obra, primero se envió por medio de un pescador de La Habana una carta del Obispo Compostela al Cacique Carlos invitándole a venir a la Ciudad.

El Cacique, con una delegación de casi 25 personas, se presentó el día 3 de diciembre de 1689 en la casa del Obispo pidiendo el bautismo. Permanecieron en La Habana por espacio de un mes y todo quedó en que se iniciara la obra misionera.

La respuesta del clero fue casi nula. Fray Francisco Romero, misionero agustino de paso por la Ciudad, escribió al Rey refiriéndole que fue testigo de una carta del cacique Carlos al Obispo Compostela preocupado por la demora de los misioneros.

El misionero agustino estuvo de acuerdo con el Obispo de partir con otros clérigos. Pero al final, el Prior del Convento de San Agustín no dio permiso para que Fray Francisco partiera a la misión. La disposición del prior fue apoyada por el Gobernador Manzaneda, todo lo cual favoreció a que no se pudiera enviar ninguna misión.

La situación en La Florida se fue tornando cada vez más difícil, sobre todo en el Norte donde los anglicanos ganaron terreno entre los indios que se indispusieron con los misioneros franciscanos.

Para aumentar el pesar del Obispo, en 1697 llegaron a La Habana 22 frailes, de los cuales, cinco fueron enviados por el Prior de San Francisco a las tierras del Cacique Carlos; éstos fueron muy bien recibidos mientras duraron los presentes que llevaban; en cuanto se agotaron, el hijo del Cacique arremetió contra ellos y fueron maltratados, física y moralmente, pues llegaron al puerto habanero el 24 de febrero de 1698, desnudos y hambrientos en la misma embarcación en la que habían partido meses antes.

La salud el Obispo iba de mal en peor pero su celo pastoral no se apagaba, por lo cual envió a La Florida al Presbítero habanero Juan Ferro Machado con la misión de representarle y visitar las poblaciones, doctrinas y misiones.

Como fruto de sus observaciones, recomendó al Obispo la solicitud real para la creación de una Abadía. Esta idea no era del beneplácito de los

Franciscanos, pero fue el origen de la creación del cargo de Obispo Auxiliar de La Florida que inauguró Mons. Dionisio Rezinos en los últimos años del gobierno pastoral de Compostela.

La forma de trabajar del Pbro. Ferro Machado provocó disgustos y conflictos con los Franciscanos.

Entre otras cosas, el Presbítero protestó por los castigos corporales que se le aplicaban, en ocasiones, a los indios de las Reducciones, en particular con los de la provincia de Guale, de donde muchos escapaban para las zonas ocupadas por los ingleses.

Junto a la preocupación pastoral estaba, muy cercana, la política, pues el territorio de la entonces llamadas Provincias de La Florida constituía la avanzada más septentrional del Imperio español en el territorio colonizado por los ingleses y franceses en la América del Norte.

Me ha parecido conveniente tomar la nota 151 del Capítulo 12 del Tomo 5 de CUBA: Economía y Sociedad, varias veces consultado en esta obra, para completar la opinión que podamos hacernos de la actuación de los Padres Franciscanos en La Florida, referente a la acusación del Pbro. Ferro Machado:

[...]Algunos historiadores norteamericanos consideran que el fracaso final de los franciscanos en La Florida se debió en parte a la pérdida del impulso evangelizador y al exceso de trabajo no pagado a que sometían a los indios, que se rebelaban, si bien lo que decidió la destrucción final de las misiones fuera la invasiones del Norte junto con la presión de los colonizadores protestantes. Según los Padres Keegan y Tormo (1957) «algunas veces sucedió, en las doctrinas alejadas de los presidios, que tuvo necesidad el franciscano de imponer castigos, impelido por las circunstancias; y el misionero como padre conciente de su responsabilidad, no dudó en aplicar la pena. Se penaron unos adulterios públicos, a requerimiento de los maridos ultrajados, con 12 azotes. La sensiblería no es patrimonio de una época, aunque sí de una clase: la teórica... Los que evangelizaban no eran los pacíficos canónigos de las suntuosas catedrales, sino los inquietos misioneros en iglesias de palos y paja... Ante los azotes que acabamos de anunciar hay una protesta del Gobernador de (La Florida), por considerar usurpada su autoridad. El doctor Juan Ferro (Machado) ...como buen teórico, interpreta en su memorial al Rey que no deben usar estos métodos bruscos para el trato con los infieles por ser contrarios a la dulzura evangélica. El Rey, ante estos informes, ordena que a los indios se les lleve al cumplimiento de la doctrina, no con castigos, sino con medios suaves. El Padre Francisco de

Ayeta, misionero en La Florida defendió los «leves azotes... no tantos como permite el derecho... y no por mano del ministro, cura o misionero, sino por medio de la justicia del pueblo»[...]

La Iglesia y la propiedad territorial e inmueble

Hacia los finales del siglo XVI un buen número de clérigos recibió mercedes de tierra figurando, así, entre los hacendados del siglo XVII.

Otros promovieron la creación de ingenios de azúcar y cuando termina el siglo, los encontramos, también, entre los propietarios de vegas que, por primera vez, venden tabaco cubano a la Corona española.

Además de estas propiedades personales, la Iglesia institución acumuló cantidades elevadas de bienes gracias a las donaciones, legados y capellanías.

Estas últimas, eran fundaciones particulares convertidas en beneficios eclesiásticos que, en su mayoría, procedían de la preocupación de los fieles por la vida más allá de la muerte. Pensando en su salvación, hacían grandes o pequeñas donaciones para que se rezara por su alma o se les tuviera en cuenta como obras buenas a presentar en el momento del Juicio. Estas capellanías provenían de todos los estamentos sociales.

Otra fuente de ingresos en bienes inmuebles era las «Mandas Pías" o donaciones que, por ser tantas, aumentaron los gravámenes que se recibían por el alquiler de los inquilinos.

Este exceso obligó al Cabildo habanero a crear, en 1632, un Registro de Censos e Hipotecas.

Para la última década del siglo XVII se contaba con 400 Capellanías, con un capital que alcanzaba los 600,000 pesos en razón de viviendas y 164,000 en Memorias de Misas.

Los vecinos principales de La Habana, que hicieron posible la construcción del majestuoso convento de Santa Clara, se lamentaban de la carga que representaba mantener a sus hijas como religiosas profesas. El Convento llegó a poseer 280,000 pesos en Capellanías. Para darnos cuenta de la magnitud de estas riquezas –no hemos tenido en cuenta las propiedades de los PP. Franciscanos, Dominicos y Agustinos, las Cofradías y Hospitales–, la población de La Habana no excedía los mil habitantes.

Las exclaustraciones impuestas por los Gobiernos liberales del siglo XIX, provocaron la pérdida de la mayoría de estos bienes que, en gran número, pasó a la Corona y otra parte a las dos Diócesis de entonces. Un ejemplo lo tenemos en el antiguo convento de San Francisco que se convirtió, primero, en propiedad del Gobierno español y, después pasó al Gobierno cubano, manteniéndose, así, hasta nuestros días.

La Iglesia y la Esclavitud

La Sociedad cubana del siglo XVII estaba estructurada en forma de pirámide sostenida en una amplia base formada por la población esclava. Este infortunado grupo social estaba constituido por negros procedentes de África y por negros y pardos que, por haber nacido en Cuba, se les llamaba CRIOLLOS.

Para esta época, los indios formaban un pequeño grupo, libre pero marginado y en continuo peligro de perder las tierras que la Corona les había entregado. El otro grupo que formaba el segundo estamento, era el de los negros y pardos HORROS o libres. Le siguen, en orden ascendente, los soldados, los vecinos pobres, los mercaderes, los labradores propietarios, los vecinos principales –comerciantes, hacendados y altos funcionarios del gobierno civil y militar– y en la cúspide, el clero –secular y religiosos– y las religiosas.

El criollo blanco compartía estos estamentos con el español o peninsular pero, para entonces, iba tomando conciencia de su distanciamiento para con los que procedían de la Metrópoli. Aunque tenía posibilidades de ascenso económico y social, se veía limitado a ocupar determinados cargos gubernamentales y eclesiásticos.

Nos cuesta pensar que la Iglesia se dejara absorber por estas estructuras sociales y económicas. La aceptación tácita de la esclavitud no fue meramente pasiva, pues entre sus muchas propiedades, se encontraban, también, los esclavos.

El Papa Urbano VIII emitió una Bula el 2 de abril de 1639 condenando y prohibiendo la trata de esclavos. Sobre el comercio de esclavos, la Santa Sede se había manifestado en forma condenatoria con los documentos pontificios de Pío II (7 de octubre de 1462) y Paulo III (29 de mayo de 1537) Lo siguieron haciendo los Papas Benedicto XIV (1741) y Gregorio XVI (1839)

Dentro de este marco, que podemos llamar pecaminoso, la Iglesia asumió, en general, una postura activa en propiciar a los esclavos, cierto bienestar material y no sólo espiritual.

Un caso extraordinario de lucha por la abolición de la esclavitud
Sobre este tema se reportan sólo dos casos en esta región; estos son los Capuchinos **Fray Francisco José de Jaca y Aragón y Fray Epifanio de Moirans o de Borgoña.**

Estos misioneros Capuchinos se encontraron providencialmente en el puerto de La Habana en 1681 y, desde ese momento entablaron una profunda amistad a partir de las ideas que compartían sobre la necesidad de declarar la abolición de la esclavitud del negro africano.

Aunque eran eclesiásticos bien formados no pretendieron iniciar una defensa de sus ideas ante las Cortes sino que, como misioneros que eran, se dedicaron a predicar a partir de la fe contra la injusticia de la esclavitud.

Y así lo hicieron pero con acrimonia contra los que se beneficiaban de este comercio inicuo y del fruto del trabajo esclavo.

El 22 de noviembre de 1681, Don Francisco de Soto Longo, Juez Provisor y Vicario General del Obispo Juan García de Palacios, conminó a los padres a trasladarse de la ermita del Santo Cristo del Potosí, en la villa de Guanabacoa, a uno de los conventos de la Ciudad; y que de no hacerlo y persistir en su misión abolicionista, serían suspendidos a *divinis* y puestos en entredicho.

Los frailes no aceptaron la disposición por considerarla improcedente por ser beneficiados de excepción por la bula *Dum ad Universos* de Sixto IV y los documentos de la Congregación de Propaganda Fide.

El día 3 de diciembre fueron suspendidos con excomunión *latae sententiae* y detenidos por la fuerza civil para ser procesados.

Los misioneros no sólo habían predicado sobre la injusticia de la esclavitud a partir del derecho natural de libertad del negro, sino que, según testimonios expresados en el juicio, negaban la absolución a los penitentes que no se comprometieran a darle la libertad a sus esclavos y retribuirles en dinero lo que les habían aportado desde su adquisición.

El escándalo fue grande en la Ciudad y pueblos por donde misionaron, llegándose a decir que los tales misioneros no eran mas que agentes del monarca francés, encargados de provocar un levantamiento en el Nuevo Mundo.

Los Padres Capuchinos pasaron del Hospital de San Juan de Dios, donde permanecían encarcelados, al Convento de San Francisco y de éste, al Castillo de la Punta, Fray Francisco José, y al de la Fuerza, Fray Epifanio, hasta que llegaran los galeones y fueran enviados a España.

Ya en Madrid, apelaron a Roma y la Congregación de Propaganda Fide intervino a favor de los misioneros quedando absueltos pero sin permiso de regresar a América.

En el informe escrito por Fray Francisco José de Jaca, ofm cap, a la Congregación de Propaganda Fide y al rey de España, y que está inspirado en su obra *Resolución sobre la libertad de los negros y sus originarios en el estado de paganos y después ya cristianos,* habla en su primera parte sobre los malos tratos que sufren los indios por parte de sus encomenderos; en la segunda parte sobre el modo indigno como eran cazados los negros en sus propios territorios y después llevados a los mercados.

También proponía a la Congregación que condenase once proposiciones sobre el mercado negro y que fueran declaradas erróneas y prohibidas bajo pena de censura eclesiástica:
- Licitud para hacer esclavos a los negros por medio de fuerza y fraude, así como a otros salvajes, aunque no se les dañe.
- Licitud para vender y comprar tales negros y salvajes y hacer con ellos cualquier otro contrato.
- Licitud en comprar cualquier tipo de negro hecho esclavo por cualquier motivo.
- La falta de obligación de mantener a los esclavos, negros u otros salvajes, mientras no les venden.
- La no-obligación de los dueños y compradores de compensarles los daños.
- Licitud de los dueños a poner en peligro de muerte, herir o matar los dichos negros u otros esclavos.
- Licitud para bautizarlos sin instrucción o después de instruidos, venderlos.
- La despreocupación porque sus esclavos vivan en concubinato.
- El mantener la esclavitud después de hacerlos cristianos.
- Licitud de comprar o vender esclavos a los heréticos

En la misma línea se encuentra la obra de Fray Epifanio de Moirans *Iusta Defensio,* donde se plantea que la esclavitud va contra el derecho natural, contra el derecho divino positivo y contra el derecho de gentes.

Ambos misioneros no se limitaron a pedir con justicia la abolición de la esclavitud, sino también, la justa remuneración o indemnización del esclavo cuando obtuviera su libertad.

Pero son evidentes los casos de eclesiásticos preocupados por aliviar el sufrimiento de los esclavos, tratando de protegerlos de la codicia y la barbarie de sus amos.

Esta actitud de la Iglesia se correspondió con una asimilación de la Fe cristiana, con diferentes grados de participación, por parte de los esclavos.

Sin embargo, fueron pocos los que abandonaron radicalmente los ritos y creencias traídas de las distintas Naciones africanas.

A mi entender, fueron tres los elementos que contribuyeron al llamado sincretismo religioso.
1) La actitud, en muchos casos, condescendiente del colono y de la misma Iglesia para con las expresiones culturales del negro africano (uso del tambor, de sus bailes tradicionales, Fiesta del Día de Reyes, creación de cabildos, etc.)
2) El método impositivo de la religión católica con una marcada tendencia al sacramentalismo.
3) Las tradiciones africanas, incluidas las diversas formas religiosas, mantenidas de forma clandestina y como única posibilidad de conservar sus raíces como expresión de su identidad.

La mayoría de los esclavos recibieron la doctrina católica y los sacramentos, por lo menos hasta que tomó fuerza el sistema de la plantación. De ella tomaron conceptos, símbolos y expresiones, integrándolos a sus creencias tradicionales. Muchos representaron estar convertidos para agradar a sus amos, otros lo hicieron con más sinceridad pero sin renunciar del todo a la religión de sus antepasados.

Si en África celebraban ritos de iniciación, ahora tenían el Bautismo, que sería imprescindible aun cuando se continuaran practicando los ritos antiguos.

Los orichas siguieron protegiendo al esclavo, pero identificados con advocaciones de la Virgen María y de santos y santas del santoral católico. Creando nuevos como es el caso de Olófi, desconocido en el panteón yorubá, e identificándolo con Jesucristo.

Este proceso sincrético se llamó en Cuba, *SANTERÍA*.

La incorporación a la Iglesia del negro, fuera esclavo o libre (horro) no estuvo exenta de cierta segregación racial, aunque mucho menos que en las demás formas de colonialismo (inglés, francés, portugués y holandés).

A finales del siglo XVI, se enterraban a los africanos y a sus descendientes criollos en la Parroquial Mayor, y la pequeña ermita del Espíritu Santo, fundada por los negros horros del barrio de Campeche, se convertirá en la segunda década del XVII, en Iglesia, y Auxiliar de Parroquia en 25 de abril de 1648. Por Real Cédula de abril de 1660, se le eleva a Parroquia, permaneciendo en ella la cofradía negra de las Ánimas del Purgatorio.

Un manuscrito conservado en la Biblioteca Nacional de Madrid nos ilustra al respecto:

[...] Hicieron y acabaron los negros con sus limosnas y los que les acudió el Maestre de Campo Don Diego de Villalba y Toledo siendo Gobernador a cuyo fomento se debe esta ayuda de Parroquia, siendo cosa muy necesaria en aquel lugar por estar muy crecido[...]

[...] Entiérranse en ella los negros, de que hay multitud[...]

[...]Hay en la puerta de esta iglesia una plazuela donde los días de fiesta, sobre tarde, acuden todos los negros a bailar y entretenerse, con consentimiento del Obispo y licencia del Gobernador, y con esto se recoge muy buena limosna, así para que se digan misas para sus difuntos, como para el adorno y servicio del Santísimo Sacramento[...]

Algunos eclesiásticos hablan y obran a favor de los negros esclavos

El Obispo Díaz Vara Calderón dirigió un edicto a los propietarios de esclavos, recordándoles la obligación de hacerlos bautizar, conscientes de la doctrina cristiana; prohibiéndoles, además, que les obligasen a trabajar en domingo y días de fiesta (27 de abril de 1674)

No contento con la respuesta de los hacendados, escribió al Rey para que se le diera valor oficial a sus exigencias.

No nos extrañe que el mismo Obispo dispusiera métodos violentos para el adoctrinamiento de los esclavos. Era la costumbre de la época, que empleaba formas semejantes en la educación de los niños y jóvenes blancos, y hasta en los noviciados y seminarios.

Así le escribe a los Párrocos y demás presbíteros:

[...] Para que sepan si oyen misa y les pregunten la doctrina cristiana y se la expliquen e instruyan en los misterios de nuestra Santa Fe, a la manera de los doctrineros de la Nueva España y del Perú enseñan a los indios[...]

[...] Castigando la justicia delante de los curas a los que hubieren faltado y no supieran la doctrina cristiana, con 8 ó 10 azotes (...), para que con la vergüenza delante de los demás, tengan temor y aprendan[...]

Durante la época colonial se emitieron documentos que, sin sacarlos de su tiempo, fueron como declaraciones de los derechos del negro esclavo.

El primero, del jurista y Oidor Alonso Cáceres Ovando, quien en 1574, tuvo en cuenta al negro sometido a la esclavitud, pretendiendo protegerlos de la explotación excesiva y los maltratos de sus amos.

El segundo, del año 1680, se debe al Obispo Juan García de Palacios. En el Sínodo Diocesano por él convocado, procuró establecer un código ético que completara lo hecho antes por Cáceres en sus Ordenanzas.

De ello quedó mucho, o casi todo, en los papeles. El egoísmo y la ambición pudieron más que las buenas intensiones.

A continuación, citamos un elenco de los acápites del documento sinodal, tomado de la obra *Cuba: Economía y Sociedad*, del Profesor Leví Marrero:

Los esclavos, por serlo, no dejan de ser cristianos e hijos de la Iglesia.
Sínodo, Libro III. Título VIII.
Constitución IV (1680)

- Los dueños de esclavos les enseñen la doctrina cristiana y oraciones antes de entrar en el trabajo por las mañanas.
- Que las mulatas y negras, libres o esclavas, no salgan de sus casas después de haber anochecido a vender o a ganar jornal.
- Los dueños de esclavos que tienen esclavas les echan a ganar jornal, no las consientan vivan fuera de sus casas.
- Que los cabildos o juntas que hacen los mulatos y negros para recoger limosnas para sufragios de sus difuntos, se hagan en las puertas de las Iglesias y no en sus casas.
- Que los amos de los esclavos y esclavas y de ingenios no echen a trabajar a sus esclavos los días de fiesta, y que dichos días no se abran las tiendas.
- Que los fieles cristianos, libres o esclavos, vengan a sus parroquias e iglesias del lugar a oír misa, aunque estén distantes una legua.
- Que los que tiene esclavos sin bautizar los lleven a las parroquias a que reciban el Santo Bautismo y a los que se compraren de nuevo les enseñen sus amos la doctrina cristiana.
- Que a los negros esclavos no se les de la Sagrada Comunión no sabiendo la doctrina cristiana, y cuando hubiere de dárseles por peligro de muerte, sus amos tengan adornado el cuarto donde estuvieren.
- Que en Cuaresma, vigilias y témporas se debe ayunar.
- Los Curas beneficiados tengan cuidado de saber si los negros bozales que pretenden casarse son bautizados y si saben la doctrina cristiana.
- Que los amos de los esclavos no les prohiban el contraer matrimonio, ni les impidan su cohabitación.
- Los amos de esclavos casados no los vendan de mar en fuera, en donde no puedan hacer vida maridable.
- Los negros, indios y demás fieles que vinieren a este Obispado casados, hagan lo que en esta Constitución se ordena. (Bautismo y ratificación del Matrimonio)
- Que los que murieron en el campo se les lleve a enterrar en las iglesias.

Con el tiempo muchas de estas ordenanzas eclesiales perdieron su valor jurídico.

La búsqueda del desarrollo económico de la industria azucarera y tabacalera propició la importación, cada vez mayor, de esclavos africanos.

La creación de la PLANTACIÓN como forma de trabajo y estructura social, imposibilitó el cuidado que la Iglesia pretendía mantener con el infeliz esclavo.

La Sociedad esclavista imperante en todo el período colonial creó una cultura marcada por la segregación racial que imposibilitó una integración sana y ordenada de los distintos elementos que la formaban. La aceptación activa o pasiva de la esclavitud fue el factor negativo más importante, a éste se sumó el desprecio a los elementos de origen africanos, es decir, el esclavo propiamente dicho, a su cultura y al fruto del choque de ésta con la española.

El amo despreciaba al esclavo y, como tal al negro, pero no tenía a menos aprovecharse de la esclava para saciar sus bajos instintos. De estas uniones, forzadas o no, nació un mestizaje que se denominó con el término despectivo de *mulato o mulata*.

Para el mulato, su componente negro era un factor degradante ante la sociedad; y lo que de blanco tenía, una esperanza utópica de escalar mejores puestos.

Fuera como fuere, se le limitaba a ocupar cargos de segunda o tercera categoría; y esta actitud fue asumida, también, por la Iglesia.

En el siglo XVI, el mestizo de origen indio se abrió paso, no sin dificultades, en su integración social. Para el siglo siguiente, la presencia de negros libres (horros) y de mulatos se hace sentir y encontramos algunos ejemplos positivos. Por lo que se desprende de algunas protestas elevadas al Patronato Regio, la Iglesia del XVII aceptó la ordenación de negros y mulatos, pero se dejó arrastrar por las demandas de los colonos pronunciándose, en el Sínodo de 1680, contra la ordenación de negros y mulatos «... por la indecencia que resultaba al estado eclesiástico...»

Lo que llama la atención es que en 1685 el Gobernador, Manuel de Murguía Mena, escribía al Rey para quejarse porque el Obispo seguía ordenando sacerdotes a algunos hijos y nietos de mulatos, y lo que era peor, el caso de un tal Juan del Rosario, hijo de negra bozal esclava «... de color tan oscuro que causa irreverencia.»

La costumbre se perdió definitivamente en los siglos que siguieron, exigiéndose como requisito indispensable el certificado de «limpieza de sangre», para entrar al Seminario.

Los Cabildos

Aunque los esclavos provenían de África, no todos pertenecían a las mismas naciones, por lo cual no hablaban la misma lengua ni poseían la misma cultura.

La necesidad de aprender el castellano para comunicarse con sus amos y demás miembros de la sociedad les sirvió, también, para relacionarse entre ellos.

Se crearon vínculos nuevos, agrupándose por el lugar donde se encontraban y no por su procedencia. Estos encuentros no se limitaban a la labor diaria, sino también, a las fiestas públicas y celebraciones religiosas.

Desde el siglo XVI se reportan quejas de los vecinos al Cabildo de La Habana, porque los esclavos y horros elegían sus propios «reyes y reinas» en las reuniones festivas. Era el origen de los Cabildos africanos que se multiplicaron en los siglos siguientes.

En 1681, el Gobernador Fernández de Córdoba emitía un bando represivo por el cual se prohibía a los negros reunirse en casas para bailes y cabildos. Sólo podían hacerlo en las calles y hasta que sonase la campana de oración.

Así se empezaron a reunir en el paraje de la Peña Pobre, barrio de Cayaguayo en intramuros, donde, a pesar de la ordenanza, se improvisaron bohíos para encuentros que provocaban «muchas ofensas a Dios".

Por solicitud del Obispo Compostela, el Gobernador ordenó la demolición de esos bohíos.

El Obispo mandó erigir un altar para colocar la imagen del Santo Ángel Custodio, y que se celebrara misa diaria. En este lugar se levantó, más tarde, la Iglesia del Ángel, que dio nuevo nombre a la barriada.

Los Cabildos encontraron una buena forma de subsistencia, colocándose bajo la tutela de los Santos católicos que encubrían a determinados orichas. De esta forma, la fiesta del Santo aparecía a primera vista como una celebración católica pero, a escondidas, se celebraban los ritos africanos.

Las Cofradías

Surgidas en la segunda mitad del siglo XVI, principalmente en La Habana, las Cofradías o Hermandades constituyeron una magnífica vía de socialización por ser instituciones de mutua ayuda con base religiosa. En 1579 se conocían en La Habana las Cofradías de Nuestra Señora del Carmen, de la Soledad de la Madre de Dios, de Nuestra Señora de la Consolación, del Santísimo Sacramento, de Nuestra Señora del Rosario y la de la Vera Cruz.

De acuerdo a su organización, que parece se remonta a la España medieval, cada cofradía tenía un mayordomo encargado de cuidar los fondos que se recibían por medio de donaciones o por las cuotas requeridas para sus miembros.

En el siglo XVII el número de las cofradías aumentó y sé «especializó» al agrupar unas a los vecinos principales y otras, a los artesanos humildes y a los negros y pardos horros. Aunque las cofradías tenían su motivo principal en la promoción del culto de su santo patrón y, de hecho estaban aprobadas por el Obispo como agrupaciones de fieles, esto no impedía que, además de sus funciones religiosas, sirvieran para la vinculación de sus miembros a la vida de la sociedad colonial.

Las cofradías de artesanos se comportaban como verdaderas hermandades que se preocupaban de ayudar a los pobres, enfermos y ancianos desvalidos.

Y como en Cuba no existieron gremios en este siglo, las cofradías cumplieron, también, esa función.

En 1674 existían 20 cofradías en la ciudad de La Habana, siendo en su mayoría de muy buena solvencia.

Debió ocurrir que, por negligencia, se dejó de cumplir por parte de los encargados del Obispado las visitas y auditorias prescritas. Por esta razón, en 1680, el Obispo García de Palacios prohibió las fundaciones de nuevas cofradías por ningún otro funcionario eclesiástico que no fuera el propio Obispo:

> [...]Por la experiencia que hemos adquirido de que se han fundado muchas sin justa causa... que no son del servicio de Dios,... ni bien de los fieles; antes ocasión de disgustos y discusiones y perjuicios de las cofradías más antiguas y útiles[...]

De acuerdo con lo dicho, el Obispo pasó a los hechos extinguiendo 4 cofradías existentes en conventos y la de Santa Catalina Mártir que se había fundado años atrás en el convento de los Padres Agustinos y agrupaba a pardos libres y negros esclavos; pero mantenía la hermandad de pardos fundada anteriormente bajo la tutela de la Humildad y Paciencia de Nuestro Señor Jesucristo.

También prohibió que se hiciesen colectas por las calles para recoger limosnas, recordándoles que sólo podían recoger las cuotas de los miembros y, si acaso, alguna donación que fuera solicitada públicamente.

Para La Habana fueron ratificadas 6 hermandades y 18 cofradías.

Hermandades: de Santa Rosa, patrona de las Indias; San Felipe de Neri; San Crispín y San Crispiniano, a cargo de los zapateros; Santa Bárbara, de los artilleros; San Telmo de la gente de mar y San Eloy, de los plateros.

Cofradías: dos del Santísimo Sacramento; del Espíritu Santo, de los morenos libres en su parroquia; Dulce Nombre de Jesús; Jesús Nazareno;

Nuestra Señora de los Reyes; Santa Misericordia; Benditas Ánimas del Purgatorio; Nuestra Señora de la Caridad; Santísimo Rosario; Inmaculada Concepción; Virgen de los Remedios; Escapulario del Carmen; Nuestra Señora de la Altagracia; Santo Cristo del Buenviaje; Santa Vera-Cruz y Patriarca San Joseph.

Todo lo anterior estaba dispuesto en el Sínodo Diocesano (1680), Libro I, Título II, Constitución I.

El clero secular en el siglo XVII

Cuando comenzaba su mandato como Gobernador de la Isla, Maldonado Barnuevo informaba al Rey sobre la situación del clero, considerándolo poco en número e instrucción. Pero a finales del siglo, la situación había cambiado. El número de sacerdotes aumentó con un promedio elevado de nacidos en Cuba. Lo mismo ocurría con su nivel de formación. Un buen número de este clero criollo había estudiado en España o en el Virreinato de la Nueva España, pero algunos Obispos manifestaron su preocupación por la falta de puestos para ser ocupados por éstos.

Ya Cabezas Altamirano escribía al Rey para dar informes positivos sobre su clero criollo:

[...] al Padre Castillo, natural de aquí, y en cosas de la Iglesia muy versado...

El Padre Gaspar de Torres, natural de aquí, el cual lee gramática, y por su habilidad y muchas artes le he señalado en una canongía... El Padre Solís, tenido por Santo en ella[...]

El Obispo Henríquez de Toledo, muy a fin con el clero criollo, les defendía ante el Rey para que pudieran ocupar las capellanías que el Consejo pretendía entregar a los Padres Dominicos, pues estos tenían suficiente solvencia, mientras que el clero secular no:

[...]En esta ciudad hay muchos clérigos, y la mayor parte de ellos son hijos o nietos de conquistadores y pobladores de esta isla, y muy necesitadísimos, que no se sustentan sino de las capellanías con que se ordenaron[...]

Si en España, la Corona se preocupaba por el número creciente de clérigos y los consideraba causa de empobrecimiento para el Reino, que más bien era al revés, crecía el número de curas y frailes por el empobrecimiento de la sociedad; en Cuba el aumento de vocaciones en los últimos años del siglo XVII, se debía a tres factores: vocación, estudio y prestigio social, porque era grande la proporción de clero criollo procedente de las familias que ocupaban los niveles más altos de la sociedad colonial, como lo demuestran sus apellidos.

Para finales de este siglo, la Iglesia en Cuba contaba con 225 sacerdotes, 204 frailes y 100 monjas.

Según el informe del Gobernador Fernández de Córdoba al Rey, los eclesiásticos de esta Isla era gente hecha para la libertad y no fáciles de someter:

[...]Es naturaleza de la gente que puebla esta ciudad, tan opuesta a todo lo que se les manda y tan hechas a su libertad, que todo cuesta no poca dificultad.

No siendo el menor embargo para ello, los que se introducen debajo del sagrado de sus órdenes, por diferentes caminos en estas cosas los clérigos y religiosos, que por sus fines particulares se manifiestan celosos con pretexto de los pobres, en que no se pasa poca mortificación[...]

Entre los sacerdotes criollos del clero secular podemos destacar a:

Don Gaspar de Torres, nacido en La Habana en 1576, ordenado en 1601, fue uno de los sacerdotes que más se distinguió. Estudió en Méjico y trabajó en la capellanía del hospital y como preceptor de gramática. El Obispo Henríquez lo consideraba de buen talento, entendimiento y virtudes.

Don Cristóbal de Guevara, nacido en Bayamo en 1579 y descendiente de conquistadores. Cura beneficiado de Puerto Príncipe desde 1611. Henríquez lo presentaba como «capaz, de buen talento, benemérito de cualquier prebenda o dignidad..." y, aunque no había estudiado más que gramática, era hombre de gobierno, prudencia y virtud probada.

Don Juan de Almeida, nacido en La Habana; Don Andrés Zapata de Cárdenas, natural de San Juan de los Remedios del Cayo; Julián Sánchez de Moya, hijo del Capitán Sánchez de Moya, Administrador de las Minas de Santiago del Prado.

Lcdo. Roque de Castro Machado, nacido en Santiago de Cuba, con mucha capacidad y entereza. Ordenado entre 1658 y 1660, visitador, provisor y vicario general del Obispo Compostela.

Don Ambrosio de Castro Machado, hermano del anterior, cura beneficiado de Santiago de Cuba.

Don Manuel de la Vega Mendoza, nacido en Bayamo en 1663, cura de esa villa durante 20 años, muy querido por sus feligreses por su caridad y modestia.

Don Cristóbal de Fromesta, nacido en Santiago de Cuba. Cura de Baracoa y más tarde, de Sancti Spíritus.

Hay casos ordenados ya mayores y viudos:

Don Martín de Oquendo; el Lcdo. Juan de Salcedo; Don Juan Díaz de León y Herrera, un hijo, un nieto y un sobrino suyos fueron también sacerdotes.

En el período comprendido entre el gobierno de los tres últimos Obispos del XVII, el clero cubano alcanzó una gran organización. Esto ayudó a que el Obispo Compostela pudiera contar con un buen número de sacerdotes dispuesto a ocupar todos los curatos que erigió fuera de la Capital y en tierra adentro.

El Clero regular en el siglo XVII. Los Conventos

La vida de los Religiosos –Sacerdotes y Hermanos – en toda América y, por tanto también en Cuba, siguió derroteros parecidos a los de la Península durante el siglo XVII. La vida religiosa proliferó en número de miembros y de conventos a lo largo de la Isla. Sólo en la ciudad de La Habana de los dos conventos existentes en el siglo XVI pertenecientes a las Órdenes de San Francisco y de Santo Domingo, en sus ramas masculinas, en el siglo XVII llegaron al número de doce: nueve de religiosos y tres de religiosas.

Según datos procedentes de los censos, en 1690 cuando todavía no se habían fundado los conventos de las Carmelitas Descalzas y de las Religiosas de Santa Catalina de Siena, el número de religiosos masculinos en toda Cuba era de 204 y 100 religiosas Clarisas ubicadas en su único convento de La Habana.

El número total de religiosos aumentó al finalizar el siglo.

Para los Obispos y Gobernadores la proliferación descontrolada de religiosos era una gran preocupación, máxime cuando muchos de estos se movían continuamente a través de las distintas partes de las Islas y del Continente y beneficiados por su condición de clero conventual daban poco calor a sus conventos. El Obispo de las Cabezas Altamirano, que era dominico, expresó al Rey su inconformidad con que existieran más conventos de los que verdaderamente se necesitaban. En su opinión para que se considerara una nueva fundación conventual debería tener, al menos, 6 frailes.

Los terceros en fundar en La Habana fueron los Agustinos, que concluyeron la construcción de su Convento e Iglesia en 1636, aunque se comenzaron las obras sin permiso real en la primera década del 1600. El convento estaba dotado de 6 celdas bajas, refectorio y sala, además de otro local que llamaban «general» donde de se impartían (se leían) clases de gramática. La huerta estaba protegida por una tapia alta y por ella pasaba la Zanja Real, dividiéndose en ella para las diferentes partes de la ciudad. La comunidad estaba formada por 8 religiosos con confesor y predicador y se sostenían por capellanía y censos sobre bienes raíces para un total de $500.00 anuales.

Los Franciscanos, que fueron los primeros en fundar (1574), tenían en 1603 conventos en La Habana, Santiago de Cuba y Bayamo y quedaron comprendidos en la Provincia de Santa Elena en La Florida (1612)

Durante el siglo hubo quejas al Rey por parte de algunos Obispos porque en el convento de La Habana se discriminaban a los religiosos criollo o se les ponían muchas trabas para su ingreso en la Comunidad. Desde entonces se percibía las contradicciones coloniales entre peninsulares y criollos. Llama la atención la respuesta que dio el Comisario general de los franciscanos en Indias:

[...]Dice que no se da el hábito de mi religión a los hijos de la tierra, que llaman criollos, a fin de que los oficios tengan los que van de España. Esta queja, señor, no es nueva, ni solo de la provincia de la Florida. Es muy antigua y común en todas las de Indias. Sabe esto repetidamente mi religión, la cual ha entendido el fin que tienen los criollos, y es, que recibiendo muchos de la tierra pueden alegar que no es necesario pasen religiosos de España. Si esto consiguiesen en aquellas partes, llorara yo a mi religión. No porque la juzgara perdida, sino porque la viera tan ganada. Tenemos largas experiencias que aprueban mejor los religiosos que van de España, en lo monástico y religioso, es ciencia evidente de mi religión[...]

A pesar de esto, en la década del sesenta del siglo XVII, había 18 franciscanos criollos en la Provincia de la Florida de los cuales, cinco tenían oficios claves:

Uno era custodio de la Provincia; otro secretario; otro, guardián del convento de La Habana; otro del de San Agustín que era la casa capitular, además del predicador mayor de esa casa.

Las tres Comunidades de Religiosas que existieron en Cuba en los siglos XVII y XVIII tuvieron sus conventos en La Habana, y aunque se hicieron intentos de fundar alguno en Santiago de Cuba, la cosa no pasó del puro proyecto.

Estas tres Comunidades fueron, en orden de fundación, las Clarisas, las Catalinas o Religiosas de Santa Catalina de Siena y las Carmelitas Descalzas.

Las primeras, las Clarisas corresponden a la segunda orden de San Francisco de Asís, es la rama femenina fundada por Santa Clara de Asís con el apoyo y la guía de San Francisco. Fundadas en La Habana en la primera mitad del siglo XVII (1644), «fue la fundación religiosa magna del siglo XVII habanero» (Leví Marrero)

El Convento de Santa Clara llegó a albergar a 100 monjas procedentes, la mayoría, de las clases pudientes de la sociedad colonial. No obstante las dotes entregadas fueron necesarios censos impuestos a favor del Conventos y éstos, de tal magnitud, que fueron motivo de preocupación para los patrocinadores.

El Dr. Marrero nos ilustra con cifras el monto de la manutención del Convento cuando nos informa que «en conjunto sumaba más de 240.000 ducados, o sea, 6 veces la suma que, el primer año de la centuria, había prestado el Rey para el fomento de la industria azucarera...»

Los otros dos Conventos se erigieron a costa de fondos particulares especialmente del Obispo Compostela y, en el caso del de las Catalinas, de las hermanas Francisca y Ana Aréchaga, a la que se sumaron las dejaciones voluntarias que hicieron otros dos hermanos, Teresa, que no entró a monja como las anteriores, y el Dr. Juan de Aréchaga y Cassas «el más notable de los jurisconsultos nacidos en La Habana en el siglo XVII» (Leví Marrero) el convento quedó establecido en 1698.

Hay que reconocer la gran participación que en la fundación tuvo el Vicario General, después primer Obispo Auxiliar de Cuba, D. Dionisio Rezino.

El origen del tercer Convento está, primero, el un grupo de 18 monjas Clarisas que pidieron al rey se permitiera fundar, o bien otro convento con más recogimiento y observancia de la primera regla de Santa Clara, o bien uno de Carmelitas Descalzas según la regla de Santa Teresa de Jesús. El Comisario de los Franciscanos para las Indias se opuso a tal solicitud; en segundo lugar estuvo toda la gestión que hiciera el Dr. Francisco Moreno de Alba quien, movido por el ejemplo de Compostela y según una corriente espiritual de la época, ofreció su casa y la suma de $ 65.061 a los que se añadieron $ 10.000 del Obispo Compostela, el costo de las casas donadas y una suma de $29.000 en reales que deberían aportarse anualmente durante cuatro años.

En definitiva, la fundación pudo llevarse a cabo en 1700, gracias a que el Obispo Compostela donó la casa y la iglesia que tenía destinada para Casa Cuna.

Los Conventos franciscanos del resto de la Isla no tuvieron el mismo florecimiento que el de La Habana y el de Guanabacoa. Los recursos económicos siempre fueron menos y el de Santiago de Cuba se vio afectado en varias ocasiones por los temblores de tierra y el ataque de los piratas y corsarios. Otro tanto ocurría con el de Bayamo y el de Puerto Príncipe. De este último, el Obispo García de Palacios, en 1681, quiso que fuera cerrado y sus frailes trasladados para La Habana por no cumplir con sus obligaciones. Pero esa no era la opinión de los gobernantes y ciudadanos del lugar que habían insistido en la solicitud al Rey en 1656 donde hacían referencia a uno fundado en 1599 pero que había sido destruido por los filibusteros.

El Cabildo de Sancti Spíritus presentó un poder en 1674 para que el capitán Juan Méndez hiciera las gestiones al Rey desde La Habana para que se permitiese a los padres y hermanos de la Orden de la Merced restaurar un hospicio que había sido destruido con anterioridad.

En 1644, los Padres Dominicos de La Habana no habían podido concluir las obras de construcción del Convento de San Juan de Letrán y la Iglesia de Santo Domingo, como lo atestigua una Real Cédula de aquel año donde se ordena la entrega de «la cal, piedra y madera para acabar la dicha Capilla mayor, Sacristía y dormitorio en conformidad que se mandó en su primera fundación.»

De los Belemitas hemos hablado ya en un acápite dedicado a ellos. Nos quedarían los «Juaninos» o Hermanos Hospitalarios de San Juan de Dios quienes arribaron a La Habana entre 1578 y 1579 y que, por mandato real, se hicieron cargo del hospital de los Santos Felipe y Santiago que se fue llamando de San Juan de Dios. Durante el siglo XVII esta Orden y ese hospital serán los únicos que den atención general a los militares y a la población civil de la capital.

El primer Sínodo Diocesano de Cuba y el clero

Este Sínodo creó las bases de una Iglesia cubana organizada, cuyos frutos recogieron los Obispos del XVIII y el XIX. A continuación transcribimos algunos párrafos de las Constituciones Sinodales referentes a la vida y labor de los clérigos.

[...]Es tan excelso el estado clerical y tan suprema la dignidad sacerdotal, que por mucho que se diga de ella no se acabará de ponderar[...]

[...] por cuanto mayor es la dignidad tanto mayor es la obligación de corresponder con su vida y ejemplo a ella, pues no sin fundamento se entiende ser los sacerdotes luz del mundo, para que con ella y su modo de vivir destierren las tinieblas de los vicios, pues a su ejemplo, viéndolos vivir honestamente... todos los fieles cristianos encenderán sus corazones en amor de Dios[...]

[...]Les mandamos que se amen unos a otros; que no se digan palabras injuriosas; que se tengan respeto y se traten con la decencia de tan alto estado; que sus palabras sean muy corteses, medidas con amor y caridad, sufriendo con paciencia las ocasiones de disgusto[...]

Y si alguno no entendiera y acatara esta sabia disciplina, se recuerda que podrán ser castigados «severísimamente, pues cuando no bastare el báculo pastoral se usará la vara de punición.» (sic).

Sobre la prohibición del juego para los clérigos:

[...]No sólo es prohibido por los sagrados cánones a los clérigos tener en sus casas tablajes de juegos de naipes, dados, pelota y otros indecentes, sino entrar en las de los seglares donde hay tablajes... por el mal ejemplo que causan a la república en ello, y por el tiempo que pierden de vacar a Dios como ministros suyos, debiendo ocuparse en las Iglesias en el ejercicio de las virtudes y obras de caridad, porque no les alcance la desventura que profetizó Isaías[...]

De no cumplirse estas ordenanzas, se debía multar al clérigo con 10 ducados de Castilla.

Se prescribe la decencia en el vestir dentro de los parámetros de la modestia, siempre con el traje talar. No llevar mujeres a caballo, ni de día ni de noche. Además se prohibe el ejercicio de la abogacía sin dispensa de la Santa Sede, ni el de médicos o cirujanos.

El clérigo debía mantenerse alejado de los negocios seculares y de participar en fiestas públicas y de mascaradas, así como de asistir a comedias profanas.

«Acogerse a sagrado», el refugio en las iglesias

Con esta expresión, propia de aquellos tiempos, se hacía mención al derecho de asilo que gozaban las iglesias y sus dependencias en las sociedades de cristiandad. Según este antiguo derecho, los reos que se refugiaban en ellas no podían ser extraídos, fuera del caso de necesidad, sin el asentimiento del Ordinario o por lo menos del rector de la misma.

Esta práctica se encontraba generalizada en todo el territorio de Las indias desde los primeros tiempos de la colonización.

Como en todos estos asuntos de derecho, había quien lo respetaba como algo sagrado, y quien no creía que debía existir por lo cual, hacía todo lo posible por transgredirlo. Lo mismo podía ocurrir con el reo o con aquellos que lo acogían cuando se aprovechaban del derecho con premeditación o permitían se realizasen abusos que ofendían a los mejores intencionados.

El Sínodo Diocesano de 1680 tuvo en cuenta este asunto y legisló para que se evitaran los abusos de todo tipo.

Quedaba muy claro que las iglesias no estaban situadas para ser «cuevas de ladrones», ni la inmunidad de que gozaban era un pretexto para realizar robos y otras fechorías.

Quedaba claro que todo aquel que estando refugiado en un templo saliera de éste para ejecutar otro delito, o trajese o mandase a traer mujeres sospechosas, o se pusiese a jugar naipes o dados en el interior del templo o sus dependencias, o cantase cantos profanos e indecentes o tocase instrumento alguno sería castigado con pena de excomunión mayor y echados a la calle.

Los eclesiásticos que incurrieran en el delito de permisión o complicidad, serían castigados según el Derecho Canónico.

Una cosa era el derecho de asilo y otra el que la iglesia o dependencia de ella se convirtiera en habitación perpetua para el asilado. Por eso, el Sínodo estipulaba que el máximo de tiempo de estancia para el retraído sería de nueve días; más de eso, necesitaba la aprobación expresa del Ordinario. Al ejecutar la orden, el rector de la iglesia debía realizar la acción «secretamente, con madurez y sin detrimento y perjuicio suyo».

También se tenía en cuenta los casos en que algunos eclesiásticos por el hecho de salvaguardar la inmunidad pudieran cometer abusos que afectasen la competencia de la jurisdicción secular, y se les pedía actuaran dentro del marco de la justicia y el derecho. Pero si la autoridad civil obviaba el derecho de asilo, irrumpiendo con fuerza en el templo, derribando puertas o abriendo boquetes, rodeando el templo, sería castigado el juez secular con pena de excomunión mayor y de 200 ducados de Castilla.

La misma pena si, usando la fuerza extrajese al reo y no lo devolviera en 24 horas, o le aplicase torturas, mutilación de miembros, efusión de sangre o pena capital.[5]

La educación media y superior en el siglo XVII cubano
Con anterioridad vimos como se realizaba la enseñanza primaria o elemental en las principales ciudades y villas de la Cuba del XVII pero, terminada esta, algunos padres requerían para sus hijos lo que hoy llamaríamos enseñanza media y que, entonces, se reducía a la materia Gramática. Un ejemplo de esta preocupación lo encontramos en un documento de 1604 enviado al Rey por los vecinos de La Habana y confeccionado por el procurador Simón Valdés donde se incluye la demanda de «un preceptor de gramática para enseñar a los hijos de los vecinos, por haber muchos, y aunque el Cabildo señaló 100 ducados de salario a un preceptor, no lo ha querido hacer por no poder sustentarse con tan poco sueldo...»

La respuesta del Consejo de Indias fue burlesca, pues se aplaudía el interés por la enseñanza pero se preservaba al Rey Felipe III, al Cabildo e incluso a los vecinos a pagar los 200 ducados de más propuestos por que esto afectaría la hacienda. Quedaba sólo disponible el Obispo y el clero.

---

[5] Tomado del Libro III, Título XIV. Constituciones II, III y VII del Sínodo Diocesano de Cuba, 1680.

Desde 1611 se enseñaba gramática en el Convento de San Agustín y lo hacía un fraile que no percibía nada por sus clases. En 1613, el Cabildo solicitó permiso al rey para pagar al Prior del Convento 100 ducados anuales que asegurasen las clases de gramáticas.

En 1660 el obispo Reina Maldonado protestaba al Rey porque muchos frailes franciscanos que venían de España a La Habana con destino a La Florida, se demoraban mucho en el convento. El comisario general de los Franciscanos, Fray Andrés de Guadalupe justificaba esa estancia prolongada, porque en el Convento se impartía clases de Artes y Teología. En el termino «Artes» se incluían las materias de Letras propias de estudios superiores. Los frailes jóvenes terminaban de estudiar en aquel convento habanero. En aquel año de 1660, de os 30 frailes que vivían en el Convento de San Francisco de La Habana, 8 eran estudiantes con sus «lectores» que eran como se denominaban a los maestros de ese nivel.

Los Padres Dominicos se destacaron en la enseñanza ofrecida en sus Conventos.

Al menos en La Habana, en 1679, el Cabildo elogiaba la labor que venían realizando desde más de 20 años impartiendo clases a «los hijos de esta ciudad» en las materias de Gramática, Artes y Teología, «sin otro interés que el su fervor y afecto de su enseñanza, que es de tal momento el ejercicio, que sobresalen sus discípulos en los púlpitos y conferencias, así los sacerdotes seculares como regulares.»

En 1688 el Convento de San Juan de Letrán de La Habana acogía en sus claustros alumnos de toda la Isla. En la búsqueda de mayor niveles, se solicitó al Rey se permitiera a los padres Dominicos de La Habana dar grados pues, hasta el momento, los que aspiraban a títulos debían viajar a México o a Santo Domingo.

Las monjas Clarisas «criaban» niñas de familias principales que, se supone, no eran todas para vestir hábito sino que recibían la educación prevista entonces para las doncellas como lo atestigua la prohibición que hace el Sínodo con respecto a la entrada de cierto personal «con título de enseñarles música, ni a tañer o danzar a las niñas que se crían en dichos conventos, si no fueran sus padres, madres, hermanos y confesores.» (Libro III. Título IX. Constitución IV)

Con respecto a la educación en el interior de la Isla, el Dr. Leví Marrero en su obra Cuba: Economía y Sociedad, demuestra que en las ciudades o villas de interior había una proporción elevada de vecinos que sabía firmar con estilo.

En una pesquisa que se realizó en 1674 sobre el comercio de rescates, en Puerto Príncipe de 37 vecinos interrogados, sólo uno no sabía firmar; en

Bayamo dos de 23 vecinos; Trinidad, de un total de 27, sólo 6 no saben; en Sancti Spíritus, firman 17 de los 20 citados; en Santiago de Cuba, de 12 sólo 2 no sabían.

A lo largo del siglo, aparecen centenares de firmas en múltiples documentos y no hay que olvidar el círculo poético del escribano Silvestre de Balboa en Puerto Príncipe en 1608.

En Bayamo existió una cátedra de Gramática desde el siglo XVI pagada por Don Francisco Parada quien dejó fondos cuantiosos para mantenerla, lo cual fue causa de lucha de los bayameses por mantenerla a pesar de los muchos obstáculos que encontraron. En su visita a Bayamo, el Obispo Díaz Vara Calderón se empeñó en que se diera el uso debido al legado de aquel patricio.

Los intereses particulares fueron más poderosos que las instancias del Obispo y tendrían que pasar varios años para que los conventos fundados en Bayamo pudieran contribuir a la enseñanza de los bayameses.

El Obispo Compostela fue un gran promotor de la enseñanza en aquella Cuba del XVII pero no será hasta las primeras décadas de XVIII que su sucesor, Jerónimo Valdés, diera cumplimiento a muchos de sus proyectos.

Las fiestas religiosas

Si es verdad que el siglo XVII fue una etapa de la historia de Cuba en la cual la Isla se vio agobiada por el asedio de los Corsarios y Piratas, esta situación no afectó al espíritu festivo del pueblo que en ella se iba forjando con elementos tan dados al jolgorio como lo fueron el español y el africano.

Cuando revisamos los calendarios de las fiestas nos parece imposible, de acuerdo a nuestra mentalidad actual, que pudieran celebrarse tantas fiestas y que tantos días del año estuvieran dedicados a rendir culto festivo con la consecuente prohibición de las labores cotidianas.

Es verdad que no existían las vacaciones y estas celebraciones –civiles y religiosas– constituían la fuente de descanso para toda la población, al menos según estaba establecido por las leyes.

El Papa Urbano VIII (1623-1644) reguló el calendario festivo de la Iglesia Universal y el Sínodo Diocesano se hizo eco de él para determinar las fiestas religiosas a celebrarse en Cuba. De acuerdo a la reducción realizada, las fiestas fijas del Señor, la Virgen y los Santos quedaron disminuidas a 31, a lo que se deben añadir las fiestas de Pascua de Resurrección (Jueves, Viernes Sábado y Domingo), la Ascensión, la Pascua de Pentecostés (tres días) y el Corpus Christi y los 50 domingos restantes. ¡90 días de fiestas religiosas en las que los fieles cristianos tenían la obligación de «oír misa y guardar las fiestas, ocupándose de la asistencia a las Iglesias, en las obras pías y de caridad y en abstenerse de pecar.»

Debe tenerse en cuenta que aquella sociedad del XVII todavía formaba parte de la Cristiandad, es decir, que toda la vida estaba impregnada del espíritu cristiano y, aunque con no pocos enfrentamientos con el poder civil, la Iglesia ocupaba un lugar central y un papel determinante en la vida social.

Pero este exceso de «religiosidad» conllevaba actitudes poco sinceras o pactantes con lo que no era precisamente moral cristiana; adaptaciones personales o de grupo de la doctrina evangélica a las conveniencias de este mundo.

Y las fiestas religiosas no escapaban de esos peligros antes bien reflejaban las actitudes de los que no tomaban muy en serio el valor de la Fe.

Por eso se daba el caso que en una celebración como la del Jueves Santos, muchos aprovecharan la ocasión de los templos abiertos hasta horas de la madrugada para lograr encuentros antes acordados o, simplemente, jugar a ver que caía en el jamo.

Como la sociedad no aceptaba que una doncella de buena familia se encontrara con hombres en lugares públicos, no había mejor ocasión que la Misa dominical, o la procesión de Corpus o la visita al monumento en la noche del Jueves Santo para encontrarse con el pretendiente o echar una miradita al entorno para descubrir unos ojos insinuadores o un rostro agraciado.

El Sínodo analizó estos desvaríos y muchos más para regular las fiestas religiosas por medio de prohibiciones que no creo dieran mucho efecto en lo general aunque si pusiera coto a desenfrenos que ya afectaban la vida de los ciudadanos, como fue el caso de las mascaradas y correrías a caballo por las ciudades y villas en las fiestas de San Pedro y San Juan.

Quedó prohibido que en la procesión de Corpus danzaran las mujeres y, si fuese necesario, lo hiciesen sólo los hombres y con trajes decentes; en Semana Santa, la venta de comida a lo largo de las procesiones y en lugares cercanos a las puertas de las Iglesias y las corridas de toros en los días de fiesta religiosa y en los domingos.

Fue costumbre muy extendida hacer obras teatrales después de terminada la Fiesta del Corpus o los famosos *autos sacramentales* en Navidad y otras fiestas de Santos. Pero se dio el caso, quizá por falta de teatros, de hacer representaciones en la iglesia de determinado convento donde en horas más avanzadas del Ave María (sobre las nueve de la noche) se propició en bullicio y ciertas libertades para la época.

Este fue el caso del Convento de San Francisco de La Habana en tiempos del Obispo Reina Maldonado donde se suscitó un verdadero escándalo por los insultos que profirieron algunos frailes al Obispo y que llevaron a éste a protestar ante el Rey, recibiendo el apoyo real, la prohibición de esos actos y la sanción para los agresores.

Algunos Obispos fueron extremadamente vigilantes en materia de fiestas y bailes, sobre todo aquellos que, con la fachada de Altares de Santos levantados en casas particulares, se convertían bullanguerías y bailes al parecer indecentes.

Entre estos Obispos se encuentran el Dr. Juan de Santo Mathia que determinó prohibirlos en 1644 y salía con un notario a visitar los altares y reprimir cualquier exceso que encontrase; Fray Alonso Bernardo de los Ríos que sacaba a la gente «de los bailes escandalosos o altares indecentes... con pretexto de devoción de alguna festividad...» (Informe de 1675, Archivo General de Indias, Santo Domingo)

Y Díaz Vara Calderón que también prohibió estas fiestas que so pretexto de oración se convertían en bailes que duraban hasta el amanecer y terminaban muchas veces en escándalos y pendencias.

En las notas que ofrece el Dr. Leví Marrero para el capítulo 13 del tomo V de su obra *CUBA: Economía y Sociedad*, aparecen algunas de las danzas más conocidas en España y que se dicen procedías de las Indias; estas se nombraban la gayumba, el razambeque y el zambajalo. Pero las dos que más escandalosamente se interpretaban eran la Zarabanda y la Chacona, al parecer nuevas versiones del siglo XVII, porque con esos nombres se denominaban a dos danzas del Renacimiento y el Pre-Barroco que pasaron a formar parte, como movimientos musicales, de los Conciertos Barrocos.

La zarabanda fue prohibida, pues según F. Rodríguez Marín, «se trataba de un baile tan lascivo y obsceno que parecía inventado por Luzbel para inducir a pecar a la senectud y a la santidad.»

Conclusión del siglo XVII

Este siglo considerado por algunos historiadores como la Edad Media de la Historia de Cuba y de América, está cargado de una serie de acontecimientos importantes para la formación de la sociedad colonial cuya estratificación se perfila y sirve de base a lo que será para los criollos, en los siglos siguientes, el ansia de ser independientes de la Metrópoli y creadores de una nueva nación.

En los últimos treinta años del siglo, la Iglesia constituyó una fuerza creadora para los campos sociales y culturales.

En cuanto a ella, hay una respuesta a la necesidad de organizarse y fruto de ello es el Primer Sínodo Diocesano de 1680.

Las vocaciones criollas a la vida sacerdotal y religiosa inician un despegue de altura que sólo disminuirá hasta experimentar la crisis en los finales del primer tercio del siglo XIX.

Por otra parte, las contradicciones económicas y sociales derivadas de una política colonial centralizada seguirán dando paso a las mal formaciones morales de la sociedad cubana que, de tanto experimentarse se van convirtiendo en vicios, de los cuales, todavía se sufren una buena cantidad de ellos.

Algunos Obispo se darán cuenta que la Iglesia no puede conformarse con su labor en ciudades y villas sino que tendrá que proyectarse a las zonas rurales y a todos los estamentos de la Sociedad.

Obispo Gerónimo Valdés y Sierra

III
LOS OBISPOS DEL SIGLO XVIII

Excmo. y Rdmo. Dr. Fray Gerónimo Valdés y Sierra O. S. Basilio (1705- 1729)

Asturiano, nacido en Gijón el 14 de mayo de 1646. Religioso de la Orden de San Basilio, Catedrático de la Universidad de Alcalá, maestro calificador de la Inquisición, Abad y Provincial de su Orden. Fue elegido para la sede de Puerto Rico, pero casi al mismo tiempo, le llegó el nombramiento para Cuba.

Consagrado en San Basilio el Grande, Madrid, en diciembre de 1705 por Don Pedro Portocarrero, Patriarca de las Indias y asistido por Don Francisco de Cosío y Otero, Arzobispo de Bogotá y por Atanasio Esterripa, Obispo Titular de Lycópolis.

Inicia su episcopado desembarcando en Cuba por Baracoa y visita su Catedral en Santiago. En 1707 emprendió la visita pastoral.

Llegado a Santa María de Puerto Príncipe, consagró a Fray Francisco del Rincón de la Orden de los Mínimos, como Arzobispo de Santo Domingo.

Más tarde, en 1716, consagraría a otro Arzobispo para Santo Domingo, el Dr. D. Antonio Claudio Alvarez de Quiñones.

Como su antecesor, se preocupó por continuar la obra de erección de parroquias a todo lo largo de la Isla, como un medio seguro para la propagación de la fe y el desarrollo social de Cuba, siguiendo el concepto de «nuevas iglesias es igual a nuevos pueblos».

Si algo caracterizó al obispo Valdés fue su preocupación por las obras asistenciales y de educación, en la misión evangelizadora.

INAUGURACION DE LA BENEFICENCIA.

La Casa Cuna

En 1711 crea la Casa Cuna, incorporada en 1852 a la Casa de Beneficencia y Maternidad. Esta obra encomiable tuvo su origen en el encargo que le hiciera Compostela a las Madres Carmelitas Descalzas para que recogieran a los niños y niñas expósitos hasta que se pudiera realizar una verdadera fundación. La muerte no le permitió cumplimentar sus propósitos.

En mayo de 1705, el Rey emitió una Cédula en la que encomendaba al nuevo Obispo para la ejecución de la obra. La escasez de recursos le obligó a posponer el proyecto hasta que pudo comprar una casa en la esquina de la calle de los Oficios, en 1710, como lo acredita una lápida de piedra que debe conservarse en el Museo Nacional.

En la Comunicación Real de fecha 14 de marzo de 1721 y ratificada después en la del 7 de junio de 1722, se encomienda al Gobernador para que los vecinos de la ciudad de La Habana asistan con 1,000 pesos anuales a la Casa de Niños Expósitos.

Los desvelos del Obispo Valdés por esta obra quedaron plasmados para siempre en el hermoso gesto de dejarles en herencia a los niños y niñas expósitos su apellido.

La fundación pasó por varias transformaciones hasta que, en 1852, fue incorporada a la Casa de Beneficencia y Maternidad.

El Hospicio de San Isidro

Heredado del Obispo Compostela, el hospicio de San Isidro estuvo muy ligado al monasterio de las Madres Carmelitas y a la obra de recepción de los expósitos. Durante muchos años, vivió el Obispo Valdés en al casa que fabricara Compostela junto a la referida ermita.

En aquel terreno fabricó, en 1708, una iglesia de piedra y techo de tejas de modestas dimensiones y un mirador con varias campanas en lugar de torre. Situada al final de la calle del mismo nombre, y entre las calles Compostela y Picota.

El Obispo pensó dejarlo como impuesto a censo a favor de las Madres Carmelitas; pero más tarde, en 1720, lo donó a los Padres Dominicos con la idea de establecer un colegio de estudios superiores, con la cláusula de ser transferido a los Franciscanos si no se llevaba a cabo la proyectada fundación, como así ocurrió. Los Franciscanos la recibieron en 1727; pero al año siguiente, el Obispo recibió la aprobación real para transferir la propiedad a la Casa Cuna. Esto provocó un litigio con los Franciscanos, con la Catedral de Cuba que también la reclamaba como parte de la herencia de su Obispo, y por las Carmelitas Descalzas.

En la segunda mitad del siglo XIX, sirvió de local para el Departamento de Anatomía de la Universidad de La Habana.

El Convento de Belén

Otra obra importante del Obispo Valdés lo constituye la Iglesia y Convento de Nuestra Señora de Belén; que tiene sus antecedentes en el proyecto de Compostela para hacer un hospicio en su huerta de San Diego.

El Obispo falleció sin dejar fondos para la obra, porque no los tenía, pero con la esperanza de que [...] Provea el Señor un varón pío y misericordioso. Y muévale a esta determinación [...] Don Juan Francisco Carvallo, Alférez de Milicias de La Habana y comerciante de amplios recursos, compró los restantes solares hasta completar la manzana, comenzando la obra en 1712.

Don Juan Francisco era oriundo de Canarias y tomó mucho empeño en la obra. De su peculio se construyó la Iglesia y el primer claustro, las campanas de broce que hizo traer de México y varios objetos litúrgicos de plata. Y a pesar de su trágico fallecimiento, siguió ayudando a la obra, pues en su testamento aparecía beneficiado El Convento con una cuantiosa suma de dinero con el postrer deseo de continuar construyéndole claustros.

Al tiempo de ser enterrado en la Iglesia de San Agustín, su cadáver fue trasladado a la Iglesia del Convento de belén y colocado en la cripta bajo el Altar Mayor en un sepulcro de piedra labrada.

Concluida la primera parte de la obra, el Obispo encargó a los Frailes Belemitas continuar la tarea emprendida años antes, de recoger a los enfermos convalecientes, que salían del Hospital de San Juan de Dios. Además, añadieron a la obra benéfica la de repartir alimento a los pobres y enseñar, de forma gratuita, a todos sin distinción de razas y clase social.

El historiador Arrate se refiere a esta obra en los términos siguientes:

[...]esmerándose bastante la escuela que tienen para los niños, a quienes instruyen en los rudimentos de la fe y enseñan a leer, escribir y contar con el más exacto cuidado y sin interés alguno, ni distinguir para la solicitud de su aprovechamiento los ricos de los pobres ni los nobles de los plebeyos, porque es para todos igual desvelo y atención[...]

Y añade:

[...]La escuela ordinariamente mantiene quinientos muchachos, trescientos de escribir y doscientos de leer, los más son pobrecitos á quienes proveen de papel, plumas y catecismos graciosamente: les enseñan a leer, escribir y contar con toda perfección y salen excelentes plumarios. Para comprender bien esto y lo demás que aquí se expresa, es necesarios verlo porque escede ponderación[...]

El gran estadista cubano José Antonio Saco, en su artículo sobre la instrucción pública, aparecido en la Colección póstuma de la Sociedad Económica de Amigos del País, señala tres características de la educación en el período comprendido entre los comienzos de la colonización española en Cuba y el surgimiento de la Sociedad Patriótica:

[...] La primera, que en el espacio de casi tres siglos que abraza este período, ni el gobierno, ni los ayuntamientos de Cuba costearon jamás ni una solo escuela gratuita para los pobres.

[...] La segunda es, la absoluta independencia de que entonces se gozaba sobre este punto, pues todos los habitantes de Cuba, ora blancos, ora libres de color, podían erigirse en maestros, sin someterse a previo examen, á métodos de enseñanza, a libros de textos, ni al freno ó vigilancia de las autoridades ó corporaciones. Es verdad que la constitución sinodal de la diócesis de la Habana, aprobada por el gobierno, previno que los maestros de ambos sexos no pudiesen enseñar la religión, sin haber impetrado ántes el permiso del diocesano; pero esta disposición muy rara vez se cumplió.

[...] La tercera observacion consiste en la gran tolerancia de la raza blanca respecto á la africana, pues no solo se permitía que los blancos y los libres de color se educasen juntos en unas mismas escuelas, sino que mulatos y negros desempañaban el magisterio, sirviendo de institutores á los niños de ambas razas.

El Hospital de San Lázaro

Otra de las fundaciones del Obispo Valdés fue la del hospital de San Lázaro en La Habana. Sus orígenes se encuentran en una donación que hiciera, en 1681, el vecino de esta ciudad don Pedro Alegre, para que se construyera un hospital que acogiera a los enfermos de la lepra, entre los que se encontraba un hijo suyo. Pero ni la venta de sus alhajas ni la donación que hiciera de su huerta, el Dr. Thenesa, alcanzaron para enfrentar la obra.

Fue en 1714 que se obtuvo el real permiso y su apadrinamiento por parte del Gobernador General Marqués de Casa Torres. Para construir el hospital se escogió un terreno cercano a la caleta de Juan Guillén que, desde entonces fue conocida como de San Lázaro, territorio apartado de la ciudad amurallada.

El Obispo apoyó al Presbítero Juan Pérez de Silva para realizar la dilatada fundación.

La Real Cédula de 22 de octubre de 1722 aprobaba las conclusiones de la obra e imponía la ayuda anual de 100 pesos para la manutención y atención médica de los enfermos.

Demoraría unos años más en quedar listo para recibir a los pobres enfermos de lepra que fueron atendidos en dicho hospital hasta su traslado al lugar actual, en el Rincón, entre 1917 y 1918.

De las dos imágenes de San Lázaro que se encuentran en el Santuario en la actualidad, la más pequeña parece ser por sus características, si no la imagen de fundación, al menos, la que pudieron colocar para el culto público durante el siglo XVIII.

Es una imagen de madera tallada de cuerpo completo, policromada y que posee el movimiento típico del Barroco con mayores influencias hispánicas que indoamericanas.

Por la forma en que están dispuestas sus manos, podemos suponer que una, la derecha, debió llevar una pequeña campana como era costumbre llevaran los leprosos para avisar por donde transitaban; la izquierda suplica una limosna.

Su traje original, formando parte de la talla, era una especie de túnico corto que le cubre todo el tórax y llega hasta la mitad de los muslos, dejando al descubierto el resto de las piernas, así como los brazos y el cuello.

Cruzando el pecho y hasta la cintura, la correa que supuestamente sostiene el zurrón (ambas son parte de la talla, no adicionados) muy afectados por el trabajo del escoplo.

El policromado del túnico es una combinación de azul, rojo y oro imitando un brocado.

Esparcidas por el cuerpo, tiene pintadas pequeñas llagas.

Debió llevar una muleta y un perro que le lamiera la pierna izquierda.

Suponemos que en la primera década del siglo XX, por una disposición del Obispo González ordenando retirar las imágenes del «San Lázaro de las Muletas», se determinó transformar un poco la imagen original, recubriéndola con yeso y nueva pintura para que no se viera «el mendigo». El perro y la muleta fueron retirados y la base reducida.

Como la cara refleja sufrimiento, se le vistió con ornamentos rojos para recordar al San Lázaro Mártir, como ocurre hasta el momento.

La imagen sufrió la agresión de un alienado finalizando las fiestas patronales y esto obligó a una necesaria restauración que nos permitió llegar hasta el original.

El Protomedicato

Aunque el Obispo no tuvo una participación muy directa en la creación del Real Protomedicato, sí fue durante su período de gobierno eclesiástico.

En 1711 se estableció el Tribunal de esta institución que tenía como responsabilidad examinar a todos los médicos y cirujanos (desde la Edad Media existía la profesión de Cirujano – Barbero y Dentista, oficios que se ejercían paralelamente al de médico) que se presentaban en la Ciudad sin los correspondientes títulos o certificados.

Con anterioridad, La Habana tuvo como Protomédico a Don Francisco Muñoz de Rojas, graduado en Sevilla. A su muerte, el cargo quedó vacante hasta ser ocupado en 1711 por el Dr. Thenesa.

El cargo cesó con la muerte de éste, permaneciendo por algunos años bajo la mirada no profesional del Alcalde, hasta el nombramiento del Dr. Luis Fontayne, francés, quien fuera el primer profesor de anatomía de la Real y Pontificia Universidad de San Gerónimo de La Habana, quedando como sustituto asociado el Dr. Y Presbítero habanero Ambrosio Medrano.

El Tribunal del Real Protomedicato duró hasta el año 1833 cuando se le sustituyó por la Junta Superior Gubernativa de Medicina y Cirugía.

Colegio Seminario de San Basilio

En respuesta a la solicitud hecha por el Obispo Valdés al Rey para la creación de un Colegio Seminario en Santiago de Cuba, el Monarca emitió una Cédula con fecha 19 de septiembre de 1721 por la cual autorizaba al Obispo a realizar el proyecto de un Colegio «en que se logre buena educación, y enseñanza de la juventud, y se consiguiese en aquella Ysla el mexor lustre de los Eclesiásticos, servicio y asistencia de aquella Yglesia Catedral...» (sic.)

Para dar cumplimiento a la disposición real, el Obispo encargó la fundación del Colegio de San Basilio Magno en la ciudad de Santiago de Cuba.

En la Cédula Real se encargaba que para el sostenimiento del Real Colegio se utilizara el 3% anual de todos los Beneficios eclesiásticos, seculares y regulares, exceptuando lo dedicado a «un Colegio q.e hai en la Ciudad de la Habana» (sic.); suponemos que fuera el de San Ambrosio.

De acuerdo con lo establecido por el Concilio de Trento (1515 – 1563), toda diócesis debía tener un Seminario para la formación del clero.

El Obispo Cabezas Altamirano intentó erigirlo en los comienzos del siglo XVII pero, según nos consta por la solicitud que hace el Sínodo de 1680 de crear un seminario, y no poderlo hacer por falta de recursos; aquél, o no se fundó o su existencia fue efímera. El Sínodo estableció unas reglas que garantizasen un nivel mínimo en el candidato a recibir las Órdenes, con este fin se fijaron cátedras en los conventos; otros recibían la formación teológica en Méjico o en Santo Domingo.

Valdés contó con más recursos económicos provenientes de los diezmos del tabaco y los aplicó en comprar unas casas próximas a la Catedral para situar en ellas las Cátedras de Filosofía, Teología y Gramática, sostenidas por las aportaciones que hiciera el Obispo.

El Colegio San José de los PP. Jesuitas

El Obispo Valdés sentía amor y preocupación por la enseñanza y se empeñó, cuanto pudo, en crear centros de enseñanza que elevaran el nivel cultural de sus feligreses. Por este motivo, e inconforme con la escuela establecida en el convento Belén y el nuevo Colegio Seminario de San Basilio, logró lo que durante mucho tiempo se venía solicitando, el establecimiento de los Padres Jesuitas en La Habana.

Los primeros jesuitas llegaron a Cuba en 1566; fueron tres, los Padres Pedro Martínez, Juan Rogel y el Hermano Francisco Villarreal. Poco tiempo estuvieron en La Habana, pues partieron a atender las misiones de la Florida, a las que habían sido destinados por su Prepósito General San Francisco de Borja. El Padre Martínez murió a manos de unos indios de la península. En 1568 llegó otro grupo de jesuitas para sostener la misión pero se les destinó a La Habana donde fueron muy bien acogidos por el Obispo Castillo, por el Gobernador y la población habanera. Establecieron un pequeño colegio que permaneció hasta que se erigió la Provincia jesuita de Méjico, y por ser la población habanera poca y pobre, se trasladaron todos hacia el Virreinato.

(PRIMERA UNIVERSIDAD).
CONVENTO DE SANTO DOMINGO

Fue Compostela el que erigió una pequeña y muy modesta iglesia en la zona de la Ciénaga y la dedicó a San Ignacio de Loyola para que se establecieran los primeros jesuitas, que después de tantos años de solicitud, serían enviados a Cuba.

Los Padres Francisco Díaz Pimienta y Andrés Rezino, ambos habaneros y el último, hermano del Obispo auxiliar Dionisio Rezino, llegaron a La Habana recién fallecido Compostela.

Tomaron posesión de los terrenos y de la ermita en la Ciénaga (actual Plaza de la Catedral de La Habana) y, a instancias del Obispo iniciaron un aula de gramática. Ya habían llegado otros dos jesuitas, los Padres José Arjó y Fernando Reinoso que se encontraban haciendo misiones por el interior de la Isla en espera de la aprobación oficial que, una vez más fue suspendida por faltar recursos para iniciar una fundación.

El problema fue solucionado gracias a la generosidad del Presbítero habanero Gregorio Díaz Angel quien donó propiedades valuadas en cuarenta mil pesos para que se hiciese la tan deseada fundación.

En el *Album Conmemorativo del Quincuagésimo Aniversario de la Fundación en La Habana del Colegio de Belén*, Habana, 1904, dice refiriéndose a todas estas solicitudes:

> [...] Antes de pasar adelante, queremos dejar advertido y sentado para no volver más sobre ello, que si se demoró la venida de los Jesuitas no fue por parte de La Habana, sino de los Superiores de la Compañía, que no quisieron aventurarse a una fundación que había de ser, como veremos, de alguna magnitud é importancia sin contar con bases bien determinadas, estables y seguras, para ofrecer las cuales faltó algún tiempo la posibilidad, pero nunca la voluntad y el deseo.
> [...]

El Rey Felipe V aprobó la fundación del Colegio de los Jesuitas para que se estableciera en La Habana. A los cuatro jesuitas presentes se añadieron otros dos, los Padres José de Castro Cid y Gerónimo de Varona. A la donación del Presbítero Díaz, el Obispo añadió doce mil pesos para la fundación del Colegio San José que quedó establecida por Real Cédula en 1727, para la educación de niños con su correspondiente Iglesia de San Ignacio, ambos constituyen los núcleos de donde se erigieron, varios años después, el Real Colegio Seminario de San Carlos y San Ambrosio y la Catedral de La Habana respectivamente.

La Universidad Pontificia de San Gerónimo

Otra gran obra del Obispo Valdés fue la fundación de la Real y Pontificia Universidad de San Gerónimo de La Habana, primera Universidad de Cuba.

Como la anterior fundación, tiene sus antecedentes. En 1670, el R.P. Fray Diego Romero de la Orden de Predicadores del Convento de San Juan de Letrán propuso la creación de una Universidad en La Habana, idea que recibió el apoyo de sus hermanos de Orden. Si en aquel momento no pudo ejecutarse el plan, el proyecto se mantuvo hasta que, en 12 de Diciembre de 1721, lograron la aprobación por Bula de S.S. Inocencio XIII. La Universidad quedó fundada el 5 de Enero de 1728 y aprobándose su erección por Real Cédula de 23 de Septiembre de 1728.

De esta Real Cédula se conoce que, ya desde antes, se venía enseñando en los claustros del Convento de San Juan de Letrán, las disciplinas de Gramática, Artes, Filosofía, Teología y Sagrada Escritura. En lo adelante, se concedía el derecho de expedir Grados con permanencia de Cátedras de Gramática, Artes, Prima y Vísperas de Teología y Moral, propuestas por el Obispo que también hizo las gestiones pertinentes ante la Sede Apostólica para la creación de dicha Universidad. Se añadieron las Cátedras de Cánones, Leyes, Medicina y Matemáticas.

Además se hace referencia a «contradicciones" por parte del Obispo por pretender que la citada fundación se hiciera en un lugar destinado por él y distintos al de los claustros del Convento de San Juan de Letrán; y el Rey ruega y encarga *«al Reverendo en Cristo Padre Obispo de la Iglesia Catedral de la referida Ciudad de Santiago de Cuba de quien espero dejará de intentar y mover cualesquiera discordias, y embarazos en este asunto..."*

Las tales contradicciones están reflejadas en las dos fechas que arriba mencionamos, y es que el Prior del Convento basándose en la Bula Pontificia pretendió, y así lo hizo, iniciar la fundación sin la aprobación del Obispo. Ante la negativa del permiso del Obispo, el Prior Padre Poveda inició por su cuenta la fundación en Enero de 1728, mientras que la aprobación real está fechada en Septiembre del mismo año.

El litigio quedó solucionado por el Rey aprobando la fundación, tomando en cuenta las solicitudes de Cátedras del Obispo y permitiendo que la Universidad llevara el nombre de San Gerónimo.

La Universidad de San Gerónimo quedaba con los mismos derechos que la de Santo Domingo y se encargaba al Obispo para que vigilase que las Cátedras fueran provistas de Maestros doctos y literatos.

Fue su primer Rector y Cancelario el R.P. Fray Tomás de Linares y Consiliarios los RR. PP. Maestros Fray Juan de Salcedo y Fray Juan de Sotolongo Aréchaga; formaban parte del primer claustro los RR.PP. Fray Juan Bautista del Rosario, Fray Diego Escobar y Francisco de Sotolongo.

Erección de Iglesias y Parroquias

Volvemos a los primeros años de labor pastoral del Obispo Valdés para hablar de las Parroquias e Iglesia que surgieron a instancia de este insigne Prelado.

En 1706 declaró a la ermita de Regla como Auxiliar de la Parroquial Mayor y, dos años después, la elevaba a Parroquia.

Cuando realizó su visita pastoral en 1710, tomó muy en serio la situación económica y social de muchos poblados en crecimiento pero que requerían de un templo. Entre éstos se vieron beneficiados Bejucal, nombrándole Parroquia con el título de los Santos Apóstoles Felipe y Santiago en 1722.

Con su segunda visita pastoral completa su conocimiento sobre la población de la Isla y descubre la necesidad de desarrollar las zonas de «tierra adentro». Para esto prepara y presenta al Rey un proyecto de traslado de la Catedral de Cuba al centro de la Isla, escogiendo a Sancti Spíritus como sede, para solucionar las pugnas entre las dos ciudades importantes (Santiago de Cuba y La Habana), a la vez que se estimularía el desarrollo económico de las demás Villas.

En su informe al Rey Felipe V dice, entre otras apoyaturas:

[...]Se evitarían la inmensidad de escándalos y pecados públicos que se cometen en todas las haciendas y estancias de aquellos contornos por las personas que viven en ellas[...]

El proyecto fue rechazado, pero pasado bastante tiempo, en el siglo XIX, la Metrópoli determinó establecer un gobierno para la región central con sede en Trinidad con dependencia de La Habana.

Si Compostela pudo atender poco a la región oriental de la Diócesis, Valdés estuvo muy al tanto de ella, fundando el Colegio Seminario de San Basilio, haciendo grandes reparaciones en la Catedral y construyendo la iglesia de Santo Tomás (1719) y elevándola a Auxiliar de la Catedral en 1726; y la de Nuestra Señora de los Dolores (1722)

En Puerto Príncipe, el Pbro. Francisco Grijalva obtiene el permiso del Obispo para construir una Ermita dedicada a San Francisco de Paula. El Obispo concede, además, licencia al Presbítero Emeterio de Arrieta para edificar la Ermita del Santo Cristo de la Salud.

En 1728, según certificación expedida por el Prior Fray Alejandro Fleites, de los Hermanos Hospitalarios, el Capitán Don Gaspar Alonso de Betancourt costeó la construcción de la Capilla Mayor, las dos enfermerías bajas, los claustros, alto y bajo, y las demás dependencias del Convento y Hospital de San Juan de Dios, que desde su fundación contó con dos frailes.

Durante este período reedificó la Parroquia del Espíritu Santo en La Habana, construyó la ermita de San Francisco de Paula en Camagüey, la de Guanajay en Vuelta Abajo (Pinar del Río)

En 1719, doña María de las Nieves Rodríguez de Leiva fundaba un pueblo en el hato Holguín y el Obispo procuró el traslado de las ermitas de San Isidoro y de Nuestra Señora del Rosario del territorio perteneciente a la demarcación de Bayamo, refundiéndolas y elevando a la nueva iglesia a la categoría de parroquia.

En su deseo de aumentar las iglesias en el interior de la Isla, autorizó en 1724 a Don Clemente Valdés de Arrieta para que fundase una ermita en Camagüey dedicada al Santo Cristo.

En tiempos de su antecesor se había construido, en 1690, una modesta ermita junto a un punto del camino que unía a La Habana con Santiago de Cuba, conocido como Tunas de Bayamo. Desde la primera Visita Pastoral, el Obispo Valdés se dio cuenta de la importancia del lugar y encomendó a Don Diego Clemente Rivera para que construyese una mejor y le añadiese una barraca que sirviera de aula de catequesis y de albergue para los peregrinos que, por entonces y de todas esas regiones, se dirigían al Santuario de El Cobre. La ermita se dedicó a San Jerónimo.

Gerónimo Valdés se caracterizó por un gran celo pastoral que podía captarse con facilidad, por lo cual, encontró apoyo en muchos clérigos y laicos para llevar adelante sus planes.

Destacamos la figura de dos sacerdotes ejemplares que encontraron un firme apoyo en el Obispo para cumplir sus propósitos en beneficio de su feligresía.

Dos Presbíteros colaboradores

El primero, **el Presbítero Don Silvestre Alonso** nacido en Sancti Spíritus. En 1706 ayudó con sus propios recursos a los Padres Franciscanos para que edificasen el convento y ermita de la Vera Cruz. En 1712 inició la construcción del Hospital e Iglesia de San Juan de Dios en su pueblo natal; más tarde se empeñó en crear el primer cementerio que hubo allí.

Pasados cinco años, acometió la obra de construcción de la iglesia de Nuestra Señora de la Caridad, terminándola en 1727.

El celo apostólico de este sacerdote estimuló al matrimonio de aquella villa formado por Don Juan Valentín Quiñones y Doña Teresa Ordóñez para que financiaran la construcción de la iglesia de Santa Ana.

La villa de Sancti Spíritus dejó de ser el pobre villorrio de los siglos anteriores para convertirse en un centro importante por el aumento de su población y de sus territorios. Para atender a este aumento de la población, el Padre Silvestre enriquecía a sus feligreses espirituanos con cuatro nuevas iglesias, un convento, un hospital y un cementerio.

El segundo caso corresponde a otro sacerdote ejemplar, **el Presbítero Juan de Conyedo**. Nacido en Remedios en 1687, en el seno de una familia de muy pocos recursos, se crió en Santa Clara, por ser su familia una de las que fundaron esa nueva población. Amó a esta villa con todas sus fuerzas y hasta el final de su vida. Siendo un adolescente se trasladó a La Habana para responder a su vocación sacerdotal. Hizo todos los esfuerzos posibles para obtener la Licenciatura en Cánones y ser ordenado sacerdote. El Obispo Valdés lo destinó, de inmediato, a ocupar la Parroquia de Santa Clara como su Cura beneficiado. El conjunto de sus dotes le ganaron enseguida la admiración y el cariño de sus conciudadanos.

Trabajó sin descanso en la atención espiritual de sus feligreses, educando a la infancia y ejerciendo la caridad. En el afán de mejorar las condiciones de la población, se dio a la tarea de reconstruir la ermita de la Candelaria, llevándola de una simple choza a una iglesia con casa propia y en su solar aledaño, edificó el hospital de Nuestra Señora de las Angustias.

Terminando esta obra, emprendió la construcción de la Divina Pastora que, como la anterior, no era más que un rústico bohío. Para efectuar esta empresa entregó sus pequeñas propiedades heredadas de la familia y contó con el apoyo material del pueblo y del Obispo.

El Ayuntamiento le entregó los terrenos necesarios, comenzando la obra en 1725 y terminándola en 1738.

Enfrentamientos con el Poder Civil

No podemos dejar de hablar del carácter del Obispo Gerónimo Valdés. Era éste de carácter enérgico y tendiente a los conflictos, aunque bondadoso y muy preocupado de sus responsabilidades, que no limitaba a las estrictamente eclesiásticas; o mejor dicho, consideraba que su condición de Pastor le obligaba a preocuparse de todo lo referente a la vida de sus fieles. Así, atendió con denuedo el problema de la enseñanza tan descuidado siempre por el Gobierno colonial, y el de la asistencia ya en el ramo de la salud como en el social.

Tropezó con la incipiente política borbónica iniciada con el reinado de Felipe V. Esta nueva postura de la Corona procuraba dejar en claro la autoridad civil ante las cuestiones eclesiásticas, como ocurrió en la actitud asumida por el Gobernador Martínez de la Vega que pasó por alto la autoridad del Obispo en algunos casos de herencia.

El Obispo no tardó mucho tiempo en aplicar las medidas utilizadas por sus antecesores en el siglo XVI, excomulgando al Gobernador. El conflicto terminó rápido, pues el Obispo levantó la excomunión al tercer día.

El Gobernador, sin embargo, se apresuró a escribirle al Rey acusando al Obispo de desatender a sus fieles y de entrometerse en asuntos que no eran de su incumbencia:

[...]la facilidad con que se introduce Valdés en todo lo que no es de su incumbencia, así en las causas que tocan al Juzgado Real, como en el escandaloso pasivo de toda esta república, por la frecuencia de las excomuniones que a cada paso fulmina, pretendiendo con terror tan grave arrastrar a su tribunal lo que es propio de la jurisdicción de V.M., su Patronato y las exenciones de los regulares[...]

Los Superiores de los conventos de San Juan de Letrán, San Francisco y San Juan de Dios apoyaron al Gobernador en estas acusaciones, ya por problemas de mando o económicas.

Aunque las discordias se mantuvieron, el Gobernador achacaba la actitud del Obispo a lo entrado que estaba en años y no a la malicia.

En sus últimos años de vida al frente de la Diócesis, el Prelado tuvo que enfrentarse al nuevo Gobernador don Gregorio Guazo Calderón, ahora por motivos verdaderamente graves.

El primer caso fue el de un grupo de marineros que había desertado de la escuadra de Javier Cornejo y se encontraban refugiados en la Parroquia de Jesús del Monte, acogidos «a sagrado», es decir, al privilegio de asilo con que contaba esta iglesia.

Las tropas del Gobernador irrumpieron en el templo, tomaron prisioneros a los desertores y le aplicaron el juicio sumario.

El segundo caso se refiere a los vegueros sublevados que fueron ejecutados a tiro de arcabuz y luego colgados en los arboles de Jesús del Monte.

Para entonces, la industria tabacalera iba creciendo considerablemente y la Corona dictó leyes opresivas como la del estanco del tabaco, que prohibía venderlo a los particulares y les obligaba a hacerlo sólo al Estado, a través de los intermediarios oficiales, con precios y tasas que ahogaron a los agricultores. Las quejas se acumularon y dieron, paso a una serie de sublevaciones que terminaron sofocadas, la tercera, por múltiples ajusticiamientos.

En ambos casos el Obispo Valdés protestó enérgicamente siendo desoído por el Gobernador que se impuso por la fuerza bruta.

Fin de su Episcopado

Veintitrés años de duro trabajo en el gobierno eclesiástico de la Isla, los disgustos derivados por la forma en que se fundó la Universidad y estos últimos acontecimientos, agotaron al Obispo que terminó sus días entregando su alma al Señor el 29 de marzo de 1729 a los ochenta y dos años de edad.

Según Arrate, fue sepultado en un nicho de la pared del Evangelio en el presbiterio de la Parroquia del Espíritu Santo. Morell de Santa Cruz refiere que se celebraron sus exequias en la Catedral con la mayor solemnidad. La oración fúnebre estuvo a cargo del Padre Vicente Ramos de la Compañía de Jesús.

Pasados los años, el entonces Obispo de Cuba Morell de Santa Cruz, mandó construir una segunda nave en la Parroquia del Espíritu Santo, y debieron trasladar los restos de Valdés que se mantuvieron perdidos hasta que, en 1936, y en medio de unas misiones parroquiales, la gran cantidad de público que colmaba el templo provocó que una loza cercana a la pared de enfrente al baptisterio, se hundiera. El hasta hace poco archivero de la Parroquia, Don Ramón Junco, decano de los archiveros de Cuba, realizó unas excavaciones coincidiendo con que el lugar de la loza hundida correspondía a la mitra de un obispo; de inmediato llamó al Historiador de La Habana, Doctor Manuel Pérez Beato, quien pudo identificar los restos como pertenecientes al Obispo Jerónimo Valdés. Pasados más de veinte años, el entonces Párroco, Monseñor Angel Gaztelu mandó construir un monumento funerario a la derecha del presbiterio y colocó allí los restos.

Como Vicario Capitular quedó el Pbro. Don Pedro Ignacio Torres Ayala.

El Dr. D. Francisco de Izarregui o Sarriegui

Para sustituir al difunto Valdés nombraron, en 1730, Obispo de Cuba al Deán de la Catedral de Segovia, el Dr. D. Francisco de Izarregui que, aceptó la mitra pero renunció a ella antes de ser consagrado, volviendo a su cargo anterior. Según Arrate, La Habana celebró la noticia de su designación.

Fray Gaspar de Molina y Oviedo

Provincial de la Orden de San Agustín y nacido el 28 de enero de 1679 en Mérida, España, recibió el nombramiento para ocupar la sede de Cuba. Fue consagrado en Sevilla, en el Convento de los Agustinos por el Arzobispo de esa Ciudad, Don Luis de Salcedo, pero una vez más, ocurrió que el Patronato cambió de parecer y fue promovido, primero, a Barcelona y, después, a Málaga. Cubanos, catalanes y malagueños se quedaron esperándole porque le llamaron a ocupar el cargo de Gobernador del Supremo Consejo de Indias. Fue Teólogo del Concilio de Letrán y Cardenal de la Santa Iglesia Romana en 1737. Murió en 1744.

Excmo. y Rdmo. Sr. Fray Juan Lazo de la Vega y Cansino (1732-1752)
Nacido en Carmona, Andalucía, España el 13 de septiembre de 1675. Franciscano del convento de Sevilla y dos veces Provincial de su Orden fue elegido como Obispo de Cuba. Consagrado por el Arzobispo de Sevilla, Don Luis de Salcedo en el Convento franciscano de esa ciudad en 1732.

Llegó a Santiago de Cuba el 1º de septiembre de ese mismo año. Celebró la Santa Misa en el convento de San Francisco y, a los tres días, tomó posesión en la Catedral con toda la solemnidad requerida. Realizó muchas confirmaciones y dictó una serie de disposiciones útiles.

Doctor Fray Francisco de San Buenaventura Tejada O.F.M., el segundo Obispo Auxiliar de Santiago de Cuba y La Florida

El historiador Emilio Bacardí en su muy valiosa obra *Crónicas de Santiago de Cuba* nos aporta un dato único, pues no aparece en otros autores, con respecto al Obispo Auxiliar que acompañara al Obispo Lazo de la Vega a su llegada a Santiago de Cuba, el Doctor Fray Francisco de San Buenaventura Tejada.

En la Cédula Real firmada en Sevilla el 12 de noviembre de 1732, de los Legajos de Comunicaciones del Archivo Histórico Diocesano de La Habana, queda claro que tras la elección y aceptación de Fray Juan Lazo de la Vega y Cansino, hubo una condicional del mismo consistente en el nombramiento y consagración de un Obispo Auxiliar. Al parecer, el candidato fue propuesto por el mismo Obispo de Cuba, miembro de la Orden de San Francisco y de la misma Provincia de Andalucía, de donde, probablemente, era también natural.

La respuesta real fue afirmativa pero también conllevó una condición: que fuera Obispo Auxiliar de La Florida con obligación de que «forzosamente haya de residir en esa Ciudad (San Agustín)» para que pudiera atender espiritualmente a toda la población.

Aunque estaba previsto que le acompañasen 6 sacerdotes, el proyecto demoró en cumplirse.

Para su sostenimiento se estipuló una congrua de 2,200 pesos anuales. El Patronato Regio se comprometió con 1,200 y el Obispo de Cuba con 1,000.

De acuerdo a la voluntad real, el Obispo Auxiliar debería tener todas las prerrogativas para: Ordenar, Confirmar, Visitar las Provincias de San Agustín de La Florida, consolar a los naturales, impulsar las Misiones y Doctrinas y vigilar la pureza de la Fe impidiendo el contagio con los ingleses.

En la Comunicación Real fechada en San Ildefonso el 13 de agosto de 1744 relacionada con la obligación de rezar el oficio de la Dedicación de la Iglesia Catedral y celebrar la fiesta en la fecha de su consagración o bendición, se hace mención del Obispo Auxiliar que debía estar residiendo en La Florida y que pensamos no pueda ser otro que Tejada.

Por existir cierta duda de que la Catedral no estuviera consagrada, el Rey le indica al Obispo Lazo:

«será muy conveniente el que Yo encargue a Vuestro Obispo Auxiliar que reside en La Florida, para consagrarla respecto de que vos no podéis ejecutarlo, por vuestra crecida edad...»

No tenemos más datos de su trabajo como Obispo Auxiliar. Tampoco conocemos si fue promovido a una sede episcopal o falleció en su cargo.

Sólo sabemos que en 1748 consagraron al segundo Obispo Auxiliar de Lazo de la Vega.

Un primer recorrido

El 8 de Diciembre emprendió el viaje hacia La Habana donde fijó su residencia definitiva. Este viaje, sin ser una Visita Pastoral oficial, le sirvió para conocer, en parte, su nueva Diócesis. Pasando por Camagüey, visitó la recién iniciada construcción de la iglesia del Carmen, patrocinada por los esposos D. Jacinto Manuel Hidalgo y Da. Eusebia Ciriaca de Varona, así como el Hospital de Mujeres fundado en 1730 por ésta última.

Llegado a Trinidad, visitó a sus hermanos de orden en el nuevo Convento de Santa María del Consuelo. Esta fundación, terminada en 1731, partió de la ermita de Nuestra Señora de la Consolación de Utrera, cedida por sus fundadores D. Jerónimo de Fuentes y su esposa Da. Micaela Arboláez.

El Obispo prosiguió viaje por tierra, por lo general a lomo de mula unas 400 leguas, «llegando a parajes donde he sido el primer Obispo que los ha pisado...» (Archivo General de Indias, Santo Domingo, 514)

Hizo una solicitud al Rey para obtenerle permiso de la fundación –construcción de un Convento dedicado a San Francisco en la Villa de Santa Clara junto al Hospital y donde había una Ermita bien construida que tenía habitaciones suficientes para albergar a 6 religiosos. ¿Sería a su paso por la Villa?

De la Cédula Real que responde a la solicitud, se desprende que la obra del Hospital costó 12,000 pesos, pero que el Cura «ofrece fabricar otro a su costa, concurriendo los vecinos a todo lo demás que se necesitare.»

Tomando en cuenta las fechas de las Cartas, el Cura debió ser el Padre Conyedo y su ofrecimiento quedó concretizado en la construcción de un nuevo edificio para Hospital dejando el anterior conjunto para el deseado Convento.

Al finalizar la Visita, había confirmado a 20.000 fieles, pero tenía la conciencia de que había pobreza espiritual, necesidad de una profunda reforma de las costumbres y bajo nivel intelectual en la mayoría del clero.

Debió demorar unos diez meses en hacer el recorrido ya que en agosto de 1733 le escribía al Rey para que, entre otras cosas, tuviera «presente a mi pobre Catedral,... tan necesitada que sólo tiene de catedral el nombre...»

Continua su labor pastoral

Ya en La Habana, se empeñó en reconstruir el Convento de San Francisco, cuyas obras se habían iniciado pero marchaban a paso muy lento, pues dependían de la limosna de los fieles para realizar la obra. Con la ayuda del

Prelado, concluyeron las obras en 1738, «el más suntuoso edificio religioso habanero de la época...» (Leví Marrero, Cuba: Economía y Sociedad)

Otra obra que encontró iniciada fue la del Hospital e Iglesia de San Francisco de Paula. La edificación original se desplomó totalmente a causa del huracán de 1730. Su capellán el Presbítero Pedro Lodares Cota se dio a la tarea de reconstruirla. El 8 de enero de 1731, el Provisor y Vicario Capitular don Pedro Ignacio Torres Ayala bendijo la primera piedra. Todavía hoy, podemos admirar la belleza y fortaleza de la Iglesia, recuerdo mudo de lo que fue este Hospital de mujeres en la ciudad amurallada. La obra quedó terminada en 1745.

Este año fue testigo de la erección como parroquia de la iglesia de San Miguel Arcángel en San Miguel del Padrón, hasta entonces, Auxiliar de Guanabacoa.

Para completar la primera Visita pastoral emprendió un nuevo viaje al territorio más occidental de la Isla.

Fue el primer Obispo que visitó y confirmó en Vuelta Abajo, en el Hato de Pinar del Río, en la Parroquia de San Rosendo, el 12 de febrero de 1734.

En 1734 queda establecida con la colocación del Santísimo Sacramento la Iglesia construida en Puerto Príncipe por los esposos Don Carlos de Bringas y de la Torre y Doña Juana de Varona Barrera, que desde el momento de su fundación fue dedicada a la Virgen de la Caridad y tuvo carácter de Santuario.

Así también, en 1735 concede licencia para la fundación de una Ermita dedicada a San Lázaro en la misma ciudad, la obra fue más allá de lo previsto, pues en 1746 concluyeron las obras de una Iglesia y Hospital dedicado a los enfermos de lepra.

Obtenida la autorización real, los padres Mercedarios continuaron construyendo la iglesia de La Merced en La Habana.

Preocupación por la Parroquial Mayor

Preparó un proyecto de reconstrucción de la Parroquial Mayor que tuvo que dilatar por falta de recursos. En 1740 emprendió su segunda Visita Pastoral que duró aproximadamente un año. De regreso a La Habana ocurre la explosión del navío «Invencible», que puso en peligro de derrumbe una parte considerable del edificio de la Parroquial. Por este motivo el Gobernador General Güemes de Horcasitas mandó a derribarla.

Fue esta una buena ocasión para que el Obispo escribiera al Patronato pidiendo la ayuda necesaria para reconstruir la Iglesia, pensándose en otro lugar al que hasta entonces ocupaba. Mientras llegaba el permiso y la ayuda, puso todo su empeño en enriquecerla con objetos y ornamentos sagrados. Arrate nos habla al respecto:

[...]le hizo labrar un sagrario hermoso de plata que costó mas de diez mil pesos, y su correspondiente a la lámpara mayor que es muy esquisita y ostentosa. También la ha adornado de un retablo dorado primoroso[...]

El permiso no solo se demoró sino que nunca llegó. El edificio de la Parroquial Mayor fue apuntalado para soportar, en un proceso de continuo deterioro, treinta y cinco o treinta y seis años más hasta su total demolición. Los objetos sagrados y demás muebles con que quiso enriquecerla Lazo de la Vega y los otros tantos que le aportó Morell de Santa Cruz, fueron trasladados al Oratorio de San Felipe de Neri de donde pasarían, más tarde, a la Catedral de La Habana.

Nuevas parroquias y nuevos conventos

En 1748, la Orden Mercedaria concluye la construcción del nuevo templo de La Merced en Camagüey, gracias a la importante ayuda del acaudalado mercedario camagüeyano Manuel Agüero y Varona. La Iglesia contó con tres naves de ladrillo y bóvedas con una torre. El convento, con claustros en cuadro y de dos niveles sostenidos en arcos.

Mientras esto ocurría en Camagüey, en La Habana se reconstruía la iglesia de San Francisco Javier de los Quemados en la barriada extramuros de Marianao.

En ese mismo año, aprovecha el terreno que ocupaba la ermita de la Candelaria en Guanabacoa, para construir la de San Francisco Javier.

En 1750 creó la parroquia de Guane y elevó a Auxiliar de Güines a la ermita de Managua, fundada por el Presbítero Matías de León Castellanos.

El litigio que emprendieron los franciscanos contra el Obispo Valdés por el Hospicio de San Isidro, fue ganado por éstos que, ocupando el lugar, lo convirtieron en casa conventual.

Su segunda Visita Pastoral por toda la Isla

El Obispo Lazo de la Vega fue un Prelado preocupado por el fiel cumplimiento de los deberes eclesiásticos. En su segunda Visita Pastoral, recorrió toda la Isla sin dejar pueblo o hacienda principal por la que pasaba sin celebrar el sacramento de la Confirmación y revisar con esmero la situación de las Parroquias y sus Libros parroquiales y ordenó que se asentaran las partidas de bautismo de indios, negros y blancos por separado, cosa que ya había mandado hacer el Obispo García Palacios.

En la Visita pudo constatar el estado de pobreza de su Diócesis debido, sobretodo, a la merma en la recaudación de los diezmos.

Ya Compostela había constatado que la acción de los diezmeros dejaba mucho que desear y, aunque tomó las medidas necesarias para solucionar el problema –de lo cual se benefició Valdés–, el tiempo de mitra vacante, les permitió rescatar el terreno perdido. Lazo de la Vega no solo se quejó al Patronato, sino que asumió de nuevo las riendas de la administración eclesiástica.

Labor del Obispo Auxiliar en La Florida

Según los informes enviados a España por el Obispo Tejada en 1736, la población de San Agustín de La Florida alcanzaba la cifra de 1,509 habitantes.

Hasta esa fecha, había confirmado a 630 españoles y negros libres y a 143 esclavos.

Se encontraba muy ocupado en la reedificación de la ermita que servía de Iglesia y que mantenía un grupo de «estudiantes de hábitos» que asistían al coro y se preparaban para, en un futuro, alcanzar el estado eclesiástico.

En 1735 debió desplegar un fuerte trabajo de moralización contra una serie de «juegos y bailes indecentes» que iban penetrando cada vez más en la población.

Durante la Cuaresma los muchachos concurrían tres veces por semana a la Iglesia para aprender la doctrina. Además, de realizar los ejercicios de piedad dentro del templo, se rezaba el Rosario por las calles en los días festivos, presidido por el Obispo.

Existían Cofradías pero no sabemos cuántas.

Tejada llama la atención por la falta de escuelas que transmitan la buena enseñanza que los niños y la juventud necesitaban. En toda la ciudad sólo había una escuela, por lo cual, fundó y mantuvo otra atendida por un religioso franciscano.

Al parecer, la región había estado muy mal atendida por las autoridades civiles y otro tanto por los religiosos.

El Obispo Tejada informaba de existían varias Ermitas dispersas y en mal estado. Lo mismo ocurría con el único Hospital que encontró en las peores condiciones.

Para entonces, 1737, todavía se esperaban los seis sacerdotes ofrecidos y sin embargo, se reportaba al Consejo de Indias un aumento notable de la conversión al cristianismo de los indios de los Cayos

El Obispo Lazo de la Vega actúa contra el juego y la inmoralidad
Otro problema al que se enfrentó fue el nivel de corrupción en que vivía la población, principalmente en la capital, a causa del juego y demás vicios. Este tema lo trataremos en un acápite aparte.

El Obispo secundó la acción firme del Gobernador Güemes, que dispuso medidas severas contra toda manifestación de inmoralidad, aconsejando al clero y a los fieles, una veces de forma directa, otras, por medio de las conferencias semanales en la Parroquial sobre temas de moral y de educación.

El historiador Valdés, en la edición de su obra «Historia de la Isla de Cuba y en especial de La Habana», editada en 1813, constata la acción del Obispo:

[...]Procuró contener los abusos introducidos en los juegos de carnestolendas(carnavales); y estableció ciertas conferencias morales, que se tenían los jueves en la iglesia mayor[...]

Según cuenta el propio Obispo en su carta dirigida a don Juan de Maturana, posible miembro del Consejo de Indias, sus trabajos por sanear las malas costumbres de la Isla, van progresando. Después de informarle que, aunque no ha concluido su vista pastoral, ha recorrido 400 leguas y visitado parajes donde nunca había estado un Obispo, confirmando a más de 20 mil fieles (cifra que me parece un tanto exagerada cuando la comparamos con las de Morell de Santa Cruz); pasa entonces a referirse a las acciones inmorales que se acostumbraban realizar en las carnestolendas (carnavales) de la «ciudad maravillosa» (La Habana), donde «las mujeres se vestían de hombres y los hombres de mujeres».

En Semana Santa ocurría «algo» que escandalizaba al Obispo y estaba relacionado con la costumbre de mantener abiertos los templos durante toda la noche del Jueves Santos y los recorridos nocturnos de las procesiones de cofradías.

Para solucionar estos «libertinajes», Lazo de la Vega apeló a las Leyes Reales y Sinodales establecidas. Prohibió que las cofradías salieran de noche salvo el Jueves Santo «y que la última a las 9 de la noche se recogiese».

Ermitas de La Habana
Bajo el gobierno pastoral de Lazo de la Vega se construyeron tres ermitas en terrenos de extramuros:

La del Cristo de la Salud, debida a las instancias del pardo Miguel A. Rojas, y que estaba situada en la calle Campanario. La calle que se trazó frente a la ermita tomó el nombre de Salud. La imagen del Cristo crucificado fue colocada el 1º de Mayo de 1742.

La de Guadalupe, dedicada a esta advocación de la Virgen por Francisco Cañete, al principio(1716) de madera y techo de paja y que el Obispo contribuyó a rehacerla en mampostería y tejas, en 1738. La consagró y la designó Auxiliar de la Mayor el 24 de diciembre de 1739, con el título de Nuestra Señora de Guadalupe y San Francisco Javier y designándole como Capellán al Teniente de Cura Don Simón de Torres .

Estaba situada en la calzada del Monte entre el callejón del Suspiro y la calle del Águila.

En 1762 fue mandada a derribar por el constructor del castillo de Atarés, el brigadier de ingenieros Crámer, por considerarla peligrosa por su situación estratégica. La imagen de la Virgen y demás objetos sagrados pasaron a la ermita de la Salud, y la imagen colocada hacia la calle Manrique. El Obispo Espada compró los terrenos aledaños y aprovechó las piedras de la ermita derruida, para construir el templo que unido a la ermita de la Salud, fue declarada parroquia bajo el título de Guadalupe, hoy Nuestra Señora de la Caridad.

La de San Luis Gonzaga, en 1751, situada en el cruce de esa calzada (Reina) y la de Belascoain.

Desarrollo del Colegio San José

El desarrollo que alcanzó el Colegio San José de los PP. Jesuitas de La Habana, movió a la Orden a solicitar el permiso requerido para la fundación de un colegio en Camagüey. Para esto contaron con la ayuda de los Presbíteros camagüeyanos Waldo de Arteaga y José Sánchez.

Para el año 1737, el Colegio San José contaba con un claustro de profesores compuesto por Padres y Hermanos que impartían las asignaturas de Gramática, Filosofía y Teología (Primae y Vesperae); en 1748 se inició el curso de Moral. Aunque el Colegio no estaba autorizado a extender títulos o grados, era el centro de estudios más avanzado de la capital después de la Universidad Pontificia.

Por sus aulas pasaron muchos estudiantes de la Compañía y otros externos, entre los que podemos nombrar a Don Luis Ignacio Peñalver y Cárdenas (1749-1810), primer Obispo de Nueva Orleans; el Padre Francisco Javier Conde y Oquendo (1733-1799), para algunos el mejor orador sagrado del siglo XVIII nacido en América y el jesuita habanero José Julián Parreño, filósofo y teólogo promotor del neo-escolasticismo en México.

Entre sus profesores más destacados se encuentran los PP. Francisco Javier Alegre (1729-1788), importante humanista mejicano; José Javier Alagna (1707-1767), científico de origen italiano quien trazó el primer mapa de la Florida y el irlandés Thomas Ignatius Butler (1712-1770)

En 1749 los Presbíteros camagüeyanos Waldo de Arteaga y José Sánchez solicitaron licencia para construir un Colegio a cargo de los Padres jesuitas; al año siguiente obtuvieron los permisos del rey y del Obispo y en 1757 terminaron la obra, siendo su primer Rector el R.P. José de Urbiola, S.J. En el momento de la expulsión de los jesuitas, había cinco padres residentes y un hermano coadjutor.

Doctor Don Pedro Ponce Carrasco, Obispo Titular de Adramite y tercer Auxiliar de Santiago de Cuba y La Florida

Nacido en Sevilla alrededor de 1706. Doctorado en Sagrados Cánones en esa Cátedra de la Universidad Pontificia de San Jerónimo de La Habana, de la que fue Decano durante muchos años.

Fue elegido como Obispo Auxiliar para la Diócesis de Cuba para atender La Florida el 28 de noviembre de 1747. Consagrado por el Obispo Lazo de la Vega, de suponer, en la Parroquial Mayor trasladada, por entonces, a la Iglesia de San Felipe de Neri, el 14 de octubre de 1748.

En la Comunicación Real fechada en el Buen Retiro, 22 de agosto de 1749, se reafirma que el Obispo Auxiliar debe residir en el territorio de La Florida y se le da permiso al Obispo Ponce para «que después que haya remediado la mayor necesidad en la Florida, se pueda restituir a esa Isla, en cuyo dilatado territorio urgirá más su asistencia, sin que por esto deje de acudir a la Florida y demás parajes del Obispado...»

Por encontrarse el Obispo Lazo de la Vega muy achacoso y, por tanto imposibilitado de continuar visitando la Isla, se le otorgaron al Obispo Auxiliar todas las facultades episcopales en cualquier parte de la Diócesis

Realizó la cuarta Visita Pastoral a la Parroquia de San Rosendo en Vuelta Abajo.

En septiembre de 1752, el Obispo Ponce Carrasco da cuenta al Rey del fallecimiento del Obispo Lazo de la Vega. Por ese entonces el Obispo Auxiliar estaba cumplimentando la Visita Pastoral en la ciudad de Santiago de Cuba, como parte de una Visita General.

El Rey le contesta al nuevo Obispo Residencial nombrado en 1753 que el Obispo Auxiliar debe regresar a La Florida.

Son muy pocos los datos que se tienen sobre el Obispo Ponce Carrasco, salvo lo que aparece en algunas de las correspondencias enviadas al Obispo Morell por el Rey.

Hay una de 1754 donde se hace mención directa al Obispo Auxiliar que debió comportarse mal con el que fuera Vicario General y Provisor Don Francisco Calzado Padenas, precisamente en ese tiempo de espera entre la muerte del Obispo Lazo y la llegada de Morell. El Rey pedía al nuevo Obispo que le amonestara sobre el mal proceder.

Las cartas enviadas por Morell al Rey entre los meses de noviembre de 1758 y noviembre de 1759, unas siete cartas, tratando el caso de escándalo del Cura de San Agustín de La Florida, Don Juan de Solana, nos presentan a un Obispo Auxiliar con faltas graves de desobediencia, con actitudes de resentimientos por sentirse excluido de la gestión pastoral. Todo esto nos hace pensar que no hubo una buena relación entre ellos dos.

Por último, el monarca insta al Obispo Morell que haga cumplir la orden real donde se recuerda al Obispo Auxiliar que debe reintegrarse a su domicilio en La Florida y abandonar el de Santiago de Cuba.

Continuó en su cargo durante catorce años hasta ser promovido a la sede episcopal de Quito, Ecuador, el 20 de diciembre de 1762 y falleció en 1776.

Fue el tercer Obispo Auxiliar de la Diócesis cubana.

Final del Episcopado de Lazo de la Vega

En el último año de su vida, el Obispo Lazo de la Vega, tuvo que reconstruir la Parroquial de Matanzas, levantándola de mampostería y teja aunque, todavía, sin torres ni sacristía.

Concluyó su labor pastoral con un reclamo al Rey sobre la situación de la Real Casa Cuna que se encontraba desatendida por el Ayuntamiento, el cual estaba comprometido oficialmente a continuar lo que en vida hizo el Obispo Valdés.

El Ilustre Señor Don Juan de la Vega y Cansino falleció el 19 de Agosto de 1752, después de veinte años pastoreando la grey cubana. Fue un Obispo celoso del honor de la Iglesia, seguidor de sus antecesores según sus posibilidades. Entre sus más grandes aciertos estuvo el acercarse como colaborador y representante suyo en Santiago de Cuba al Deán de la Catedral el Presbítero Agustín Morell de Santa Cruz.

Fue sepultado en el piso de la capilla de San Francisco Javier del Convento de San Francisco. En 1842, se trasladaron los restos al convento de San Antonio de Guanabacoa y, de allí, a la Catedral de La Habana en 1867.

Obispo Pedro Agustín Morell de Santa Cruz

El Excmo. y Rdmo. Dr. Pedro Agustín Morell de Santa Cruz (1753-68)

Mientras ejercía el cargo de Deán de la Catedral de Santiago de Cuba, Don Pedro Morell de Santa Cruz de Lora, recibe del Patronato Regio, primero el nombramiento de Obispo de Santa Cruz de la Sierra en la actual Bolivia e, inmediatamente después, el de Nicaragua y se traslada a esta sede, dejando atrás un gran cúmulo de experiencias vividas en la Ciudad Sede Primada de Cuba que le proporcionaron profundas nostalgias.

Antecedentes

Nacido en Santiago de los Caballeros, segunda ciudad de Santo Domingo, en 1694. Sus padres, el Maestre de Campo don Pedro Morell de Santa Cruz y doña María Catalina de Lora, descubren, desde temprana edad, que su hijo poseía dotes suficientes para los estudios y una marcada inclinación a la vida eclesiástica, hacen todo cuanto pueden para que las desarrolle. Asiste a la Universidad de Santo Domingo, sobresaliendo entre sus compañeros de estudio. Alcanzó el título de Licenciado en ambos Derechos.

La Real Audiencia le toma en cuenta hasta el punto que solicitan del Rey el nombramiento de Canónigo Doctoral de la Catedral primada de América. Con sólo veinte años ocupa el cargo.

En ese momento la sede Arzobispal quedó vacante y su deseo de ser ordenado sacerdote, lo hace viajar a Cuba.

Llega a La Habana con el Arzobispo electo de Santo Domingo, don Claudio Alvarez de Quiñones que, después de consagrado por Valdés, le da las letras dimisorias para que le ordene don Gerónimo, quien le tonsura, da las órdenes menores y lo ordena, con dispensa de casi un año, en el oratorio de la casa episcopal el 24 de abril de 1718; celebró su primera misa en la Parroquial Mayor.

Cuando surgen los primeros conflictos entre los vegueros y el Gobierno colonial, formó parte de la comisión que estudió el problema y le encontró una solución aceptable a las partes enfrentadas.

Las noticias de su talento, conocimientos y prudencia, llegaron a oídos del Gobernador Guazo, quien le tiene en cuenta para ocupar puestos de gran responsabilidad.

Finalizando el año 1719, fallece el Deán de la Catedral don Andrés de Olmos y Sapiain y Valdés no demora en nombrarlo su sustituto. Antes de trasladarse a Santiago de Cuba, y por orden del Obispo, visita las villas de San Felipe y Santiago (Bejucal), Santa María del Rosario y Guanabacoa, así como otros curatos.

Un Deán con muchas luces

Cuando muere el obispo Valdés, el Cabildo Catedralicio lo designa Gobernador Eclesiástico. Cuando llega el Obispo Lazo, no duda en reafirmarlo en los cargos de Provisor y Vicario General. Era el año 1732 y de Cartagena de Indias, le llega el designio del Tribunal de la Inquisición para que sea su Comisario en Cuba.

De su trabajo en estos años, tomamos unos apuntes de la biografía que le hiciere un autor anónimo y que fue colocada en las Memorias de la Sociedad Patriótica de La Habana en 1842.

[...]ocupado en el púlpito, en el confesionario, con los pobres, con las fábricas y empeñado en aumentar los capellanes de coro para solemnizar las sagradas festividades, pensaría que apenas le alcanzaría el tiempo; pero él lo tenía para dedicarse a escribir la historia eclesiástica de aquella catedral[...]

La obra a la que se refiere la biografía, y que estuvo perdida por mucho tiempo, tiene el mérito, no solo de recopilar multitud de datos sobre nuestra historia eclesiástica sino, también, la de haber preservado la primera obra literaria escrita en Cuba, Espejo de Paciencia de Silvestre de Balboa y Troya de Quesada.

Pero no se limitaba su trabajo y preocupación a los asuntos propios de su estado. El Presbítero Morell entendía que a su labor le incumbían los problemas de la sociedad.

Por este motivo interviene con firmeza y perspicacia en la sublevación de los esclavos de las Minas de Santiago del Prado, persuadiendo a sus habitantes a la calma y debida obediencia y escribiéndole al Rey para denunciar los malos tratos a los que eran sometidos los esclavos y pidiendo la gracia al Soberano para que, al menos, se mejorara el trato de los mismos. (por Real Cédula de 13 de Octubre de 1733, dispuso para bien de los pobladores y, principalmente, a los esclavos)

El gobernador de Santiago de Cuba, Pedro Ignacio Ximénez, hizo caso omiso de las disposiciones reales y continuó utilizando los mismos métodos inhumanos que llevaron a los esclavos a anterior sublevación.

Por privilegio del emperador Carlos V, los «esclavos reales» podían recobrar su libertad o la de su familia, por el pago del precio en que habían sido tasados y comprados.

Entre los años 1739 y 1755, 89 esclavos habían pagado su libertad a la Hacienda Real. Un triste ejemplo de esta abominable costumbre fue el de una joven esclava que compró, por 127 reales, a la criatura que llevaba en su vientre.

En la mente del Obispo Morell estuvo siempre presente un proyecto de libertad para estos desdichados de El Cobre. Pero no fue, hasta 1799, y por las gestiones del ilustre don Gaspar Melchor de Jovellanos, que fueron declarados libres por el Rey Carlos IV. Los beneficiados fueron 1, 065 empadronados y todos los hijos que hubiesen nacido después del último censo.

Nos ha llamado mucho la atención encontrar en la Cédula Real de 7 de julio de 1737, la referencia a una acusación que había sido hecha por el Obispo Lazo de la Vega en 18 de octubre de 1736 de «defectos y desórdenes» que se encontraba cometiendo el Deán Don Pedro Morell de Santa

Cruz. El acuerdo del Rey por consenso del Consejo de Indias y de su Fiscal, es amonestar al acusado:

[...]ha parecido prevenirle sus excesos y el desagrado que me han causado estas noticias, advirtiéndole que de no abstenerse enteramente de ellos y de los demás defectos y desórdenes que está cometiendo y causando, reduciéndose a vivir con la moderación y recogimiento que corresponde a la seriedad y buen ejemplo de su estado y dignidad... pasaré a tomar la más seria resolución, que sirviéndole de castigo, sea ejemplar escarmiento para otros[...]

¿De qué se tratan estos excesos, defectos y desórdenes? Aún no podemos darle respuesta.

Monseñor Ismael Testé en su *Historia eclesiástica de Cuba*, señala que en 1736, el Deán hizo un viaje a Santo Domingo con el propósito de visitar a su señora madre y, después, volvió a Santiago de Cuba. ¿Habrá habido en esto desobediencia?

Cuando los conflictos de los esclavos del Cobre, Morell se puso a favor de estos y denunció los maltratos de que eran objeto pero, entonces el Rey le dio las gracias (Real Cédula de 13 de octubre de 1733)

En 1722, el mismo Rey Felipe V que ahora le regaña fuertemente, le había propuesto para que fuese Obispo Auxiliar del Obispo Valdés.

Salvo que aparezca un documento olvidado en algún rincón, nos quedaremos sin saber que ocurrió en realidad porque los hechos nos hablan de que el Deán siguió actuando desde su puesto con mucho celo por la fe y preocupación de sus fieles, como es el caso que a continuación citamos. A no ser, que se haya enmendado...

Creo, personalmente, que fue, como muchos han sido, víctima de alguna que otra intriga fruto de la malévola envidia, y que su actitud echó por tierra la acusación y le mantuvo entre los candidatos de la Corona para ocupar una sede episcopal.

Otro momento difícil en que fue decisiva su participación, fue la aparición de una escuadra inglesa al mando del almirante Vernon y el general Wetworth con la intención de poner sitio a la ciudad de Santiago de Cuba. La escuadra penetró en la bahía de Guantánamo y desembarcó por ésta el 18 de julio de 1741.

El gobernador Francisco Cagigal de la Vega se encontraba sin recursos monetarios suficientes para mantener a la tropa formada por un contingente de más de mil milicianos procedentes de Bayamo, Puerto Príncipe y Sancti Spíritus, con el peligro que ésta desertara y quedara Santiago sin defensa.

El Deán se lanzó sin demoras a recaudar fondos entre las familias adineradas, no sin antes movilizar los suyos propios, e instó al Gobernador para que acuñara monedas de cobre.

Elegido Obispo de Nicaragua, primero, y de Cuba, después

La rápida diligencia y los sabios consejos del Deán Morell, le ganaron el reconocimiento público y el aprecio del Rey, quien no dudó en presentarlo para ocupar el Obispado de Nicaragua en 1749.

Consagrado en la Catedral de Cartagena de Indias, por el Ilustrísimo Señor D. Bernardo Urbiza y Ugarte, Obispo de Cartagena, el día 13 de septiembre de 1750, tomó posesión de la sede nicaragüense en diciembre de aquel año hasta su nombramiento para el Obispado de Cuba el 23 de junio de 1753.

Aunque su deseo fue dirigirse cuanto antes a Cuba, el Obispo tropezó con varios inconvenientes que le prolongaron su estancia en tierras de Centro América y Méjico (Guatemala, Chiapas, Tabasco y Campeche) Del puerto yucateco de Campeche partió el 19 de diciembre, pero se presentaron nuevos inconvenientes, esta vez en la navegación, demorándole diecinueve días más.

El 7 de enero de 1754, entre las 9 y las 10 de la noche, desembarcó en el puerto de La Habana, cuya población le esperaba y tenía preparado un hermoso recibimiento. El nuevo Obispo fue llevado a Jesús del Monte para emprender, desde allí, el recorrido hasta las puertas de la Ciudad. A todo lo largo del paseo de una legua se habían colocado arcos de flores. La Ciudad lo recibió con campanas al vuelo, que se mantuvieron hasta terminada la acción de gracias en la Parroquial Mayor. Según refiere el propio Obispo en su Relación al Rey, el día 7 de febrero recibió las Bulas Pontificias y el 23 del mismo mes, los testimonios comprobatorios de su nueva función.

Comienza su misión en Cuba

Una de sus primeras labores fue visitar casi todas las iglesias de la ciudad de La Habana, predicando una fervorosa misión y atendiendo el confesionario. Fue siempre un hombre generoso y preocupado de los más pobres, poniendo una buena parte de sus rentas al servicio de ellos.

Las puertas de su palacio se mantenían abiertas para recibir, escuchar y aconsejar a cuantos acudían a él.

De su Relación al Rey conocemos que, de los 24 tribunales que funcionaban en la Capital de la Isla, 8 correspondían al gobierno y administración de los asuntos eclesiásticos. Estos eran:

El del Obispo con un Secretario, un Promotor Fiscal, Defensor de Matrimonios, Notario Mayor y otros ocho públicos.

Del Provisor y Vicario General, antiguo Vicario Juez Eclesiástico. El Sínodo Diocesano dispuso que hubiera dos Vicarios Generales para las dos grandes regiones de la Isla, pero en la práctica eran más bien Vicarios Foráneos. Esta costumbre fue eliminada en tiempos de Lazo de la Vega y ratificada por Morell.

De los Testamentos, Cofradías y Obras Pías.

De la Administración de los Diezmos de la Diócesis. Son dos los jueces, uno en Santiago de Cuba y otro en La Habana. Los eligen el Deán y Cabildo catedralicio cada 1ro. de enero y lo ratifica el Obispo. Están auxiliados cada uno por un Notario y un Contador.

Del pago del 16 % de las rentas eclesiásticas para Su Majestad el Rey. Consta de Juez, Notario y Receptor.

El de la Inquisición, dependiente de Méjico o de Cartagena de Indias, consta de Comisario, Alguacil Mayor, Notario, Receptor, Consultores, Calificadores, Familiares y «honestas personas».

El de la Santa Cruzada con un Superintendente General, Comisario General, Asesor, Tesorero y Fiscal.

De la Real y Pontificia Universidad con Rector, Vice – Rector, cuatro Conciliarios, Tesorero, Fiscal, Maestro de Ceremonias y Secretario. El Rector se elegía cada año entre los miembros de la Comunidad de Padres Dominicos.

Por aquel entonces, la ciudad de La Habana contaba con dos Parroquias, la Mayor y el Espíritu Santo; dos Iglesias Auxiliares, el Santo Cristo del Buen Viaje y el Santo Ángel Custodio; ocho Conventos de Religiosos, Santo Domingo o San Juan de Letrán, San Francisco, San Agustín, La Merced, Compañía de Jesús, San Juan de Dios con el Hospital Real, Belén con Hospital de Convalecientes y San Isidro (franciscanos); tres Conventos de Religiosas, Santa Clara, Santa Catalina y Santa Teresa; un Oratorio, el de San Felipe de Neri; San Francisco de Paula con una Iglesia y un Hospital para mujeres; una Ermita, la de Monserrate; un Colegio para niños vocacionables, San Ambrosio; un Colegio de niñas, San Francisco de Sales; una Casa de Expósitos o de Cuna, San José, con Capilla y Casa; una Universidad Real y Pontificia, San Jerónimo.

En extramuros existía una Iglesia dedicada a Nuestra Señora de Guadalupe que daba nombre al barrio donde se iban asentado muchas familias que atendían tierras de labranzas, ingenios y vegas de tabaco; tres quintas de recreo y un jardín.

La Iglesia corría de Norte a Sur y tenía tres naves, la central más grande que las dos laterales. Era toda de mampostería con piedras de canto y techo de tejas; Coro alto con órgano pequeño; 8 altares y un púlpito, «todo con moderada decencia» (Morell)

La fachada principal se compone de pilares, nichos, estatuas y tres puertas con arcos y campanas.

El término de la Administración de esta Iglesia comprendía las Ermitas del Señor de la Salud, Jesús María, San Luis Gonzaga y San Lázaro con su Hospital.

Las casas del barrio eran en total 669 de las cuales, 554 eran de guano, el resto de piedra y tejas, agrupadas en 47 cuadras, con nueve calles de Norte a Sur y 18 de Este a Oeste; de estas se destaca la calzada de Guadalupe o del Monte por llegar hasta la población de Jesús del Monte. Sus habitantes, unas 700 familias compuestas de 3,761 personas

El Obispo se preocupa por la situación de los negros

El celo pastoral que lo destacó en sus años de Deán de Santiago de Cuba, continuó moviéndole a trabajar con denuedo por el bien espiritual de todo el pueblo. Ahora podía hacerlo con más libertad; él era el Obispo. Sin importarle las críticas que la sociedad esclavista pudiera hacerle, comenzó a visitar los cabildos de negros bozales, rezar con ellos el rosario, letanías y predicándoles, después, sobre la devoción, el temor de Dios y el amor a la virtud. Sabía del proceso sincrético que se iba gestando, pero defendía la tesis de que los negros libres y esclavos podían ser evangelizados y ser buenos cristianos, pero había que atenderlos.

Ordenó sacerdotes para que, con el título de capellanes, atendieran los Cabildos, varios de los cuales convirtió en ermitas.

En su informe al Rey Fernando VI, fechado en La Habana a 6 de Diciembre de 1755, va exponiendo su experiencia sobre la situación de los negros en la Isla y la solución que tiene para mejorarle, al menos, en el aspecto espiritual.

Nombra al Padre Manuel José Rincón, superior de los Padres del Oratorio de San Felipe de Neri, para que les atienda en su nombre, las demandas y quejas que les traían y lo mismo hiciera con sus amos.

[...]Mandele que los instruyese en la doctrina cristiana, y les asistiese en la hora de su fallecimiento, porque vivían y morían como brutos.

Y para que estas funciones se practicasen con más satisfacción le previne, por fin, cuidara de que sus congregantes se aplicasen a aprender las lenguas de las naciones de los mismos de los mismos negros[...]

Resulta interesante la descripción que hace de las fiestas religiosas que los negros celebraban en los Cabildos:

[...]Después fui informado que en los días festivos se congregan en 21 casas, las dos de teja y las 19 de paja, que tenían en los barrios altos, intramuros, con título de cabildos, a tocar unos instrumentos llamados tumbas; que al son de ellos y de una gritería destemplada se entretenían los varones, mezclados con las hembras en bailes extremadamente torpes y provocativos, a la usanza de su tierra. Y que para colorear estas funciones se entregaban a la bebida de frucanga y aguardiente, hasta perder el juicio y desbocarse en los demás excesos que de tales antecedentes podían seguirse[...]

El Obispo indagó el porqué de estas prácticas y solo recibió como respuesta, mientras se encogían de hombros, «... siempre se había tolerado para evitar los mayores daños que pudieran originarse en caso de no hallarse divertidos en esta ocupación.»

Semejante actitud se asumía con el resto del pueblo, permitiendo el juego, el consumo excesivo de bebida y los demás «vicios».

El método del Obispo se basó en la presencia de la Iglesia en esos lugares, evangelizándolos, asistiéndolos pero, en ningún momento, ejerciendo fuerza alguna, sino que les dejasen, «... hasta ver si ellos mismos se llamaban, abrían los ojos y reconocían sus abominaciones, daban de mano a estos entretenimientos, o al menos los reglaban a un método irreprensible.»

Según el Obispo, tuvo la satisfacción de recibir la solicitud del cuarto cabildo formado por los carabalíes, para celebrar la fiesta de la Concepción Purísima de la Madre de Dios; y esto lo movió a realizar algo hasta entonces impensable y que, por desgracia, dejó de atenderse al correr del tiempo, convertir «... estas 21 casas que hasta ahora han servido al demonio... en templos de Dios vivo, quiero decir, en Ermitas.» Allí quería el Obispo se celebrase la Misa, se impartiese doctrina cristiana, rosario, penitencia y comunión.

Y es que, por la situación en que se encontraban por su condición social tan miserable, no se atrevían a acercarse al confesor que, en no pocos casos, los despachaban rápido y de mala forma. Por otra parte, al no conocer bien el castellano, se quedaban dormidos en las prédicas y catecismos.

Por todo esto, el Obispo quiere que hayan ministros especializados para que se acomoden a su ignorancia, les hablen de forma tal que les entiendan y tengan la paciencia de seguir su ritmo de aprendizaje. Y termina diciendo que no hay que esperar que sean ellos los que vengan a la Iglesia, «sino irlos a buscar, cargarlos y traerlos, como ovejas perdidas, al rebaño del Buen Pastor.»

¿No convendría reconsiderar el proyecto pastoral del grande de Morell de Santa Cruz?

A continuación transcribo la lista de los cabildos convertidos en ermitas y puestos bajo las advocaciones de la Santísima Virgen.[6]

Cabildos	Lugar	Advocación	Capellán
Carabalí	Junto al Ángel	La Natividad	Maestro Francisco de Castro
Carabalí	En la Sabana, junto a Belén	La Presentación	Bachiller Pedro Ximénez
Carabalí	Junto al Hoyo de la Artemisa	La Anunciación	Don Antonio Duque de Estrada
Carabalí	Inmediato a la antigua casa de pólvora*	La Concepción	Lcdo. Francisco Javier Conde
Carabalí	Junto a la caja de agua de Montserrat	La Asunción	Bachiller Francisco de Aguilar
Minas	Inmediato a Montserrat	La Visitación	Don Francisco Villanueva
Minas	Junto al Ángel	La Purificación	Don José Milanés
Minas	Entre Montserrat y Santo Cristo	La expectación	Bachiller Domingo Gálves
Lucumíes	Junto a Santa Catharina	Nuestra Señora del Rosario	Don Manuel González Soto
Lucumíes	En la Sabana	Señora de las Nieves	Maestro Agustín de Aparicio
Araraes	Junto a la ceiba de Montserrat	Nuestra Señora de la Caridad	Don Gregorio Palacios
Araraes	Frente a los solares del Conde Bayona	Nuestra Señora de los Remedios	Bachiller Francisco Garro Bolívar
Congos	Junto al Santo Cristo	Nuestra Señora de los Ángeles	Don José Sobrado
Congos	En la Sabana	Nuestra Señora de la Piedad	Don Francisco Velasco
Mondongos	Junto a San Francisco de Paula	Nuestra Señora de la Altagracia	Don Antonio de Mora
Mondongos	En la Sabana	Nuestra Señora del Consuelo	Don José Antonio López
Gangaes	En la Sabana	Nuestra Señora de los Desamparados	Don Félix del Castillo
Gangaes	En la Sabana	Ntra. Sra. del Socorro	Don Ignacio Isunsa

---

[6] Archivo General de Indias. Santo Domingo, 515 (tomado de *Cuba: economía y sociedad* del del Dr. Leví Marrero)

Mandingos	En Campeche	Nuestra Señora de la Soledad	Bachiller Diego Iriarte Pimentel
Luangos	Junto al Santo Cristo *	Ntra. Sra. del Pilar	Don Juan de Dios Rodríguez
Popoes	Junto a la casa del Conde Bayona	Nuestra Señora de los Reyes	Dr. Casimiro Arango

* Eran casas techadas con tejas, las demás eran simples bohíos.

El Obispo Morell pensaba que, con los negros, debía hacerse como con los indios, situándoles iglesias y ministros especiales para su enseñanza. El Rey aprobó, por Real Cédula, el proyecto.

No tenemos, hasta el momento, noticias referentes a la aplicación de esta medida en Santiago de Cuba, donde también existían cabildos con iguales problemas que en La Habana. El gobernador de Santiago, Lorenzo de Madariaga emitió un bando en 1756, prohibiendo las reuniones y fiestas en los cabildos, medida que debió caer en desuso.

Morell de Santa Cruz fue un Obispo de carácter enérgico y con un gran celo pastoral, características que le acompañaron durante toda su vida.

La gran Visita Pastoral

A pesar de que su salud corporal no correspondía a su fuerza intelectual, y que sentía una gran inclinación a las letras, no se dejó arrastrar a la vida holgada ni se refugió en la biblioteca, antes bien, se mantuvo en constante movimiento, enfrascándose en múltiples actividades. Entre ellas sobresale su Visita Pastoral a toda la Isla que nos dejó plasmada en su **Visita Eclesiástica,** donde no escatimó en los más mínimos detalles y que constituye una rica fuente de conocimiento de la Iglesia y la Sociedad de aquella época en Cuba.

Sus detractores, que siempre los hay, le acusaron al Patronato de pretencioso por utilizar silla de manos para su recorrido por la Isla. No podía hacer otra cosa, pues su salud no le permitía hacer ese largo recorrido a caballo o en carromato.

Estas acusaciones le disgustaron, pero supo responder con sencillez y claridad sobre la forma en que lo hacía. En su informe al Rey se hace presente, sin ambages ni falsos disimulos, su generosidad y profundo sentido de la justicia, detallando la retribución que hacía en alimentos y dineros, a los hombres que le llevaban en cada tramo, no importando que fueran blancos, pardos o morenos, libres o esclavos.

[...] Yo no sé si los que me han de cargar son estancieros, vegueros o xateros (hateros), si tienen que perder o no tienen; solamente los distingo por los colores... Concurren blancos, mulatos o negros, todos almuerzan, comen y cenan a satisfacción, y en despidiéndoseles de les paga... Por lo ordinario son esclavos... a ninguno he exceptuado para la paga[...]

Se supone que haya comenzado el propio año 54, visitando Guane, la parroquia más lejana del occidente de la Isla.

En julio de 1755 sale de la ciudad de La Habana y se dirige a Jesús del Monte, era el día 21.

Para dar una visión resumida de la Visita, presentamos una lista del itinerario en las fechas correspondientes:

1755 / julio	24 Sale de Jesús del Monte hacia Santiago de las Vegas
Agosto	1º Llega a San Felipe y Santiago (Bejucal)
	8 Sale de Bejucal
	10 Sale de Managua
	13 Se encuentra en el Calvario
	15 Llega a San Miguel del Padrón
	19 Sale de San Miguel del Padrón y visita El Potosí (Guanabacoa)
	20 Llega a Regla
	23 Sale de Regla
	31 Sale de Guanabacoa para Santa María del Rosario
Septiembre	Regresa a La Habana, donde permanece durante el mes de Octubre y parte de Noviembre
Noviembre	18 Sale para Batabanó
Diciembre	4 Embarca en Batabanó
	18 Llega a la boca del río Guaurabo
	19 Llega a Trinidad
1756 / Enero	2 Sale para Sancti Spíritus
	5 Llega a Sancti Spíritus
Febrero	3 Sale para Santa Clara
	(finales) Sale para Remedios
Abril	(finales) Llega a Santa María de Puerto Príncipe
Mayo	30 Sale para Holguín
Junio	22 Llega a Bayamo
Agosto	18 Sale de Bayamo y llega a Jiguaní
	31 Llega a El Cobre

Septiembre	5 Llega a Santiago de Cuba
Diciembre	Antes del 10 visita el Caney
Diciembre	17 de nuevo en Santiago
	29 Sale de Santiago de Cuba
1757 / Enero	8 Llega a Sagua de Tánamo
	12 Sale de Sagua
	20 Llega a Baracoa
Febrero	12 Sale de Baracoa y llega a Navas
	16 Sale de Navas
	17 Regresa a Baracoa
	22 Embarca en Baracoa para La Habana
	28 Llega a La Habana

La Visita Pastoral duró un año y cinco meses, ya que permaneció los meses de Octubre y Noviembre de 1755 en La Habana.

En toda la Visita realizó 10,354 confirmaciones

Valoración del propio Obispo sobre la Visita Pastoral

Al concluir la Visita Pastoral a toda la Isla de Cuba sede de la Diócesis, el Obispo hace una valoración personal de la misma que va incluida en uno de las cartas-informes que hace al Rey Fernando VI:

«[...]Muchas han sido las incomodidades, y trabajos que hé padecido asi por Mar como por tierra en la visita de esta Diocesis; pero hé logrado el consuelo de registrarla personalmente desde el Curato de Guane, que es el ultimo que cahe á la parte Occidental hacia Cabo Corrientes, hasta el de Baracoa, que es el primero que queda en la oriental, diez leguas de punta de Maysi. Ninguno de mis antecesores há llevado su baculo á lugares tan remotos, y asperos, como los que Yo hé transitado. En todos ellos con la ayuda de Dios hé cogido copiosos frutos de bendición; reformazion de costumbres, y frecuencia de Sacramentos.

He introducido la páz, ó promovidola entre sus moradores. Hé exercitado la caridad con todos, de forma, que quando las visitas producen ordinariamente, crecidos intereses, la mia solo me há servido de consumir quantos reales llevava conmigo, los tambien que adquiria en ella, y regresár con algunas deudas contrahidas para mi transporte. Y por fin en todo lo que hé practicado, no hé tenido otro obgeto, que el servicio de Dios, y de V.M. El remedio de los Pobres, y el consuelo general de los Pueblos, según extensamente consta de la relacion de mi visita[...]»

Morell continua el plan de Compostela de llevar la Iglesia a toda la Isla
Al poco tiempo de llegar a La Habana, en el interim de la Visita, autorizó al Pbro. D. Manuel Rincón para que construyera la iglesia de Jesús, María y José en territorio de extramuros. La iglesia quedó terminada en 1756.

Emitió un edicto para que se trasladara la ermita de San Jerónimo, fundada por Valdés, a la población de Yaguanabo, actual ciudad de Las Tunas.

Al emprender su Visita Pastoral, dejó encaminada la construcción de la iglesia de la Merced en a Habana.

Erigió la Iglesia de Nuestra Señora de la Caridad como Auxiliar de la Parroquial de Sancti Spíritus; así, a la de San Basilio Magno de Las Pozas en Cacarajícara, como Parroquia de ascenso.

En 1755 bendijo la primera piedra de la capilla de Nuestra Señora de Loreto, anexa a la de San Ignacio de Loyola del Colegio de San José de los PP. Jesuitas y manda reparar la iglesia del Santo Cristo.

En el 56 erige Parroquia a la iglesia de Jibacoa; para la Parroquia de Guanes, nombra Auxiliar a la iglesia de Nuestra Señora de las Nieves; a la de Santa Ana como Auxiliar de la Parroquial Mayor de Camagüey.

Ese mismo año, quedó establecido del servicio postal con carteros que se trasladaban a caballo y se iban relevando en distintas postas situadas a lo largo del camino real, donde lo había. Una Carta podía demorase más de quince días entre La Habana y Santiago de Cuba.

Continuando con las fundaciones, diremos que, en 1758, en el Hospital de San Juan de Dios que se encontraba en pésimas condiciones y sin la atención debida, se instala, después de los debidos arreglos, el Hospital de Belén en Santiago de Cuba con tres religiosos betlemitas enviados y sostenidos económicamente por el Obispo.

Mandó reedificar el convento de San Francisco de Guanabacoa y lo entregó a los PP. Dominicos quienes le dieron el nombre de su fundador. En esa misma ciudad, el Hospital del Tránsito del Señor San José. También fundó hospitales en Bejucal, El Cano y Güines.

Comenzaron a construir la Iglesia de la Soledad por colecta pública y donación del Pbro. D. Adrián Varona y su hermana Doña Rosa. El origen de la actual Parroquia está en una pequeña Ermita dedicada a esta advocación de la Virgen y que comenzó a edificarse en 1697, siendo su primer Capellán el Pbro. D. Antonio Pablo de Velasco. En 1727, estaba funcionando como Auxiliar de la Parroquial, siendo su primer Cura propio el Pbro. D. José Sánchez Pereiro.

En 1759, escribió al Rey con la intención de que se creara una Universidad en Santiago de Cuba que estuviera a la altura de La Habana. El Patronato nunca atendió esta solicitud y los sueños de Morell no se hicieron realidad hasta la mitad del siglo XX.

Entre los años 60 y 61, reconstruye la iglesia de Santa María del Rosario con la ayuda del Conde de Bayona; erige Parroquia la iglesia de Los Palacios (P. Del Río) y como auxiliar de San Rosendo, la de San Juan y Martínez(1761)

Por ese entonces los vecinos de Trinidad, Santa Clara, San Juan de los Remedios y Sancti Spíritus solicitan la fundación en esta última villa, del Convento de los Padres Dominicos, como se realizó con el apoyo del Obispo y la autorización debida del Rey.

La Comunidad estuvo formada por 10 o 12 frailes y el edificio del convento estuvo adosado a la Iglesia de Jesús Nazareno.

Generosidades del Obispo

Muchas fueron las muestras de generosidad del Obispo Morell de Santa Cruz para con su querida Diócesis de Cuba; cariño y preocupación que manifestó, incluso, antes de ser su Obispo. Según confiesa en unas de sus cartas al Rey, él y muchos se sorprendieron del «excesivo» recibimiento que le ofreciera el pueblo santiaguero a su llegada a esta ciudad sede catedralicia. En los días que en ella pasó, celebró misas, confirmó, escuchó confesiones y dio comuniones en la capilla del Sagrario de la Iglesia de Santo Tomás y atendió a cuantos fueron a verle y consultarle.

A la Catedral la dotó de un rico frontal, atriles; importó de Guatemala tres hacheros y tres pedestales de maderas sobre doradas con urna de exquisita filigrana; ciriales, hisopos y caldereta de plata traídos de Puebla de los Ángeles; siete baldones con cruz de plata enviados desde La Habana; casullas, ternos, misales y un retablo dorado para el Altar Mayor.

De las colgaduras de su cama, tomó los damascos para que confeccionaran un terno rosado que se usaba entonces en las llamadas Misas Conventuales y otros negros para el Día de los Difuntos.

Para la Parroquial Mayor de La Habana mandó construir una capilla dedicada al Apóstol San Pedro y un coro de caoba, así como pilas de mármol para el agua bendita que, todavía, se conservan en la Catedral habanera.

En el Espíritu Santo, renovó todo el templo, menos el presbiterio, y le añadió la segunda nave. Doró el Altar Mayor y construyó la sacristía, además de dotarla de ornamentos finos.

En el Monasterio de Santa Teresa, una reparación total.

Igual reparaciones al Hospital de Paula, al Colegio de San Francisco de Sales y a la ermita de Guadalupe en extramuros.

Dotó a la mayoría de las iglesias del campo de custodias de plata dorada para que se celebrase dignamente el culto al Santísimo. A todas cedió «las cuartas de su Dignidad" para que los curas las empleasen en el aseo y ornato de las iglesias y, además, las proveyó de imágenes. De tal manera, que en todas hubo un exponente de la generosidad del Obispo, pues todo cuanto hemos referido se hizo a su cargo y gasto de sus propiedades y dineros.

¿Otras Visitas Pastorales?

De las Comunicaciones Reales conservadas en el Archivo Histórico Diocesano de La Habana, podemos deducir que, o bien el Obispo Morell realizó varias Visitas Pastorales o la «única» se realizó por etapas. Pero en el informe que hace al Rey, dice concluir su gran Visita en 1757.

Según una de estas cartas, el 7 de mayo de 1758 realizó la Segunda Visita a diferentes pueblos del Obispado, a los cuales no se nombra, pero se dice empleó 70 días en recorrerlos, confirmando a muchos, predicando varios sermones, dando limosnas diarias y socorriendo a las iglesias visitadas.

Otro tanto ocurre con la erección de dos nuevas Parroquias como fruto de su visita al partido de Santa Cruz de los Pinos, donde descubrió que había dos zonas separadas por terrenos, unas veces escabrosos y otros pantanosos, que imposibilitaban a los fieles trasladarse a la parroquia de Santa Cruz.

El Obispo Auxiliar

Hasta donde hemos podido indagar, el Obispo Morell de Santa Cruz, debió encontrar trabajando en La Florida al Obispo Auxiliar Dr. Don Pedro Ponce Carrasco. En sus informes al Rey sobre la Visita Pastoral, refiriéndose a la conclusión de su estancia en Puerto Príncipe, habla de él sin decir su nombre:

> [...]Ultimamente no aviendo negocio grave que me detubiese, y no necesitandose el exercicio de los Pontificales por aver mas de un año que mi Auxiliar residia en aquella Villa, sali de ella la tarde del 30 de Mayo[...]

El Obispo Morell ante los problemas morales de la población

Pero si fue grande su preocupación por el ornato de los templos, más lo fue por la piedad y compostura con que los fieles debían acudir a ellos. Y, para esto, no escatimó en sermones escritos y edictos que debían ser leídos en las horas de más concurrencia de la feligresía y clavados en las puertas de las iglesias.

Tomamos algunos párrafos de una carta pastoral que dirigiera a sus fieles después del terrible terremoto de 1766 que asoló a la ciudad de Santiago de Cuba y otras zonas aledañas.

El texto fue reproducido por D. José Antonio Saco en sus *Papeles*, tomo II, pags. 398-400.

Después de una corta valoración de la situación moral de la población transcurridos los acontecimientos de la toma de La Habana por los ingleses, dice:

[...]Podrá ser que los vicios decretasen alguna suspención de armas al tiempo que los viciosos las tenían en las manos para disputar su vida y fortuna. Pero no es así; que este fué un breve paréntesis, que parece sirvió más bien de reposo a una maldad ya cansada, para volver con mayor ímpetu á sus antiguos desórdenes... La pompa, el lujo, lasa galas y demás superfluidades del adorno exterior, se mantienen en todo su punto, aun cuando desangrados los caudales, apenas pueden ministrar lo necesario. Con el pretexto de moda, se canonizan todas las profanidades de los trages, de suerte que ya no se sabe qué decencia Christiana es esta en que va cabiendo quanto la vanidad inventa de telas, alhajas, colgaduras, carrozas, etc. Y lo más lamentable es que no solo *los ricos visten púrpura y comen espléndidamente,* como el Evangelio, sino que los empeñados, los quebrados y aun los pobres tienen á menos valer, que otro les aventaje en el brillo del hábito y la simetría de las mesas[...]

Después de esta crítica al lujo desmedido que se impone como parámetro de la sociedad, pasa al problema de la atmósfera de violencia que se respiraba en las ciudades, especialmente en La Habana.

[...]El espíritu de disension que engendra los litigios, las riñas, y los odios, de que abunda esta ciudad, tan lexos está de enflaquecerse que mas bien se han recrudecido, y saca la cabeza triunphante, en medio de tantos males que nos cercan. Todos los días se ven nacer nuevos pleitos, y levantarse facciones dentro de las familias hasta armarse los hijos contra los padres, romperse los lazos de la fraternidad, y afloxarse los del Santo Matrimonio, abusando, para esto de las acciones y derechos que nos conceden las leyes santas, para reprimir los verdaderos desórdenes, y redimirse los inocentes de las opresiones de la injusticia[...]

Y entonces pasa a criticar, sin tapujos, a la codicia y a la explotación de los poderosos sobre los pobres.

[...]El poderoso chupa la sangre del pobre, se engrossa con el sudor de su frente, se haze fuerte con sus jornales, falta a la fee de los

contratos, traspassa el término de los plazos, extuerze unas usuras desmedidas, y nada perdona por apagar una infame sed del oro, y todo lo logra impunemente por mantener unos pleitos de pos vida, de que no se desenvuelven los nietos. Los pobres, acosados de semejantes tiranias, se entregan al ocio, y no trabajan, sino es en vencer sus necesidades con los hurtos, las rapiñas, contemplaciones criminales y juramentos falsos; y en vez de acudir á Dios por el socorro, le hazen insensible á sus clamores por la impaciencia con que los levantan y la impunidad del corazon de donde salen[...]
Continua con la relajación de las costumbres.

[...]De la incontinencia no hay que decir, sino que parece que se han franqueado las puertas á la dissolucion, y que se ha rompido de una vez aquella barrera, que tienen levantadas entre los dos sexos las leyes naturales del pudor, las civiles de la honra, y las divinas de la honestidad. El galanteo, el cortejo, las conversaciones amorosas del estrado, los bailes, de manejo mas inmediato y bullicioso, están admitidos como unos rasgos de marcialidad, política y buena crianza; y lo peor es, que á vueltas de estos desenfados, lo tienen para condenar la compostura, el recato, cortesía y civilidad[...]

Con tristeza reconozco que, aunque hayan pasado más de dos siglos, las palabras del Obispo Morell siguen teniendo vigencia en la sociedad moderna, con algunos superlativos...

Morell de Santa Cruz y la educación

Ya apuntamos como El Obispo Morell de Santa Cruz propuso a la Corona la fundación de una Universidad en Santiago de Cuba y el apoyo dado a los jesuitas en su nuevo colegio de Camagüey.

Los conventos de religiosos fueron, en tiempos de Morell, centros de enseñanza a la población. No olvidemos que durante los siglos XVI, XVII y XVIII fue la Iglesia la que se encargó de la enseñanza, ya que el gobierno colonial se mantenía ajeno a esa necesidad social y a muchas otras.

En la memoria que hace el Obispo de su Visita Pastoral se encuentran los siguientes datos:

Ciudad o Villa	Número de religiosos	Asignaturas impartidas
San Cristóbal de La Habana		
Convento de San Juan de Letrán	59	Taller de virtudes y letras; Universidad de S. Jerónimo

Convento de San Francisco	110	Gramática, Artes, Teología y Moral
Convento de San Agustín	55	Gramática, Filosofía y Teología
Convento de la Merced	32	Gramática, Filosofía y Teología
Compañía de Jesús	11	Gramática, Retórica, Filosofía y Teología
Convento de Belén	20	Enseñanza de las primeras letras, caligrafía y las cuatro reglas de Aritmética a 600 niños
Santa María de Puerto Príncipe		
Convento de San Francisco	15	Gramática y Filosofía
Convento de La Merced	32	Gramática y Filosofía
Bayamo		
Convento de Santo Domingo	26	Gramática, Filosofía, Teología Escolástica y Moral
Convento de San Francisco	14	Gramática
Sancti Spíritus		
Convento Sto. Cristo de la Vera Cruz	8	Gramática y Moral

Durante su Visita, fundó a sus expensas escuelas para niños y niñas. Como ejemplo propongo el del poblado de Jiguaní, por entonces con una población de 588 personas, muchas de ellas en situación económica paupérrima; con una iglesia a medio hacer y dedicada a San Pablo. Fue Jiguaní un asentamiento de indios de los que quedaban, en tiempos de la Visita, una sola familia, siendo la mayoría mestiza, y dos o tres blancas.

El Obispo se dolió de que no hubiera lugar para la enseñanza, por eso, entre las limosnas que repartió: [...] la más apreciable fue darles escuela de Niños, y Niñas con seis pesos mensuales al Maestro, y cuatro a la Maestra, para que los enseñasen la doctrina Christiana, á leer, y á escribir. Convequelos a todos, y después de gratificarlos con algunos reales entregué a cada uno Cartilla, ó Quaderno impreso para que diesen lección, previniendoles al Maestro, que todos los dias los tragese a Misa, Cantando las Oraciones, y que del mismo modo regresasen a la escuela, y a la Maestra que tubiese cuidado de instruir también a las Niñas en la Labor.

Ambas cosas en fin se comenzaron a practicár antes de mi salida que fue el dia veinte y ocho del mes proximo pasado[...] (28 de Agosto de 1756)

Otro tanto hizo en el poblado del Caney donde, también, fundó un hospital para hombres y mujeres. En Baracoa, dos escuelas, una para niños y otra para niñas, y un hospital para hombres y mujeres.

En Holguín dejó establecidas, con la ayuda de los Presbíteros y algunos feligreses de buena solvencia, tres escuelas, la primera con más de setenta niños; la segunda, para los más pobres y apartados del núcleo de la villa; por último, una dedicada a preparar a diecisiete jóvenes que recibirían las órdenes eclesiásticas. Al frente de ella quedó un Padre oratoriano recién llegado a Holguín, que les impartiría Gramática y Moral. Todos quedaron tonsurados. Y, como era su costumbre, fundó un hospital.

De acuerdo con los datos extraídos de su informe al Rey sobre la Visita Pastoral, sabemos, además, que realizó un total de 10, 374 confirmaciones; el número de iglesias, ermitas y conventos que existían en Cuba en el año 1757; el número de religiosos y la población de las ciudades, villas y poblados. De todo esto damos, a continuación, una referencia de acuerdo con los documentos existentes en el Archivo General de Indias (AGI) Audiencia de Santo Domingo, 534.

Establecimientos religiosos (1757)

Partidos	Iglesias	Ermitas	Conventos
San Cristóbal de La Habana, intramuros.	6	1	11
Guadalupe	1	4	–
Jesús del Monte	1	–	–
Calvario	1	–	–
San Miguel	1	–	–
Potosí	1	–	–
Regla	1	–	–
Guanabacoa	3	–	1
Stgo. de las Vegas	1	–	–
Ubajay (Wajay)	1	–	–
Managua	–	1	–
Sta. Mª. del Rosario	1	–	–
Güines	1	–	–
Batabanó	1	–	–
Quemados (Mnao.)	1	–	–
El Cano	1	1	–

San Hilarión de Guanajay	1	–	–
San Basilio de las Pozas (Cacarajícara)	1	–	–
Sta. Cruz	1	1	–
Consolación	1	–	–
Pinar del Río	1	–	–
Guane	1	–	–
Matanzas	1	1	–
Guamacaro	1	–	–
Río Blanco	1	–	–
Álvarez	1	–	–
Hanábana	1	1	–
Barajagua	1	1	–
Copey	1	–	–
Trinidad	1	2	1
Palmarejo	1	–	–
Santa Clara	1	3	–
Remedios	1	2	–
Sancti Spíritus	4	–	1
Puerto Príncipe	4	1	–
Bayamo	8*	–	2
Holguín	1	–	–
El Cobre	2**	–	–
Santiago de Cuba	3	–	1
Jiguaní	1 (a medio hacer)	–	–
El Caney	1	–	–
Sagua, ¿de Tánamo?	-	1	–
Baracoa	1	–	–
La Candelaria del Dátil	1	–	–

S. Miguel de Cubitas, 8 leguas al Norte de Puerto Príncipe	Tuvo iglesia y Cura, se espera su reconstrucción		
San Pedro, a 14 leguas al Sur de Puerto Príncipe	Cura nombrado en espera de construir la iglesia		
Gracias a Dios o San Basilio, a 14 leguas al Oriente de Puerto Príncipe	Cura nombrado que visita el lugar y celebra en los bohíos		
S. Gerónimo de las Tunas(Bayamo)	–	1	–

S. Fructuoso de las piedras, a 3 leguas al Oriente de Bayamo	Iglesia por construir, en ese momento a la Concepción de Valenzuela, que es Parroquia	–	–
La Asunción de Yara, a 8 leguas al Sur de Bayamo	–	1	–
La Candelaria de Morón en la región de Baracoa	Cura nombrado que celebra con altar portátil	4	–
San Anselmo de Tiguabos	Su iglesia de mampostería fue destruida cuando los ingleses desembarcaron en Guantánamo		Se atiende desde una ermita de la hacienda Sagua

*En tiempos de la Visita, se estaban construyendo dos iglesias más, una dedicada al Arcángel San Miguel, otra a San Blas.
**Una es el Santuario de Nuestra Señora de la Caridad. El otro santuario de la época era el de Nuestra Señora de Regla, en La Habana.
***Lugares que por su importancia y cantidad de habitantes, se les nombró un Cura para la atención espiritual de la población. Algunos desaparecieron sin más, otros se convirtieron en Parroquias cuando se formaron pueblos.

Impresiones del Obispo Pedro Agustín sobre el Santuario de Nuestra Señora de la Caridad de El Cobre.

Como una referencia anterior, citamos parte de un informe que escribía al Rey el Obispo Lazo de la Vega:

[...]la ermita o capilla donde se venera la milagrosa imagen de Nuestra Señora de la Charidad, habrá unos 60 u 80 años era una chozita muy pequeña, y después, con las limosnas de los devotos se ha hecho una pequeña iglesia de cantería, con su pequeña sacristía y cuarto para el capellán, manteniéndose éste sólo con las limosnas de misas que ofrecen los devotos, no habiendo concurrido V.M. ni su Real Patronato con limosna alguna para la Iglesia... ni mantenimiento del capellán, habiendo siempre éste estado sólo con licencia del Obispo[...][7]

Como anotamos al hablar del Obispo Valdés, éste funda una ermita en el lugar de paso de los peregrinos que, suponemos, procedían del Norte de

---

[7] Archivo General de Indias, Santo Domingo, 363 – Archivo del Dr. Levi Marrero, la carta está fechada el 19 de abril de 1738.

Oriente y de Camagüey y se dirigían a El Cobre. Ese lugar terminó siendo el pueblo de Las Tunas.

Considero oportuno transcribir el informe que da Morell de Santa Cruz sobre su visita a El Cobre:

> [...]El Santuario de Nuestra Señora de la Caridad... es el templo tan celebrado, no sólo en la Isla, sino en todas partes, por venerarse en él una efigie de Nuestra Señora, con título de Caridad y Remedios. Este mismo rótulo traía en la tablita que le servía de peana cuando se apareció sobre las aguas del mar del Norte, y vino a dar a la bahía de Nipe, donde tres negros esclavos* de El Cobre tuvieron la dicha de recogerla, por el año 1625* y desde entonces han sido innumerables los portentos y milagros que ha obrado. Su estatura será de media vara, con un niño muy pequeño en el brazo izquierdo. Tienen los rostros muy alegres, y mirados causan devoción y consuelo.
>
> Al principio fue colocada en una Iglesia pobre y humilde, pero habrá 50 años que se le erigió otra de un cuerpo, de mampostería y texa. Su longitud 29 varas, 10 su latitud y 6 su altitud, con 3 altares, púlpitos, relox y despertador, 2 tribunas altas, con su órgano; un pórtico sobre arquería baja, en que están 3 campanas, la una grande, y las dos pequeñas en la puerta principal. La del Sur es defendida de un caidizo de texa, que corre hasta ocupar el frente de la sacristía.
>
> Esta queda a espaldar del altar mayor, con el cual se comunica por dos puertecillas; su fábrica es de caidizo; el largo, 10 varas; el ancho, 5 y el alto desde 10 hasta 2 1/2, cercado todo de tapias, con garitas para su adorno.
>
> A la parte oriental están con inmediación la casa del capellán y 3 ermitaños, y a la occidental una hospedería muy capaz para los romeros que en todos tiempos, pero con especialidad en el de la seca, acuden a visitar a la Señora. Fuera de las limosnas que por lo ordinario traen consigo, se recogen otras, gruesas, que sirven para la subsistencia del Capellán, ermitaños y esclavos, como también para reparar y adelantar sus fábricas, comprar y hacer alhajas y ornamentos, de que abunda, y que son muy apreciables por su valor y hermosura.
>
> Las fiestas principales comienzan el día 8 de septiembre y duran hasta el último del mismo mes. El mayor número de ellas, la luz de la lámpara y el oficio de organista se costea con los censos impuestos para ello por personas particulares, y son las únicas rentas fijas que hay en él.
>
> En conclusión, el Santuario de El Cobre es el más rico, frecuentado y devoto de la Isla, y la Señora de la Caridad, la más milagrosa efigie de cuantas en ella se veneran[...]

El Obispo no se marchó del lugar sin dejar su propia donación que consistió en aumentar la pensión del organista, de 1,000 pesos que recibía, a 2,000. Este cargo lo ocupaba un Presbítero santiaguero que, más tarde, pasó a ocupar el puesto de auxiliar del Capellán.

Señalamos con asteriscos dos datos, por lo demás, erróneos que da el Obispo. El primero es sobre los que hallaron la imagen; no eran los tres negros, y uno sólo era esclavo. Los nombres de éstos, Juan y Rodrigo de Hoyos, indios, y Juan Moreno el «negrito" esclavo criollo. Estos datos provienen del informe presentado al Consejo de Indias y conservado en el Archivo General de Indias de Sevilla, encontrado y transcrito por el Dr. Marrero. Este documento corresponde al siglo XVII. El segundo error corresponde a la fecha que da el Obispo, pues en el documento antes mencionado, se habla que la imagen fue recibida por el capitán Sánchez de Moya, quien cesó en su cargo de administrador de las Minas de Santiago del Prado en 1616.

El Santuario de Nuestra Señora de Regla tal y como lo vio Morell de Santa Cruz

Del abundante caudal de datos que nos ofrece este Obispo benemérito, podemos enriquecer nuestro conocimiento de la Iglesia y de la Isla de Cuba en la segunda mitad del siglo XVIII, con sus orígenes y proyecciones.

¿Cómo era el Santuario de Nuestra Señora de Regla en aquel entonces? Nos lo describe el propio Morell, al cual llegó el día 20 de Agosto de 1755:

[...]dista poco más de un quarto de legua del Potosí: tiene su situación a la parte orilla Oriental de la Bahía de esta Ciudad: el terreno que ocupa es llano, hermoso y está quasi todo cercado de tapias con su muelle de piedra mui bueno para el tráfico de la Ciudad: la vista de esta y los ayres del mar causan diversión y salud: erigióse el año 87 del siglo pasado: su Fábrica es de paxa, y la Imagen que en ella se venera un Quadro de la misma advocación: arruinóse con la tormenta acaecida el 24 de Octubre del 92: en el próximo siguiente se delineó otra en su lugar, que es la que existe: corre de Sur a Norte: consta de un cañón de mampostería y texa con 28 varas de longitud, 9 de latitud y 6 3/4 de altitud: comprende cinco Altares mui decentes: en el mayor en lugar de la Imagen antigua se venera una efigie de la misma Señora: su color es bastante moreno: traxola de Madrid el Sargento mayor Dn. Pedro Aranda y Avellaneda y se colocó el día 8 de Septiembre del 94: preténdese que en varias ocasiones se ha retocado con color blanco y nunca lo ha admitido.

Desde el 25 de Diciembre del año 14 goza el distintivo de Patrona de la Bahía: esta Función se hizo con la mayor solemnidad posible: Otra igual se repitió a los 20 de Octubre del de 17, en que la Magestad Sacramentada se colocó en el Altar Mayor del mismo Santuario.

Los milagros que a esta Sagrada Imagen se atribuyen son innumerables: algunos de ellos se ven pintados en lienzos, otros demostrados en piececillos de plata y otros en muletas y Navichuelos, puestos todos en el mismo templo: es verdad que nunca se ha cuidado de calificarlos: la fe sin embargo y la veneración que generalmente a esta Sagrada Imagen, los publica por tales: tiene también su Púlpito, coro alto y Organo la Sachristía está al lado del Evangelio... está mui alhajada y con Ornamento preciosos: sobre ella ay una avitación con 4 varas en quadro: al lado derecho la puerta principal está un Campanario de piedra con tres Campanas, las dos pequeñas y la otra de regular tamaño.

Con inmediación al mismo Santuario ay otras avitaciones para el Capellán y Hermitaños y personas que van en romería: todas a excepción de las del Capellán, son baxas, de piedra y texa, con sus pasadizos en forma de claustro: Su refectorio, Oficinas y Huerta mui capaz: para la manuttención de todo lo expresado no ay más rentas que las limosnas, que son copiosas[...]

Antes de marcharse, después de tres días de estancia en la Iglesia, el Obispo dejó establecidas algunas normas para la administración del lugar, ciertas añadiduras a las Constituciones de los ermitaños, y facultó al Capellán para administrar el sacramento de la Penitencia y dar el «Santísimo Viático» a quienes los necesitasen de las veinte familias que formaban el pequeño poblado; por entonces, sujetas a la Auxiliar del Potosí.

Otras fuentes indican que el Obispo Compostela, en 1701, nombró al Santuario como Auxiliar de Guanabacoa.

El Colegio Seminario de San Basilio Magno

Después de su fundación por le Obispo Valdés, pasó por un largo período de inactividad a causa de la negligencia de aquellos que debían promover su carácter de centro de enseñanza.

Será el Obispo Morell el que tome empeño en resolver una antigua situación que afectaba el buen desenvolvimiento del Colegio. Lo primero fue tomar medidas contra algunos clérigos que ostentaban títulos académicos al parecer falsos. Por este motivo escribe al Rey:

> [...]atribuído título de doctores el Chantre don Toribio de la Vandera, el canónigo don Juan Joseph Arredondo y el racionero don Miguel Brioso Cervantes, sin otro motivo que nominarles así en los títulos que para obtención de sus prebendas se les había despachado[...]

La respuesta del Rey fue, que ningún eclesiástico ni civil pudiera abrogarse un título que no fuera expedido por las Universidades reconocidas, y examinados los mismos por las autoridades competentes.

Desde su fundación sólo se impartió Gramática latina y canto eclesiástico, por lo demás de mala calidad, como lo refiriera un antiguo alumno, el Obispo José de Echevarría.

Y la verdad era que, tanto su rector el Padre Bandera como el Cabildo eclesiástico, pretendían que los jesuitas asumieran la dirección total del establecimiento. Mientras tanto, el Rector usaba el edificio como casa propia y despachaba a cuantos Presbíteros no fueran de su agrado, prefiriendo mantener las aulas cerradas.

Con las gestiones de Morell, se pudo reabrir el Colegio el día 28 de Mayo de 1754, con una matrícula de 22 seminaristas y un curso donde se impartirían Gramática Latina, Canto Llano, Filosofía, Teología Escolástica y Moral. El Obispo designó para las funciones literarias al canónigo penitenciario Dr. Manuel Francisco Calzado, y al Provisor Toribio de la Bandera como responsable del buen funcionamiento de la institución.

El deseo de Morell de crear una Universidad en Santiago, lo llevó a preparar condiciones, por lo que entregó la cátedra de Teología escolástica al Dr. Miguel de los Santos y la de Derecho Canónico al Dr. Martín Palacios Saldurtum. Todos los catedráticos eran oriundos de Santiago de Cuba y presbíteros que no rebasaban los 40 años de edad. En carta al monarca le expresaba su opinión sobre los futuros resultados de este claustro de profesores:

> [...]y últimamente abundarán sugetos instruidos para la obtencion de los empleos de todas Clases, y la Cathedral, que en mi estimación debe ser la primera, logrará los adelantamientos, que deseo, y corresponden a su carácter[...]

En su Visita Pastoral a Santiago pudo constatar el adelanto en la calidad de la enseñanza, sobre todo, el aumento de alumnos en la Cátedra de Gramática.

La Universidad de San Jerónimo en tiempos de Morell

En la Universidad, Real y Pontificia, se leían las Clases de Gramática, Filosofía, Teología, Cánones, Leyes, Medicina y Matemáticas. El Claustro de Profesores contaba con 19 catedráticos con el grado de Doctor de sus respectivas Facultades. Los Escolares excedían del número de 200 y los graduados asistentes, unos 60.

Desde su fundación en 1728, se habían graduado 18 Abogados, 12 Médicos y un gran número de Clero y Religiosos graduados en Filosofía,

Teología y Cánones, según las carreras que escogieron. Entre los graduados se encontraban cuatro Togas, dos Canonjías y una Mitra.

Sin importarle la edad, Morell de Santa Cruz siguió preocupándose de su propia superación, dándole ejemplo a su clero de la necesidad de estar bien formado para mejor servir al Pueblo de Dios.

Al poco tiempo de terminada la Visita Pastoral, se presentó a exámenes en la Universidad Pontificia de San Jerónimo para obtener el Doctorado en Derecho Canónico, como lo atestigua su graduación conservada en los Archivos de la Universidad de La Habana. Su expediente dice:

Al margen:
Dr. en Sagrados Cánones el Ilustrísimo Señor Licenciado Don Pedro Agustín Morell de Santa Cruz. Murió.
Al centro:
En siete días del mes Marzo de mil setecientos cincuenta y siete el Ilustrísimo Sr. Don Pedro Agustín Morell de Santa Cruz recibió el Grado de Doctor en (¿Sagrados?) Cánones habiéndole conferido las Insignias Doctorales de mandato de su Reverendísima el Muy Reverendo Padre Pdo. Fr. José Alfonca Maestro en Filosofía Dr. en (¿Sagrada?) Teología Rr. y Candellº. de esta Pontificia y Real Universidad el Ilustrísimo Sr. Dr. Don Pedro Ponce y Carrasco Obispo de Adramite y Decano de dicha facultad. A todo lo cual me hallé presente de que doy fe =

Fr. Lucas José Serrano
Lector de Gramática y Secretario
(Rúbrica)[8]

El Archivo Eclesiástico

En el exhaustivo informe que el Obispo hizo al Monarca Fernando VI habla de la situación desastrosa en la que encontró al Archivo Eclesiástico, el cual estuvo cerrado del 1729, año en que murió el Obispo Valdés, es decir, 26 años; tiempo suficiente para que el exceso de humedad, la falta de ventilación y la abundante presencia de polillas y roedores destruyeran un parte considerable de los documentos. No obstante, el Obispo dispuso que se hiciera un inventario de los documentos útiles, que fueron pocos. El resto fue llevado en carros para ser quemados en el campo. ¡Cuánta información perdida!

---

[8] Este texto ha sido transcrito al castellano moderno, conservando algunas abreviaturas propias de la época y colocando en los espacios rotos del documento lo que suponemos debe decir.

La realización de su «sueño musical»

Cuando Don Pedro Agustín era Deán de la Catedral de Cuba, se empeñó en restablecer la Capilla de música de la Catedral venida a menos. Ésta, había sido erigida por el Obispo García de Palacios en 1682. El motivo de su extinción fue el «olvido» del Cabildo de pagar lo debido al Maestro de Capilla. Cuando, en 1735, Morell presentó su solicitud al Patronato Real y Obispo Lazo de la Vega recibió orden del Rey sobre el informe de la solicitud, su reacción fue negativa –según se infiere de varios documentos, Lazo de la Vega no mantenía buenas relaciones con su Deán–. El Obispo pensaba que era necesario atender antes la restauración del templo, que gastar dinero en otros proyectos.

En cuanto Morell de Santa Cruz tomó posesión del Obispado de Cuba se dio a la tarea de escribirle al rey Fernando VI para que aprobara su antiguo proyecto, aclarando todo cuanto ya hacía a sus propias expensas y con reajustes de otras entradas.

Así también presentó al rey la solicitud de Don Luis de Guzmán, ordenante español de Cádiz de muy bella voz y muy diestro en ambos cantos (llano y polifónico) y en la construcción de órganos. Para el Obispo, este hombre le resultaba idóneo por ser eclesiástico y tan versado en los asuntos musicales para ocupar el cargo de Maestro de Capilla en la Catedral, cargo que podría sobrellevar mientras enseñaba canto llano en el Seminario.

Después de veinte años de sus primeros intentos, lograba reinstalar la Capilla.

CATEDRAL DE LA HABANA.

Llega el tiempo de las amarguras:
La toma de La Habana por los ingleses

Una rápida retrospectiva

El descubrimiento del Nuevo Continente por Cristóbal Colón en nombre de los Reyes Católicos, con la correspondiente bendición del Papa Alejandro VI y la rápida conquista y colonización de los territorios insulares y de tierra firme, creo un profundo malestar en las demás monarquías europeas. Poco quedaba para Inglaterra y Francia. A esto se sumó la separación de Inglaterra de la comunión con Roma y la aparición del movimiento de la Reforma Protestante, luterana y calvinista.

La noticia de las grandes riquezas que llegaban continuamente a España y Portugal procedentes de América, corrían como pólvora encendida por toda Europa.

El mar Caribe se convirtió, desde el siglo XVI, en uno de los escenarios de batallas en los conflictos bélicos entre las potencias europeas.

Al principio fueron corsarios y piratas, después, serían las propias armadas las que se trasladarían a la zona caribeña y otros puntos de Tierra Firme.

En el siglo XVIII, las dinastías borbónicas reinaban en España, Francia y Portugal. A mediados de este siglo se firma el Pacto de Familia (1761) entre el nuevo rey de España Carlos III y su pariente Luis XV, rey de Francia. No tardó mucho tiempo para que Jorge III, rey de Inglaterra, le declarara oficialmente la guerra a España.

Desde hacia mucho tiempo, la Isla de Cuba se encontraba en la mirilla de los ingleses. Cuba era la «Llave del Golfo» y La Habana, el puerto más importante de América por ser destino obligado de las flotas españolas en continua travesía entre Sevilla y Tierra Firme y viceversa.

Los ataques a Cuba de corsarios y piratas se sucedieron, como una de las peores plagas, durante los siglos XVI y XVII. En la primera mitad del siglo XVIII, la armada inglesa entraba en la bahía de Guantánamo con el objetivo de poner sitio por tierra a la ciudad de Santiago de Cuba.

Ahora, todo estaba justificado para emprender el ataque a la Capital de la Isla.

El día 6 de Junio de 1762 comenzaba este ataque con un complejo armado como nunca se había visto por estos parajes, y el más grande desde los tiempos de la Armada Invencible (1588). El mando naval estaba en manos de Sir Jorge Pocock y el militar, en Sir Jorge Keppel, Conde de Albemarle. Las naves de guerra eran 60, de transporte, 150 y, entre soldados y marinos, 27,000 hombres. A esto se sumó, como un importante aliado, el ataque sorpresivo. El Gobernador español desconocía la Declaración de guerra porque el correo había sido interceptado y el Almirante Pocock decidió atravesar el peligroso Canal Viejo de Bahamas, ruta que lógicamente no podían suponer los españoles. La noticia llegó a La Habana cuando la armada inglesa estaba frente a la bahía de Matanzas.

El principal desembarco de tropas, 15, 659 hombres, fue por la playa de Bacuranao. Para facilitar el avance de las tropas hacia el castillo del Morro, la artillería naval británica batió el torreón de Cojímar. El segundo desembarco de las tropas inglesas fue por la Chorrera, después de abatir, fácilmente, su torreón.

El ataque al Morro se dividió en dos puntos; por el Nordeste, la artillería naval concentró el fuego en esa sección del Castillo, apoyada por parte de las tropas que provenían de Bacuranao. La otra parte de esta tropa tomó Guanabacoa, no sin antes enfrentarse a un aguerrido grupo de civiles, al frente de los cuales, se encontraba el Alcalde de la Villa, Pepe Antonio. Los ingleses se hicieron fuertes en las alturas de la Cabaña (entonces no existía la Fortaleza de San Carlos), abriendo otro boquete por el que penetraron las tropas. A pesar de la resistencia heroica del castellano del Morro Capitán Don Luis de Velasco –muerto en la defensa – y de su tropa, el Castillo cayó en manos de los británicos.

La toma de La Habana se prolongó desde el 7 de junio hasta el 12 de agosto.

Participación del Obispo Morell en la defensa de la Ciudad

En cuanto comenzó el ataque directo a La Habana, el Gobernador español determinó la evacuación de todas las «bocas inútiles», término chocante que respondía a un jefe desesperado ante la magnitud de una acción que nunca pensó tendría que enfrentar y que rebasaba las posibilidades de defensa de esa plaza tan importante para la Monarquía española.

El día 8 partió el Obispo a la cabeza de una triste peregrinación integrada por todas las comunidades religiosas; el lugar de destino era Santiago de las Vegas. Monjas y frailes fueron ubicados en las distintas haciendas de aquella próspera villa.

Habían pasado veinte años de aquella experiencia difícil vivida en el Santiago primado, provocada también por los ingleses. Ahora todo era más duro y los años pesaban sobre su cuerpo; sin embargo, se mantenía enérgico como entonces. Desde su nueva base de operaciones, inició una campaña para incitar a todos los hombres aptos para que combatieran al enemigo de la Patria y la Fe. Envió a sus clérigos habaneros a predicar por los campos una especie de cruzada.

Podría parecerles a algunos extraño y hasta impropio, esta postura del Obispo; pero ella, respondía a sus dos grandes amores, la Fe católica y la Patria —como entonces se entendía.

Después que la plaza capituló y se firmaron los primeros acuerdos de rendición, se permitió que todos volvieran a ocupar sus conventos e iglesias.

El Obispo, también, regresó a su casa. Pero no demoró mucho en enfrentarse al poder inglés representado en el conde de Albemarle, nuevo Gobernador de La Habana. Cuando leo la correspondencia intercambiada entre ambos, se me antoja pensar en dos esgrimistas que, continuamente, se intercambian estocadas. Albemarle, sin tomar en cuenta los acuerdos firmados en la Capitulación de la Ciudad, hostigó sin cesar al Obispo para procurar exasperarlo. El Obispo, manteniendo una postura firme de rechazo a la ocupación inglesa, contestaba la estocada con inteligente sutileza y abundantes palabras que, en resumen, conllevaban siempre una respuesta negativa o insatisfactoria.

Las cartas se multiplicaron y las demandas crecieron. No faltaron los que procuraban escabullirse de asumir responsabilidades comprometedoras.

Pero el celo que sentía el Obispo por la Casa de Dios, lo convirtió en el paladín de la defensa de los fueros eclesiásticos y civiles. Morell estaba decidido a afrontarlo todo hasta las últimas consecuencias.

No aceptó pagar la suma exigida por el jefe de artillería para el rescate de las campanas de todas las iglesias.

Se negó a entregar uno de los templos de su Ciudad para el culto anglicano. Se aceptó contribuir con ninguno de los fondos eclesiásticos para el mantenimiento de las tropas de ocupación y demás necesidades del nuevo gobernante. Por último, desatendió la solicitud oficial que le hiciera Albemarle, de entregarle, en breve plazo, las listas de todo el personal eclesiástico. Y esta fue la gota que rebasó el tonel.

El destierro
El día 3 de Noviembre, a las seis de la mañana, se presentó en el palacio episcopal un piquete «casacas rojas» del cuerpo de granaderos. El oficial traía la orden del conde Albemarle de detener al Obispo y embarcarlo, desterrado a La Florida.

Si no había atendido a las órdenes anteriores, mucho menos a ésta, que consideraba la de mayor ofensa.

El Obispo Morell, se negó a aceptarla y se mantuvo sentado en su silla, por lo cual, el oficial ordenó a la tropa que le transportasen, con sillón y todo, hasta el puerto.

No conocemos de la existencia de algún documento que describa este traslado, pero nos imaginamos al Obispo, en aptitud de digna altivez acompañada de un profundo sufrimiento reflejado en su rostro. Le obligaban a abandonar su querida grey, cosa que nunca había pasado por su mente.

El embarque fue rápido, y el buque zarpó de inmediato con destino a San Agustín de La Florida.

Para seguir atendiendo los asuntos de la Diócesis quedó, al frente de la misma, su Provisor el Pbro. Santiago José de Echevarría que, según Jacobo de la Pezuela en su Diccionario, t. IV, le enjuicia de «menos deseoso que su prelado de la palma del martirio», y que «se sometió, aunque bajo protesta reservada, á todas las exigencias del inglés».

El viaje demoró treintiséis días. El Obispo permaneció desterrado hasta el 11 de abril de 1763, fecha en la que recibió el permiso para regresar a La Habana. El permiso se obtuvo gracias a las continuas gestiones de su Provisor, del Cabildo y de la población habanera. La sustitución del conde de Albemarle por su hermano, Sir Guillermo Keppel, más condescendiente que el anterior, permitió que se lograra.

Su estancia en San Agustín de la Florida no era, ni mucho menos, una Visita Pastoral.

Sin embargo, el destierro sirvió al Obispo para ponerse en contacto con esta otra parte de su feligresía que se encontraba atravesando momentos económicos muy difíciles. Desde la toma de La Habana por las fuerzas inglesas, el puerto se mantenía cerrado el tráfico comercial.

El Prelado se dedicó a consolar y levantar el ánimo de aquella población, unas veces con su palabra, otras, con el poco dinero que lograba mandarle su Provisor desde La Habana.

Pezuela calcula la población de San Agustín en unos tres mil habitantes, sin contar las pequeñas guarniciones que atendían la fortaleza de San Marcos.

El buque que transportaría al Obispo, traía la noticia de la firma del tratado de Versalles, por el que los monarcas envueltos en el conflicto, tramitaban un trueque de posesiones.

Los ingleses devolverían La Habana a cambio de la península de La Florida y la porción de la Louisiana que comprendía el puerto y la ciudad de Nueva Orleans. Esta noticia llenó de estupor a cuantos allí vivían.

El Obispo determinó regresarse a todos los clérigos españoles, además de fletar otras dos naves más pequeñas, para el traslado de más de un centenar de personas sin recursos, encargándose de su manutención y vestido. Y gastó, en esos menesteres, cuanto dinero le quedaba.

El mal tiempo retrasó el viaje hasta el 2 de Mayo, día en que arribó al puerto habanero. Lo recibieron con repiques de campanas y una gran aclamación de los habaneros, que demostraban así, su amor al Obispo y su desacato a las tropas de ocupación. El Cabildo se unió al regocijo popular determinando formar una comisión que transmitiera su enhorabuena oficial al Obispo.

Morell fue un Obispo que amó a Cuba y a los cubanos, procurando para ellos lo mejor. Por eso, no dudó en traer, como parte de su equipaje, varias colmenas de abejas de Castilla, fabricantes de cera blanca. Hasta entonces, las especies existentes en Cuba producían cera parda muy oscura. La introducción de estas abejas significó un rico aporte a la economía de la Isla.

Un proyecto con mirada de futuro

El Obispo, conocedor de la realidad de su Diócesis, escribió al Rey una carta –proyecto, fechada el 12 de Junio de 1764, proponiéndole el establecimiento de una Provincia Eclesiástica en Cuba.

La Habana se convertiría en la sede Metropolitana; Santiago de Cuba mantendría su condición de sede episcopal primada y se erigiría una nueva, Camagüey; además, la Diócesis de Mérida, en Yucatán, pasaría a ser sufragánea de La Habana.

¿En qué se basaba su proyecto?

Para Morell de Santa Cruz, Santiago tenía una hermosa Catedral pero carecía de la presencia de un Obispo ya que, desde el siglo XVII, todos habían fijado su casa en la Capital; carecía de Universidad, y la longitud de la Isla hacía imposible que un solo Obispo atendiera bien a todos sus feligreses. Por eso, era necesaria otra Diócesis en Camagüey, que pensaba era el centro de la Isla.

El proyecto no fue aceptado de momento, sino hasta las últimas décadas de ese siglo, cuando la Diócesis de Cuba quedó dividida en dos Obispados y, al poco tiempo, el Obispado de Santiago de Cuba fue elevado a sede Metropolitana. Camagüey no sería Diócesis hasta el siglo XX, y Mérida nunca quedó unida canónicamente a Cuba.

«Den frutos que permanezcan»: la virtud de la Caridad en el Obispo Pedro Agustín Morell de Santa Cruz

Su biógrafo anónimo nos suministra una serie de datos relacionados con las actitudes virtuosas de este ilustre Obispo. Según parece, no poseía más ropa que tres mudas de un lienzo de poca calidad y, aun así, en determinada ocasión, entregó dos de sus camisas a sendos pobres que le solicitaron vestido. Lo mismo sucedía con las calcetas y pañuelos, teniendo que ser auxiliado por su mayordomo el Padre Antonio de Villa.

Mantenía una ayuda permanente de 88 pesos a los pobres «vergonzantes" y dedicaba 60 para repartir todos los sábados a los menesterosos que tocaban a la puerta del Obispado.

Sostenía, además, a 30 niñas desvalidas del Colegio de San Francisco de Sales y entregaba, todos los meses, 50 pesos para ayudar a los reclusos «a quienes proveyó de calderos para hacerles la comida», determinando que algunos ordenantes salieran por la ciudad a pedir limosnas para mejorar la pésima situación en que se encontraban los presos.

Antes de seguir, quisiera recordar al lector que los pesos de entonces tenían un valor muy distinto a los de ahora; por lo general, eran pesos oro.

Por lo que cuenta este biógrafo anónimo, que debió ser alguien muy cercano al Obispo, éste era un hombre que vivía, cada día, el mandamiento del amor dirigido, sobre todo, hacia aquellos los más pobres y desvalidos. Mandaba a comprar canastas de pan diariamente para los pobres que llegaban al obispado. Y como el mismo biógrafo dice:

> [...]Las cantidades que erogó su mano en estas visitas continuas y casi sin intermision, no pueden ajustarse sino en el libro en que lleva Dios cuenta de las buenas obras. Tengo muy presente que en ménos de treinta días acabó con 3 500 pesos que le puse en sus manos procedentes de despachos de dispensas para matrimonios. También me acuerdo que muchas ocasiones quitó las cortinas de las puertas y ventanas para dárselas á los pobres que se presentaban desnudos[...]

Acostumbraba a visitar la cárcel acompañado de otros sacerdotes para confesar y dar consuelo a los presos. Entre sus peculiaridades se encuentra una especie de cofradía –aunque nunca la fundó como tal – formada por un grupo de presbíteros de su confianza encargados de «proveer con mortaja y cuatro velas de cera á los difuntos que no dejaban bienes con que poderlo hacer"(sic)

Por último, vuelvo a copiar directamente del biógrafo.

[...]Pero yo que tuve el conocimiento mas íntimo de su corazón y fui testigo ocular de la vigilancia con que celaba su casa, referiré un acto de caridad que no debe silenciarse por su particular naturaleza, y porque en su ejecucion atropelló las leyes de clausura, sacrificando el silencio y descanso de su familia á quien edificó el esceso de tanta bondad y misericordia.

Hizo recoger en una pieza interior de su palacio á una pobre negra enferma, destituida de todo consuelo humano, y le mandaba a su mesa, aunque servida de pocos platos, aquel que creia mejor y mas sazonado, estando siempre atento á que le aplicaran los remedios y consolaran [...]

Esta biografía anónima fue publicada en las Memorias de la Sociedad Patriótica de La Habana, entre 1841 y 1842.

Las expresiones «yo que tuve el conocimiento mas íntimo de su corazón y fui testigo ocular...», nos hacen suponer que fuera, o bien, su secretario personal, u otro de los que formaba parte de «su familia», entendiéndose aquí, no sólo los parientes, sino aquellos que le ayudaban en sus trabajos eclesiásticos y vivían con él en palacio.

Morell de Santa Cruz, historiador y geógrafo

Entre los tantos méritos del Obispo se encuentran el de ser uno de lo primeros historiadores de la Iglesia en Cuba. Siguiendo el parecer del Dr. Levi Marrero, la primera obra histórica de Cuba, aunque de carácter religioso, es la Historia de la aparición milagrosa de Nuestra Señora de la Caridad del Cobre del Presbítero Onofre de Fonseca, ya que las citadas con fecha anterior, la del principeño Diego de Varona (1679) y la del habanero Ambrosio Zayas Basán (1725), aún no han sido encontradas. Morell escribió Historia de la Isla y Catedral de Cuba, de la cual se ha perdido una parte; y sus informes al Rey sobre la Visita Pastoral que son una fuente importantísima de datos para la historia de ese período.

Pero, además, Marrero entiende que fue el precursor de los estudios geográficos de Cuba por las descripciones detalladas que hace de todas las bahías (1757) y por todos los demás datos que aporta en sus escritos –muchos de ellos inéditos – sobre los suelos, distribución de la producción, cultivos, características urbanas, etc. El incansable investigador de cuyos valiosísimos trabajos hemos obtenido tantos datos, anota que existe una obra escrita en latín enviada por Morell al Papa, describiendo a Cuba y que, aprobada por el Consejo de Indias, debe conservarse en los Archivos Vaticanos.

Los finales del Pastor

Preocupado como siempre fue por su Grey, y viendo que su plan de creación de nuevas Diócesis se dilataba, procuró que se confeccionara otro que, al menos, permitiese visitar con más periodicidad a las distintas regiones de la Isla. Ahora se le hacía todo más difícil porque estaba viejo y cansado y porque su Obispo Auxiliar, el Ilmo. Sr. Dr. Pedro Ponce Carrasco, había sido promovido para ocupar la sede de Quito, Ecuador.

Por este motivo solicitó al Monarca se le hiciera la gracia de nombrarle un nuevo Obispo Auxiliar, proponiendo a su Secretario, el Pbro. Francisco Pérez Tagle, quien le acompañara desde Nicaragua cuando inició su episcopado en Cuba.

Mientras esperaba respuesta, y para que se ejercitara, lo envió a Bayamo para realizar una visita pastoral. A los pocos días de iniciar la encomienda, falleció.

De inmediato, fijó su atención en otro de sus hombres de confianza, el Provisor y Vicario General, el Pbro. Dr. Santiago José de Echevarría.

La solicitud fue aceptada y el Señor le concedió la alegría de verle consagrar antes de morir.

La Providencia Divina permitió que arribara a Cuba el Ilmo. Sr. Dr. Fr. Isidoro Rodríguez Lorenzo, Arzobispo electo de Santo Domingo, quien asumió la Ordenación Episcopal de Mons. Echevarría, Obispo Titular de Tricomi y Auxiliar de Cuba. La ceremonia tuvo efecto en la Parroquial Mayor el día 2 de Octubre de 1768.

Ya Morell permanecía postrado en cama, imposibilitado de moverse. A los pocos días, los médicos determinaron su situación como muy delicada y aconsejaron se le administrase la extremaunción y el santo Viático. El Arzobispo de Santo Domingo, acompañado del nuevo Obispo y de un gran número del clero habanero, le administró los sacramentos.

Era el día 15 de Octubre y una tormenta afectó la ciudad de La Habana y sus alrededores, con grandes inundaciones y derrumbes. Cuenta su biógrafo, que en medio de su gravedad, el Obispo lloraba pensando en sus fieles afectados y se lamentaba de no poder personarse en los lugares de desastre. Esta limitación no fue óbice para atenderlos, ya que destinó parte de su fortuna a remediar los estragos.

La salud del Obispo empeoraba por días hasta que, el mismo conservando aún la conciencia clara, pidió se le volviera a aplicar los Santos Óleos y se le diera el Viático. En la noche del 23 de Diciembre, se los administró el Obispo Auxiliar. Todavía el 29, conservaba la lucidez y, a las 3 de la tarde, pidió le trajesen el crucifijo para implorar la misericordia divina, lo besó y pidió una buena muerte. En la noche, perdió las facultades mentales y empezó a proferir ideas y oraciones propias de la tradición judía; no quiso tomar alimento ni reconoció al médico ni al mayordomo. Al poco tiempo falleció.

Sus «familiares» lavaron su cuerpo y le vistieron con todos los atributos de su condición. Estuvo en capilla ardiente en el salón principal del palacio episcopal hasta el día 31 que se le dio sepultura en la Parroquial Mayor, al lado del Evangelio. El Presbítero Dr. José Agustín Palomino, el cura rector más antiguo pronunció el elogio fúnebre.

Según consta en el asiento del Libro 9 de Defunción de Españoles, folio 77, número 184 de la Parroquial Mayor, hoy archivo de la Catedral de La Habana; testó el 16 de Noviembre, donde disponía que se le enterrase con las vestiduras Pontificales y se realizasen las demás funciones propias del Ceremonial de Obispos, «ecepto la de embalsamarlo prqe. absolutamte. lo prohive»; dejó establecidas limosnas para la Archicofradía del Santísimo Sacramento de la Parroquial Mayor y para que se celebren las tres «Misas del Alma», y nombró su heredero universal a Don Antonio Ignacio de Villa Goycochea Presbítero Capellán del Monasterio de Santa Catalina de Sena, de setenta y cuatro años de edad.

¿Por qué me he extendido en todos estos detalles relacionados con la muerte del Ilustre Obispo? Precisamente, porque a partir de los últimos momentos de su vida en los que profirió ciertas expresiones alusivas a la fe judaica que, no sólo dijo en esa especie de pérdida del juicio, sino por las que dice en su testamento.

Muchos han especulado sobre su origen judío («criptojudío») y, para mí lo peor, que lo haya mantenido oculto en una especie de clandestinidad doctrinal.

¿Qué habría de verdad en todo esto?

Pongamos primero todos los datos que pudieran estar a favor de dichas especulaciones:

1) No se conoce la fecha exacta de su nacimiento porque su Partida Bautismal no ha aparecido.
2) Existen antecedentes en la Historia de España de judíos que llevaron el apellido Santa Cruz después de su conversión al cristianismo. Se sabe que muchas de estas conversiones eran fruto de presiones socio – religio-

sas sobre los hebreos que poseían grandes riquezas o aspiraban a ostentar cargos importantes en las distintas cortes españolas. Que algunos de ellos fueron llevados al Tribunal de la Santa Inquisición, y hasta hay casos de condenas a la hoguera. También hay varios casos de judeoconversos que fueron ordenados sacerdotes y llegaron al episcopado.

3) Que unas horas antes de morir, la mente del Obispo flaqueó de tal forma que empezó a proferir expresiones ajenas a sus costumbres; ¿estaría recitando el «Shemá Yisrael», oración que hacía un judío antes de morir para reafirmar su fe, o era rezada en torno al difunto?

4) En el testamento, después de hacer una perfecta profesión de fe católica, pasa a una serie de aclaraciones por «... si alguna Persona nos hubiere oido algunas palabras, ó nos hubiere visto algunas acciones contrarias, en todo o en parte, á lo que llevamos expresado queremos que no valgan...». Estas aclaraciones eran usadas por los criptojudíos para salvarse de cualquier juicio aún después de muertos.

5) En el mismo testamento habla de su bautismo en términos extraños y desconcertantes, «... y si acaso en el Sacramento del Baptismo que recivimos faltó algunos de los requisitos *necessitate medis vel necessitate precepti*, para la integra recepción de este Sacramento, es nuestra intención, y ardiente deseo el bolverlo a recibir.»

6) Su firme mandato de no ser embalsamado, podría corresponder a uno de los preceptos mosaicos que prohibía abrir los cadáveres por cualquier motivo.

7) Cuando se trasladó todo lo que había en la Parroquial Mayor para la Iglesia de San Felipe Neri, sus restos no fueron localizados.

Trataremos de responder en lo que sea posible a los puntos antes señalados.

1) En Santiago de los Caballeros, lugar de nacimiento de Morell de Santa Cruz, no existen documentos en el Archivo Parroquial que correspondan a su fecha de nacimiento, a causa de un incendio que, en 1863, lo destruyó.

2) Es cierta la existencia de muchos judíos conversos en la historia de España, pero no quiere esto decir que todas las conversiones fueran simuladas.

3) Si como parece, descendía de familia criptojudía, no es extraño que conociera esta fórmula y que, en aquel momento en que perdió el control de la mente –no reconocía al médico ni al mayordomo–, pudieran aflorar recuerdos de la infancia.

4/5) Los puntos 4 y 5 son los más difíciles de explicar y, sobre todo, lo referente a la duda sobre la validez o verdadera realización de su Bautismo.
6) Sobre no ser embalsamado, podría ser un signo característico de su sencillez, humildad y desapego a todo lo material; recordemos con que facilidad se desprendía de todo lo suyo para darlo a los demás.
Este es otro punto que queda, por el momento, en la oscuridad.
7) El punto referente a su Bautismo es el más oscuro y el que podría hacer pensar en la consecuente validez de su Ordenación Sacerdotal, primero, y Episcopal, después. Aquí apelaría al principio «Ecclesia suplent», porque su vida fue toda la de un cristiano convencido, un sacerdote ejemplar y un Obispo que amó al estilo de Cristo a la Iglesia, a sus fieles y, especialmente, a los pobres. Fue un misionero incansable que propagó la devoción al Santísimo Sacramento y a la Santísima Virgen María (donación de custodias de plata a todas las Parroquias y enseñanza personal del rezo del Santo Rosario).

Si de verdad dijo antes de morir «Shemá Yisrael», también había pedido, mucho antes, el Crucifijo para abrasarlo y proclamar su fe en Cristo. Si pidió que no se le embalsamara, también dejó limosnas a la Archicofradía del Santísimo Sacramento y dejó «paga» las Misas por su eterno descanso.

Haya sido o no, un criptojudío clandestino, no creo que se pueda demostrar con toda exactitud. De lo que sí estoy seguro es que fue uno de los más grandes e ilustres Obispos de nuestra Historia.

El Clero secular a mediados del siglo XVIII

Al llegar esta fecha se constata un crecimiento notable en el número de los sacerdotes del clero secular, en comparación con la población de la Isla. Sin descontar que había presbíteros que atendían parroquias, curatos, ermitas y haciendas de las zonas rurales, la concentración del clero la encontramos en las ciudades de La Habana, Puerto Príncipe, Bayamo y Santiago de Cuba.

Otro dato importante es que la mayor parte del clero secular es de origen cubano y que, desde los finales del siglo XVII y a lo largo del XVIII, el nivel cultural de un buen número de ellos, va en constante ascenso, como ya lo refería Morell de Santa Cruz en 1757:

> [...]tengo cuidado de los Eclesiásticos jóvenes, se instruyan en la virtud, letras y Púlpito. Hacen sus Exercicios: acuden los jueves a la Conferencia Moral que se tiene en el Colegio (San Ambrosio) y a oír Philosophía cuya Cátedra he establecido en él. Predican los días de fiesta a los Niños del mismo Colegio y los sábados a los pobres[...]

En el Cabildo de la Catedral de Cuba había 7 doctores en Teología y 4 doctores en Cánones.

En el aspecto económico, no encontramos mucha diferencia en el desnivel entre el clero secular de Cuba y el de España. La Jerarquía y el llamado alto clero se veía beneficiados por la recepción de los diezmos. El Obispo era el que recibía más ingresos y, como sabemos, residía en la Capital desde el siglo XVII. Le seguían los miembros del Cabildo Catedralicio, residentes en Santiago de Cuba y el Cura Beneficiado de la Parroquial Mayor de La Habana con todos sus coadjutores. Los demás Párrocos percibían los ingresos por sus derechos parroquiales. El resto del clero dependía de las capellanías, aunque había un cierto número que poseía bienes personales(tierras, ganados y/o ingenios) adquiridos por herencias familiares, donaciones o negocios.

Según el procurador público encargado por el clero «pobre», en La Habana, los mejores cargos eran 35 que, de alguna forma, recibían beneficios de la Parroquial Mayor. Esta tenía dos Curas; dos tenientes de Cura (coadjutores); un Sacristán mayor y otro menor; un Colector; cuatro Capellanes de canto; doce capellanes de coro; tres «mozos" clérigos de órdenes menores y ocho colegiales del colegio seminario de San Ambrosio, que ayudaban los domingos y días de fiestas.

En tiempos del Obispo Morell, la Catedral de Cuba estaba atendida por 37 plazas, a saber:

Dos Dignidades; cuatro Canongías, dos Racioneros enteros y dos medios; dos Curas; el Sacristán Mayor; dos tenientes de Cura; seis Capellanes de Coro, un mozo; un Maestro de ceremonias, un Apuntador; un Colector; un Celador; seis Acólitos; un Mayordomo, un Contador; un Organista, un Secretario, un Perdiguero y perrero (de todos estos cargos, 24 estaban ocupados por presbíteros)

En 1757, un beneficiado de la Catedral debía obtener 10, 622 pesos al año para «su manutención y una regular decencia», de acuerdo a las costumbres de la época. Nos llama la atención la extensa lista de «necesidades" confeccionada por el Presbítero encargado por el Deán y el Cabildo de la Catedral para presentar al Consejo de Indias; sobre todo, cuando tenemos el dato de que un clérigo común recibía 500 pesos al año. Si esto es así, dado los documentos existentes en el Archivo de Santo Domingo. ¿A qué se refería el Rey cuando en sus cartas relacionadas con los nombramientos de los Obispo Auxiliares Tejada y Ponce Carrasco, les situaba de congrua 2,200 al primero, y 2,500 al segundo?

Estas diferencias provocaron disgustos que, en varias ocasiones, se convirtieron en demandas elevadas al Consejo de Indias contra los Obispos.

Por lo general, las querellas giran en torno a la mala distribución de cargos eclesiásticos y privilegios que excluían, en algunos casos, a un personal más capacitados. Para obtener una canongía (ser miembro del Cabildo Catedral) era necesario presentarse a exámenes de oposición o recibir una gracia del Obispo, siempre que quedara un puesto vacante. Morell de Santa Cruz escribió al Rey intercediendo por los sacerdotes que atendían los Curatos de las zonas rurales para que las parroquiales de La Habana les pagaran lo que les correspondía por derecho.

La obra histórica de Monseñor Ismael Testé nos aporta un dato interesante sobre la procedencia del clero habanero. Una buena parte de éstos procedía de las familias más destacadas de La Habana:

Alberro, Almagro, Aróstegui, Arteaga, Berroa, Calvo de la Puerta, Cárdenas, Carreño, Castellón, Castro Palomino, Céspedes, Chirinos, Díaz Pimienta, Figueroa, Garro, González de la Torre, Herrera, Lasa, Manrique, Márquez, O'Farrill, Oquendo, Parreño, Pedroso, Peñalver, Quesada, Recio, Roxas (Rojas), Sotolongo, Valdespino, Velázquez de Cuéllar, Urrutia y Zayas.

De la Visita Pastoral de Morell de Santa Cruz podemos obtener los datos del clero secular de las ciudades de la isla.

Trinidad, 9 Presbíteros y 12 Manteistas (clero tonsurado y con órdenes menores); Sancti Spíritus, un Vicario foráneo con 10 Presbíteros y 12 Manteistas; Santa Clara, 10 Presbíteros y 8 Manteistas; Remedios, 7 Presbíteros y 8 Manteistas; Puerto Príncipe, Vicario Juez eclesiástico, Cura de la Parroquial Mayor y 33 Presbíteros, dos Diáconos, un Subdiácono y 12 Manteistas. Por los apellidos de muchos de ellos suponemos que sean naturales de esa Ciudad; Holguín, 2 Presbíteros; Bayamo, un Vicario y Juez eclesiástico y 29 Presbíteros más, 2 Diáconos, 2 Subdiáconos, 25 Manteistas. 32 nacidos en Bayamo y suponemos que también lo sean la mayoría de los tonsurados menores; El Cobre, 5 Presbíteros, tres del lugar, uno de La Habana y otro de Oviedo, Asturias; Santiago de Cuba, 45 Presbíteros, 14 seminaristas, de los cuales, 6 podrían ser clérigos; Baracoa, 4 Presbíteros y un Diácono.

Como en La Habana, en Santiago de Cuba, los presbíteros llevaban apellidos de las familias más antiguas de la Ciudad:

Betancourt, Cisneros, Herrera, Herrezuelo (más tarde, Hierrezuelo), Mancebo, Mustelier, Nápoles, Palacios, Parada, Regüeiferos, Salcedo, Serrano y Xuárez.

En Bayamo: Bazurto, Céspedes, Estrada, Leyva, Macaya, Milanés, Moxena, Pabón, Palma, Ramírez de Arellano, Remón, Santiesteban, Silva, Tamayo, Vázquez, de la Vega, Zayas y Zequeira.

De Puerto Príncipe: Agramonte, Aguilera, Arteaga, Batista, Betancourt, Borrero, Boza, Bringuier, Cisneros, Estrada, Guillén, Medrano, Olazábal, Porro, Proenza, Recio, Sánchez, Torre, Usatorres, Varona, Velasco, Viamontes y Zayas.

La Habana contaba, en tiempos de Morell de Santa Cruz, con 260 sacerdotes regulares, de los que el Obispo decía:

[...] Pórtanse todos con moderación y decencia en sus trajes; no causan escándalos y algunos son de vida ejemplar. Florecen también en letras y se dedican contemporáneamente al púlpito y confesionario y otros ejercicios cristianos. Es, en fin, un clero muy lucido, ilustre, docto y virtuoso.[...]

AGI. Santo Domingo, 534.

Por los testimonios del Lcdo. Manuel Damián de Usatorres podemos conocer cómo era el clero de Santiago de Cuba. Según estos testimonios, en 1758, experimentaban un alza en la formación intelectual, que el Licenciado pone en dependencia de la «agudeza de talento de sus naturales". Un número considerable de sacerdotes poseía el grado de Sagrada Teología, a los que se le suman aquellos que han ocupado cátedra en la Universidad de La Habana.

Según Morell, en tiempos de su Visita, había en Bayamo tres sacerdotes seculares doctorados en Sagrada Teología, un Bachiller en Filosofía, Cánones y Leyes, ocho con estudios de Filosofía y Teología y uno de los Subdiáconos, estaba estudiando Teología.

En Camagüey, dos Doctores en Teología, tres Maestros en Filosofía y un Bachiller en Cánones.

El Clero regular. Los Conventos

Mientras la Ilustración miraba con recelo la abundante cantidad de conventos de monjas y frailes y procuraba reducirlos o, al menos, detener su crecimiento; en la Cuba del siglo XVIII la situación era distinta. El convento de monjas se veía como una buena posibilidad para que las jóvenes pudieran seguir su vocación religiosa o solucionar el problema de las que no podían lograr un matrimonio «igual» a causa de las dotes. En el caso de los conventos de frailes, la aceptación popular se debía a que éstos constituían centros de educación y caridad.

A mediados de este siglo la Isla contaba con 17 conventos, de los cuales, 11 estaban en La Habana. Si es verdad que los tres de monjas estaban en la Capital, ya se habían presentado los proyectos de dos más, uno para Camagüey y otro para Santiago de Cuba.

Desde su fundación en el siglo XVII, el convento de las Clarisas era el más grande. Para el año 1755 era «una ciudad abreviada» según Morell, con ocho cuadras a la redonda. Lo ocupaban 106 monjas con un número casi igual de esclavas y criadas. Esto provocó la solicitud por parte de algunas monjas, de construir otro para convivir en más quietud y ambiente de oración.

El de las Carmelitas Descalzas fue siempre más modesto. Los problemas de financiamiento demoraron la terminación del convento en la primera mitad del siglo XVIII, cuando el proyecto existía desde 1670 y, después, fue apoyado por el Obispo Compostela. En 1709 eran 12 monjas y en 1733, 21. Llevaban una vida en extremo modesta. Para su mantenimiento se entregaban 2 reales de plata por religiosa (una cantidad pequeña para la época); los fondos con que contaban eran mínimos, pues la mayor parte de los ingresos por razón de dotes se habían aplicado en la construcción del convento.

Las Catalinas gozaban de más prebendas en razón de los Censos a favor del convento y la renta anual. Según un informe del año 1715, había 24 monjas (18 de velo negro, es decir, profesas) que podían pagar salarios para Capellán, Mayordomo, Médico, Abogado, Sacristán, mandadero, etc.

Los Mercedarios fundaron el Hospicio de la Merced en tiempos del Obispo Manrique de Lara (1630 – 44), con el objetivo de recaudar fondos para el rescate de cautivos cristianos de los territorios ocupados por los musulmanes. Se levantó en el barrio habanero de Campeche –más tarde, otro en Puerto Príncipe–. En 1,728, su «librería» (biblioteca) y sus ornamentos estaban valorados en 20,000 pesos. Su edificio sufrió transformaciones que concluyeron en la segunda mitad del siglo XVIII. En el nuevo convento, los frailes enseñaban Gramática, Artes y Filosofía.

La acción educativa de los frailes mercedarios, dominicos, franciscanos y agustinos, a la que hacíamos referencia al comienzo, motivó la solicitud por parte del Cabildo habanero para que su realizaran nuevas fundaciones, como es el caso de la villa de Guanabacoa.

En 1720, los vecinos pedían oficialmente la fundación de un convento de franciscanos, y es que, la antigua y pequeña población formada, al principio, fundamentalmente por indios, ya alcanzaba la cifra de 6,000 habitantes que disfrutaban de cierta prosperidad económica. Ahora, necesitaban maestros para enseñar a leer, escribir, estudiar Gramática y, hasta Teología. El Obispo Valdés no estuvo de acuerdo pero, en 1725, el Consejo de Indias daba la aprobación.

Otro tanto ocurría en Trinidad, donde el matrimonio del acaudalado Gerónimo de Fuentes Herrero y Michaela de Arbeláez, testaron a favor de la fundación de un convento de franciscanos en la iglesia de Nuestra Señora de la Consolación, construida por ellos. Cuando el Arzobispo de Santo Domingo pasó por esta villa en 1718, informó al Rey de la conveniencia de esta nueva fundación, por tener una población numerosa pero inculta, «por falta de maestros»; lo mismo decía el Cabildo en su informe, probando que «se carece de escuela para los muchos niños que hay".

En Bayamo existía un convento franciscano desde el siglo anterior; ahora, el Obispo Valdés apoyaba la fundación de otro para los dominicos, según la solicitud que le hacían los bayameses, porque los dominicos:

> [...] ejercitan en los estudios generales de Gramática, Filosofía, Teología y Sagrada Escritura a los hijos de esta ciudad (La Habana) con tanto provecho en su trabajo que los más que ocupan sus curatos son hijos de sus escuelas.[...]

Aunque la población de Bayamo llegaba, por entonces, a más de 20,000 habitantes; los gastos del proyectado convento excedían más de tres veces la cantidad donada para la fundación. Esto ocasionó un retardo en la aprobación de su fundación por parte del Consejo de Indias.

En Santiago de Cuba, los conventos constituían centros de enseñanza disponibles a toda la población. Existen testimonios de la época donde se pide la permanencia de un franciscano que debía ser trasladado a La Florida. Se trata de Fray Pedro Fernández, Lector de Filosofía que realizaba una labor encomiable en la enseñanza de muchos niños de la ciudad que, con él, aprendían a leer y escribir.

De todos los conventos que existieron en Cuba en el siglo XVIII, el más hermoso fue el de San Francisco de La Habana. Reconstruido entre los años 1719 y 1739, se vio notablemente beneficiado con el apoyo material y personal del Obispo Lazo de la Vega. Su Iglesia y convento es un exponente del barroco cubano, donde la bóveda de albañilería sustituyó a los alfarjes del XVII; con torre de cuatro cuerpos, tres naves con dos órdenes de columnas corpulentas y cúpula, el templo corre en dirección este a oeste, con una gran plaza al norte.

Morell describe 23 altares ricamente adornados; el mayor muy abundante en platería (frontal, gradas y sagrario).

La fachada del templo, que mira al oriente, consta de tres puertas correspondientes a las naves. La torre está rematada con una imagen de piedra de Santa Elena. El convento consta de dos claustros, el primero de planta cuadrada continua la longitud del templo y tiene dos pisos con patio interior; el segundo, no estaba concluido en tiempos de Morell. En el convento vivían 80 sacerdotes, 16 profesos de coro y otros tantos legos.

El Convento y la Iglesia de Santo Domingo de La Habana comenzaron su existencia en 1578 bajo el título de San Juan de Letrán y, además, de acoger a una importante comunidad de frailes, fue la sede de la primera Universidad que tuvo la Isla de Cuba, con el nombre de San Jerónimo y con grado de Pontificia. En 1770 contaba con una Comunidad de más de cincuenta religiosos entre sacerdotes y hermanos pertenecientes a la Provincia de Santa Cruz. Fue un verdadero centro de formación de donde salieron Dominicos que enriquecieron con su saber y bien obrar a los demás conventos de Cuba y de otros países.

Aunque no fuera convento, sino hospital, merece destacar la belleza de la iglesia del Hospital de San Francisco de Paula, una verdadera joyita barroca del siglo XVIII conservada hasta nuestros días.

Dos notables Dominicos habaneros y otros más

El siglo XVIII fue testigo de un incremento valioso de las vocaciones autóctonas a la vida sacerdotal y la religiosa. Entre éstas se destacan dos sacerdotes dominicos nacidos en La Habana.

El primero, Fray Juan González nacido en noviembre de 1745.

Estudió Humanidades y Teología en el Convento de San Juan de Letrán de La Habana, destacándose por su esclarecida inteligencia y viva imaginación que se unieron en una oratoria sagrada tal que le ganara la admiración de sus contemporáneos. El 6 de diciembre de 1783 obtuvo el grado de Licenciado en Teología y poco después el de Doctor, ambos en la Pontificia Universidad de San Jerónimo. No transcurrió mucho tiempo para ocupara la Cátedra del Doctor Angélico.

Entre los sermones célebres están la Oración Fúnebre a Don Luis de las Casas y la de Fray José Calderón que fueron encargados e impresos por la Sociedad Patriótica. Del primero se desprende que formó parte de la Sociedad Patriótica de Amigos del País, o al menos, asistía a sus reuniones.

Fue Prior de su Convento y por dos veces Rector de la Universidad.

Acompañó al Barón de Humbolt en sus primeras excursiones por la Isla.

Falleció el día 6 de octubre de 1805 a los 60 años de edad y ocupando el cargo de Provincial siendo el último religioso dominico enterrado en el Convento de La Habana.

El segundo, Fray José Calderón nació en La Habana en marzo de 1757, a los 15 años tomó los hábitos dominicos en el Convento de San Juan de Letrán donde se formó en las Humanidades y la Teología. Licenciado y Doctor en Teología, ocupó las Cátedras de Teología Moral y Sagrada Escritura de la Universidad Pontificia de San Jerónimo y fue su Rector.

Gracias a sus gestiones, obtuvo que de las temporalidades de los Jesuitas se separara una cantidad de dinero en calidad de préstamo para instalar las clases de Matemática.

Sirvió de mediador para transar algunos pleitos entre familia; propició la restitución de grandes cantidades de dinero mal habidos y logró de sus amistades que ayudasen a personas llevadas a la pared por sus acreedores. En la mayoría de los casos, movía las fichas pero los beneficiados lo desconocían.

Su amor a la Eucaristía lo sitúa entre los pioneros en procurar establecer el Jubileo circular.

Enfermó de unas fiebres extrañas que fueron consumiendo su cuerpo y endureciéndole el corazón, fue entonces cuando descubrió cuánto le apreciaban sus conciudadanos.

Falleció El 28 de marzo de 1794 a la corta edad de 37 años.

En la Oración Fúnebre pronunciada por su hermano de Orden Fray Juan González quedaron resaltadas su elocuencia «instructiva, eficaz y convincente, fluida, suave y halagüeña» y sus sermones estuvieron siempre dirigidos a procurar «las reformas de las costumbres públicas, el bien de la Religión y la Sociedad.»

No está de más que hagamos mención de otros Frailes Dominicos que de alguna forma se destacaron en la vida eclesiástica del siglo XVIII:

Fray Francisco Martínez, Fray Juan de Olivera, Fray Cristóbal de Sotolongo, Fray José de Vélez, Fray Salvador Cabello, Fray Francisco y Fray Melchor Sotolongo, Fray Juan Salcedo, Fray Gabriel de Peñalver, Fray Juan Chacón, todos estos nacidos en La Habana.

Fray Juan Chacón, nacido el 24 de mayo de 1714, fue Doctor en Teología, Reverendo Padre Maestro y Rector de la Universidad en los años 1750, 53, 64 y 67. Dotó a la Universidad de una asignatura de Matemática. Falleció el 4 de enero de 1782.

Un fraile de origen cubano ajusticiado por la Inquisición

El dato nos lo proporciona el Dr. Levi Marrero en su obra monumental, *Cuba: economía y sociedad*, tomo 8, página 135.

Se trata del fraile Joseph Díaz Pimienta, nacido en San Juan de los Remedios en 1688. Estudió en La Habana y sirvió como lego en el convento franciscano de Puerto Príncipe hasta tener edad suficiente para profesar (1706); con una personalidad perturbada, escapó dos veces del convento y comenzó, con la última, a viajar por el Caribe. Estuvo en Caracas, Veracruz y, en Puebla de los Ángeles, donde estudió Gramática y Moral, y después de falsificar su fe de bautismo para aumentar la edad, fue ordenado por el Obispo.

Regresó a Cuba pero fue suspendido en el ejercicio sacerdotal por falta de edad. Huyó a Saint Dominique. Vuelve a Cuba por poco tiempo y emprende viaje a Nueva España pero un barco pirata intercepta la nave y, con otros tripulantes, es arrojado a la península de Hicacos, donde se encuentra la playa de Varadero, en la provincia de Matanzas.

De nuevo en Remedios se ve envuelto en delitos de sangre, por lo cual huye hacia Curazao en una nave de contrabandistas holandeses. Renuncia a la fe católica y abraza el judaísmo, según su declaración ante el tribunal del Santo Oficio, para beneficiarse del dinero que los judíos daban a los conversos. En 1714 tomó el nombre de Abraham. Un marinero holandés luterano le reprocha que llevase una vida ajena tanto al cristianismo como al judaísmo. Lee con atención el Nuevo Testamento y cae en crisis con el judaísmo por lo cual, se separa de la comunidad judía de Curazao. Se marcha en una pequeña embarcación y, ya cerca de la isla de Aruba, cae en manos de unos corsarios ingleses que lo llevan a Jamaica. Vivió allí un tiempo como judío pero siempre le aterraba la idea de caer en manos de la Inquisición.

Quizá este mismo temor se hizo presa de su personalidad desequilibrada haciendo que abandonara Jamaica y se dirigiera, nada más y nada menos que a Cartagena de Indias donde pretendió pasar por loco hasta que fue llevado ante el tribunal de la Inquisición. Los inquisidores le remitieron al Tribunal de Sevilla.

Al llegar a Cádiz, logró escapar con otro prisionero. Capturado en Jerez fue recluido encadenado en un convento de aquella ciudad. Cómo, no se sabe pero escapa y viaja a Lisboa donde logra pasar por marinero ser aceptado como tripulante de un navío holandés que zarparía hacia Curazao, pero he aquí su mente lo obliga a dar un giro y retornar a Sevilla donde fue apresado. Durante dos meses alternó entre posturas cristianas y judías hasta que el Tribunal decidió juzgarlo y condenarlo a ser degradado de su condición de sacerdote religioso, declarado en un auto de fe como herético y apóstata, y entregado al «brazo secular» para que ejecutara la sentencia. La crónica cuenta que el día antes de cumplirse la sentencia, estando muy tranquilo, aceptó la fe católica.

Hacia 88 años que los sevillanos no participaban en un juicio de esta índole. Las iglesias se llenaron de fieles para rezar por el perdón del alma del fraile Díaz Pimienta. En consideración a haber aceptado la fe católica, el tribunal civil lo libró de ser quemado vivo, pasándolo primero por el garrote y quemando luego su cuerpo ya inerte. Llegado al *quemadero* pidió ser quemado vivo para que nadie pensara que su conversión final era por miedo, pero la autoridad civil no lo aceptó y lo condujo al garrote, donde murió rápidamente. Su cuerpo quemado no despidió olor ofensivo. Era el día 25 de julio de 1720, fiesta de Santiago Apóstol.

Al analizar la trayectoria de la vida de Joseph o Abraham Díaz Pimienta compilada, en su mayor parte de sus mismas declaraciones ante el Tribunal sevillano, parece tratarse de un caso más de criptojudaísmo familiar que, vivido en continua tensión desde sus años infantiles, provocaron verdaderos trastornos demenciales en el infeliz.

Un ejemplo sencillo de entrega al ministerio sacerdotal

En el informe exhaustivo que hiciera el Obispo Morell al Rey sobre su primera y más grande Visita Pastoral aparece el caso del Cura Beneficiado de la Parroquia de San Juan Bautista en la villa de San Juan de los Remedios, Pbro. Don Juan de Loyola a quien el Obispo clasifica de eclesiástico con celo y aplicación ejemplar pues, «después que cumple con los cargos precisos de su ministerio, se viste de calzón largo, con su terciado a la cinta. De esta manera sirve de sobrestante (sic) a la fábrica, conduce personalmente los materiales que se necesitan, del mismo modo que guía los bueyes, arrea los bagajes y con su cajón a la cabeza hace el oficio de peón en la fábrica.»

Pero, además de su trabajo físico y espiritual, el Padre Loyola que debió pertenecer a la acaudalada familia de ese nombre emparentados con los Manso de Contreras, había aportado de su propio peculio la suma de 5.000 pesos.

El Padre no debía ser muy joven pues antes de ordenarse gracias a su estado de enviudes, estuvo casado, teniendo de su matrimonio una descendencia numerosa de hijos y nietos.

Por estos motivos, el Obispo no pedía para él traslados para mejores prebendas, pero eso sí, solicitaba del Rey una Real Cédula de Gracias para el honorable sacerdote.

El Padre Loyola respondió a la Gracia del Rey informándole sobre sus trabajos y próximos proyectos:

> [...]Sin embargo de tener fenecida la obra, en el adorno que aún no está completo, me aplicaré a que lo esté, hasta no tener más que gastar. Todo por servir a Dios y complacer a V.M.[...]

Situación y participación de los eclesiásticos en la sociedad del s. XVIII

En continuidad con el estamento social que ocupaba la Iglesia en la sociedad europea del medioevo, los eclesiásticos siguieron siendo el grupo más preponderante de la sociedad cubana en la época colonial. Beneficiados por los diezmos, rentas, censos, capellanías y otras formas de recepción económica, eran considerados por el gobierno civil como una carga muy difícil de sobrellevar. En los informes del Gobernador Caxigal de la Vega (1751) los ingresos anuales fijos de la Iglesia en la Isla alcanzaban los 250,000 pesos, sin que para este cálculo se tomaran en cuenta los acápites «limosnas» y «obvenciones".

Entre los años 1754 y 1757, el número de religiosos residentes en La Habana, Puerto Príncipe, Santiago de Cuba y Bayamo, era de 1, 023 para una población de 86, 450 (según las cifras dadas por el Obispo Morell, esta última correspondía al 56% de la población total de la Isla)

La Corona temía que estas cifras aumentaran, sobre todo con los clérigos y religiosos que pudieran presentarse clandestinos en el puerto de La Habana en las flotas que hacían estadía en Canarias.

Un temor mayor era el de que algunos eclesiásticos seculares o religiosos faltaran a los requerimientos de su estado y cumplimiento de sus obligaciones y esparcieran «voces perniciosas, que suelen servir para fomentar inquietudes y sublevaciones, de que se siguen grandes daños y perjudiciales consecuencias.»

Estas «voces perniciosas» podían estar movidas por ideas políticas o sociales que venidas de Europa pudieran alterar la «pax romana» pretendida por los Reyes de España para sus colonias indianas.

En no pocas ocasiones se suscitaron fuertes enfrentamientos entre el poder civil y el eclesiástico a causa del pago civil de los diezmos o del subsidio real que, en determinados momentos, debían pagar los clérigos.

Aunque todo esto era cierto, la Iglesia en Cuba, comparada con las demás de Tierra Firme, era una Iglesia pobre y muy mal atendida por el Patronato Regio. Ejemplos sobrarían, pero sólo citamos el de la Catedral de Cuba y el de la Parroquial Mayor de La Habana. La modestia de sus fábricas y las demoras en las reparaciones se debieron a la reticencia del Consejo de Indias en enviar el dinero necesario para ejecutar las obras. Y qué decir de las de beneficencia y educación.

No negamos los privilegios que poseían tanto el clero secular (no todos) y el regular, pero sería injusto olvidar los aportes y servicios que ese mismo clero prestó a la sociedad colonial cubana. El trabajo serio y abnegado de muchos miembros del clero llenó el vacío que el gobierno civil dejaba con respecto a toda una serie de obligaciones para con la sociedad.

De la educación ya hemos hablado y lo seguiremos haciendo en su momento.

Ahora revisaremos la obra asistencial de la Iglesia en este siglo.

Los Hospitales y casas de beneficencia

Las enfermedades han sido siempre un azote a la humanidad, pero mucho más en estos siglos que nos ocupan. En una Cuba donde escaseaban los médicos en las grandes ciudades y no existían en las zonas rurales. Estos pocos médicos poseían conocimientos rudimentarios y muy dependientes de lo que se «permitió» aprender durante toda la Edad Media europea.

Las enseñanzas de Celso (131-210 a.C.) seguían siendo las bases de los estudios médicos, aunque ya se permitiera la disección de cadáveres humanos, se conocieran los dos sistemas de circulación sanguínea (Servet, la venosa y Harvey, la arterial) y ciertas enseñanzas de la Escuela de Córdoba se hubieran abierto paso lentamente en el mundo cristiano.

El médico del siglo XVIII en Cuba, seguía usando «ventosas», sanguijuelas y cortaduras en vena para aliviar el aumento de los flujos internos, las pócimas, ungüentos y purgantes para enfrentarse a la fiebre amarilla y a la viruela, la lepra, la fiebre ética (tuberculosis) y las tercianas (malaria); la hidrofobia y el tétanos como fruto directo de la falta de higiene; la entrada de nuevas enfermedades con la llegada, cada vez mayor, de grupos de esclavos africanos.

Por otra parte, el médico europeo se encontraba con una serie de calenturas propias de estas tierras que le hacía dudar del valor de sus latines aprendidos en España, Francia o Italia.

A esto súmese la superstición que llevaba a muchos a interpretar las epidemias como castigo divino a causa de tantos pecados cometidos por la sociedad.

Despuntan dos médicos, uno habanero y otro francés. González del Álamo, primer Catedrático de Medicina en la Universidad de San Gerónimo de La Habana, y Luis de Fontaine, muy preocupado en estudiar las cualidades de ciertas plantas cubanas y aplicarlas en determinadas enfermedades. La hidroterapia fue otro método muy empleado en este siglo para buscar la cura del humor gálico o sífilis (baños sulfurosos de San Diego)

A los doctores y bachilleres en medicina debemos sumar un número de cirujanos – barberos que, además, sacaban muelas, y los boticarios.

El Hospital de San Felipe y Santiago

Fue el primer hospital «general» de La Habana, por no decir de Cuba entera, fundado en 1603 por los Hermanos juaninos, por lo que el pueblo terminó llamándole de San Juan de Dios.

Atendía a los soldados, gentes de las Flotas y armadas y al pueblo de la Ciudad.

A principios del siglo XVIII, atendía un promedio de 40 enfermos y eran tan escasos los recursos, que los hermanos tenían que salir por la ciudad a pedir limosnas para sostenerle.

El Marqués de Casa Torres escribía al Rey:

[...]el Hospital Real de esta ciudad, donde se cura la infantería del presidio y sus castillos, forasteros y demás pobres... sin médico asalariado que les asista, por la estrechez y pobreza de los vecinos, que no permite la cobranza de sus rentas y censos, ni la atención a muchos enfermos... en que se gastan aún más que las rentas, valiéndose siempre de la caridad y asistencia de algunos de los médicos que quieren ejercitarla[...]

Por el informe y la sugerencia del Marqués, el Rey nombró al Dr. Thenesa, que atendía ya el Protomedicato. Los Hermanos protestaron por no tenérseles en cuenta en esta decisión, ya que, según ellos, el Dr. Francisco del Barco venía ejerciendo este oficio sin exigir recompensa.

La discusión se tornó polémica, y la polémica llegó al Rey. Thenesa acusó a los juaninos de incapaces y de trabajar con falta de aseo. La cosa se resolvió con el envío del superior Fray Antonio Otáñez de Sopeña que se unió al Gobernador Martínez de la Vega para realizar una minuciosa inspección del Hospital por mandato real.

El Gobernador informó a favor del nuevo superior en estos términos: [...]el primero que echa mano de las camas para componerlas, a los vasos para asearlos, de las ollas y platos para distribuir la comida, atendiendo que... sea no sólo de buena calidad, sino haciendo que cada enfermo se le pregunte o que más le apetece para que con efecto se le haga, sin hacerse cargo de que la renta sea o no suficiente para soportar el crecido gasto que se necesita, pues lleno de una segura confianza infunde en los religiosos que los pobres corren por cuenta de la Divina Providencia[...]

El Hospital constaba con tres salas para atender, en una a los soldados de la guarnición, en otra a la población blanca y, por último, otra para los negros y «demás personas de color quebrado". Existía otra sala más pequeña donde colocaban a los enfermos de sífilis para tratarlos con ungüento mercurial.

La acción benéfica de Fray Antonio duró muy poco, pues murió al poco tiempo de su llegada a La Habana, víctima del vómito negro, pero no sin antes dejar una serie de regulaciones para el buen funcionamiento del hospital:

- Que haya siempre un religioso en cada sala.
- Que se aseen las camas y ropas.
- Se procure buen alimento a los enfermos, dándoles pan y prescindiendo del casabe; manteniendo un suministro de aves y cerdos vivos y harina.
- Y que cuidasen que los medicamentos se mantuvieran frescos –hoy diríamos, que no estuviesen vencidos.

El Dr. Thenesa no cejó en sus denuncias contra los hermanos, pero la misma población salió en defensa de la comunidad de religiosos que, además de atender las 75 camas que poseía el hospital, visitaban las casas de los que solicitaban sus buenas artes en la aplicación de sangrías y otros remedios, prefiriéndolos a ellos antes que a los cirujanos – barberos.

Resulta interesante conocer determinadas costumbres que entonces se tenía para la dieta de los enfermos. Los refrescos, que se guardaban en tinajas de Castilla, eran de panal de rosas y agua de borrajas o agua de llantén y chicoria.

Para los soldados, ave, puchero de carne de puerco y vaca con la debida sazón; para los enfermos de heridas, carne de puerco o de ave asada y, para los comunes, puchero de cerdo y vaca.

Para asumir a las fuerzas navales que operaban desde La Habana en la Guerra de la oreja de Jenkins, se improvisó un hospital en las casas que el Obispo Valdés tenía en San Isidro. Se le llamó La Purísima Concepción y concluyó sus funciones cuando terminaron las operaciones navales.

Aunque se realizaron ciertas ampliaciones, el Hospital de San Felipe y Santiago resultaba insuficiente para atender a todos los enfermos de la ciudad. Compostela primero, y Valdés después, procuraron resolver este asunto con la erección del nuevo Convento de Belén.

El Hospital del Señor San Lázaro

Para proporcionar amparo a los enfermos de lepra, mientras se les obligaba a vivir fuera de los muros de la ciudad de La Habana, se edificaron unos bohíos cerca de la caleta de Juan Guillén y que, más tarde, se conoció como de San Lázaro. Era el año 1660. Para su consuelo espiritual se construyó una pequeña ermita dedicada a San Lázaro, el Pobre, en 1681.

A principios del XVIII se reportaba un aumento en el número de enfermos de lepra, entre los que se encontraban soldados, sacerdotes, miembros de familias distinguidas como los Sotolongo, y esclavos que eran abandonados por sus amos. También se reportan seis mujeres. Era tanta la miseria en que vivían que algunos de los enfermos se acercaban a la ciudad para pedir limosnas.

En 1712, el Cabildo habanero determinó nombrar un Síndico y mayordomo que administrara las pocas entradas con que iba contando el Hospital, si así podía llamársele a aquel grupo de bohíos edificados entorno a la ermita. Para este cargo se designo al Presbítero Juan Pérez de Silva, que fungió también como capellán, destacándose por su entrega fiel a los enfermos, en la atención que, con el Dr. Thenesa, les dispensara y la preocupación por la construcción del hospital.

Por Real Cédula de 19 de junio de 1714, Felipe V ordenaba la fundación del hospital con recursos provenientes de varias fuentes pero que nunca fueron suficientes sin la solicitud continua de limosnas del pueblo. En 1718 se puso en marcha la edificación del edificio. Esta puesta en marcha fue más que lenta, y siempre por la falta de recursos.

El Dr. Thenesa solicitó al Cabildo se cedieran unas tierras para una estancia en el Monte Vedado y que sus rentas sirviesen para el mantenimiento de la obra. Pasaron tres décadas sin que la situación mejorase. En 1747, el Cabildo designó mampostor administrador a Don Thomás López de Aguirre, comandante del batallón de infantería de milicias. En esa fecha los enfermos era 58, aunque se sabe que muchas de las familias adineradas mantenían en clausura a sus familiares enfermos. En los primeros años de la década del 50, estaba sin terminar la obra, pues los recursos seguían siendo insuficientes para compra de materiales y gastos de construcción, mientras tenía que mantenerse a los enfermos.

Fue encomiable la labor del Dr. Thenesa atendiendo casi sin recursos a los lazarinos, la de López de Aguirre gestionando lo referente a la fábrica del hospital y la del Padre Pérez de Silva en la atención espiritual de los enfermos.

El Hospital de convalecientes de Belén

De los orígenes de este hospital, que también fue convento y escuela, hemos tratado cuando hablábamos de la obra benemérita del Obispo Compostela y de su sucesor Valdés.

Los testimonios de los contemporáneos a su edificación son todos positivos, resaltándose la belleza de su iglesia, pórtico del convento y demás estructuras.

Para la década de 1750 se construyó el conocido Arco de Belén, lo más novedoso en la arquitectura de la época, y realizada para ampliar la capacidad. Esta obra se hizo a instancias del Prior Fray Melchor de San Agustín que no quería utilizar el espacio de la huerta heredada de Compostela y que, además de servir de solaz a los frailes, mantenía el cultivo de plantas medicinales.

En 1760 la comunidad estaba formada por 22 frailes que mantenían una obra asistencial de mucha consideración, pues los juaninos no daban abasto ni tenían suficientes recursos para mantener en su pobre y pequeño hospital a los enfermos que, en su mayoría, eran dados de alta sin estar verdaderamente restablecidos. En contraste con las quejas que le hiciera el Dr. Thenesa a los juaninos, los betlemitas tenían fama por la pulcritud mantenida en las salas de convalecientes, así como en las aulas donde enseñaban en forma gratuita y demás instalaciones. Los hermanos hospitalarios estaban en desventaja económica con los betlemitas que, aunque vivían en celdas modestas, poseían bienes que supieron desarrollar en un lustro, aplicándolos en propiedades agropecuarias como el corral de Baracoa al oeste de La Habana, donde construyeron un ingenio de azúcar.

Aquí se presenta un dilema. La Orden pensaba que desarrollando la producción de azúcar podían ampliar las obras de caridad y docencia –llegaron a tener 600 alumnos–, y para eso, pidieron al rey Carlos III permiso para conducir a Cuba 1,000 esclavos para el cultivo y corte de caña de azúcar y la atención del ingenio, así como ciertos privilegios en el embarque del azúcar que produjeran. La tesis de Maquiavelo de que el fin justifica los medios, no puede aplicarse nunca según los principios evangélicos, sobre todo cuando nos hacemos cómplices de instituciones abominables como la esclavitud.

Hospital de San Francisco de Paula

Sus orígenes se remontan al siglo XVII. Al Presbítero Nicolás Estebes Borges, Beneficiado Rector de la Parroquial Mayor de La Habana, se debe su fundación, tanto en el orden material como espiritual, porque en él pensó y para él dejó todos sus bienes en testamento ante el Ldo. Antonio Graciano, Cura de la Santa Iglesia Parroquial Mayor. Fueron sus depositarios y encargados de llevar a delante la obra, el Obispo Santo Matías Saenz de Mañozca y el Maestre de Campo don Francisco Dávila Orejón Gastón.

Según la voluntad del donante, fallecido el 3 de enero de 1665, el hospital debía dedicarse a la atención de mujeres pobres y su ermita a la tutela de San Francisco de Paula, fundador de los Mínimos.

Se bendijo y colocó la primera piedra de la ermita el 27 de febrero de 1668 en terrenos cercanos a la bahía y lugar conocido como el Humilladero. En 1730, un huracán que azotó a la Ciudad, echó por tierra la ermita y la única sala que constituía el pequeño hospital de cuatro camas. El Obispo Lazo inició su reconstrucción en 1735 y, en 1755, Morell de Santa Cruz describe la ermita como una construcción más bien pequeña pero hermosa y bien adornada, contando de un cañón de cantería y bóveda. Posee, además, de una cúpula pequeña sobre el crucero. Su fachada y puerta principal mira al este.

Las imágenes de piedra que adornaban su fachada, que remata en una espadaña, representaban a San Francisco de Paula (izquierda) y a San Pedro (derecha).

Con el Obispo Morell, el hospital se amplió para acoger hasta doce camas, según el deseo de Lazo. Le nombró un Capellán permanente con la cláusula «el qual ha de ser siempre Presbítero natural de esta Ciudad...» El hospital era solo para mujeres libres y tenía un médico –cirujano que hacía visita diaria; una mujer soltera «de buena vida» con el nombre de Madre o

Maestra para cuidar a las enfermas. Un maestro barbero funcionaba como enfermero para las sangrías, ventosas y vejigatorios. Las medicinas las proveía una de las boticas de la ciudad.

Pbro. Nicolás Estévez Borges

De las disposiciones establecidas por Morell para el hospital recogemos el dato siguiente:

[...]ha de ser el cargo de dicha Maestra que las cinco salas del citado Hospital, se ocupen por la clase de personas para que se haya destinado, es á saber: la principal titulada de San Antonio para personas blancas ordinarias y su recámara, para dar las unciones á todas aquellas que lo necesitaren: la segunda de San Francisco de Paula para negras y mulatas: la tercera de San Francisco de Borja para todas las enfermas de contagio, contraido dentro de la hospitalidad: y la cuarta y última de San Pedro y San Juan para las personas distinguidas{...]

En 1771, el Presbítero Dr. Rafael del Castillo y Sucre introdujo reformas beneficiosas para el hospital. Trasladó a la Casa de recogidas a las presas que eran mantenidas en el Hospital por no haber otro lugar donde situarlas, fundó la sala de éticas (tuberculosas), aumentó la fábrica del hospital, construyendo habitaciones para, los capellanes y comunicando las enfermerías con la iglesia. Aumentó el número de camas a 30.

En tiempos del Obispo Trespalacios, la Condesa de Santa Clara, Da. Teresa de Sentmanat, aceptó del Obispo el cargo de Patrona del Hospital para bien del mismo. Como mujer estuvo muy al tanto de las necesidades de las enfermas. Amplió a 40 las camas y las dotó de ajuar nuevo. Reparó las salas dándoles más ventilación y preparó otras distantes para las enfermas contagiosas; dotó las plazas de médico, cirujano, sangrador, boticario, mayordomo, despensero, cocinero, una madre y tres enfermeras. Edificó la sala de San Rafael con 30 nuevas camas y le añadió 15 a la de S, Francisco de Borja. Inconforme con esto, logró que se erigiera una nueva sección, esta vez con dos plantas para aumentar, así, a 109 camas la capacidad del Hospital.

En el transcurso de 18 meses, la Condesa de Santa Clara, con sus aportes personales y cuantos pudo recaudar entre el clero y la aristocracia habanera, movida siempre por la fe y la caridad, dejó establecido el hospital con dos plantas con capacidad para 150 camas y un pórtico amplio en consonancia con el estilo de la iglesia. Así se mantuvo el hospital hasta su traslado en 1910.

Hospital de San Juan de Dios de Santiago de Cuba

En 1731, y a instancias del Gobernador Jiménez, se realiza la fundación del Hospital de San Juan de Dios en la ciudad de Santiago de Cuba. Sabemos que en 1758, procedentes de La Habana, llagan tres frailes betlemitas para atender el hospital. Entre ellos cabe destacar la labor de Fray Antonio del

Rosario. Para el sostenimiento del hospital y atención de los pobres, siguieron la misma directriz económica que en La Habana; así, llegaron a poseer grandes extensiones de tierra dedicadas a la agricultura y la ganadería y el ingenio «Jutinicú» que llegó a ser un coloso para su época. Con el tiempo, el Hospital contó con dos edificios, capilla y convento para los frailes. En1821, ocurre la exclaustración de los frailes betlemitas que, desde entonces, dejarán de atender el hospital.

En lo adelante, las rentas irán disminuyendo progresivamente provocando el endeudamiento de la institución y su posterior desaparición.

Además existían pequeños hospitales mantenidos directa o indirectamente por la Iglesia, estos eran los de Holguín, el Cobre, el Caney, fundados por el Obispo Morell; en Santa Clara habría dos si el padre Conyedo llegó a fabricar el segundo.

La Iglesia y la tierra

La tenencia de tierras por parte de los eclesiásticos se remonta a los comienzos de la colonización de la Isla y se origina en algunas mercedes pero, sobre todo, al crecimiento de las capellanías, aunque también, a las herencias familiares y donaciones o testamentos a favor del Obispado, los Conventos o los clérigos en particular.

La carga que constituían estas propiedades sobre el erario público por estar, en su mayoría, exentas de impuesto, fue denunciada en un gran número de informes dirigidos a la Real Audiencia de Santo Domingo o al Consejo de Indias.

En el siglo XVIII se produce una serie de cambios agrarios consistentes en reunificación de sitios, realengos, hatos o haciendas para dar respuesta al incremento de la agricultura o la ganadería. En este siglo se desarrollan nuevos renglones en la economía agraria: el tabaco, la caña de azúcar, el maní (cacahuate) y el café. La cría de ganado porcino dará paso al ganado vacuno manso para obtener leche y carne de una forma más controlada, obligará a la transferencia de asiento de las haciendas en busca de ríos y manantiales más accesibles.

Los Betlemitas y los jesuitas estarán implicados en la demolición de viejas haciendas para lograr un mejor aprovechamiento del terreno en el cultivo de la caña de azúcar y la construcción de ingenios, así como de la ganadería.

El convento de Santa Clara se benefició, por mandato real, de la venta y composición de tierras realengas.

Los conventos de las Catalinas y de Santo Domingo de La Habana harán fuerte resistencia al plan de la Corona de repartir tierras a los labradores de

Santiago de las Vegas, por considerar muy bajas las tasaciones de las tierras que les expropiaban con vista a desarrollar el cultivo del tabaco.

Las propiedades individuales de haciendas por parte de religiosos o seculares hacía que sus productos estuvieran exentos de impuestos.

Todo esto se mantuvo a lo largo del siglo XVIII y fue, en muchas ocasiones, motivo de enfrentamientos entre la Iglesia y el poder civil y, también, entre ésta y los demás terratenientes, grandes o pequeños.

Excmo. y Rdmo. Doctor Santiago José de Hechavarría y Nieto –Elguezua– (1769-1787)

Tras el deceso del Obispo Morell de Santa Cruz, el Patronato Regio nombró al Ilustrísimo Señor Doctor Santiago José de Hechavarría y Nieto o Elguezua –como más se le conoce– para ocupar la sede vacante de Cuba con los territorios de la Florida, Louisiana y Jamaica.

Hechavarría era Obispo titular de Tricomi y Auxiliar de la diócesis cubana.

Nacido en la ciudad de Santiago de Cuba el 24 de julio de 1725, hijo del Alférez D. José Hechavarría y Elguezua y de Da. Bárbara Gertrudis Nieto de Villalobos. Aunque no lo he hecho con los demás obispos, pongo a continuación los nombres de los abuelos maternos para darnos cuenta de cual sería el verdadero segundo apellido de Santiago José; su abuelo materno, D. Luis Nieto de Villalobos y su abuela materna, Da. Graciana Ossorio de Pedroso.

Lo importante es destacar que este es el primer Obispo de Cuba nacido en la Isla y de familia cubana, una de las primeras en fundar Jamaica.

Su familia fue una de las más acomodadas y prestigiosas de Santiago de Cuba. Gracias a esto, recibió una educación esmerada desde muy temprana edad, lo cual le permitió ingresar en el Colegio Seminario de San Basilio Magno de su ciudad natal, para cursar las humanidades y después, matricular en la Universidad Pontificia de San Jerónimo de la Habana, donde estudió Filosofía, Derecho Canónico y Teología, obteniendo, sucesivamente, los grados de Licenciado y Doctor en Cánones en 1750. Continuó los estudios de Derecho Civil, alcanzando el Doctorado en 1754.

Después de una buena reflexión y por propia voluntad, decidió abrazar el estado clerical, siendo ordenado sacerdote en fecha cercana a su último doctorado. Morell de Santa Cruz le nombró Teniente de Cura de la Parroquial mayor con residencia en la Parroquia del Espíritu Santo y, al poco tiempo, Cura Beneficiado (Párroco) hasta que el 1759, el Obispo le nombra Provisor y Vicario General, Juez General y Visitador de Testamentos.

Excmo. y Rdmo. Doctor Santiago José de Hechavarría y Nieto –Elguezua–

Años antes, había optado por la cátedra de Prima de Cánones de la Universidad, obteniéndola con notas brillantes.

El Gobernador General Francisco Cagigal de la Vega le apreciaba mucho y le tenía en lista para una canongía.

En su Diccionario, Pezuela pone la siguiente nota sobre el Presbítero Hechavarría:

[...]Su erudición, la suavidad de su carácter y la perfecta regularidad de su conducta le captaron toda la benevolencia del cabildo eclesiástico y de los prelados diocesanos de su tiempo, los señores Laso de la Vega y Morell de Santa Cruz[...]

Cuando el Obispo Morell fue desterrado a la Florida por el Gobernador inglés, Hechavarría quedó al frente de la Diócesis en su calidad de Vicario General. Algunos le criticaron e interpretaron su buen tacto y diplomacia, como una traición al Obispo y una forma de colaborar con el gobierno de ocupación. Sin embargo, gracias a sus buenos ingenios pudo salvar una buena parte de los bienes de la Iglesia que pretendía confiscar el gobernador inglés. Con respecto a su relación con Morell, Hechavarría se preocupó del sostenimiento de éste mientras duró el destierro y, cuando pudo regresar a ocupar la sede, le propuso como Obispo Auxiliar, al fallecer su secretario que era el primer candidato.

Hechavarría fue consagrado en la Parroquial Mayor de La Habana, el día 2 de octubre de 1768. No pudiéndolo hacer Morell por encontrarse gravemente enfermo, lo consagró el Ilmo. Sr. Isidoro Rodríguez Lorenzo Trompeta, monje basiliano y recién nombrado Arzobispo de Santo Domingo.

Nombrado Obispo de Cuba, tomó posesión «por poder» en 1770, manteniéndose en La Habana hasta principios del 74, fecha en que emprendió la Visita Pastoral a toda la Isla.

Su experiencia como estudiante en la Pontificia Universidad de La Habana

El Dr. Leví Marrero nos permite, una vez más, al consultar su obra, aprovechar algunos documentos con los que no hubiéramos podido contar por nuestra cuenta propia para la confección de este libro. Es el caso de la *Relación de los méritos y ejercicios literarios de el Doctor Don Santiago de Echavarria (sic), y Elguezua, Presbítero, Domiciliado de el Obispado, y Catedrático de Prima en Sagrados Cánones de la Universidad de la Habana*, del cual extraemos algunos párrafos para ilustrar mejor la vida de este cubano que tuvo el honor de ser el primero en ocupar la Sede Episcopal de Cuba.

Después de concluidos los estudios menores en su ciudad natal, Santiago de Cuba, y dando muestra, como siempre dio, de una gran aplicación en los estudios que se veía favorecida por un aprovechamiento sobresaliente, sus padres le enviaron a realizar los estudios mayores a San Cristóbal de La Habana y éstos, en la Universidad Pontificia de San Jerónimo, [...]atareándose de tal suerte que desde el... 14–III–1746 hasta el 20-XII-1748 ganó cuatro cursos académicos en las cátedras de Prima y Vísperas de Derecho Canónico y uno en la Instituta, arguyendo y defendiendo en todos los actos literarios que en ese tiempo se ofrecieron, con tanto acierto y prontitud, que mereció muy particular aplauso y aceptación de todo el congreso de la referida Universidad, lo que le empeñó en no omitir diligencia, ni trabajo alguno que condujese a su adelantamiento, asistiendo a todas las funciones escolásticas que se ofrecían en la Universidad, aunque no le tocase el turno. Y en los argumentos y réplicas que hizo manifestó tanto su aplicación y viveza que salió en todas con el mayor lucimiento.

Consta que habiéndose ordenado de subdiácono, recibió en la... Universidad el grado de bachiller en Artes y que... después de ordenado Presbítero. Habiendo continuado en la Universidad y satisfecho los cinco cursos académicos que previenen (sus)... Constituciones, hizo diez lecciones quodlibetales, de media hora, para recibir la borla de Doctor en Derecho Canónico, cuyos actos ejecutó en el corto tiempo de 24 horas, sin embargo que las... Constituciones previenen que se hagan previamente, sin prefinir tiempo determinado para ello, después de lo cual recibió... el grado de Doctor en Cánones, habiendo precedidos los demás ejercicios literarios que se acostumbran en la misma Universidad... Tenía ya cursadas las Facultades de Filosofía, Teología y Leyes, con el aplauso de sus profesores y maestros, por lo que ha sido empleado diversas veces en los ejercicios de mayor lustre de la Universidad[...]

Por entonces quedó vacante la Cátedra de Prima de Cánones y, como era costumbre, se presentaron varios candidatos a su oposición. Entre ellos estaba el Padre Santiago José, y «probada su particular literatura, méritos y circunstancias con una lección que hizo renunciación de término, pues no solamente en menos de 12 horas leyó completamente una y respondió otra a los argumentos que se le hicieron, disolviendo con particular agudeza, sino que también pidió se le arguyese otro tanto de tiempo y diese permiso para leer lo mismo, a lo que se asintió por conocer ya su gran suficiencia, fue *ab ómnibus* electo catedrático de Prima y se le dio posesión de ella, obsequiándole con una borla por el trabajo literario de su lección...»

Sus contemporáneos acreditaron la validez de sus clases y otro tanto hicieron sus discípulos como ejemplos vivos de la enseñanza recibida. Al concluir las clases se efectuó un acto académico presentado por sus alumnos y dedicado al Obispo Don Pedro Morell de Santa Cruz.

Los territorios de la Louisiana incorporados a la Diócesis de Cuba

Como fruto de los cambios geopolíticos entre los reinos de España y de Francia, el territorio de la Louisiana al Nordeste de La Florida y con su capital en la Ciudad de Nueva Orleans, pasó a ser dominio español y a formar parte de la Diócesis de Cuba en 17 de agosto de 1772.

En 1771 el Papa Clemente XIV concedió facultades especiales al Presbítero Pedro Champs como Misionero Apostólico y al Padre Bartolomé Casanova como Vicario en la Provincia Anglicana de La Florida (¿?) En enero de 1773 se les extendía y ampliaban las facultades para que atendieran a un grupo de familias católicas que, procedentes de Menorca (Islas Baleares), se establecieron en el territorio inglés de la Florida.

Para atender las Misiones de Mississipí, llegan en 1773 un grupo de Frailes Misioneros Capuchinos entre los que se encontraban Fray Francisco Caldés y Fray Cirilo de Barcelona, quien sería más tarde el Obispo Auxiliar de los nuevos territorios.

Un Sínodo anunciado pero no realizado

En la Carta Real de 11 de marzo de 1773 donde se daba respuesta a la anteriormente dirigida por el Obispo Hechavarría, se le deja a toda su consideración designar el lugar donde habría de realizarse el Sínodo Diocesano, de acuerdo con lo establecido por la real Cédula de 21 de enero de 1770, aunque no debe demorarle su Visita Pastoral sino que, al terminarla, de inicio al importante evento pastoral.

No hay ninguna otra referencia a si se realizó o no este Sínodo, al menos en la Literatura existente y en los Legajos de Comunicaciones del Arzobispado de La Habana.

La fundación del Seminario de San Carlos y San Ambrosio de La Habana

Un poco antes de comenzar la Visita Pastoral, el obispo Hechavarría ordenó la fundación del Real Colegio Seminario de San Carlos y San Ambrosio, fundiendo en uno solo el fundado por Compostela en 1692, y el de San Carlos, institución nueva bajo el amparo de aquel santo y benemérito arzobispo de Milán que tanto hiciera por la creación de los seminarios para la formación del clero según las disposiciones del Concilio de Trento; había, también, una referencia al patronazgo real de Don Carlos III, que fue quien aprobó las nuevas constituciones redactadas por el Obispo en 1769. Bachiller y Morales destaca en su obra «Apuntes para la historia de las letras y de la instrucción pública en Cuba», t. I, p. 154 – 155, el espíritu que movió al Obispo al emprender esta «magna opera»:

> [...]su designio principal ha sido formar un taller, en que se labren hombres verdaderamente útiles á la Iglesia y al estado; hombres que por su probidad y literatura sean capaces de cualquier ministerio sagrado ó profano de hacer el servicio a ámbas Majestades, y contribuir á la felicidad de los pueblos[...]
>
> [...]En el artículo 5º de la sección última, aun se advierte con mas claridad que el fundador del colegio queria hacer un establecimiento de utilidad general, ofreciendo ademas de la enseñanza superior la de *primeras letras*[...]

Y sita las constituciones.

> [...]Siempre que las habitaciones del Colegio den lugar á que los estudios de las primeras letras se den con separación, se deberán admitir todos los estudiantes de á fuera que quisieren acudir á la enseñanza, y su pobreza no les permita pagar la pensión, con tal que su entrada y salida se gobierne por puerta diversa de la principal del colegio, y este tenga otra interior por donde se conduzcan los colegiales á sus respectivas clases[...]

La fundación del Colegio Seminario se ejecutó el 4 de abril de 1774, mientras el Obispo había emprendido la Visita Pastoral, siendo su primer Director el Dr. D. Rafael del Castillo y Sucre y Pedagogo de los Colegiados el Pbro. D. Bernardo Ildefonso Cabello y Medina.

Para la fundación, el Obispo contaba con el edificio que antes ocupara el Colegio San José de los Padres Jesuitas y las propiedades que a él se suscribían, además las que el obispo Compostela legara al Seminario de San Ambrosio.

Según consta en los Estatutos del Seminario, los estudios que se impartían eran Gramática y Retórica, Filosofía y Teología, Derecho y Matemáticas.

La Filosofía se completaba en tres años en los que se impartía Lógica, Metafísica, Física experimental, reducida a conocer los principios de los cuerpos, fenómenos y portentos de la naturaleza y concluía con un pequeño tratado de la esfera y otro de Ética.

Al terminar los estudios de Filosofía, el colegial podía escoger entre las tres facultades mayores de Teología, Derecho o Matemáticas. Parece que las dos últimas demoraron en erigirse como Cátedras por lo cual, el alumno debía matricularlas en la Universidad, no siendo el caso de la Teología que se impartía toda ella en el Seminario.

Fundación de Nueva Filipinas y de Jaruco

Como veremos más adelante, el Obispo Hechavarría coincidió en los comienzos de su gobierno pastoral con el civil del Marqués de La Torre. Entre las obras que se acometieron en esa época, está la fundación de Nueva Filipinas (Pinar del Río) junto a un pinar y a orillas del río Cuyaguateje, donde ya existía una humilde ermita dependiente de la parroquia de Guane.

Esta fundación estuvo ligada al desarrollo del cultivo del tabaco y su control por parte del Gobierno, ya que la zona se encontraba muy aislada y, aunque ya se cultivaba un tabaco de gran calidad, éste era negociado con los contrabandistas que lo llevaban al extranjero o lo hacían llegar por algún puerto cercano, a los comerciantes habaneros.

La otra fundación fue Jaruco, también ligada al cultivo del tabaco. Este pueblo, que contó en el momento de su fundación con sólo quinientas personas, tuvo el privilegio de alcanzar en poco tiempo, el título de ciudad, ostentar un escudo de armas y ser municipio.

La Primera Visita Pastoral

De esta visita tenemos, por el momento, pocos datos. Se estaba preparando desde el año 1772 y se comenzó en 1774. Sabemos que mandó reedificar varias iglesias y ermitas, entre ellas la de San Julián de los Güines, San Jerónimo de Peñalver y San Antonio de los Baños; al pasar por San Atanasio del Cupey, hoy Placetas, revisó el archivo parroquial y dispuso se abrieran nuevos libros por encontrarse en mal estado los que se estaban usando.

En Santa María de Puerto Príncipe tuvo la satisfacción de ver reconstruida la Parroquial Mayor de esa ciudad.

El Obispo realizó esta visita en calesa y, antes de llegar a la ciudad de Bayamo, los vecinos de aquella comarca acometieron una obra importante construyendo el camino hacia Santiago, que hasta entonces no existía.

Llegado a su ciudad natal y sede de la Diócesis, el día 8 de julio de ese mismo año, el pueblo santiaguero le recibió con los festejos y honores propios de su dignidad y condición de hijo querido de la Ciudad Primada.

Durante su estancia en Santiago, Hechavarría se preocupó, como su antecesor, de enriquecer la Catedral con ornamentos y vasos sagrados, entre ellos, un cáliz de oro grabado; dejó impuesto para el culto y adornos del Santísimo Sacramento, la suma de 20 mil pesos; donó mil onzas de oro para el altar de plata del Santuario de la Virgen de la Caridad del Cobre. Dejó establecido que el día 11 de cada mes se cantase una misa solemne en honor de la Santísima Trinidad y en recuerdo de las víctimas del terremoto del 11 de junio de 1768.

El Colegio Seminario de San Basilio Magno

Después de su Catedral, la atención del Obispo estuvo dirigida especialmente al Seminario de San Basilio deseando colocarlo a la altura del nuevo Seminario de La Habana, recientemente fundado por él.

Era su intención que la Diócesis tuviera, en sus dos extremos geográficos, sendos centros de enseñanza que dieran oportunidad a los criollos de recibir una esmerada preparación intelectual y una no menos seria formación a los que optaran por la carrera eclesiástica.

La obra de Hechavarría en San Basilio puede considerarse como una verdadera reforma que se extendió desde el orden material hasta el espiritual pasando por el intelectual.

Cuando le visitó, el edificio estaba en pésimas condiciones y las materias que debían impartirse estaban desatendidas. Para su reconstrucción se invirtieron $8 734, buena cifra para aquella época. El obispo mandó redactar los nuevos estatutos que permitían la entrada de las corrientes más avanzadas de la educación general y, especialmente de la Filosofía.

Aunque criticado, el Obispo consiguió que, para 1775, Santiago de Cuba tuviera un centro de formación digno donde se enseñaran Física Experimental, Matemática y Derecho Civil.

Para ejecutar el plan, Hechavarría organizó las cátedras con los siguientes profesores:

Director (Canónigo Magistral)
Pedagogo.
Mínimo.
2 maestros de Gramática: Retórica y Escolástica.
3 maestros de Teología: Escritura y Liturgia, Moral e Historia Eclesiástica y Prima.
2 maestros de Cánones.
Maestro de Canto Llano.

Por supuesto, se mantenía el enfoque aristotélico-tomista establecido para la educación de entonces.

Según Bachiller y Morales, el arzobispo Claret recomendó que se siguieran los Estatutos redactados por Hechavarría.

Hechavarría permaneció en Santiago de Cuba hasta el 18 de noviembre; continuando la visita, incorporó la iglesia de San Nicolás de Bari de Morón como auxiliar de la de San Luis. Terminada la visita, regresó a La Habana por mar.

La Casa de Recogidas de San Juan Nepomuceno

En 1746 el gobernador don Juan Antonio Tineo había preparado un proyecto para construir una casa de reclusión para mujeres de vida «incorregible» y así, no anduvieran corrompiendo a la Ciudad y se evitara la necesidad de alojarlas en la cárcel de hombres. El proyecto fue aprobado después de morir su promotor. Se adjudicaban dos mil pesos provenientes de las vacantes eclesiásticas y se entregó unos solares yermos ubicados al final de la calle sol esquina a Egido, pero por no haber quien se hiciera cargo de la obra, se determinó cercar los solares en espera de tiempos mejores.

El obispo Hechavarría era un emprendedor de obras y tuvo la suerte de iniciar su episcopado a la par del comienzo del gobierno de D. Felipe de Fonsdeviela, Marqués de la Torre, uno de los mejores gobernadores que tuvo Cuba en el período colonial.

Como el dinero acumulado en esos años –58,790 pesos fuertes– sólo sirvieron para edificar las paredes. Hechavarría acudió al Marqués de la Torre para proponerle emprender juntos la construcción de la Casa cuyo proyecto alcanzaba la suma de 71,319 pesos con 50 centavos, sin contar con el sustento de la fundación.

Don Felipe ideó la construcción del Teatro Principal con cuyo arriendo se pudiera sostener la Casa de Recogidas.

No demoró el gobernador en convencer a un grupo de hombres de dinero, y menos en emprender la obra, de tal manera que, en sólo unos meses, ya estaba levantado el edificio de mampostería y tablas «en un punto descubierto, llamado el Molinillo, donde termina hoy la calle de los Oficios, fronterizo á la playa, donde se formaba entonces á toda prisa la primitiva alameda de Paula, dispuesta y trazada por el mismo marqués de la Torre» (Pezuela)

Con el producto que se fue obteniendo de las funciones y alguna que otra cantidad recolectada, pudieron pagarse las dos obras.

En ese mismo lugar y derribado el edificio, el marqués de Someruelos, gobernador de principios del siglo XIX, construyó otro teatro todo de mampostería y parecido al Príncipe de Madrid. El lugar lo ocupó después el hotel de Luz, frente al muelle del mismo nombre.

Aunque no es materia de este libro, por lo interesante de la descripción hecha por el propio marqués de la Torre en 1777, transcribo este párrafo:

> [...]Construí el hermoso paseo de Paula, adorno y desahogo de la ciudad. No hay parage mas agradable en ella por su situacion y por sus vistas: espuesto á aires frescos, descubriendo toda la bahía y colocado en el lugar principal de la poblacion, logra el público dentro del recinto, donde antes habia un muladar, el sitio de recreo

mas propio para un clima tan ardiente y que pareciera elegido para este fin desde la fundacion de la ciudad[...]

Una mancha en el gobierno del Marqués de La Torre

Aunque Don Felipe de Fondesviela esta considerado como uno de los gobernadores españoles que más hizo por el desarrollo y bienestar de la Isla de Cuba, hay que anotarle una mancha en su gestión pública. En la búsqueda del desarrollo económico, El Marqués logró que se derogase la ley que prohibía la reventa de esclavos a un precio mayor que el establecido a su entrada en la Isla. Con la derogación de esta ley, los esclavos, a la par que las monedas, se convirtieron en el valor que más frecuentemente pasaba de manos.

Si terrible era ya la trata de esclavos, con la posibilidad de revenderlos, se aumentó el sufrimientos de aquellos hombres y mujeres que veían partir un día a sus hijos o esposos o esposas, y más nunca volvían a verlos.

Sólo en 1779, entraron por el puerto de La Habana catorce mil ciento treinta y dos esclavos africanos.

El Censo de la población de la isla de Cuba

Para dar respuesta a una Real Cédula fechada el 10 de noviembre de 1776, el obispo Hechavarría mandó hacer un «Estado general de todos los havitantes de la Diocesi de Cuba...»(sic). El trabajo se hizo rápido, pues la Cédula llegó a La Habana en febrero de 1777 y en 8 de septiembre del mismo año, se enviaba el resultado al Secretario de Indias, Don José de Gálvez.

En el Archivo General de Indias, Indiferente General, Legajo 1527, aparece el documento oficial que lleva el siguiente encabezado:

> [...]Estado general de todos los havitantes de la Diocesi de Cuba formado con las divisiones, distinciones, y separaciones prevenidos por S. M. (Dios le gue) en Rl. Orden fha en S. Lorenzo a 10 de Noviembre de 1776, arreglade a los Padrones que han dirigido los respectivos Curas Beneficiados a esta Secretaria de mi Cargo correspondiente a el año de 1777[...]

De este censo vamos a dar algunos datos que nos parecen puede sernos útiles para conocer la cantidad de habitantes y su distribución por estados y algunas ciudades más importantes.

Eclesiásticos seculares	Eclesiásticos regulares	Hombres blancos	Pardos y negros libres	Pardos y negros esclavos
364	504	50,82	14,581	27,503

Monjas	Mujeres Blancas	Mulatas y negras libres	Mulatas y negras esclavas
150	40,361	15,633	15,652

Total de hombres: 93, 772.
Total de mujeres: 71, 796

Santiago de Cuba	30 eclesiásticos seculares	23 eclesiásticos regulares
San Salvador de Bayamo	27 eclesiásticos seculares	29 eclesiásticos regulares
Santa María del Puerto Príncipe	32 eclesiásticos seculares	59 eclesiásticos regulares
Sancti Spíritus	16 eclesiásticos seculares	14 eclesiásticos regulares
Santísima Trinidad	14 eclesiásticos seculares	10 eclesiásticos regulares
San Cristóbal de La Habana	153 eclesiásticos seculares	336 eclesiásticos regulares
La Asunción de Guanabacoa	8 eclesiásticos seculares	29 eclesiásticos regulares
Santa Clara	5 eclesiásticos seculares	4 eclesiásticos regulares

En los poblados de Santiago del Cobre, San Juan de los Remedios, San Carlos de Matanzas, San Felipe y Santiago(Bejucal), tenían 4 sacerdotes seculares cada uno.

Santiago de las Vegas, 6; La Concepción del Cano, 5 ; San Luis del Caney , Holgín y Santa María del Rosario, 3.

Las restantes 34 Parroquias correspondientes a pueblos oscilan entre 1 o 2 sacerdotes seculares.

Las 150 monjas se encontraban todas en La Habana.

Los lugares de mayor concentración de esclavos:

Villas o Ciudades	Hombres esclavos	Mujeres esclavas
Santiago de Cuba	2,223	1,564
San Nicolás de Morón	583	58
Santiago del Cobre	212	203
San Salvador de Bayamo	1,096	933
Santa María de Puerto Príncipe	2,296	1,772
Sancti Spíritus	599	650
Santísima Trinidad	932	768
Santa Clara	509	406
San Juan de los Remedios	431	261

San Cristóbal de La Habana	6,182	5,362
San Carlos de Matanzas	501	411
San Matías de Río Blanco	934	92
San Juan de Jaruco	534	82
San Julián de los Güines	464	170
Los Remedios de Managua	1,781	414
La Asunción de Guanabacoa	2,424	674
Santa María del Rosario	436	180
Santiago de las Vegas	706	306
San Pedro de Batabanó	509	70
La Concepción del Cano	1,251	151
San Hilarión de Guanajay	368	68
Santa Cruz de los Pinos	173	24
San Ildefonso de Guane	73	30

En el censo no se contemplaba las tropas de tierra y la marina.

El Segundo Sínodo Diocesano

Estaba por cumplirse un siglo de la realización del primer Sínodo Diocesano convocado por el obispo Juan García de Palacios. Muchas cosas habían ocurrido desde entonces en la Iglesia y en la sociedad cubanas y el obispo Hechavarría decidió convocar un segundo Sínodo, según consta en un edicto con fecha 2 de agosto de 1776 en el que citaba a los que en él debían participar, para el 1º de abril de 1777.

El Sínodo se celebró en fecha postergada –25 de mayo–, como lo atestigua un documento titulado *Relación de las Actas de la Segunda Synodo Diocesana*. Este documento debió enviarse al Consejo de Indias pero, ni se recibió respuesta ni se conserva el texto de las Actas o no se ha investigado nada al respecto, por lo cual no podemos hablar nada del mismo.

Las otras Visitas Pastorales

Prácticamente se carece de datos sobre las otras Visitas Pastorales que realizara el Obispo Hechavarría. La fuente que se han consultado son las Reales Cédulas recibidas por el Prelado y mal que bien conservadas en el Archivo Histórico Diocesano de La Habana.

Por ellas sabemos que hubo una en 1775; otra en 1777 «a los pueblos de sotavento de la Habana»; y una fechada en 1783 y señalada como «visita a los conventos Dominicanos de la Isla».

Otras actividades
Mientras ocurría todo lo antes mencionado, la vida en la Diócesis continuaba su curso.

En 1772, los Padres Mercedarios reiniciaban los trabajos de construcción de la Iglesia de la Merced interrumpidos por la ocupación inglesa de La Habana. El obispo Hechavarría, consciente de la limitación de recursos con que contaba la comunidad, les proveyó de operarios y, durante dos años (1776-78), los ayudó con 25 doblones mensuales.

En el año de 1778, se disponía por Real Cédula que la Parroquial Mayor, cuyo viejo y afectado edificio fue demolido en 1776, fuese trasladada a la iglesia que los Padres Jesuitas habían construido en honor de San Ignacio de Loyola. Mientras se creaban las condiciones necesarias, el Obispo dispuso que se continuara usando como Parroquial Mayor el oratorio e iglesia de San Felipe Neri hasta el traslado definitivo.

La Iglesia Parroquial Mayor de La Habana estuvo siempre en la mirilla de atención de los Obispos de Cuba, desde que decidieron poner definitivamente su domicilio en la capital de la Isla, dejando la Santa Iglesia Catedral para cuando hacían alguna Visita a Santiago y procurando, siempre que pudieron, dotarla de todas las alhajas posibles y del personal requerido.

Volviendo a la Parroquial Mayor, esta se encontraba a poca distancia de la costa en la porción estrecha que concluía, abriéndose, en la magnifica bahía de bolsa.

Dedicada a San Cristóbal, estaba ligada a toda la historia de la hermosa ciudad.

Llegó a tener un personal eclesiástico compuesto, según el historiador Arrate, por dos Curas Beneficiados y dos Tenientes de Cura; un Sacristán Mayor; doce Capellanes de Coro y cuatro clérigos Presbíteros para llevar las varas del palio; cuatro mozos de sacristía; Capilla de música con Maestro, instrumentos y cantores para animar misas vísperas y maitines.

En 1632, el Obispo Manrique de Lara mandó construir a España una imagen del Patrono.

La obra estuvo en las manos del escultor – tallador manchego Martín de Andujar que se cree haya sido discípulo de Martínez Montañés. Siendo fiel a la tradición, el escultor talló la imagen con dimensiones tales que se hacía muy difícil de transportar en las procesiones. Por este motivo se encargó a un escultor del patio para que, serruchando la imagen por la cintura, le disminuyera en tamaño y en peso. A esto se debe la falta de proporción que conserva la imagen.

Morell de Santa Cruz le mandó esculpir cuatro pilas de mármol para el agua bendita como consta en las bases.

El sagrario y los candeleros, todos de plata, regalos de Don Juan de Rojas (siglo XVI) se encuentran en la sección dedicada a la Parroquial Mayor del Museo de la Ciudad de La Habana, así como el tenebrario y otros objetos.

En 22 de julio de 1773 se le dio licencia a Don José Rafael de Medina Velasco, natural y vecino de La Habana, para que abriera una clase privada de Gramática Latina en su propia casa, ya que el mismo lo venía haciendo en diferentes casas desde hacía ocho años

En 1773 y en cumplimiento de lo establecido por el Papa Clemente XIV, el Obispo designó a la Parroquia del Espíritu Santo como la única iglesia con privilegio de asilo para la ciudad de La Habana. En este año, ocurre la erección de la Parroquia de Jesús, María y José en territorio de extra muros.

Para el año 1774, el Obispo y el Gobernador de la Torre acuerdan la construcción del Hospital de San Ambrosio para satisfacer, así, la demanda de instituciones hospitalarias que tenía la ciudad pues el antiguo Hospital de San Juan de Dios debió ser demolido y los pacientes trasladados al piso alto de la primera cárcel.

Otra disposición del Obispo para este año fue la oficialización del culto en la ermita de Jesús Nazareno de Arroyo Arenas.

En 1776, concluyeron las obras de construcción de la Iglesia Auxiliar de la Soledad con tres naves, 10 altares, presbiterio y coro.

En 1778, mandó construir la iglesia parroquial de Guamutas, en Hato Nuevo (Martí) donde existía antes la ermita de San José. En ese año erigió y bendijo la parroquia de San Juan Bautista de Jaruco que, hasta entonces, funcionaba como iglesia auxiliar.

En el año 1779, elevó a parroquia la iglesia de la Santísima Trinidad de Guara, segregándola de Güines y dándole como auxiliar la iglesia de Nuestra Señora del Rosario de Melena del Sur; y designó como iglesias auxiliares de San Pedro de Quivicán, las de San José de Güira de Melena y San Agustín de Alquízar.

Mandó construir en 1780 la iglesia del Calvario cuyo edificio de madera había sido destruido por un incendio; esta vez, se levantaba toda en mampostería y techos de teja, y la declaró auxiliar de la parroquial de Guanabacoa.

Don Bernardo Bravo había solicitado el permiso del prelado para construir una iglesia en Santiago de Cuba bajo el patronazgo de Santa Ifigenia; se le concedió en este año.

Otro tanto hizo Don Nicolás de Peñalver para que se edificara una nueva iglesia en el terreno que él mismo donó y que sustituiría a la pequeña ermita de San Jerónimo. Obtenido el permiso, se edificó el templo en 1783 bajo el título de Nuestra Señora de Guadalupe y declarada Auxiliar de San Antonio de Río Blanco del Norte.

En los años siguientes, declaró Auxiliar de la Parroquia de El Cano a la ermita de San Antonio Abad (1785) en torno a la cual, creció el pueblo de San Antonio de los Baños, y se abrió al culto el nuevo templo del Convento de San Francisco en Puerto Príncipe; elevó a Parroquia el oratorio de San Gregorio Nacianceno en Mayarí (1786); nombró como Auxiliar de San Antonio de Río Blanco del Norte a la Purísima Concepción de Tapaste, comenzando a funcionar como tal, cuando ya se había marchado el Obispo (1788)

Un grupo de Padres Capuchinos llegó a La Habana, en 1784, procedente de la Florida con la autorización del Consejo de Indias para ocupar el Oratorio de San Felipe Neri, dedicándose a realizar misiones en el interior del país. En 1786 fundaron el Colegio de Misioneros Capuchinos de La Habana.

En abril de 1785 manda a reconstruir el Hospital de San Lázaro.

En 1786 fue nombrado el padre franciscano Fray Francisco Javier Agüero como maestro encargado de impartir clases de primeras letras y física experimental a niños y jóvenes en el Convento de la orden de Puerto Príncipe.

En 1789 y a petición de la Camarera de la Congregación del Sagrado Corazón de Jesús en Puerto Príncipe, Doña María Manuela de Aróztegui, el Obispo otorgó las debidas licencias para que se expusiera el Santísimo Sacramento «desde la salida hasta la puesta del sol» en los días de fiesta de la Congregación y pudiera realizarse la procesión con el Santísimo.

Esta congregación estaba dirigida y sustentada por laicos y tenía un gran arraigo popular, por lo cual, contó siempre con la protección y estímulo de los Prelados diocesanos.

La situación en la Louisiana y los territorios de La Florida

—Para un mejor gobierno de la Diócesis, nombró como Vicario suyo para la Louisiana al Padre Dagobert, religioso muy apreciado en Nueva Orleans por sus virtudes y competencia, y le hizo entrega de los ornamentos y alhajas expropiados a los jesuitas para que los distribuyera entre las distintas iglesias de aquel territorio.

En 1778 se habían concedido facultades a los Religiosos para que pudieran confirmar en los territorios de La Florida.

Desde que el Obispo Auxiliar Ponce Carrasco fue trasladado a Quito en 1762, no había vuelto ningún Obispo a esos territorios y habría que esperar hasta 1784 para que fuese nombrado uno nuevo.

El 6 de septiembre de 1784 fue anunciado el nombramiento de Fray Cirilo de Barcelona como el nuevo Obispo Auxiliar de Cuba, para atender la Louisiana y La Florida.

Un proyecto para cambiar la sede episcopal

En 1764, el obispo Morell de Santa Cruz había propuesto al Rey que se elevara a metropolitana la Diócesis Cuba, con tres catedrales y la sede en La Habana.

El obispo Hechavarría presentó en 16 de julio de 1777 un nuevo proyecto a la Corte que consistía en trasladar la sede diocesana a La Habana dada la importancia progresiva que iba alcanzando esta ciudad, y se oponía a una división de diócesis por considerar que Santiago quedaría en gran desventaja económica con respecto a La Habana.

Aunque bien fundamentado, el proyecto no fue aprobado; y pasados casi diez años, el Consejo determinó la división.

Las Pastorales y otros escritos del Obispo Hechavarría

Conocer las Cartas Pastorales y Decretos de un Obispo, ayudan a tener una idea del prelado, de sus preocupaciones y disposición de obrar. El bibliógrafo Medina en su obra «La imprenta en La Habana (1707-1810) nos ofrece un elenco de estas Cartas.

18 de enero de 1770. Recomendación al clero del estudio de la Teología Moral.

1º de marzo de 1770. Un llamado al clero para que se dedique al cuidado pastoral de los negros.

22 de septiembre de 1770. Decreto de prohibición al clero para que no usara el púlpito como medio de fomentar disputas en ciertas cuestiones eclesiásticas.

10 de abril de 1771. «A todos los Médicos y Cirujanos de nueftra Diocesi» para que amonesten a sus pacientes a que cumplan las prácticas religiosas.

22 de mayo de 1771. «A los Curas Beneficiados, Rectores del Sagrario de Nuestra Iglefia Catedral, y a los demas de las parroquiales de nueftra Diocesi», valorando los deberes del ministerio parroquial y llamando a todos los curas a mantener una postura ejemplar de acuerdo con lo dispuesto en el Sínodo de 1680.

1º de febrero de 1773. Invitación a todos los fieles a que ganen las indulgencias del jubileo dispuesto por Clemente XIV por su exaltación al pontificado.

13 de febrero de 1773. Instrucción sobre las disposiciones para reducir el número de Oratorios privados en las ciudades y en las zonas rurales.

2 de agosto de 1776. Convocatoria para el Sínodo Diocesano.

Diciembre de 1776. Llamamiento a todos los fieles para evitar el vicio del contrabando.

3 de febrero de 1777. A todos los fieles con motivo del jubileo del Año Santo.

24 de enero de 1781(firmada en Santiago de las Vegas). A todos los fieles sobre un donativo pedido por el rey para sufragar los gastos de la guerra.

Otro bibliógrafo, Trelles en su obra «Bibliografía cubana de los siglos XVII y XVIII, recopila otros documentos del Obispo Hechavarría.

Estatutos del Real Seminario de San Carlos, escritos en 1769 y publicados en Nueva York en 1835.

Reglamento para los ministros de su curia y párrocos de su diócesis, sobre las disposiciones emitidas por el Consejo de Indias sobre los matrimonios, año 1780.

Estatutos del Seminario Conciliar de San Basilio el Magno de esta ciudad, escritos en 1774 y publicados en Santiago de Cuba en 1812.

El traslado definitivo de la Parroquial Mayor de San Cristóbal

El día 9 de diciembre de 1777 se efectuó el traslado del Santísimo Sacramento desde el Oratorio de San Felipe Neri a la Iglesia que fuera de los jesuitas en la Plaza de la Ciénaga. El día 10 fue dedicada.

Según consta en las Actas del Cabildo habanero de los días 21 de noviembre y 12 y 19 de diciembre de 1777, se colocó en el nuevo edificio de la Parroquial, el antiguo altar de San Cristóbal, así como la imagen de dicho patrono de la Ciudad.

Correspondencia real de cierta importancia

7 de noviembre de 1781: El rey Carlos III le expone al Obispo de Cuba la conveniencia de cubrir las vacantes de las Cátedras de Teología Moral y de Sagrada Escritura del Real Colegio Seminario de San Carlos. El rey le pide su parecer y lo invita a establecer autos de oposición a los que aspiren a dichas Cátedras.

13 de febrero de 1782: Carta del Rey al Obispo de Cuba haciéndole saber que se ha concedido, por Real Cédula del 13 de diciembre de 1778, la licencia al Señor Nicolás Nates para que construya una ermita en territorio de extramuros bajo la advocación de San Nicolás. El Sr. Nates pidió también permiso para edificar un oratorio o casa de acogida aledaña a la Ermita.

16 de octubre de 1788: Por esta carta firmada en San Lorenzo del Escorial, conocemos de un proyecto para construir un Convento – Hospital bajo la advocación de San Juan de Dios en la Villa de Guanabacoa. La carta va dirigida al Pbro. D. Luis Peñalver y Cárdenas, Gobernador de la sede vacante del Obispado de Cuba.

4 de diciembre de 1788: Notificación oficial del fallecimiento del Monarca Carlos III.

30 de junio de 1789: Carta del Rey al Obispo de La Habana para que se auxilie espiritualmente a los negros que llegan a los puertos, muchas veces en estado deplorables (¿Tranquilizador de consciencia?)

Fray Francisco Antonio Pablo Sieni O.F.M. Cap. Obispo Titular de Tricala y el cuarto Auxiliar de Santiago de Cuba y La Florida

Nació en Barcelona, Cataluña, España, el 25 de junio de 1731. Fue elegido Obispo Auxiliar con el Título de Tricala y Auxiliar de Santiago de Cuba y La Florida el día 25 de junio de 1784.

Fue consagrado en la Parroquial Mayor de La Habana, el día 6 de marzo de 1785 por el Obispo de Cuba Santiago José de Hechavarría, auxiliado por Fray Isidro de Formoselua y por Fray Joaquín Portello, sacerdotes capuchinos.

Conocido con su nombre de religión como Fray Cirilo de Barcelona.

Durante tres años auxilio al Obispo Hechavarría y lo seguiría haciendo con el Obispo Tres Palacios hasta su traslado a España al poco tiempo de la segregación de los territorios de La Florida y la Louisiana de la Diócesis habanera.

El obispo Santiago José de Hechavarría y Elguezua «promovido» a la sede arzobispal de Puebla de los Ángeles en el Virreinato de Méjico

Según el adagio latino, usado en ocasiones en los círculos eclesiásticos, *«promoviatur, removiatur»,* el Consejo de Indias de Su Majestad determinó, en 1786, trasladar al primer y único Obispo cubano de la sede de Cuba a la sede arzobispal de Puebla de los Ángeles, una de las más vastas y opulentas del Virreinato de la Nueva España (Méjico) Existían, a saber, dos motivos; el primero, lo dilatado del territorio de la Diócesis de Cuba que se extendía, al menos nominalmente, a Jamaica y la Florida, y más efectivamente a la Louisiana, sin otra diócesis más cercana al Norte que la de Quebec, sumándosele los grandes réditos que se percibían; y, el segundo, la indisposición de Hechavarría a que fuera dividida la Diócesis.

Aunque el Obispo manifestó su desacuerdo, como consta en el texto del sermón pronunciado por éste en la Iglesia del Monasterio de Santa Catalina con motivo de una misa de acción de gracias por el nombramiento; el traslado se llevo a efecto el 12 de abril de 1788.

Poco tiempo ocuparía la nueva sede, pues murió

[...] el mes de enero de ochenta y nueve, á la edad de sesenta y cinco años; y algunos atribuyen su muerte al desconsuelo que le ocasionó su salida de La Habana: con la que se procedió á la división de su obispado de la isla en los dos que actualmente contiene, con la sola diferencia de haberse erigido en arzobispado la diócesis perteneciente á la catedral de Cuba[...][9]

Recibió cristiana sepultura el 22 de enero en la bóveda del Altar Mayor de la Catedral de Puebla, dispuesta para los Obispos de esa ciudad.

Valoración del Obispo Hechavarría

El obispo Santiago José de Hechavarría y Elguezua fue un hombre dotado de varias cualidades que supo aplicar a su misión de pastor; con una gran capacidad intelectual y un buen sentido práctico. Sin ser un exponente de la Ilustración, dejó que lo mejor de esas luces que venían de Europa, iluminaran la vida de su Diócesis. Bastaría con la obra de restauración y desarrollo espiritual e intelectual impulsado por él en San Basilio Magno y la importantísima fundación del Seminario de San Carlos, para que la Iglesia y la Nación cubanas le estuvieran por siempre agradecidas.

De familia aristocrática, fue un aristócrata que no olvidó a sus compatriotas menos beneficiados. Para los alumnos de San Basilio quiso que vistieran «traje de lana color violado, la calidad restante de lino muy blanco, cuello, bonete y medias negras, beca encarnada sobre los hombros portando escudo de plata con las armas de la Iglesia y de los obispos Valdés y Hechavarría grabadas.» Pero también destinó espacio en el Seminario de San Carlos para escolares que no pudieran costearse los estudios.

El historiador Valdés se refiere al Obispo en estos términos:

[...]La magnificencia con que se trataba, todavía se tiene por proverbio, hablando de obispos opulentos. Entónces habia llegado la mitra de Cuba á un estado de renta sobresaliente, y un hombre de carácter rumboso hallaba recursos infinitos de que disponer en empleos de tal naturaleza; pero es menester confesar en honor de la justicia, que en medio de esa grandeza, era muy limosnero[...]

Jacobo de la Pezuela en su Diccionario habla también del desprendimiento del Obispo,

[...] Cedió todas las obvenciones que recibia de los pueblos interiores para que los párrocos las repartiesen entre los indigentes de sus respectivas feligresías. Costeó á sus espensas todas las fiestas octavas de cada patriarca y consignó una imposicion, con cuya renta anual pudiera sufragarse la de San Juan Nepomuceno y la de Nuestra

---

[9] Valdés. *Historia de la Isla de Cuba y en especial de La Habana*, 1813.

Señora de los Dolores, ademas de 25 limosnas de á peseta en cada uno de ambos dias.
Y le acusa de demasiado tolerante con relación a los religiosos,
[...]Su tolerancia escesiva le retrajo de corregir muchos abusos en las comunidades religiosas[...]
Sin embargo, el obispo Hechavarría se preocupó, según su estilo y carácter, de que el clero mantuviera una actitud ejemplar y aumentara su preparación teológica.
Fue muy cuidadoso en la liturgia, destacándose por su elegancia al celebrar.
El Hospital de mujeres de San Francisco de Paula, en La Habana, fue motivo de su atención, procurándole buenos directores, aprobando su ampliación, alcanzando, en su tiempo, el número de treinta camas y contribuyendo, cada año, con la suma de mil doscientos pesos para sufragar los gastos del hospital.
Después que ocupara su nueva sede, el papa Clemente XIV lo nombró su prelado y asistente al sacro solio pontificio.

El Presbítero Doctor Rafael del Castillo y Sucre
Este sacerdote, aunque debió nacer en La Habana, vio la luz el 28 de mayo de 1741 cerca de las costas de Maracaibo cuando su madre viajaba para encontrarse con su esposo en Caracas. Estos eran los Srs. Marqueses de San Felipe y Santiago, Don Juan del Castillo Núñez del Castillo y Doña Feliciana Sucre y Sánchez Pardo.
Trasladados a La Habana y aprendidas las primeras letras y con una buena formación propia de un niño de su clase, pasó a estudiar en el Convento de los Padres Dominicos donde completó los cursos de Gramática, Retórica y Filosofía. Decidida su vocación, comenzó los estudios de Teología que, como en los casos anteriores, concluyó con notas brillantes: Bachiller, Licenciado y Maestro en Artes en la Universidad de La Habana.
En 1757 obtuvo el Doctorado en Sagrada Teología en la Universidad de Sigüenza, España a donde se había trasladado con su padre. Con estos títulos a su favor, ingresó en el Real Colegio Seminario de Nobles de Madrid para doctorarse en Derecho Civil. Completó estudios de Física experimental, Geografía, Historia y Esfera. De regreso a La Habana, reingresó en la Universidad para alcanzar el título de Bachiller en Sagrados Cánones, en 1771.
De su vida eclesiástica nos habla Bachiller y Morales:
[...] Su familia tenia algunas capellanías, y fue su ánimo ordenarse de sacerdote á titulo de beneficio: desde muy joven vistió los hábitos, cumpliendo con fervor sus obligaciones de ordenante, sin desdeñar

las ocupaciones subalternas del incensario y cirial, aun cuando ya estuviera condecorado con grados de teología[...]

[...]todavia ordenante y de edad de 22 años fue electo, por el reverendo obispo D. Pedro Agustin Morel de Santa Cruz, catedrático propietario de teología escolástica en el Colegio Seminario de la santa iglesia de Cuba[...]

[...]sucesivamente le confirió las órdenes mayores en el término de cinco meses, dispensándole los intersticios y once meses de edad. Teniendo el grave prelado en cuenta el mérito sobresaliente del ordenado, le dio licencias para predicar desde que ascendió al Diaconado[...]

El Presbítero del Castillo ejerció con diligencia el ministerio de la Palabra, destacándose por su elegante y firme oratoria, así como por su humildad y desinterés. Trabajó como Capellán y Administrador del Hospital de San Francisco de Paula con suma dedicación, propiciando a éste, muchos beneficios.

El obispo Hechavarría, que le había situado en el Hospital, lo llamó a ocupar el cargo de covisitador general del obispado. Con este cargo, visitó la Isla desde su extremo occidental hasta Santiago de Cuba.

De esta experiencia anota Bachiller y Morales:

[...] El sabio eclesiástico se convenció entónces de que era mayor de lo que creia el estado de ignorancia en se encontraban los campos, y promovió la ereccion de escuelas con un celo patriótico digno de aplauso[...]

Obtuvo por oposición, la Parroquia del Espíritu Santo y, más tarde, el Obispo lo designó como primer director del Colegio Seminario San Carlos, cargo que mantuvo hasta el 2 de julio de 1777, fecha en que viajó a España. De regreso a La Habana, ocupó varios cargos importantes llegando a ser Chantre de la Catedral de Cuba. En 1780 embarcó hacia Yucatán donde recibió la propuesta y elección para ocupar el Obispado de Puerto Rico, pero su muerte súbita en 1783, se lo impidió.

El Pbro. Dr. Rafael del Castillo y Sucre ocupa un puesto destacado en la lista de los mejores oradores con que Cuba ha contado.

Presbítero Bernardo Antonio del Pico Redín

Sacerdote ejemplar que nació en la Ciudad de Santiago de Cuba el 20 de agosto de 1726 y fue bautizado el día 29 en la Santa Iglesia Catedral.

Bernardo Antonio provino de una familia de muy buena posición económica y social, por lo cual recibió una esmerada educación que le sirvió de base para sus estudios eclesiástico realizados en el Colegio Seminario de San

Basilio Magno. Debió recibir las Órdenes Mayores y el Presbiterado entre el 1750 y 1752, es decir, en los últimos años del episcopado de Fray Juan Lazo de la Vega y Cansino, cuando Morell terminaba su labor de Deán de la Catedral y viajaba a Nicaragua para ocupar la Mitra. No tenemos idea de quien le ordenó.

Siendo un sacerdote joven ocupó cargos de responsabilidad en la Diócesis. Fue Consultor del Santo Oficio, Cura Rector de la Parroquia de Santo Tomás, Prebendado Racionero(9 de junio de 1767), Canónigo Penitencial (24 de diciembre de 1769) Promotor Fiscal, Vicario Episcopal, Provisor y Vicario General y Deán de la Catedral Metropolitana (13 de marzo de 1796).

Entre sus virtudes cabe destacar la aquella que es primera de todas: la Caridad. Siempre atento a la necesidad de los más pobres y desatendidos, puso su mirada sobre las niñas huérfanas que de no morir de hambre y enfermedad terminaban, casi siempre, en los lupanares o en las cárceles.

Aunque no tenía mucho tiempo a su favor, pues ya era un anciano sacerdote, trató que el proyecto de una casa de beneficencia se hiciera con todas las de la ley. Sintiéndose cercano al final de la carrera y para cerrar con un hermoso colofón su obra benéfica, testó todos sus bienes a favor de la construcción y manutención de la Casa de Beneficencia con que contaría la Ciudad de Santiago.

En el testamento aparecían siete fincas urbanas que fueron la sede de la obra proyectada.

El Padre Pico como le llamaron sus fieles y amigos y le conocieron las sucesivas generaciones de santiagueros, murió en 1813 cuando contaba con 87 años de edad y más de sesenta de ejercicio ejemplar del sacerdocio.

Como recuerdo de su obra, sus compatriotas develaron una lápida cuyo texto reza así:
«Consagró su vida a la práctica del bien.
Socorrió al pobre. Curó al enfermo. Amparó al desvalido.
Legó sus bienes para la creación de la Casa de Beneficencia.»

Por otra parte, una de las calles más típicas y visitadas de la Ciudad de Santiago es la que lleva su nombre, Padre Pico, y que se caracteriza por que un buen tramo de ella es en forma de escalera.

Excmo. y Rdmo. Doctor Felipe José de Trespalacios y Verdeja (1789- 1799). Primer Obispo de La Habana.

El Obispo Trespalacios nació en el pueblo de Alles, provincia de Oviedo, Asturias, el día 22 de mayo de 1722, hijo de Don Cosme de Trespalacios Cárabes y de Doña Antonia de Verdeja.

Sus padres, de una rica y distinguida posición, apoyaron la vocación eclesiástica de su hijo y, después de sus estudios secundarios, le enviaron a estudiar a la Universidad de Salamanca con una capellanía de la propia familia. Allí recibió el Doctorado en Cánones y Leyes, ejerciendo el ministerio en España y siendo trasladado, al poco tiempo, para la Sede Metropolitana de Santo Domingo, con la canonjía de Merced; el Arzobispo Rodríguez le nombró Provisor y Vicario General, cargos que ocupó durante 15 años desde 1763.

Al morir el Obispo de San Juan de Puerto Rico, Fr. Manuel Jiménez Pérez, en 1782, el Rey le escogió para ocupar esa sede y el papa Pío VI lo nombró Obispo de San Juan.

Fue consagrado por el Arzobispo Rodríguez en la Catedral Metropolitana el día 5 de diciembre de 1787. Antes de ocupar la Sede, el Arzobispo le pidió que visitara en su nombre, las provincias del Este, invistiéndolo del cargo de Visitador, desarrollando una importante labor.

De su episcopado en San Juan se conoce poco, sólo que organizó la diócesis y erigió varias parroquias y que, gracias a sus gestiones, se erigió la Diócesis de la Guayana.

División de la Diócesis de Cuba

Desde 1786, el Consejo de Indias preparaba la división de la Diócesis cubana en dos nuevas.

Para ejecutar las disposiciones del rey Carlos III de fecha 28 de julio de 1786, Hechavarría es trasladado a Puebla de los Ángeles y se encomendó al Obispo Trespalacios la ejecución de la orden que, por Decreto Pontificio del papa Pío VI, fechado el 10 de septiembre de 1787, creaba la nueva Diócesis de San Cristóbal de La Habana y la de Santiago de Cuba que mantenía su rango de Primada. A la Diócesis de La Habana se mantenían unidos los territorios de la Florida y la Louisiana.

El 24 de noviembre de 1789 se disponía:

[...] A mayor honra y gloria de Dios, bien de la Iglesia, del Estado y provecho de los fieles erigimos, constituimos y creamos una nueva Iglesia Catedral, elevando á esta dignidad la Parroquial Mayor de San Cristóbal de La Habana, bajo la advocación de la Purísima é Inmaculada Concepción de Nuestra Señora la Virgen María, con Silla Episcopal, Capítulo, Mesa, Ministros y lo demás anexo á las de su clase, adscribiéndola entre las sufragáneas de la Metropoli de Santo Domingo[...]

La Parroquial había sido trasladada a la antigua iglesia de san Ignacio en la Plaza de la Ciénaga, y aunque se habían realizado ciertos trabajos de ampliación, no parecían suficientes para los requisitos de una catedral por lo cual, se propuso trasladarla y construir una nueva en el terreno que ocupaba la Auxiliar del Santo Cristo del Buen Viaje. Por suerte para los dos templos, el rey no dio su beneplácito.

El 27 de enero de 1789 fueron nombrados los nuevos Obispos. Para la sede de Santiago de Cuba, fue elegido el Dr. Antonio Feliú y Centeno y para la sede de La Habana, el Dr. Felipe José de Trespalacios y Verdeja, hasta entonces Obispo de San Juan de Puerto Rico y Juez de la Comisión encargada de la división de la Diócesis de Cuba.

A la Diócesis de Santiago de Cuba le correspondieron los territorios del Departamento Oriental y del Camagüey. Para la nueva Diócesis de La Habana el resto de la Isla incluyendo las entonces parroquias de Ciego de Ávila y Morón.

El Obispo Trespalacios y el Gobernador Don Luis de las Casas y Aragorri

Para representar al Rey Carlos IV en el gobierno colonial de la Isla, fue designado Don Luis de las Casas y Aragorri, destacado militar español que, a causa de su oficio, conocía casi toda Europa y las Trece Colonias recientemente independizadas de Inglaterra, formado en la Ilustración, supo rodearse de lo mejor de la sociedad – intelectuales y empresarios – cubana para iniciar una etapa de prosperidad y bienestar en la colonia.

Su gobierno duró 6 años, desde el 8 de julio de 1790 hasta el 6 de noviembre de 1796.

Las Casas se preocupó mucho de mejorar las vías de comunicación (empedrado de calles y paseos públicos, caminos reales y puentes); fundó el *Papel Periódico* en 1791 y renovó la *Guía de Forasteros*; mandó a imprimir las Leyes municipales y reformó el sistema penitenciario creando el cargo de «defensor de pobres», o sea, un abogado de oficio que debía defender a aquellos que no tenían recursos para pagar la defensa en el juicio. Otra de sus fundaciones importantes fue la *Sociedad Patriótica de Amigos del País* desde donde se crearon planes de desarrollo de la agricultura, la enseñanza (escuelas gratuitas y la Biblioteca pública).

DON LUIS DE LAS CASAS.

Unida a su capacidad intelectual y de trabajo estaba una personalidad fuerte, celosa del ejercicio del poder civil que pretendió, en no pocas ocasiones, abarcar todos los aspectos de la sociedad.

Es aquí donde se encuentran y enfrentan el poder civil y el religioso representados por Luis de las Casas y Trespalacios.

De estos enfrentamientos lamentables se refiere el historiador Pezuela, cuando dice:

[...]no solo porque se fundaba sin su iniciativa –la de Trespalacios– la actual casa de beneficencia de la capital, sino porque salieron á la luz varios impresos sin licencia prévia de la autoridad eclesiástica. Tomaron calor estas discordias cuando se restableció el teatro de la Habana, se fabricó una plaza de toros y se reformó el establecimiento de mugeres recogidas. Tanto en el archivo de la capitanía general como en el del obispado, existen muchos documentos sobre las discordias ocurridas entre ambos personages, y despues estuvo á punto el Sr. Tres Palacios de ser deportado de la Isla por aquel general, bajo pretesto de no sujetarse el prelado á muchas disposiciones del vicecónsul. No resolvió esas cuestiones la córte de un modo terminante, y cumplido el término del memorable mando de las Casas á fines de 1796, pudo su anciano competidor dedicarse en parte á la obra de la catedral y fomento del episcopado hasta su muerte[...]

El primer gran choque entre el Obispo y el Gobernador se ocasionó a raíz de una tormenta de grandes dimensiones –¿huracán?– que azotó la Isla los días 21 y 22 de junio de 1791. Tras una prolongada sequía, sobrevino la tormenta con fuertes aguaceros y un viento tal, que destruyeron arboledas, sembrados y viviendas; crecidas de ríos que arrastraron animales y personas en número considerable. Las crecidas del río Almendares y sus tributarios, afectaron las poblaciones de Wajay, Santiago de las Vegas, Bejucal, San Antonio, Managua y el Calvario.

A causa de todo esto, siguió más de un año de penurias que el Obispo pensó aliviar emitiendo un permiso especial para que se pudiera consumir carne cuatro días de cada semana de Cuaresma previo una retribución personal concebida como limosna que, al parecer, se podrían aplicar al alivio de otras necesidades.

El Gobernador protestó y elevó una queja enérgica a la Corte que falló a favor de él.

El Obispo se sintió ofendido y humillado y en lo adelante sus relaciones con el Gobernador fueron pésimas.

El segundo enfrentamiento se ocasionó por cierto escrito presentado a la Real Sociedad Económica de Amigos del País por el Dr. Tomás Romay. La Presidencia determinó publicarlo, presentándolo al Obispo para su aprobación. Esto se hacía para cumplir con una disposición dictada por el Rey con fecha 9 de febrero de 1793; en ella se exigía que todos los documentos que fueran a publicarse, debían tener el visto bueno del Obispo.

En este caso, Trespalacios se negó a aprobarlo aduciendo que, sin afectar a su autor, no era conveniente publicarlo.

Pero por mas que el autor y la Sociedad pidieron que se expusieran las causas de la prohibición, el Obispo declaró que tampoco era conveniente dar los motivos salvo a Su Majestad.

La Sociedad determinó enviar el escrito y la protesta al Rey, «porque ya no se debian otras de su parte para concluir este negocio con la buena armonia, que deseaba el Gobernador y la Sociedad»(sic)

El Obispo no había encontrado en el escrito nada que fuera contra el Dogma o la Moral cristiana, sólo había anotado: «... no reprobaba la obra en perjuicio de su autor, pero que en efecto no convenia publicarlo en las circunstancias del día...» (sic)

Esta extraña actitud de Trespalacios nos hace pensar que el Obispo quería afirmar su «poder» ante el Gobernador y la Sociedad, pero de forma tal, que nos sigue pareciendo un capricho sin fundamento.

El Rey dictó sentencia favorable a la publicación del escrito del Dr. Romay y «El Obispo fue convenido»(sic), mandándosele consultar su disposición con una autoridad superior; en este caso sería el Metropolitano de Santo Domingo.

Según Pezuela, Trespalacios «prefirió despojarse de su privilegio á ejercerlo bajo los auspicios de otro» (Ensayo histórico de la isla de Cuba, pag. 352)

El último choque frontal lo provocó la fundación de una nueva Casa de Beneficencia a instancias del Gobernador y fuertemente apoyado por el Provisor Don Luis Peñalver y Cárdenas, los marqueses de Cárdenas y Casa Peñalver y el apoderado de la condesa de Jaruco. El Provisor compró varios solares frente a la conocida Caleta de San Lázaro en extramuros.

La primera discusión se centraba en la opinión que tenía Trespalacios sobre la inconveniencia de hacer otra fundación cuando ya existía la Real Casa Cuna, proyectada por Compostela y ejecutada por Valdés en 1710. Ciertamente que la Casa Cuna estaba necesitada de reparación, ampliación y sostenimiento. En 1780 y con muy pocos recursos, albergaba a más de 200 asilados y se habían reportado varios muertos por falta de alimentación.

Los obispos Lazo de la Vega, Morell, Hechavarría y Trespalacios habían elevado protestas al Gobierno por no cumplirse con lo establecido en la fundación. Sin embargo, la administración era tan deficiente, que no alcanzaban las limosnas y donaciones obtenidas por estos prelados para llevar adelante la obra benéfica.

Una vez más, el Gobernador tomaba en sus manos la dirección del asunto y, obviando la propuesta de Trespalacios, llevó a efecto la nueva fundación.

La Real Casa de Beneficencia quedó inaugurada en 1794 bajo la advocación de la Purísima Concepción contando con la ayuda del Gobernador para su sostenimiento diario y bajo el patronato del Obispo diocesano.

El tiempo daría la razón a ambos contrincantes. A Trespalacios, porque se llegaron a unir las dos fundaciones; a Las Casas, porque la obra se edificó en el lugar preciso con miras al continuo crecimiento de la Ciudad.

En uno de los informes que hiciera Don Luis de las Casas al Rey Carlos IV, decía:

[...] A cada paso tropiezo con el Obispo en el ejercicio de mi destino... Tenia pensado vindicar con rigor los respetos del empléo que ejerzo, habia estimado conveniente la deportacion de un Obispo que oponía su báculo al mismo cetro, la tenia ya resuelta; pero con rubor debo decir que no me determiné á ejecutarla, dejando esta vez de hacer lo que concebia justo, porque presumí que si en este caso hacia lo que debia, no seria tal vez mi determinacion aprobada por la superioridad[...][10]

¿Qué decir de todo esto? ¿Tenía razón el Gobernador para tomar tales posturas o el Obispo era víctima de las arbitrariedades del poder civil?

Creo justo pensar que la verdad total no la tenía ninguno de los dos, pero puestos en la balanza, parece que esta se inclinaría hacia el Gobernador las Casas.

Un hombre de la talla del Padre Caballero le llama «*padre de la patria*»; Pezuela lo considera el mejor gobernante del período colonial en Cuba; el Dr. Tomás Romay, Manuel Zequeira, el Obispo Peñalver, entre otros, fueron sus colaboradores más cercanos, siendo por demás, grandes hombres de nuestra Historia.

Trespalacios era un obispo formado fuera de la Ilustración, un tanto conservador en sus posiciones y con una cierta dosis de tozudez.

---

[10] Pezuela, *Ensayo histórico de la isla de Cuba*, págs. 351-352).

La vida los enfrentó en un momento especial de la Historia y cabría preguntarse cómo le hubiera ido a cada uno si el encuentro hubiera sido con otros.

Labor pastoral del Obispo Trespalacios

El primer Obispo de La Habana no limitó su labor a enfrentarse con el poder civil. Trespalacios fue un prelado preocupado por su grey y contó con el apoyo de su clero y sus fieles. A continuación las fundaciones hechas por el Obispo:

1791, autorizó la construcción de la Iglesia de San Salvador de Orta en Remedios.

1795, estableció el Jubileo Circular del Santísimo Sacramento en la Capital, construyó la Iglesia de San Francisco de Paula en el poblado del mismo nombre en las afueras de La Habana y elevó a Auxiliar de la Parroquia de Río Ay (en territorio de la actual provincia de Las Villas) a la de Candelaria de Trinidad.

1797, declaró Auxiliar de la Parroquia de San Carlos de Matanzas a la Iglesia de la Candelaria en Ceiba Mocha.

1798. la Iglesia de Cayajabos como Auxiliar de Guanajay.

El 12 de mayo de 1795 dejó constituido el Cabildo Catedral de La Habana. Sus primeros miembros fueron los Señores Canónigos Don Miguel José de Anaya (Presidente), Don Diego José Pérez Rodríguez, Don Pedro Coronado y Don Cristóbal Ramírez (Racionero). En el acta de constitución se fijó la celebración de una Misa solemne, con canto del Te Deum en presencia del Santísimo expuesto, para las vísperas de la fiesta del Corpus por la mañana.

Traslado de los restos de Cristóbal Colón a La Habana

Permítaseme hacer aquí una pequeña reflexión sobre la suerte que corrió Cristóbal Colón desde su aparición en el escenario de la Historia.

Cristóbal Colón se nos presenta como uno de los exponentes de una importante etapa de la Historia Universal. Cuando inicia sus gestiones para llevar adelante un proyecto para muchos inconcebible e irrealizable, en Italia daba los primeros pasos el Renacimiento y se respiraban en la Europa occidental los aires del Humanismo. Colón no es un innovador sino un hombre con ilusión y mirada de futuro. Deudor de los avances de la marinería y de la cosmografía de entonces, convencido seguidor de Toscanelli y de cuantos defendían la redondez de la Tierra, se lanza a la aventura de surcar los mares desconocidos del Atlántico occidental para alcanzar el extremo Oriente.

Empecinado en su proyecto no se convenció de que había descubierto un nuevo continente, perdió cuantos privilegios había alcanzado y su nombre fue sustituido por el de Américo Vespucci para designar al Nuevo Mundo y murió más que pobre en Valladolid.

Si aún hoy algunos discuten su país de origen, también queda pendiente definir el lugar donde descansan sus restos.

En 1795 y por el tratado de Basilea, España cedió a la República Francesa la sección de la Isla de Santo Domingo que estaba bajo su jurisdicción, ya que, desde 1664, los franceses controlaban toda la parte occidental que se llamó Haití.

El encargado de llevar adelante la entrega de todas las posesiones españolas en la Isla consideró que no era digno dejar, entre otros valores, los restos del Almirante Cristóbal Colón que descansaban junto a los de su hijo y los de su hermano en las criptas de la Catedral Primada de América desde 1536, y se encontraba colocado anteriormente en una de las naves de la catedral de La Habana.

Con esta determinación se dispuso el traslado para la Catedral de La Habana.

El 19 de enero de 1796 llegaron los restos de Colón al puerto de La Habana, siendo recibidos por el Gobernador General Don Luis de las Casas que, después de revisarlos cuidadosamente, efectuó el traslado con toda la magnificencia posible hasta la Catedral entregándolos al Obispo Trespalacios.

Los restos del Almirante venían en una caja de plomo dorado y la misma fue colocada en la pared maestra del presbiterio hacia el lado del Evangelio, después de la celebración de la Misa Pontifical.

Terminada la dominación española en la Isla de Cuba, se realizó un nuevo traslado de los restos del Almirante. Esta vez serían colocados en la Catedral de Sevilla en un mausoleo que representa un suntuoso ataúd llevado en hombros por cuatro ministros que representan los cuatro reinos principales de España.

Sin embargo, los dominicanos defienden con vehemencia que los verdaderos restos de Cristóbal Colón permanecieron en Santo Domingo, y que los llevados a La Habana pudieron ser los de Diego o los de Bartolomé Colón. De hecho, en 1992, se inauguró un monumento de grandes dimensiones con planta de cruz latina y con una torre – faro, donde se colocaron «también» los restos del insigne Almirante. Una incógnita más de la Historia.

Las publicaciones del Obispo Trespalacios
Gracias a los trabajos bibliográficos de Bachiller y Morales, de Medina y de Trelles se han podido conocer los edictos que publicara el Obispo Trespalacios.

1791 Edicto «sobre la obligación de celebrar las fiestas y el grave pecado en que incurren los que se dedican á pasatiempos mundanos y ocasionados al vicio».

1792, 9 de enero «Sobre el toque de campanas». El Obispo llama la atención sobre los excesos en el toque de campanas en la Ciudad y la reducción de la pompa fúnebre según la Pragmática Real.

1792, 7 de noviembre Pastoral en la que el Prelado anuncia una procesión de penitencia para la tarde del día 19, entonces fiesta de San Cristóbal, exceptuando a las mujeres que «deberían mantenerse en sus casas, sin que ninguna pudiera presentarse en las calles, zaguanes ni corredores de tránsito».

Edicto para corregir «varios desórdenes y que se hagan de noche procesiones de Semana Santa, y asimismo altares de Cruz y Nacimientos».

1793, 27 de marzo Edicto emitido desde Guanabacoa durante su santa visita, referente a la Revolución Francesa y «asesinato de Luis XVI».

¿1793? Edicto para corregir «la indecencia de trajes en toda su diócesis, con que algunas personas de ambos sexos entran en las iglesias de la Habana».

Carta pastoral para incitar a los fieles de la capital al establecimiento de una Congregación de la oración de 40 horas y adoración continua del Santísimo Sacramento, con la gracia de obtener indulgencias plenarias.

1796, 16 de diciembre Carta pastoral dirigida a todos los fieles para que hagan rogativas públicas y privadas por el éxito de la guerra contra los ingleses.

1797, 22 de febrero Carta pastoral dirigida a todos los fieles de su Diócesis, con motivo de «la guerra declarada por la Nación Española á la Británica en 7 de Octubre del pasado año de 1796".

1798, 20 de octubre Carta pastoral «sobre los donativos voluntarios y préstamos sin interés, que les ha pedido S. M. Para los gastos precisos de la guerra».

1798, 15 de noviembre Edicto Pastoral «a todas las ovejas de su grey sobre una misión general en la diócesis, dispuesta para corregir en ella los escándalos, aplacar la Divina Justicia, y merecer que suspenda el Azote de la Guerra en los Dominios Pontificios, y en el Reino Católico.»

Las Constituciones de la Diócesis de La Habana que fueron redactadas por el obispo Trespalacios, no se editaron hasta el año 1818.

Algo sobre la Iglesia en la Florida
En 1791, el Rey transmitía al Obispo Trespalacios una solicitud hecha por el Gobernador de San Agustín de la Florida para que se enviaran tres sacerdotes irlandeses que dieran atención espiritual a los pobladores católicos de habla inglesa.

Con el acuerdo del Obispo, fueron enviados seis sacerdotes irlandeses del Colegio de Salamanca a varios distritos de la Louisiana en 1792.

Para los asuntos matrimoniales entre los colonos ingleses, angloamericanos y otros extranjeros, el Rey emitió una Instrucción con fecha 30 de noviembre de 1792 dirigida a los Párrocos, Vicarios y demás eclesiásticos que atendían pastoralmente la Louisiana y las provincias de Florida Oriental y Florida Occidental.

La muerte del Obispo
El 16 de octubre de 1799, a los setenta y cinco años de edad, falleció el Primer Obispo de La Habana, el Ilustrísimo Señor Doctor Don Felipe José de Trespalacios y Verdeja.

Por referencias del propio Obispo sabemos que estuvo padeciendo de fuertes dolores de huesos, pero que a pesar del aumento de los achaques no se limitó en sus trabajos y visitas a las Iglesias de la Ciudad donde estuviera expuesto el Santísimo del que era gran devoto.

El Presbítero Don Félix Veranes en la Oración Fúnebre que pronunció el 27 de noviembre de 1799, nos da su testimonio:

[...]Me parece que lo veo entrar por esas puertas cargado de dolores, y haciendo exfuerzos por llegar en agenos hombros á postrarse delante de la Magestad Divina[...]

Y recoge una expresión del Obispo ante el Santísimo:

[...] Mis males, mis males todavia me permiten seguir vuestros pasos, ó Dios de las Virtudes. ¿Sería posible que yo estuviese tranquilo en mi palacio, mientras este Pueblo tenia la felicidad de venir á adoraros en ese Altar? Yo no omitiré jamás, Señor, andar con los que os glorifican[...]

En cumplimiento de su voluntad, fue enterrado en el monasterio de Santa Teresa de La Habana, en el mismo muro donde descansaban los restos del Ilustre Compostela, a los dos días de su muerte.

En el testamento deja establecido que se celebren los sufragios propios del Ceremonial de los Obispos; que se le digan las tres misas del Alma, y las treinta de San Gregorio por un sacerdote pobre y virtuoso; dispone, además, que se paguen dobles las mandas forzosas, incluyendo las de San Lázaro, y tomadas de su Limosna, es decir, de aquel dinero propio que para esto tenía siempre destinado.

¿Quién era Trespalacios?

Ante todo un hombre que amaba a Dios desde sus limitaciones. Formado en un ambiente de recta observancia, pudo quizás no entender el ritmo de una época que tomaba cuerpo en los momentos que iniciaba su episcopado en La Habana.

El Presbítero Veranes lo describe como un Prelado piadoso, destacado por su urbanidad y la circunspección de su rostro, pero humano por temperamento, afable por su trato familiar, enemigo de toda detracción, opuesto a la ligereza, al orgullo y a la hipocresía. Se comportaba como un compañero de los que le servían; modesto en el vestir y en el comer pero muy preocupado de destacar la Dignidad del Episcopado, sin caer en lo ostentoso de la vanidad.

Muy preocupado por el decoro y la honestidad de su Clero, a quienes dirigía consejos saludables. Hablaba con sencillez.

Muy preocupado por los pobres, mantenía abiertas las puertas de su palacio a los menesterosos para recibir un sustento diario, enviaba a sus limosneros para ayudar a huérfanos y viudas. Se preocupó de beneficiar, en cuanto pudo, los hospitales de la Ciudad, en especial el de San Francisco de Paula.[11]

Me parece oportuno citar a Pezuela cuando refiriéndose a la muerte de Trespalacios dice:

«Lloránronle los pobres entre quienes repartía mas de treinta mil pesos anuales» (sic)

Y en el resumen que hace de su episcopado:

[...]Puesto luego en posesión de la recien creada mitra de la Habana aquel prelado de singular escrúpulo en el órden y buena inversion de las rentas eclesiásticas, cumplió con los preceptos del referido formulario. Dividió en cuatro partes la masa colectada, sacando dos para las atenciones de su dignidad y gastos del cabildo, y subdividió las otras dos en nueve partes, á saber: dos para la corona, tres para las fábricas de templos y hospitales, dos para estipendios de los párrocos y las dos restantes para dotaciones y salarios de las dignidades, canónigos, prebendados, dependientes y empleados en el servicio de

---

[11] Cfr. «Oración Fúnebre» del Presbítero Licenciado Félix Veranes publicado por la imprenta de la Curia Episcopal y Real Seminario de San Carlos, citado por Le-Roy y Cassá en su *Historia del Hospital de San Francisco de Paula*.

la iglesia. No solo se cumplieron todas esas obligaciones por aquel obispo, sino que pudo emplearse en la fábrica de los templos mucho más que en ningún otro episcopado anterior, terminándose el edificio de la nueva catedral sobre la base de la antigua y pequeña iglesia de San Ignacio de Loyola; y se crearon parroquias en varios partidos á medida que la poblacion se iba extendiendo por los campos. Imitando á su venerable predecesor Morell en las preocupaciones y las intolerancias como en su caridad con el pauperismo y sus virtudes, aunque no humilde como él, sino fastuoso en cuanto á la representacion de su dignidad, no descubrió el obispo Tres Palacios una miseria que no aliviase ó remediase, esmerándose en corregir muchos desórdenes en las comunidades religiosas y demás dependencias de su mitra[...][12]

De estos testimonios, algunos dados por personas que convivieron y participaron de hechos comunes al Obispo Trespalacios y al Gobernador Luis de las Casas podemos sacar en conclusión que, algún que otro aspecto negativo en la vida de los hombres no deben marcar su imagen hasta el punto de definirla. En ambos habría actitudes que objetar y, en ambos, muchas cualidades que admirar. Indiscutiblemente, las Casas fue uno de los mejores gobernadores que tuvo Cuba en su período colonial, y Trespalacios, el primer Obispo de La Habana, si no estuvo a la altura de un Morell o de un Espada, fue un Pastor que se preocupó mucho por sus fieles y trató de ser fiel a la Iglesia y a lo que entonces se llamaba Patria.

Fray Cirilo de Barcelona o.f.m. cap., Obispo titular de Tricali, quinto Obispo Auxiliar de Santiago de Cuba y primero de San Cristóbal de La Habana

En 1781, el Rey le había comunicado al Obispo Hechavarría la necesidad de que la Diócesis de Cuba tuviera un Obispo Auxiliar que residiendo en la Louisiana atendiera a los nuevos feligreses de la Florida Occidental. Al año siguiente, el Obispo responde con la propuesta para el cargo de Obispo Auxiliar del sacerdote capuchino Fray Cirilo de Barcelona que, a la sazón, ocupaba el cargo de Vicario y Prefecto de la Provincia Capuchina de la Louisiana; y destaca en su misiva que lo hace por el celo pastoral y sobrados méritos del religioso.

Elegido como Obispo Titular de Tricali y Auxiliar de Cuba, el 25 de junio de 1784.

---

[12] *Historia de Cuba*, tomo III, págs. 304-305.

Fue consagrado en la Parroquial Mayor de San Cristóbal el día 6 de marzo de 1785.

Como Auxiliar de Cuba, debía residir en la Louisiana, y desde allí atender la Florida, territorio que abarcaba no sólo la península sino parte del actual Estado de Carolina del Sur. La invasión progresiva de ese territorio por las tropas británicas, provocó una fuerte alteración en las relaciones entre los indios y los misioneros franciscanos y capuchinos, creándose una situación de inestabilidad; por esta razón, residirá alternativamente en La Habana y la Louisiana.

La Corona le pide que realice una Visita Pastoral a la Louisiana, Panzacola (Pensacola) y Movila. Esta visita se vio dilatada desde el año 85 hasta el 90.

En el momento de la división de la Diócesis de Cuba, quedó como Auxiliar de La Habana, manteniendo su residencia en Nueva Orleans. En septiembre de 1793, le mandan viajar a Cuba para que consagre al obispo de Santiago de Cuba, Don Joaquín Osés de Alzúa.

Cuando los territorios de la Louisiana y la Florida fueron segregados de la Diócesis de La Habana por Decreto Pontificio de 25 de abril de 1793, le llegó su exoneración y retiro a su Provincia de origen con una pensión de mil pesos anuales. El Obispo Trespalacios solicitó al Rey se le mantuviera el subsidio con la misma cantidad que recibía cuando vivía en San Agustín de la Florida. Gracia que se le concedió.

Murió el 18 de febrero de 1809 en Villanueva y Geltrú, Cataluña, España.

Excmo. y Rdmo. Señor Doctor Don Luis María Peñalver y Cárdenas, Primer Obispo de la Louisiana

Este ilustre sacerdote cubano nació en San Cristóbal de La Habana el día 3 de abril de 1749 hijo del Contador Don Diego Peñalver y Angulo y de Doña María Luisa de Cárdenas, naturales también de esta Ciudad y miembros de una familia acaudalada. Algunos le han llamado Luis Ignacio pero su verdadero nombre es Luis María Nicolás como se puede comprobar en su partida de bautismo que se encuentra en los Archivos de la Catedral de La Habana.

Desde muy temprana edad ingresó en el Colegio San José de los Padres Jesuitas, quienes le transmitieron una esmerada educación, descubriendo su marcada vocación a la vida eclesiástica. Cuando los jesuitas fueron expulsados de los territorios borbónicos en 1768, el Colegio San José fue clausurado faltándole algunas asignaturas para concluir sus estudios secundarios. Terminados estos por cuenta propia, pudo matricular en la Universidad Pontificia de San Jerónimo a la edad de 19 años. Cumplimentados todos los grados académicos, se doctoró en Sagrada Teología el 4 de mayo de 1771. Su esmerada educación acompañada de un carácter afable y de una notable inclinación al servicio de los más necesitados, cautivó la atención del Obispo Hechavarría, quien dispensando los intersticios, le ordenó sacerdote en 1772 y le encargó la Judicatura de diezmos y testamentos.

En abril de 1773, con sólo 24 años de edad, le nombró Provisor y Vicario General de la Diócesis de Cuba, cargos que ejerció con integridad y eficiencia por más de diez años. Como Inspector de fábrica y director de la Casa de Recogidas, mientras ocupaba otras responsabilidades, Peñalver sumó nuevos méritos a los ya acumulados. Su buena fama trascendió los límites del aprecio personal del Obispo, de manera tal, que nombrado por éste como Gobernador de la Diócesis, se captó la estima general de eclesiásticos y fieles.

Trespalacios le supo valorar como Hechavarría, nombrándole Visitador del nuevo Obispado y encargándole la dirección de la fábrica y plano de erección de la Catedral habanera.

Cuando Don Luis de las Casas inició su gobierno en la Isla, Peñalver fue uno de sus colaboradores en todos los proyectos encaminados al mejoramiento y prosperidad la Patria.

Como hicimos notar al principio, el presbítero Peñalver y Cárdenas provenía de una familia rica. Esta condición no afectó nunca la sencillez del sacerdote, antes bien, le sirvió para ejecutar sus planes caritativos, tendiendo siempre una mano a quien lo necesitaba. Esta actitud mantenida a través de sus años de sacerdote le alcanzó, de sus conciudadanos, el título de «ángel tutelar de La Habana». Cuando en julio de 1792, la tormenta que se llamó «de Barreto» afectó a muchos en la Ciudad, los donativos y la presencia activa de Peñalver al lado de los damnificados, no se hizo esperar.

Peñalver fue uno de los principales promotores de la fundación de la Sociedad Patriótica de Amigos del País, que vio la luz el 15 de diciembre de 1792.

En los momentos en que se efectuó la división de la Diócesis de Cuba, el nombre de Luis Peñalver resonó como candidato a la nueva mitra, pero como sabemos no fue así.

Aunque se había separado en dos la Diócesis, todavía era extenso el territorio adjudicado a La Habana, pues la perdida Jamaica había sido sustituida por la Louisiana y la Corona solicitó a Roma que se creara una nueva diócesis en ese territorio. El 25 de abril de 1793 se erigía la Diócesis de Novae Aureliae o San Luis de la Louisiana y para ocupar la sede fue elegido el Presbítero Luis Peñalver y Cárdenas, por tanto, su primer Obispo.

Es interesante señalar que, hasta 1789 fecha en que se erigió la Diócesis de Baltimore, la Diócesis de Cuba colindaba al Norte con la Diócesis de Québec.

Por el momento no sabemos exactamente quien le consagró aunque suponemos que fuera el obispo Trespalacios y la ceremonia la realizara en la Catedral de La Habana.

Tanto Calcagno como Leiseca se equivocan cuando tratan a Peñalver como Obispo en 1792.

Descartando lo anterior, si parece que el Obispo Peñalver se demoró en ocupar la sede a él asignada y se mantuvo casi dos años en La Habana atendiendo personalmente la edificación de la Casa de Beneficencia, de la que fue su principal promotor y contribuyente (donación del terreno y de 25, 885 pesos).

Para marzo de 1796 ya se encontraba en Nueva Orleans, y en Mayo emprendió su visita pastoral navegando río arriba el caudaloso Mississipí. En sus contactos con los plantadores de algodón, descubrió una máquina que estos usaban para procesarlo y, adquiriendo una, la envió a La Habana para sus protegidos de la Beneficencia.

En Nueva Orleans invirtió una parte de su fortuna en la reconstrucción de templos, en el Hospital de Caridad, en socorrer a los necesitados y en fomentar la obra educacional de las religiosas Ursulinas. No demoró mucho tiempo en promover una fundación en La Habana.

El fervor con que emprendía todas las obras y la piedad que siempre mostró en todos los asuntos propios de su cargo, sumados a la forma de relacionarse con los fieles y las autoridades civiles, le hicieron merecedor de ser promovido a la sede arzobispal de Guatemala.

En noviembre de 1801 partió de Nueva Orleans rumbo a La Habana, pero a causa de un corsario inglés. que pretendía secuestrar el barco en que viajaba, tuvo que desembarcar en Mariel. Ya en La Habana, consagró al nuevo Obispo, Don José Díaz de Espada, en la Catedral el día 27 de febrero de 1802.

El 7 de mayo de ese mismo año, embarcó para Guatemala, Diócesis extensa y un tanto abandonada. Allí tuvo que enfrentarse a la miseria y a la ignorancia imperante, lo cual favorecía el abuso y la injusticia. Mucho tuvo que trabajar por procurar remedios a estos males que afectaban a su grey.

Reformó las pocas escuelas existentes y fundó dos para niñas. Creó la cátedra de Moral en el Seminario y le aumentó cuatro becas.

Mejoró el «beaterio» de Santa Rosa, aplicando de su peculio más de 10,000 pesos en el edificio y en el establecimiento de la enseñanza de las primeras letras para las jóvenes que allí ingresaban.

Su cualidad de hombre caritativo le mantuvo siempre preocupado por los pobres a los que ayudaba con fondos del Arzobispado y de sus patrimoniales.

El obispo Peñalver proyectaba su labor pastoral teniendo en cuenta los aspectos sociales.

A él se debió el mejoramiento de las comunicaciones terrestres y marítimas tan deficientes en esos lugares. Aficionado a los estudios de la economía, organizó un sistema de estadísticas, el más completo que se hubiera hecho hasta entonces en Guatemala. Las estadísticas fueron publicadas en la *Guía Eclesiástica* de Madrid en 1807.

El intenso trabajo y ciertos padecimientos que sufría, le hicieron sentirse sin fuerzas para proseguir con la responsabilidad de guiar la Arquidiócesis. Por este motivo, presentó la solicitud de renuncia a la mitra y el permiso de retirarse en La Habana. El Rey y la Sede Apostólica, atendiendo a su justa solicitud, le concedió la gracia pedida.

En 1808 se despedía de su querida grey y embarcaba para La Habana, donde le esperaban sus familiares, amigos y admiradores que le ofrecieron un hermoso recibimiento.

Sus achaques continuaron afectándole cada vez más, por lo cual, decidió testar en marzo de 1810 demostrando, un vez más, su grandeza de alma y su fibra caritativa. Para ejemplificar esta actitud damos algunos datos de sus dejaciones presentes en el testamento:

A las Madres Ursulinas, que ya se encontraban en La Habana desde 1804, 10,000 pesos para el fomento de la educación de niñas y jóvenes.

Otros 10,000 para sus educandas de la Casa de Beneficencia; además de otras obras relacionadas con los pobres que se vieron beneficiadas con la alta suma de 200,000 pesos.

Nació rico por la fortuna de su familia, pero dejó este mundo cargado de riquezas espirituales porque supo compartir siempre lo que tuvo sin escatimar nada que pudiera aliviar el sufrimiento de los pobres o mejorar la situación de su pueblo.

Murió el 17 de julio de 1810, llorado y bendecido por todos. La Real y Pontificia Universidad de La Habana, el clero habanero y su querida Sociedad Patriótica, le rindieron sendas honras solemnes. También lo hicieron las Diócesis de la Louisiana y de Guatemala, donde se ordenó un luto de nueve días. Pasados tres años, su sobrino, Don Manuel Hechavarría y Peñalver, repartió, cumplimentando la voluntad de su difunto tío, los terrenos que éste poseía en Río Blanco del Norte y fueron dedicados a socorrer a los pobres.

La Fiesta del Corpus en Matanzas, un modelo de las fiestas religiosas. Populares

Cuando llegaba el día en que el calendario universal de la Iglesia señalaba la Fiesta Solemne del Corpus Christi (fiesta móvil que cae entre los meses de mayo y junio) se engalanaba el altar mayor de la Parroquial de San Carlos para la celebración de la Eucaristía. Terminada ésta y expuesto el Santísimo en la custodia –generalmente la más preciosa si había más de una– se formaba la procesión litúrgica y el Santísimo se llevaba bajo palio.

Afuera de la Iglesia estaban formados los distintos grupos de disfraces entre los que resaltaban el de los negros que iban vestidos de **diablitos** pagándoseles 6 reales a cada uno. En la procesión participaban todos los sectores de la sociedad destacándose los vecinos «más respetables» que iban custodiando al Santísimo.

Para amenizar el desfile-procesión, tocaba la banda del Regimiento Militar del Castillo de San Severino.

Las calles por las que llevaban al Santísimo eran engalanadas con guirnaldas y arcos de flores, cadenetas y otros tantos adornos de ingenio y gusto popular.

No es extraño que, en una concepción popular de la fiesta, se utilizaran «muñecones» y se representaran batallas de ángeles y diablos.

El Historiador Emilio Bacardí anota en sus Crónicas de Santiago de Cuba bajo el título de «Gigantes» una referencia a estas costumbres que expresaban el sentido festivo del pueblo ligado a su religiosidad:

[...]Abril.– Acercándose la fiesta del Santísimo *Corpus Christi*, y «estando los gigantes muy maltratados en necesidad de vestuarios, que están muy indecentes, se acuerda sean arreglados y vestidos de nuevo»[...]

Hay otra nota, como la anterior perteneciente al año 1782, donde se anuncia un bando de las autoridades de la ciudad de Santiago de Cuba prohibiendo la extracción de cera de la ciudad, «hasta no comprobarse haber la bastante para el uso de la población, y más, sobre todo, en el tiempo presente, que se acerca el culto público del Santísimo Sacramento, con los monumentos y demás gastos anuales ordinarios de las iglesias».

En el siglo XIX las Fiestas del Corpus quedaron limitadas al acto litúrgico y procesión pero sin los componentes de regocijo popular que, al parecer, quedaron reducidos a los festejos de carnaval antes del Miércoles de Ceniza.

Los pintores cubanos dedicados al tema religioso en el siglo XVIII

Durante el siglo XVIII hacen su aparición en el escenario religioso-cultural de La Habana cuatro artistas plásticos criollos.

El primero, Francisco Javier Báez, nacido en La Habana en 1746 se dedicó a la técnica del grabado ligado a la obra de la impresión.

Tenía 17 años de edad cuando firmó el grabado que aparece en «La relación y diario de la prisión y destierro del Obispo Morell de Santa Cruz», iniciando así su carrera de grabador laborioso y dejando un abundante material conformado por una serie de imágenes de santos, viñetas, frontispicios, marcas de tabacos y sellos de armas.

Para sus obras empleó, indistintamente, la madera, el plomo, el zinc y el cobre.

El segundo, pintor al óleo, fue el grande José Nicolás de la Escalera Domínguez quien naciera en La Habana el 8 de septiembre de 1734 y muriera en la misma ciudad el 3 de julio de 1804; hijo de padre andaluz y madre criolla, probablemente mestiza. Debió aprender a pintar en algún convento siendo dependiente en su estilo del barroquismo jesuítico español. Según el crítico Pérez Cisneros, poseía un fácil misticismo y una escasa imaginación.

Los Condes de la Casa Bayona le encargaron la decoración de la Iglesia Parroquial de Santa María del Rosario a quien llamase el Obispo Espada «la Catedral de los campos de Cuba». Su obra está por catalogarse pero lo que hasta hoy se conoce corresponde por entero a los temas religiosos o relacionados de alguna forma con ellos.

Es el primer pintor cubano del que se conservan pinturas originales.

Le sigue en el tiempo otro habanero del mismo siglo, me refiero a Vicente Escobar Flores, nacido el 5 de abril de 1762 y fallecido el 8 de abril de 1834.

Como sus contemporáneos en Cuba, el por ciento mayor de su arte radicó en la capacidad que Dios le dio de expresar la plasticidad a través de la percepción personal del mundo que le rodeaba y no en la formación escolar. Fue un gran retratista, el mejor de su tiempo en la Isla. Sus cuadros adornaron los salones del Palacio de los Capitanes Generales, comenzando con el del Marqués de la Torre y terminando con el de Ricafort.

Dionisio Vives se convirtió en su mecenas y le recomendó especialmente en la Corte, de manera tal, que la Doña María Cristina le concedió los honores de Pintor de la Real Cámara el 15 de marzo de 1827.

En el Museo Nacional de Cuba – Salas Cubanas, pueden admirarse, entre otros, los cuadros de *La Coronación de la Virgen* y *San José*.

Siendo un hombre maduro viajó a Europa visitando Francia, Italia y España donde le nombraron «Alumno de la Academia de Bellas Artes de Madrid.

De regreso a La Habana, enseñó a varios jóvenes y se dice que Gabriel de la Concepción Valdés (Plácido) frecuentó su taller.

Cierra el grupo Juan del Río quien nació en La Habana en 1748. A los 45 años gozaba de gran fama como retratista de las familias importantes de La Habana y de algunos de los altos funcionarios de la colonia.

En su forma de usar los colores y del trazo del dibujo se descubre la influencia de Vicente Escobar.

Aunque se destacó como retratista, realizó varias obras religiosas que expresan la influencia barroca y manierista que, aunque llegó un tanto retardado a la América Hispana, se manifiesta tanto en las figuras religiosas de la Cuba del XVIII.

El pintor del Río falleció en su ciudad natal en 1846 a la avanzada edad de 98 años.

La Archicofradía del Santísimo Sacramento. Antecedentes

El historiador Arrate en su obra *Llave del Nuevo Mundo* refiere que en 1716 un vecino de La Habana de nombre Francisco Cañete se empeñó en construir una Ermita de tabla y guano y dedicarla a la Virgen María bajo la advocación de La Guadalupe y para ello, escogió un lugar de extramuros conocido por «la esquina de la Ceiba» (actualmente en el punto donde confluyen las calles de Monte, Águila y el Callejón del Suspiro)

Para bien de la población, el Ingeniero de la Plaza y algunos vecinos de cierta influencia determinaron que se construyera un edificio de tres naves colocado de Norte a Sur y con paredes de piedra de cantería y techo de tejas.

En 1739, el Obispo Lazo de la Vega consagró la Ermita y le concedió la categoría de Auxiliar de la Parroquial Mayor bajo la tutela de Nuestra Señora de Guadalupe y San Francisco Javier, con Libro para Bautismo y un Capellán, que lo fue el Presbítero Don Simón de Torrez.

Para esa fecha ya existían en la Ermita una Cofradía y dos Hermandades, aquélla del Santísimo Sacramento y éstas del Santo Cristo de Burgos y Nuestra Señora de la Bendición de Dios.

¿Cuándo comenzó la Cofradía? No hay fecha exacta, por lo cual, debemos situarla entre las décadas del 20 y del 30 del siglo XVIII.

Pasados los años y siendo ya La Habana una Diócesis, El Obispo Tres Palacios recibió el 24 de noviembre de 1795 una solicitud de los Hermanos de la Archicofradía pidiendo se les autorizasen los estatutos porque «muchos años ha carecen de estatutos que acaso se extraviaron con otros libros de la dicha Iglesia cuando la Nación Británica rindió esta Plaza, aun cuando esta falta no ha sido muy sensible porque la piedad de los Hermanos antiguos sucesivamente ha seguido en las funciones preliminares»

En otro párrafo del documento se pide que se tome en cuenta El texto que rige en la Parroquial del Espíritu Santo o las testimoniadas por la Hermandad de la Guadalupe.

El Obispo contestó El 29 de enero de 1796, aprobando «las Constituciones de la Archicofradía del Santísimo Sacramento, sita en la Iglesia Auxiliar de Nuestra Señora de Guadalupe, Extramuros de esta ciudad...»

Es bueno señalar un detalle importante, cuando el Conde de Ricla tomó posesión de la Plaza de La Habana en nombre del Rey Carlos III, se iniciaron una serie de obras de fortificación por temor a un nuevo ataque enemigo. Uno de los Ingenieros militares, el Teniente Coronel Don Agustín de Crámer hizo un estudio de las fortificaciones y lugares estratégicos; entre esos se encontraba la Iglesia de la Guadalupe y para que, en caso de una nueva guerra, no fuera ocupada por el enemigo y convertida en un baluarte de la artillería enemiga contra las murallas de la Ciudad, lo más indicado era derribar el edificio.

La sugerencia fue aceptada y, después de sacar todo cuanto de valor litúrgico y artístico tenía, se derribó el edificio de la Iglesia.

Esto ocurrió entre los años 1763 y 64. ¿Adónde fueron a parar los objetos litúrgicos, los archivos y los fieles? A la Ermita del Santo Cristo de la Salud situada también en territorio de extramuros en el punto donde actualmente confluyen las calles de Salud y Campanario.

Entre todo lo que se trasladó, se encontraba la Archicofradía del Santísimo Sacramento y sus cofrades.

Esta Ermita se encontraba hacia El Noroeste de la antigua Iglesia de Guadalupe y fue construida por el vecino Don Miguel Gerónimo de Rodas en el año de 1742, en el barrio llamado *El Robado*. Todo había comenzado en 1731 cuando Don Miguel obtuvo El permiso para construir un pequeña ermita junto a su casa y colocar en ella una imagen del Cristo Crucificado Señor de la Salud, pero tal fue la devoción que despertó entre los vecinos que tuvo necesidad de construir la otra más grande.

Don Miguel cuidó con suma piedad de la Ermita hasta su fallecimiento en 1754. Su cuerpo fue sepultado en el presbiterio de la Ermita y, todavía hoy, se encuentran en el presbiterio de la parroquia de La Caridad.

Diócesis Primada de Santiago de Cuba

Excmo. y Rvmo. Sr. Dr. Antonio Feliú y Centeno, Primer Obispo de Santiago de Cuba

En mayo de 1789 y bajo la Corona de Carlos IV, recién subido al trono de España por el fallecimiento de su Padre Carlos III, se dio cumplimiento a la disposición de este último, de dividir en dos la Diócesis de Cuba. Aunque fue nombrado Obispo para la sede ya existente de Santiago, el Ilustrísimo Señor Doctor Don Antonio Feliú y Centeno, por la demora de la Bula pontificia, la sede quedó en situación de «vacante», siendo designado el obispo Trespalacios para dirigirla hasta que Feliú pudiera ocuparla.

Feliú y Centeno nació en Urgel, Cataluña, en 1729.

El domingo 13 de septiembre del mismo año, se llevó a efecto la consagración episcopal del nuevo Obispo, en la Parroquial Mayor de La Habana – actual Catedral –. Ofició como consagrante el Ilmo. Sr. Dr. D. Felipe José de Trespalacios y Verdeja, ex obispo de Puerto Rico y nuevo de San Cristóbal de La Habana, y como asistentes los Reverendos Padres Provinciales de las Órdenes de San Francisco y Santo Domingo.

El ilustre Cabildo Catedral de Santiago *in corpore*, apadrinó al consagrado en la persona del Canónigo Doctoral del mismo, Dr. D. Juan Crisóstomo Correoso y Catalán.

El día 6 de octubre llegaba Feliú al Santuario de El Cobre y, desde allí, tomó posesión del Obispado por medio de su apoderado el tesorero Dr. D. Matías Boza de Vergara. En la mañana del día 10 de octubre de 1789, el nuevo Obispo hizo su entrada pública y solemne en la Ciudad Sede Primada siendo recibido con muchos honores por el Deán y Cabildo y por el pueblo santiaguero.

Visitó su Diócesis comenzando por Baracoa (Lebroc)

Poco fue el tiempo que el Señor le concedió al Obispo Feliú para gobernar la Diócesis pues falleció en la tarde del 25 de junio de 1791. Dos días estuvo expuesto el cadáver en capilla ardiente y en la tarde del 27, celebradas las honras fúnebres, se dio paso a su entierro en las criptas de la Catedral.

Tomamos en cuenta el corto período que transcurrió entre el nombramiento de Hechavarría como Arzobispo de Puebla de los Ángeles y el fallecimiento de Feliú, para señalar que en 1787 se terminó de construir la Iglesia de la Santísima Trinidad designándosele como Auxiliar de la Catedral; el 1º de octubre de 1788 se funda en Santiago de Cuba, la primera escuela pública para niños *de primeras letras*, a instancias de la Real Sociedad Patriótica y ejecutada y dirigida por el Presbítero Don Fernando Ayerbe, santiaguero hijo de india y español; la reconstrucción de la Iglesia del Carmen, en la que tanto contribuyó el Presbítero Esteban Salas.

Presbítero Esteban Salas, el Maestro de la Música Barroca en Cuba
Entre los músicos cubanos de todos los tiempos descuella el Presbítero habanero Don Esteban Salas y Montes de Oca, nacido en la Navidad del año de 1725, hijo de Don Tomás de Salas Castro, soldado proveniente de Islas Canarias, y de Doña Petrona Montes de Oca, habanera como su hijo y, al parecer, descendiente de Canarios. Recibió el bautismo en la Iglesia Parroquial del Santo Cristo del Buen Viaje.

Los datos correspondientes a su estancia en La Habana son muy pocos y un tanto difusos.

Cuando contaba con nueve años de edad, formó parte, como tiple, de la Capilla de Coro de la Iglesia Parroquial Mayor, donde debió aprender canto llano, solfeo y teoría hasta el punto de poder tocar, con soltura, el violín y el órgano, además de componer partituras de música religiosas par varias de las Iglesias de la Ciudad.

Del resto de su formación sólo se especula y se llega hasta cometer el error de situarlo con 15 años en el Seminario San Carlos, cuando esta Institución no vio la luz hasta el año 1774, y en esa fecha, Salas tenía 46 años y se encontraba trabajando en Santiago de Cuba.

Fuera en el Colegio San José o en algunas de las aulas que funcionaban en los Conventos de frailes, lo cierto es que Esteban Salas estudió Filosofía y Teología y que matriculó en la Universidad Pontificia de La Habana.

Debió conocer a algunos de los maestros de música y canto que pasaron por La Habana o se establecieron en ella como es el caso del cantante barcelonés Don Cayetano Pagueras, a quien encontramos en la Capital desde 1750.

De los tales maestros recibiría clases y conocería a los más destacados en el mundo musical español y napolitano de aquella época. Los estudiosos de su obra – Alejo Carpentier, principalmente – descubren las influencias de Tomás Luis de Victoria, Francesco Durante, Porpora, Paisiello, Pergolesi y Alessandro Scarlatti, en la confección de sus abundantes villancicos y pastorelas.

Salas logró sintetizar lo antiguo y lo moderno de los maestros españoles e italianos colocándolo en su molde personal y, siempre, dentro del marco de la música religiosa.

En tiempos en que Morell de Santa Cruz era Deán de la Catedral de Santiago y soñaba con dotarla de una Capilla de Canto «decente»; el joven Salas componía partituras para las distintas Iglesias de la Ciudad.

Morell fue nombrado Obispo de Cuba en 1753 y entre las primeras cosas que hizo fue consumar su soñado proyecto constituyendo la Capilla de Música con toda la dignidad debida a la Catedral de Santiago. Como Maestro de Capilla fue nombrado Don Bernardo o Luis de Guzmán y como organista el pardo Don Nicolás de Villavicencio

El maestro Guzmán tuvo dificultades en el desempeño de su cargo y renunció. Para sustituirle, el Obispo Morell de Santa Cruz, a su retorno del exilio en San Agustín de la Florida, nombró al maestro Esteban Salas que, sin haber recibido la tonsura, vivía como clérigo y guardaba desde muy joven su promesa de castidad y pobreza.

El destacado musicólogo y literato cubano Alejo Carpentier, «descubridor» de Salas y principal propagador de su obra musical, declara:

«La imagen de Salas es de una pureza angelical. Su vida, cargada de dificultades y tribulaciones, trasparenta un alma sencilla y confiada. Un verdadero místico.»

Sus contemporáneos lo describen con tez morena, nariz aguileña, frente despejada, labios gruesos y carnosos, y sensibilidad tropical exultante en su obra. Hombre de Iglesia, siempre vestido con el traje talar, muy escueto y pobre, con la tela envejecida hasta la trama.

Desde su llegada a la ciudad de Santiago de Cuba el 8 de febrero de 1764, fue tan entregado a su labor que, aunque ya existía la Capilla, se le considera, por su dedicación, su verdadero fundador. En el primer inventario de música realizado en marzo de 1769 en cumplimiento de una orden del Cabildo Catedralicio, el mismo Salas computa sus obras, *Lamentaciones para el miércoles y jueves santos* y una buena cantidad de villancicos que probablemente compusiera en La Habana.

Pero es del período de estancia en Santiago del que conservó la mayor parte de su obra, no así la que compuso mientras vivió en La Habana.

Según consta en las Actas Capitulares de la Catedral de Santiago de Cuba, sufrió de muchas privaciones e incomprensiones por parte del Cabildo.

Salas quería mejorar la situación de la Capilla pero, sobre todo, de los músicos que recibían sueldos muy bajos. Para aumentarlos e incrementar el número de miembros, se solicitó a la Corona una ampliación en los créditos y como se demoraba tanto la respuesta, Salas salió de garante ante el Cabildo que adelantó el dinero.

Había compuesto Misas, Devociones, Letanías, Salmos, Cánticos, Salves, Motetes, Himnos, Autos Sacramentales y Villancicos. Todos los hizo con el mayor esmero y fineza espiritual, ricos en doctrina y poesía, donde no faltó el sabor popular.

El fruto material de su trabajo se agotó en los pagos que por su cuenta hacía a los músicos, para estimularlos a estudiar y permanecer tocando; y en la reconstrucción de su muy querida Iglesia del Carmen, destruida por el terremoto de 1766.

El Cabildo lo instó en varios momentos para que recibiera las Órdenes Sagradas, pero siempre se sintió indigno del Sacerdocio hasta que, en 1789, el Obispo Antonio Feliú, le tomó del brazo y con suave autoridad le pidió solicitara las Órdenes. Esta vez, el humilde y pobre maestro, tuvo en cuenta la virtud de la obediencia y recibió la Clerical Tonsura en noviembre y en marzo de 1790, ya era Presbítero.

A los 65 años cantó su Primera Misa. Era Viernes de Dolores y para esta solemne ocasión compuso sus *Devociones a la* Virgen *María* y su *Stabat Mater*.

Los años siguientes serían para el Maestro Sacerdote un verdadero Calvario. El asunto fue que, el nuevo Obispo de Santiago, Don Joaquín de Osés y Alzúa, mandó rebajar los presupuestos dedicados a la Capilla de Coro. Don Esteban sabía que este sería el fin, pues los músicos se irían buscando mejores salarios.

Pero la situación se hizo insostenible para él, cuando el Cabildo, en 1796, le exigió que debía pagar las deudas acumuladas por la Capilla desde 1785, pues nunca llegó la aprobación real ni el dinero solicitado por lo cual, el Maestro Salas quedó endeudado y el proyecto de mejorar la Capilla quedó truncado.

El Padre Salas llegó a vivir como un mendigo. Su sotana se iba haciendo trizas, sólo se alimentaba con chocolate, pero seguía atendiendo sus deberes ministeriales y daba clases en el Seminario de San Basilio, sin dejar de componer. Pero todo el dinero debía entregarlo para sufragar las deudas.

La ejemplaridad de su vida, movió a muchos, incluyendo a varios miembros del Cabildo y hasta al mismo Obispo, a pedir al Patronato Regio una prebenda para el ya anciano sacerdote, a la vez que se solicitaba la cancelación de la deuda.

La respuesta demoró tanto que al llegar en mayo de 1802, ya Salas había renunciado al cargo de Maestro de Capilla porque su estado de depauperación física no le permitía continuar trabajando.

Poco pudo disfrutar de ambas «dádivas» reales, pues al año y dos meses –14 de julio de 1803–, fallecía el sacerdote ejemplar y el músico insigne. Su cadáver fue enterrado en la Iglesia del Carmen.

Su vida fue una combinación de Cruz y de Gloria y él la sumió como lo hacen los verdaderos discípulos de Cristo.

Excmo. y Rvmo. Sr. Dr. Joaquín Osés de Alzúa y Cooparacio, segundo Obispo de Santiago de Cuba.

El 6 de noviembre de 1791, el Patronato Regio nombró al Doctor Don Joaquín Osés de Alzúa y Cooparacio como Obispo de Santiago y le encargó el gobierno de la sede mientras llegasen las Bulas Apostólicas.

Nació en Galbarra, Pamplona y fue Vicario General de Mons. Feliú.

Según Bacardí en sus Crónicas de Santiago de Cuba, las Bulas llegaron el 29 de abril de 1793. El nuevo Obispo quiso recibir la consagración en la Ciudad de Santa María de Puerto Príncipe, pues allí se encontraba el Obispo Auxiliar de La Habana.

El 24 de noviembre de ese mismo año era consagrado en la Parroquial Mayor camagüeyana por el Ilustre Señor Fray Cirilo de Barcelona, capuchino; y el 24 de diciembre hizo su entrada pública y solemne en la Ciudad de Santiago de Cuba.

El Obispo Osés era hombre de mucha actividad y buenas relaciones con su clero y fieles por lo cual, pudo llevar adelante una serie de obras encaminadas al mejoramiento y progreso de su Diócesis.

En cuanto a las Parroquias e Iglesias se vieron beneficiadas las poblaciones siguientes:

1793 Reconstrucción, aunque todavía con techo de guano, de la Iglesia de Morón (Camagüey).

1794 Erección de la Parroquia de la Santísima Trinidad de Sagua de Tánamo y terminación de la iglesia del Santo Cristo del Buen Viaje en Camagüey, obra comenzada en 1723 por el Pbro. D. Clemente Valdés de Arrieta.

1795 Designación de la Iglesia de La Caridad como Auxiliar de la Parroquial Mayor de Camagüey.

1797 Comenzó la reedificación de la Parroquia de Jiguaní.

1799 Por solicitud de Don Rafael José Núñez, dueño del hato de Guáimaro, el Obispo determinó dividir la Parroquia de San Basilio de Gracias a Dios, creando las de la Purísima Concepción de Guáimaro y la de San Antonio de Padua de Sibanicú.

1800 Doña Josefa de Agüero costeó los trabajos de ampliación de la Iglesia de La Caridad en Camagüey y ofrendó una magnifica Custodia y lámpara, ambas de plata, para el Santísimo.

1801 Erección de la Parroquia de Nuestra Señora de la Soledad de Camagüey y nombramiento de la Iglesia del Cristo como su Auxiliar.

1803 Erección de la Parroquia de Nuestra Señora de los Dolores en Santiago. Construcción de la ermita de Santa Ana.

1804 Colocación del Santísimo Sacramento en el templo de San Francisco, totalmente restaurado siendo Guardián el Rvdo. Padre Urbina, o.f.m. Las obras se realizaron con los abundantes fondos que dejara el Padre Miguel Perdomo, o.f.m.

1805 Construyen la Ermita de San José de Camagüey con aportes del vecindario y la importante ayuda de Doña Trinidad de Uriza. En poco tiempo y por las gestiones del Pbro. D. Francisco Viamontes y el moreno Felipe Varona y su hija, edifican la nave principal, la capilla del comulgatorio, el coro y la torre.

1806 Con la ayuda del pueblo devoto y la dirección del Padre Francisco Antonio González, o.f.m., erigen la Capilla de la Tercera Orden Franciscana en una de las naves del templo del Convento de San Francisco de Puerto Príncipe.

La liberación de los esclavos de las minas de Santiago del Prado (El Cobre)

Aunque no tenemos la fecha completa, sino tan sólo el año, no quisimos que finalizara el segundo centenario de un hecho histórico muy importante sin hablar de él.

Nos referimos a la liberación de los esclavos de El Cobre, hecho único en Cuba y, al parecer, en el resto de la América Colonial.

Para hablar de este tema se hace necesario retomar algunos datos referentes a las minas de cobre que fueron llamadas *Real de minas de Santiago del Prado* por su administrador el capitán de artillería Francisco Sánchez de Moya cuando tomó posesión de las mismas en 1599 y que tan ligadas están a la historia de Nuestra Patrona. Para realizar los trabajos de extracción del cobre y los de la fundición de piezas de artillería, fueron ofrecidos 200 esclavos reales (se daba esta denominación a los esclavos que eran propiedad del Rey), los cuales nunca llegaron por lo que Sánchez de Moya tuvo que procurarse 59 de un lote recién llegado a Santiago.

En 1607 la comunidad de Santiago del Prado contaba con 200 individuos de los cuales, el 70% eran esclavos y algunos indios.

Por esta época ocurrió el hallazgo de la imagen de la Virgen de la Caridad, en la que intervino Juan Moreno un esclavo del Rey que contaba entonces con 10 años.

Me parece oportuno nombrar aquí al «ermitaño de vida ejemplar» (Sánchez de Moya), el hermano Mathías de Olivera, quien por las noches enseñaba y dirigía a los esclavos en sus oraciones.

Sánchez de Moya no sólo fue un magnífico administrador sino, también, un hombre de buenos sentimientos y gran capacidad para tratar con los esclavos, como consta en los informes que dirigió al Rey, de los cuales extraemos los siguientes párrafos:

[...]he hecho que los negros tengan sus conucos de casabe, cañaverales, mayces y platanares, así para que anden más sustentados y contento, como para asegurarles de levantamientos, porque teniendo labranza, se asegura mucho este género de gentes[...]

[...]Los negros es fuerza que tengan sus herramientas, no sólo para hacer sus labores en servicio de V.M. sino para hacer las suyas después que cumplen sus obligaciones y tareas... que el tener una labrancilla les tiene quietos y siempre mantenidos, porque demás de los que se les da de la despensa de V.M., tienen ellos de suyo con que satisfacer su gula, porque estos angolas son grandes comedores[...]

Estas concesiones dadas por Sánchez de Moya a los esclavos, además de permitirles una buena alimentación, les proporcionaba un remanente con el que podían acumular «reales» para comprar en un futuro su libertad de acuerdo con lo establecido por Orden de el rey Carlos I.

Por motivos de envidias y ambiciones, Sánchez de Moya fue separado del cargo y, la pésima administración colonial, concedió las mercedes de las minas a un personal incompetente que llevó al traste la producción de cobre, declarándose inútiles las minas. Mientras tanto, los esclavos trabajaban para mantenerse: cultivaban sus conucos y fundían por su cuenta las viejas escorias y los granos de metal que arrastraban las crecidas del río Cobre.

La vida de aquella comunidad esclava continuó adelante fundándose familias bendecidas por el sacramento del matrimonio pues, tanto el Párroco como el Capellán del Santuario, siguieron atendiéndoles espiritualmente.

«La herencia del humanitario de Sánchez de Moya era visible en la firme fe religiosa, centrada en el Santuario del Cerro de la Mina y en la transmisión de oficios de abuelos a padres y de padres a hijos.» (Leví Marrero)

La Iglesia se preocupó de aquellos esclavos, hasta el punto de inquietar a la Corona. En una Real Cédula se incriminaba a los curas de Santiago del Prado por bautizar e inscribir en sus padrones, como libres, a los nacidos de madre esclava.

Los Gobernadores hicieron todo lo posible por eliminar cualquier vestigio de libertad entre aquellos esclavos que, de facto, se habían acostumbrado a ella.

El Padre Juan Antonio Pérez, Párroco de El Cobre en las primeras décadas del siglo XVIII, elevó un alegato enérgico al Rey en defensa de los esclavos:

[...] Ha, Señor, cerca de 60 años que cesó en este pueblo la... labor de las minas de cobre. En el decurso de este tiempo, se han mantenido (los esclavos), Señor, en virtud, en su pueblo, frecuentando el templo y sacramentos[...]

[...]Y no sólo esto, como el haberse mantenido y criado a sus hijos honestamente, sin tener de parte del Real haber de V.M. ni un cuarto para su sustento, que parece es correlativo sustentar el amo al esclavo que le sirve; ingeniándose algunos de ellos, desde entonces a rebuscar entre las escorias... Otros, con sus labranzas de agricultura han pasado a más[...]

En la fiesta de Santiago de 1731, ocurrió la sublevación de las milicias de El Prado, retirándose al monte. Esta sublevación tuvo su origen en la actitud, cada vez, más intransigente del Gobernador de Santiago de Cuba Don Pedro Ignacio Ximénez: El Gobernador les había prohibido montear el ganado cimarrón, cosa que estaba permitida en Cuba desde el siglo XVI, aprovechar las escorias de la fundición, y a los esclavos mayores, atender a sus familias, pues, hacía ya un tiempo, que los venía utilizando en la construcción de obras militares en Santiago.

El día de la fiesta, se esperaba a las milicias del Prado para que se sumasen al desfile de las tropas. No sólo se ausentaron, sino que se fueron para el monte con todo el avituallamiento militar formando un campamento.

Fue entonces, cuando el Deán de la Catedral Lcdo. Morell de Santa Cruz intervino como mediador, logrando un entendimiento pacífico entre las dos partes, pero no sin dejar de escribir al Rey, denunciando los maltratos a que era sometida esa comunidad de esclavos.

Ximénez no quedó conforme e inició una pesquisa para descubrir a los líderes de la sublevación, y los encontró. Los 36 implicados fueron juzgados y deportados: 18 para México y 18 para Cartagena de Indias.

El rey Carlos I había promulgado, en el siglo XVI, una ley que permitía a los llamados esclavos «reales» comprar su libertad, pagando el precio de cómo fuesen tasados en el momento de su liberación. Desde la fundación de las Minas, algunos esclavos lograron, con sus ahorros, comprar la ansiada libertad.

Pero es sobre todo, después de los desmanes de Ximénez, que se van a dar casos de hermosa solidaridad, donde esposos compran la libertad de sus esposas, padres que lo hacen con sus hijos, tíos con sus sobrinos, y hasta la madre que obtiene, con sus ahorros, la libertad del hijo que llevaba en su vientre aunque ella permaneciera como esclava.

Cuánto sacrificio implicaba estas compras, pues la Real Hacienda llegó a tasar esclavos en 2,000 reales cuando el jornal de entonces era de 1 o 2 reales. No obstante, en 1755, 89 esclavos pudieron comprar su libertad.

Para 1779, el rey Carlos III decidió entregar las minas y los esclavos a la familia Garzón que, lejos de atender las minas, utilizaron la fuerza esclava en sus haciendas o los alquilaron a otros hacendados.

Esto provocó dos décadas de resistencia y persecuciones. Los cobreros libertos y los sacerdotes –el Párroco y el Capellán– buscaron líderes y terminaron designando un apoderado en Madrid que presentó los alegatos ante la Corona. De éstos, selecciono dos párrafos donde se habla del florecimiento de las Minas en la anterior administración y del sentimiento religioso forjado entorno a la Virgen de La Caridad:

> [...]Además de asegurar con su trabajo e industria la manutención, proveían en parte para el consumo del vecindario de Cuba (Santiago) Formaban un pueblo de 300 casas; tenían muchas estancias y heredades de ganados mayores y menores; cuidaban 75 vegas de tabaco y habían fabricado 8 ingenios de azúcar[...]

> [...]El primer efecto de su próspera libertad se dirigió a costear la fábrica de un hermoso templo, con la advocación de su milagrosa Patrona, Nuestra Señora de la Caridad; la adornaron con alhajas de mucho valor; construyeron una calzada de cantería de un cuarto de legua para subir al templo desde la falda del monte en cuya cumbre se encuentra, en que se gastaron sumas considerables[...]

No conformes con esto, dos capitanes de milicia, los pardos libres Gregorio Cosme Osorio y Carlos Ramos, embarcaron para Madrid a fin de defender a sus hermanos esclavos ante el Consejo de Indias. Mientras, Justo Cusata, dirigía la guerrilla en defensa de los ya 1, 065 esclavos de las minas. Apoyaban esta causa noble, el Párroco José Paz Ascanio y el Obispo Joaquín Osés.

Para suerte de esta justa causa, inició sus trabajos en la Corte, Don Gaspar Melchor de Jovellanos quien logró, en 1799, que el rey Carlos IV, firmara la declaración de libertad para todos los esclavos de las minas de El Cobre.

El plan incluía la repartición de propiedades de tierra a los jefes de familia, pero el Cabildo de la Ciudad de Santiago adujo carencias económicas que imposibilitaban la ejecución del plan.

Esta «penuria» fue permanente, pues nunca le llegaron a entregar las tierras.

IV
LOS OBISPOS DEL SIGLO XIX

Introducción al siglo XIX

Cuando comienza este siglo, las condiciones socio- económicas de la Isla han alcanzado ese nivel necesario para el arranque de una verdadera etapa de desarrollo industrial que va a influir en todos los aspectos de la vida cubana.

El cultivo extensivo de la caña de azúcar como respuesta al desarrollo de la elaboración de su precioso producto, el mejoramiento en las técnicas tabacaleras y el «arte» francés de cultivar y procesar el café, exigirán nuevas formas de producción y un aumento elevado de la mano de obra esclava. El sistema económico de la plantación marcará la relación de los amos – hacendados con los esclavos africanos y criollos.

Las experiencias vividas en las últimas cuatro décadas del siglo XVIII, contando con la breve ocupación inglesa de La Habana y su interland; el aumento de la educación en las clases ricas, sin descontar un número considerable de lo que hoy llamaríamos «clase media», formada por blancos y mestizos libres; la importación de la nueva corriente de pensamiento conocida por Ilustración, concretizada, sobre todo, en la fundación de las Reales Sociedades Económicas de Amigos del País en Santiago de Cuba y La Habana; las Revoluciones de las Trece Colonias del Norte, de Francia y de Saint Dominique (Haití), con la «perniciosa» diseminación del germen de la Libertad a lo largo y ancho de toda la América hispana incluyendo, por supuesto a Cuba; prepararán las bases de las futuras guerras de emancipación en la Isla, sostenidas por ese «hombre nuevo» llamado criollo y gestador de la cultura latinoamericana.

Se irán sucediendo conspiraciones, revueltas sofocadas en sangre, reclamaciones económicas a la Metrópoli, estimuladas por las leyes liberales y el enriquecimiento de los hacendados y comerciantes cubanos; y la intransigencia colonial como respuesta a las demandas de reforma y autonomía, todo culminará –pasando por la Guerra del 68–, en la última década de este siglo, con la gran Revolución del 95 y la pérdida para España, de su «muy querida» colonia del Caribe.

En todo este enmarañado paisaje, la Iglesia tendrá que jugar –y lo jugó– un importante papel, no siempre muy feliz; donde el clero criollo tomará, cada vez más, conciencia de ser cubano y la Jerarquía y una gran parte del clero español, se verán aprisionados por la disyuntiva de ser fieles a su Nación y tomar en cuenta a sus fieles criollos.

No podemos olvidar que los métodos deformantes aplicados por algunos de los Gobernadores coloniales para controlar a la gran masa que, por lo general, estuvieron caracterizados por los juegos de asar y el alcohol, por un estilo de vida fácil y sin compromisos, a lo que se sumó un afán desmesurado de obtener ganancias, afectaron en gran manera la moral pública y constituyendo uno de los grandes desafíos pastorales para la Iglesia del XIX con sus repercusiones en el siglo XX.

La Diócesis de Santiago de Cuba elevada al rango de Metropolitana.

El Ilustre Señor Doctor Joaquín Osés de Alzúa, su primer Arzobispo

El 24 de noviembre de 1803 la Diócesis de Santiago de Cuba fue elevada a Arquidiócesis y su Catedral –en ese momento cerrada por necesidad de reparación– declarada Metropolitana.

El 16 de abril de 1804 se realizó la ceremonia de investidura del nuevo Arzobispo, el Dr. Don Joaquín Osés de Alzúa y Cooparacio, y se cantó un solemne Te Deum en la Iglesia del Carmen.

¿Por qué ocurre esto? En 1793, por la firma del Tratado de paz de Basilea, España se comprometió con la joven República Francesa a cederle la sección española de la isla de Santo Domingo. Esta cesión determinó varias ventajas para Cuba.

Entre ellas, la gran inmigración de familias que no quisieron quedar como súbditas de Francia y se establecieron en las ciudades de Santiago, Bayamo, Trinidad, Baracoa y Puerto Príncipe, entre otras; además de un buen número de eclesiásticos y religiosas.

Anteriormente, en 1791 y dirigida por Toussaint de L'ouverture, había ocurrido la gran sublevación de los esclavos en la sección francesa de la Isla conocida como Haití (nombre autóctono de toda la Isla); esta revolución sangrienta, obligó a emigrar a las familias francesas que se libraron de la matanza, con ellas se introdujo el cultivo del café y los elementos culturales franceses que enriquecieron la región oriental de Cuba, especialmente Baracoa, Guantánamo y Santiago.

Otra fue el traslado de la Real Audiencia de Santo Domingo a la ciudad de Santa María de Puerto Príncipe.

Por último, la Santa Sede aprobaba la solicitud hecha por el Patronato de trasladar la Sede Metropolitana a Santiago de Cuba por ser ésta, la Primada de la isla.

Como Diócesis sufragáneas de Santiago quedaban La Habana y Puerto Rico.

Continúan las erecciones de Parroquias y construcción de templos

1805 Construcción de la ermita de San Jerónimo y designada como Auxiliar de Camagüey. Ermita de Santa Rita de Casia en el poblado de su nombre.

1806 La Tercera Orden Franciscana concluyó la construcción del Convento de San Francisco de Puerto Príncipe. Construcción de las Iglesias de Nuestra Señora de la Candelaria (actualmente desaparecida) y la de San José, comenzada por Don Agustín Noa y terminada por Don Pedro Puga y Doña Trinidad Urra; ambas en Camagüey.

1810 El Arzobispo declara Auxiliar de Jiguaní a la ermita de Santa Rita de Casia. Comienza la reconstrucción de la Catedral que había quedado muy afectada por el huracán del 2 de diciembre de 1800 que estuvo acompañado de fuertes temblores de tierra.

1815 La Iglesia de San José, que hasta entonces era Auxiliar de la Parroquial de San Isidoro de Holguín, fue elevada a Parroquia.

1816 Nombra Parroquia a la Iglesia de la Santísima Trinidad de Santiago.

1817 Fundación de San Miguel de Nuevitas con familias católicas procedentes de Nueva Orleans; se erige su primera ermita.

1818 Concluyen los trabajos de reconstrucción de la Catedral.

1820 La antigua ermita de San Jerónimo (Las Tunas) reconstruida por orden del obispo Valdés, trasladada a Yaguanabo por Morell con edificio de piedra, fue elevada a Parroquia.

1821 Erección de las Parroquias de Gibara, sobre la ermita recién reconstruida en piedra, y que desde 1816 era Auxiliar de la parroquia de Fray Benito, y de Nuestra Señora del Rosario de Palma Soriano. Declaró Auxiliar de Jiguaní a San Bartolomé de Baire.

1822 Construida la pequeña ermita de Santa Catalina Ricci del recién fundado Guantánamo, el Arzobispo la declara Auxiliar de la antigua Parroquia de San Anselmo de Tiguabos.

Las Madres Ursulinas en Camagüey

Después de la fundación de La Habana del Colegio de las Ursulinas y encontrándose en condiciones para hacerlo, deciden fundar en Santa María de Puerto Príncipe, ciudad que crecía en población, en desarrollo económico y progreso espiritual.

La fundación se llevó a efecto en 1817 a instancias del Pbro. D. José Ceferino Álvarez, quien había solicitado al Rey el permiso para realizar una fundación de religiosas que satisficiera la doble necesidad que tenía su Ciudad, de un lugar donde pudieran consagrase las jóvenes camagüeyanas con vocación y se enseñara a niñas y muchachas. En la misma solicitud, el Presbítero hablaba de cuatro religiosas de Santa Ángela de Merici y de un monasterio y escuela que se llamaría «Nuestra Señora del Carmen».

En cuanto se obtuvo la Real Cédula (21 de mayo de 1817), Sor Antonia Ramos, Superiora de la Orden, destinó las cuatro religiosas: Sor Antonia de Santa Rita del Castillo, Sor María de Jesús de Santa Rosa Sánchez, Sor Juana de Santa Teresa Conde y Sor Josefa de San Joaquín Espinosa, estas dos últimas eran fruto del Colegio de La Habana.

Llegaron a Puerto Príncipe el 7 de Abril de 1819, después de ocho días de navegación y siete de espera en Nuevitas.

Para la fundación, procuró se les adjudicara la casa de la Obra pía del Capitán Miranda, hasta entonces lugar mal atendido y dedicado a recogidas.

En 1828, además de las internas cuyo número se desconoce, estudiaban 60 externas. Terminado el claustro y las salas de enseñanza (1829), se informa que la comunidad de cuatro religiosas atendía a 4 postulantes, 5 pensionadas, 108 educandas, y contaban con un capellán y un síndico

El edificio resultó pequeño y se les autorizó a venderlo para que, con el dinero obtenido y algunas donaciones y limosnas, poder edificar uno que tuviera la capacidad necesaria para monasterio y escuela. El nuevo convento estuvo situado junto a la Iglesia del Carmen.

Para 1837, ya habían profesado 16 religiosas camagüeyanas. Con el aumento del número de Madres, se pudo abrir una sección para enseñanza gratuita de las primeras letras. Mucho bien hicieron y mucho tuvieron que sufrir, pues en 1851, una orden del Gobierno las mandaba sacar del convento para convertirlo en cuartel del ejército. De regreso a la casa, fuero de nuevo expulsadas en 1868.

Nunca abandonaron la Ciudad, pero su obra educacional se vio seriamente afectada por carecer de las condiciones necesarias. Terminada la Guerra. Volvieron a su convento donde permanecieron hasta 1932, fecha en que clausuraron la fundación y se unieron a sus hermanas de La Habana.

Fray Juan de la Cruz Espí, O.F.M., el Padre Valencia

Este sacerdote ejemplar, apóstol de los pobres, nació en la ciudad de Valencia, España, el 2 de marzo de 1763. Hizo sus estudios primarios y parte de los secundarios en el Colegio de los Padres Escolapios de su ciudad natal. A los 14 años entró en la Orden franciscana y embarcó a Méjico con el afán de ser misionero; allí, completó sus formación religiosa y teológica y fue ordenado sacerdote en mayo de 1787. Comenzó el ejercicio del ministerio pastoral como capellán de una mina, proyectando su amor a los más pobres cuando compraba, con sus pocos recursos, mantas a los indios y se esforzaba por la evangelización de éstos.

Su vocación misionera los llevó a trasladarse a las misiones de California en 1791. Fray Juan trabajó con denuedo en la difícil tarea de evangelizar a los indios de Nutka y continuar la obra iniciada en 1770 por ese otro campeón de la Evangelización en América que fue Fray Junípero Serra.

Permaneció en esta Misión hasta 1793, regresando al actual territorio mejicano donde trabaja hasta 1800, fecha en que pasa a la Provincia franciscana de Santa Elena, en la Florida con la decidida intención de viajar a La Habana.

No tenemos clara la fecha de su arribo a La Habana y su estancia en el Convento de San Francisco, donde se preparó para su nueva misión. Esta vez en nuestra Isla de donde no se iría más.

El Superior le destina al interior del país, hacia 1808, y comienza su labor en la villa de Trinidad, alcanzando en poco tiempo una merecida fama de hombre de Dios, incansable y entregado a los pobres. Construye el convento de su orden, Santa María del Consuelo, y predica abundantemente en toda aquella región.

En 1813 se traslada a Santa María de Puerto Príncipe, lugar de su mayor entrega a la causa de los más necesitados.

Al llegar, se tropieza con la premura de construir un verdadero hospital que sirva de asilo a los leprosos, ya que lo que existía era una casa maltrecha y sin atención.

Sin descansar, recorriendo todos los días las calles de la ciudad pidiendo limosnas para sus pobres, tocando puertas y corazones para conseguir tales o mas cuales materiales, piedras, madera, tejas, mano de obra. Así lo recordaría por mucho tiempo la población de Camagüey que ya le empezaba a llamar «Padre Valencia».

Comenzó recogiendo sólo dos pesetas y terminó con una ayuda tal que, en poco tiempo habían concluido las obras. Previendo el futuro mantenimiento del hospital, hizo construir un tejar, un corral grande alquilable para el ganado de tránsito, y una estancia de labor y potrero.

El 6 de mayo de 1816, el Arzobispo Osés bendice la Capilla y el hospital de San Lázaro y lo nombra Capellán del mismo. Tanto Osés como sus sucesores, Rodríguez de Olmedo y Cirilo de Alameda, sintieron y manifestaron un gran aprecio hacia el Padre Valencia.

La segunda obra de este insigne sacerdote fue el Hospital del Carmen para la atención de mujeres; erigida en 1825 después que, siguiendo los mismos pasos que con la anterior, pudo reunir las sumas necesarias para esa empresa.

Sin mucha demora, edificó la capilla de San Roque junto al Hospital de leprosos, que sirvió para acoger a los peregrinos que viajaban hacia el Santuario de El Cobre. Para esta construcción y mantenimiento contó con la valiosa ayuda de Don Pedro Alcántara Correoso.

El Padre Valencia llevaba dentro de sí un potencial espiritual que lo mantenía en constante trabajo, de manera tal, que terminada una obra ya estaba proyectando otra, siempre pensando en el bien de su querido pueblo camagüeyano; por eso, cuando quedó terminado el Hospital del Carmen, compró un solar para edificar un colegio, del cual, sólo pudo disfrutar de la bendición de la primera piedra.

El día 2 de mayo de 1838 y a la edad de 75 años, el bueno y ejemplar Fray Juan de la Cruz Espí, para el pueblo, el Padre Valencia, entregaba su alma al Creador.

Para su sepultura se eligió el templo de San Lázaro, centro de su labor caritativa; el cadáver fue colocado junto al presbiterio bajo una lápida que contenía el resumen de su vida.

EL 1º de junio de ese año, fueron celebradas las solemnes honras en la Iglesia del Carmen, con oración fúnebre y la presencia del Ayuntamiento en pleno.

Las honras post mortem continuaron; en 1841 el artista Sawkins pintó un cuatro del Padre Valencia costeado por una suscripción popular promovida y encabezada por Betancourt Cisneros. En la ceremonia de colocación del cuadro, hizo el panegírico el orador Hermenegildo Coll de Valdemia.

En 1851, en su visita pastoral, el Santo Arzobispo de Santiago, Antonio María Claret quiso ver el cadáver y mandó a que fuera exhumado. La sospecha del Arzobispo fue corroborada, el cadáver estaba intacto a pesar de haber transcurrido 13 años de su sepultura. Se levantó acta y expidió certificado.

Al cumplirse 25 años de su muerte hubo un intento de abrir nuevamente la sepultura pero no concedieron el permiso. Sus devotos hicieron imprimir una biografía del benemérito sacerdote y con el producto de su venta ayudaron al mantenimiento de los pobres leprosos.

La virtud de la caridad es la más excelsa de todas las virtudes cristianas, pero la más difícil de practicar con constancia y permanencia. El Señor regala hombre y mujeres para cada época a fin de estimularnos, con sus ejemplos de vida, a no olvidar Su primer mandato. Digo esto porque, pasados los años la gente olvidó lo más importante de la obra del Padre Valencia, objetos de sus desvelos y atención solícita: sus pobres leprosos.

Cuentan que el Hospital de San Lázaro (Camagüey) cayó en el olvido, la pobreza invadió sin piedad el lugar y los pobres enfermos quedaron en un verdadero estado de miseria. Cuando parecía agotarse el último rayo de esperanza, apareció en el patio del maltrecho hospital un aura blanca, ejemplar más que extraño pues como sabemos, estas aves son de plumaje negro. ¿Mutación genética? Posiblemente.

El hecho es que los enfermos la enjaularon y expusieron al público que, curioso de ver tal espécimen, debía pagar una cantidad para verlo.

Con estas entradas, los enfermos del Hospital pudieron sostenerse durante un buen tiempo. Muerta el aura, fue disecada y conservada en un museo de Camagüey como hace más de 30 años pude ver en una foto que ilustraba el libro por el que estudié literatura cubana. Y es que la escritora camagüeyana Gertrudis Gómez de Avellaneda, gloria de las Letras cubanas e Hispanas, escribió una obra sencilla que tituló La Leyenda del Aura Blanca, donde se recoge la creencia de aquella gente que interpretó que el extraño animal había sido enviado por el mismo Padre Valencia para continuar, después de muerto, su labor caritativa con sus queridos pobres del Hospital de San Lázaro.

Para concluir con el testimonio de esta vida ejemplar del siglo XIX cubano, transcribo una parte del texto que escribiera Don Gaspar Betancourt Cisneros «el Lugareño» refiriéndose al Padre Valencia:

[...]que en nuestra época reunió mayor número de virtudes cristianas y sociales, que armado sólo de su palabra y de su ejemplo, disponía de todos los afectos y opiniones á beneficio del pobre y del enfermo, que dotado de una fuerza de voluntad inagotable, realizaba las obras más costosas, sin otros medios y recursos, que los que se encontraban en manos de otros y la Providencia trasponia á las suyas[...]

La Diócesis de San Cristóbal de La Habana en el siglo XIX

Ilustrísimo Señor Doctor Don José González Candamo y Cauniego, Obispo Titular de Milasa y segundo Auxiliar de La Habana

Muerto el Obispo Trespalacios, la Diócesis de La Habana quedó al mando del Ilustrísimo Señor Doctor Don José González Candamo y Cauniego, Obispo Titular de Milasa.

Nació en Morcín, Asturias, en el año 1754, hijo del Regidor Don Manuel y Doña Manuela de Cauniego. Estudio en el Colegio de Santa Cruz, obteniendo una beca por oposición. Terminados sus estudios, ocupó la Rectoría del Colegio.

Doctorado en Cánones en la Universidad de Toledo en 1789 y más tarde, en Oviedo, en Leyes Civiles. En la Diócesis de Oviedo ocupó los cargos de Provisor y Canónigo Penitenciario.

Al recibir una canonjía en la Catedral de La Habana, se traslada a la Isla, llegando a ocupar el puesto de Deán. Cuando muere Trespalacios, asume los cargos de Provisor y Vicario Capitular de la Diócesis.

Suponemos que recibiera el Título episcopal de Milasa y fuera Auxiliar de La Habana a solicitud de Trespalacios quien debió consagrarle en la Catedral.

González Candamo dirigió la Sede vacante hasta el 12 de septiembre de 1801, fecha en que falleció de fiebre amarilla. Al día siguiente, le daban cristiana sepultura según el ritual de los Obispos, en el presbiterio de la Catedral como lo atestigua su partida de defunción.

Cuando el Obispo Espada inauguró el Cementerio General, los restos de este Obispo, que se encontraban sepultados entre el Altar Mayor y el sepulcro de Colón, fueron trasladados y depositados en la bóveda de las dignidades eclesiásticas. Era el día 2 de febrero de 1806.

Los funerales se celebraron el día 13 de octubre del año de su deceso, presidió la ceremonia el Deán Doctor Don Cristóbal Palacios y la Oración fúnebre estuvo a cargo del Presbítero Doctor Don José Agustín Caballero. A continuación algunos párrafos de dicha Oración fúnebre:

> [...]y baxo la seda de purpura y lino descubriremos *la piedad de un Canonigo, la integridad de un Provisor, toda la santidad de un Obispo*. Este ilustre Asturiano creía, y creía bien, que nada figuraban los talentos que no se empleaban a la felicidad de la Patria, y que el estudio de las ciencias contribuia á su fomento lo mismo que el filo de las espadas, *porque vale mas la sabiduria que la fuerza, y el varon sabio que el fuerte*[...]

> [...]El Eclesiástico alabó la judicatura de Samuel diciendo, *juzgo el Pueblo, según la Ley de Dios;* de nadie recibió dinero, ni regalo alguno, ni unos zapatos, siquiera *pecunias usque ad caletamenta ab omni carne non accepit*[...]

> [...] Lo mismo diré yo del Ilustrísimo Gonzalez. ¡Que escrupuloso en la recaudación de costas! Mas de una vez cuidó de que los ministros inferiores no las tirasen en los casos privilegiados; mas de una vez repelió frívolos dones ofrecidos en coyunturas que no reprobaba la Ley[...]

> [...]Siempre pedia la consulta de otro para ilustrar mas y mas su entendimiento, y sosegar su tímida conciencia[...]

Sobre las obras de caridad de este Prelado ejemplar,

> [...]á los principios de su gobierno, suplia de su peculio los derechos Parroquiales de entierros, gracia que le imploraban algunos pobres insolventes: estos subsidios eran tan frecuentes, que fue preciso

manifestarle el estado de su arca. Ningun pobre pisó los umbrales de su Palacio, clamando misericordia, que no hubiese recibido consuelo[...]

De estos párrafos entresacados del Elogio Fúnebre del Obispo González, podemos descubrir su ejemplaridad de vida que, por no extenderme demasiado, no continúo sumándole virtudes.

Nadie mejor para prepararle el camino de la Diócesis a quien vendría a ocuparla en breve tiempo y que también nos iluminara con su vida de Pastor.

Doctor Don Juan José Díaz de Espada y Fernández de Landa

El Patronato Regio solicitó y obtuvo de la Sede Apostólica el nombramiento de Obispo de San Cristóbal de La Habana, para el Doctor Don Juan José Díaz de Espada y Fernández de Landa.

Este Obispo español que, al decir de José Martí, *nos quiso bien*, nació en Arróyave, pueblo de la provincia de Álava, el día 20 de abril de 1756; hijo de Don Andrés Díaz de Espada y López de Ondátegui y de Doña María Fernández de Landa y Ruiz de Azúa. La tradición vasca de los apellidos compuestos se ve muy presente en los apellidos de este Obispo que, en definitiva, pasó a las páginas más gloriosas de nuestra historia eclesiástica, como el Obispo Espada.

Cuando Juan José es aún un niño, muere su padre y Doña María, su madre, se hace cargo de su educación. Por ambas partes, Juan José, descendía de familias aristocráticas vascas y castellanas. Su primera educación es esmerada no sólo en contenido sino también en forma. Madre, abuelos, algún que otro preceptor, lo enseñan a transitar con pasos firmes en el ambiente aristocrático vasco, donde se combinan reciedumbre y delicadezas, hidalguía y mansedumbre, firme fe católica y gusto por conocer y vivir los valores de la verdad y la libertad.

Para entender mejor el carácter y las grandes actitudes de este insigne prelado, no puede pasarse por alto el medio socio – cultural de la región vasca en la segunda mitad del siglo XVIII. En 1765 se le concede a Peñaflorida el permiso para fundar una Sociedad promotora del desarrollo de la enseñanza, la cultura, la técnica y la ciencia. Así surgen en España las Sociedades Económicas de Amigos del País de las que fue su avanzada, y primera en fundarse, la del país vasco.

En 1776, la escuela que patrocinaba la Sociedad Patriótica en Vergara obtuvo el título de Real Seminario Patriótico y la encomienda de enseñar las primeras letras, religión, humanidades, matemáticas y ciencias físicas. Espada tenía entonces 20 años, por lo que no debió estudiar en ese Seminario, pero de seguro lo conoció y se movió en ese ambiente de renovación intelectual que marcarían su personalidad y le impulsarían, tiempo después, a desarrollar y apoyar planes semejantes en su Diócesis.

En su primera juventud, Espada pasó a estudiar a Salamanca. Algunos historiadores como López Prieto que escribió su biografía, dudan de su presencia en la prestigiosa Universidad; otros, como Pezuela y Luz Caballero, afirman que sí. Del primero no conocemos la fuente, del segundo, el testimonio que dice haber recogido del propio Espada.

Según Luz caballero, «pasó en su adolescencia a estudiar a Salamanca donde estuvo 16 años de estudios mayores». En los archivos de la Universidad no aparece registrado de donde se pueden deducir dos cosas, o bien se extravió su expediente académico, o estudió en otros centros salamantinos.

Lo que nos interesa destacar de su estancia en Salamanca es el ambiente de ilustración católica en el que se movió y, como se desprende de su pensamiento, tenía una gran influencia de hombres como fray Benito Jerónimo Feijoó, autor del libro *Teatro crítico universal,* uno de los fundadores de la Ilustración española.

Espada inició sus estudios superiores en el Colegio de Santa María de los Ángeles y en el Colegio Mayor de San Bartolomé, del que llegó a ser Rector. Concluidos sus estudios y obtenidos los títulos de Bachiller en Artes (filosofía), Leyes y Cánones, debió ingresar en la Universidad para obtener el Doctorado en Teología, pero esto queda por demostrar. Si se sabe que se Doctoró en Sagrados Cánones en la universidad de Valencia.

A los 26 años recibió la ordenación sacerdotal de manos del Obispo de Segovia. Durante 11 años ejerció el ministerio de Cura; Confesor con licencia absoluta en Salamanca, Calatrava y Plasencia; Abogado de los Reales Consejos durante tres años; Fiscal general del Obispado de Plasencia. En 1792 pasó a ocupar los cargos de Provisor y Vicario General de la abadía y territorio de Villafranca del Vierzo, profesor de Filosofía y Canónigo. Ejerció además, el cargo de Juez eclesiásticos en varios pueblos de aquella región.

En 1799, le nombraron Promotor Fiscal del Santo Oficio de Mallorca, cargo que no debió gustarle mucho pero que le permitió tener licencia para leer todo tipo de literatura prohibida.

Cuando muere Trespalacios, el valido del rey Carlos IV, Don Manuel Godoy lo propuso con la aprobación real de fecha 3 de mayo de 1800, y el Patronato lo presentó al Nuncio Felipe Casoni como el candidato para ocupar la sede vacante de La Habana. Después de todos los trámites investigativos sobre su idoneidad, el expediente fue enviado a Roma y el Papa Pío VII lo nombra Obispo de San Cristóbal de La Habana el día 11 de agosto de 1800.

Comienzo de su episcopado

El 15 de diciembre de 1800, estando Espada en Madrid, envía a su Cabildo catedralicio, el informe de su designación como nuevo Obispo de La Habana.

El Cabildo acusó recibo del informe el 7 de julio de 1801; demoraría aún siete meses y dieciocho días para arribar al puerto habanero. Si contamos el tiempo transcurrido desde su nombramiento hasta su llegada, constatamos que fueron 18 meses, ¡casi dos años! ¿Cuál fue la causa de esta demora? Nos parece lógica la opinión del Dr. Torres Cuevas referente al tiempo que ocupó la guerra entre España e Inglaterra y que, de seguro, hacía más que difícil la navegación entre la Metrópoli y el Caribe.

En las *Crónica y Libro de Memorias* de Tomás Agustín Cervantes, encontramos que el día 25 de febrero de 1802: «Entró en el puerto de La Habana el correo... a las once del día, en el cual vino el Ilustrísimo Sr. D, José de Espada, dignísimo Obispo de la Habana, el que saltó a tierra a las 5 de la tarde». (sic) *Revista Bimestre Cubana* (Vol. III, Habana, p.34)

Al día siguiente, se reunió el Cabildo catedralicio y todo el clero de la Ciudad para acompañar a su Obispo en un solemne Te Deum cantado en la Catedral. Después se celebró cabildo ordinario en el cual, el Obispo preconizado manifestó su voluntad de ser consagrado en dicha catedral, su sede, el día 28 del corriente.

El domingo 28 de febrero de 1802 se efectuó la consagración episcopal del Ilustrísimo Señor Don Juan José Díaz de Espada. Fue su consagrante el Ilustrísimo Señor Don Luis María Peñalver y Cárdenas, Arzobispo de Guatemala, quien se encontraba de paso por su ciudad natal; los «colaterales», el Sr. Dr. D. Expósito Palacios, Deán de la catedral y el Sr. Dr. D. Juan Correoso, Arcediano.

Fueron sus padrinos el Sr. Dr. Salvador del Muro y Salazar, Marqués de Someruelos, Gobernador General de la Isla y el Sr. D. Juan de Araoz, Capitán General de la Real Armada y General de Marina del puerto.

El domingo 14 de marzo se efectuó la toma de posesión de la Sede de acuerdo con lo previsto en el Pontifical de los Obispos.

César García Pons, en su libro sobre el Obispo Espada, lo describe en el momento de su toma de posesión como una hombre de gran estatura –un poco más de seis pies–, robusto y de rostro agradable; carácter firme y espíritu fuerte; inflexible en sus convicciones; con gran facilidad para hablar y agradable en el trato, sus interlocutores podía descubrir con facilidad que era un hombre culto, poseedor de una profunda formación que no ocultaba las características de la Ilustración; su figura era la de un hombre de buen gusto y modales distinguidos pero sin afectaciones.

OBISPO JUAN J. DIAZ DE ESPADA.

Don José de la Luz y Caballero lo consideraba como el hombre que «marcaba el camino de la civilización» y que «tenía cuanto necesitaba de animoso para emprender, y de prudencia que lo templaba para no emprender sino lo practicable.»

El Sr. William Shaler, Cónsul de los Estados Unidos en Cuba lo describe en su informe de 1810 al Departamento de Estado, como «un hombre alto y guapo... iluminado por la filosofía, de una energía de carácter próximo a la obstinación. De él se dice que está mejor calificado para mandar ejércitos que monjes.»

Visto así, nos damos cuenta que Espada pudo ser perfectamente el que aglutinara a tantos hombres ilustres y capacitados para emprender proyectos de toda índole, lo cual, muy pocos pudieron lograr antes y después de episcopado.

Restablecido de ciertos malestares que le proporcionaran el viaje, tomó posesión de la Diócesis el día 14 de marzo como consta en el Acta del Cabildo. Y no demoró más para comenzar su labor pastoral visitando los templos de la Ciudad. En esta visita se encontró con una serie de elementos que, para su concepción, eran contrarios no sólo al buen gusto, sino también, a la dignidad de la religión y al mejor fomento del culto. Imágenes revestidas ridículamente, prácticas supersticiosas que opacaban la dignidad del culto católico y contribuían a desvirtuar el verdadero sentimiento religioso y la moral pública.

Espada provenía de unos círculos religiosos que propugnaban cambios en las tradiciones desfasadas y en las costumbres viciadas de oscurantismo.

Fue testigo de la procesión nocturna de penitentes que se aplicaban públicamente disciplinas y recorrían con extrañas canturías y opacos cirios, las calles de San Salvador de Horta, Mercaderes y Amargura, en un itinerario iniciado en el antiguo convento de San Francisco y concluido en el Cristo del Buen Viaje, antes conocido como el *Humilladero*. Le pareció remontarse a las descripciones de la Edad Media y no demoró en poner orden a todo este desequilibrio.

Primeras disposiciones

Mandó reformar los altares y sustituir las imágenes impropias por cuadros de escenas religiosas o de la vida de los santos, confeccionados por los mejores artistas.

Bachiller y Morales nos habla de las reformas emprendidas por Espada:
[...]Los objetos de culto en sus formas tuvieron que experimentar la influencia del buen gusto de Espada. En este particular exageró su afición á las líneas regulares, a los egemplos griegos y romanos:

Espada tenía aversion al gusto gótico, y esta aversion se aumentaba en fuerza del *churriguerismo* que dominaba en los adornos de los altares y templos.

La reforma empezó por la Catedral: los antiguos altares algunos de los cuales merecian conservarse como obra de arte de la edad media (¿?), fueron sustituidos por otros de caoba con istras y adornos de oro; las efigies de bulto, en su mayor parte de mala talla, dejaron el lugar á buenas copias de lienzo. Las parroquias siguieron el ejemplo, adoptando el mismo gusto. Algunos cuadros de mal dibujo pero que servían como monumentos históricos, tales como el embarque del Obispo de La Habana por los ingleses que lo desterraron de ella, desaparecieron ante la voluntad reformadora de Espada.

Cuando algunos fanáticos vieron una profanacion en que se remitieron al hospital para leña los fragmentos de aquella revolucion artística no disculparon el celo del Prelado, sino que lo llamaron á boca llena *iconoclasta*, como si los retablos no contuvieran imágenes y como si estos no recibieran las mismas ofrendas de respeto y veneracion que las que son de *bulto* ó escultura[...]

Las reformas emprendidas por el Obispo, en materia de ornamentación religiosa, alcanzan su punto culminante en el precioso altar consagrado a la Santísima Virgen, Patrona de la Catedral, ejecutado con los más finos mármoles y bronces italianos, cuyo valor fue reconocido por la Academia de San Lucas de Roma.

El Obispo se enferma de gravedad

Pasados unos meses de su llegada a La Habana, en pleno verano de 1802, el Prelado cae en cama víctima de la fiebre amarilla; la enfermedad le invade con tal intensidad que peligra su vida. Los designios divinos se valieron de la sabiduría y pericia del Dr. Tomás Romay, para devolverle la salud al Obispo.

Desde entonces, Obispo y Doctor desarrollaron una profunda amistad que se hizo pública, no sólo con los gestos propios que la caracterizan, sino por la gran colaboración que se prestaron mutuamente en los distintos proyectos emprendidos por ambos.

Los incendios del barrio de «Jesús María» y del pueblo de Bejucal

El 25 de abril de 1802, la población habanera quedó consternada por la destrucción de casi todo el barrio extramuros de Jesús María. El siniestro redujo a cenizas ciento noventa y cuatro casas, no aparecen datos que reporten víctimas humanas, pero los moradores de aquellas, quedaron en la más total miseria.

Ese mismo año, otro incendio destruía varias viviendas en el pueblo de Bejucal.

Ambos desastres sirvieron para hacer pública la hasta entonces oculta caridad del Obispo y si decimos oculta, no significa que estuviera «guardada», sino que esta labor se hacia en silencio.

Espada se preocupó de suministrar víveres y ropas a los damnificados de ambos incendios y aportó la suma de 500 pesos fuertes para contribuir a la reedificación de las viviendas.

El Obispo y la Real Sociedad Patriótica de Amigos del País

Cuando el Obispo Espada llegó a La Habana ya hacía nueve años que se había fundado en esta Ciudad la Sociedad Patriótica de Amigos del País con sus principales promotores, el Gobernador Don Luis de las Casas y el Ilustrísimo Señor Don Luis Peñalver y Cárdenas, entonces Provisor y Vicario General de la Diócesis habanera.

Santiago de Cuba fue la primera en América en fundar estas Sociedades que se iban multiplicando en la Península.

Espada las conocía y valoraba bien, pues fue testigo de sus inicios en España; por eso, no dejó que pasara su primer año de episcopado sin solicitar su admisión a la misma. Este deseo lo hizo conocer por medio del Presidente, el Marqués de Someruelos.

En la sesión del 10 de diciembre se le propuso como Socio de Honor y fue aceptado por la totalidad de los miembros; y en es misma junta, al efectuarse las elecciones de cargos, Espada fue elegido, por unanimidad, como Director.

Tiempos dichosos aquellos en los que se veían estrechamente unidos, para el bien común de la Patria, los eclesiásticos y los civiles, comprometidos en una sana emulación por buscar las vías del mejoramiento público.

Tiempo aquel, en el que el Obispo era llamado «nuestro Pastor» por los que dirigían los destinos de la Patria.

En aquella sesión del 13 de enero de 1803, José de Arango pronunció un discurso en el que expresaba, entre otras cosas, su valoración sobre el Obispo Espada:

> [...] Sí, amigos, lográmos ya un consuelo, y un apoyo de que necesitaba nuestro Patriotismo: logramos ser dirigidos por nuestro Pastor, y alcanzamos este deseado beneficio quando han adornado á la Dignidad Sagrada, la bondad, la prudencia, y el ardiente zelo por el bien común[...]

Y dándole un cierto tono profético, añade:

[...]Ya lo vereis como sabe hermanar y aún confundir la caridad christiana con la economía pública para proporcionar las copiosas ventajas que la influencia Pastoral Produxo, siempre que quiso emplear sus facultades, dirigiéndolas exactamente al bien general[...]

La Casa de Beneficencia

Ya había transcurrido un siglo desde que el muy bueno de Compostela, movido por su caridad pastoral, pensó en los desvalidos y olvidados de la sociedad, aquellos que ni sus padres querían. Y para dar una solución práctica a este escándalo social, ideó una casa para niños y niñas huérfanos. La demora en la construcción del edificio, le hizo persuadir a las Madres Carmelitas Descalzas para que, haciendo una excepción de su Regla, asumieran el cuidado de estos niños. Fue el Obispo Valdés quien concluyó la obra y no sólo la sostuvo sino que les dejó su propio apellido.

Esta obra no era responsabilidad exclusiva de la Iglesia. Existía un acuerdo con la autoridad civil para compartir el sostenimiento de la Casa; la falta de atención gubernamental y la mala administración de los fondos puso en crisis el establecimiento.

El obispo Peñalver y el Gobernador las Casas, fundaron una nueva institución, la de Beneficencia, bajo la protesta razonable del obispo Trespalacios. La duplicación de instituciones, no era la solución del problema.

Por otra parte, el obispo Hechavarría y el gobernador de la Torre crearon otra institución social, la Casa de Recogidas que siguió el mismo derrotero que la de Expósitos.

Espada se dio cuenta que sólo se solucionarían estos problemas si se reunían en una las tres instituciones y se controlaba la administración. Sin dilatar mucho la ejecución de su proyecto, se entrevistó con el gobernador Someruelos y le presentó su proyecto para que, a su vez, se diera a conocer en la Sociedad Patriótica. De este informe algunos párrafos interesantes:

[...]Las Casas de Beneficencia, Expósitos y Recogidas, son tan análogas en sus objetos, se tocan tan de cerca, que pudiendo estar juntas, tendrán por la naturaleza misma de la cosa, tal mútua reaccion entre sí, que es por ahora incalculable el grado de progresion á que podrán llegar. Y por otra parte, son tan débiles las fuerzas separadas de cada una de ellas, que á excepcion de la primera, es casi ninguna la utilidad que se consigue con su existencia; por no decir que es perjudicial la de la tercera según se halla. ¿Quién puede negar que los fines que se propusieron sus fundadores, fueron los más santos y saludables?:

pero por una combinacion no prevista se suelen frustrar da contínuo los buenos efectos separados.[...]

Para el Obispo, la Casa de Beneficencia debía corresponder a un verdadero taller donde se formaran, en los mejores principios morales, hombres y mujeres que contribuyeran al bien de la sociedad:

[...]y los mismos se podrán subvenir á los gastos permanentes de la manutencion á que no alcancen los productos del trabajo de aquel taller inmenso. En él empezará a vivir el miserable abandonado por sus padres, y se sabrá que sin salir de allí, ó por poco tiempo, y sin peligro de que se pague la lactancia de los que no existan, como se ha temido, si se toman las providencias conveniente, se podrá hacer un individuo de brazos útiles á la sociedad. En él se formarán las laboriosas madres de familia, con una educacion habituada al trabajo; y en él se les pondrá por modelo de ocupacion á las que por cualquiera causa se hubiese creido conveniente depositar allí, ó para correccion ó para otros fines conducentes al órden público.[...]

La Real Sociedad Patriótica encargó a los Señores José Ilincheta y Francisco de Arango y Parreño para que, unidos al Prelado, llevaran adelante el proyecto.

Parroquias, Iglesias y Conventos

En el corto tiempo transcurrido entre el nombramiento de Espada y su consagración, el Vicario Capitular, Mons. González, se preocupó por crear el Oratorio de Quiebra Hacha, la Iglesia de Santa Ana de Trinidad, la reparación del Convento de la Vera Cruz de Sancti Spíritus y la construcción de una sencilla Iglesia de madera para la barriada de El Cerro, declarándola Auxiliar del Sagrario de la Catedral.

La Iglesia de Batabanó pasó a ser Auxiliar de Quivicán y San Antonio de los Baños, declarada Parroquia con las Auxiliares de Ceiba del Agua y Vereda Nueva.

En 1802, Espada mandó unificar las Ermitas de Guadalupe y del Santo Cristo de la Salud. La primera había sido declarada Auxiliar por el Obispo Lazo de la Vega, pero en los días de la toma de La Habana por los ingleses, fue mandada a derruir por considerársele punto estratégico. Ahora se aprovechaban sus buenas piedras de cantería que unidas a otras nuevas y adosadas al edificio del Cristo de la Salud, concluirían en la hermosa Iglesia, declarada Parroquia bajo el título, de Nuestra Señora de Guadalupe. La Iglesia dio nombre al barrio de extramuros, el campanario de la ermita a la calle que mira al Oeste y el antiguo título del Cristo de la Salud a la que corre de Este a Oeste.

Mientras se realzaba esta obra, declaraba Auxiliares de Santiago de las Vegas a las de San Juan Bautista del Calabazar y del poblado de la Salud.

En Remedios se concluía la construcción de la Iglesia de San Salvador de Orta.

En 1803, nombró Parroquia a la Iglesia de Santa Ana de Guanabo dándole como Auxiliares la de Nuestra Señora de los Dolores de Bacuranao y Nuestra Señora de Guadalupe de Peñalver.

Manda a construir la ermita de Aguacate y la declara Auxiliar de la Parroquia de San Lorenzo de Jibacoa. Coloca a la ermita de San Luis rey de Francia de Madruga bajo la jurisdicción parroquial de Macuriges y a San Pablo de Caraballo como Auxiliar de San Antonio de Río Blanco del Norte.

Erige a Tapaste como Parroquia bajo el título de la Purísima Concepción.

Las Madres Ursulinas en La Habana

El 22 de junio de 1803 llegaron a La Habana las Madres Ursulinas con la decisión de fundar un monasterio y escuela siguiendo el consejo del obispo Peñalver. La Comunidad provenía de la fundación hecha en 1727 en Nueva Orleans. El territorio de la Louisiana había pasado a manos del Imperio Napoleónico y éste la vendió a la joven República de los Estados Unidos por la suma de 15 millones de dólares.

Su Superiora, la habanera Sor María de Santa Mónica Ramos, temió por el futuro desenvolvimiento de la Comunidad dado que muchas familias españolas y francesas abandonaban la Ciudad y la región. Hecha la solicitud de traslado, el Patronato Regio las autorizó para que fundaran en La Habana la primera comunidad religiosa dedicada a la enseñanza.

No todas vinieron, pues seis religiosas prefirieron quedarse trabajando en Nueva Orleans; el resto, ocho religiosas cubanas, seis francesas y dos irlandesas, decidieron venir para Cuba.

Estas son, además de la Superiora ya nombrada, Sor Margarita de San Ignacio Dulievre (francesa), Sor Antonia de Santa Rita del Castillo (habanera), Sor Adelaida de San Solano Dusau (francesa), Sor Francisca de Santa Saboya Dusau (francesa), Sor Petrona de San Agustín Collazo (habanera), Sor María Josefa de San Miguel Mirabal (habanera), Sor María Ignacia de Santa Clara Tera (villaclareña), Sor María Manuela de San Rafael Mirabal (villaclareña), Sor Felicitas de Santa Ángela Carder (irlandesa), Sor María de Regla de Santa Úrsula López (habanera), Sor Genoveva de Santa Marta Chimite (francesa), Sor María de Jesús de Santa Rosa Sánchez (habanera), Sor María de la Asunción de Santa Rosalía Dourgue (francesa) y Sor Angélica de San Estanislao Langine (francesa)

De momento, no tenían casa donde realizar la fundación, por lo cual, fueron repartidas entre las Carmelitas, Catalinas y Clarisas.

El obispo Espada, que estaba muy interesado en esta fundación por lo que podía significar de promoción para las jóvenes de la sociedad habanera, les concedió, de mutuo acuerdo con el Gobernador Someruelos, como primera estancia, la sección de la Casa de Recogidas de San Juan Nepomuceno correspondiente a la calle Egido; y para allí se trasladaron el 4 de abril de 1804.

El capellán Pbro. José Miguel de Moya da un valioso testimonio de la abnegación de estas religiosas que, viviendo en una pequeña sección de la Casa de recogidas y con muy poca ayuda económica se dispusieron a la obra, teniendo 136 alumnas externas y 50 entre pensionistas y aspirantes al noviciado.

En 1815 pudieron ocupar todo el extenso lugar, pues las «recogidas» fueron trasladadas a una casa cita en la calle Compostela y callejón de O'Farrill o de la Tenaza. Para esta fecha, impartían clases a 146 alumnas externas y 45 internas.

A la solicitud de permiso para la toma de hábitos, el Obispo contestó que, hasta que no daría el consentimiento hasta que la comunidad no contara con fondos suficientes que les permitiera recibir novicias sin obligación de entregar dote.

En 1850, y ayudadas por Doña María Josefa Santa Cruz de Oviedo, pudieron construir la Capilla del convento de estilo morisco «alhambresco» de tres pisos, con arcos en los portales de la planta baja que parecen imitar a la Mezquita de Córdoba. Las Madres Ursulinas permanecieron en este mismo lugar hasta su traslado a Miramar en 1927.

De la obra de estas religiosas nos habla el historiador Pezuela en su Diccionario:

[...]la madre superiora sor Antonia Ramos, redobló sus esfuerzos hasta que obtuvo autorización para abrir noviciado y dar cumplimiento en la ciudad á uno de los principales deberes de las Ursulinas, que es la enseñanza de la juventud femenina. Vió aquella celosa prelada cumplidos sus deseos y formalmente constituido su monasterio, cuando despues de haber tomado el hábito de Santa Ursula 16 señoritas habaneras, se puso á la comunidad en definitiva posesión de la antigua casa de San Juan Nepomuceno en 18 de diciembre de 1815 por el ayuntamiento de la Habana y las demas autoridades. Constantemente desde entonces, y con un éxito completo, se han dedicado las Ursulinas á la enseñanza de niñas internas y medio pupilas con moderadas retribuciones, que constituyen los principales ingresos del convento. Ademas de los cuidados verdaderamente maternales que prodigan á las alumnas, las enseñan con perfeccion la doctrina cristiana, lectura, escritura, aritmética, lengua francesa y aun inglesa, y todas las labores y habilidades de su sexo[...]

¿Cómo se desarrollaba el sistema educacional de las Ursulinas? Sor Antonia de Santa Mónica lo expone en un informe enviado al Rey en 1814:

[...]haciéndolas levantar a las cinco y media para asistir con ellas a su oratorio; para hacer el ejercicio cuotidiano; después ir con ellas al coro para oír misa asta las siete; el dirigir sus plumas sobre el papel de 8 a 9; de instruirles en la doctrina cristiana de 9 a 10; de trabajar con ellas en las costuras, bordando, y en otros trabajos de su sexo según su capacidad y voluntad de sus padres, de 10 a 12; de 1 a 2 enseñar aritmética; de 2 a 3 rezar el rosario de María Santísima y Letanías; a las 3 volver, con unas a la labor, otras a la lección, otras a la gramática y ortografía castellana hasta las 5 que van a hacer oración de coro, y para cerrar el día, a las 7 y media el ejercicio cuotidiano[...]

Al principio de este acápite hablamos de la fundación de las Madres Ursulinas como del comienzo de la enseñanza a las niñas de La Habana, pero en justicia debemos recordar la fundación del Colegio de San Francisco de Sales, obra de Compostela que se remonta a las últimas décadas del siglo XVII, y que tuvo siempre como objetivo el educar a las niñas que no tenían posibilidad de la poca educación que, entonces, tenían acceso las mujeres.

En un informe redactado en 1816 por el Pbro. Lcdo. Justo Vélez, que a la sazón formaba parte de la Comisión de Educación dirigida por la Sociedad Patriótica, y que Don José Antonio Saco incluye en su *Colección Póstuma*, se hace ver que la enseñanza de la buena escritura estaba limitada a las dos instituciones religiosas antes nombradas pues, des resto de las escuelas, «apenas había cuatro en que se enseñaba á escribir...»

Y sigue refiriendo Saco:

[...]Despues de haber hecho el exámen mas riguroso en cada una de las escuelas, de los puntos de su enseñanza, preguntando á la mayor parte de las niñas, según su capacidad, aquellos rudimentos triviales que podrian estar á su alcance, hemos formado la idea general, que la enseñanza de las niñas se halla en bastante atraso. Si esceptuamos dos establecimientos dignos de la más alta consideración, cuales son el de las monjas Ursulinas y el del colegio de San Francisco de Sales, hallarémos á los demás, en general (pues siempre hay algunas escepciones), en un estado de tal abatimiento, que es necesario que la

Sociedad ponga todo su esmero en darles un impulso que les saque del mísero estado en que yacen[...]

En 1865, las religiosas de Santa Úrsula enseñaban escritura, lectura, gramática castellana, aritmética, geografía de Cuba, geografía Universal, y otras asignaturas menores, además del aprendizaje de costuras y bordados; música y piano.

Tal fue la educación impartida en este plantel que en mis años juveniles se escuchaba aún un dicho popular que quería expresar la buena educación de una persona: «Ella estudió en las Ursulinas».

El Obispo se enfrenta a los desórdenes e indisciplinas del clero

Ya nos referimos al principio a los desórdenes concernientes a la liturgia y a ciertas prácticas de piedad poco edificantes; ahora tocaba el turno al toque de campanas, asunto en el que ya había intervenido el obispo Trespalacios, pero del que seguía siendo una verdadera molestia para la población habanera.

La desobediencia estaba ligada, generalmente, a los beneficios económicos que Párrocos y Priores de Conventos obtenían con el toque de campanas.

La regulación de Trespalacios limitaba el toque de campanas a las Ave María en horas tempranas de la mañana y al de Ánimas, por la noche; ninguno debía sobrepasar los tres minutos. Y lo mismo para los demás toques acostumbrados para avisar a los fieles.

El doble escándalo se debía a una costumbre que se había ido generalizando y que bajo la cubierta de piedad, escondía una vanidad reservada a los que podían pagar los altos estipendios que se habían establecido sin la aprobación de la Curia.

El 18 de marzo de 1803, el Obispo emitía un edicto llamando a la obediencia y a la caridad pública. Parece que en esta ocasión, aunque a regañadientes, se cumplió la orden del Prelado.

El otro asunto era más grave por estar relacionado con la moral del matrimonio y sus consecuencias sociales.

Era el caso de los llamados «matrimonios clandestinos» penados por los Cánones y la Legislación real.

El edicto se hizo público el 9 de abril de 1803. En él podemos descubrir al Pastor preocupado por el bien espiritual y el equilibrio social de sus fieles que, para llevar adelante una obra justa moviliza todas sus energías y no escatima en llamar a las cosas por su nombre, apelando, primero, a la conciencia de los transgresores, pero imponiendo todas las sanciones necesarias si la indolencia o la perniciosa tozudez les mantienen en su grave error.

En este delito incurrían algunos Párrocos, Teniente de Cura y Capellanes castrenses que lléndose por encima del Derecho Canónico y de las Leyes Civiles realizaban matrimonios que, en la práctica eran falsos o nulos y, por tanto, desprovistos de todo derecho.

¿En qué consistían estos «matrimonios clandestinos»?

No sabemos a ciencias ciertas en qué consistían. Por lo que se desprende del texto de Edicto, los realizaban los presbíteros en forma oculta; no quedaban asentados ni se daban a conocer después de hechos; eran matrimonios que *de iure,* estaban prohibidos por las Leyes. Espada los llama «un cuasi concubinato, cuya union no es capaz por sí de prestar sino una falsa tranquilidad de conciencia». (sic.)

Y refiriéndose a las consecuencias, declara:

[...]Y es doloroso, el que la primera víctima de la seduccion no pueda decir en público que tiene marido, ni la segunda un padre, ni ninguna en fin manifestar sus relaciones con él, expuestos todos á crueles angustias si sobreviene el conocimiento y la persecucion de las autoridades competentes, y la imposicion de las penas[...]

Después exhorta a fieles y sacerdotes a tomar en serio el sacramento del matrimonio y a cumplir lo establecido por las Leyes Civiles y Eclesiásticas, so pena de ser castigados con las sanciones establecidas.

El fenómeno de los matrimonios clandestinos le dio pie para enfrentar la desorganización que existía en la distribución territorial de las parroquias, así como de sus límites y jurisdicción de los Curas beneficiados y Tenientes de Cura.

Apelando a lo establecido por el Sínodo Diocesano, determina:

[...]Limitámos conforme á constituciones sinodales, las facultades de estos en parte, y mandámos presenten sus títulos para notar en ellos esa excepcion: no entendiéndose estos con los Tenientes propios de las Auxiliares sino con los de éstos y los Párrocos, cuyos límites, como los de dichos Tenientes de Auxiliares, los reducimos solamente para los valores de los matrimonios por ahora, á los respectivos de cada Iglesia Parroquial ó Auxiliar, sin que puedan autorizarlos los de las unas en las otras.

Y á los Capellanes de Ejército y Armada, de cuyos excesos de algunos en esta parte se nos han dado graves y multiplicadas quejas, encargamos particularmente, y mandamos observar exactamente, so las penas dichas, las instrucciones peculiares que le estan dadas respecto de las celebraciones de los contrayentes castrenses, con todos los requisitos mandados en ellos como indispensables[...]

A pesar de las diligencias del Obispo llamando a la cordura en el cumplimientos de los deberes y la obediencia, tardó más de diez años en controlar estas y otras indisciplinas, teniendo que aplicar castigos, destituir párrocos díscolos o suspenderlos de los ministerios.

La Visita Pastoral

Para conocer el itinerario y las celebraciones de esta visita, contamos con el relato que de ella hace Fray Hipólito Sánchez Rangel, que sirvió de secretario y ayudante al Obispo.

Según Sánchez Rangel, partieron de la ciudad de La Habana, el sábado 19 de noviembre de 1804, a las cuatro de la tarde y se detuvieron en:
1. Jesús del Monte, distante una legua de la Ciudad, para pasar la noche en la casa de campo del Sr, Arcediano Correoso. El Secretario iniciaba la visita con una exhortación pública.
Entre visita y confirmaciones, estuvieron cinco días.

A continuación iremos señalando los lugares que visitó el Obispo, en forma un tanto esquemática pero tratando de proporcionar los datos, a nuestro parecer, más importantes.
2. El Calvario, a dos leguas de La Habana, pequeño pueblo de 60 casas y estancias con una población de 600 personas, que vestían y adornaban sus casas con «el lujo a la altura de La Habana». La Iglesia, de mampostería y tejas, tenía como retablo del altar mayor, las imágenes de la Pasión que da nombre al pueblo.
3. Managua, a tres leguas del Calvario. En el camino, visitan el ingenio «el ojo de agua del Conde Casa-Montalvo y la Casa de la Hacienda del Doctor Zuazo, abogado de La Habana, que poseía Capilla pública muy bien construida y atendida, lo que hizo pensar al Obispo de la posibilidad que fuera una Parroquia. ¿Sería las Guásimas?
Llegaron a Managua al anochecer del 29 de noviembre. El poblado tiene, más o menos, las dimensiones de El Calvario pero con menos prestancia; la Iglesia Parroquial se encontraba en mal estado, por lo cual, el Obispo manda a su anciano Párroco que sea reconstruida; ayudan al Párroco, un Sacristán y un Coadjutor. El pueblo, sencillo, le hace un gran recibimiento. El Obispo permanece allí cuatro días.
4. San José de las Lajas, pueblo fundado en 1791 y que entonces, contaba con unas 80 casas. En el camino, y acompañado por el Párroco, Autoridades y algunos vecinos, se detuvieron en un Oratorio público del partido de la Canoa o Camoa y hace confirmaciones. En San José hizo más de 300 confirmaciones.
5. Santa María del Rosario. Desde esta villa con título de Ciudad, visitó,

6. La Ermita de San Francisco de Paula, es el 11 de diciembre, el pequeño templo bien construido y bien abastecido, estaba atendido por un ermitaño que fundó la ermita y era muy visitado por gente de La Habana que iba allí en romerías.
7. San Miguel del Padrón, 12 de diciembre, el templo está prácticamente en ruinas. El Obispo mandó que lo reconstruyesen.
En los días que permanece en Santa María del Rosario hizo 300 confirmaciones y celebró Órdenes generales.
8. Guanabacoa, 18 de diciembre, gran recibimiento. En aquellos momentos, la villa era toda una ciudad donde cada vez más habaneros querían tener casa para descanso. Con su Parroquial y dos conventos, el de San Francisco y el de Santo Domingo, este último, procedente de la antigua ermita de San Antonio.
«Tiene dicha villa su clero muy decente con su párroco, tenientes, sacristán mayor, y tres mozos de Iglesia.» La comunidad franciscana contaba con doce frailes y su Guardián, y estaban concluyendo la capilla de «los Terceros».
Visitó toda la zona –las alturas de la Cabaña, Cojímar, Marimelena, etc.– encantándose con la belleza de los paisajes.
9. La Iglesia de Guadalupe, Auxiliar de Guanabacoa.
10. La Ermita del Potosí, Auxiliar de San Miguel del Padrón, ambas muy pobres.
Permaneció 21 días en la zona.
11. Tapaste, otro pueblo con poco tiempo de fundado en los terrenos de la hacienda de Don Ignacio O'Farrill. Mandó a mejorar el templo. Desde allí, visita,
12. Guanabo y su recientemente fundada Iglesia de Santa Ana; llegó a las playas que admiró como muy hermosas;
13. Giguiabo, donde se proyecta otra iglesia.
14. Ingenio la Concordia de Don Ignacio O'Farrill, Doctor Eclesiástico, uno de los mejores ingenios de la Isla. Permaneció seis días en Tapaste. No reportan confirmaciones. Elevó a Parroquia a Tapaste y a Guanabo, dándole a la primera como Auxiliar, Canguas; a la segunda le dio como Auxiliar la de Giguiabo.
15. Ingenio Santa Teresa propiedad de Don Martín de Aróstegui, llegó al caserío de Casiguas y delimitó el terreno dónde mandó construir una iglesia. Impartió confirmaciones.
16. Jaruco, 17 de enero, llegó al atardecer del día anterior siendo muy bien recibido; descanso en una casa muy bien preparada. La Iglesia está bien construida y el pueblo consta de unas cien casas de guano y unas veinte

de mampostería. Hizo 1, 022 confirmaciones. Permaneció seis días en este pueblo.
17. El 23 de enero llegó a la Ermita de Bainoa o Caraballo donde realizó 400 confirmaciones. El nombre de Caraballo corresponde al Señor que donó las tierras donde se está construyendo una nueva iglesia.
18. Río Blanco. Fue muy bien recibido y descansó en la casa contigua a la Iglesia que es de mampostería y muy bien adornada con todo lo necesario. Nombró a Bainoa como Auxiliar de Río Blanco. Permaneció en el pueblo tres días e hizo bastantes confirmaciones. Visitó el Ingenio del Marqués de Casa Peñalver.
19. Jibacoa. Mandó a construir un nuevo templo. Se trasladó a caballo hasta la playa, admirando su hermosura y los altos llamados del *Fraile y de la Monja*. Permaneció cuatro días en el pueblo e hizo 500 confirmaciones.
20. Llegó a un sitio llamado Aguacate y visitó su Oratorio que nombró Auxiliar de Jibacoa; hizo confirmaciones.
21. Seybamocha (Ceiba Mocha). Iglesia nueva de mampostería, sin ningún adorno ni torre Hizo confirmaciones.
22. Matanzas, 1º de febrero, muy bien recibido. Esta villa que va tomando forma de ciudad, tiene una iglesia grande construida de piedra y mampostería con planta de cañón, seis altares a cada lado y dos en cada capilla del crucero; Altar Mayor con una buena sacristía detrás de éste; bien surtida de ornamentos y alhajas. No tiene torre. Alrededor de la Iglesia hay una plaza muy bonita, despejada y fresca. Tiene Párroco, Sacristán Mayor, dos Tenientes de Cura y algunos clérigos «sueltos». Visitó las cuevas de Bellamar. En el partido de Matanzas hay 33 ingenios. Permaneció quince días allí e hizo 1,500 confirmaciones de blancos y morenos libres, y 1, 500 de esclavos.
23. Hacienda de San Cipriano de Guamacano. Visitó la Parroquia e hizo 100 confirmaciones.
24. Hacienda de Cañongo propiedad del Tesorero Peñalver. 112 confirmaciones.
25. Guamutas. Hacienda de los Pedroso de La Habana. Visitó la Parroquia e hizo 200 confirmaciones.
26. Ceja de Pablo. Visitó la Hacienda que llaman de Ceja donde hay una Iglesia que es Auxiliar de Guamutas; realizó confirmaciones.
27. Álvarez, hacienda con Iglesia donde hizo más de 300 confirmaciones.
28. Hacienda de la Bermuda. 50 confirmaciones.
29. Hacienda de San Marcos. 15 confirmaciones.
30. Hacienda de San Vicente. Más de 30 confirmaciones.

31. Villa Clara, 1º de marzo; gran recibimiento con toques de campanas, cohetes y tiros de fusil. Al entrar en la Parroquia, muy engalanada, le recibieron con música de orquesta y órgano. Además de la Parroquia, cuya titular es Santa Clara, hay tres Ermitas, El Carmen, Buen Viaje y Candelaria (con 6 religiosos franciscanos), donde funciona un Hospicio. Todas están muy bien construidas y en buen estado.

Hay una cuarta ermita en construcción con tres naves, más grande que la Parroquia, que llaman de la Divina Pastora porque fue fundada por los capuchinos misioneros. El clero está compuesto por un Párroco, un Sacristán Mayor que es también Vicario, cuatro clérigos y tres ordenantes.

La Villa, que llaman también Pueblo Nuevo, tiene un alto nivel socio-cultural, consta de cuarenta calles y una plaza hermosa donde se encuentra la Parroquia; la población está formada por 300 familias. El edificio de la Parroquia es de ladrillo y teja bien construido; tiene doce altares «curiosos y bien adornados», en especial el Altar Mayor; por detrás de éste, la sacristía surtida de buenos ornamentos y alhajas para el culto y, sobre ella, hay bastantes habitaciones.

Esta es la única zona de la Isla donde se cultiva trigo pero con pocos rendimientos.

El Obispo permaneció en Villa Clara 21 días y realizó 5,000 confirmaciones.

32. Hacienda «el Mestre». 40 confirmaciones.
33. El Cayo o San Juan de los Remedios. Gran recibimiento con repique de campanas y música de orquesta al entrar en la Parroquia donde le recibió su Párroco el Presbítero Dr. D. Juan Marcos Rafael de Balmaseda. Además de ésta hay tres Ermitas. Al día siguiente, 23 de marzo, hecha la revisión canónica, el Obispo multó con doscientos pesos al Párroco y al Sacristán mayor por el mal estado de suciedad y abandono en que se encontraban los ornamentos y demás utensilios litúrgicos.

La Villa consta de 40 calles largas y muy derechas pero con la mayoría de sus casa de guano y cujes, hacia en centro hay algunas de mampostería como la de Doña María de Rojas, «muy regulares, decentes y cómodas». Llamó mucho la atención al Obispo, la cantidad de árboles y plantas de flores aromáticas que adornan a casi todas las casas creando un ambiente tal, que el pueblo parece un jardín.

El clero está formado por 14 sacerdotes, un Subdiácono y seis ordenantes.

El Obispo celebró allí la Semana Santa, permaneció trece días y confirmó a más de 2,000 fieles. Es aquí donde Espada introduce la costumbre de aprovechar el momento de la confirmación para aplicar la vacuna contra la viruela. Hizo traer un cirujano de La Habana que pudo vacunar a 800 personas, principalmente niños.

34. Hacienda del Presbítero Juan Francisco Loyola; visitó su oratorio con torre de madera y campanas.
35. Iglesia de San Atanasio en medio del campo; caserío y templo en mal estado. Hizo 50 confirmaciones.
36. Estancia de Santa Lucía donde descansan.
37. Sancti Spíritus. Llegaron a la Villa acompañados de doscientas personas, unos a pie, otros en hermosas volantas o en caballos enjaezados. La calle que llaman Real estaba engalanada con arcos triunfales y enramadas y mucho gentío de «varios colores» y repiques de campanas.

    La Villa consta de una Parroquia con su titular San Francisco, y tres Ermitas, la Caridad que es Auxiliar de la Parroquia; Jesús, donde hay un Hospicio que atiende un dominico; Santa Ana, en muy mal estado pero atendida por un capellán.

    La Parroquia es de mampostería y está bien adornada, tiene veinte altares y una buena sacristía, con vivienda para los Ministros. El clero está formado por el Cura Párroco Don Ignacio Venegas, un Vicario, un Sacristán Mayor y ocho sacerdotes. Existe, además, el Convento de los Franciscanos con Iglesia más grande que la parroquia pero que está muy abandonada, existía una comunidad de 5 religiosos con su Padre Guardián.

    Esta Villa o ciudad del interior es la mayor de la zona que alcanza las 20,000 almas; posee una Sociedad Patriótica y muchos Caballeros hacendados.

    Bajo su jurisdicción hay seis Iglesias distribuidas de la siguiente forma: Parroquia de San Eugenio de la Palma con su Auxiliar en Morón; la parroquia de San Blas de Palmarejo con su Auxiliar de la Candelaria del Caracusei; la Iglesia de San Ignacio y la de San Atanasio del Cupey.
37. San Atanasio del Cupey (Placetas). Encontró hermosos baños naturales con un agua muy clara y saludable. Permaneció un mes en toda esta zona y confirmó a 500 fieles.

    Aquí termina la Visita Pastoral del Obispo Espada según esta fuente, que parece ser la única. Como podrá comprobar quien quisiera leerla, no tiene tantos detalles de importancia pastoral como la que nos legó Morell de Santa Cruz. Hay pueblos donde no anota confirmaciones y otros en los que sólo dice «se hicieron confirmaciones» sin registrar la cantidad; o expresiones como «más de», que no nos han permitido dar una suma exacta de las que debió hacer el Obispo.

Con respecto a la campaña de vacunación iniciada a instancias del Prelado, daremos más datos que conciernen a esta Visita.

Hay algo que quisiera comentar referente a la actitud del obispo Espada y, por él, pienso en los anteriores, asumida en el largo recorrido de la Visita. ¡Qué capacidad de adaptación! En algunos lugares fue alojado en magníficas casas y comió los mejores manjares acompañados de fina música y personal bastante educado, por no decir refinado. En otros lugares, durmió en bohíos, comió en toscas mesas de madera al estilo de aquellos fieles campesinos y curas de campo que lo acogían con tanto amor. Pasó frío en algunas noches, sufrió el bochorno del sol de verano; viajó en volanta, a caballo y a pie, unas veces por buenos caminos, otras, por los peores, teniendo que cruzar ríos o cañadas.

Entendemos como el Obispo Compostela, tan débil de salud, no pudo emprender una Visita Pastoral. Y nos admiramos una vez más, de un Morell o de aquel Reverendísimo Fray Juan de las Cabezas Altamirano que, sin tomar en cuenta los peligros experimentados en su Visita a la Isla, se dirigió a Jamaica y a la Florida.

Quede todo esto de ejemplo.

Por el momento no sabemos si realizó otras visitas, aunque uno de sus panegiristas, el Pbro. D. Manuel Pérez de Oliva dice en la *Oración Fúnebre* pronunciada en la Catedral el 26 de septiembre de 1832, que «nuestro Pastor repitió, miéntras se lo permitieron sus fuerzas...»(sic.)

Los datos que iremos exponiendo pudieron realizarse en una o en varias Visitas, cosa que queda por dilucidar; su importancia radica en el proyecto pastoral que encierran.

La primera ocupación del Obispo fue la de atender a su clero, especialmente el rural, pues estaba del todo convencido que, un clero bien formado y fiel a los principios evangélicos, sería un modelo a imitar por los ciudadanos que, con él, formaran los pueblos ya establecidos o por establecer.

En este punto, Espada seguía el proyecto de Compostela, Valdés y Morell: donde se levantaba una Iglesia se formaba un pueblo. De ahí, la preocupación por desarrollar los oratorios y capillas de las haciendas y caseríos del llamado interior del país, elevándolos a Parroquias o Auxiliares, redistribuyendo los territorios parroquiales de una manera más lógica y en beneficio de las poblaciones rurales.

Para realizar este plan, se encargó personalmente o encargó a otros, el examen de los clérigos en materia doctrinal y espiritual con vista a promoverlos o retenerlos a recibir las Órdenes Mayores o a ocupar responsabilidades en el ministerio pastoral.

En cuanto a la reorganización de los territorio parroquiales, corrigió el plano topográfico de la Diócesis, tomando bien en cuenta las zonas montañosas, la presencia de ríos más o menos caudalosos, las distancias entre poblaciones, etc.

Para concluir, transcribo dos párrafos de la *Oración Fúnebre* antes citada:

[...]¡Tantas faenas! Tamaños sacrificios reales y personales empleó en la organización no de algunas, sino de todas las Iglesias del obispado, indemnizando de sus rentas algunos ministros que por estas reformas quedaban indotados. Convierte inmediatamente su atencion á inspeccionar el estado de sus fábricas, cofradías, oratorios públicos, hospitales y demas establecimientos piadosos, reformándoles, de concierto con el Sr. Vice – Real Patrono, en lo que así lo exigía[...]

[...]Pero en lo que desplegó con mas energía y heróica constancia sus vastos y profundos conocimientos, fue en el restablecimiento del vigor y dignidad de la antigua disciplina de la Iglesia, y en purificarla de las manchas impuras con que la ignorancia, la codicia y la inmunda supersticion están siempre intentando contaminarla[...]

El Obispo Espada y el Plan de vacunación antivariólica

Espada fue un Pastor que supo valorar el progreso científico y aplicarlo al mejoramiento del ser humano, consciente de que, actuando así, contribuía al plan de Dios para con sus criaturas.

Desde el comienzo de su episcopado lo vemos preocupado por solucionar el problema de los enterramientos en las Iglesias. En su Visita Pastoral mandó construir cementerios en las afueras de los poblados. La medida no fue siempre bien acogida. En Villa Clara se produjo un fuerte disgusto en la población cuando mandó trasladar al nuevo cementerio los restos del Padre Conyedo que había sido enterrado en la Ermita del Carmen.

Todo terminó bien entre el Obispo y los fieles, no sólo por la elocuencia que empleo para convencerlos, sino por el regalo que hizo a la población con la introducción de la vacuna contra la viruela que tantas muertes ocasionaba por entonces.

El Dr. Tomás Romay, su amigo y colaborador, nos relata este hecho en su Memoria sobre la introducción de la vacuna en Cuba:

[...]El Illmo. Sr. Obispo, que el propio mes (Mayo de 1804) se hallaba en la villa de Santa Clara, visitando su Diócesis, apenas supo que yo habia adquirido la vacuna, me escribe solicitándola con todo celo de un verdadero pastor y con toda la confianza de un hombre ilustrado. *«Como en mis mansiones,* son sus palabras, *se verifica la concu-*

rrencia general y reunion de todos lo niños de la circunferenia, se podrá estender prodigiosamente este saludable remedio; siendo muy agradable la combinacion de que viniendo á recibir el Espíritu Santo por la confirmacion, vuelvan con aquel preservados de una enfermedad destructora en lo temporal, y con este fortalecidos para la carrera espiritual.

No limitándose la solicitud de S.S.I. á que le remitiese el virus vacuno, sino encargándome también le enviase á sus espensas un facultativo con los niños vacunados, mientras proporcionaba estos le dirigí aquel con los instrumentos y las instrucciones necesarias par aplicarlo con acierto. Lo recibió en el propio lugar, y en su presencia se vacunaron nueve niños. Antes de verificarse la erupcion le fue preciso trasladarse á la villa de San Juan de los remedios, donde le encontró el cirujano D. Juan Castellanos, que salió de aquí con un negrito vacunado, ofreciéndome con un celo y humanidad muy recomendable, acompañar á S.S.I., en toda la visita para ir difundiendo la vacuna por los lugares internos de la Isla. El 25 de Marzo celebró Castellanos en aquella villa su primera vacunacion, precedida de una exórtacion que hizo el Párroco al pueblo por insinuacion de su dignísimo Prelado. El 29 pasó Castellanos á la villa de Santa Clara, y encontrando actuada la vacuna en cuatro de los nueve niños que habian sido inoculados con su virus, lo comunicó á treinta y seis personas. Concluida esta operación, presenciada por los facultativos de aquel pueblo, volvió al de los Remedios, donde vacunó mas de cuatro mil individuos, asociándosele el Bachiller Eugenio de la Plaza. Este distinguido profesor, no satisfecho con la instrucción que proporciona sobre la vacuna el escrito traducido por el Doctor Hernandez, me encargó otro mas luminoso; y habiéndole remitido la memoria que publicó en inglés el Doctor Aikin, la vertió á nuestro idioma ilustrándola con unas notas muy curiosas. De aquí pasó Castellanos á Sancti Spíritus donde vacunó mil ciento veinte personas; en Trinidad ciento noventa y continuando en compañía del Ilustrísimo Sr. Diocesano el resto de su visita, fue difundiendo por todas partes ese admirable preservativo de las viruelas[...]

La campaña resultó un éxito como inicio de una acción hasta entonces desconocida y sin embargo aceptada por aquel público muy poco instruido. Aquí se puede observar la importancia de que el Obispo explicara, apoyara y, hasta cierto punto, impusiera, la vacunación como parte de la Visita Pastoral.

Al regresar a la Capital, se dirigió a la Junta de Vacunación para dejar plasmado en un documento su intención de apoyar en todo esta campaña.

Y no eran simples palabras. Con sus propios recursos costeó las expediciones que pudieran hacerse a los lugares donde todavía no había llegado la vacuna.

Solicitó, además, al Secretario de la Junta que confeccionara una instrucción sencilla y entendible para propagarla por todos los pueblos y haciendas del interior, y se pudieran preparar para aplicar la vacunación. Hoy lo llamaríamos un mínimo técnico.

Y para que todo esto tuviera un carácter oficial, dirigió una *Exhortación al uso general de la vacuna hecha á todos sus diocesanos especialmente á los padres de familias.*

[...]¡Qué descuido tan lamentable el vuestro de no aprovechar las ocasiones, ó de no solicitar las que facilmente se os presentan, de preservar de una cruel y mortífera enfermedad á vuestros hijos y domésticos; de salvarles la vida, librarlos de la muerte, ó á lo menos de unas conseqüencias que los hacen continuamente desgraciados de mil maneras![...]

En el informe presentado a las Juntas generales de la Sociedad Económica de La Habana, el día 13 de diciembre de 1806, el Doctor Don Tomás Romay, a la sazón, Secretario de la Junta Central de la Vacuna, dice que, hasta esta fecha, han sido vacunados en la Ciudad intramuros 4, 879 personas entre párvulos y negros bozales. Y que no conformes con esta operación, se dirigirán a los barrios de extramuros de Guadalupe, Jesús María, Jesús del Monte, el Cerro, Regla y la villa de Guanabacoa. Y que para realizarlo cuentan con la aprobación y el apoyo del Gobernador y del Señor Obispo Diocesano para que se aplique la vacuna en las sacristías de las Iglesias correspondientes. Fueron vacunadas 446 personas.

A continuación habla de la actuación del Obispo por medio de la exhortación a la que hicimos referencia y al envío de suficientes folletos a los párrocos y demás ministros de toda la Diócesis para que enseñen a sus fieles los beneficios de la vacunación. Tres facultativos pagados por Su Ilustrísima, partieron a los distintos pueblos y haciendas de la Diócesis; el Bachiller José Gregorio Lezama, a la parte oriental, llegando hasta Santa Clara y regresando a Managua, vacunó 427 blancos y 199 negros; el Bachiller Ignacio García recorrió, hacia el oeste, la zona Sur, vacunando 856 vecinos; el Cirujano Juan castellanos, también hacia el oeste pero por el Norte, llegó hasta Mantua e inoculó a 1,081 personas.

El Gobernador emitió algunas ordenanzas para que la vacuna contra la viruela llegara a todos los pueblos de la Isla y para precaver a la Capital que recibía barcos cargados de esclavos muchos de ellos infectados con el mal.

Gracias a la exhortación del Obispo y los avisos continuos de la Junta se logró que, prácticamente, toda la población acudiera a recibir la vacuna con lo cual se logró contener una de las mayores causas de muerte de entonces.

Se crearon Juntas de vacunación en Santiago de Cuba, Sancti Spíritus, Trinidad, Puerto Príncipe y Villa Clara. Al poco tiempo, la mayor parte de las poblaciones de la Diócesis contaban con juntas subalternas que permitieron mantener de forma continua las vacunaciones.

Para la fecha en que se hacia el informe, habían sido vacunados 15,824 personas sin contar que algunos facultativos no tuvieron cuidado en llevar el conteo de los inoculados.

Y dos años después, el Dr. Romay anunciaba lleno de satisfacción en el *Papel Periódico*, lo siguiente:

[...] En el cementerio general de la Habana, donde se entierran todos los que fallecen en esta ciudad y sus barrios estramuros, solo se han sepultado el año anterior de 1807 dos cadáveres de virulentos. ¡Que diferencia tan enorme, comparada con la mortalidad del año 1804, en el cual se inhumaron en una sola iglesia ochocientas víctimas de esa enfermedad! [...]

La Iglesia a la cual se refiere, fue la del Oratorio de San Felipe o de los Padres Capuchinos que, como apareció en el Papel Periódico del jueves 10 de octubre de 1805, tuvieron que dar cristiana sepultura en la Iglesia, pues todavía no se había inaugurado el Cementerio General, a más de 800 niños muertos por la viruela.

Conflictos con religiosos

En 1806 ocurría un altercado entre el Obispo Espada y el Superior del convento de San Francisco de La Habana, donde subyacía el problema de la jurisdicción del episcopado con respecto a los privilegios de las órdenes religiosas.

El hecho se hizo público y causó bastante ruido en la Ciudad; un religioso franciscano llamado Fray Domingo Sáenz se manifestó sobre el Obispo con palabras injuriosas. El guardián del convento habanero fue llamado a la Secretaría de la Cámara del Obispado (Cancillería), pero conociendo el contenido de las acusaciones – había sido informado por el Provincial que también radicaba en Ciudad – se negó rotundamente a presentarse en el Obispado pues, según su parecer, sólo recibía órdenes de su Superior.

La cosa empeoró cuando el Obispo les retiró a ambos las licencias para predicar y confesar. Los religiosos apelaron a la Real Audiencia utilizando el recurso de fuerza, pero la Audiencia dictó sentencia a favor del Ordinario.

El fraile injurioso marchó a España y el Guardián del convento presentó sus disculpas a Espada.

En otra ocasión, año 1813, surgió otro conflicto de igual origen. Esta vez entre el obispo y los superiores de los conventos de Belén y de San Juan de Letrán.

Espada había determinado que los religiosos debían pedirle autorización para marchar al campo y que los que se encontraran dispersos debían regresar a sus conventos. El enfrentamiento tenía como base la no aceptación de la debida obediencia al Prelado Diocesano, aduciendo siempre que se inmiscuía en la vida de los religiosos sin que tuviera derecho a hacerlo.

Es bueno aclarar que la jurisdicción del Obispo sobre el clero regular está limitada a los aspectos pastorales y morales, pero no al orden interno de la Comunidad.

Probablemente, Espada tomaba aquella decisión para subsanar ciertos desórdenes existentes.

Los Superiores le acusaron presentando el recurso de fuerza y, aunque la Audiencia falló a favor del obispo, los demandantes apelaron al Rey y lograron de él que se anularan las disposiciones de Espada.

El Obispo Espada y las leyes de desamortización (1820-1823)

Sobre este acápite, leer el relacionado con las leyes que se menciona más adelante.

El Obispo da solución a problemas heredados

Durante el episcopado de Trespalacios se efectuó el traslado de muchos elementos que componían la Iglesia Primada de América, otros quedaron en la Isla ahora ocupada por haitianos y franceses. Entre las cosas que se trasladaron estaba una gran cantidad de documentos referentes a la Iglesia, pues los civiles fueron llevados a Puerto Príncipe. Esos documentos venían en cajas cerradas que quedaron depositados en las habitaciones bajas del palacio episcopal y allí permanecieron durante años.

Deseoso de organizar su obispado, Espada dispuso que se revisaran las cajas, que al ser abiertas mostraron la obra perniciosa de las polillas y la humedad. Era tal el daño causado que el Obispo determinó que fueran quemadas todas por inservibles.

Hoy nos preguntamos si no se hubieran podido salvar algunos de aquellos documentos y aprovechamos la ocasión para exhortar a los que, leyendo estas líneas, y conscientes del valor que tienen los Archivos, pongan su empeño en hacer lo que esté a su alcance por preservarlos o ayudar a hacerlo.

Aunque este era un problema importante, lo era mucho más el de los sacerdotes que, en número considerable, emigraron a La Habana procedentes de Santo Domingo y continuaban viviendo de la limosna. Al morir Trespalacios, tanto González Candamo como Peñalver se preocuparon de su mantenimiento.

Para solucionar esta situación tan penosa, el Obispo Espada los reunió en su casa para conocerles y valorar sus actitudes y, así, poder ubicarlos para el servicio de la Diócesis.

Entre ellos, descubrió a un virtuoso sacerdote que había sido Teniente de Cura en el Sagrario de la Catedral de Santo Domingo, era el Pbro. Pedro Valera Jiménez, quien más tarde fuera Arzobispo de la Sede Primada de América. Desde aquel primer encuentro se inició una amistad ejemplar entre el Obispo y el sacerdote que se convirtió en uno de sus mejores colaboradores aún después de muerto el primero.

La situación pésima del sistema carcelario

La capacidad de trabajo del Obispo era grande y la sabía poner toda al servicio de la Iglesia y de la Sociedad. Su mirada iba recorriendo todos los estratos de su Grey, fijándose en los problemas, generales o particulares, de sus fieles, siempre, con un deseo de progreso y bienestar para todos.

Uno de esos problemas era el sistema carcelario. En cuanto conoció el estado en que se encontraba, escribió a su amigo y colaborador el Marqués de Someruelos.

En su carta, clasificaba a la Cárcel como

> [...]un foco de inmoralidad y corrupcion, mansion de todos los pecados, verdadero infierno para los delincuentes que no purgan allí sus delitos, sino los aumentan en aquella funesta escuela de malvados[...]

Y entonces, pasa a proponer la mejor solución:

> [...]Es preciso que la Cárcel purifique al desgraciado, y no que sea un medio para acrecentar los vicios y las malas pasiones: que el prisionero no se instruya en ella de las artes del crímen y lo seduzca la vagancia; trabajo, trabajo para matar la ociosidad, madre de todos los vicios. Yo se lo ruego á V.S. no ménos que por lo que interesa á la humanidad y á la buena policía, por la eterna salud de tantas almas[...]

Esta inquietud fue trasladada al seno de la Sociedad Económica, proponiendo a sus miembros se diera un premio especial a quien presente el mejor proyecto para la reforma del sistema carcelario donde no puede faltar un programa para proveer la Cárcel de «alimentos sanos, de buen gusto y nutrimento, y en competente cantidad para conservar las fuerzas naturales del hombre en el estado de salud y robustez» (sic.)

La Obra de los cementerios generales

Según Pezuela, fue a partir de su gravedad que surgió en el Obispo la idea de construir un gran cementerio general para la Ciudad, desterrando la antigua y malsana costumbre de enterrar en las Iglesias o sus alrededores. Supuestamente, el Obispo Espada habría hecho un voto al Señor que muy pronto pondría en ejecución.

CEMENTERIO ESPADA.

En la Península se venía realizando esta transformación desde hacía ya tiempo. En Cuba, los gobernadores Ezpeleta y las Casas intentaron poner en práctica las disposiciones procedentes de España, pero encontraron una fuerte resistencia en la mayoría de los párrocos y una falta de apoyo en los Prelados.

En la sesión el 27 de enero 1803, Espada presentó un proyecto para eliminar los enterramientos en las iglesias y crear los Cementerios Generales, no sólo en la Ciudad, sino también en las distintas poblaciones de la Diócesis.

Apoyado por el Gobernador y por la Sociedad Patriótica y con esa energía y firmeza que siempre le caracterizaron, emitió el decreto y escribió una Carta Pastoral que sirviera de enseñanza al clero y al pueblo fiel, desterrando todo viso de superstición y aclarando cualquier malentendido, y disponiendo la adquisición de terrenos en las afueras de las poblaciones para la creación de los cementerios. Donde no alcanzó el dinero recogido entre la población y el aporte de la Hacienda, el Obispo movilizó dineros de la Mitra para completar la obra.

Para la ciudad de La Habana, adquirió un terreno en extramuros. El Cementerio quedó terminado y se inauguró el día 2 de febrero de 1806; contaba de un pórtico que se abría a un amplio patio rectangular, contiguo a los cimentos se construyeron ocho sepulcros mayores de ladrillos con marcos de piedras de San Miguel y lápidas de la misma materia y los dos principales de mármol.

El primero de éstos al lado del Evangelio, se destinó para los Obispos; el segundo para las Dignidades eclesiásticas; el tercero para los beneméritos de la Iglesia y el cuarto para los Canónicos. Los otros cuatro del lado opuesto se destinaron, el primero, a los Gobernadores; Generales de las Reales armas; el tercero para los beneméritos del Estado y el último para los Magistrados [13].

Otro documento que nos habla de la inauguración del Cementerio general que, años después, llevara el nombre de su fundador y promotor, es un acta que se encuentra en el Libro I de Actas de la M.I. Archicofradía del Santísimo Sacramento de la Catedral de La Habana y que dice así:

«Cementerio gral, de la Habana.

Este establecimiento ó sea mansión de los muertos fue bendecido pr el Sr. Obispo Espada, en la tarde del dos de feb° de 1806, habiendo pronunciado el discurso de inauguración D Julian de Barrio, canónigo de esta Sta. Yglesia Catedral; en cuyos momentos fueron inhumados para dar principio á los enterramientos los cadáveres del S. D. Diego Manriques, Capitán Gral. Que fue de esta Ysla, fallecido en la Habana el 13 de julio de 1765 y de D. José Gonzalez Candámo, Obispo de Milasa, Gobr. De esta Diócesis en sede vacante, p.r fallecimiento del Sr. O. Trespalacios muerto en 12 de setiembre de 1801. (sic.)

(Rubricado)

---

[13] Cfr. *Obras Escogidas* del Dr. Tomás Romay, Habana, 1860.

Para facilitar el acceso al Cementerio, el Obispo mandó construir un puente sobre el pequeño arroyo que pasaba por San Lázaro y allanar todo el suelo hasta el campo santo.

Otras obras y otras visitas

Por los datos que se han obtenido de distintas fuentes, llegamos a la conclusión de que el Obispo Espada realizó más de una Visita Pastoral y en el ínterin de las mismas, o dentro de ellas, se encuentra su actuación en bien de la Sociedad y de la Iglesia.

Así, aunque el Padre Fray Hipólito Sánchez Rangel no la describió, en la primera Visita Pastoral, El Obispo visitó el santuario de Nuestra Señora de Regla.

Regla era un pueblo pequeño con dos mil habitantes, situado en la margen occidental de la bahía de La Habana, pero que servía de paso a los que se dirigían a Guanabacoa después de cruzar la bahía; su Santuario, fundado en el año 1692, tenía mucha fama y devoción —como ya lo había reconocido Morell de Santa Cruz a mediados del siglo XVIII—. Por todo esto, Espada ejecutó su deseo por el auto del 20 de agosto de 1805, elevándolo a Iglesia Parroquial el 1º de octubre de aquel año; y nombrando a su primer Párroco al Capellán, el Presbítero Don José María Cortés y Salas. En 1818 quedaban concluidos los trabajos de remodelación de su fábrica y campanario.

En 1805, el intendente Don Rafael Gómez Roubaud, declaró el Tesoro Público en situación crítica y Espada entregó 30 mil pesos, sin intereses, para solucionar esta situación que afectaba a la población.

Existía una costumbre en La Habana que consistía en que los padrinos, terminado el bautizo, lanzaran monedas en las puertas de las iglesias como una dádiva a los muchachos y a los esclavos que se agrupaban en la entrada del templo. Como siempre ocurre, lo que empezó por un acto espontáneo y libre, terminó convirtiéndose en una obligación; empezaron las exigencias, los disgustos acompañados de insultos y las peleas por recoger las monedas, llegando a causar desórdenes y escándalos sin que los párrocos pudieran darle solución. El Obispo se dirigió al Gobernador y logró que éste emitiera un bando, fechado el 3 de junio de 1807, en el que se prohibía y se castigaba esta costumbre.

Como contribución a las estadísticas de la Isla, el Obispo encargó al Pbro. Ldo. Don Justo Vélez, quien le acompañara en algunas de sus Visitas pastorales, a publicar un trabajo estadístico sobre las parroquias de la Diócesis. Este trabajo apareció en las Memorias de la Sociedad Económica en agosto de 1818.

El Obispo Espada y la educación
Espada continuó el empeñao de sus antecesores en beneficio de la educación de la Isla, aspecto éste que siempre estuvo muy mal atendido por el Gobierno colonial.

Entre sus aportes a la educación pública se encuentra la fundación de la primera escuela gratuita en Sancti Spíritus, de la cual nos habla Bachiller y Morales:

> [...]Entre las escuelas públicas que hoy se cuentan en el distrito de la Comisión local de Sancti Spíritus es la mas antigua la que bajo la denominacion de San Juan Bautista está encomendada al Pbro. D. José Benito de Ortigueira; y fue instituida en el año de 1804 por la Diputacion Patriótica de esta villa, con autorizacion del Excmo. É Ilmo. Sr. Obispo Diócesano D. Juan José Díaz de Espada, quien á la sazon hacia la santa visita, que despues fue aprobada por real cédula de 20 de Agosto de 1811[...][14]

Para llevar adelante la obra, el Obispo dispuso se usasen los réditos de los corrales Yaguá y Callajaná propiedad del Pbro. Don Nicolás Valdés Figueroa que había dejado en herencia a los Padres Dominicos para que fundasen un hospicio en aquella villa, pero con la cláusula de que si no se obtenía el permiso se empleara en establecimientos de educación. Y así fue.

La escuela tuvo capacidad para 60 niños pobres y su primer maestro fue el Pbro. Don José Vicente Companioni.

En esa misma época, el Teniente de Gobernador Don José Ilincheta inició una inspección a todas las escuelas de la Capital y sus barrios de extramuros. En la misma, y bajo los auspicios del Director de la Sociedad Patriótica, que como sabemos era el Obispo Espada, procuró premiar al maestro más destacado. Para este premio el Obispo dispuso doscientos pesos de su peculio sin que apareciese su nombre, más tarde y con disgusto de su parte, lo hizo conocer la Sociedad.

El premiado fue el Don Juan José González Elías, maestro de la escuela pública del barrio de Jesús María, por su dedicación y esmero en instruir a los hijos de los artesanos.

---

[14] *Apuntes*, tomo I (1859), págs. 13 y 14.

El Real Colegio Seminario de San Carlos y San Ambrosio, la niña de los ojos del Obispo Espada

Este centro del saber y forja tan fecunda de los mejores hijos de la Nación cubana, abrió sus puertas el día 4 de abril de 1774 y es fruto indiscutible de la iniciativa del primer Obispo cubano que ocupara la sede de la Isla, Don Santiago José de Hechavarría y Elguezua, quien no sólo lo fundó sino que le dio sus Estatutos. Cuando el Obispo Espada asumió la Sede habanera, ya llevaba funcionando 28 años, y es este Obispo el que lo conduce a su época dorada, plasmando en él toda su concepción sobre el saber eclesiástico que, como sabemos, estaba enraizado en la más genuina Tradición cristiana-católica y enriquecido con las luces del Iluminismo.

Por entonces, enseñaba en el Seminario un sacerdote que había sido uno de sus primeros alumnos en los días de la fundación, me refiero al ilustre Presbítero José Agustín Caballero y Rodríguez de la Barrera, a quien trataremos en un acápite aparte.

De esta etapa gloriosa del Seminario San Carlos me remito a las palabras de otro de sus ilustres alumnos el Dr. Antonio Bachiller y Morales:

> [...]Nombrado el Excmo. É Ilmo. Sr. D. Juan Diaz de Espada y Landa, Obispo de esta Diócesis bien pronto fijó su atención en los colegios, que como el antiguo de San Francisco de Sales para niñas y el recien reformado de San Carlos estaban encomendados a su vigilancia. Comenzaron los arreglos por aquel, y dedicando la plenitud de su celo á este, no pasaron muchos dias sin que estableciera las cátedras de Matemáticas, Derecho patrio, y sobre todo completase la obra de regeneracion filosófica que instaurada por el Sr. Hechavarría inspirado por el espíritu de Carlos III y Campomanes, continuada por el Dr. D. José A. Caballero, realizó Espada, aclimatando los principios de la buena filosofía del venerable Pbro. D. Félix Varela: fueron luego explicados por D. José de la Luz y Caballero, D. José Antonio Saco, D. Francisco J. De la Cruz y el Pbro. Francisco Ruiz.[...]

Y continúa expresando:

> [...]El espíritu liberal y expansivo de progreso social se habia conservado así desde el pensamiento que manifestó el soberano hasta los últimos tiempos. Las clases de Constitucion que protegió el mismo Espada y sobre cuya asignatura tambien escribió el texto Varela, luego diputado á Cortes por esta provincia; la de Economía política para la cual ofreció el local en las dos épocas en que la Sociedad Económica abría la matrícula de su aprendisage y sobre todo la enseña del progreso filosófico que ondeaba en el Colegio, hizo que sus aulas dieran al pais excelentes abogados y despiertos filósofos

que luego perfeccionaban con estudios domésticos los ramos de la enseñanza que el plan de estudios general no incluia en el cuadro de los necesarios para el complemento de la carrera[...]

El Obispo Espada supo siempre valorar las capacidades del Pbro. Varela y vio en él al maestro idóneo para explicar la filosofía al «estilo nuevo», de manera tal, que sin dejar lo bueno de la clásica, se viera enriquecida por el conocimiento de las matemáticas, y sobre todo, por el aprendizaje experimental de la química y la física; para lo cual, dotó al Seminario, por solicitud del propio Varela, de un moderno laboratorio. Para el Obispo, conocer la química y la física era crear bases sólidas para la aplicación de las nuevas técnicas en la agricultura que permitieran el incremento de la producción en beneficio del país.

Lo mismo ocurría con la Economía política, por entonces una ciencia novedosa, pero que se iba haciendo imprescindible en el buen gobierno de las naciones.

Jurisconsulto versado como era, se percató de lo deficiente que eran estos estudios en Cuba; y para solucionar esta deficiencia, creó la cátedra de Derecho político como complemento moderno al Romano, aplicando el texto de Heineccio.

Esta innovación contribuyó a desarrollar dichos estudios en la Universidad Pontificia de San Jerónimo.

Esta verdadera revolución educacional que irrumpía en las aulas de San Carlos, permitió que los cubanos se abrieran al mundo moderno conociendo la mecánica, la hidrostática y la hidráulica, el magnetismo, la electricidad, el galvanismo y la astronomía; en esto, ayudó mucho el Padre Varela bajo cuya dirección se importaron aparatos de experimentación, cuando no se pudieron fabricar en la Isla.

No pensemos que estos avances en el estudio de las Ciencias humanas implicaban un descuido de las sagradas, por parte de aquel insigne Prelado.

Preocupado por la buena formación del futuro clero, reforzó el estudio de la Teología Moral e introdujo las Instrucciones de Lugdunenre, que consideró las más convenientes para la corrección de las costumbres, la mejor aplicación de los Sacramentos y el uso correcto del aprendizaje académico.

Si sus reformas litúrgicas provocaron fuertes críticas entre sus enemigos y detractores, otro tanto se produjo con esta reforma de las enseñanzas en el Colegio Seminario de San Carlos; pero el Obispo, además de ser fiel a sus principios, por cierto, nada heréticos, no hacía más que cumplir el cometido de aquella importante institución. Dejemos que el mismo Bachiller y Morales haga la defensa de Espada:

[...]no descuidaron sus enemigos de suponer desacertada su conducta en extender las enseñanzas seculares en el Colegio Seminario: querian mejor un colegio de clérigos reducidos á las ciencias eclesiásticas; pero olvidaban que esa fundacion de Carlos III era simultáneamente un establecimiento real, y que en él se habia reunido el Seminario Conciliar, el Colegio de San Ambrosio y el de los ex-jesuitas. Olvidaban que al incluir en sus rentas las donaciones de Diaz Angel y otros beneficios patricios fue la enseñanza de sus hijos y parientes el destino que les daban; olvidaban por último las constituciones del Obispo Hechavarría, que no se limitaban á tan estrechos límites: aun cuando así no hubiera sido, la conducta de Espada fue tan digna de aplauso por el bien que produjo llenando necesidades que han desaparecido despues de la reforma de la Universidad de la Habana en 1842[...]

Como ejemplo de los frutos recogidos de las aulas de San Carlos, damos un pequeño muestrario de alumnos que llegaron a ser profesores del Seminario:

Pbro. Dr. José Agustín Caballero y Rodríguez –Catedrático de Filosofía y Teología.

Pbro. Manuel García –Pedagogo y Sustituto de Mayores y Menores de Latinidad.

El Siervo de Dios Pbro. Lcdo. Félix Varela y Morales –Catedrático de Mayores de Latinidad y Retórica, de Filosofía y de Constitución.

Doctor(*) Don José Antonio Saco –Profesor sustituto de Filosofía.

Doctor (*) Don José de la Luz y Caballero –Catedrático de Filosofía.

Pbro. Lcdo. Justo Vélez –Catedrático de Derecho.

Otros profesores:

El Pbro. Dr. D. Juan Miguel de Castro Palomino, Profesor de ambos Derechos (siglo XVIII)

Pbro. Dr. D. José Anselmo de la Luz, Catedrático de Sagrada Escritura (siglo XVIII)

Pbro. Dr. D. José Ricardo Ramírez, Catedrático de Teología (siglo XIX)

Para concluir, resaltamos la preocupación del Obispo Espada y Landa por el desarrollo de la enseñanza y que no se limitó a estas instituciones notables, sino que se concretizó en la preocupación y sostenimiento de las escuelas de primeras letras que iban apareciendo, cada vez más, en las barriadas de La Habana y el los pueblos del interior; y qué decir de su interés por introducir en Cuba los más modernos métodos para la enseñanza. Así, envió a Madrid al Pbro. Dr. D. Juan Bernardo O'Gavan para que asistiera como alumno observador al Instituto Pestalociano, a fin de conocer el nuevo sistema pedagógico introducido en el Reino por el ministro Godoy.

Parece que fue O'Gavan quien introdujo en Cuba el uso de los ejercicios gimnásticos.

El Hospital de San Dionisio

Como preámbulo citamos la obra del Doctor Gustavo López titulada *Los locos en Cuba*, publicada en La Habana en 1899.

Por ella conocemos que en los primeros años del siglo XIX, los locos vagaban por las calles y concurrían a los lugares públicos, siendo motivos de burla o causando disturbios, a veces peligrosos; cuando esto ocurría, se les internaba en la Cárcel para seguir siendo víctimas de la maldad o la indolencia.

Si era el caso de que un demente resultara ser en extremo peligroso, se le encerraba en lugares oscuros, al parecer preparados con ese fin en los hospitales existentes.

Como una primera medida para solucionar este desorden social, el Obispo Espada determinó, en junio de 1824, que se agruparan en una zona del Hospital de San Lázaro, separados de los enfermos de Lepra, para ser atendidos. En poco tiempo se pudo comprobar que este método resultaba beneficioso, no sólo porque ya no andaban deambulando por las calles, sino porque algunos tenían cierta mejoría.

Al año siguiente se pensó en crear una institución especializada para el tratamiento de los dementes según el método del científico Pinel, que implicaba desechar el uso de cadenas y otros artefactos de control y sustituir los golpes – con palos y látigos – por una combinación de imposición y firmeza con dulzura y paciencia.

Espada no demoró la obra y solicitó una colecta pública para construir el edificio.

El 1º de septiembre de 1828 quedaba inaugurado el Hospicio de San Dionisio, llamado así en honor del Gobernador General Dionisio Vives que había ofrecido su total apoyo al Prelado. Los enfermos fueron trasladados de la Cárcel al edificio situado entre el Hospital de San Lázaro y el Cementerio General.

En el caso de las mujeres dementes, se había destinado un local en la casa de baños del matadero como una dependencia de la Casa de San Juan Nepomuceno, pero la mala atención por no decir abandono, en que se encontraban, movió al Obispo a determinar que se les asilara en el Hospital de Paula y, más tarde, en 1829, para una sección apartada de la Casa de Beneficencia.

En tiempos de la República se construyó un nuevo hospital para hombres y mujeres en una finca del poblado de Mazorra, donde aún existe con el nombre de Hospital Psiquiátrico de La Habana. Después de una etapa de abandono total, que lo convirtió en un verdadero infierno, y bajo la dirección del Dr. Bernabé Ordaz, quien ocupa ese puesto desde 1959, se realizaron mejoras considerables en las instalaciones, servicio de los enfermos y aplicación del método de rehabilitación por el trabajo, siendo un ejemplo de eficiencia digno de reconocimiento internacional.

Los Colaboradores del Obispo Espada

En toda empresa existen varios elementos que le permiten marchar adelante y con eficiencia. Es imprescindible que exista un director pero si éste no cuenta con un buen equipo o consejo que lo asesore y le ayude a ejecutar acciones y controlarlas, por muy bueno y competente que sea, terminará agotando sus capacidades y llevando al fracaso la obra empresarial.

Por tanto, los buenos directores son los que saben dirigir auxiliándose de un buen equipo de hombres y mujeres competentes.

Así era el Obispo Espada y así actuó durante sus 30 años de episcopado en La Habana. Reunía en su persona, muchas cualidades en el orden material y en el espiritual, por eso fue admirado y, también, envidiado. Los que le admiraron, le siguieron y se aglutinaron en torno a él para formar uno de los mejores equipos de hombres insignes con que contó nuestra Iglesia y nuestra Patria.

Espada supo coordinar sus proyectos con la autoridad civil, manteniendo siempre las mejores relaciones: Salvador de Muro y Salazar, Marqués de Someruelos (1799-1812); Juan Ruiz de Apodaca (1812-1816); José Cienfuegos y Jovellanos (1816-1819); Nicolás Mahi y Romo (1821-1822); Sebastián Kindelán y Oregón (1822-1823) y Francisco Dionisio Vives (1823-1832).

En la Sociedad Patriótica o Económica de Amigos del País, de la que fue Director durante muchos años, contó con la colaboración y la amistad de:

Doctor Tomás Romay y Chacón (1769-1849); el Intendente Alejandro Ramírez (1777-1821); Francisco de Arango y Parreño (1765-1837); Nicolás de Cárdenas y Manzano (1793-1841); Ángel Laborde y Navarro (1772-1834); José Estévez (17¿?-1841); Ramón de la Sagra (17¿?-186¿?); José Agustín Govantes (1796-1844); Nicolás Escovedo y Rivero (1795-1840); José de la Luz y Caballero (1799-1867); José Antonio Saco (1797-1879); Manuel González del Valle y Cañizo (1802-1884); Fernando González del Valle (1803-18¿?)

Entre los eclesiásticos más cercanos al Obispo, podemos citar:

Ilmo. Sr. Dr. D. Luis Peñalver y Cárdenas, Arzobispo de Guatemala (1749-1810); Pbro. Dr. D. José Agustín Caballero de la Torre (1771-1835); Pbro. Dr. D. Manuel Hechavarría y Peñalver (1774-1845); Pbro. D. Pedro Valera Jiménez, más tarde Arzobispo de Santo Domingo (1758-1833); Pbro. Dr. D. Juan Justo Vélez de Eloriaga (1786-1834); Pbro. Dr. D. Juan Bernardo O'Gavan y Guerra (1782-1838); el Siervo de Dios Pbro. Dr. D. Félix Varela y Morales (1788-1853); R.P. Dr. Fray Remigio Cernadas O.P. (1779-1859)

Unido a esta pléyade, el obispo Espada y Landa intervino, directa o indirectamente, en casi todo cuanto se hizo en bien de la Sociedad y de la Iglesia, durante sus 30 fructíferos años de episcopado.

A continuación un elenco de las obras de cultura científica, moral o social en las que intervino el Prelado:

Escuela Náutica de Regla.

El Jardín Botánico (con Don Ramón de la Sagra, que fue su Director)

La Escuela de Agricultura.

La Escuela de Pintura de San Alejandro, a instancias del Intendente Ramírez y bajo la dirección del gran pintor francés Don Juan Bautista Vermey).

La Cátedra de Química donde tanto colaboró el cubano Don José Estévez.

La Cátedra de Anatomía y Cirugía, iniciada en el Hospital de San Juan de Dios por el insigne médico habanero Don Fernando González del Valle.

La Academia de Parteras de Paula bajo la dirección del Doctor Domingo Rosaín.

La construcción y ornamentación del Templete conmemorativo de la celebración de la Primera Misa en La Habana.

La desecación de los terrenos pantanosos del Campo de Marte (hoy Parque de la Fraternidad) y la construcción de la calzada que de allí partía hacia los exteriores de la Ciudad y que se llamó de San Luis Gonzaga, primero, y de la Reina, después.

Creación de la Quinta del Obispo en el Cerro donde se reunía con sus colaboradores para trazar los planes de trabajo.

Súmese a esta lista las intervenciones del Obispo de las que hemos tratado anteriormente.

Publicaciones del Obispo

A continuación hacemos una reseña de las publicaciones –Edictos, Cartas Pastorales, etc.– que hiciera el Obispo Espada con vista la mejor gobierno de su Diócesis:

- Edicto de campanas, 18 de marzo de 1803.
- Mandato contra los matrimonios clandestinos, 9 de abril de 1803.
- Exhortación a los fieles de La Habana sobre el Cementerio General, 1805.
- Exhortación al uso general de la vacuna, 27 de enero de 1806.
- Diezmos reservados. Propuestas al Rey de la mejor aplicación de los diezmos en beneficio de toda la Sociedad, 1808.
- Exhortación al Clero de la Diócesis para que en las predicaciones ayuden a mantener el orden público y la buena obediencia, 24 de marzo de 1809.
- Carta Pastoral dirigida a sus diocesanos, inspirándoles el amor a la Religión y a la Patria, 12 de marzo de 1811.
- Carta Pastoral al venerable Cabildo de su Santa Iglesia Catedral y al clero Secular y Regular de su Diócesis, relacionada con el «estado de agitación de algunas provincias del continente Americano». 1816.
- Carta Circular a los curas párrocos, sacristanes mayores y catedráticos tenientes perpetuos de las iglesias y demás individuos encargados de la enseñanza pública, principalmente a los catedráticos de jurisprudencia, a consecuencia de la Real Orden de 4 de mayo de 1820 sobre la explicación de la Constitución política de la monarquía española, 11 de agosto de 1820.
- Carta Circular al Cabildo en su Santa Iglesia Catedral, para que exhorten y prediquen la paz, la concordia y unión entre todos los fieles y el olvido y remisión de las ofensas inferidas en la época de la revolución pasada, 1824.

Según refiere Antonio Bachiller y Morales en sus *Apuntes* (1861) tomo III, págs. 30-32; en el año de 1826, el Obispo Espada exhortó a sus fieles por medio de tres cartas, que corresponden al siguiente contenido: una sobre la extinción de la trata de negros africanos, según una Real Orden; las otras dos, referidas al deber de los eclesiásticos de vigilar y cooperar a que la Isla permaneciera fiel al Gobierno de su Soberano. En la tercera se recomienda a los confesores que persuadan a los fieles para que no participen en las Sociedades Secretas.

De esta misma fuente, podemos conocer algo sobre el pensamiento del Obispo Espada sobre la esclavitud:

[...]¡Ah mis amados! La lástima será que en medio de un campo sembrado de flores, se quiera sembrar tambien espinas. ¡Qué lástima que deje á la zizaña sofocar el buen grano! Así lo lamenta mi espíritu, pués observo que aunque la teórica de los doctores en la materia nada tenga que corregir, la práctica está viciada en algunos: todavía pulula la codicia del corazón de aquellos que únicamente aspiran á enriquecerse sean cuales fueren los medios[...]

EL TEMPLETE.

El pensamiento del Obispo Espada sobre el Independentismo

Como hemos visto, el Obispo Espada fue un eclesiástico muy bien preparado en filosofía y en teología dentro del marco de las corrientes iluministas que prevalecían en la España de sus tiempos de formación. Con este espíritu y estos criterios emprendió su labor pastoral en la Diócesis de La Habana, manteniéndose siempre unido a la acción de la Sociedad Patriótica de Amigos del País. Algunos han hablado de Espada como un Obispo liberal y, hasta incluso, lo han querido ver como miembro de la Masonería. Pero cuando leemos sus Cartas pastorales referidas a los temas políticos que afectaron a su España y que empezaban a afectar al territorio de su Diócesis en el contexto de la América colonial, nos damos cuenta que era un monárquico y, como tal, consideraba inaceptable una ruptura con el Soberano, es más, lo consideraba como algo que iba contra el bien común de la Sociedad.

De su Carta Pastoral del 12 de marzo de 1811 extraemos su concepto sobre la monarquía:

[...]Los reyes fueron establecidos por Dios para ser depositarios de la fe pública y de la voluntad general, para sostener a los débiles contra la opresión de los más fuertes, terminar los litigios entre los particulares, fijar sus pretensiones y dar a cada uno lo que de justicia le corresponde. Ellos vienen a ser los vicarios de Dios sobre la tierra, los padres y los protectores de sus vasallos: arreglan sus diferencias civiles y los defienden contra los ataques de los enemigos exteriores[...]

Y hace una buena aclaración,

[...]Pero esa autoridad depositada en los reyes, y que obra con tanta eficacia sobre los hombres, debe ir asociada de la verdad, de la razón y del juicio, para que resulte ser Dios mismo, o la justicia y la virtud, quien reine entre nosotros, y que su dominio se haga amable a los que respeten la ley, y terrible a los que intenten quebrantarla[...]

A partir de estas premisas, Espada piensa que «el soberano no debe tener otras miras que el orden y el bien general, y los vasallos deben amarle y obedecerle con sumisión.»

En 1810, se manifiesta a favor de la autonomía de la isla de Cuba.

En 1812, respalda activamente la Constitución de Cádiz y se pone al frente de los que la juran en La Habana.

En 1816, Espada manifiesta su disconformidad con el movimiento independentista como solución a los problemas coloniales.

Al año siguiente, se declara ilegal la trata de esclavos (en los diez años anteriores, se introdujeron por el puerto de La Habana, 225,574 esclavos).

Es un momento de reafirmación de las libertades constitucionales de prensa y creación de sociedades políticas.

No poseo datos que me aclaren la posición del Obispo durante los funestos años de la vuelta al absolutismo del incompetente Fernando VII; qué pensaría de los sucedido con los diputados cubanos a las Cortes y la situación de su tan querido Padre Varela. Sólo que en su Carta Pastoral del año 1824, pide clemencia para los liberales.

Comienzan los tiempos difíciles

Desde el año 1823, Fernando VII había impuesto nuevamente el régimen absolutista en España echando por tierra la Constitución y todos sus logros. Las colonias de Tierra Firme o se habían independizado o estaban luchando por alcanzar la independencia.

En Cuba parecía que todo iba bien, pero la Corona declaró a La Habana como plaza sitiada. El extremismo absolutista lanzaba sus zarpazos sobre todo lo que pareciera oponérsele y la persona del Obispo no se vio libre de ellos.

Después de algunos conatos de rebelión que siempre fueron sofocados, se descubre la conspiración de Soles y Rayos de Bolívar en la cual estuvieron implicados un gran número de jóvenes de la ciudad y del campo.

A pesar de haber mantenido una posición de defensa hacia la monarquía, por el simple hecho de haber pedido clemencia y perdón evangélico para los liberales u opositores pero también por una larga lista de acusaciones de sus enemigos y detractores, el rey dicta orden de apresar al Obispo y presentarlo ante la Corte.

¿Cuáles eran estas acusaciones?

Las primeras son de diciembre de 1823 y dirigidas por el Arzobispo de Santiago de Cuba, Joaquín Osés, en ellas se le declara abiertamente como un hereje consumado. Estas acusaciones no tuvieron repercusión, pues estaba clara la postura doctrinal del Obispo y su fidelidad a la Iglesia.

El segundo grupo de acusaciones era más elaborado y ya no tocaba tanto el problema de la fe, sino que presentaba a Espada como un abominable enemigo de la Corona y sus instituciones.

Las acusaciones llegaron en dos momentos y bajo el seudónimo de *Fidelísimo Pueblo de La Habana*.

Se le acusó de hereje, antirreligioso, cismático, revolucionario, constitucionalista, independentista, malversador de rentas y capitales ajenos, perturbador de la tranquilidad pública, violento, vengativo, sacrílego, corruptor de la moral y de la juventud de la época. Se le acusó, además, de introducir la masonería en Cuba y de conspirar abiertamente por la independencia de la Isla.

Este bloque de acusaciones llegaba a España en los momentos peores y hubo quien pretendió utilizarlos en beneficio de sus posturas ideológicas y para favorecer a sus partidarios. Con dolor reconocemos que hasta el Nuncio Giustiniani estuvo implicado activamente en estos turbios manejos.

El Obispo Espada no era hombre de arredrarse ante las dificultades y aunque su salud comenzaba a resquebrajarse, se puso en guardia ante las acusaciones. En la Corte tenía amigos que le informaban de todos los acontecimientos. El Padre O'Gavan asumió la defensa del Obispo.

Al comienzo del mes de junio llegaba la orden real de Fernando VII destituyendo a Espada y nombrando al Obispo de Guamanga, Don Pedro Gutiérrez Cos, exiliado en La Habana, favorecido por Espada y amigo de éste.

Los Doctores Romay y Gutiérrez habían preparado un informe médico sobre la dañada salud del Obispo, que contaba en ese momento con 68 años de edad.

El Gobernador Vives conocía bien la situación. Sabía que sus más cercanos colaboradores y muchos de los principales del país, apoyaban a Espada. Lo mismo ocurría con una parte considerable del clero y de la población de la Diócesis.

Con todos estos elementos en mano, supo manejar la situación con suspicacia. Escribió al Rey informándole que por el grado avanzado de la enfermedad del Obispo le sería imposible viajar y que no había esperanza de que se restableciera; además, era tal su estima entre la gente, que su destitución podría acarrear males mayores.

Para el 16 de noviembre y después de varias discusiones en el Consejo de Indias, éste declaró que el «caso Espada» quedaba fuera de todo problema religioso y se afirmaba que era un problema político, por lo cual, se exigía que fuera enviado a Madrid junto con el Padre O'Gavan.

Vives encargó a una comisión médica oficial dirigida por el protomédico, para que dictaminara sobre el estado de salud del Obispo; el informe declaraba que Espada estaba al borde de un infarto y por tanto se encontraba imposibilitado de viajar. Este dictamen fue avalado por el nuevo Arzobispo de Santiago, Rodríguez de Olmedo, que encontrándose en La Habana, le fue a visitar.

El Padre O'Gavan se trasladó a Madrid para asumir la defensa de ambos.

El cruce de cartas no se detuvo: la Corona exigiendo la deportación del Obispo y el Gobernador Vives procurando evadir la orden real.

Para el 1º de septiembre de 1825, Espada solicitó del Rey que se anulara la orden; el 21 de enero de 1827, Vives escribía al Rey asegurando que podía confiar en el Obispo.

El 19 de marzo de 1828, el Obispo Espada inauguraba con gran solemnidad el Templete, para muchos, un signo de su inconformidad con el absolutismo aunque bajo la cobertura de un reconocimiento público del poder de un Rey que gobernaba de forma absoluta.

El regreso a Cuba del Padre O'Gavan parecía presagiar tiempos de bonanzas, pero es en ese año que se abre en Roma el proceso contra Espada. Muchas fueron las artimañas empleadas por los enemigos del Obispo, tantas que el mismo Papa, León XII, lo consideró culpable y pidió al Rey de España que lo mandara a apresar y que fuese juzgado.

Y entonces, ocurrió que el Rey apeló a su derecho de Patrono de la Iglesia en América y demás posesiones españolas, pues veía en la medida de Roma una intromisión en su gobierno. Hasta tal punto llegó la controversia en el triste «caso Espada» que el 14 de noviembre de 1828 el Rey respondía al Papa que, teniendo en cuenta la edad, las enfermedades y la reputación del Obispo, así como las consideraciones de las autoridades administrativas, las corporaciones y personas de respeto de La Habana, amén de su larga prelación y las relaciones políticas del prelado, y para evitar las revueltas y discordias que afectarían la disciplina, la religión y la imagen de los pastores, **no estaba de acuerdo** en acometer ni aprobar el inhumano acto de hacer embarcar hacia España al anciano y enfermo obispo.

Los problemas con Roma quedaron siempre pendientes y la figura del Obispo de La Habana, en entredicho.

Espada decidió nombrar como Gobernador de la Diócesis al Pbro. Juan Bernardo O'Gavan, nombramiento que fue ratificado por el Patronato Regio.

Mientras tanto, los años fueron transcurriendo y el 24 de marzo de 1830, Espada sufría el primer ataque de apoplejía. El entonces Papa, Gregorio XVI dejó el caso como si estuviera cerrado. Más de dos años duraría el estado de gravedad del Obispo. Ya en agosto de 1832 corría la noticia de que el Obispo empeoraba por día y el pueblo, sus amigos, empezó a rodear la Casa de Espada situada al comienzo de la calzada de San Luis Gonzaga (Reina y Amistad) Hasta de los pueblos del interior llegaba gente que quería estar cerca de su querido Obispo.

A las dos de la tarde del 13 de agosto de 1832, fallecía el insigne Prelado Don Juan José Díaz de Espada y Fernández de Landa después de haber entregado su vida al bien de sus fieles por el largo período de treinta años. Tenía al morir 76 años.

Una «post mortem» ejemplar

Decimos así porque, muerto el Obispo, se fue desarrollando un ambiente impresionante de dolor y reafirmación de los valores y carismas que en vida tuvo el Obispo; de esto, daremos varios testimonios.

Los sacerdotes presentes bañaron su cuerpo según el ritual de difuntos de los obispos y el Gobernador de la Diócesis, O'Gavan, encomendó al Dr. Nicolás Gutiérrez que iniciara la necropsia y embalsamamiento del cadáver.

El Dr. Nicolás Gutiérrez estuvo asistido por los Doctores Agustín Encinoso de Abreu, Fernando González del Valle, Manuel A. Chaple y los Lcdos. Diego Govantes e Hilarión Azcárate.

El Dr. Gutiérrez nos cuenta su experiencia:

[...]porque era preciso que el Ilustre Prelado, el protector de las ciencias y de las bellas artes, el padre del huérfano y del desvalido, el Excmo. É Ilmo. Sr. D. Juan José Díaz de Espada y Landa fuese después de su muerte presentado á las demostraciones respetuosas del dolor y el agradecimiento de un pueblo que por tantos títulos le quería y le admiraba... ni el ansia con que mi alma deseaba servir hasta el sepulcro al Pastor venerable que me honró con su amistad y con sus beneficios, y hube, por tanto, de resolverme á emplear mis manos trémulas y empapadas con el llanto, en el cadáver del bienhechor de la Habana, esforzándome porque su cuerpo quedase, si esto se podía, tan incorruptible, como lo fue siempre su espíritu ilustrado y filantrópico[...]

Terminados los trabajos necrológicos, se expuso el cadáver en capilla ardiente en el mismo palacio episcopal; durante tres días estuvieron visitándolo miles de habaneros que querían desahogar ante él, sus penas y manifestarle su agradecimiento póstumo. El Clero le acompañó con *misas diariamente cantadas y rezadas, entonando vigilias con toda la pompa del mismo ceremonial Romano hasta el día dieciséis.*

El cadáver fue trasladado por el Cabildo catedralicio y el Clero secular y regular hasta la Catedral para la celebración de las honras fúnebres, que fueron el día diecisiete; el Clero le sacó en hombros y le condujo por las calles designadas para entrarlo por la puerta principal para dar comienzo a la misa de Réquiem, presididos y celebrados por el Gobernador Eclesiástico Don Juan Bernardo O'Gavan asistido por todo el Cabildo.

Fue una ceremonia muy concurrida, donde estaban representados todos los estratos de la Sociedad habanera.

A continuación transcribimos parte del artículo que escribiera para el Diario de la Habana, Don José de la Luz y Caballero:

[...]Habana 18 de Agosto de 1832._ Ayer fuimos todos testigos de uno de los rasgos tan elocuentes por sí mismos, que ántes se debilitan que se ensalzan con los adornos oratorios. Llevaban los Santos Sacerdotes, en consorcio de los hermanos de la Caridad, el cuerpo de nuestro venerable cuanto lamentado Prelado, cuando al llegar á la puerta de la Punta, se agolparon multitud de jóvenes de todas profesiones, aunque la mayor parte estudiantes, todos conmovidos con el entusiasmo de su edad, queriendo conducir sobre sus hombros á porfía las reliquias mortales e su inmortal Pastor. Asi lo verificaron estos mancebos tan decididos como tiernos, hasta llegar al lugar de la sepultura.

Oh juventud divina! Oh época de la vida la mas hermosa para la humanidad, por qué te dejas regir del corazón, sin conocer ponzoña del egoismo. Vosotros me conmovísteis, y conmovísteis á todos los presentes jóvenes compatriotas mios! Vosotros volvísteis á hacer brotar la no agotada fuente de mis lágrimas, y vosotros me hicísteis gustar con noble orgullo que era habanero el corazón que en mí latía[...]

El cuerpo del Obispo Espada fue sepultado en el Cementerio General que, veintitrés años antes, él mismo había inaugurado y bendecido.

Allí se mantuvo hasta que, clausurado en noviembre de 1878, fue trasladado al nuevo Cementerio de Colón. En 1881, concluido el mausoleo que se edificara por suscripción pública, y que se encuentra en la avenida principal a unos cuantos metros de distancia de la Capilla central.

La Archicofradía del Divinísimo Señor Sacramentado

Los años de vida de la Archicofradía del Santísimo Sacramento continuaron en el siglo XIX. Para entonces, se había comenzado, en 1802, la construcción de la nueva Iglesia Parroquial de Nuestra Señora de Guadalupe fruto del deseo del nuevo Obispo Espada y con la fusión de las dos Ermitas que habían servido espiritualmente a los vecinos de aquellos barrios de extramuros aún poco poblados. Para la construcción del nuevo edificio, se aprovechó el de la Ermita del Santo Cristo de La Salud y los bloques de piedra de cantería de la antigua Guadalupe; por supuesto, hubo que añadirle mucho más material para que alcanzara las dimensiones proyectadas.

En 1806, el 3 de agosto, los Hermanos de la Ilustre Archicofradía del Divinísimo Señor Sacramentado se reunieron en junta especial para constituir la Junta de Gobierno por un bienio de acuerdo a lo que establecía el Real Decreto del 15 de octubre de 1805 para la organización de todas las Cofradías y Congregaciones. Fue elegido como Hermano Mayor Don Antonio Rangel.

La Archicofradía conoció varios períodos de verdadera penuria pero eso no entorpeció el crecimiento espiritual de sus cofrades y los esfuerzos que siempre hicieron por mantener las celebraciones de «los tres días de Carnaval, en desagravio de las muchas ofensas que Cristo Sacramentado recibía de los hombres», la Semana Santa, la Visita de enfermos, Solemnidad del Corpus y los Domingos terceros. Tenían la costumbre de salir a pedir limosnas entre los vecinos de los barrios de Cayo Hueso y de San Lázaro y en el Mercado.

Pero así no se podía mantener por mucho tiempo una obra que quería conservar en todas sus celebraciones un esplendor digno de su Señor Sacramentado.

Fueron dos los encargados por la Divina Providencia para salvar a la Archicofradía de su peligroso y continuo declive. El Presbítero Juan Bautista Ledesma y el Señor Manuel Espinosa Romero, ambos dotados de una gran devoción a Cristo Sacramentado. El primero, puso su ímpetu pastoral y sus cualidades sacerdotales y el segundo su piedad unida a su muy abundante fortuna.

Estos dos hombres trabajaron incansablemente hasta procurar la aprobación de los Estatutos por la Reina Isabel II y el ingreso a la Cofradía de un gran número de hombres y mujeres de encumbrada posición social.

El Sr. Espinosa Romero falleció El 26 de junio de 1847 y El Padre Ledesma El 14 de diciembre de 1856.

La Archicofradía del Santísimo Sacramento continuó existiendo hasta los primeros años de la década del sesenta del siglo XX.

Presbítero Doctor Don Juan Bernardo O'Gavan y Guerra

La disposición del Obispo Espada de que su colaborador más cercano, el Presbítero O'Gavan, ocupara el cargo de Gobernador Eclesiástico de la Diócesis habanera, se mantuvo después de su muerte.

Este ilustre sacerdote nació en Santiago de Cuba el día 8 de febrero de 1782; su padre, Don Bernardo O'Gavan, era descendiente de irlandeses, y su madre, Doña María de las Nieves, del Gobernador de Cuba, Don Francisco de Guerra y de la Vega. Juan Bernardo inició sus estudios en el Colegio de San Basilio Magno en 1792 y se le instruye en Lógica y Moral; a los dos años, obtuvo una beca de número; terminados sus estudios de Artes (Filosofía), completó las instituciones de Jurisprudencia civil y canónica.

Con dieciséis años de edad marcha para La Habana para iniciar los estudios en la Universidad Pontificia y obtiene, en 1802, el título de Bachiller en Cánones; La Licenciatura en 1803; en 1805, alcanza el título de Maestro en Artes y el Doctorado en Derecho Canónico.

Desde hacia tiempo había descubierto su vocación sacerdotal y se iba formando en las disciplinas necesarias para la ordenación. Desde 1803, el Obispo Espada lo había nombrado Fiscal del Obispado y en el año de su graduación como Doctor, fue ordenado por el Prelado, quien de inmediato, le nombró catedrático de Filosofía en el Real Colegio Seminario de San Carlos, después de obtenerla por oposición.

Por su carácter, responsabilidad y capacidad intelectual, la Real Sociedad Patriótica de La Habana, lo recibe como socio de número en 1804. Sucesivamente, va a ocupar los puestos de vocal, vicesecretario y secretario, este último desde 1807 hasta el 1810. Su trabajo esmerado le ganó que fuera elegido para estudiar en Europa el sistema pedagógico de Pestalozzi. El propio Espada sufragó los gastos del viaje y su estancia en Suiza.

Las nuevas teorías le convencen y entusiasman, sin pérdida de tiempo, escribe una minuciosa Memoria que envía para La Habana y la Sociedad Patriótica la publica.

Esta publicación le trajo ciertos problemas con el Tribunal del Santo Oficio de la Nueva España que le condena el escrito por un párrafo en el que elogia a los filósofos Locke y Condillac.

Pezuela comenta el hecho y su posterior desenvolvimiento:

[...]La defensa que la Sociedad hizo de su escrito resarció á O'Gavan con la aprobacion de este cuerpo y la del público de la Habana, y aun de los hombres ilustrados de la misma ciudad de Mégico, del sinsabor de aquella censura inesperada. Los desastrosos acontecimientos que no tardaron en sobrevenir en Nueva España, hicieron caer aquella materia en el olvido, sin que en nada desmereciese la opinion ortodoxa de don Juan Bernardo[...]

El Obispo Espada le nombró Provisor y Vicario General de su Obispado en 1809, nombramiento aprobado por Someruelos y por Real Cédula de 1811.

El año anterior había recibido los nombramientos de abogado de la real Audiencia de la isla de Cuba y examinador sinodal.

En 1812 se presentó a exámenes de oposición y alcanzó la canongía doctoral.

Sus conciudadanos de Santiago de Cuba lo eligieron como Diputado a las Cortes de Cádiz, donde ocupó los cargos de Secretario y Vicepresidente.

En abril de 1813, presentó su proyecto dirigido a lograr mejoras para la ciudad de Santiago de Cuba, la creación de una Intendencia local y la separación, en dos, del gobierno de la Isla. Abogó por la abolición del Santo Oficio y fue de los firmantes de la primera Constitución de la Monarquía española.

Cuando Fernando VII retornó a la Corona e implantó su primer período absolutista, el Padre O'Gavan se vio libre de la represión desatada contra liberales y diputados. Al parecer, su carácter y su forma de hablar le hicieron merecedor de confianza y se le consideró como alguien que podría ayudar a pacificar la situación, por eso, cuando se prestaba a regresar a Cuba, le llamaron del Consejo de Indias para nombrarle magistrado de la Real Audiencia de Puerto Príncipe, convirtiéndose así, en el primer eclesiástico que ocupara ese cargo.

De vuelta a la Diócesis, continuó colaborando activamente con el Obispo, principalmente en los asuntos referentes a la educación y a las obras benéficas.

Cuando volvió a cambiar el curso político en España y se restableció, en 1820, la Constitución de 1812, los habaneros se adelantaron a elegirle como diputado, sólo que, por ciertos errores en el proceso electoral establecido, le demoraron su viaje.

Cuando llegó en 1821 ya sesionaba el segundo período legislativo. Publicó en Madrid u folleto que tituló *Observaciones sobre la suerte de los negros de Africa, considerados en su propia patria y trasladados a las Antillas Españolas.*

A manera de información, en 1811, las instituciones económicas de la Isla de Cuba habían protestado contra los proyectos presentados en las Cortes de Cádiz para la supresión del comercio de negros y la abolición de la esclavitud.

En 1817 se firmó un tratado entre España e Inglaterra declarando ilegal la trata de negros. En los diez años anteriores y sólo por el puerto de La Habana se habían introducido 225, 574 esclavos. Pasados once años, en 1828, se introdujeron de forma ilegal, 10, 600 esclavos.

El Dr. Jorge Le-Roy en su Historia del Hospital de San Francisco de Paula, pág. 439, señala que en el tiempo que permaneció O'Gavan en España, se le ofrecieron dos mitras, siendo la segunda la del Arzobispado de Santiago de Cuba, pero que en ambos casos, las rehusó.

El Obispo Espada había solicitado el nombramiento de Obispo Coadjutor para el Padre O'Gavan, a quien consideraba como el hombre idóneo para ocupar ese ministerio.

El historiador Jacobo de la Pezuela en su Diccionario, tomo IV, pág. 162, resume estos años de la vida de este sacerdote cuando dice:

[...]Vuelta la espalda á la política, aunque cooperando muy activamente á las mejoras materiales y al bienestar público que se empezó á sentir en la Isla desde 1824, tuvo que consagrarse con toda preferencia al cuidado de la diócesis, y sustituir casi constantemente en su gobierno al obispo Espada, muy debilitado entonces por los años. En este estado, por sus antecedentes y las muestras de aprecio que recibía de las autoridades y de todos podia creerse á cubierto de envidias y pasiones, sorprendióle una real órden para que se trasladara inmediatamente á la Península. Habíasele designado en la córte como liberal, y esto bastó para que se tomara aquella determinacion. O'Gavan sumiso y obediente en razon de su inocencia misma, salió para España en la primavera de 1825, y residió en varias poblaciones de Europa hasta fines de 1827, tan estimado de sus antiguos amigos como de los nuevos que le granjearon su amabilidad, su instrucción y su finura. El gobierno, ya desvanecidas sus injustas prevenciones contra O'Gavan, le confirió el arcedianato de la Habana, y pudo restituirse á sus ordinarias y pacíficas tareas, y á inspirar á su íntimo amigo el conde de Villanueva muchas de las provechosísimas medidas con que supo adelantar la administracion de la riqueza pública y promover su desarrollo[...]

De regreso a Cuba, después de esos dos años inciertos, recibe el nombramiento de Deán de la Catedral habanera, los cargos de comisario de la Santa Cruzada y juez de «medias annatas». En 1832 se le confirió la orden de la Gran Cruz de Isabel la Católica y al fallecer el Obispo Espada, se le ratifica el cargo de Gobernador Eclesiástico, ahora, Sede Vacante. Como Gobernador de la Diócesis bendijo la primera piedra del nuevo acueducto de la Ciudad que sustituiría a la Zanja Real que venía funcionando desde 1591.

Por otra parte, la Sociedad Patriótica de La Habana le nombró su Presidente para el período de 1833 – 1834. En este tiempo, se creó la Academia de Literatura, segregándola de la Sociedad Patriótica y que fue causa de grandes polémicas entre José Antonio Saco y Ramón de la Sagra, protegido del Gobernador Conde de Villanueva, terminando todo con el envío de Saco al exilio y el cierre de la Academia. Algunos, como el historiador Vidal y Morales, han declarado con mucho pesar que estos hechos constituyen una mancha en el impecable expediente de O'Gavan que de seguro, sin desearlo, fue manipulado por el Gobernador en nombre de la gran amistad que se profesaban.

El Padre O'Gavan fue de esos personajes que superponen las responsabilidades a su carácter. Era un hombre apacible que no gustaba de los primeros puestos, pero era un gran trabajador, responsable, íntegro y fiel; se ganó la estima de sus superiores, de sus compañeros y del pueblo; tuvo que enfrentar situaciones difíciles y lo hizo con serenidad pero con firmeza; tuvo que gobernar aunque prefirió siempre colaborar con los que tuvieran esa responsabilidad.

En 1834 se vio envuelto nuevamente en los asuntos políticos, pues su nombre apareció como candidato propuesto para la diputación de Madrid. Para su tranquilidad, el otro candidato alcanzó un voto más que él. Sin embargo viajó a España, y estando en Madrid, el Ministro de Estado lo propuso para ocupar la auditoria de la Rota Romana, pero la interrupción de relaciones entre Roma y Madrid le libraron de esa responsabilidad.

Aprovechó la ocasión para viajar por Europa hasta que, cansado y con grandes deseos de recontarse con los suyos, retornó a la Isla donde continuó con su cargo de Deán de la Catedral, según dispuso un Real Decreto con fecha 22 de junio de 1837.

Poco tiempo estuvo en su querida Patria, porque el día 4 de diciembre de 1838 sufrió un fuerte ataque de epilepsia y, transcurridos sólo tres días, falleció el día 7 en horas de la tarde. Durante esos tres días previos a su muerte, desfilaron por su casa, cientos de amigos que querían manifestar el cariño y la estima que sentían por él. Al morir, sólo contaba con 56 años.

Los funerales fueron celebrados en la Iglesia Catedral de La Habana y su cuerpo enterrado en el Cementerio general al que ya empezaban a llamar de Espada.

Durante los dos períodos de gobierno eclesiástico del Padre O'Gavan se sucedieron fundaciones y erecciones de parroquias. En el primer período, mientras vivía aún Espada, fue fundado el Hospital de mujeres de Nuestra Señora de la Asunción en Guanabacoa, en 1828. El año siguiente, fueron reconstruidas las Iglesias de Alquízar y Manguito, y declarada Parroquia la de Amarillas con su Auxiliar de Palmillas.

En 1830, el Obispo dispuso que se trasladara a Corral Falso (hoy Pedro Betancourt) la antigua Parroquia de Macuriges; terminaron de construir la de Nuestra Señora de los Dolores de Nueva Gerona en la entonces Isla de Pinos.

La iglesia de San Juan bautista de Pueblo Nuevo, como Auxiliar de la Parroquial de San Carlos en Matanzas.

Para el año 1831 se inauguraba el Hospital de mujéres de Sancti Spíritus bajo el patronazgo de San Francisco de Paula, comenzada la obra en 1828, se debió a la iniciativa y dirección del Pbro. Gregorio Quintero.

Arzobispo Doctor Don Pedro Valera y Jiménez

El 23 de enero de 1833 fue nombrado por Real Cédula como Administrador episcopal de la Sede vacante habanera, el Ilustrísimo Señor Don Pedro Valera y Jiménez, Arzobispo de Santo Domingo que permanecía en Cuba en carácter de emigrado. Podemos clasificar su gobierno eclesiástico de efímero, pues tomó posesión de su cargo el día 7 de marzo y murió de cólera doce días después.

Tenía 75 años de edad y había nacido en Santo Domingo, hijo del Alférez de Infantería Don Cristóbal Valera y de Doña Isabel Jiménez y Betancourt ambos procedentes de las Islas Canarias. Desde niño se formó para el estado eclesiástico. Recién ordenado, ocupó el cargo de Teniente de Cura de una de las Iglesias Auxiliares del interior de la Isla y, al poco tiempo, fue trasladado con el mismo cargo a la Parroquia del sagrario de la Catedral Primada de América, permaneciendo en ella durante diez años, hasta que se embarcó para Cuba cuando España cedió esa sección de la Isla a la república Francesa.

Había obtenido el grado de Doctor en Teología en la Universidad de aquella ciudad.

En La Habana padeció días de penuria hasta que el Obispo Espada, como hizo con el resto de los sacerdotes emigrantes, le encomendó el ministerio de la confesión para los Conventos de Santa Catalina y Santa Clara, ejerciendo la dirección espiritual de varias religiosas.

Siempre fue un hombre sencillo, piadoso y humilde. Nombrado Cura Prebendado de la Catedral de Puerto Rico, renunció al cargo prefiriendo permanecer en La Habana.

En 1809, sus compatriotas reconquistaron la sección española de la Isla de Santo Domingo y el Patronato lo eligió para ocupar la Sede Arzobispal. Esta vez aceptó a impulsos de sus amigos, entre ellos el Obispo Espada que siempre le apoyó, pues sentía por él una gran admiración y cariño fraternal.

Cualquiera podría pensar que aceptó este cargo porque era más importante que el anterior, pero dada la desolación que encontró en la Isla y todas las dificultades que tuvo que enfrentar, lo hubiera pasado mejor en Puerto Rico.

Valera Jiménez trabajó con ahínco procurando restablecer el orden en aquella Arquidiócesis desmantelada y con muy poco clero. No obstante, erigió parroquias y trató de restaurar la catedral, pero sus trabajos quedaron paralizados por la invasión haitiana que sumió en una pobreza total el territorio del arzobispado.

Durante diez años soportó las vejaciones de los ocupantes y vivió sin recibir ninguna ayuda del Patronato hasta que fue expulsado por orden del Gobierno de Haití, emigrando a Santiago de Cuba.

El Arzobispo Rodríguez de Olmedo le ofreció el cargo de Auxiliar pero no lo aceptó, determinando retornar a La Habana, era el año 1830.

En esta querida Diócesis vivió con mucha austeridad limitándose a ayudar a su buen amigo Espada en aquellos tiempos tan difíciles.

El Arzobispo Valera recibió el día 7 de marzo de 1833 el nombramiento de Gobernador eclesiástico y falleció el 19 del mismo mes.

Como la Ciudad se encontraba sumida en la epidemia de cólera morbo, su cadáver fue enterrado a las ocho de la noche –había muerto a las cinco de la tarde–, en el Cementerio general.

Transcurridos dos días de su muerte, el Padre O'Gavan asumía nuevamente el Gobierno de la Sede Vacante como Vicario Capitular hasta que, el 10 de octubre de ese año, juró el cargo de Administrador apostólico, ante el Gobernador civil Don Mariano Ricafort y el Arzobispo de Guatemala Dr. D. Ramón de Cassaus y Torres.

El Ilustrísimo Señor Doctor Fray Ramón de Cassaus y Torres, O.P.

Al morir El Obispo Espada, el Patronato Regio se mantuvo distante en el nombramiento de un nuevo Obispo para la Sede vacante de San Cristóbal de La Habana. Primero, aceptó el nombramiento de Gobernador de la Diócesis que hiciera el propio Espada, aún en vida, y que recayó en el Padre

Juan Bernardo O'Gavan. Después, y con provisionalidad, el Patronato nombró Administrador Diocesano al arzobispo Valera que, estaba en Cuba en carácter de emigrado; muerto éste, nombraron al Arzobispo de Guatemala Fray Ramón Cassaus y Torres, O.P., que también se encontraba en La Habana en iguales circunstancias, ya que había sido expulsado de su Sede por los nuevos gobernantes liberales.

El Arzobispo Cassaus era español, nacido en Jaca, Aragón, en 1764. Luego de tomar los hábitos dominicos en Zaragoza, pasó al Virreinato de la Nueva España para concluir sus estudios eclesiásticos; doctorado en Teología, impartió clases de ésta y de Filosofía en el convento de la Orden de Predicadores de la Capital mejicana.

En 1807 le consagraron como Obispo Auxiliar de Oaxaca y al morir Don Luis Peñalver y Cárdenas, fue promovido a la sede arzobispal de Guatemala en 1811.

Llegó a La Habana el 9 de febrero de 1929, siendo acogido por Espada.

El rey le nombró por Real Cédula de 23 de agosto de 1833, Administrador Apostólico Sede Vacante.

Cassaus gobernó la Diócesis hasta el 10 de noviembre de 1845, fecha en que falleció.

Durante su administración se concluyeron las obras en la Iglesia de Cienfuegos que, de inmediato fue declarada parroquia. En 1835 ordenó la unión de la Iglesia de Hato Nuevo con la antigua de Guamutas, manteniéndole el título de San Hilario y dándole como Auxiliar a la de San Francisco Javier del Recreo (hoy Máximo Gómez) En el año 37, pudo reconstruir la Iglesia de Quiebra Hacha y edificar la del pueblo de Colón, fundado el año anterior, al quedar terminada la designó como Auxiliar de Hato Nuevo.

La Iglesia del pueblo de Palos terminó de construirse en 1838, agregándosele a la parroquia de Nueva Paz.

Continuando la obra de reconstrucción y nombramiento de parroquias, vemos beneficiadas la de Casa Blanca, que nombró Parroquia; Guanabacoa, declarada Parroquia de Ascenso; Santa Ana de Cidra, Parroquia; San Cristóbal en Vuelta Abajo, que refundida con la antigua de Santa Cruz de los Pinos, se le declaró Parroquia; todo esto en 1843. Al año siguiente, San José de los Ramos fue declarada como Parroquial de toda esa zona de Matanzas. El 8 de diciembre del mismo año, el Obispo Cassaus bendijo la farola del castillo del Morro, reconstruida y modernizada en su función de faro, por el Gobernador O'Donell.

En el año del fallecimiento de Cassaus, 1845, mandó erigir como parroquia, la Iglesia de San Juan y Martínez agregándole como Auxiliar la de San

Luis de los Pinos, y construyeron la primera Iglesia de Caibarién, todavía de madera.

Ese mismo año quedaron destruidas por el fuego las iglesias de Consolación del Sur y la de Quemados de Güines; fueron hechos relativamente trágicos porque, más tarde, se construyeron los nuevos templos con mejores condiciones a los anteriores.

El Arzobispo Fray Ramón Cassaus y Torres dejó previsto en su testamento que su cadáver descansara en Guatemala. El Dr. Nicolás Gutiérrez realizó el trabajo de embalsamamiento del cadáver y, terminado éste, se trasladó desde la Casa episcopal, cita en la calle de los Oficios número 4, hasta la Catedral.

Allí se le enterró en la capilla de Loreto hasta que, en 1848, fue llevado a Guatemala e inhumados definitivamente en la Iglesia de Santa Teresa de las Madres Carmelitas.

Con el Arzobispo Cassaus llegó a Cuba en 1829 como su acompañante el R. P. Fray Ignacio del Corazón de Jesús Moreno, O.F.M., quien alcanzó el sobrenombre de Padre Santo puesto por los habitantes de Guanabacoa, lugar en el que más tarde residió. Había nacido en Cádiz, España, en 1802 y desde los 17 años profesó en la Orden de los Frailes Menores en Guatemala.

Cuando Cassaus ocupó la Administración de la Diócesis, se trasladó a Guanabacoa donde se convirtió en un gran propagador del culto a Jesús Nazareno; se destacó por su profunda piedad y sentido de la caridad; fue un incansable asistente de los más pobres y necesitados; religioso que vivió la humildad sin afectaciones pero con gestos impactantes – andaba siempre a pie y descalzo –; el pueblo le atribuyó milagros. Finalmente, murió de forma tan ejemplar como siempre vivió, en Guanabacoa, el 11 de octubre de 1850.

Algunos Sacerdotes que vivieron y trabajaron en tiempos del Obispo Espada

No queremos terminar este período de la historia de la Iglesia en la Diócesis de La Habana sin presentar una pequeña biografía de algunos de los más destacados eclesiásticos que trabajaron por el bien del Pueblo de Dios durante el episcopado de Espada.

Presbítero Doctor Don José Agustín Caballero y Rodríguez de la Barrera

Este insigne sacerdote habanero quien colaboró por varios años con la dirección del Real Seminario Conciliar de San Carlos, nació el 28 agosto de 1762; hijo del Teniente Coronel de Infantería e Ingeniería Don Bruno José

Caballero del Barco y de Doña María Soledad Rodríguez de la Barrera; ambos abuelos eran militares, el paterno Coronel de Infantería y el materno Capitán de Infantería y Comandante del Castillo de San Severino en Matanzas.

Después de recibir la educación primaria y manifestando su deseo de ser sacerdote, ingresó en el Seminario San Carlos, a los once años de edad como uno de sus primeros alumnos. Siendo aún estudiante, ganó fama de profundo teólogo y orador elocuente. Terminados los estudios en San Carlos, ingresó en la Universidad pontificia de San Jerónimo en 1781 y se gradúa en 25 de agosto de Bachiller en Artes (Filosofía) y alcanzó el título de Licenciado y Doctor en Sagrada Teología en abril de 1788.

Ocupó el puesto de Auxiliar de la Cátedra de Filosofía y, al ser ordenado Subdiácono y con el título de Bachiller, obtuvo la dirección de la Cátedra, en 1785.

Fue ordenado de Diácono por el Obispo Auxiliar Fray Cirilo de Barcelona, el día 11 de mayo de 1786, en la Iglesia del Monasterio de Santa Catalina de Siena.

Recibió la ordenación sacerdotal de manos del Obispo de Cuba Don Santiago José de Hechavarría, el día 10 de junio de 1787, en la Iglesia del Monasterio de Monasterio de Santa Catalina de Siena.

Ocupó el puesto de Auxiliar de la Cátedra de Filosofía y, al ser ordenado Subdiácono y con el título de Bachiller, alcanzó la dirección de la Cátedra.

Terminados los estudios en San Carlos, ingresó en la Universidad pontificia de San Jerónimo y alcanzó el título de Doctor en Sagrados Cánones en abril de 1783. Recibió la ordenación sacerdotal de manos del Obispo de Cuba Don Santiago José de Hechavarría, el día 10 de junio de 1787, en la Iglesia del Monasterio de Santa Teresa.

Entre sus tantos méritos como maestro, destacamos el fruto de sus esfuerzos en las personas de Varela, Saco y Luz, su sobrino; en el primero descubrió siempre sus dotes y le ayudó a desarrollarlos.

En su *Diccionario Cubano* publicado en 1878, Francisco Calcagno cita un párrafo de una obra entonces inédita, de la cual, no conocemos el nombre pero que transcribimos a continuación:

[...]Fue tan erudito en las ciencias eclesiásticas como entendido en la Filosofía, y además de otras lenguas antiguas y modernas, en las cuales había hecho no vulgares estudios, traducía, escribía y hablaba el latín con la pureza y facilidad del castellano; Pomalori solía decir que Caballero y Luz eran los únicos á quienes él temía aquí en el conocimiento de aquel idioma[...]

Encontramos al Padre Caballero con los Drs. Tomás Romay y Luis Peñalver, D. Nicolás Calvo y otros, en la fundación del primer Papel Periódico de Cuba.

Inició la historia de éste, que después continuaría Bachiller y Morales.

Fue el redactor del mencionado *Papel* según la solicitud del Gobernador Don Luis de las Casas, permaneciendo en este cargo desde el primer número de 14 de octubre de 1790 hasta el año 1797. (Según Emilio Roig). Cuando en abril de 1793, la recién fundada Sociedad Patriótica de Amigos del País se hizo cargo de la dirección del *Papel Periódico*, le encarga la redacción con otros dos. En 1797 le mantienen entre los doce miembros que alternarían durante el año en el cuidado de la redacción.

En 1794, el Obispo Trespalacios lo nombró Director del Colegio Seminario de San Carlos, pero según parece, no aceptó como tal ese cargo, aunque estuvo muy ligado al mismo como encargado de estudios, desplegando su gran labor de reforma de la enseñanza, introduciendo nuevas cátedras y engrandeciendo en muchos aspectos materiales a la institución.

Según consta en una carta escrita por el Padre Varela a su discípulo y amigo Don José de la Luz, a raíz de la muerte del Padre Caballero, éste nunca aceptó ser el Director o Rector del Colegio Seminario, a pesar de que se le brindó en tres ocasiones.

Para Luz Caballero, su tío fue el primero que inició los golpes certeros al escolasticismo; el primero en presentar las doctrinas filosóficas de Locke, Condillac, Verulamio y Newton; el primero en hablarle a sus discípulos de experimentos de física.

Ocupó las Cátedras de Sagrada Escritura y de Teología Moral, siguiendo siempre muy de cerca a su destacado discípulo Félix Varela.

El 6 de octubre de 1795, cuando ocupaba el cargo de Presidente de la Sección de Ciencias y Artes de la Sociedad Patriótica, propuso la reforma de los estudios universitarios, para lo cual, presentó su *Memoria sobre la necesidad de reformar los estudios universitarios*; fue el precursor, pues la reforma se inició treinta y cinco años después de haberlo pedido.

Dentro de su preocupación por la enseñanza, estaban los estudios primarios y las escuelas públicas, propuso reformas y el desvío de recursos monetarios para mejorarlas, pero no fue apoyado por el Obispo Trespalacios que veía con recelo su participación activa en la Sociedad Patriótica, y la afinidad que, tanto él como el otro ilustre de Peñalver, tenían con Don Luis de las Casas. No obstante, escribió un proyecto para las escuelas gratuitas.

Y en 1796, un texto en Latín sobre Filosofía ecléctica que nunca se pudo editar pero que pasó, de mano en mano, en copias manuscritas, entre sus discípulos de San Carlos.

Pero este no fue el único campo de su atención y trabajo. El Padre Caballero hizo cuanto pudo por la salvaguarda de la Familia como célula básica de la sociedad humana.

De su preocupación por los pobres nos habla Luz Caballero en su elogio póstumo publicado en el *Diario de la Habana* del 20 de abril de 1835:

[...]¿y con los pobres? Que vengan todos a escuchar los que no lo son, para que aprendan á remediar que otros lo sean. Una vez que daba todo lo suyo, y lo dio en términos que nada le quedó, se constituía en el mendicante de los necesitados; para ello desplegaba todos sus recursos, hacía valer todas sus relaciones, argüía, instaba, suplicaba, rogaba y se hacía molesto aquel mismo hombre que era todo discreción y mesura[...]

Otra de sus grandes dotes fue la oratoria; de ella se conservan algunas de sus obras magistrales como son su *elogio fúnebre al Descubridor*, que pronunció en la ceremonia de colocación de las cenizas del Almirante en la Catedral de La Habana, publicado en enero de 1796 y reimpreso en 1838; el *Elogio fúnebre de Don Nicolás Calvo*; *Elogio fúnebre del Ilmo. Señor Doctor D. Joseph Manuel González Candamo*, el 12 de agosto de 1801; los de *San Ambrosio y San Francisco* posterior; y el *panegírico de Don Luis de Las Casas*, publicado en 1820 en el *Observador Habanero*, entre otros.

De su saber lingüístico pueden citarse sus versiones del latín de la Historia de América de Sepúlveda; del francés del abate Condillac, y su correspondencia con Melchor Cano, todas son piezas de un admirable estilo y erudición.

Era un gran conocedor de la Sagrada Escritura y la sabía aplicar como pocos en sus piezas oratorias. Su sobrino lo coloca a la altura de Bossuet y lo considera el mejor orador sagrado de toda aquella época.

En 1811 fue nombrado conjuez de la recién creada Junta de Censura, por el Gobernador Someruelos.

Colaboró en las Memorias de la Sociedad, que le había nombrado Presidente de la Sección de Educación.

Fue importante colaborador de los Srs. Govantes, Santos Suárez y Escovedo, en la redacción del periódico *El Observador Habanero*.

Además de participar en varios trabajos públicos y de poseer cargos honoríficos, fue miembro muy apreciado de la Real y Pontificia Universidad de La Habana.

Como gran latinista que era, escribió el epigrama a la muerte del Obispo Espada que consta de 32 versos espondeos y que fue publicado en el Diario de la Habana, el 22 de octubre de 1832.

El Padre José Agustín Caballero y Rodríguez, llamado por José Martí «padre de los pobres y de la Filosofía cubana», falleció el día 6 de abril de 1835 a la edad de 73 años.

El Presbítero Doctor Félix Fernández de Veranes

Natural de Santiago de Cuba, contemporáneo del Padre Caballero. Ocupó los cargos de Capellán de la Real Armada y Catedrático de Filosofía en el Real Colegio Seminario de San Carlos. Considerado como un sacerdote de amplio saber, de fina oratoria y buen escritor de prosa y verso. Se le cree introductor de la imprenta en su ciudad natal. Según Calcagno, su primer sermón fue impreso en Santiago de Cuba en 1792. El 27 de noviembre de 1799, pronunció el sermón en las honras fúnebres del Obispo Trespalacios, en la Iglesia de las Carmelitas Descalzas.

El 22 de febrero de 1801 obtuvo el título de Doctor en la Universidad Pontificia de La Habana. En 1797, sucedió a Romay y a Caballero en la redacción de las Memorias de la Sociedad Patriótica y, después, mantuvo cuatro años el cargo de Presidente de la misma. En 1805 escribe para el Papel Periódico de La Habana.

Ese mismo año, se marcha de la capital y fija su residencia en Santa María de Puerto Príncipe, por lo cual, renuncia a la Cátedra de Filosofía en 1807.

Fray Remigio Cernadas, O.P.

Religioso dominico que nació en 1779 y entró de novicio en el Convento de San Juan de Letrán de La Habana, alcanzando los grados de Doctor en Filosofía y Teología en la Universidad Pontificia de San Jerónimo el 21 de diciembre de 1817. De mentalidad abierta, fue un versado canonista y un teólogo profundo, buen conocedor de la filosofía y las letras. Lo describen como un hombre cuya fealdad se imponía a la par de su metal de voz, sonoro y grave, pero que desarrollaba con suma elocuencia el ministerio de la Palabra.

Cernadas fue electo para el cargo de Rector Cancelario de la Real y Pontificia Universidad de San Jerónimo en los períodos de 1819, 26, 30, 36 y 40.

En cualquier cargo que desempeñó supo manifestar su capacidad intelectual y su espíritu emprendedor.

Miembro de la Real Sociedad Patriótica desde 1830. Secretario del Obispado desde 1836, cargo que ocupó por varios años.

Sus mejores piezas oratorias corresponden al período comprendido entre los años 1830 y 1836; entre ellos se destaca el sermón sobre la Gracia que pronunció en 1832 en honor del Obispo Espada.
Falleció el 15 de octubre de 1859.
Un periodista contemporáneo escribió en el *Correo de Trinidad*, en 1842:
[...]Entre los oradores cubanos podemos citar á Varela y al dominico Cernadas, los cuales han dado nombre a la elocuencia del púlpito. Entre estos dos sacerdotes, Cernadas es ménos vehemente, pero más florido; ménos sublime, pero tal vez más sensible; dá á la elocuencia esa energía suave y penetrante que nace de los sentimientos eternos unidos á las reflexiones melancólicas[...]

Presbítero Doctor Don Manuel Hechavarría y Peñalver

Natural de La Habana, nació el 24 de diciembre de 1774, sobrino del ilustre Arzobispo cubano de Guatemala, Don Luis Peñalver y Cárdenas.

Según consta en su partida bautismal, fue bautizado en la Parroquial Mayor por El Doctor Don Pedro José Cárdenas Guevara, El 4 de enero de 1775. Hijo de Don Martín Javier de Hechevarría, del Consejo de S. M., y Administrador general de la Renta de tabacos y de Doña María Loreto Peñalver y Cárdenas.

Le pusieron por nombre Manuel Rafael Francisco Martín.

Realizó sus primeros estudios en el Real Colegio Seminario de San Carlos, pasando, después, al de Vergara en España.

En junio de 1797, obtuvo el grado de Doctor en Teología en la Universidad de Bologna, Italia; allí recibió la ordenación sacerdotal y allí cantó su primera Misa, el 12 de octubre de 1797 en la Iglesia parroquial de San Miguel de los Leprosos.

En Roma fue condiscípulo del futuro Cardenal Mezzofanti; celebró misa en San Pedro el Domingo de Resurrección de 1802. Estando en esta ciudad, fue encargado por Espada de revisar los trabajos del altar de la Catedral habanera.

Embarcó para La Habana, llegando el día 10 de junio de 1803. Traía las reliquias de los Santos Mártires Celestino y Lúcida para el convento de las Madres Catalinas donde habían profesado dos de sus hermanas. Las reliquias se conservan en la Iglesia de Santa Catalina del Vedado lugar al que se trasladaron estas religiosas en las primeras décadas del siglo XX.

Fue de los sacerdotes que más servicio prestó a la Casa de Beneficencia –fundada por su tío– y a la Sociedad Económica de Amigos del País, de la que fue miembro y socio de mérito. Como inspector de Beneficencia, donó a la Fundación una de sus propiedades, la hacienda Laguna Grande de cuatrocientas caballerías que, todavía en las últimas décadas del siglo XIX, producía 6,000 pesos de renta anuales.

En 1825 fue nombrado Inspector de las escuelas de los conventos de la ciudad de La Habana. En 1838 le nombraron Prelado Doméstico de Su Santidad Gregorio XVI. Fue, además, Consultor teólogo y examinador Sinodal de la Diócesis, Vice Rector de la Universidad Pontificia, ofreciendo su sueldo a la biblioteca de ésta.

Escribió una *Memoria sobre los medios de extirpar la mendicidad*.

El 30 de enero de 1830 recibió la Cruz de la Real Orden de Carlos III por solicitud directa del Capitán General Dionisio Vives quien refería en su carta que El Presbítero Manuel de Hechavarría y Peñalver era «uno de los sujetos más respetables y queridos de los vecinos de esta fidelísima Ciudad, por su sabiduría, amabilidad, y una piedad cristiana muy ejemplar...»

Como sacerdote ejerció los cargos de Capellán del Monasterio de Santa Teresa, primero, y después del de Santa Catalina. Además atendió espiritualmente la Cárcel, a la cual dotó de una capilla

Orador sagrado de brillante elocuencia, amplia erudición y sencillo lenguaje cuando de asuntos de moral trataba, y sublime estilo cuando hacía los panegíricos de los Santos.

Fue un moralista consumado muy versado en la casuística y muy natural en su exposición imprimiendo, incluso, cierto atractivo a las respuestas que, en otros podrían parecer rígidas e impracticables; por todo esto, era muy consultado en El confesionario y en los claustros.

Su tío, el no menos ilustre Don Luis de Peñalver y Cárdenas, le nombró su heredero fiduciario con amplias facultades para realizar cuantas obras de caridad pudiera, y así lo hizo, añadiéndole el suyo propio.

Falleció en La Habana el día 2 de septiembre de 1845 a los setenta y dos años de edad, «con la tranquilidad del hombre justo pasó a mejor vida, dejando en El infortunio multitud de familias pobres en quienes distribuía con pastoral protección una gran parte de sus rentas, Venerable Sacerdote, ciudadano honrado, modelo de virtud, de saber y de pureza» (palabras de Antonio Piña en la corona fúnebre consagrada al Presbítero Hechavarría)

El Doctor Zacarías González del Valle pronunció su elogio fúnebre.

Presbítero Lcdo. Don Juan Justo Vélez de Eloriaga

Nació en Álava, España, en 1786, donde realizó sus primeros estudios. Trasladado a Cuba en 1803, completó los estudios en la Universidad Pontificia, obteniendo los grados de Bachiller en Filosofía, en 1809 y de Derecho Civil, en 1812. En este mismo año recibió la ordenación sacerdotal de manos del Obispo Espada.

Ejerció la abogacía en Puerto Príncipe y obtuvo, en 1818 la Cátedra de Economía Política en el Real y Conciliar Colegio Seminario de San Carlos.

En 1820 ganó por oposición la Cátedra de Jurisprudencia (Derecho Patrio), para entonces, había obtenido el grado de Licenciado en Derecho Civil. En ese mismo año quedó como Director del Real y Conciliar Colegio Seminario de San Carlos.

Entre sus trabajos se encuentran «*las Memorias de la clase de Derecho Patrio, en el Real seminario de S. Carlos de la Habana*» y la traducción del *Compendio del trabajo de Economía Política* de Juan B. Say, 1818.

Fue miembro de la Sociedad Económica de Amigos del País y viajó en comisión a Inglaterra, Francia, Bélgica, Holanda y Estados Unidos.

Ocupó muchos cargos pero los que más mantuvo fueron los de Director del Seminario – hasta 1831 – y el de Fiscal de la Curia – hasta su muerte en Guanabacoa, en 1834. Este dato lo hemos tomado del Diccionario Biográfico de Francisco Calcagno, pero hay una notificación al Gobernador de la Diócesis, el Arzobispo de Guatemala Fray Ramón Cassaus, de un Decreto Real en el que se nombra al Pbro. D. Mariano Bastaras como Director del Seminario Conciliar a causa del fallecimiento del Pbro. Vélez, fechado el 29 de abril de 1836. ¿Estaría el seminario sin Director por casi dos años?

Calcagno cita en su Diccionario un elogio al Padre Vélez, pero no nos dice el autor ni donde aparece publicado, a continuación lo transcribimos a manera de resumen de la vida de este ejemplar sacerdote.

[...]Era este entendido profesor un sacerdote entusiasta, sostenedor de las doctrinas más avanzadas en los diferentes ramos de la administración social: su ejemplo arrastraba á sus discípulos inspirándoles ese amor purísimo que arde en la espléndida inteligencia juvenil, cuando es todo verdad y desinterés el estímulo. Govantes, Poey, Carrillo, Saco y la mayor parte de los hombres más distinguidos del corto catálogo de nuestros compatriotas se reconocían y reconocen deudores al Lcdo. Velez, de los primeros conocimientos que les comunicó su escolástico entusiasmo[...]

El Siervo de Dios Presbítero Doctor Félix Varela y Morales

El Padre Félix Varela nació en La Habana el 20 de noviembre de 1788. Hijo del Teniente Don Francisco Varela Pérez, español y de Doña María Josefa Morales y Medina, de Santiago de Cuba.

Huérfano de madre a muy temprana edad, queda al cuidado de su abuelo el Coronel Don Bartolomé Morales, con el que se traslada a San Agustín de la Florida. Es allí donde recibe las primeras enseñanzas. De regreso a La Habana y siendo un adolescente, le manifiesta al abuelo su deseo de ser sacerdote, por lo cual, ingresa en el Real y Conciliar Colegio Seminario de San Carlos, bajo la dirección y guía del Padre Caballero.

Obtiene los grados de Bachiller en Artes, en 1803, y en Teología, en 1808. Recibió la ordenación sacerdotal de manos del Obispo Espada el 21 de diciembre de 1811. Antes de ordenarse, ocupaba la Cátedra de Latín y después, siempre por oposición, las Cátedras de Retórica, Filosofía – con las de Física y Química–, donde realiza los sueños de reforma educacional del Padre Caballero, sustituyendo el latín por el castellano, y la escolástica por la ecléctica; por último y a petición del propio Obispo, la de Constitución hasta el año 1822. Ese año cambiará el curso de su vida, pues es elegido por el pueblo y ratificado por el Obispo, como representante por La Habana a las Cortes españolas de 1822 y 23.

Allí presentará tres proyectos, dos de ellos reformadores y uno de abolición de la esclavitud. Ninguno de los tres obtiene la aprobación.

Cuando el rey Fernando VII vuelve a ocupar el trono e implanta el absolutismo, Varela y los demás diputados cubanos son condenados a muerte como otros muchos diputados por haber firmado una declaración de incompetencia del monarca. De Cádiz huyen a Gibraltar donde embarca para los Estados Unidos de América, en diciembre de 1823.

Desde entonces, y ya convencido de la necesidad de independencia, desarrolla una amplia labor para obtenerla; su pensamiento político se encuentra expresado en el periódico *El Habanero* fundado y redactado por él. Distintos factores socio– políticos les hacen comprender que no es el momento de lograr la ansiada independencia para el pueblo cubano y decide entregarse al ministerio pastoral sin renunciar nunca a su proyecto independentista.

Integrado a la Diócesis de Nueva York, dedica sus últimos treinta años a trabajar por la propagación y defensa de la fe católica y el servicio heroico de la caridad.

Párroco desde 1827 hasta 1837 y Vicario General desde el 37 hasta su muerte.

Representó a la Diócesis de Nueva York en el Concilio de Baltimore, en 1837. Sirvió como Consultor teólogo del Concilio de Maryland, en 1846.

Recibió el título de Doctor «honoris causa» en Teología por la Universidad Católica de Santa María de Baltimore.

En Nueva York fundó parroquias, escuelas gratuitas y guarderías para los hijos de los emigrantes irlandeses, restauró templos y realizó todo tipo de trabajo por los más pobres y necesitados (apestados, moribundos, alcohólicos, etc.)

Mantuvo muy activa sus capacidades intelectuales, escribiendo en periódicos y editando revistas, manteniendo polémicas a favor de la Iglesia, traduciendo libros y escribiendo otros para desarrollar la conciencia de los jóvenes cubanos (Cartas a Elpidio), a los que amaba y consideraba, aún, como sus discípulos.

El Padre Varela fue siempre enfermizo; el clima frío, el exceso de trabajo y los continuos ataques de asma le minaron la salud. En 1850 pidió permiso para pasar temporadas en San Agustín de la Florida, donde trabajó y sufrió muchas penurias. Falleció, de forma ejemplar, el 25 de febrero de 1853.

El *New York Daily Times* publicó un hermoso artículo de donde podemos sacar este párrafo que resume su vida:

«Un hombre de vida irreprochable, de gran piedad y celo y dotado de una inmensa bondad. A su memoria irán siempre unidas las bendiciones de los pobres.»

Fue enterrado en el cementerio de San Agustín hasta que, en 1911, trasladados sus restos a La Habana, fueron colocados en el Aula Magna de la Universidad.

Su causa de canonización fue introducida en 1985.

Un laico muy comprometido con su pueblo: el Doctor Don Tomás Romay y Chacón

Entre los hijos preclaros de nuestra Iglesia y de nuestra Patria se encuentra el Doctor Don Tomás Romay Chacón. Nació el día 21 de diciembre del año 1764 en la casa número 71 de la calle Empedrado en la ciudad de La Habana.

Primero de los diez hijos del modesto matrimonio formado por Don Lorenzo Romay y Doña María de los Ángeles Valdés Chacón. Sus abuelos paternos fueron Don Benito Romay, Teniente de Infantería, y Doña Ana Xaviera de la Oliva Castellanos. Su madre, tal como parece, fue una expósita que fue adoptada por la rica familia de los Condes de Bayona, principalmente la Señora Condesa Doña María Teresa Chacón.

Le bautizó su tío Fray Pedro Romay O.P., el domingo 30 de diciembre en la Iglesia Parroquial Mayor, y le puso por nombre Tomás José Domingo Rafael del Rosario.

Le inició en los estudios elementales su propio tío, el Dr. En Teología, Fray Pedro que lo «apadrinó» durante sus años de adolescencia y juventud.

Comienza sus estudios secundarios en el Convento de San Juan de Letrán donde recibió clases de Latinidad y Filosofía con el Lector e Elocuencia, Fray Francisco Pérez; Artes con Fray José María de Rivas y los catedráticos de Texto Aristotélico, D. Nicolás Calvo de la Puerta y D. Ignacio O'Farrill.

Alcanzó el grado de Bachiller en Artes el 24 de marzo de 1783 cuando contaba con 18 años de edad. Transcurridos dos años, se presentó a los exámenes de oposición para la cátedra de Texto Aristotélico, obteniéndola el 12 de marzo de 1785; por este motivo, le fueron conferidos los grados de Licenciatura y Magisterio en Artes. Recibió la borla el 19 de abril de aquel año.

Inclinado en un primer momento a los estudios de la Jurisprudencia, matricula en las clases del Dr. Nicolás Calvo, profesor de Texto Aristotélico del Real Colegio Seminario de San Carlos – más tarde se crea una profunda amistad entre ambos y el Dr. Calvo se proporciona su Cátedra cuando la deja vacante.

Siguiendo los consejos de su tío Fray Pedro, deja los estudios de Derecho civil y se decide por la carrera de Medicina.

Por entonces, eran cuatro las asignaturas que componían el currículo de esta carrera, a saber: Prima (Fisiología), Vísperas (Patología), Anatomía y Método. Esta carrera se encontraba sujeta aún a las enseñanzas de Avicena, Galeno e Hipócrates y sólo aquellos que sentían un verdadero amor por la Medicina, tendrían el cuidado de auto formarse para llegar a ser un verdadero médico.

El joven Romay fue uno de esos o, quizás, mucho más, porque su preocupación por conocer y aplicar bien los últimos avances en el saber médico, le situaron en el lugar de los promotores del conocimiento científico de la Medicina en Cuba.

Después de recibir el grado de Bachiller en Medicina en 1789 y de ejercer los dos cursos obligatorios de práctica, que consistían en asociarse a un Médico aprobado por el Protomedicato y visitar con él a los pacientes en los hospitales y en las casas, se presentó a examen ante el Real Tribunal del Protomedicato el 12 de septiembre de 1791.

Dicho Tribunal le admitió al uso y ejercicio de la medicina y le concedió la licencia para ejercerla, enseñarla y hacer todo cuanto les competía a los maestros examinadores.

En el *Libro Primero de Doctores y Maestros*, folios 100-107, aparece al margen:

«Licenciado y Doctor en Medicina, el Maestro Don Thomás Romay. En veinte y cuatro días del mes de diciembre de mil setecientos noventa y un años se le confirió por el Reverendísimo Señor Rector y Cancelario presentado Fray Miguel de Morejón y Biedma al Maestro Don Thomas Romay, el grado de Licenciado en Medicina, en la forma de estilo, en virtud de la posesión que se le dio de la Cátedra de Método, en cuyo examen fue aprobado NEMINE DISCREPANTE, como todo más latamente consta de los autos que se formaron para la provisión de dicha Cátedra.

Y el día veinte y cuatro de junio del año mil setecientos noventa y dos, se le confirieron las Insignias Doctorales por el Señor Doctor y Maestro Don Agustín de Sanabria Presentado Decano de dicha Facultad, y la Borla de Doctor por el antedicho Reverendísimo Señor Rector. No repartió propinas, por ser a título de Catedrático y de todo fe.

(Fado.) Fray Ignacio Fernández de Velasco.
Presentado Secretario perpetuo (rubricado)». (sic.)

Gran amigo de Don Luis de Las Casas, el Dr. Romay trabajó muy cerca de él en la fundación del Papel Periódico de la Isla y con Zequeira, Arango, Calvo y otros, en distintas acciones de la Sociedad Patriótica de Amigos del País, de la cual fue socio de número primero, y de mérito después. En 1792 recibió el cargo de Médico de la Real Casa de Beneficencia, donde ejerció por espacio de diez años sin percibir estipendio alguno; más tarde, asumió un puesto en la Casa de Dementes y otro en el Hospital General sin dejar la Beneficencia y recibiendo los sueldos correspondientes.

Contrajo matrimonio el 4 de marzo de 1796 con Doña Mariana González Oseguera.

En junio de 1798 publicó su *Memoria sobre la fiebre amarilla* a partir de sus observaciones mientras atendía a los enfermos de la escuadra de Aristizábal. La obra fue traducida al inglés y al francés, considerándosela como la mejor publicada hasta esa fecha. Por tal motivo fue nombrado Académico Corresponsal de la Real Academia de Medicina de Madrid.

En 1802 dio a conocer su magnífica obra *Memoria sobre cementerio fuera de poblados*. Desde esa fecha se convirtió en el médico de cabecera y gran amigo del Obispo Espada, quien, basándose en esa Memoria emprendió la obra de edificar un Cementerio General mientras asumía la prohibición de los entierros en las Iglesias.

En aquellos años tiene la oportunidad de conocer a Doña María Bustamante y a sus dos hijos que habían sido vacunados en Puerto Rico contra la viruela. Desde hacía unos años, el Dr. Romay seguía los pasos de este gran descubrimiento realizado por el Dr. Jenner en Inglaterra, pero sus trabajos habían sido infructuosos y lo siguieron siendo por un tiempo, hasta que se decidió a vacunar a sus propios hijos y publicar sus *Memorias* sobre la introducción y progresos de la vacuna en la Isla de Cuba.

Esta obra fue presentada por el propio Romay ante la sesión del 10 de diciembre de 1804 de la Sociedad Patriótica. Fue apoyado por casi todos sus miembros pero, sobre todo, por el Obispo Espada, quien le ofreció su apoyo moral y económico y él mismo se hizo propagador de la campaña de vacunación en sus Visitas Pastorales.

El 13 de diciembre de 1806 presentó su informe como Secretario de la Junta Central de la Vacuna a las juntas generales de la Sociedad Económica de La Habana. La vacuna contra la viruela se había propagado, al menos, por todo el occidente y centro de la Isla.

45 años continuó trabajando en propagar la vacuna por toda Cuba y mantener la acción de las juntas locales de vacunación. El gobierno de Dionisio Vives le apoyó económicamente y le otorgó el título de Médico Honorario de la Real Familia.

Fue, más que un gran médico, un importante intelectual de su época. Escribió sobre temas de Política (*Conjuración de Bonaparte* y el *Dos de Mayo*), de Literatura, Economía (*Memorias sobre el cultivo y propagación de colmenares en la Isla de Cuba*)

En el campo político se manifestó como un gran orador y defensor de la Constitución de 1812. En el período comprendido entre 1812 y 1814, ocupó la Secretaría de la Diputación Provincial.

Ocupó sucesivamente los cargos de Censor de teatros, Secretario de la Junta de Población blanca, más tarde de Real Junta de Fomento.

De aquella época son sus *Elogios sobre los defensores de Zaragoza* muy bien acogida. Sensible hacia los más necesitados, entregó los beneficios obtenidos a los pobres.

Al reinstalarse la Constitución en 1820, comenzaron a surgir ciertos inconvenientes hacia la figura del Doctor Romay. Entre los principales propulsores de estas acciones miserables, se encontraba el Dr. Tomás Gutiérrez de Piñeres, jefe temido de la Prensa Libre, quien logró divulgar injurias sobre la persona de Romay, de su familia y de toda la Diputación Patriótica.

Arango llamó a La Habana de aquel momento una *Babel*. Le acusaban de haber firmado un servil documento propiciatorio de la caída del sistema anterior.

Romay contestó con un artículo titulado *Purga urbem*, que lejos de ayudar, empeoró la situación. Los «piñeristas» salieron a las calles desenfrenadamente y pidiendo las cabezas de algunos ciudadanos prestigiosos, entre ellas, las de los hijos de Romay, que ya empezaban a despuntar en la escena política.

La presencia de esta chusma frente a la casa de los Romay pidiendo insistentemente que fueran todos ejecutados, provocó un ataque apopléjico a Doña Mariana que no pudo superar, falleciendo a los pocos días.

Pasados aquellos años y aquellas gentes, los lauros del insigne doctor reverdecieron.

En 1833 con motivo de la aparición de la epidemia de cólera –morbo, el Dr. Romay se destacó, una vez más, por su sentido de entrega total al servicio al enfermo. Trabajó de forma infatigable en los hospitales, repartió medicamentos a la población, muchas veces de su propio peculio.

A pesar de sus rechazos a los honores que le propusieron, tuvo que aceptar la Cruz y el título de Caballero Comendador de la Real Orden de Isabel la Católica.

Su fama trascendía los límites de Cuba.

Por entonces, fue nombrado Director de la Real Sociedad Patriótica de Amigos del País. Ahora, se dedicaría a la hermosa obra de la instrucción pública.

Ya anciano y habiendo entendido injustos ciertos procedimientos donde se veía implicada su persona, decidió retirarse de todos los cargos y recogerse en su vida privada. En enero de 1849 comenzó a resentirse de un mal en la garganta y en el mes de marzo, el día 30, falleció a la edad de 80 años, en la casa 116 de la calle del Obispo.

Su muerte constituyó un verdadero duelo público para La Habana, haciéndose sentir en todos los periódicos de la Isla y, principalmente, en la Real Sociedad Económica.

El Doctor Costales escribió el mejor de los elogios póstumos que se le dedicaron.

El proceso de la desamortización de 1835 al 1844

Fue este un proceso con antecedentes históricos peninsulares que tomó carácter de ley y afectó a la Iglesia en España y en sus ya pocas colonias. Esta afectación, aunque muy dirigida al área económica, alcanzó la espiritual.

Antecedentes

Desde el Medioevo, la jerarquía y las órdenes monásticas y mendicantes, tanto masculinas como femeninas, fueron acumulando una gran cantidad de riquezas agrarias y pecuniarias fruto, sobre todo, de la piedad de los fieles que en espera de alcanzar la misericordia divina en el momento de la muerte, donaba parte de sus bienes como una forma de acumular méritos para la vida eterna.

De esta forma, la Iglesia llegó a poseer un alto porcentaje de las tierras peninsulares con la dificultad de que no podían ser vendidas. Llegó un momento en el que gran parte de esas tierras se mantuvieron improductivas.

El rey Alfonso X «el Sabio» fue de los primeros monarcas que clamó por la solución justa de este problema económico.

Con el establecimiento de las colonias de América, se da el mismo proceso de acumulación de propiedades en manos de los obispados, del clero y de las órdenes religiosas. No fueron pocas las quejas presentadas a la Corte por los Gobernadores y por grupos de hacendados.

En 1680, el Sínodo Diocesano de la Isla de Cuba recomendaba a los religiosos que no presionaran las conciencias de los fieles cercanos a la muerte para que legaran a favor de los conventos.

En el siglo XVIII, el criollo Bernardo de Urrutia Matos, haciendo el análisis serio de la economía de la Isla, insistió en tomar una medida para controlar la tenencia, cada vez más elevada, de bienes raíces por parte de los religiosos.

Los monarcas españoles de la Casa de Austria exigieron subsidios e impuestos sobre los bienes de la Iglesia como una medida para solucionar el precario de la Real Hacienda. La dinastía borbónica aumentó las exigencias y sus monarcas se opusieron a la *amortización* por considerarla causa de empobrecimiento del Estado, despoblación del país y decadencia de la agricultura. La solución parecía estar en un proceso de desamortización de tierras a la Iglesia que permitiera parcelar los grandes latifundios y repartirlos a los campesinos.

En el ambiente de la Ilustración, aparecen dos obras fundamentales para la creación de las futuras leyes de desamortización. La primera corresponde al ministro Campomanes, 1765, y su título, *Tratado de la regalía de amortización*; la segunda, del ministro Jovellanos, 1795, titulada *Informe sobre la Ley Agraria*.

Carlos III comenzó el proceso de desamortización en las tierras comunales de varios consejos; y su hijo, Carlos IV, lo inició con las tierras de la Iglesia en 1798.

Esta primera ley fue aprobada por el Papa Pío VII y produjo un beneficio a la Corona de 1, 600 millones de reales obtenidos de la venta de la sexta parte de los bienes de la Iglesia.

Las leyes de desamortización como medio para eliminar las órdenes religiosas masculinas

El gobierno de los liberales no se limitó a expropiar a los religiosos sino que los presionó para que dejasen las órdenes y pasaran al clero secular.

Ya en el período de 1820 al 23, las leyes del liberal Rafael del Riego, estipulaban que «la Comunidad que no llegue a contar de veinte y quatro religiosos ordenados in sacris se reunirán con la del Convento más inmediato de la misma orden, y se trasladará a vivir en él; pero en el pueblo donde no haya más que un Convento subsistirá este si tuviese doce religiosos ordenados in sacris» (sic.)

Los bienes de los conventos que se suprimieran, pasaban a poder de la Hacienda Pública y el Estado se encargaría de mantener a los regulares afectados. Pero había una intención de secularizarlos, pues los estipendios dados al clero secular eran más altos.

Las leyes prohibían la fundación de nuevos conventos, la apertura de noviciados y la profesión de votos a los novicios. Desaparecían los superiores provinciales y se desconocía la autoridad de los superiores generales. Sólo se aceptaban los superiores elegidos por cada comunidad.

El Intendente Alejandro Ramírez mandó publicar la Ley el 16 de enero de 1821, y ese mismo día, quedaba suprimido el convento de Belén de La Habana; el 23 de febrero el de San Francisco de Bayamo; el 11 de mayo el de San Juan de Dios de La Habana; el 4 de junio, el de San Agustín; el 7 de septiembre el de la Merced de la capital; y así, sucesivamente, hasta llegar a nueve en 1821.

En 1822 suprimieron siete. El ejecutor de las disposiciones fue el Gobernador Dionisio Vives, en 1823, ya que antes se hizo prácticamente imposible su ejecución.

Todo parece indicar que los religiosos tenían el apoyo de una parte considerable del pueblo, así como de los miembros principales del gobierno de la colonia.

No preguntamos: ¿Cuál sería la verdadera situación del clero regular en aquellas primeras décadas del siglo XIX; y cuál el origen de los enfrentamientos con el Obispo?

En mayo de 1821, el Obispo Espada le escribía al Gobernador y Capitán General:

[...]estoy convencido que quanto menos conventos queden en la Diócesis, estará mejor servida porque aumentará el Clero Secular que es de primera institución; y aun la Nación gana mucho en no tener estacionadas tantas riquezas para sostener estos establecimientos que admitidos como auxilio de las Parroquias y los Párrocos en las curas de almas, y por una mala entendida debocion han levantado despues la serviz sus moradores y han pretendido sobreponerse á aquellos y han dado mérito exorvitante á tal qual ayuda que dan, y que se remunera con demasía[...]

Espada apoyó las leyes con rapidez. Por decreto episcopal de marzo de 1821 ordenó a las comunidades religiosas que eligieran entre ellos u prior y dejaran de obedecer a los superiores provinciales. Esta ordenanza fue bien recibida por los religiosos.

En otro decreto episcopal fechado 10 de diciembre del mismo año, mandó salir a todos los novicios y novicias, cerrando así, toda posibilidad de nuevas ordenaciones o profesiones de votos.

¿Le tenía ojeriza a los religiosos o quería tenerlos bajo su control?

Nos llama la atención ciertos contrastes en el Obispo y en algunos religiosos:

El prestigioso dominico habanero Fray Remigio Cernadas escribió, en 1832, uno de sus más elocuentes sermones, referente a la gracia y en alabanza al Obispo Espada. Por un religioso franciscano, Fray Hipólito Rangel, conocemos lo ocurrido en la Visita Pastoral del Obispo Espada, por tener el cargo de secretario-acompañante.

Si Espada rechazaba a las órdenes religiosas, ¿por qué aceptó la fundación de las Ursulinas en su Diócesis?

Es mi humilde opinión que, además de sus enfoques liberales, Espada sentía que la presencia de tantos religiosos, sobre todo en La Habana, lejos de ayudar al buen desenvolvimiento de la pastoral, la obstaculizaba. Y si muchos religiosos contribuyeron con su enseñanza a mejorar el nivel educacional de la Isla, no pocos, dieron mal ejemplo con actitudes cuestionables o condenables.

Una de las primeras cosas que hace Espada cuando ocurre la exclaustración, fue nombrar al hospicio San Isidro, hasta entonces propiedad de los franciscanos, en Iglesia Auxiliar de la Parroquia del Espíritu Santo.

En este tema queda mucho por investigar en el descubrimiento de la verdad histórica.

La Primera Restauración

Restablecido en el trono, Fernando VII derogó las leyes liberales por un Decreto Real fechado el 3 de octubre de 1823, y el Gobernador Vives lo hace público en La Habana en diciembre de ese mismo año. Como vemos, fue muy corto el tiempo en el se vieron afectados los clérigos regulares, pues con el Decreto se restituían las propiedades y los conventos incautados a las órdenes religiosas.

Situación económica de las órdenes religiosas en la Cuba de 1839

No queremos agobiar al lector con muchos datos económicos, por eso, daremos sólo las cifras del capital de los conventos de La Habana, ya que son éstas las más elevadas[15]:

Convento	Capitales (1,000 pesos)	Réditos (pesos)
Santo Domingo	919, 7	45, 986
San Juan de Dios (Santa María de Puerto Príncipe)	23, 2	1, 159
San Agustín	237, 6	11, 880
La Merced	133, 7	6, 683
Bethlem	170, 7	8, 529
San Francisco	399,3	19, 967

De las cuatro etapas en que fueron aplicadas estas leyes en España, la que afectó a Cuba fue la de 1836-44 dirigida por el ministro liberal Juan Álvarez Mendizábal. Se había iniciado la primera guerra carlista y la Corona estaba necesitada de recursos económicos.

En ese momento, el clero español estaba constituido por 53,000 regulares en unos 2, 400 conventos y 65,000 seculares, y se desató contra ellos una persecución en distintas regiones de la Península, con incendio de conventos y hechos de sangre.

El político y ensayista español Menéndez y Pelayo llamó a las leyes de Mendizábal «el gran latrocinio».

---

[15] Estos datos se han obtenido de la obra del Dr. Levi Marrero, *Cuba: economía y sociedad*, tomo 10, pág. 104.

El Dr. Levi Marrero, basándose en datos de archivo, llega a la conclusión que las Leyes de desamortización de los años 1836 al 44 no encontraron un eco favorable en la Isla. En su primera etapa, el Intendente Conde de Villanueva rechazaba estas medidas y, aunque las aplicó, escribió a la Corte demostrando que era muy poco lo que se obtenía de las supuestas inmensas riquezas del clero regular, y que eran muy pocos los civiles que se interesaban por esas propiedades a pesar de ser los más beneficiados por las formas de pago establecidas.

Pero era cierto que las órdenes religiosas no tenían tantas propiedades; sí, en el momento de la aplicación de las leyes. Sin embargo se conoce que en el período comprendido entre la proclamación de la real Orden del 17 de junio de 1834 prohibiendo todo tipo de venta de las propiedades de los eclesiásticos seculares y regulares y el año de 1837, en el que se anunció en Cuba dicha ley, se efectuaron operaciones como la que informó Fray Remigio Cernada, Prior del convento de los Dominicos de La Habana.

La Orden Dominica vendió, en 1835, 1,050 caballerías de tierra a razón de 500 o 450 pesos la caballería, y que se hizo a censo perpetuo, es decir, que los nuevos propietarios debían pagar un por ciento anual sobre el capital de la venta.

Estas operaciones, y quizás otras, se realizaron bajo el aparente desconocimiento del Superintendente de Hacienda Claudio Martínez de Pinillos. De seguro, en algo se beneficiaba el Superintendente y el Gobernador general Miguel Tacón, pero los que si no nos cabe duda que se beneficiaban, eran los hacendados criollos que, con las nuevas leyes liberales para España pero no para la Colonia, se verían afectados.

En 1838 comenzó la intervención parcial de la economía de los conventos, por la cual, el Estado controlaba todas las propiedades para que fuesen vendidas.

La Junta de Subsidio de Guerra de la Isla de Cuba, presidida por el nuevo Capitán General Joaquín de Espeleta, determinó con fecha 22 de octubre de 1838 que se procediera «al remate en subasta pública de todas las propiedades rústicas y urbanas pertenecientes en toda la Isla á los conventos de regulares Dominicos, Agustinos, Mercedarios y Betlemitas, hasta la concurrente cantidad de dos millones de pesos».

Los hacendados de la Isla temieron que al finalizar las guerras carlistas y se sustituyera el gobierno liberar en España, el nuevo reintegrara las propiedades a los religiosos. Por eso, en 1840 sólo se habían rematado 120 fincas rurales y 10 urbanas de un total de 2, 800 y 642, respectivamente.

La etapa más dura en el proceso de desamortización

La etapa más difícil en el proceso de desamortización la constituye la regencia del Reino en manos del general Espartero, exponente del liberalismo anticlerical.

La tensión cada vez mayor con la Iglesia culminó con la ruptura de relaciones con la Santa Sede.

En la Isla, el Superintendente conde de Villanueva fue sustituido por el español Antonio Larrúa. Este último, y el nuevo Gobernador Gerónimo Valdés Noriega y Sierra, constituyeron el binomio perfecto para aplicar al máximo las leyes antieclesiásticas.

De inmediato, excluyeron al clero secular de la administración, de los diezmos pasando a ser renta fiscal; el clero regular perdió sus propiedades y los conventos fueron suprimidos; y la Universidad, secularizada. Todo el clero quedó en dependencia económica del Estado.

No debemos pasar por alto un dato muy importante, la gran mayoría del clero, pero sobre todo el regular, era criollo. Por poner un ejemplo, el Priorato del convento de San Juan de Letrán y la Rectoría de la Universidad estuvieron en manos de dominicos cubanos. Según Mons. Ismael Testé en su *Historia eclesiástica de Cuba*, asegura que en el largo período que va desde la fundación de la Universidad Pontificia, en 1728, hasta su secularización, en 1842, la Rectoría estuvo ocupada por 48 Padres Dominicos cubanos.

Otro tanto ocurría con los franciscanos y las demás órdenes, en menor escala.

Recordemos que en todos los conventos se prestaba el servicio de la enseñanza según las posibilidades de cada uno, sumándose a los vínculos familiares, los que surgían entre maestros y discípulos. En el plano económico, las órdenes religiosas estaban muy unidas a la burguesía criolla.

Todo esto unido daba como resultado que el clero regular de la Isla se convertía, cada vez más, en un posible factor de cubanía tan peligroso para una colonia que, por distintos motivos, no pudo unirse al movimiento independentista del Continente.

Somos partidarios de la idea de que el aspecto económico, tan esgrimido por las leyes liberales de desamortización, si no encubrían, al menos, disimulaban un aspecto socio – político de mayor consideración por el Gobierno colonial.

Las leyes de desamortización sólo afectaron a las órdenes masculinas, pues en el caso de las religiosas no ocurrió ninguna intervención.

Resultado final de la aplicación de las leyes de desamortización y sus consecuencias, a corto y a largo plazo, para la evangelización en Cuba

El primer resultado de la aplicación de estas leyes fue la secularización de una buena parte del clero regular como lo acreditan las cifras reportadas entre los primeros años del siglo XIX hasta el año 1867. Según los datos del Archivo Histórico Diocesano de La Habana, sólo en ésta, se secularizaron 240 religiosos.

Si a esto sumamos la prohibición de los noviciados y la muerte por enfermedad o ancianidad de otro número de ellos, dio como resultado que, para la segunda mitad del siglo, los religiosos se habían prácticamente extinguido de la Diócesis y, sobre todo, los religiosos nacidos en ella.

En Santiago de Cuba ocurría otro tanto. En diciembre de 1841, 10 betlemitas pedían la secularización al Arzobispo. Por lo que conocemos de la vida del Siervo de Dios Fray Olayo Valdés, la orden de los juaninos desapareció de Santa María de puerto Príncipe, quedando él solo, como un aparente enfermero civil.

En La Habana, la comunidad de los agustinos había desaparecido en 1842, así como los de San Juan de Dios.

En segundo lugar, los conventos pasaron a ser propiedad del Estado español, el cual los convirtió en cuarteles o almacenes; algunas órdenes no volvieron a establecerse en la Isla durante el período colonial; los Betlemitas y los Mercedarios, más nunca.

El tercer resultado, a mi parecer, muy negativo, fue la sustitución de los religiosos cubanos por los peninsulares; aclaro que no es por el hecho de que fueran españoles, sino porque, en su mayoría, respondieron a la política dictada por la Metrópoli y contribuyeron a identificar Iglesia con Estado español como veremos en el período de la guerra del 95.

En lo adelante, los cubanos que quisieran ser religiosos debían marchar al Continente y, por supuesto, no eran integrado a sus comunidades en Cuba. Al restablecerse las órdenes y el culto en las iglesias de algunos conventos, todo el personal provino de España.

Algunas ciudades del interior perdieron para siempre los conventos y, por tanto, la presencia de los religiosos.

El clero secular, dependiente del Estado, fue cambiando también su fisionomía de una mayoría criolla a una mayoría peninsular.

La secularización de la Universidad y el empobrecimiento intelectual del Seminario San Carlos contribuyeron a distanciar a los criollos intelectuales de su relación con la Iglesia; de manera tal, que las nuevas generaciones de cubanos crecieron sin aquellos fundamentos que ofrecieron antes los eclesiásticos de la talla de Caballero y Varela, por citar los más conocidos.

Situación final de las órdenes religiosas

La Orden de Frailes Menores (franciscanos)quedó reducida a dos conventos, el de San Antonio de Guanabacoa y el de San Francisco en Santiago de Cuba. Perdieron el de San Francisco de La Habana y los de Bayamo, Sancti Spíritus, Trinidad y Puerto Príncipe.

La Orden de Padres Predicadores (dominicos) perdieron sus cuatro conventos, el de La Habana, incluyendo la Universidad Pontificia, secularizada en 1842, el de Guanabacoa, Sancti Spíritus y el de Bayamo.

Orden de San Agustín, su único convento en La Habana. No volvieron a Cuba hasta principios del siglo XX.

La Orden de los Padres Mercedarios perdió sus tres conventos, el de La Habana, el de Puerto Príncipe y el de Bayamo.

La Orden de los Betlemitas, su convento de La Habana y los hospitales de Santiago de Cuba. No volvieron más nunca a Cuba. La Orden quedó suspendida hasta principios del siglo XX.

La Orden de Frailes Menores Capuchinos, el convento del Oratorio de San Felipe Neri.

El Arzobispado de Santiago de Cuba en la primera mitad del siglo XIX
Ilustrísimo Señor Doctor Don Mariano Rodríguez de Olmedo y Valle. segundo Arzobispo de Santiago de Cuba

El 13 de febrero de 1823 falleció el Arzobispo Osés y Alzúa, y su cadáver fue sepultado en el trascoro la Catedral que, restaurada, había podido consagrar en 1818.

Durante más de un año, la sede de Santiago queda vacante y gobernada por el Deán y el Cabildo de la Catedral.

En ese tiempo, el Presbítero Don Bernardo de Medina ofreció parte de su patrimonio para la fundación y el sostenimiento de una casa de beneficencia en las dependencias del convento de San Francisco de donde habían marchado ya los frailes exclaustrados; y el Canónigo Doctoral Doctor Don Francisco José de Hierrezuelo y Moncada.

Para ocupar la sede vacante, el Patronato Regio designa al Obispo de Puerto Rico Don Mariano Rodríguez de Olmedo, natural de Arequipa, Perú. En ese Virreinato, ocupó una canongía en Charcas. En la guerra de independencia, mantuvo una postura abiertamente realista. Fue designado para ocupar la sede puertorriqueña recibiendo la consagración episcopal en

Madrid el día 4 de agosto de 1816. Fue designado como Arzobispo de Santiago de Cuba en 1824, pero no es hasta el 20 de abril de 1825 que desembarca en la capital del Departamento Oriental.

A los pocos mese de tomar posesión del Arzobispado descubre la situación pésima en que se encuentra su arquidiócesis, por lo cual, eleva a la Corona una queja, manifestando lo perjudicial que ha sido la división de la única Diócesis cubana, al quedar Santiago con muy poco territorio en comparación con La Habana.

Aunque nos parezca extraño, no es hasta el 19 de febrero de 1826 que se le da posesión del Arzobispado en la persona de su tesorero y provisor el Dr. D. Miguel de Herrera y Cangas, y hace su entrada pública el 22 de marzo de ese año.

Algunas fundaciones durante su gobierno

En 1826 se constituye el nuevo poblado de anta Cruz del Sur (Camagüey) y sus pobladores construyen su primera iglesia, una pequeña ermita con techo de guano.

El domingo 5 de agosto de 1827, reunidos en la Iglesia de Santa Ana, el Arzobispo revestido de pontifical y acompañado de su Cabildo y de las autoridades civiles, inició una solemne procesión precedida por el clero, hasta el sitio donde se emplazó el primer y actual Cementerio General. Después de una plática explicando la nueva disposición, dio paso a la bendición del terreno según el Ritual Romano; hizo público el nombramiento del primer Capellán, Presbítero Francisco Borges y dejó establecida la prohibición de enterrar en las iglesias y cementerios aledaños.

El Arzobispo mandó construir, en 1828, la Iglesia del Santo Cristo de la Candelaria en Santiago; ese mismo año, queda establecida de forma oficial la fundación de Nuevitas, aprovechando la ocasión para reconstruir su vieja Parroquia.

En 1829, el Arzobispo designa la Iglesia de San José como Auxiliar de la Parroquia de la Soledad y puede ver con satisfacción la terminación de las obras de la Iglesia del Carmen, en la misma ciudad de Puerto Príncipe.

Al año siguiente, el Alférez Real Don Graciano Betancourt inicia el proyecto de fundación de una casa cuna en esa ciudad, pero su muerte repentina imposibilita su cumplimiento.

El Arzobispo sede un local del Colegio de San Basilio para que se inicie una escuela de Matemática dirigida por Don Luis Antonio Lamar, en 1829. En marzo de ese año realizó una visita a Puerto Príncipe.

Un proyecto ambicioso de reestructuración de la Arquidiócesis

Las reclamaciones hechas por Olmedo para que le fueran mejoradas las rentas, quedaron desatendidas, pero el Arzobispo reemprendió sus solicitudes, esta vez en mutuo acuerdo con su Cabildo. En abril de 1828, presentó un proyecto de nueva división de los territorios eclesiásticos, en el cual, la Arquidiócesis llegaría hasta Matanzas.

Esta solicitud cayó en el vacío.

Muere el Arzobispo

En la tarde del 23 de enero de 1831 y a la edad de 58 años, falleció el Ilustre Señor Doctor Don Mariano Rodríguez de Olmedo y Valle, Metropolitano de Santiago de Cuba. Como el Obispo Morell de Santa Cruz, determinó encarecidamente que no se le aplicase el ritual de embalsamamiento y que se le enterrara en el Cementerio general de Santa Ana en una bóveda que el mismo había mandado construir. Posteriormente, y por acuerdo del Cabildo catedralicio, se trasladaron sus restos a un nicho del trascoro de la Catedral. Había sido nombrado, en 1828, Asistente al Solio Pontificio.

Una propuesta rechazada

Desde el año 1830 se encontraba en Santiago de Cuba el Arzobispo de Santo Domingo Don Pedro Valera y Jiménez en carácter de emigrante al volver a perderse la sección hispana de la Isla por invasión de las tropas haitianas.

El 4 de octubre de ese año, celebró la misa pontifical en la Iglesia de San Francisco, asistido por el Cabildo.

A la muerte del Arzobispo Rodríguez de Olmedo, el Cabildo catedralicio le presentó una solicitud unánime para que aceptara la Sede, pero Velera la rechazó y marchó, de inmediato, hacia La Habana.

El Ilustrísimo Señor Fray Cirilo de Alameda y Brea, O.F.M., tercer Arzobispo de Santiago de Cuba

Un religioso muy comprometido con la política española en aquellos tiempos en se enfrentaban y sucedían los gobiernos liberales y los conservadores, se juraban Constituciones y se declaraban inválidas.

Nacido en Torrejón de Velasco, Castilla, España, el día 14 de julio de 1781. Profesó en la Orden Franciscana y en ella fue ordenado sacerdote. Su capacidad intelectual y su perspicacia personal le introdujeron en la corte llegando a ocupar el cargo de consejero de estado del rey Fernando VII. Su prestigio en la corte parte de su participación activa en el enlace matrimonial de Don Fernando con la princesa portuguesa Isabel de Berganza y el del infante Don Carlos con Doña María Francisca hermana de la anterior.

Llegó a ocupar la dirección del Tribunal de la Santa Inquisición. Fue Visitador de su Orden en la América del Sur y Supervisor General para toda América.

Siempre cercano a Fernando VII, estuvo implicado en los manejos que dieron al traste con la Constitución del 20.

A la muerte del Arzobispo Rodríguez de Olmedo, fue designado por el Rey y aprobado por Roma como sucesor para la sede vacante de Santiago de Cuba.

Le consagró el Cardenal Cienfuegos en Sevilla el 12 de enero de 1832. Toma posesión de la Sede el día 17 de junio, en la persona de su apoderado, el Chantre y Vicario Capitular, Dr. Don Miguel de Herrera y Cangas.

Arriba a Santiago el día 16 de julio.

Según Leiseca, este nombramiento recayó sobre Alameda por su actitud conciliadora y los esfuerzos que hizo ante el Rey pidiendo clemencia para los liberales perdedores, principalmente por el General Riego.

Se preocupó por la situación del Seminario de San Basilio, ampliando sus cátedras y colocando en ellas a cubanos que la talla intelectual del pedagogo Don Juan Bautista Sagarra, quien ocupara la cátedra de Filosofía.

En agosto de 1833, emprende la Visita Pastoral al territorio de su Arquidiócesis y, como parte de ella, bendice la primera piedra de la nueva Iglesia Parroquial de San Luis de los Caneyes estando presente, entre otros, el Párroco Don Eduardo Ortiz.

Al morir Fernando VII se desata una guerra dinástica entre los liberales que asumen la regencia del trono y el pretendiente Don Carlos, dirigente de las fuerzas conservadoras y defensor de los fueros eclesiásticos.

El Presidente del Consejo Juan Alvarez de Mendizábal nombró general a uno de sus hombres de confianza Don Manuel Lorenzo y le envió a ocupar la Gobernación de Santiago de Cuba y comandante del Departamento Oriental. Ocupó sus cargos el 13 de junio de 1835 y, sin pérdida de tiempo dispuso libertades para la prensa en contraste con la política seguida por el Gobernador General Miguel Tacón; se rodeó de todo un personal intelectual de tendencia liberal y se puso en contacto con partidarios del Club Habanero residentes en Madrid.

Esto preocupó mucho más a Tacón que no se demoró en pedir a la Metrópoli su destitución y traslado.

Sin embargo, Lorenzo conoció que en Madrid se aprobaba una Constitución y mandó que se proclamara con toda solemnidad en el territorio bajo su mando, y que fuera jurada por el ejército, los funcionarios de gobierno. El Arzobispo la aceptó y dispuso que el clero la jurase.

Ese acto fue considerado por Tacón como una imprudencia tal que podría colocar a aquella región de la Isla en una situación de franca rebeldía. El Gobernador General no estaba equivocado, pues cuando mandó a traer al General Lorenzo a La Habana, éste detuvo al coronel enviado y movilizó a todas las fuerzas de artillería y milicias para defender a Santiago. No falto un exaltado que lanzara proclamas llamando a todos los ciudadanos a asumir una postura separatista, cosa que no estaba en los planes del General Lorenzo.

Muy poco duró esta situación. La guarnición de Santiago se negó a obedecer a Lorenzo y éste no demoró en huir hacia Jamaica el 31 de diciembre de 1836.

El 2 de enero siguiente, llegó al puerto de Santiago la goleta Nemrod trayendo una carta de Tacón para que fuese entregada al Arzobispo donde le anunciaba que había recibido de Madrid la orden de prenderle.

El Arzobispo se embarcó para Jamaica dejando como Gobernador eclesiástico a su Canciller el Dr. Don Francisco Delgado, en segundo lugar al Dr. Don Miguel Herrera y Cangas y, en tercero, al canónigo magistral Dr. Don Gabriel Marcelino Quiroga y Rubio, según escribió al Cabildo desde Jamaica en carta del 4 de enero. De Jamaica pasó a Francia.

Más tarde se trasladó a España uniéndose al Infante Don Carlos, siendo uno de los que más trabajó en la preparación del convenio de Vergara, el cual se firmó el 31 de agosto de 1839.

Terminada la contienda y luego de restituírsele la gracia real, pasó a Madrid donde reemplazó, como Consejero de la Corona, al venerable Argüelles cuando éste murió; nombrado Arzobispo de Burgos (1849) y, en 1857, Arzobispo de la Sede Primada de Toledo. Al año siguiente recibió el capelo cardenalicio.

Ocupó el cargo de Cardenal Primado de España hasta su muerte, el 7 de julio de 1872, a la edad de 91 años, siendo el Decano del Colegio Cardenalicio.

¿Qué sucedió en Santiago de Cuba desde la partida del Obispo?

El Capitán General Don Miguel Tacón implantó su mando en el Departamento Oriental nombrando al Brigadier Moya como Jefe de Gobierno en la ciudad de Santiago de Cuba.

El Ayuntamiento envía una carta a la Corte destacando la buena fe y conducta del Arzobispo ausente y pide que se le restituya a la sede, cosa que nunca llegará a ocurrir.

Mientras tanto, el general Tacón recibe los títulos de Vizconde de Bayamo y Marqués de la Unión de Cuba por todos sus esfuerzos en reducir la incipiente sedición de Lorenzo y derogar el sistema constitucional.

De acuerdo con la Real Orden del 6 de abril de 1837, y por mandato del Gobierno General de la Isla, cesan en sus cargos como primer Gobernador eclesiástico, el Dr. D, Francisco Delgado –que nunca había sido aceptado por el Cabildo–, y los Doctores Don Miguel de Herrera y Cangas y Don Gabriel Marcelino Quiroga y Rubio. Fueron elegidos por el Cabildo, por indicación del Gobierno Civil; como Vicario espiritual, al Cura Párroco del salvador de Bayamo Dr. D. Diego José Baptista, Vicario para lo contencioso al Capellán de Artillería Dr. D. José Gorgonio Delgado. Fiscal eclesiástico al Cura Párroco del Sagrario de la Catedral a Don José Dolores Giró y Hernández, conocido con el sobrenombre del *Padre Coleto* y sustituto, el Capellán de Coro Don Alejo Garriga.

El 28 de noviembre de 1837, son arrestados en el Colegio de San Basilio por su participación en el movimiento constitucional del gobernador Lorenzo, los sacerdotes, Deán Presbítero González Mascareñas, al Magistral Quiroga, al lectoral Hidalgo, al Racionero Lcdo. Don Antonio Odoardo de Balmaceda, y el Secretario Capitular Don Miguel Ángel Pérez, para su deportación a las Islas Canarias. El Racionero Dr. Don José Teodoro Martínez huyó a La Habana.

En la catedral no quedaron más que tres canónigos.

Al año siguiente, morían en el exilio los Presbíteros Odoardo de Balmaceda y Miguel Angel Pérez.

En marzo de 1839, el Cabildo catedralicio recibe una Real Orden por la cual, quedaban fuera de sus cargos de vicario espiritual y contencioso los Presbíteros Baptista y Gorgonio Delgado. En la Orden venía el nombramiento del nuevo y único Gobernador eclesiástico, Dr. D. Juan Pacheco, Arcediano de Madrid dignidad de Toledo.

Por entonces, el número total de presbíteros en la Arquidiócesis era de 156, todos eran seculares, pues los religiosos, o se habían marchado, o exclaustrados, pasaron a ser seculares «congregados», por lo que se reportaban 76 sin destino, es decir, que recibían sustento del Estado pero no ocupaban cargos.

Hasta el año 1851, la Arquidiócesis de Santiago fue sede vacante dirigida por un Gobernador eclesiástico.

La educación en este período

En la Arquidiócesis de Santiago de Cuba como en la Diócesis de La Habana la labor educativa realizada, desde los siglos XVII y XVIII, por las distintas órdenes religiosas masculinas, quedó truncada por la exclaustración y perdida de los conventos. Pero en medio de esta borrasca surgieron colegios dirigidos por laicos o presbíteros que, de una u otra forma, transmitieron los valores cristianos, cuando no impartieron clases de religión.

A continuación un breve elenco de estas escuelas establecidas en la ciudad de Santiago de Cuba:

En 1819.

El Presbítero Don Miguel Ángel Pérez dirigía una escuela con 104 niños.

El Presbítero Don Juan Bautista Serrano y Serrano al frente de una escuela con cerca de 200 alumnos.

La tercera escuela pública quedó suspendida por la incapacidad de su director Don Luis Caballero por lo avanzado de su edad.

En 1820.

Don Manuel María Arias abre una escuela para enseñar los primeros textos.

El francés, Don Augusto Delange solicitó permiso para enseñar a escribir según el método de Sprangh.

Don Joaquín García establece una Escuela Náutica.

Se abre una escuela para niñas donde se les enseñe a leer, escribir, contar, Catecismo y la costura.

1823.

Don Manuel Arjona abre su propia escuela.

El Presbítero Don José Inocencio Ávila pide a la Gobernación permiso para establecer una escuela.

Don Pedro Formel abre una escuela con el método de Lancaster en una de las salas del Seminario de San Basilio. En marzo, un mes después de fundada su escuela, logra abrir otra del mismo método. En junio, se le designan 500 pesos anuales como Director de sus escuelas.

El Presbítero Don Elías Rodríguez abre una escuela de primeras letras.

1829.

Un grupo de padres se quejan al Ayuntamiento por la situación de abandono en que se encuentran algunas escuelas públicas y privadas.

1830.

El ayuntamiento manda grabar medallas de plata para premiar a los alumnos más destacados en las escuelas públicas.

1831.

Don Juan Bautista Mariño abre una escuela de primeras letras.

Don J. Leverthon y Doña Juliana Perrin, matrimonio francés establecido en la Ciudad de Santiago, inauguran una casa de educación religiosa y docente para niñas, donde se les enseña las primeras letras, la aritmética, geografía, historia, música vocal y piano.

1832.

La Junta de educación autoriza para ejercer el magisterio a los Señores Antonio María de Santí, Diego Villalón, José Fernández y Juan Agustín Ferrer.

El Sr. Vicente Martínez recibe una ayuda estatal para su nueva escuela.

Una estadística publicada en el mes de noviembre informa que en la ciudad de Santiago de Cuba existen 3 colegios de niñas; 3 de niños y 30 escuelas de niños y niñas.

Los profesores, 21 y las profesoras, 23.

El número de educandos era: 759 varones y 421 hembras, para un total de discípulos de 1,180.

De los profesores, tres eran presbíteros y uno fraile.

Entre las profesoras se reportan cinco negras o mulatas.

1833.

En julio de este año se inaugura la Biblioteca Pública de la Sociedad Económica de Amigos del País en uno de los salones del Seminario de San Basilio cedido por el Arzobispo Alameda y Brea. El Presbítero Don Bernardo Medina donó para esta institución la cantidad de mil pesos y una casa situada en la calle del Gallo.

1834.

La Sociedad Económica crea comisiones para inspeccionar las escuelas y procurar el progreso y el orden en la enseñanza. En julio de ese año, se levanta una queja general por lo poco que progresan las escuelas públicas a causa de los métodos educacionales y lo poco que son remunerados los maestros.

Se abren cuatro nuevas escuelas privadas pertenecientes a Don Francisco Soler, a Don Juan Bautista Lafond y su esposa, a Don François Pelet y su esposa y a Don Juan Foch, este último admite a un alumno gratis por cada diez pagos. La escuela abrió sus puertas bajo la advocación de la Purísima Concepción.

1835.

El Presbítero Don Francisco Soler, exdirector de la Escuela de Náutica y de dibujo, establece una Escuela de Matemáticas y Dibujo anexo, y se ofrece a enseñar gratis a los niños pobres que sean enviados por la Junta Municipal.

1839.

La Sociedad Económica inaugura una escuela en la casa que, años antes, había donado el Presbítero Medina.

1840.

En este momento, estaban funcionando 24 escuelas públicas de primera enseñanza con 716 alumnos y 256 alumnas, blancos, negros y pardos.

1842.

Una Sociedad anónima funda el Colegio de Santiago en la calle de Santo Tomás.

Este Colegio, que dejó de existir en 1882, funcionó como una especie de universidad por la calidad y nivel de su enseñanza. Uno de sus directores lo fue el Presbítero Don Hermenegildo Coll de Valdemia.

1847.

De acuerdo con el censo de escuelas, en este año, el alumnado y, al parecer, las escuelas disminuyeron, pues el total de alumnos era de 970 de ambos sexos.

Concluyo esta sección dedicada a la enseñanza con una solicitud hecha por el Señor Sánchez Limonta para mejorar el nivel de enseñanza en el Colegio Seminario de San Basilio Magno, «según existían antes, tratando de remediar una necesidad gravísima, que tiene afligida y desconsolada, no solamente a la ciudad, capital que cuenta más de 35,000 habitantes, sino a toda la provincia, que a larga distancia de la opulenta Habana, en donde todo sobra, tiene que buscar su previo recurso en Santiago de Cuba, donde todo falta, y que esa necesidad del Colegio Seminario, monumento en otro tiempo de las glorias del país, es hoy simulacro de nuestra decadencia».

La respuesta de la Universidad de La Habana – ya secularizada – fue negar el establecimiento de estudios mayores en el Seminario de San Basilio Magno.

La labor asistencial

Para toda la ciudad de Santiago de Cuba no encontramos más que un hospital dedicado al cuidado de hombres y atendido por los frailes betlemitas, hasta que se propuso y llevó adelante la idea de crear uno para mujeres en 1819. El proyecto contó, como base económica, con la suma que dejó en su testamento el canónigo Don Juan de Dios Montel y las donaciones de los seglares Don Juan Borricas y Doña Francisca Jiménez.

Don Emigdio Maldonado, apoyado por otras personas, realiza una suscripción pública para la instalación del hospital de mujeres con doce camas y que quedó establecido en el barrio de Santa Ana, en enero de 1825. La situación del hospital decayó de tal forma que transcurridos sólo dos años, tuvo que ser trasladado al Hospital de caridad del Tivoli a cargo de los frailes betlemitas.

En 1820, Fray Antonio del Rosario acude al Ayuntamiento para que se tomen medidas porque el hospital de hombres no da abasto a las demandas.

El Ayuntamiento instala una Junta de Beneficencia Pública en marzo de 1823, esta debía atender, o al menos ayudar, las necesidades de las instalaciones sanitarias.

En 1839 y de acuerdo con el cumplimiento de las leyes de desamortización y exclaustración, la Orden de los Betlemitas habían perdido sus dos hospitales.

La atención de los hospitales incluyendo su administración quedó bajo la responsabilidad del gobierno colonial que nombró a Don Andrés López de Queralta como administrador de los bienes pertenecientes a los hospitales.

Aunque proyectada desde antes, no es hasta septiembre de 1845 que se crea la primer Junta para la Casa de Beneficencia para hombres y mujeres. En dicha Junta estarán presentes algunos presbíteros de la Ciudad. En junio de 1846 se coloca la primera piedra, el Presbítero Dr. D. Marcelino Quiroga y Rubio, miembro de la Junta, hace la oración. En julio de 1849 se concluye la Casa de Beneficencia gracias a las suscripciones públicas, basares, funciones y donaciones privadas.

La Diócesis de La Habana durante el largo período de sede vacante

Después de la muerte del Arzobispo de Guatemala y Gobernador eclesiástico de La Habana, Fray Ramón Cassau, en 1845, quedó al frente de la Diócesis el Pbro. D. Pedro Mendo como Administrador y Vicario Capitular.

En 14 de octubre de 1846, Mendo informa al Capitán General O'Donell sobre el expediente instruido de toma de posesión de Fleix y Solans como nuevo Obispo de San Cristóbal de La Habana.

En julio de ese año, Don Pedro Mendo recibió la notificación de su elección como Arzobispo de Segovia.

Durante este período se continuaron construyendo templos y arreglando otros porque, si es verdad que la exclaustración trajo muchos inconvenientes y algunas pérdidas irreparables para la vida espiritual de la Iglesia en Cuba, también es verdad, que el impulso dado a la Diócesis por el Obispo Espada y la dirección de los Gobernadores eclesiásticos permitieron continuar la obra de evangelización.

En 1839, la Diócesis habanera contaba con 321 presbíteros, todos seculares, de los cuales, 136 estaban «sin destino» (congregados); alguno de estos fueron destinados a ocupar el Convento e Iglesia de La Merced en 1844 manteniéndose en ella hasta 1863.

Un ejemplo lo encontramos en la erección de la parroquia de Nuestra Señora de Monserrate. Este templo habanero tiene su antecedente en la ermita del mismo nombre que se encontraba extramuros y muy contigua a la porción de la Muralla que llamaban de tierra y que fue demolida, en 1838, para facilitar el paso en las nuevas puertas de la muralla con el nombre de Monserrate. A la par de la demolición se hizo el proyecto de levantar una iglesia con la misma advocación mariana.

Para ejecutar el proyecto se contó con el solar llamado de «la marquesa» por pertenecer a la viuda del Segundo Marqués de Arcos, Doña María del Carmen Peñalver y Cárdenas. El solar o placer estaba situado enmarcado por las calle Galeano, Virtudes, Concordia y San Nicolás. En el lado Norte se encontraba el parque o «Jardín de Armenteros» que ocupaba la manzana de Concordia y Neptuno. En ese punto se trazó, posteriormente, un callejón que se llamó de Cañongo por pertenecer el terreno al Tercer Conde de ese título.

La Iglesia fue inaugurada en la Navidad de 1843 como Auxiliar de la Parroquia de Guadalupe (La Caridad), de la cual tomó la franja de terreno que llegaba hasta el río Almendares, paralela a toda la costa.

El Obispo Fleix y Solans la elevó a Parroquia de Ingreso en 1847 y de Término en 1852.

El Archivo de esta Parroquia guarda documentos muy apreciados para nuestra Historia. Allí se casaron los padres de Martí, Don Mariano y Doña Leonor Pérez; Martí bautizó a su único hijo, José Francisco Martí y Zayas Basán, y se casaron sus hermanas Carmen y Rita; además, contrajeron matrimonio el músico Ignacio Cervantes con María Amparo Sánchez Richeaux, el sabio Juan Carlos Finlay con Adelaida Shine, el músico Hubert de Blank con María del Pilar Martín; se encuentran las partidas de defunción de los padres de Martí, Narciso López, Eduardo Facciolo, Ramón Pintó y Francisco Estrampes, muertos por la causa cubana en el garrote vil.

Disminuye la educación en la Diócesis

El cierre de los conventos y la secularización o expulsión del clero religioso afectó notablemente la educación por el simple hecho de que disminuyeron los centros de enseñanza. Como hemos visto anteriormente, en casi todos los conventos de La Habana y del «interior» de la Isla existían aulas –en algunos, cátedras– para la población. El nivel de enseñanza era variado así como el alumnado.

En el informe que recibió el Obispo Espada sobre la enseñanza en los conventos habaneros encontramos los siguientes datos:

En el convento de San Francisco existía un Regente de estudios, tres Lectores de Teología, uno de Filosofía, un Maestro de Estudiantes para defender la Conferencia de Moral; un Maestro de Gramática que enseñaba por el método de Nebrija; alumnos entre 50 y 60, en ocasiones, llegaron a ser 90.

En el de la Merced había un Preceptor de Latín que daba cuatro horas de Clase diarias por el método de Nebrija a un alumnado de 19 jóvenes; además, un Maestro de Filosofía Aristotélica según la enseñanza de Santo Tomás.

En el convento de Belén se sostenía un colegio gratuito para enseñar a leer y escribir, aritmética y caligrafía. Este colegio llegó a tener 400 alumnos, blancos, mulatos y negros.

En San Agustín se enseñaba Filosofía y Gramática.

En el convento de las Madres Clarisas funcionaba una escuela para niñas donde enseñaban a leer y escribir, coser y bordar.

Sin contar el colegio de las Madres Ursulinas de las que hemos hablado.

En 1817, por Real Cédula, se dispuso la apertura de escuelas gratuitas para ambos sexos en los claustros de los conventos. En enero del siguiente año se inauguraron estas escuelas en los conventos habaneros de San Juan de Letrán, San Francisco, San Agustín y la Merced; y en los monasterios de Santa Clara, Santa Catalina y Santa Teresa.

Lo mismo ocurría en los conventos del interior del país.

En la educación superior, la Universidad rechazó las reformes educacionales propuestas por el Obispo Espada, por lo que estas se aplicaron sólo en el Seminario San Carlos.

En 1840, la Universidad había disminuido mucho en su nivel educacional, principalmente por el proceso de exclaustración. El 19 de noviembre de 1842 se inauguró el primer curso escolar con una Universidad secularizada cuyo primer Rector civil fue Don José María Sierra. El mes anterior, el Gobernador Valdés Noriega había mandado desalojar el convento de San Juan de Letrán y a los frailes trasladarse al convento de Guanabacoa.

Clausurada la Universidad Pontificia de San Jerónimo, pasó a llamarse Universidad Real y Literaria de La Habana.

El Seminario de San Carlos que llegó a estar a la altura de la Universidad, fue perdiendo de forma progresiva su esplendor llegando a reducirse a los estudios eclesiásticos y supeditado al Instituto de Segunda Enseñanza, cuando este fue fundado.

En lo adelante, la Universidad se mantendría laica y el Seminario llegó a estar fuera de los planes civiles de educación.

El Ilustrísimo Señor Doctor Don Francisco Fleix y Solans, el tercero de los Obispos de La Habana

Nació en Lérida, Cataluña, el 13 de septiembre de 1804, perteneciente a una distinguida familia catalana. Alcanzó el Doctorado en Derecho en la Universidad italiana de Bolonia. Canónigo de la catedral de Tarragona, Rector de uno de los Colegios Mayores de Salamanca y Capellán de honor real. Elegido, primero, como Obispo de Puerto Rico (enero de 1846), se le traslada, de inmediato (16 de abril), a la sede habanera que llevaba 14 años vacante.

Recibió la ordenación episcopal de manos del Obispo de Córdoba Juan José Bonel y Orbe, el día 31 de mayo de 1846, en la Capilla Real de Madrid.

Llegó a La Habana en el mes de noviembre encontrando su Diócesis muy debilitada. El Cabildo y el Vicario Capitular, acompañados por las autoridades civiles con el Capitán General a la cabeza y un nutrido grupo de fieles habaneros, le dieron la bienvenida en una ceremonia que se realizo en el Templete.

Algo sobre la situación de la Iglesia en Cuba dos años antes de su llegada

Al caer el gobierno del General Espartero, liberal que regía la corona española, las leyes referentes a la Iglesia fueron puestas en entredicho y revisión rápida.

El Gobernador Valdés fue removido de su cargo y sustituido por el Teniente General Leopoldo O'Donell y Jorris, Conde de Lucena, quien gobernaría la Isla durante el período de restauración comprendido entre los años 1843 y 1848. El Conde de Villanueva es restituido al cargo de Intendente de Hacienda. Ambos personajes mantuvieron una postura muy cercana a la monarquía y a las posiciones del Partido Moderado.

Sobre la actuación de O'Donell hay distintas opiniones, algunos de sus defensores lo consideraron un gobernador próbido en sus acciones, severo en sus principios y en la ejecución de sus responsabilidades, y promotor del bien en la Isla. Sin embargo, dejó un triste recuerdo a su paso por ésta. Durante su gobierno ocurrió la conspiración de «la Escalera» en la que, al parecer, fue ejecutado injustamente el poeta matancero Gabriel de la Concepción Valdés, «Plácido». Además, en su expediente se anotan fuertes dificultades con Domingo Delmonte, Arango, Luz Caballero, entre otros.

En este período de nuestra historia se entrelazan diversas tendencias económicas, políticas, sociales y religiosas. Los hacendados criollos abogan por mayores libertades y aumento del número de esclavos como fuerza imprescindible para el desarrollo de la industria azucarera; es la época en que se hace fuerte el sistema de plantación. Se combate cualquier intento abolicionista.

Entre los que responden a la Corona, predominan los moderados y conservadores que no están dispuestos a ninguna prerrogativa dada a liberales, autonomistas y, mucho menos, a anexionistas e independentistas.

La Corona exige al gobierno colonial una especie de Pax Romana y O'Donell aplica toda su fuerza en reprimir el más mínimo atisbo de desorden (destierra a siete padres de familia por protestar ante la orden de cerrar un café a la diez de la noche).

La Iglesia busca retomar su posición anterior con un notable aumento de elementos conservadores e integristas en el personal que viene a cubrir el déficit de clero en la Isla.

En un informe enviado por el Conde de Villanueva al Gobernador fechado el 17 de junio de 1844, le dice:

[...]Ya conocerá V. E. Que siendo tan pocos los adscritos al servicio de las Iglesias, que como consta en las listas que van aglomeradas al referido expediente no llegan a uno por 1, 450 almas, cuando debiera haber según nuestras leyes uno por cada 400, difícil será cubrir todas las necesidades espirituales y mucho menos atender como V. E. Lo desea y previene en circular de 31 de Mayo á la educación religiosa de una población que se aproxima en toda la Isla á un millón de habitantes de castas sumamente heterogéneas y esparcidas en la mayor parte por los campos, donde más peligrosa pueden ser por la estupidez e ignorancia en que viven, según se ha hecho palpable en los tristes acontecimientos en la jurisdicción de Matanzas[...][16]

Nuevos templos y reconstrucción de los ya existentes

En el mismo año de la llegada del Obispo, reconstruyeron la iglesia de Batabanó y la de Cárdenas que la declaran Parroquia.

En 1848, reconstrucción de la iglesia de San Cayetano y declarada Auxiliar de Consolación del Norte en Vuelta Abajo.

Se mandó reconstruir en madera la iglesia de Nueva Gerona en Isla de Pinos; y la de Ceja de Pablo ascendió a Parroquia.

En 1850, la Parroquia de Nuestra Señora del Carmen en el poblado portuario de Casa Blanca, y la reconstrucción de las iglesias de Salvador del Mundo en el Cerro, la de Jesús del Monte y la de Cabezas.

En 1854, erigió la Parroquia de San Nicolás (San Judas y San Nicolás).

Mi querida Parroquia de San Nicolás donde crecí y me formé como cristiano, celebrando en ella mi Primera Misa, tiene su origen en una pequeña ermita dedicada a Nuestra Señora del Rosario. Fundada por Don Nicolás Nantes para el bien espiritual de los sitieros de esa porción campestre de La Habana de extramuros conocida por «los sitios de San José». La ermita quedó prácticamente destruida por el incendio de Jesús María de 1802.

En 1843 comenzó una colecta pública para construir una iglesia que quedó terminada en 1848 bajo el patrocinio de San Nicolás de Bari.

Es una iglesia relativamente pequeña, de una sola nave con dos pequeñas en el crucero y enmarcada por la extraña confluencia de las calle San Nicolás, Rayo y Tenerife, y los callejones de Reunión y Holguín.

En una de las pequeñas naves laterales se encuentra el altar de San Marón, santo libanés; en él se celebró, durante muchos años del siglo XX, la Eucaristía de rito Maronita por ser ese un barrio donde vivían muchos

---

[16] N. C.: Gobierno Superior Civil, legajo 718, n° 23, 840.

libaneses y sirios. Para atender a esta porción de la comunidad parroquial, vinieron, al menos, tres sacerdotes de ese rito oriental entre los que se destacó, Monseñor José K. Aramuni, que era Abad Mitrado de ese importante rito libanés.

En 1852 fueron elevadas a Parroquias las iglesias de San Diego de Núñez, San Antonio de Cabezas, Sabanilla del Encomendador, Ceiba Mocha, Corral Falso –actual Pedro Betancourt.

Y reconstruidas las de Puerta de la Güira y Bahía Honda en Vuelta Abajo. En Matanzas, la de Alacranes. Todas fueron declaradas Parroquias y Cárdenas, Vicaría Foránea.

En 1853, se designan como nuevas Parroquias las iglesias de Palmillas, la Esperanza, las Mangas de Guanacaje, Canasí; Manicaragua como Auxiliar de Santa Clara y pasó a Jagüey Grande, recién edificada, el culto de la Iglesia de Hanábana, destruida por un incendio.

En 1855 ascienden a Parroquia las iglesias de Santa Isabel de las Lajas con Cruces como Auxiliar. Al año siguiente, declara Parroquia a San Juan Bautista de Pueblo Nuevo y manda a remozar ampliamente la de San Carlos, ambas en la ciudad de Matanzas.

1857, terminan los arreglos de la iglesia de Caibarién y toma el título de Parroquia, otro tanto pasa con las de Yaguajay, a la cual, queda refundida Mayajigua, la de San Luis de los Pinos y la de Cabañas, ambas en Vuelta Abajo (Pinar del Río).

1859, erigió la Parroquia de Sagua la Grande y mandó reconstruir la Iglesia de Mantua.

1860, las Iglesias Auxiliares de Jovellanos, El Perico, Bolondrón y San Juan y Martínez, alcanzan el título de Parroquias.

1862, nombra Parroquias a las Iglesias de Banao, El Santo y Santo Domingo en las Villas; Corral Nuevo, en Matanzas; Palmira quedó agregada a la Parroquia de Cienfuegos; Guanajay alcanza el rango de Vicaría Foránea.

1863, en este año las nuevas Parroquias son Cayajabos y Cartagena con Rodas como Auxiliar. Alonso Rojas pasa a ser Auxiliar de Consolación.

El Obispo Fleix y Solans y la educación

En el momento en que el Obispo Fleix inicia su gobierno eclesiástico en la Diócesis habanera, ya se respiran nuevos aires en la Isla con relación a la Iglesia. Su propio nombramiento significaba un cambio en la política del gobierno español para con la Iglesia en los territorios de ultramar. En el trono estaba Isabel II, que con su equipo de gobierno formado por moderados y conservadores, restauraba el «orden» en la Península y en sus colonias – sólo le quedaban Cuba, Puerto Rico y Filipinas –. Como parte de esa restauración estaba devolverle a la Iglesia sus derechos y posesiones, mejorar la situación del clero y de la enseñanza católica.

Las solicitudes hechas por los Gobernadores O'Donell y Gutiérrez de la Concha para las reformas eclesiales en la Isla, fueron atendidas después que se reiniciaron las relaciones entre la Corona española y la Santa Sede con la firma del nuevo Concordato de 1851.

La restauración facilitaba y estimulaba la entrada de nuevo clero secular y regular, así como, de nuevas congregaciones religiosas femeninas dedicadas a la enseñanza y a la labor asistencial. Ya no volveríamos a tener un clero criollo tan abundante y calificado como en los dos últimos siglos.

Isabel II determinó, por Real Cédula de 1852, que la primera disposición fuera para los clérigos de San Vicente de Paúl o de la Congregación de la Misión haciendo hincapié en la labor educacional y disciplinaria de los dos Seminarios Conciliares, para lo cual, se manda a abrir sendas casas en Santiago de Cuba y en La Habana.

Esta disposición no se vio cumplida hasta 1863.

Real Colegio de Belén

Una vez más se cumplió aquello de «no van lejos los de adelante...», porque los Padres Jesuitas que estaban en tercer lugar en las disposiciones reales, llegaron primeros.

El 29 de abril de 1853 tocaron puerto habanero los tres primeros jesuitas que iniciarían la obra solicitada por el Obispo Fleix y Solans de crear un centro de estudios dirigido por la Compañía de Jesús.

El grupo que restituía la Orden expulsada en 1767, estaba formado por el R.P. Bartolomé Munar, como superior; el R.P. Cipriano Sevillano y el hermano coadjutor, Manuel Rubia.

El primer proyecto contemplaba la construcción de un colegio en las afueras de la ciudad. La falta de recursos y el poco empeño que pusiera el Padre Munar, paralizaron la obra desde sus comienzos.

Ese mismo año llegó el nuevo Gobernador, Teniente General don Juan de la Pezuela y Ceballos, Marqués de la Pezuela, que determinó se le entregase a los Padres jesuitas el edificio del antiguo Convento de Nuestra Señora de Belén, en aquellos momentos ocupado por el General Segundo Cabo y un batallón de infantería.

Para el 16 de enero de 1854 ya se había establecido la Comunidad, ahora incrementada por dos nuevos miembros, los Padres José Cotanilla y Nicasio Egiluz. El día 2 de marzo abría sus puertas el Real Colegio de Belén con un alumnado de cuarenta niños.

El colegio iniciaba sus labores a las seis de la mañana, los alumnos almorzaban y comían en el recinto y marchaban a las seis de la tarde.

En ese año llegaron de Guatemala, los Padres Freire, Buján y Michelena y los Hermanos Gutiérrez y Madueño; y de España, los Padres Aviñó, Davi, Doyague, Escriban, Leza y Tusquets y los hermanos Eguía, Sugasti y Armendía.

En 1859 ya había 200 alumnos internos y 100 externos, con una Comunidad de 40 Padres y 20 Hermanos. Pasados diez años de su fundación fue necesario ampliar el número de habitaciones pues la matrícula ascendió a 270 internos.

Un testimonio de 1859 nos dice:

[...]Belén es un grupo de edificaciones del color amarillo o leonado usual, que ocupa un vasto espacio y posee un carácter totalmente monástico.

Hace solo tres años desde que se establecieron en La Habana, pero es este lapso han creado una escuela que cuenta con 200 alumnos internos y 100 externos; han desarrollado actividades misioneras en todas partes de la ciudad y rescatado un gran número para la disciplina de la Iglesia; y no solo han creado entusiasmo devoto entre las mujeres, de quienes se decía que habían monopolizado la religión en Cuba en el pasado, sino que han introducido entre los hombres, y en muchos influyentes de ellos, la práctica de la confesión y la comunión, a los que habían sido casi enteramente extraños[...]

Ese año, los Padres Francisco Aviñó y Narciso Doyague predicaron una muy fructífera misión en Sancti Spíritus que tuvo como resultado el proyecto de fundar un colegio. El proyecto tuvo un gran apoyo por parte de la población y del Ayuntamiento, entregándoles el antiguo convento de San Francisco que habían adquirido por la suma de 20,000 pesos y, además, una colecta de 14,000 pesos con el compromiso de otros aportes.

En noviembre de 1862, Sancti Spíritus celebraba la inauguración del Colegio Sagrado Corazón de María, siendo su primer superior el Padre Aviñó y comenzando el curso con 65 alumnos. En la ceremonia de inauguración estuvo presente el Obispo desterrado de Cartagena, Don Bernardino Medina.

Colegio San Francisco de Sales

Este colegio de niñas tiene su origen el la fundación que hiciera el venerable Diego Evelino de Compostela en 1689, situado en el edificio que hace esquina en la calle del Obispo y la calle de los Oficios. Siempre con pocos recursos, no tuvo la mejor atención.

El Obispo hizo todas las gestiones pertinentes para que vinieran tres Hijas de la Caridad de San Vicente de Paúl con la encomienda de atender el Colegio, que contaba con 22 becas para niñas sin recursos y otras tantas pensionistas y medio pensionistas.

El 28 de febrero de 1855 llegaron cinco Hijas de la Caridad para encargarse del Colegio. Su primera superiora lo fue Sor Anastasia Conget (1855-62), le siguieron en el cargo:

Sor Tomasa Basterre (1862-65)
Sor Paula Bernabeu (1865-68)
Sor Manuela Prieto (1868-69)
Sor Josefa Iduate (1869-71)
Sor Margarita Batlles (1871-85)
Sor Carmen Borrell (1885-1925)

Escuela Nuestra Señora de la Asunción

En el Hospital de la Caridad de Guanabacoa la Comunidad de Hijas de la Caridad, que atendía el hospital, crean una escuela, en 1857, que agrupa a 50 niñas atendidas por una hermana profesora auxiliada por la hermana enfermera, cuando su oficio se lo permitía. Al poco tiempo el número de las alumnas ascendió a 100, por lo cual, se nombró otra hermana profesora. Sor Josefa Pons fue su directora durante mucho tiempo, destacándose por su gran capacidad como educadora.

Colegio San Vicente de Paúl

En los primeros años de la década del 60, un grupo de señoras de la Conferencias de San Vicente de Paúl de Matanzas se vieron fuertemente motivadas a crear una escuela que diera atención a niñas provenientes de familias pobres. El proyecto fue hecho realidad cuando inauguraron, el 27 de septiembre de 1865, el Colegio de San Vicente de Paúl y que estuvo situado en la zona del camino de Monserrate. La obra estaría dirigida por una junta, siendo su primera presidenta Doña María Francisca Garay. Los esposos Don Luis López de Villavicencio y Doña Luisa Valiente fueron sus más destacados benefactores.

El 18 de febrero de 1866 una Comunidad de Hijas de la Caridad se hacían cargo del Colegio, siendo su primera Directora Sor Ramona Solanellas.

Colegio del Sagrado Corazón

La preocupación del Obispo por la buena educación de las niñas, futuras madres, le movió a solicitar la fundación de otro colegio que auxiliara la labor realizada por las Madres Ursulinas y las Hijas de la Caridad. Para esta nueva fundación, llamó a las Religiosas del Sagrado Corazón radicadas en los Estados Unidos. Por otra parte, el Capitán General encomendó al Superior de los jesuitas que visitara a la Madre fundadora Santa Magdalena Sofía Barat, que como Madre General vivía en París. La entrada de 19 postulantes en la casa de Manhattanville, de las cuales tres eran cubanas, movió a la Madre Barat a dar permiso para esta fundación.

Después de una visita de reconocimiento a la Isla por parte del la Superiora del Este de los Estados Unidos, la Madre Hardey, quedaba establecida la fundación en La Habana, el 19 de marzo de 1858.

El primer colegio quedó instalado en la casa del Señor Arozarena ubicada en la calzada del Cerro y la calle Buenos Aires, y tuvo carácter de internado acogiendo a 45 alumnas. Su primera superiora fue la Madre Justina Lay con el valioso acompañamiento espiritual del Padre Munar, s.j.

Al poco tiempo de iniciada la fundación, y bajo las directrices de la Madre Barat, se construyó una escuela gratuita para niñas pobres, adjunta al Colegio.

Los Padres Escolapios en la Diócesis de La Habana

En la real Cédula del 26 de noviembre de 1852, Isabel II encargaba que se destinaran «dos Casas de PP. Escolapios, en cuyos Colegios además de la enseñanza primaria para las clases de pobres, puedan recibir las acomodadas la esmerada y religiosa educación que se da en los de la Península»(sic)

Para iniciar la fundación, el Padre General envió a dos miembros de la Orden, el escolapio habanero Padre Bernardo Collazo y el Padre Agustín Botey, catalán. Los primeros dos meses transcurrieron en la búsqueda de un buen lugar para fundar el Colegio. El Convento de San Felipe Neri no les pareció oportuno por el poco espacio y decidieron entrevistarse directamente con el Obispo.

Fleix y Solans les habló de su deseo de crear las Escuelas Normales en su Diócesis. Estas escuelas especializadas tenían como fin formar maestros que pudieran encargarse de escuelas públicas para llevar la enseñanza a todos los pueblos que carecían de centros de instrucción.

Para la Capital se les ofrecía el antiguo Convento de San francisco de Guanabacoa y de él se hizo cargo el Padre Collazo, mientras el Padre Botey marchaba a Puerto Príncipe para ejecutar allí la otra fundación.

En noviembre de 1857 llegaban a La Habana doce religiosos de las Escuelas Pías que, por el momento permanecieron en Guanabacoa hasta que se hiciera la distribución.

El Convento de San Francisco era un edificio adosado a la Iglesia de San Antonio y que se encontraba en muy mal estado, por lo cual era más que necesaria su reconstrucción o, al menos, adaptación para ser centro de enseñanza.

No esperó el Padre Collazo a que terminaran las obras para iniciar las clases a un pequeño grupo de matriculados que usarían uno de los claustros.

La inauguración de la primera Escuela Normal para Maestros fue el día 19 de noviembre de 1857 y como atestigua el Acta, estaban presentes el Señor Obispo de La Habana, el Capitán General Gutiérrez de la Concha, el Rector de la Universidad Literaria de La Habana, Don Antonio Zambrana, demás autoridades civiles del Ayuntamiento de Guanabacoa y el Rector y Padres de la Comunidad.

El acto terminó con un solemne Te Deum cantado por el Obispo en la Iglesia de San Antonio. Toda Escuela Normal requiere de una Escuela Práctica y ésta se inauguró el 7 de enero de 1858 contando con 180 alumnos en la sección de la mañana y 60 en la tarde.

El curso contaba con las asignaturas siguientes:

Lectura y Escritura; Moral y Religión; Dibujo e Historia natural; Aritmética y Química; Gramática Castellana; Agricultura.

Aunque el Obispo Fleix y Solans valoraba y estimulaba la creación de Escuelas Normales de Maestros, la política colonial no ponía interés o no quería que se desarrollara la educación del pueblo cubano. El mayor pedagogo cubano Don José de la Luz y Caballero incitó a la clase pudiente habanera para que apoyara económicamente este proyecto, pero tampoco hubo interés entre ellos por la propagación de la enseñanza del pueblo.

En 1868, después de muchas penurias y de los desastres del ciclón del 67, el Rector de la Escuela, Padre Jofré, cansado de reclamar el sostenimiento económico de la Escuela por parte de las autoridades civiles, según los acuerdos firmados desde la fundación, determinó cerrar la Escuela. No hubo en La Habana más escuelas de este tipo hasta 1890.

Durante los casi once años de existencia, la Escuela Normal de Maestros de Guanabacoa, bajo la dirección y enseñanza de los Padres Escolapios, aportó al país 110 maestros elementales y 22 superiores.

Otros centros de educación

Entre los años de 1815 y 1863 surgieron en la Capital y demás zonas de la Diócesis varias escuelas privadas. En algunas de ellas se enseñaba el catecismo, en otras, si no se hacía, se transmitían valores morales y cívicos de franca inspiración cristiana.

Pertenecientes al primer grupo podemos señalar a la *Academia Calasancia* fundada en 1815 por un padre escolapio proveniente de la convulsa España. Nos referimos al Padre Otero que dirigió el Colegio Internado de las Escuelas Pías de Getafe en Madrid. No estuvo solo, pues al poco tiempo, llegaron a La Habana otros tres escolapios que le ayudaron a impartir clases en la Academia. Uno de ellos, el Padre Agustín Botey, volvería en 1857 a fundar las Escuelas Pías.

La Academia se encontraba en la Plaza Vieja, en el ángulo de las calles Muralla y San Ignacio. Parece que el Padre Otero dejó la Academia y volvió a España en los primeros años de la década del 30.

Otros ejemplos los tenemos en el *Colegio la Empresa* de Matanzas; el *Colegio del Presbítero Ortigueira* en Buenavista; el *Colegio San Francisco*, en Regla y el *Real Colegio de Humanidades* de primera y segunda enseñanza de Santa Clara, fundado y dirigido por el Pbro. D. Rafael A. Toymil, quien más tarde, fundara una importante Academia en Güira de Melena que funcionara con el nivel de un Instituto de segunda enseñanza.

En el segundo grupo de escuelas cabe destacar la labor del maestro, poeta y literato habanero, Rafael María Mendive y Daumy, antiguo alumno del Seminario San Carlos, donde estudió Leyes con el profesor Govantes, como director del *Colegio Superior Municipal* y que tuvo la dicha de contar entre sus más destacados discípulos al niño José Martí.

El *Colegio de San Fernando* del maestro Don Narciso Piñeyro, que primero estuvo en la calle Inquisidor y luego se trasladó al Paseo.

Pero las luminarias más fuertes en el campo educacional de este período de nuestra historia, lo constituyen los Colegios de *San Cristóbal* y de *El Salvador*.

El primero fue fundado por el erudito bilbaíno Don Antonio Casas. A los seis años de iniciada la Academia del Padre Otero, asumió la dirección de ésta y en 1829, se traslada con un grupo de pupilos a la nueva escuela situada en el Cerro, pasando al barrio de Carraguao, en 1831, a la quinta del Padre Echevarría, donde tomó el nombre de San Cristóbal. Por último, fijó la residencia del plantel en las faldas del Castillo del Príncipe, hasta 1872.

En 1835, Casas abandonó la dirección del Colegio, pasando a Don José de la Luz y Caballero, que mantuvo el cargo hasta 1837, año en que enfermó.

En 1848, Don José de la Luz y Caballero, el fiel discípulo del Padre Varela y uno de los hombres más insignes de Cuba, pedagogo y filósofo y que podemos considerar como uno de los fundadores de nuestra nacionalidad, decidió fundar un colegio que llamó El Salvador, situado en la Calzada del Cerro. A este centro consagró el resto de sus días dedicado por entero a la hermosa labor de formar hombres en los principios más puros del cristianismo. Por eso decía que, «enseñar puede cualquiera, pero educar sólo aquél que sea un Evangelio vivo».

Entre sus alumnos se encontraron, Ayestarán, Castillo, Agramonte, Piñeyro, Guiteras, Zenea y Zambrana.

Don Pepe como le llamaban con cariño, murió en La Habana, su ciudad natal, el día 22 de junio de 1862. Fue un verdadero maestro porque enseñó con ciencia, sí, pero sobretodo, con la vida; y formó parte de ese grupo de hombres, no tan abundantes, que contó con la triple corona de la modestia, del saber y de la virtud.

El Seminario de San Carlos y San Ambrosio

La época de esplendor del Real y Conciliar Colegio Seminario de San Carlos y San Ambrosio había quedado atrás. La Universidad ya estaba secularizada y con el título de Literaria. El Seminario había perdido su alto nivel educacional y se encontraba en dependencia de la Universidad que, poco a poco, fue dictando medidas encaminadas a reducir su status hasta la estricta condición de Seminario Conciliar como centro exclusivo para la formación del clero.

El Obispo Fleix y Solans procuró realzarlo y formuló un nuevo Plan de Estudios, aprobado en 1848. Según el Plan, el Seminario podía otorgar ciertos grados pero siempre en dependencia de la Universidad. Este Plan duró hasta 1871.

La labor asistencial

En 1862 fueron refundidas la Real Casa Cuna y la Real Casa de Beneficencia. Tanto una como otra sufrieron siempre de una mala administración de sus bienes, salvo el período en que administró la Casa Cuna el Pbro. Mariano Arango que convirtió, en 1825, la Casa de Maternidad «de sepulcro de inocentes en un delicioso plantel de niños lozanos y vigorosos» (Historia de la Maternidad por D. Evaristo Zenea)

JOSE DE LA LUZ CABALLERO.

Los buenos propósitos del Obispo Espada se vieron ensombrecidos por la falta de escrúpulos de los que llenaron sus bolsas a expensas de los infelices huérfanos.

Fleix y Solans situó la nueva casa de Beneficencia en la calle de San Lázaro y la entregó al cuidado de las Hijas de la Caridad de San Vicente de Paúl, las cuales, se encargaron con máximo empeño y con el amor de verdaderas madres, de aquellos desposeídos de la sociedad. Las Hijas de la Caridad atendieron la Institución hasta los primeros años de la década del 60 del siglo XX.

Las Hijas de la Caridad de San Vicente de Paúl en Cuba

Después de muchas gestiones infructuosas y con el decidido apoyo del Pbro. Domingo Aguirre que tuvo a su cargo el contratar a las Hermanas para la atención de la Casa de Beneficencia asegurando su manutención a partir de los fondos de dicha institución. Por Real Cédula de 24 de julio de 1846 se aprueba su entrada en Cuba:

> [...]Su Majestad no sólo no halla reparo en ello, sino que desea sinceramente que así se verifique cuanto antes. Enterada la Reina Isabel II y teniendo presente el útil servicio que han de prestar a la Humanidad estas religiosas, dedicándose al cuidado de los niños, se ha servido mandar que las citadas seis Hermanas de la Caridad, destinadas por Real Orden de septiembre último, a la Casa de Maternidad se trasladen a esa Isla para la de Beneficencia con el fin de ocuparse en ella del objeto que Vuestra Excelencia indica[...]

El Padre Codina Director de las Hijas de la Caridad en España firmó el contrato y envió a las seis Hermanas acompañadas de dos Padres Paúles en calidad de Director y Capellán respectivamente.

Desembarcaron en el puerto habanero el 12 de enero de 1847, después de 33 días de navegación. En cuanto pudieron se instalaron en la Real Casa de Beneficencia atendiendo las Escuelas de Niñas y las Salas de Mendigas.

Fueron estas primeras Hijas de la Caridad de San Vicente de Paúl:

Sor Casimira Irazoqui. Nació en Vera (Navarra) el 4 de marzo de 1809. Ingresó en el Instituto el 27 de junio de 1832 y murió en La Habana desempeñando el cargo de Superiora el 5 de enero de 1864.

Sor Benita Pérez. Nació en Otones (Segovia) el 21 de marzo de 1814; ingresó el 22 de mayo de 1832 y murió en La Habana.

Sor Eustaquia de Benito. Nació en Pamplona (Navarra) el 2 de noviembre de 1818; ingresó el 25 de marzo de 1939 y murió en La Habana el 20 de diciembre de 1880.

Sor Martina Iribarren. Nació en Cemborián (Navarra) el 8 de enero de 1818; ingresó el 16 de octubre de 1842 y murió en La Habana en 1881.

Sor Agustina Cortés. Nació en Sanguesa (Navarra) el 17 de mayo de 1816; ingresó el 15 de noviembre de 1840. Murió en La Habana el 4 de septiembre de 1856.

Sor María Juana de Lastiegui. Nació en Isasondo (Guipúzcoa) el 18 de junio de 1806; ingresó el 18 de enero de 1831 y murió en La Habana el 27 de marzo de 1850.

Los Padres acompañante, Bosch y Vilá no sólo sirvieron de Capellanes a las Hermanas, sino que auxiliaron al Obispo en las Visitas Pastorales y varios Párrocos de la Ciudad.

El Hospital de San Lázaro

Este Hospital con más de un siglo de atención a los enfermos de la lepra, ocupaba un área cercana al nuevo local de la Casa de Beneficencia y el Obispo encomendó la atención del mismo a las Hijas de la Caridad de San Vicente de Paúl. Cuando esta congregación de religiosas dedicadas a oficios tan disímiles llegó a La Habana, vinieron acompañadas por dos sacerdotes de la Congregación de la Misión (Paúles), el Padre Vila y el Padre Bosch. Durante varios años vivirán en una casa de la calle San Lázaro para servir como capellanes a las dos comunidades de religiosas.

Hospital de San Francisco de Paula

Hasta la llegada de la Hijas de la Caridad de San Vicente de Paúl, los centros asistenciales de la Diócesis habían sido atendidos por personal laico con un Director o Capellán presbíteros. En lo adelante, lo atenderían las hermanitas como cariñosamente les empezó a llamar el pueblo.

El canónigo Pereira que fungía como Administrador del Hospital de Paula, presentó al Obispo un proyecto de ampliación del edificio y la solicitud de estas religiosas para la atención de las enfermas.

El día 30 de septiembre de 1854 la comunidad formada por seis Hermanas tomó posesión de su nueva responsabilidad. Su primera superiora fue Sor Francisca Vicondo. Desde entonces, las Hijas de la Caridad de San Vicente de Paúl se convertirían, para nuestro pueblo, en el paradigma del servicio asistencial que la Iglesia prestara.

Hospital de Caridad de Guanabacoa

En 1857, las hijas de la Caridad ya se encontraban atendiendo este Hospital.

La Verdad Católica
En el mes de enero de 1858 vio la luz el primer número de la que parece ser la primera publicación con carácter de periódico católico.

Con el título la *Verdad Católica* comenzó un periódico religioso dedicado a «María Santísima en el Misterio de su Inmaculada Concepción» que quiso ser una publicación oficial del Obispado de La Habana con vista a mantener informado al pueblo fiel en varios aspectos relacionados siempre con la doctrina católica.

Su salida fue irregular y en la Biblioteca del Archivo Histórico Diocesano de La Habana se conservan catorce tomos correspondiendo este último a los años 1864 y 1865, aunque tenemos noticias de que continuó saliendo en los años 66, 67 y 68. En el Boletín de las Provincias Eclesiásticas de Cuba correspondiente al año 1947, sale una nota en la que se anuncia la suspensión momentánea de «La Verdad Católica» en su formato de tabloide de cuatro páginas y tirada mensual. Se le recuerda a los Srs. Párrocos que deben mandar con tiempo las noticias referentes a sus respectivas Parroquias si desean que salgan publicadas en la primera página del tabloide. Llama la atención que no se habla de revista, ¿será la misma?

Otros servicios sociales

Vacunación de la población
Siguiendo el buen ejemplo de su predecesor, Monseñor Fleix y Solans dispuso la utilización de las sacristías de Parroquias, Capillas y Colegios para la campaña de vacunación contra la viruela. En carta al R.P. José María Lluch, Rector del Colegio de Belén, el Obispo le pide que facilite la sacristía del Colegio, pensando en la gente pobre, para ser vacunados todos los lunes de 11 a 12 de la mañana. Las Iglesias del Cerro, Puentes Grandes (Mordazo) y los Quemados (Marianao) de miércoles a viernes de cada semana quedaban abiertas para la vacunación. En lo adelante, se incorporaban las Parroquias de Montserrat, Guadalupe y Jesús María a la campaña de vacunación en sus respectivos barrios.

Al año siguiente, 1854, la Ermita de San Nicolás entraba en el plan de vacunación para atender a ese barrio de extramuros que iba creciendo en lo que antes eran parcelas de agricultores.

Estudios de anatomía, obstetricia y embalsamamiento
Monseñor Fleix y Solans mantuvo siempre una posición positiva hacia los estudios de la medicina. Entonces, era el Obispo el que podía dar permiso para el uso de cadáveres en el estudio de la anatomía. En el Archivo Históri-

co Diocesano de La Habana se conservan las cartas de solicitud de la Universidad y de la Academia de Ciencias y la respuestas positivas del Obispo.

Censos y Guías de Forasteros

En la Diócesis funcionaba la Comisión de Estadística del Obispado que, con los informes anuales que debían enviar los Párrocos, ayudaba a la confección de la **Guía de Forasteros** y los Censos Oficiales de la población. Desde que la Iglesia pudo organizarse en la isla de Cuba, pensemos que en el siglo XVII, los Archivos Parroquiales fueron las fuentes más seguras para el conteo de la población o Padrones, pues por los Libros de Bautismo se llevaba el control de lo nacidos, por el de Matrimonios, las nuevas familias y por el de Defunción, los fallecidos. Además en estos Libros se anotaron Visitas Pastorales, acontecimientos locales, datos personales y de las comunidades, entre otros.

Las Colectas

El Obispo creó un sistema de recaudación de fondos a partir de mesas que fueron colocadas en las puertas de las Iglesias, comenzando por las del Espíritu Santo y la de Montserrat y siguiendo por las de Madruga, Wajay, Guadalupe y otras, y que sirvieron para recabar los fondos necesarios en la reconstrucción y mantenimiento de Iglesias, así como la dotación de nuevos ornamentos y vasos sagrados; ya que los llamados Fondos de Fábrica que debían atender a estas necesidades según el sistema del Patronato, siempre estaban «desfondados". Este sistema iniciado en 1847, permitió la reconstrucción de más de veinte templos, la ayuda a la casa de Beneficencia y al Hospital de San Lázaro en La Habana. Pero, además de esto, los ahorros que se lograron en la buena administración de los Fondos de Fábrica, gracias a las limosnas recaudadas, permitieron que la reina Isabel II decretara que los 15,000 pesos ahorrados –1850– se aplicaran en hacer más reparaciones de templos.

El valor de la educación

Ante la disminución de la asistencia de los menores a los Institutos y Escuelas Gratuitas, la Comisión Local de Instrucción Primaria solicita al Obispo que utilice su influencia moral para que los fieles manden sus hijos a las escuelas.

Como respuesta, el Obispo escribe una carta circular recomendando a los Párrocos como algo inherente a su celo pastoral lograr convencer a los feligreses de la obligación religiosa y civil de mandar a los niños a las Escuelas Públicas de Instrucción Primaria – Circular 69, 1° de julio de 1857.

Orden a los Párrocos para que expidan de forma gratuita certificaciones de pobres a los que la requirieran para acceder a la matrícula de la Escuela

Lancasteriana que se establecerá con el objeto de educar jóvenes de ambos sexos carentes de recursos – 7 de febrero de 1849.

El Obispo autoriza que se tomen los dineros necesarios de los Fondos de Bienes de Regulares para la adquisición de medios para la enseñanza en los gabinetes de Física, Química, Historia Natural, Astronomía y Agricultura del Colegio San José de los Padres Escolapios en la Ciudad de Puerto Príncipe –entre diciembre de 1863 y febrero de 1864.

El Obispo Solans fue un hombre caritativo

He podido recoger suficiente material informativo para concluir con la afirmación de que el Obispo Fleix y Solans fue un hombre caritativo, preocupado de los pobres y de los necesitados, aun cuando no estuvieran comprendidos dentro de su jurisdicción.

A continuación algunos de estos datos encontrados en el Archivo del Arzobispado de La Habana:

Carta al clero habanero para recaudar fondos y ayudar a los pobladores de Mayarí y Sagua de Tánamo, víctimas de un violento temporal que azotó aquellas zonas orientales –31 de enero de 1848.

En Visita pastoral al pueblo de Tapaste, el Obispo solicita al Capitán General para que conceda el ingreso a cinco niñas huérfanas en la Casa de Beneficencia y así aliviar a la madre viuda que debe cuidar de otros cuatro hijos –26 de agosto de 1850.

Intervención ante la máxima autoridad civil para que no permita el traslado de las Religiosas de Santa Ursula del edificio que ocupa su escuela en la ciudad de Puerto Príncipe; la solicitud le había sido hecha por la superiora Sor Ana Josefa de Santa Ángela Agüero y del Castillo – 18 de diciembre de 1850.

Comunicación del Obispo interviniendo con sus oficios ante la máxima autoridad civil para lograr el indulto de varios jóvenes que se pronunciaron contra el Gobierno en Güinía de Miranda –9 de agosto de 1851.

Intercesión del Obispo para que se acceda a las súplicas de Felipa Maya de conmutar la pena de destierro a su hijo José Tenreyro, por otra en el país –11 de noviembre de 1851.

Gestiones para la creación de una Casa de Beneficencia para niños y niñas negros que estuviera asociada a la Real Casa de Beneficencia, dados los impedimentos sociales de la época –26 de octubre de 1854.

Proyecto para reducir durante una semana el tiempo de labor de los presos con el objeto de recibir charlas espirituales impartidas por los Padres jesuitas disponiéndolos a recibir los sacramentos durante la Cuaresma –31 de marzo de 1854.

Intervención del Obispo a favor de que se otorgue revisión de sentencia y se le conmute la pena máxima a Don Francisco Estrampes –1856.

El Obispo autoriza a los miembros de la Conferencia de San Vicente de Paúl para que en el caso que fallezca un pobre socorrido por la institución, se presente a los párrocos la papeleta de entierro aclarando que era pobre de solemnidad y así poder realizar el entierro en una carroza funeraria construida para estos casos por los asociados –11 de julio de 1859.

Instrucción del Obispo llamando a las máximas autoridades y a todos los párrocos y demás eclesiásticos para que contribuyan de forma voluntaria y generosa en auxilio de los vecinos del pueblo de Ciego de Ávila, el cual, fue consumido por un voraz incendio –30 de abril de 1859.

Autorización del Obispo a la Condesa de San Antonio, Presidenta de la Asociación de Beneficencia Domiciliaria para que se realice una colecta en los templos los días Jueves y Viernes Santo con el fin de socorrer a las personas carentes de recursos a causa de la sequía que asola los campos del país –12 de marzo de 1861.

Todos los años, el Obispo otorgaba tres dotes a muchachas en situación de pobreza cuando se acercaba la Fiesta de la Purísima Concepción.

Y estos son sólo algunos ejemplos de la preocupación por el bien integral de los fieles diocesanos o no.

Curiosidades del período en que gobernó eclesiásticamente su Diócesis

El Obispo escribe al Capitán General sobre el inconveniente de la celebración de bailes públicos y mascaradas en el Santo Tiempo de Cuaresma y especialmente en las cercanías de los templos a la hora del sermón. Sugiere la supresión de espectáculos públicos durante la Semana Santa. Denuncia, además, incidentes provocados por piquetes de soldados por ofensas a los seminaristas y demás clérigos por el uso del traje talar o el hábito –25 de enero de 1847. Ya desde entonces se daban estos problemas.

Don Domingo Goicuría presentó un proyecto aceptado por Real Orden de 12 de diciembre de 1846 para la colonización blanca de la Isla. El Obispo manifiesta sus opiniones y reservas a este proyecto –22 de septiembre de 1847.

La Real Audiencia Pretorial informa al Obispo sobre las causas del elevado número de suicidios de esclavos. Fleix y Solans responde que estima que estos hechos se debían a la falta de atención espiritual y de la presencia de sacerdotes en las dotaciones combinada con la escasez de clero nativo –6 de marzo de 1847.

Exhortación pastoral para que se cante Te Deum por el restablecimiento de las relaciones entre España y la Santa Sede –2 de febrero de 1848.

El Obispo autoriza la asistencia de los Cabildos de Naciones Africanas pero sin sus banderas a la fiesta de la Santísima Virgen de los Remedios en la Iglesia de los Padres Franciscanos –23 de agosto de 1848.

Respuesta afirmativa al Sr. Intendente General del Ejército D. Mariano Torrente, Director del Establecimiento Sanitario «Garcini» ubicado en el poblado de Barrio Nuevo –hoy barrio de Pueblo Nuevo– para la erección de una Capilla en beneficio de los usuarios y los vecinos de la pequeña población de extramuros –30 de mayo de 1848.

Agradecimiento de Mons. Fleix y Solans al Sr. D. Esteban Mestre por la gentileza del envío de la primera remesa de papel fino elaborado en la fábrica de Puentes Grandes (La Papelera Nacional) –22 de diciembre de 1848.

Oficio del Obispo manifestando su desacuerdo con la introducción de «colonos» chinos en la Isla y expresa su preferencia por los naturales de la India y de la Península –20 de noviembre de 1853.

La Secretaría Política invita al Señor Obispo y al Ilustrísimo Cabildo catedralicio para la ceremonia que se efectuará en la Plazoleta de la Puerta de Montserrat con motivo de inaugurarse la primera línea del telégrafo electromagnético el día 19 de noviembre de 1853, y la colocación de la primera piedra del monumento a Isabel II (actual Parque Central, la estatua fue sustituida en los comienzos de la República por la estatua de José Martí)

Respuesta del Obispo a causa del expediente instruido por la extracción violenta de una persona de color que quiso acogerse al derecho de asilo eclesiástico en la Parroquia de Nuestra Señora de Guadalupe. En la carta recuerda que las iglesias de la ciudad con este privilegio son dos, la del Espíritu Santo, intramuros, y la susodicha de extramuros.

Notifican al Obispo sobre los trabajos que se vienen realizando bajo la presidencia del Coronel del Real Cuerpo de Ingenieros Don Francisco de Albear, para dotar a la Ciudad de La Habana de aguas de los Manantiales de Vento, y se le piden sugerencias para hacer viable la parte económica del proyecto –10 de junio de 1856.

Autorización del Obispo enviada a Don Antonio Zambrana, Director de la Sociedad Económica de Amigos del País, para que se le faciliten al Sr. D. Rafael Matamoros, Presidente de la Sección de Historia, Ciencias y Bellas Artes de esta Institución, todos los documentos, noticias y antecedentes que obren en las oficinas del Obispado con relación al Obispo Espada para la confección del elogio póstumo de su ilustre antecesor.

Remisión hecha al Obispo de parte del Administrador General de Correos, Sr. D. Carlos León, de la instrucción y el reglamento del Cuerpo de Carteros del Servicio de Correos Interior de la Capital, el cual, fue establecido el día 1º de mayo de 1860-11 de mayo de 1860.

Respuesta afirmativa del Obispo a la petición de Don Francisco de Albear, para que se autorice el bautizo de los 158 trabajadores negros emancipados que forman la brigada empleada en los trabajos del Canal, ya que según los criterios del Capellán de las obras, se encuentran instruidos en la Doctrina Cristiana. Para efectuar la ceremonia, fue encargado el Cura Párroco de San Juan Bautista de Calabazar

Decreto del Obispo Fleix convocando a todo el Clero de la Ciudad para que asista a las 6 y media de la mañana del día 8 de agosto a la Plazoleta de Monserrate, donde tendrá lugar la ceremonia de inicio de las obras del derribo de las Murallas de la Ciudad y bendición del Obispo de las zonas destinadas a la construcción de futuras edificaciones –7 de agosto de 1863.

Nueva Legislación Matrimonial

El Pbro. D. Bonifacio Quintín de Villaescusa, Provisor y Vicario General, elaboró un informe con fecha 26 de agosto de 1863, de acuerdo con lo establecido por el Obispo, para la aplicación en Cuba de las nuevas disposiciones legislativas que sobre el matrimonio se empezaron a aplicar en la Península.

Entre las cosas más interesantes destacamos la rebaja de edad para que una pareja pueda contraer matrimonio sin la necesidad del consentimiento paterno, materno o de los abuelos. En los varones, de veinticinco a veintitrés y en las muchachas de veintitrés a veinte años cumplidos.

Para la Isla se contempló el problema que presentaban los matrimonios de ultramarinos donde los jóvenes menores, en su mayoría varones procedentes de España, necesitaban la aprobación familiar y esta se demoraba mucho más del tiempo previsto para la realización de la boda.

También se planteó la problemática de los Colonos Canarios dedicados a las labores agrícolas, la de los Negros Africanos, Chinos y otros extranjeros.

Nos parece bien destacar que aun en los casos de los esclavos africanos y de los chinos, la Iglesia les tenía en cuenta para estos procesos aunque, en estos casos, los hacendados hacían caso omiso a la institución familiar de sus esclavos, permitiendo el amancebamiento y separándolos y vendiéndolos como más les conviniera.

El Obispo Fleix abogó por facilitar los procesos de matrimonios ultramarinos, por estar en Cuba los matrimonios en razón inversa al crecimiento de la población y todo lo que dificultara las diligencias previas para contraer matrimonio, iría en perjuicio de la moral pública, la integridad de las familias y el crecimiento poblacional. El documento fue elevado al Gobierno Superior Civil el 12 de octubre de 1863.

La nueva legislación contemplaba el caso de matrimonios de personas blancas con negras, procurando simplificar la tramitación entre las autoridades civiles y eclesiásticas. Se mantenían las disposiciones de la Real Audiencia Pretorial en cuanto a los menores de edad y la facultad del Gobierno de aplazar estos matrimonios de implicación racial, cuando alguna persona con título de nobleza aspirase a contraer matrimonio con una persona de otra raza.

Quedaba derogada la necesidad de licencia de la máxima autoridad para celebrar los matrimonios de distintas razas con la idea de aumentar los matrimonios y disminuir los amancebamientos.

Las Santas Visitas Pastorales

Hemos puesto en plural el título de este acápite porque si bien, Monseñor Fleix y Solans no hizo varias visitas pastorales a todo el territorio de la extensa Diócesis habanera, sí estuvo realizando continuas visitas a las diferentes regiones y vicarías foráneas. Para poder confeccionar los itinerarios, hemos consultado los Legajos de Comunicaciones del Archivo Histórico Diocesano de La Habana, bajo nuestra dirección y custodia, y los periódicos de «La verdad Católica» publicados entre los años 1858 y 1864.

La primera de las Visitas Pastorales que realizó el Obispo Fleix y Solans hay que situarla entre las fechas 2 de agosto de 1847 y 30 de junio de 1848, porque a una carta del Secretario Universal de hacienda de S.M. Isabel II, el Obispo responde que al recibir dicha solicitud había comenzado ya la Santa Pastoral Visita recomendada por S. M., habiendo salido aprovechando la estación del año para los pueblos de «Vuelta Abajo» (Pinar del Río), donde desde hace veinte años no se verificaba una Visita Pastoral y dado la movilidad e intensas ocupaciones de esos días.

Por otro documento marcado con el Nº 156 del Legajo 70 de Comunicaciones, sabemos que en febrero de 1853 está realizando una Visita Pastoral a San Narciso de Álvarez. En esa carta hace referencia a la escasez de clero y de religiosas, tan necesarios cuando es tan grande la carencia de educación religiosa de las clases pobres y sus niños, más marcada aún en la población negra residente en los campos.

El 26 de mayo de 1850 escribe una carta donde hace alusión a una resiente Visita Pastoral a la Iglesia del pueblo de Tapaste.

En mayo de 1853, se encuentra realizando la Visita Pastoral a la zona Central de la Isla. Ante una consulta que se le hace sobre la conveniencia de la entrada de chinos para la labores de la caña, responde que, de acuerdo con los criterios recogidos entre los dueños de ingenios como resultado de la Visita, la opinión es negativa. Se sabe que visitó la ciudad de Santa Clara.

El día 8 de enero de 1855, arribó a Manicaragua de paso a Guaracabulla. En Manicaragua permaneció un día más de lo previsto complaciendo así, a la solicitud del Alcalde y del Capitán Pedáneo para administrar la Confirmación a muchos pobladores sin recurso de recibirla en la Iglesia. No tenemos más noticias hasta el 26 de febrero que notifica la visita a la Iglesia de San Eugenio de la Palma en Ciego de Ávila.

El día 10 de junio de 1856 realizó la Visita a la Isla de Pinos.

En Güines realiza la Vista Pastoral el 22 de enero de 1857.

El día 15 de (?) de 1859, el Ilustrísimo Señor Obispo salió de La Habana con dirección a Sagua la Grande para visitar aquella y otras Iglesias y asistir a la inauguración y bendición del nuevo templo erigido en este pueblo.

De acuerdo con lo que nos describe la crónica, debió salir de Batabanó porque esa misma noche, llegó sin novedad a Cienfuegos para continuar viaje.

El día 19 consagró al culto el nuevo templo de Sagua, donde administró el sacramento de la Confirmación los días 22, 23 y 24 de los corrientes.

De otras fechas no tenemos noticia, sólo que, en su recorrido, visitó Cifuentes y Cárdenas. A continuación, el número de Confirmaciones realizadas en estos tres pueblos (¿Estarán contadas aquí todas las realizadas en las zonas correspondientes a esas poblaciones?)

En Sagua la Grande: 1,400
En Cifuentes: 2,800
En Cárdenas: 3,000

Para hacer un total de 7,200 Confirmaciones.

Continuó la Visita a Macuriges, donde realizó 1,200 Confirmaciones; en Bolondrón, 840 y en la Ciudad de Matanzas, 3,480.

El 9 de enero de 1861, salió en Visita Pastoral a los pueblos de Guanajay, Alquízar y San Antonio de los Baños. Precediéndole, se realizó una misión en cada pueblo, para la cual, se recibió un buen donativo, además de rosarios, medallas y crucifijos para repartir durante el peregrinaje. Los encargados de la Misión fueron los Reverendos Padres de la Compañía de Jesús, Leza y Feliú.

En la Parroquia de ascenso de San Antonio Abad de los Baños, administró 1,473 comuniones y 3,021 Confirmaciones. Fueron confesadas cientos de personas por los padres misioneros y por el propio Obispo. De esta Visita se sabe, además, que el día 28 de enero un grupo de niños recibió de manos del Obispo la primera Comunión y que el día 2 de febrero, en la celebración de la Fiesta de la Purificación de Nuestra Señora, el Obispo dio la Comunión a cientos de fieles.

No tenemos noticias de los otros dos pueblos.

El 11 de mayo de 1862, visitó el pueblo de los Quemados(Marianao), donde permaneció tres días.

Los días 28, 29 y 30 de diciembre de 1862. El Obispo Fleix y Solans permaneció en Cárdenas en Santa Visita Pastoral donde participó en el acto de inauguración de la estatua de Cristóbal Colón y posteriormente, bendijo el nuevo Hospital de Caridad.

Se calcula que unas mil doscientas personas recibieron el Sacramento de la Confirmación.

El día 31, partió en tren hacia la ciudad de Matanzas, pero antes se detuvo en el pueblo de Bemba (Jovellanos) para visitar la casi concluida Iglesia Parroquial.

Permaneció en Matanzas desde la noche de 31 de diciembre hasta el día 7 de enero del nuevo año. Los días 2 y 3 confirmó en la Parroquia de San Carlos; suponemos, que los demás días visitara las demás Iglesias de la Ciudad, porque, de hecho, confirió el sacramento de la Confirmación cada día.

En total fueron 2 078 las personas confirmadas.

El día 7 de enero regresó a la Capital.

El año 1863 fue testigo de tres Visitas Pastorales.

El 12 de abril, celebró la Santa Misa en la Capilla del Real Hospital Militar, en presencia de las máximas autoridades de la Isla; posteriormente, llevó el viático a los enfermos. Se resaltó la labor desplegada por los Hermanas de la caridad de San Vicente de Paúl en dicho Hospital.

El 10 de diciembre inició la más larga de sus Visitas; en ella, atendería a los pueblos de Guara, Batabanó, Quivicán, Güira de Melena, Alquízar, Puerta de Golpe, Seiba (Ceiba del Agua), Cayajabos, Artemisa, Las Mangas, Candelaria, San Diego, Los Palacios, Consolación, Pinar del Río, San Juan y Martínez, el Sábalo, Guane, Mantua, Baja, San Cayetano ó la Palma, las Pozas, Bahía Honda, San Diego Núñez, Cabañas y Mariel. Siendo el orden de la ruta el que aparece en la lista de pueblos y ciudades. Todos los Párrocos fueron avisados para que preparasen a su feligresía.

De una carta que se recibió desde Mantua con fecha 16 de abril de 1864, se pudo conocer algunas de sus visitas a la región de Vuelta Abajo.

El día 7 de abril llegó a Mantua procedente de Guane; después de ser recibido con grandes honores por las autoridades y el pueblo, comenzó el día 8 con las Confirmaciones. La ceremonia, repetida los tres días restantes, duró hasta las tres de la tarde. Repartió limosnas, exhortó al pueblo a construir un nuevo cementerio y ofreció ayuda económica para la sustitución de la Iglesia – pequeña, de madera y en mal estado – por un nuevo templo.

En la misma reseña, se hace una valoración de la buena labor que ha desplegado el Obispo en todos sus años de gobierno, logrando que la Diócesis alcance un desarrollo considerable. Como ejemplo, se pone a Vuelta Abajo que en aquellos momentos, sólo tenía dos templos de madera, el de Mantua y el del Sábalo, los demás eran todos de mampostería. Los cementerios han sido construidos en plena campiña, con muros de mampostería y puertas de hierro artísticamente trabajadas y labradas, destacándose los de Guane y Baja.

Otro tanto puede decirse de Vuelta Arriba, incluyendo la Capital, donde la labor desplegada por el digno Obispo es ciertamente meritoria.

De una carta fechada el 21 de mayo de 1864 podemos completar, un poco, la Visita Pastoral realizada en el territorio de Vuelta Abajo.

El Obispo Fleix y Solans llegó a San Juan y Martínez en la Vigilia de San José, en esta población el Obispo celebró la Semana Santa de 1864, dejando un grato recuerdo entre la abundante población de vegueros de toda aquella zona.

Se hace una valoración muy positiva de la construcción de nuevo templo, uno de los más sólidos de la Diócesis. Se describe, también, la calidad constructiva del cementerio, considerado como de los mejores del país.

Los cinco primeros días de la Visita, los dedicó a predicar y confirmar, haciendo un paréntesis a partir del Miércoles Santo.

Iniciada la Pascua, volvió a predicar y a confirmar llegando a la cantidad de 2 338 Confirmaciones.

A finales del mes de marzo, el Obispo se encontraba en el Sábalo, donde constató ciertas dificultades en esta joven Parroquia desprendida de los territorios parroquiales de Guane y San Juan y Martínez. En contra de la voluntad del Prelado, todo allí es provisional. La causa principal radica en los vecinos más acaudalados que no logran ponerse de acuerdo en los terrenos que deben destinarse al templo y al cementerio. Ante esa actitud, el Prelado determina encargarse él mismo de las obras y los vecinos, viendo la disponibilidad del Obispo, decidieron encargarse de la construcción del cementerio si el Obispo hacía una consignación alta para la fábrica del templo, lo cual fue aceptado.

En esta zona, el Obispo confirmó a 821 personas y partió de allí hacia Guane atravesando la Sierra y el valle de «Guani – Guani".

Esta es la Parroquia más occidental de la Diócesis y la de mayor extensión, con 40 leguas, de las cuales, 30 se encontraban despobladas.

El cronista hace una valoración alta de la piedad religiosa de la población, especialmente en los más humildes. Esto hace pensar en una gran labor misionera, al menos, por el Párroco. Los frutos hablan por si solos, fue muy nutrida la concurrencia a los sermones y las confirmaciones llegaron al número de dos mil. Se destaca la belleza arquitectónica del cementerio.

A los seis días, Su Excelencia partió para Mantua –ocho leguas al Norte–, pero ya de ésta se habló en otra carta.

Posteriormente, viajó al pueblo de Baja distante diez leguas. Este es uno de los territorios de menos población y gran extensión geográfica. Sólo se realizaron 302 confirmaciones y se bendijo el nuevo cementerio.

El viaje a San Cayetano fue por la costa norte, por un lugar conocido como Nombre de Dios y Malas Aguas, sucesivamente, y continuando por Pan de Azúcar, Sierra del Infierno y de los Órganos y a un sitio llamado Morales.

Ya en San Cayetano, el Obispo mandó a mejorar el templo y el cementerio y confirmó a 202 personas.

El próximo pueblo fue La Palma, que era Parroquia de nueva erección desmembrada de la de San Cayetano. La Iglesia es nueva y de mampostería.

El Obispo dictó varias providencias sobre el cementerio, la provisión de vasos y ornamentos sagrados para cuando tengan Párroco propio, mientras tanto, el Párroco de San Cayetano debería vivir un mes en cada pueblo de forma alternante. En este punto Mons. Fleix confirmó a 1,229 personas.

Para ir al próximo pueblo, Las Pozas, tuvo que andar a caballo con el resto de la comitiva; llegado al caserío de la Mulata, confirmó a todos los niños de las familias pobres que no podrían trasladarse a Las Pozas.

Este pueblo tiene un templo nuevo y bien dotado. El Obispo exhortó a la población a edificar, con el mismo empeño, el cementerio del cual carecen. En Las Pozas confirmó a 590 personas.

En Bahía Honda, ponderó el templo aunque reparó en algunos arreglos que deberían hacérsele y les incitó a construir el cementerio; confirmó a 582 personas.

Partiendo por mar en un vapor del ingenio Santa Teresa, llegó a San Diego de Núñez donde confirmó a 410 personas.

Continuando el viaje por mar, visitó el pueblo de Cabañas, cuyo templo está dedicado a Nuestra Señora de Guadalupe. Dictó allí varias providencias y confirmó a 1,074 fieles. Continuando por tierra, llegó a Quiebra Hacha y confirmó a 360 personas.

Por fin, llegó al Mariel donde fue recibido por una gran multitud de fieles y donde concluyó, con gran devoción, la Santa Visita Pastoral. Administró la Confirmación a 1,033 párvulos.

Concluía así, una Visita Pastoral que duró cinco meses, durante los cuales, haciendo largas marchas y contramarchas, visitó 48 Parroquias y confirmó a un total de 48 627 personas.

Del Mariel pasó a Guanajay y, tras breve estancia en esa Vicaría Foránea, viajó por tren hasta La Habana.

Podría parecer extraño la insistencia del Obispo en la construcción de cementerios, pero no olvidemos que Fleix fue testigo de una fuerte epidemia de cólera que reclamó muchas vidas. El aseguramiento de los entierros en lugares un tanto apartado de las poblaciones y con el cumplimiento de condiciones técnicas requeridas, permitía que las posibilidades de una nueva epidemia fueran cada vez menores.

Antecedentes del primer conflicto bélico

A pocos años de su episcopado, Monseñor Fleix y Solans experimentó como pastor el dolor por sus feligreses. En 1851 desembarcó por las Pozas, Pinar del Río, el General Narciso López con su segunda expedición armada buscando que Cuba se viera libre del dominio colonial español. Gobernaba por entonces en la Isla el General José Gutiérrez de la Concha, militar nacido en Córdoba, Argentina que sirvió con fidelidad y mano dura a la corona española. La expedición fracasó, fueron detenidos cincuenta expedicionarios, además del General López. La Habana se estremeció cuando supo la noticia.

El Obispo que conocía bien la forma de actuar del Gobernador, hizo todo lo posible por rescatar la mayor parte de los prisioneros; para ello, formó parte de la Junta de Autoridades y presentó un proyecto que pudiera parecer duro para los apresados pero que conllevaba toda la conmiseración del Prelado. El proyecto pedía que de cada diez prisioneros, nueve fueran perdonados.

La Junta lo aprobó y el Obispo se presentó delante del General par alcanzar su gracia. El General lo escuchó con aparente interés, prometiéndole que accedería a sus demandas, pero en verdad, le hizo caso omiso y firmó la sentencia de muerte de todos los prisioneros. 50 fueron fusilados en las laderas del castillo de Atares y Narciso López murió en el garrote vil en la explanada de la Punta.

Mientras tanto en Camagüey, condenaban a muerte por fusilamiento a Don Joaquín de Agüero que, muy unido a Narciso López, se había levantado en armas con un grupo de independentistas entre los que se encontraba Isidoro Armenteros, quien fue ejecutado en el garrote vil.

Final del episcopado

En 1865, el Obispo Fleix y Solans fue llamado a España para ocupar la sede arzobispal de Tarragona donde falleció en 1871.

Antes de partir de La Habana escribió a sus diocesanos una carta de despedida, de la cual, destacamos algunos párrafos:

[...] después de 18 años de residencia entre vosotros, viéndonos rodeados sin ningún merecimiento por nuestra parte, de toda clase de atenciones, después de haber tenido la dicha de llamar hijos nuestros a vosotros, dulces, nobles, cariñosos y desprendidos habitantes de Cuba[...]

[...] Apenas pisamos las playas de esta hermosa Isla y dimos los primeros pasos en nuestro arduo ministerio, comprendimos que aquí no hay empresa de difícil realización: vuestra docilidad, generoso desprendimiento y pronta correspondencia, hacen ligero lo que parece más pesado y llano y accesible lo que se haya erizado de escollos. Todo lo bueno, todo lo grande, todo lo justo, encuentra en vosotros benévola acogida y generosa cooperación[...]

San Antonio María Claret y Clará, el Santo Arzobispo

El ambiente de inestabilidad que reinó en la Península durante toda la primera mitad del siglo XIX afectó considerablemente la vida de la Iglesia en España y, por ende, en nuestra Isla. La Diócesis de La Habana permaneció sin obispo durante catorce años y la Arquidiócesis de Santiago de Cuba, doce.

La restauración de la monarquía liberada del control de los liberales, constituyó un factor positivo para la situación de la Iglesia tanto en la metrópoli como en las pocas colonias con las que podía contar en aquel momento. Se devolvieron propiedades incautadas por el Estado, fueron reconocidos los fueros eclesiásticos con sus correspondientes privilegios y el Patronato Regio volvió su mirada hacia Cuba.

San Antonio María Claret

El 26 de diciembre de 1849 la Catedral santiaguera se llenó de repiques y luces para celebrar con Misa Mayor y Solemne Te Deum el nombramiento de su nuevo Arzobispo. El mismo se había hecho público el día 11 de agosto de 1849.

Para ocupar la sede vacante fue elegido el Presbítero catalán Don Antonio María Claret y Clará.

Este sacerdote ejemplar nació en Sallent, Llogregat, provincia de Barcelona, el 23 de diciembre de 1807. En 1835 recibió la ordenación sacerdotal. Dotado de las cualidades espirituales e intelectuales necesarias, emprende, con la aprobación de su Obispo, una misión por toda Cataluña destacándose como un gran orador e incansable misionero. En 1849 funda en Vich, la Congregación de Misioneros Hijos del Inmaculado Corazón de María, más conocidos como Padres Claretianos.

Realiza una segunda fundación en el mismo año, la Hermandad de la doctrina cristiana que aglutina sacerdotes del clero secular, seminaristas y laicos de ambos sexos para dedicarse a la enseñanza del catecismo en fábricas, talleres y los barrios más pobres de las ciudades.

Ocupado en estos menesteres, recibe la noticia de su nombramiento como Arzobispo de Santiago de Cuba.

El 6 de octubre de 1850 recibe la ordenación episcopal en la Catedral de Vich de manos de su Obispo Don Luciano Casadeval y Durán asistido por Don José Costa y Borrás, Obispo de Barcelona y Don Florencio Llorente y Montón, Obispo de Gerona.

El 28 de diciembre parte para Santiago de Cuba en compañía de un grupo de sus primeros misioneros. Tras un largo y difícil viaje en la fragata «Teresa Cubana» llega a la capital del Departamento oriental de la Isla, el 18 de febrero de 1851.[17]

Los acompañantes del nuevo Arzobispo eran los Presbíteros Dr. D. Juan Nepomuceno Lobo, D. Manuel Vilaró, D. Antonio Barjau y Codina, D. Lorenzo Senmartí, D. Manuel Subirana, D. Felipe Rovira, D. Francisco Coca, D. Telesforo Vernaldés, D. Ignacio Betríu, D. Felipe Vila y D. Gregorio Bonet, además de 18 hermanas de la Caridad de San Vicente de Paúl.

El día de su llegada y en la persona de su apoderado el Pbro. Lcdo. D. Jerónimo Usera y Alarcón, Racionero y Gobernador eclesiástico, el Cabildo catedralicio dio posesión al nuevo Arzobispo.

---

[17] Hemos consultado tres fuentes que coinciden con las fechas que hemos señalado pero que difieren en un año de las que da Don Emilio Bacardí en sus *Crónicas de Santiago de Cuba*.

Claret tiene por delante una gran empresa. Con un territorio extenso y poblaciones diseminadas, poco clero y lugares de culto, una Iglesia que ha estado mucho tiempo sin Pastor y donde los problemas económicos, sociales y morales se aglutinan formando verdaderas murallas, la Arquidiócesis de Santiago será un campo de misión inimaginable para el Obispo recién consagrado.

Me parece oportuno señalar que a la llegada de Claret ya empiezan a despuntar los deseos de independencia o reforma política entre los criollos. En 1849 trabaja en la clandestinidad una Junta revolucionaria que incita a la población de Puerto Príncipe a luchar contra el poder colonial. Joaquín de Agüero y otros 53 conjurados se establecen en la región de Nuevitas y las Tunas. El conato de insurrección que estaba muy relacionado con la expedición fallida de Narciso López, concluye con la ejecución de su líder y de un gran número de conjurados.

Entre los conspiradores se encontraba el Presbítero Don José Rafael Fajardo, quien fue sentenciado a la pena de ocho años de reclusión en un Seminario bajo la custodia directa del Obispo.

En Santiago de Cuba, el poeta Pedro Santacilia hace circular sus versos «¡A las armas, hermanos, volvemos...», en los que llama al pueblo a romper las cadenas de la opresión colonial.

Santacilia y otros seis realizan un acto de gran desacato en el baile de la Sociedad Filarmónica de Santiago en honor de la reina Isabel II, rasgando a cuchilladas el óleo de la misma que presidía el salón y arrojando masa fétida que obligó a los presentes a salir del edificio. Apresados, fueron condenados al destierro en la Península.

El Obispo Claret siguió siendo misionero

La consagración episcopal y toda la tarea que de ella se derivaba no fueron óbice para que el espíritu misionero surgido desde el comienzo de su sacerdocio dejara de actuar; ya no eran las ciudades y aldeas de su querida Cataluña, ahora tenía por delante los campos y ciudades de la región oriental y el Camagüey.

A los seis días de su toma de posesión emprendió una jornada de ejercicios espirituales que el mismo impartió al clero santiaguero.

El 3 de marzo visitó el Santuario de Nuestra Señora de la Caridad en el poblado de El Cobre y desde allí comienza su primera misión: la Visita Pastoral a toda la Arquidiócesis. Esta primera visita duró dos años. El incansable Obispo realizó cuatro visitas a toda la Arquidiócesis en el espacio de los seis años que duró su episcopado en Cuba.

La primera visita pastoral le puso en contacto con la realidad, dura para una gran parte de la población. Esta experiencia lo lleva a tomar un estilo pastoral: lograr una relación personal con la mayoría de sus fieles, y a partir de esa relación, buscar nuevos métodos de catequesis y proyectos sociales, educativos y religiosos.

Montado en mula o a pie, visita los campos, las iglesias lejanas y los poblados más pequeños. Descubre que la Arquidiócesis sufre de un gran abandono espiritual con el consecuente empobrecimiento moral de la población, del cual no se ve libre el clero.

Como dato ilustrativo, en menos de un año logra legitimar más de diez mil matrimonios que poseían un total de cuarenta mil hijos ilegítimos.

En agosto de 1852 emprende un jornada de sermones en las distintas plazas de la Ciudad.

La labor es ingente, solo no podrá enfrentarla, por lo cual, instituye la Hermandad de la Instrucción de la Doctrina Cristiana, una variante de la que había fundado en Cataluña.

Adversidades naturales

En el mes de agosto, el día 20, de 1852 un fuerte terremoto sacude en distintas ocasiones la ciudad de Santiago de Cuba provocando desperfectos de mayor o menor grado en 672 edificios, entre ellos, la Catedral, la Casa Arzobispal, el Seminario y las Iglesias de Dolores, Trinidad, San Francisco, El Carmen, Santa Lucía, Santa Ana y Belén. Los temblores continúan aunque con mucha menos intensidad, pero la población está aterrada y clama al cielo al grito de ¡misericordia! Antes de atender las graves afectaciones en los templos y en su casa, el Arzobispo sale a las calles acompañado de un grupo de sacerdotes para consolar, fortalecer espiritualmente y ayudar cuanto puede en lo material.

En 1853 se desata una gran epidemia de cólera morbos que devora, en sólo tres meses, unas tres mil víctimas. La población recordará por muchos años la imagen de su Obispo visitando dos veces al día los hospitales y las casas de asistencia que se improvisan para responder a la demanda. Su presencia va siempre acompañada de la ayuda material y el apoyo espiritual para los enfermos y familiares.

Este será un año de mucho trabajo porque la Arquidiócesis tendrá que enfrentar la situación física de la Catedral y de otros templos que aún no se han podido arreglar. El cólera ha dejado a un buen número de la población en mal estado.

Pero lo más penoso y necesitado de solución rápida es el estado moral de una gran parte del clero. Para mejorarla, el Arzobispo los visita periódicamente apoyándoles espiritualmente a la vez que les amonesta con firmeza; dirige retiros, predica en las distintas iglesias pero, sobre todo, los estimula con el ejemplo de su propia vida consagrada totalmente a Cristo y a la propagación del Evangelio.

Sin dejar las misiones, saca tiempo para escribir libros y folletos que reparte gratuitamente. Es el llamado apostolado de la prensa. Sólo en Cuba, el Obispo Claret repartió, siempre en forma gratuita, 200,000 libros y folletos.

Erección de nuevas parroquias y edificación de templos

En 1851 construyó la Iglesia de Baire y la declaró Parroquia.

En 1852 elevó a Parroquia de término a la iglesia de Baracoa y reconstruyó la de San Luis de los Caneyes.

En 1853 construyó la iglesia de Palma Soriano que encomienda a sus Padres Claretianos y eleva a Parroquia las Iglesias de Santa Rita de Casia en el pueblo del mismo nombre, a la de Moa y la de Boma que ya existía en El Jamal(Baracoa), dedicándola a Santa Eulalia, la mártir de Barcelona.

En 1855, inaugura la Capilla de la Casa de Mujeres de Santiago de Cuba.

En 1856 erige las Parroquia de San Marcelino de los Negros y la de Santa Susana en Juraguacito; ayuda al Párroco de San Nicolás de Bari en Morón, el Pbro. D. José Tomás Chamorro, para que edifique la parroquia con paredes de mampostería sustituyendo la de madera.

En 1857 erigió las Parroquias de Santa Bárbara de Babiney y San Nicolás de Manatí.

Nueva Clasificación de las Iglesias de la Arquidiócesis

El Arzobispo Claret informa su alegría en una carta dirigida al Presidente de Consejo de Ministros, Bravo Murillo, por el Decreto Real de Doña Isabel II disponiendo la nueva clasificación de las Iglesias de las dos Diócesis de la isla de Cuba, recibida por él en diciembre de 1852 y que debía comenzar a funcionar a partir del 1º de enero de 1853. El Decreto regulaba toda la vida del clero y la disposición del Culto.

De esta forma quedaban divididas las Iglesias Parroquiales en tres categorías: Término, Ascenso e Ingreso.

Para la Arquidiócesis de Santiago de Cuba serían:

En el sector camagüeyano, propiamente en la Ciudad de Puerto Príncipe:

De término, Santa María «La Mayor»; Nuestra Señora de la Soledad.

De ascenso, Santa Ana.

De ingreso, El Santo Cristo del Buen Viaje y Nuestra Señora de La Caridad.

En el interior de la provincia todas las Parroquias eran de ingreso:
San Jerónimo del Carmen,
San Fernando de Nuevitas,
San Antonio Abad de Sibanicú,
San Miguel de Cubitas,
Santa Cruz del Sur y
La Purísima Concepción de Guaímaro.
En la región oriental:
De término, El Sagrario de la Catedral y Santo Tomás en la Ciudad de Santiago;
San Salvador de Bayamo y San Isidoro de Holguín;
De ascenso:
La santísima Trinidad y Nuestra Señora de los Dolores de Santiago de Cuba;
San Luis de El Caney,
Santiago del Prado de El Cobre,
San Juan Evangelista de Bayamo,
Purísima Concepción de Manzanillo,
San Pablo de Jiguaní,
San Jerónimo de Las Tunas y
San José de Holguín.
De ingreso:
Santísima Trinidad de Sagua de Tánamo,
Purísima Concepción de Tí – Arriba,
Nuestra Señora del Rosario de Palma Soriano,
San Nicolás de Morón,
San Gregorio de Mayarí,
San Anselmo de Tiguabos,
Santa Catalina Ricci de Guantánamo,
San Juan de Mata de Moa,
Santa Eulalia de Boma,
San Telmo de Cauto – Embarcadero,
Santo Cristo,
San Fructuoso de Las Piedras,
San José de Yara,
San Francisco Javier de Vicana,
San José de Guisa,
San Bartolomé de Baire,
San Fulgencio de Gibara y
Santa Florentina de El Retrete.

Estas eran las Parroquias existentes hasta el año 1859, según el Diccionario de Pezuela y las Guías de Forasteros publicadas en La Habana en aquella época. Martín Leiseca cita otras que no aparecen en esta lista, salvo la de Boma, Moa y Morón (Oriente)

Un Obispo preocupado por los problemas sociales

Si algo llama la atención en la obra de este hombre grande es la capacidad de atender, con provecho, tantos aspectos de la vida de sus fieles. Unido a la predicación de la Palabra, trabaja por mejorar la situación social del pueblo, que conocía muy de cerca. De su autobiografía extraemos esta experiencia pastoral:

«Como siempre iba a pie, me juntaba con los arrieros y gente ordinaria».

Fundó cajas de ahorro en todas las Parroquias «porque vi que los pobres, si se les dirige bien y se les proporciona un modo decente de ganarse la vida, son hombres virtuosos; de otra manera, se envilecen». (Autobiografía n° 569)

Dio comienzo al proyecto de la Casa de Caridad o Granja Agrícola en Puerto Príncipe y escribió el libro «Las delicias del campo», referente a los métodos agrícolas modernos, que de haberse aplicado, hubiera mejorado la vida de los campesinos.

Aunque no pudo lograr cambios sustanciales en el sistema esclavista persistente en la Isla, se dedica a predicar contra esta injusta situación llamando a los propietarios de esclavos a tratarles con verdadera caridad y a poner fin a la trata de negros que, aunque estaba prohibida oficialmente, seguía siendo una fuente importante de riqueza para los que la ejercían o recibían de ellos prebendas y para los hacendados – criollos o españoles – que tenían al negro esclavo como la base imprescindible de producción azucarera.

En una carta que escribiera al Padre Esteban Sala, reafirmaba:

[...]los propietarios de negros son enemigos de misiones, religión y moralidad[...]

En su *Autobiografía*, recogió la opinión que de él tenían los esclavistas-anexionistas: «Nos hace más daño con su predicación el arzobispo de Santiago que todo el ejército» (n° 524)

Claret fue un eclesiástico de su época, seguidor de las doctrinas de Pío IX referentes a la política. Era un monárquico convencido y fiel a la Corona española, por tanto, contrario a toda corriente independentista. Sin embargo, no estuvo ajeno a la dura realidad de la Colonia, a los desatinos en la conducción del gobierno y en los abusos perpetrados con los criollos. Hombre de mirada al futuro, se dio cuenta a donde conduciría esta mala política. En carta al Padre Sala declara:

«En estas tierras hay unos principios de destrucción, de corrupción y de provocación de la justicia divina.»

Claret entendía que la falta de religión o, mucho peor, una religión vivida hipócritamente era la causa de tantos males sociales. Por eso no descansaba en hacer misiones y aprovechar el apostolado de la prensa para hacer presente el Evangelio. Esta postura y actividad le acarreó grandes dificultades.

Algunos impugnaron su actuar considerándolo político y ajeno a su status de eclesiástico y un obstáculo que había que eliminar.

El Papa Pío IX escribía en una de sus cartas a la reina Isabel II sobre Claret diciéndole:

«Vi a Mons. Claret y reconocí en él a un digno eclesiástico, un hombre de Dios, y aunque ajeno a la política, con todo, experimentó bastante las intemperancias de la misma política y la malicia de los hombres que son católicos sólo de nombre.»[18]

Los que de alguna forma se vieron denunciados y combatidos por la palabra enérgica del Arzobispo; los que sintiéndose enemigos de la Iglesia, se molestaron por los progresos que éste iba alcanzando y los que ponían su interés personal por encima de las necesidades del pueblo, se unieron para quitarle de en medio.

En otros casos de nuestra Historia, los opositores lograron su objetivo con un traslado de Diócesis o con el cruel destierro.

Con Claret se llegó hasta el atentado directo.

Fueron varios pero, de todos, sobresale el que sufrió en la ciudad de Holguín de manos de Antonio Abad Torres, quien le agredió con una navaja al salir de la Iglesia de San Isidoro, hoy Catedral de esa Diócesis, en dirección a su casa. El agresor se le acercó con ademán de besarle la mano, cortándole la mejilla –desde la oreja izquierda hasta la barbilla y la muñeca.

Después de este hecho deplorable aumentaron las injurias y los anónimos cargados de amenazas.

El Obispo no se detiene en su obra

Ninguna dificultad detuvo el ímpetu pastoral del Obispo Claret.

En su tiempo no existía aún como cuerpo doctrinal la Enseñanza Social de la Iglesia; sin embargo, muchas de sus obras respondieron a estos principios. Claret se encuentra entre aquellos pastores que contribuyeron a alcanzar esta conciencia en el seno de la Iglesia.

---

[18] *Epistolario de Pío IX a Isabel II.*

Sus cajas de ahorro puestas al servicio de los obreros y de los campesinos para el fomento de las nuevas técnicas agrarias o mecánicas fueron precursoras de cualquier plan social de fomento agrícola o industrial del siglo XX.

Estos ahorros contemplaban también a las muchachas pobres que no poseían dotes para casarse, según las costumbres de la época, o de las viudas que quedaban en situación de desamparo.

Se preocupó, además, por el funcionamiento de escuelas de artes y oficios en las cárceles, «porque la experiencia enseñaba que muchos se echaban al crimen porque no tenían oficio, ni sabían cómo procurarse el sustento honradamente.» (Autobiografía nº 571)

Otro de sus campos de batalla fue la familia, que se encontraba profundamente afectada por las interpretaciones abusivas de las Leyes de Indias, por las ideas de divorcio que propugnaban las corrientes liberales y por la perniciosa costumbre del amancebamiento.

Fundación de las Hijas de María

En octubre de 1856 quedó establecida la Asociación de las Hijas de María, siendo su primera directora la Sra. Da. Bárbara Kindelán de Semmanat. La asociación tuvo como objetivo recoger a las niñas pobres y desvalidas de cuatro a doce años de edad para educarlas convenientemente, mantenerlas en un asilo y propagar la educación religiosa, moral e intelectual de la mujer por medio de publicaciones de buenos libros o periódicos, ya estableciendo colegios y escuelas gratuitas o aplicando cualquier otro medio.

Emilio Bacardí nos aporta un dato interesante: no más fundada la Asociación, «la parda María de la Luz González, directora de la célebre comparsa o sociedad de su nombre», rifó una muñeca a beneficio de dicha Asociación, obteniendo $400.

Claret y la educación

La instrucción pública era un tema que preocupaba al Obispo Claret, sobre todo si en esta se encontraba ausente la enseñanza de la fe. Las que más se veían afectadas eran las niñas y las jóvenes, por lo cual, decidió que ere necesario fundar una congregación religiosa femenina para responder a esta demanda.

Para esto mandó llamar a María Antonia París y otras cuatro jóvenes que ya hacían una experiencia de vida común en la ciudad de Tarragona y le habían manifestado su gran deseo de consagrarse al Señor sirviendo como educadoras y transmisoras del Evangelio.

El 26 de Mayo de 1852 arribaron al puerto de Santiago de Cuba en el barco la Nueva Rosalía después de un viaje cargado de dificultadas y peligros. Las cinco futuras religiosas fueron recibidas por el Párroco de la Santísima Trinidad, Don Manuel José Miura, el Provisor Don Juan Nepomuceno Lobo y un grupo de señoras encargadas por el Arzobispo para alojarlas en una pequeña casa del Callejón del Carmen.

El Obispo estaba de visita pastoral en Bayamo y no fue septiembre que pudo regresar; recién había muerto de fiebre amarilla la hermana Florentina Sangler.

Después de celebrar la Misa de réquiem por la hermana fallecida y para no dilatar más la espera, Claret les propuso la fundación de la Congregación de Religiosas de María Inmaculada, pero como había que esperar los permisos civiles y religiosos, decidieron comenzar el primer noviciado el día 7 de junio de 1853, día en que tomaron el hábito – una túnica con escapulario negros y toca y velo blancos, con ceñidor de tela igual que la túnica y rosario colgado al ceñidor.

Sus nombres de profesión: Sor Antonia de San Pedro, Sor María Josefa de San Pablo, Sor María Rosa de San Juan y Sor María Encarnación de los Santos Simón y Judas. Era la primera fundación religiosa que se hacía en Cuba y estaría dirigida al apostolado y la enseñanza de niñas y jóvenes y sostenidas por una vida de oración contemplativa.

El 1º de febrero de 1854 comenzó el segundo noviciado con un grupo de nueve jóvenes procedentes de España.

Colegio de María Inmaculada de Santiago de Cuba

El día 15 de junio de 1853 abría sus puertas el primer colegio de la Congregación privilegiando a las niñas pobres. Cuando tuvieron locales más amplios, matricularon a las de otras clases sociales. El primer curso tuvo una matrícula de 30 niñas. La enseñanza era totalmente gratis, pero fueron las niñas de clase media las que más se beneficiaron porque a causa de una falta de promoción social adecuada, los padres de las pobres no se interesaban por enviarles.

Según las leyes civiles, las niñas negras no podían reunirse con las blancas por lo cual, se creó un aula aparte para que las primeras pudieran adquirir la misma educación. Triste realidad de una sociedad que se llamaba cristiana pero sostenía la esclavitud y segregaba por el color.

La casita del Callejón del Carmen fue sustituida por una de dos plantas a la que se añadió el solar yermo contiguo donde, más tarde, se continuó fabricando.

Como uno de los frutos más preciados del Colegio se encuentra la primera vocación cubana, una jovencita de 16 años llamada Mariana Mesa Caula. A ella siguieron la Madre Florentina de San Jaime, Leocadia Odio

Iravala y la Madre Dolores de San Pedro que llegó a ser subpriora general en el Capítulo de 1920.

Para atender las necesidades materiales y espirituales de la nueva congregación y escuela se encargó al Padre Paladio Curríus.

El Seminario San Basilio Magno, una preocupación del Obispo Claret

Desde su llegada a Santiago de Cuba, el tema del Seminario de San Basilio estuvo sobre la mesa de trabajo del Arzobispo. El Padre Usera había hecho todo lo posible por devolverle al Seminario su status primero sin poder lograr que se estableciera su plan de estudios. Lo más que pudo fue instalar un gabinete de física y reiniciar las clases de latinidad. Hacía más de 30 años que no se ordenaban seminaristas egresados del Seminario santiaguero.

Lo primero que hizo Claret fue nombrar como Rector al Padre Antonio Barjau, sacerdote catalán con excelente formación y buen sentido organizativo.

La Real Cédula de 21 de mayo de 1852 determinó que los seminarios conciliares otorgaran grados menores y, sólo los de Toledo, Valencia, Granada o Salamanca titulados Seminarios Centrales, los grados mayores de Teología y Cánones.

El 30 de septiembre del mismo año, otra Real Cédula establecía el plan de estudios que debía regir la vida académica de los seminarios conciliares.

Monseñor Claret redactó un reglamento en 1854 y lo tituló «Modificaciones a los Estatutos del Seminario Tridentino de Cuba». En el mismo. Se hacía hincapié en una disciplina una moral más rigurosa, dejándolo sólo para los candidatos al sacerdocio.

Al plan establecido en el siglo XVIII por el Obispo Echavarría se añadían las asignaturas de Catecismo y Aritmética, Religión y Moral, Historia Sagrada y Profana, Matemática primer y segundo año, Francés, un año, Inglés, un año, Lugares teológicos, Escritura Sagrada y Cánones e Historia, Canto llano, Predicación, Liturgia y Administración.

Se requería que los candidatos fueran blancos, hijos de matrimonio legítimo, virtuosos, que frecuentaran los sacramentos, con los conocimientos elementales y marcada inclinación a vida eclesiástica.

El curso de 1854 contó con 40 alumnos internos y 70 externos. Durante el episcopado de Claret se ordenaron 12 sacerdotes, un Diácono, 3 Subdiáconos y 45 minoristas.

Debe destacarse el trabajo del ilustre pedagogo santiaguero Don Juan Bautista Sagarra a quien el Obispo puso al frente de la cátedra de Filosofía.

Publicaciones hechas en Cuba por el Arzobispo Claret

A continuación hacemos un elenco de las publicaciones que hiciera el Arzobispo Claret durante su estancia en Cuba.

Las que siguen fueron impresas en la imprenta de Don Miguel A. Martínez.

Catecismo de doctrina Cristiana. Diciembre de 1852.
Carta pastoral. Diciembre de 1853.
Apéndice de la Carta pastoral. Diciembre de 1853.
Las Delicias del Campo. Diciembre de 1855.
Instrucción a la mujer. Diciembre de 1855.
Reflexiones sobre la agricultura. Diciembre de 1855.
En la imprenta de A. Casañas.
Carta pastoral. Diciembre de 1855.
Exhortación pastoral. Diciembre de 1855

El Dogma de la Inmaculada Concepción de María

Los días 13, 14 y 15 de julio se celebraron fiestas solemnes con iluminación de la Catedral y el Seminario por la declaración por Pío IX del dogma de la Inmaculada Concepción de María.

El Arzobispo invitó a toda la población santiaguera a participar de este júbilo por medio de un bando en donde declara:

> [...]parece como que le concede una dignidad más a nuestros ojos para moverla a que ruegue e interceda por los que no la llaman sino para decirle continuamente «ora pro nobis». María ha sido concebida sin pecado original; el oráculo de Roma ha proclamado el dogma nuevo, la Inmaculada Concepción de la Santísima Virgen María purificada de pecado original aun antes de concebida en el seno de su madre[...]

El Arzobispo deja la Arquidiócesis

El 18 de marzo de 1857, Claret recibe una carta – orden de la reina Isabel II pidiéndole que se traslade inmediatamente a Madrid y se presente en la Corte.

En la carta se le anunciaba su designación como Confesor personal de la reina.

Hacía sólo trece días que había concluido una visita pastoral a Baracoa con seis días de duración. Durante ese tiempo, realizó 4, 600 confesiones, repartió 3, 600 comuniones y confirmó a 2, 800 fieles. Como era su costumbre repartió un crecidísimo número de catecismos, «Caminos rectos», estampas y rosarios.

El 22 de marzo se despidió de su querida Arquidiócesis y embarcó en el vapor Cuba para La Habana donde predica la Semana Santa.

Quedaban atrás cinco años de intenso trabajo y grandes experiencias que enriquecieron la vida ejemplar del Arzobispo.

El nuevo cargo no lo privó de su celo apostólico, de manera tal, que siempre que pudo siguió misionando con la palabra y el ejemplo de su vida.

Las circunstancias políticas que afectaron a España y su cercanía a la reina le obligaron a marchar al destierro después que Isabel II fue destronada.

Al principio puso su residencia en París donde vive pobre y sencillamente, luego se traslada a Roma para participar en el Concilio vaticano I. Como Padre Conciliar pronuncia una defensa al Dogma de la Infalibilidad Pontificia y hace alocución al atentado de Holguín para reafirmar su disposición de morir mártir por la fe católica.

De regreso a Francia, muere el 24 de octubre de 1870 en el monasterio de Fontfroide, después de haber profesado como Hijo del Corazón de María.

El Arzobispo de Santiago de Cuba declarado Santo de la Iglesia Universal

El episcopado de América Latina, reunido en Roma a finales del siglo XIX emitió una declaración que incluía una petición a León XIII suplicándole la beatificación de Mons. Claret:

[...]Con toda razón podemos proclamar que el extraordinario arzobispo de Santiago de Cuba fue celebérrimo en el ejercicio de todas las virtudes y debe ser llamado brillante ejemplo de los obispos americanos; que conjugó siempre la sabiduría y la prudencia del pastor con el celo apostólico del misionero; amó a América de tal forma que, mientras estuvo allí, no se quejó lo más mínimo ni del clima, ni de la gente, ni alabó nunca su patria[...]

El documento está fechado en Roma el 16 de julio de 1898.

Su causa de beatificación fue introducida en 1887. Fue declarado Venerable en 1890 y Beatificado por Pío XI en 1934. El Papa Pío XII lo proclamó Santo en 1950. Su fiesta se celebra el 24 de octubre.

Los Obispos cubanos le han encomendado la obra catequética en Cuba.

Mons. Enrique Pérez Serantes, su digno sucesor, en su Exhortación Pastoral de 1951 con motivo de las celebraciones jubilares por la proclamación del Dogma de la Asunción de la Bienaventurada Virgen María y la proclamación de santidad de Mons. Claret, expresó:

[...]a medida que se le vaya conociendo, se caerá en la cuenta de que nuestro santo es uno de esos seres providenciales que llenan con la multitud de su fecundísima actividad una brillante página de la historia, y que la santidad sorprendente de su vida y su poderosa y amplísima inteligencia alumbran con destellos de clarísima luz el campo de la Iglesia a través del tiempo y del espacio[...]

Por su parte, Mons. Eduardo Boza Masvidal, antiguo Obispo Auxiliar de La Habana actualmente residente en Los Teques, Venezuela, ha dicho de San Antonio María Claret:

[...]no le podemos llamar estrictamente cubano porque no nació en nuestra Isla, sí podemos llamarlo con toda propiedad un santo de Cuba, porque vivió en Cuba, cuya diócesis comprendía las provincias de Oriente y Camagüey; y sobre todo porque amó extraordinariamente a Cuba y luchó sin descanso por el bien de sus hijos e incluso regó con su sangre nuestra tierra en un atentado de que fue víctima[...]

Dos grandes colaboradores de la Arquidiócesis de Santiago de Cuba en camino a los altares

Si nos imagináramos la Historia de la Iglesia como un inmenso vitral contemplado a trasluz, resaltarían zonas de un gran resplandor contrastando con otras opacas y oscuras. En la sección que corresponde a nuestra Historia cubana, hallaríamos varios cristales que por su color y transparencia compensan en gran medida a los que, por su opacidad, no nos permiten ver la luz.

Entre esos cristales se encuentran los Padres Jerónimo Usera y Fray Esteban de Adoáin, ambos Siervos de Dios a los que ya se les ha declarado su heroicidad de vida y están prontos a ser beatificados.

Pbro. Jerónimo Usera y Alarcón

Este insigne sacerdote que desplegó una labor ejemplar en Cuba y Puerto Rico, nació el 15 de septiembre de 1810 en Madrid. Fue bautizado al día siguiente en la Iglesia de San Sebastián con el nombre de Mariano Nicomedes. Fueron sus padres Don Marcelo Usera y Doña Bernarda Alarcón. Su padre fue profesor y director de la Real Academia greco – latina de Madrid, por lo cual, estuvo muy vinculado con personajes de la corte.

En 1824 tomó el hábito cisterciense en el monasterio de Osera en Orense, Galicia, adoptando el nombre religioso de Jerónimo.

Diez años después recibe la ordenación sacerdotal en la Diócesis de Cuenca.

A los tres años le obligan a dejar el monasterio a causa del Decreto de Exclaustración y se incorpora al clero secular; ocupa la Cátedra de Griego en la Universidad Central de Madrid.

En 1845 parte para la Guinea española en África, como Primer Capellán y Teniente Vicario Castrense.

De regreso a Madrid obtiene, por oposición, las Cátedras de Griego y Hebreo en la Universidad madrileña y, continuando sus estudios, obtiene el grado de Licenciado en Teología.

La estancia en Guinea le hizo descubrir el lado misionero de su vocación sacerdotal. Obsesionado con la idea de ser misionero, redactó un Proyecto de Misiones que presentó a la reina Isabel II con fecha 31 de marzo de 1848. Cuando más entusiasmado estaba para marchar al África, recibe de la Reina el nombramiento de Canónigo de la Catedral de Santiago de Cuba. Ahora tenía que reorganizar su proyecto de vida adaptando su vocación misionera al ambiente caribeño.

Después de establecerse en su nuevo cargo trabaja, por propia iniciativa, en un estudio detallado de la situación religiosa en Cuba y Puerto Rico.

Nos parece iluminador presentar algunas de sus conclusiones:

[...]Al pisar por primera vez el suelo afortunado de las Provincias de Cuba y Puerto Rico, lo que desde luego salta a la vista es el estado de cultura e ilustración en que se encuentran las clases no sólo ricas sino aún las medianamente acomodadas de aquellos pueblos. Pero esto mismo forma un lamentable contraste con el estado de grosera ignorancia en que yacen las clases pobres, especialmente dedicadas a los trabajos del campo. Ora sean blancos o de color, muchos de estos desgraciados no tienen ni una noticia de la existencia de Dios. Nacen, viven y mueren sin haber conocido las dulzuras de familia ni los consuelos de la Religión. El círculo de sus relaciones sociales está reducido al Mayoral, y el temor al castigo es el único estímulo que conocen para obrar el bien[...]

Nos da la impresión que habla de los esclavos y no del campesinado, al menos cubano, ya que éste tenía, sin dudas, necesidad de una buena evangelización pero, como lo demuestran sus tradiciones más antiguas, creían en Dios, en la Virgen y en los Santos aunque haya habido siempre sus excepciones.

Pero el Padre Usera no se quedó en la simple constatación de hechos, sino que presentó un camino de solución de este problema:

[...]Y por otra parte, ¡qué índole tan agradable la de aquellas gentes! ¡Qué docilidad y dulzura en su trato! Todo convida a que se les adoctrine y consuele en esa situación tan miserable y hasta abyecta en que se encuentran. Ya es tiempo de dar a conocer a esos infelices las satisfacciones que experimenta una conciencia que obra el bien por el bien mismo.

Ya es tiempo repito, de enseñarles siquiera lo que ningún hombre debe ignorar, a saber: sus relaciones para con Dios y para con los demás hombres[...]

No pasó mucho tiempo para que se reconocieran las cualidades espirituales e intelectuales del Padre Usera. En 1849 lo nombran Canónigo Penitenciario de la Catedral de Santiago y, más tarde, Vicario General y Gobernador eclesiástico en la ausencia del Arzobispo Alameda.

En ese mismo año publica en la imprenta de Miguel A. Martínez su libro «Demostraciones de la Verdad de la Religión Católica» y su Discurso en la apertura de las clases de Humanidades.

Su atención pastoral se dirige hacia el Colegio Seminario de San Basilio Magno por encontrarse en las más pésimas condiciones.

En carta dirigida al capitán General, concluye:

«Si se ha de sacar algún partido de este Seminario ha de ser reformándolo todo.»

Lo primero que hizo fue sustituir al Rector, un venerable sacerdote muy entrado en años y totalmente inepto para ese cargo. A continuación, renovó todo el personal de disciplina y enseñanza.

La carencia de personal y su preocupación por aquel importante plantel le hace asumir las Cátedras de Teología Pastoral, Sagrada Escritura, Oratoria Sagrada, Prácticas de Púlpito, Lenguas Hebrea y Griega e instala un gabinete de Física y Ciencias Naturales.

Introduce en el plan de estudios de Teología una sección dedicada a la práctica de la catequesis para niños y viudas.

Y todo esto, sin dejar las múltiples ocupaciones que su cargo de Gobernador eclesiástico le imponía.

Cuando comienza a encaminar el Seminario, dirige su trabajo a la búsqueda de una solución a los problemas graves del clero y las iglesias.

En su carta de informe al Capitán general le refiere:

[...]Las condiciones indispensables que deben concurrir en el clero secular destinado a estas posesiones, son una moralidad a toda prueba, regular instrucción y buena salud. Mas será difícil encontrar eclesiásticos que, reunidas estas condiciones, se aventuren a atravesar el Atlántico para venir a perecer de hambre. ¡Tal es el estado de miseria y abyección en que están las iglesias del Arzobispado![...]

No faltaron las circulares y las visitas a las iglesias. Aunque nos parezca extraño, a esa altura del siglo, tuvo que mandar a formar Archivos parroquiales por estar ausentes en muchas de las Parroquias; además, les enseñaba como llevar los libros y confecciona los modelos para Bautismos, Matrimonio y Defunción.

Hace un llamado a los Párrocos para que cuiden de la instrucción cristiana de niños y adultos y les aconseja tomen como auxiliares a laicos capacitados.

Declara como texto oficial de catequesis la obra del Padre Ripalda.

Proclama el uso obligatorio del hábito talar (sotana) a todo el clero secular y a los seminaristas.

En todo este tiempo de arduo trabajo, mantuvo encendida la llama de su vocación misionera aplicándola a las distintas comunidades en jornadas de predicación y ayudando en las confesiones, o yéndose al campo para explicar el catecismo a campesinos y esclavos, reunir en los bateyes a la población de los lugares carentes de templo. Allí, bautiza, confiesa y celebra la Eucaristía, predicándole a los colonos que «no es lícito ni el vicio ni la explotación.»

En su carácter de Gobernador Eclesiástico, fundó la Obra de la Enseñanza Cristiana y reorganizó la Cofradía del Apóstol San Pedro de presbíteros y seglares siendo su propio Abad.

Revitalizó la Cofradía de la Virgen de la Caridad del Cobre y promovió al Santuario para que fuese el centro de la piedad mariana de la Arquidiócesis.

Atendió con empeño a los presos logrando establecer una Capellanía en la cárcel

Al llegar el nuevo Arzobispo, el Padre Usera cesa en su cargo de Gobernador y de Vicario General quedando como Deán de la Catedral.

Monseñor Claret le confía la misión de gestionar la ayuda necesaria para solucionar el problema económico del clero, por lo cual, tiene que trasladarse a Madrid. En la capital de la Metrópoli, pone todo su empeño y conocimiento para cumplir lo que se le ha encomendado. La distancia no lo aleja de su preocupación por la Iglesia de Cuba como lo atestigua su carta al Arzobispo Claret. En ella, le manifiesta su solidaridad con la población santiaguera en los momentos difíciles que sufría a causa de los grandes temblores de tierra y la epidemia de cólera.

El 31 de diciembre de 1852, se une a un grupo de fieles afines a Cuba para «hacer una religiosa solemne Novena a la Virgen de la Caridad a fin de alcanzar la misericordia de Dios a favor de ese pueblo.»

Un aspecto importante de la vida de los santos es reconocer todas las cualidades que Dios les dio y ponerlas, por entero, al servicio de sus hermanos los hombres todos.

Jerónimo Mariano Usera y Alarcón fue un hombre dotado de gran inteligencia, lo cual le permitió alcanzar una sólida formación teológica y humanística.

Llevó siempre en su interior un fuego abrasador que lo impulsaba a propagar la fe. Era un gran misionero. Y, además, un hombre de gobierno pues sabía organizar, refrendar y asumir responsabilidades múltiples sin perder el sentido de la caridad y de otras virtudes evangélicas. Todo esto, le permitió mantener el equilibrio necesario y la constancia para hacer todo lo que un sacerdote debe hacer.

En diciembre de 1853 toma posesión de su nuevo cargo de Deán de la Catedral de San Juan de Puerto Rico, cargo que lo mantendrá alejado de los asuntos cubanos por un espacio de once años. Al finalizar esta etapa de su vida, El Padre Usera se retira a España enfermo y disgustado; ha habido incomprensiones, malos juicios y, sobre todo, mucha carga humana en la solución de litigios eclesiásticos. Usera debió ejercer el cargo de Gobernador Eclesiástico en condiciones no muy claras desde el punto de vista legal.

Ha quedado claro por la fuerte investigación histórica realizada en el proceso de su Beatificación, que el Siervo de Dios es inocente de cualquier subterfugio empleado por él con el fin de alcanzar puestos importantes en el gobierno de la Iglesia.

El rescripto final emitido por Roma, en el que intervino el Arzobispo Claret y que el padre Usera aceptó con total obediencia y humildad, declaró nulos sus mandatos de Gobierno Eclesiástico en Santiago de Cuba y en Puerto Rico y el uso de sus facultades. Roma fundó la nulidad del ejercicio de la jurisdicción eclesiástica por haber sido «sin previa elección capitular, por la sola autoridad civil.» Es decir, no por lo mandado por el Concilio de Trento sino por la ley del Patronato Regio.

En el caso de los dos períodos en Puerto Rico, se sabe que en la elaboración de este fallo se combinaron medias verdades, los silencios y la forma de contar los hechos; en cuanto al de Santiago de Cuba no hay datos exactos, pues el Padre Usera recibió el nombramiento de Vicario General y fue confirmado por el Arzobispo Alameda que, fungiendo todavía como Arzobispo de Santiago, entendió que era su «deber impedir un cisma».

En 1864, estando en España, fundó la Congregación de Hermanas del Amor de Dios e inaugura el primer colegio de la misma en Zamora.

El resto de su múltiple labor pastoral se realizará en la Diócesis de La Habana, por lo que preferimos cortar aquí.

Fray Esteban de Adoáin, O.F.M. Cap.

En el discurso inaugural de la IV Conferencia General del Episcopado Latinoamericano, celebrada en la república Dominicana, el Papa Juan Pablo II daba gracias a Dios por «la pléyade de evangelizadores que dejaron su patria y dieron su vida para sembrar en el Nuevo Mundo la vida nueva de la fe, la esperanza y el amor.»

Estos hombres y mujeres de Dios mantuvieron esta labor desde los comienzos de la colonización y la han mantenido hasta nuestros días.

Entre ellos se encuentra el Padre Adoáin, sacerdote capuchino español que desplegó un importante trabajo misionero en diferentes países de América.

Esteban nació el 11 de octubre de 1808 en la pequeña aldea de Adoáin, en el valle navarro de Urraúl Alto, cerca de los Pirineos.

Hijo del matrimonio de Marcuello Zabalza, fue bautizado con el nombre de Pedro Francisco.

A los 18 años de edad sintió el llamado del Señor al sacerdocio dentro de la vida religiosa, siguiendo el carisma franciscano según el estilo de la Orden Capuchina.

Al tomar el hábito cambió su nombre de pila por el de Fray Esteban de Adoáin.

Recibió la ordenación sacerdotal en Pamplona el 22 de diciembre de 1832.

El 5 de agosto de 1834, los 55 religiosos del convento capuchino de Pamplona salían en dirección a los territorios carlistas en busca de mayor seguridad ante el peligro que significaba la represión de los liberales.

En 1836 se promulgó la ley de exclaustración forzosa para todas las órdenes religiosas de España, por lo cual, Esteban pasó a Roma donde permaneció en espera de un nuevo destino. Los superiores le enviaron como misionero a Venezuela con otros 48 miembros de la Orden.

Además del trabajo misionero había un proyecto de fundar una nueva provincia capuchina, pero el Gobierno no sólo se opuso a la fundación, sino que obstaculizó la labor de los frailes.

Esteban regresó a Europa hasta que el Arzobispo de Caracas le pidió que retornase a Venezuela; esta vez, como profesor del Seminario Mayor y encargado de las misiones populares.

Sus predicaciones disgustaron a algunos miembros del Gobierno que provocaron un proceso judicial en su contra, hasta el punto de llevarlo a la cárcel en marzo de 1849. La falta de pruebas echó por tierra las acusaciones y la sentencia fue revocada. Aunque se le puso en libertad, el Padre Adoáin siguió siendo blanco de acusaciones injuriosas.

Consciente de que su labor era mal interpretada y que todo iba tomando un cariz político afectando así, la actuación de los demás frailes, decidió con su Superior, abandonar el país y dirigirse a Cuba.

Su primer objetivo en Cuba fue instalar una comunidad capuchina en el antiguo Colegio de Misioneros de La Habana establecido en el siglo XVIII por algunos miembros de la Orden pertenecientes a la provincia de Castilla. Permaneció todo un año esperando una respuesta que nunca llegó, por lo cual, decidió trasladarse a la Arquidiócesis de Santiago y ponerse a disposición del Arzobispo Claret, que recién llegaba de España. El Arzobispo lo recibió con estas palabras: «Desde hoy será usted mi misionero.»

Sin saberlo de antemano, se estaban encontrando dos espíritus afines que trabajarían estrechamente unidos en la extensión del Reino de Dios en la región oriental de la Isla.

Aunque no había comunidad capuchina en Santiago de Cuba, el ambiente que rodeaba a Claret, le permitió sentirse a sus anchas. El Arzobispo había reunido a un grupo de sacerdotes – religiosos y seculares – que como el padre Adoáin, sentían el deseo de misionar viviendo con austeridad un proyecto de perfección evangélica. En una ocasión diría el secretario de Claret: «este hombre tiene más de misionero que de Arzobispo.»

El medio en el que tendría que moverse Fray Esteban no distaba mucho en lo político del que había vivido en Venezuela por los enfrentamientos entre liberales y conservadores, aunque en Cuba aún se mantenían todos bajo el control del Capitán general que representaba la política dominante en la Corte.

En cuanto a la población, el paisaje se presentaba como una amalgama donde los negros y mestizos esclavos representaban un por ciento elevado, viviendo en condiciones infrahumanas y con casi ninguna atención religiosa.

Un número considerable de parejas que sin casarse, constituía familias y cuyos hijos «naturales» carecían de todo derecho civil y, en algunos aspectos, religioso.

Los pobres, que no eran pocos, carecían de la suficiente instrucción humana y religiosa, contribuyendo al aumento de la ignorancia y la superstición.

El Arzobispo acostumbraba enviar al Padre Esteban acompañado de otro sacerdote menos experimentado en asuntos de misión.

Estas jornadas duraban varias semanas sin interrupción. Era un trabajo fuerte, mucho más intensivo que el realizado en Venezuela pues, además de las predicaciones desde el púlpito y las correspondientes horas de confesión, se incluía la catequesis de niños y adultos, las visitas a domicilio, la atención particular a los negros que sólo habían recibido el bautismo pero no una instrucción religiosa, las legitimaciones de matrimonios con la confección del expediente y la ceremonia; y súmele a esto cualquier imprevisto.

Sus contemporáneos le recordaron con un crucifijo colgado al cuello, el estandarte de la Madre del Divino Pastor y una potente caracola o «fotuto» para convocar a la misión.

En el pueblo de Morón, tuvieron necesidad de emplear entre doce y catorce horas diarias para las confesiones.

En Sagua de Tánamo encontró un número alarmante de «amancebados, adúlteros y divorciados». Terminada esta misión, el incansable misionero expresaba una gran satisfacción por la respuesta de los vecinos.

En Baracoa, después de un mes de misión, repartieron cuatro mil comuniones. Desde 1788 no se hacían misiones en aquella zona.

La siguiente misión correspondió a la zona de Mayarí Arriba donde, además de hacer lo acostumbrado, legalizó 220 matrimonios con todos los trámites correspondientes. Según su propia expresión, se sintió, por primera vez agotado.

Para el cumplimiento Pascual del año 1852 llevó a cabo una intensa misión entre los reclusos de la prisión de Santiago, logrando que la mayoría de los presos recibieran los sacramentos de la confesión y la comunión. Lo más significativo de esta jornada fue la solicitud que hizo al Arzobispo para lograr el permiso necesario a fin de trasladar a los reclusos hasta la Catedral donde le aguardaban otros once sacerdotes y Mons. Claret. Para asombro de las autoridades, que aceptaron la solicitud con muchas reservas, todos los presos fueron y regresaron en orden sin reportarse ningún prófugo.

Ahora tocaba a Bayamo donde el ambiente moral se encontraba muy resquebrajado. Y es que una gran parte de los adinerados y de los funcionarios gubernamentales vivían en público concubinato o adulterio.

Las predicaciones de Fray Esteban fueron duras y directas y, aunque hubo varias conversiones, se levantó una ola de protestas amparada oficialmente. En ella se acusaba al misionero de desprestigiar a personas de respeto con el peligro de que se despertara entre la clase popular y los negros sentimientos de desconsideración que pudiesen ser causa de futuras revueltas. ¡Hasta donde podía llegar la hipocresía!

Las autoridades civiles dieron a todo esto una cobertura política, encausándolo en un proceso legal por el cual, un fiscal solicitó la salida «disimulada» del predicador subversivo.

El Arzobispo salió en defensa del Padre Adoáin, rebatiendo todas las acusaciones y amenazando con acompañar al Padre al exilio en el caso de que se pretendiera dar cumplimiento a la solicitud del fiscal.

Las aguas tomaron su nivel, hubo disculpas y hasta se pensó que podría restaurarse la Orden Capuchina; pero en poco tiempo ocurrió un nuevo viraje en la política de la Corte donde los liberales volvían a tomar las riendas.

Fueron los años de 1854, 55 y 56. Esta es la etapa en la que Arzobispo sufre el atentado de Holguín.

Las condiciones ya no se presentarán favorables ni para continuar el estilo de misión del Padre Esteban ni para lograr establecer la Orden Capuchina.

Antes del traslado de Claret para Madrid, Fray Esteban obtiene el permiso para radicarse en Guatemala. Allí continuó con su incansable labor misionera que extendió a El Salvador, sin que faltaran las dificultades, las incomprensiones y los sufrimientos.

En 1876 regresó a España, siempre con la esperanza de restaurar la Orden Capuchina, uno de los principales objetivos de su vida. Al año siguiente pudo verlo realizado con la fundación de Antequera en Málaga y el noviciado en Sanlúcar de Barrameda, precedidas ambas por una gran misión dirigida por él.

Eran muchas las solicitudes que se le hacían para que predicase misiones por las demás regiones de la Península.

Sin pensarlo mucho, pidió la renuncia a su cargo de Guardián de Antequera para dedicarse de lleno a las misiones, pero el día 7 de octubre de 1880 descansó en el Señor después de 48 años de una vida consagrada a la evangelización. Para poder sostener sostenerla con fidelidad, edificó sobre los cimientos de una fuerte unión espiritual con Dios por medio de la oración hecha vida y predicada.

El 10 de enero de 1989 se proclamó el decreto sobre heroicidad de virtudes, declarándolo Siervo de Dios en espera de su futura beatificación.

«El Padre Esteban Adoáin es un hombre excepcional y probablemente el más grande misionero del Nuevo Mundo después de San Francisco Solano.»

(L'Osservatore Romano, marzo de 1983)

Situación de la esclavitud y semiesclavitud en la Isla a mediados del s. XIX

Los acuerdos del Sínodo de la Iglesia en Cuba de 1680 habían caído en el total olvido.

El sistema agrícola de la plantación y la introducción de las nuevas técnicas que partieron de la invención de la máquina de vapor fueron los fundamentos del desarrollo de la industria azucarera en la Cuba colonial. Los nuevos ingenios azucareros dejaban atrás al viejo trapiche. La capacidad de molienda en las grandes maquinarias de los Ingenios exigía más cantidad de caña de azúcar.

Los campos dedicados al cultivo de la rica gramínea se extendieron, y para mantener esta nueva forma de producción se hacía imprescindible la fuerza laboral del negro esclavo.

Los que defendían el desarrollo agrícola industrial de la Colonia antillana, con Don Francisco de Arango y Parreño y el Conde de Villanueva al frente, pedían más facilidades para la entrada de esclavos africanos en la Isla.

Para entonces, se había fijado un tratado que prohibía la trata de esclavos e Inglaterra se autoproclamó garante en el cumplimiento de este acuerdo en el que España era uno de los firmantes.

Algunas voces como las del Obispo Espada y los Presbíteros Caballero y Varela defendieron la abolición de la esclavitud. Otras, como la de José Antonio Saco, llamaban fuertemente la atención sobre el peligro de «ennegrecer» a Cuba y ponerla al filo de la navaja ante una posible nueva revolución negra al estilo de Haití.

Ni unos ni otros lograron nada. Los hacendados y comerciantes, criollos y peninsulares, triunfaron en sus gestiones y la corona con todo el aparato gubernamental español asumieron, por una parte, una postura de fingimiento ante los tradados firmados y, por otra, de aceptación del tráfico ilegal de esclavos.

Si la Iglesia había aceptado el sistema esclavista dentro de la sociedad colonial, también había hecho esfuerzos por mejorar la situación física y espiritual del negro africano o criollo sometido a la injusta esclavitud. En el Sínodo de 1680 aparecen varios títulos dedicados a fijar normas que los amos debían observar y que, en su mayoría, eran beneficiosas para el esclavo. Muchas de estas normas jamás fueron observadas en su totalidad, y lo peor, con el paso del tiempo se olvidaron. Por lo general, el negro esclavo de las plantaciones se encontró muy alejado de la influencia de la Iglesia, como nos lo atestigua el Presbítero Domingo García, Canciller del Obispado de La Habana cuando escribió un artículo en «La Verdad Católica», en el cual asegura que nunca ha tenido noticia de que un hacendado solicite capellanes para instruir religiosamente a su dotación de esclavos.

Fermín Figuera en sus *Estudios sobre la Isla de Cuba*, Madrid, 1866, declara:

[...]Hemos visto soberbios ingenios(...) en los cuales una población de 500 o 600 negros carecía de toda instrucción moral y religiosa. Nunca hemos presenciado en ellos ceremonia alguna de nuestro culto, ni sabemos que existen sacerdotes que presten los consuelos de la Palabra divina y la enseñanza saludable de nuestra religión sacrosanta[...]

¡Cuánto nos apena que la visión pastoral del Ilustre Morell de Santa Cruz se hubiera desvanecido!

¿No fue esta situación uno de los elementos que más contribuyeron al desarrollo de la Santería en Cuba?

El profesor Moreno Frajinals lo interpreta de esta forma:

[...]La religión católica, en sus rígidos moldes no penetró al ingenio. Pero sus santos se asomaron a los bateyes cuando reunida la dotación explotaba el contenido furor de los tambores. Agrupados en un solo y aniquilador trabajo hombres de las más diversas culturas, juntos por fatalidad histórica (...) con un mismo terror y una misma ansia de liberación. El batey fue como un templo demoníaco donde se iniciaba una nueva creencia. La religión con dioses blancos y dioses negros, con rezos católicos al compás de los tambores.

Pero allá estaban ellos, desahogando el dolor contenido retornando a sí mismos y renaciendo. El ingenio además de tumba, fue fragua[...]

Muchos que lean estas u otras páginas referidas al mal de la esclavitud del negro en Cuba y demás islas del Caribe y Sur de los Estados Unidos, podrían pensar que sólo ellos eran la clase explotada y que los blancos, por el mero hecho de serlo, ocupaban una posición privilegiada.

Nada de eso. Siempre hubo blancos pobres en las ciudades, poblaciones del interior y en el campo. Y aunque muchos no lo crean, hubo en el siglo XIX, grupos de negros y mestizos libres que por su posesión de riquezas entrarían en la clasificación de burgueses.

Pero no solo esto. A la Isla arribaron grupos de emigrantes –unos en mayor número que otros– para engrosar las filas de los explotados y su piel no era negra. Fueron los llamados «contratados» para trabajar principalmente en el campo. En estos grupos encontramos irlandeses, yucatecos, isleños (canarios), gallegos y chinos. Estos últimos, con los yucatecos, vivieron en condiciones de semiesclavitud.

Los irlandeses llegaron a Cuba para trabajar en los «caminos de hierro» comenzados en 1837 con el primer ferrocarril de La Habana a Bejucal.

El primer grupo de chinos llegó a La Habana en 1847, salieron de China 612 «contratados» y llegaron 571. Los primeros indios yucatecos – 135 – fueron traídos con grilletes y cadenas, y en el negocio de su compra – venta estuvieron implicadas las autoridades gubernamentales mexicanas.

Descontando a los irlandeses, que debieron ser pocos, los demás grupos contribuyeron a formar las características de los que podríamos llamar la etnia cubana.

PRIMERA LOCOMOTORA.

Estadísticas de la población de la Isla a mediados del siglo XIX

Departamento Occidental

Jurisdicción	Total de hab.	Blancos	De color	Esclavos
La Habana	149,561	86,356	33,883	27,322
Cárdenas	82,045	26,910	4,292	50,843
Matanzas	79,031	31,056	5,313	42,662
Mariel	37,482	13,964	3,047	20,471
Güines	36,409	18,084	2,241	16,081
Pinar del Río	35,180	20,731	5,065	9,384
San Antonio de los Baños	22,303	12,024	1,551	8,728
Bejucal	20,152	10,509	1,860	7,783
Jaruco	19,478	9,517	961	9,000
Santa María del Rosario	19,013	11,183	1,974	5,856
Guanabacoa	17,698	10,446	3,041	4,211
Santiago de las Vegas	13,859	7,325	1,503	5,031

Bahía Honda	9,998	3,753	552	5,693
Total General	560,224	272,129	68,978	219,11
	% de blancos 48.58	% de color libres 12.31	% de esclavos 39.11	% total de color 51.42

Departamento Central

Jurisdicción	Total de hab.	Blancos	De color	Esclavos
Camagüey	45,804	26,036	10,041	9,727
Santa Clara	37,782	24,540	10,041	9,727
Cienfuegos	34,759	18,952	4,723	11,084
Sancti Spíritus	34,087	22,004	5,723	6,360
Trinidad	32,100	14,606	7,503	9,991
Sagua la Grande	24,125	13,239	1,584	8,810
Remedios	19,687	13,239	3,014	3,434
Nuevitas	3,950	2,563	302	1,085
Total General	232,294	135,671	40,674	55,949
% de blancos	5841	% de color libres 17.50	% de esclavos 24.09	Total % de color 41.59

Departamento Oriental

Jurisdicción	Total hab.	Blancos	De color	Esclavos
Santiago de Cuba	83,504	21,091	29,053	33,360
Holguín	24,830	18,689	3,288	2,853
Manzanillo	16,335	7,003	8,347	985
Bayamo	23,088	10,141	10,315	2,632
Jiguaní	10,746	6,184	3,800	762
Baracoa	8,798	3,496	3,619	1,683
Guantánamo	7,419	1,284	1,716	4,419
Tunas	6,505	3,803	1,943	759
Total General	181,225	71,691	62,081	47,453
% de blancos	3956	%de color libres 34.25	% de esclavos 26.19	Total % de negros 60.44

La población de esclavos en toda la Isla alcanzaba la cifra de 125,313 en contraste con una población blanca de 478,291 y con una población de negros y mestizos libres de 171,733.

Fray Jacinto María Martínez Saéz

Diócesis de San Cristóbal de La Habana

Ilustrísimo Señor Don Jacinto María Martínez Saez

Después del traslado del Obispo Fleix y Solans la sede habanera quedó vacante por muy poco tiempo. Para ocuparla, Roma eligió a un sacerdote religioso capuchino que conocía la realidad de la Diócesis por haber sido uno de los colaboradores del anterior Obispo.

Su vida comienza el 9 de septiembre de 1812 como fruto del matrimonio de Don Víctor Martínez Ruiz de Samaniego y de Doña Manuela Saez Bárcena, en la villa de Peñacerrada, provincia de Álava una de las tres vascongadas. Al día siguiente de su nacimiento, fue bautizado con el nombre de Nicolás.

Antes de cumplir los 13 años de edad tomó el hábito franciscano en el convento de la Orden Capuchina de Bilbao, el 15 de agosto de 1825. Siendo estudiante de filosofía en Salamanca, hace su profesión religiosa al cumplir los 16 años de edad y como era la costumbre, cambia su nombre de pila por el religioso de Fray Jacinto María de Peñacerrada.

Su período de formación coincide con la promulgación y ejecución de las leyes de exclaustración y las pugnas políticas que llevaron al enfrentamiento armado a liberales y conservadores; fue también una época de persecuciones.

Terminados sus estudios de Teología, fue ordenado sacerdote en Madrid por el Obispo de Córdoba Don Juan José Bonel y Orbe, el día 19 de marzo de 1836.

Con el estallido de la guerra de sucesión, la situación de los religiosos y, en general, de la Iglesia, se hace más difícil. Muchos huyen hacia el Norte de España a los territorios del Infante Carlos y, de ahí, pasan a Francia. Ese fue el caso de Fray Jacinto.

Permanece en Francia por algún tiempo, el necesario para aprender el francés y poder servir en algunas Parroquias y en el Colegio real de Pau en espera del mandato de sus superiores para enviarle a misiones.

Destinado, como tantos otros capuchinos, a Venezuela, trabajó como Párroco en San Jacinto, Caracas; secretario de visita pastoral del Arzobispo caraqueño; defendiendo con la predicación y la pluma la labor de sus hermanos de Orden en el campo de la misión contra las campañas infundiosas que los liberales desataron contra la Iglesia y, en especial, contra los misioneros.

La situación venezolana, cada vez más tensa, le mueve a dirigir sus pasos hacia Méjico. ¿Cuál de los dos lugares sería más difícil en aquellos momentos?

Puesto al servicio del Arzobispo de Puebla de los Ángeles, trabaja en la Catedral como asistente; en Alvarado y Jalapa, como Cura interino.

Aunque siempre mantuvo en su corazón su condición de fraile capuchino, durante su estancia en Méjico vestía el traje talar de los sacerdotes seculares y se hizo nombrar Padre Jacinto María Martínez. En lo adelante, aún cuando volvió a llamarse fray, siguió usando su apellido unido a su nombre religioso.

El Padre Jacinto María Martínez en Cuba

Llegó a La Habana a finales del año 1846 y el Obispo Fleix y Solans le pidió encarecidamente que se quedara a ayudarle en la Diócesis. Aunque todavía exclaustrado pudo vivir en comunidad con un pequeño grupo de capuchinos congregados en lo que el gobierno colonial les había dejado del Convento de San Felipe Neri. Los frailes capuchinos ocupaban el convento desde el año 1786, creando en él un Colegio de Misiones.

Por entonces, noviembre de 1848, vivían en el convento de San Felipe los Padres Fr. Jacinto María Martínez, Fr. Francisco Calcat, Tomás Sala y Figuerola, Fr. Joaquín de Daroca, Fr. Manuel de Albacoa, José María Bergaz y Solórzano y el Hno. Santiago del Tremedal, que ya formaba parte de la comunidad desde 1810.

La condición de congregados parte de la aplicación de las leyes de exclaustración por la que muchos religiosos pasaron a engrosar las filas del clero secular y se les *congregaba* o designaba a una de las Iglesias y /o conventos que permanecieron en función religiosa. Algunos de estos congregados mantenían su forma de vivir religiosa hasta donde podían y, siempre, dentro de los límites del claustro. Este es el caso que nos atañe donde, al parecer, convivían antiguos religiosos y seculares formando una comunidad en la cual, ya no había un superior sino un presidente.

El Padre Jacinto comenzó a destacarse como un buen orador sagrado que ejercía este ministerio con gusto y disponibilidad, además de visitar enfermos, confesar, animar congregaciones piadosas. A causa de este buen prestigio fue nombrado Vice-Presidente de San Felipe. En la práctica tuvo que ejercer como Presidente por la enfermedad prolongada del Padre Daroca.

Aunque no faltaron los problemas con los clérigos que no aceptaron su plan de reforma de vida según la espiritualidad capuchina, su gestión marchó adelante ya que nunca le faltó el apoyo del Obispo Fleix. Durante cinco años compartió esta responsabilidad con las otras propias de su ministerio.

Domingo Rosaín en su obra «Necrópolis de la Habana», escrita en 1875, nos dejó un buen testimonio del celo apostólico y caridad del Padre Jacinto desplegados durante la epidemia de cólera que azotó a La Habana en 1850:

[...]En los amargos días en que nos visitó el cólera en 1850 el P. Fr. Jacinto fue capellán del hospital de coléricos, establecido en el edificio conocido hoy por la casa de los Escobares. Estando allí se conquistó general simpatía el ilustrado y severo capuchino: por la predicación y el auxilio espiritual que prestaba a los epidémicos[...]

Terminada la epidemia de cólera, el Padre Jacinto se reintegra a sus labores ministeriales y recibe una visita inesperada. El 26 de enero de 1850 llegó a La Habana procedente de Venezuela, el Padre Fray Esteban Adoáin o.f.m., cap., con intensión de fundar un convento de la Orden, pues pensaba que estando Cuba tan lejos de la Metrópoli, no se vería afectada por las leyes de exclaustración. En resumen, los planes no pudieron realizarse y se marchó para la región oriental como ya señalamos anteriormente.

Mientras tanto, el Padre Martínez se empeñaba en obtener el título de Bachiller sin asistir a clases ya que sus múltiples obligaciones se lo impedían. Al fin obtuvo el título en la Universidad de La Habana alcanzando el grado de Doctor en Teología en la Universidad de Toledo (1859).

Párroco y Vicario Foráneo en Matanzas

El Obispo Fleix y Solans pensó en el Padre Jacinto para que sustituyera al Dr. D. Manuel Francisco García Gómez en el cargo de Párroco de San Carlos de Matanzas y Vicario Foráneo para aquella zona.

Esta hermosa ciudad fue fundada en tiempos del venerable Obispo Compostela en el siglo XVII; ahora, segunda mitad del XIX, había aumentado su extensión y población; ya existían los barrios de Pueblo Nuevo con una iglesia mandada a construir por el Obispo Espada bajo el título de San Juan Bautista, y el de Versalles con su hermosa iglesia de San Pedro.

Para atender la ciudad podría contar con la ayuda de los Presbíteros Don Manuel González de Chavez, Sacristán Mayor, Don Juan José Naranjo, Notario de la Vicaría y Don Manuel Zambrana. Dentro de la Vicaría se encontraban los pueblos de Ceiba Mocha y Puerto Escondido, entre otros. Para estos pequeños pueblos habían sido designados los Presbíteros Don Nicolás Fernández, Don Casimiro Bizcaigana y Don Facundo Alonso de Prado.

Para iniciar su plan pastoral, publica en el periódico local «La Aurora del Yumurí» una convocatoria para iniciar la catequesis de niños y niñas los jueves y así, no interrumpir las labores dominicales con los adultos.

El Padre Jacinto se dio cuenta de que las condiciones de la Parroquia desentonaban con el florecimiento de la ciudad, y sin demorarse mucho, solicita al Obispo el permiso para iniciar las obras de transformación del templo.

El empeño tesonero del nuevo Párroco logró aunar fuerzas y aprovechar todos los recursos posibles para concluir una obra verdaderamente meritoria, donde el templo alcanzó la belleza que le correspondía como Parroquial Mayor de Matanzas; pero además de esto, encaminó las obras de reforma del Cementerio y la edificación de la Casa de Beneficencia.

En 1858, a los cinco años de su nombramiento como Párroco y Vicario Foráneo de San Carlos de Matanzas, se encontró muy agotado y con cierta afectación pulmonar, por todo lo cual, pidió permiso al Obispo para tomar un descanso en España.

Su estancia fuera de Cuba

Después de pasar un mes en los Estados Unidos, emprende el retorno a su tierra natal. Aunque para entonces se había logrado la restauración de las relaciones diplomáticas entre el Vaticano y la Corona Española y con ella, el permiso para que algunas órdenes religiosas reabrieran sus noviciados, para los capuchinos no. Los planes del Padre Jacinto de entrar de nuevo en un convento de su orden quedaban relegados a tiempos mejores; mientras tanto, visita todo el Sur de España y termina estudiando en la Universidad de Toledo donde logra el título de Doctor en Teología.

En Madrid conoció a Monseñor Claret y al nuevo Nuncio con los que entabla una buena relación amistosa.

Se traslada a Roma y el Maestro General de la orden lo destina como Lector de Teología Dogmática en el Colegio San Fidel de Sigmaringa para formar misioneros capuchinos.

El Papa Pío IX lo designa como secretario acompañante de Monseñor Sabá de Ozeiro en una misión a las Indias orientales.

Parte de Roma en noviembre de 1862 pasando por Egipto, Tierra Santa, Singapur, Tramavor, Malabar, Bombay y, según parece, visita China y Japón.

De nuevo en Roma continua trabajando en el Colegio capuchino hasta que recibe la designación papal como Obispo de San Cristóbal de La Habana por haber sido trasladado su dignísimo Obispo a la sede arzobispal de Tarragona en España.

Nombramiento de Obispo de La Habana

En Real Cédula de 3 de diciembre de 1864, la Reina Isabel II presenta al Padre Jacinto María Martínez de Peñacerrada, religioso capuchino, para la Iglesia y Obispado de La Habana..."teniendo en consideración su celo religioso, virtud, ciencia y servicios. «

El nuevo Obispo electo contrajo una enfermedad grave que le obligó a retardar el viaje a La Habana donde debía ser ordenado. En 5 de marzo de

1865, La Verdad Católica, órgano oficial de la Iglesia diocesana, publicó la noticia de su nombramiento.

Restablecido de su enfermedad, fue consagrado en Madrid el domingo 11 de junio de ese año, en la Capilla Real.

Según consta en una circular emitida por su principal apoderado y Gobernador eclesiástico provisional, el Dr. D. Bonifacio Quintín Villaescusa, Arcediano de la Catedral de La Habana, el día 15 de septiembre de 1865 se efectuó la toma de posesión. El nuevo Obispo había otorgado sus poderes a otros dos miembros del Cabildo, el Dr. D. Jerónimo Mariano Usera, Deán y al Dr. D. Manuel Francisco García, Maestrescuela.

Llegada del Obispo y comienzo de su episcopado

El día 27 de octubre de 1865 fondeaba en puerto habanero el vapor – correo «Canarias», trayendo a bordo al Ilustrísimo Señor Doctor Don Jacinto María Martínez y Saez, cuarto Obispo de San Cristóbal de La Habana. Como miembros de la familia del Obispo venían los Pbros. Mariano Puyol y Anglada, Luis Irasusta, Antonio Ducrós y Serafín García Jurado; además de otros once sacerdotes, entre ellos, nueve Escolapios.

La crónica publicada en La Verdad Católica de noviembre de 1865 hace mención de una gran participación del pueblo habanero que agolpado a ambos lados de las calles, saludó a su nuevo Pastor desde el muelle hasta el Templete y, de allí, hasta la Catedral por las calles de O'Relly, Mercaderes y Empedrado.

El mismo día 28 visitó al Capitán General Domingo Dulce; el 30, celebró la Santa Misa en el altar de Nuestra Señora de las Angustias en su querida Iglesia de San Felipe Neri y el 1º de noviembre, pontificó por primera vez en la Catedral.

Fue Matanzas la segunda ciudad de la Diócesis en recibir al Obispo que presidió la fiesta patronal en aquella iglesia que tanto le debía a sus esfuerzos y entusiasmos.

El 8 de noviembre emitió su primer edicto anunciando que el Jubileo decretado por el Papa Pío IX por el 10º aniversario de la proclamación del Dogma de la Inmaculada Concepción de la Virgen María, se celebraría desde el 3 al 23 de diciembre.

El Obispo y su clero

Dando comienzo a la publicación del Boletín Eclesiástico de la Diócesis y con fecha de enero de 1866, lanza una convocatoria a una reunión, que llama sínodo, donde debían encontrase con él todos los sacerdotes que sin estar destinados a «la cura de almas» quisieran continuar administrando el sacramento de la penitencia. Y es que había un número considerable de sacerdotes que iban y venían sin destino fijo, triste subproducto de las leyes de exclaustración y de los conflictos entre los gobiernos liberales y la Iglesia en algunas de las nuevas repúblicas de América.

Los últimos años del pontificado de Fleix y Solans fueron difíciles para el orden interno de la Iglesia de la Diócesis, suscitándose varias campañas difamatorias contra el buen Obispo, posturas de enfrentamiento por parte de ciertos clérigos díscolos y un resquebrajamiento de la disciplina eclesiástica en algunos sacerdotes que se intercambiaban los cargos o las parroquias sin la aprobación del Prelado.

Además de llamar al orden con las medidas propias de aquella época, Mons. Martínez invitó a su clero a retomar el valor de la oración y la entrega fiel al ministerio recibido. Reinicia las Conferencias para el Clero que deberían efectuarse todos los meses en las distintas zonas o Vicarías Foráneas.

Las Conferencias tuvieron una gran aceptación aun en las zonas rurales a pesar de las distancias y dificultades de comunicación. Pensemos que entonces, había muy pocas vías de tránsito y que muchos de los párrocos y tenientes curas debían recorrer buena parte de su territorio parroquial a pie o a caballo.

Otro problema de carácter pastoral al que había que dar solución era el del bautismo de los asiáticos, principalmente chinos, que por proceder de un país ajeno a la religión católica, al menos en su mayoría, debían hacerse cristianos para quedar inscritos. Al existir una mentalidad sacramentalista, se cometieron abusos en la administración del bautismo, obviando la enseñanza catequética o no preocupándose de quien era el que se bautizaba, porque, en no pocas ocasiones, se presentaban algunos ya bautizados y con cierto conocimiento en nombre de otros que no querían hacerlo.

La historia nos obliga a mirar hacia los hechos pasados, analizarlos con objetividad y sacar las conclusiones pertinentes. Hoy vemos con tristeza que haya ocurrido con los chinos lo mismo que con tantos africanos; sin tomarse en cuenta lo que había señalado el Sínodo Diocesano de 1680.

El Obispo tomó las medidas necesarias para acabar con este abuso. En la circular que publicó sobre este tema decía:

[...]Han de tener siempre, en primer lugar, la fe, sin la cual es imposible agradar a Dios. Segundo, ha de reinar en sus corazones el santo temor Dios, no pudiendo ser justificado el que no lo tuviere. Han de poseer, en tercero, la esperanza de la justificación, pues no siendo así, sería ficticia la voluntad de recibir el Bautismo[...]

El Obispo Martínez prevé el surgimiento de la Revolución del 68

Como ya hemos visto, Mons. Jacinto María Martínez conocía bien el terreno cubano y el de España antes de su designación como Obispo de La Habana.

Durante el período de Fleix y Solans sucedieron hechos importantes como las invasiones de Narciso López, las sublevaciones de Agüero y las conspiraciones de Ramón Pintó y Eduardo Facciolo, que concluyeron en el ajusticiamiento de los dirigentes y una falsa ilusión de que todo volvía a la normalidad. Varias fueron las intervenciones del Obispo Solans para lograr la conmutación de las penas, pero no siempre logradas.

Por otro lado, la pérdida de valores cristianos siguió en aumento. La indolencia o la mala intención de las autoridades coloniales en materia de moral, junto a un fuerte sistema represivo fueron elementos que contribuyeron a crear un ambiente propicio a la búsqueda de una sociedad mejor por medio de la lucha armada.

Ya Claret había vaticinado que por el camino de la inmoralidad, la irreligión, la explotación y la esclavitud, Cuba se perdería para España.

Martínez comenzaba a sufrir las consecuencias de una política colonial compuesta por la intransigencia y el abuso del poder.

Sin demora escribió al ministro de Ultramar una carta señalándole los peligros de esta política. Años más tarde se recordaría:

[...]Entonces dijimos al Gobierno con toda franqueza lo que habría de resultar de tales abusos. 'Quiera Dios(decíamos) que el pueblo, que ha visto que el que tiene más fuerza es el que más derecho tiene a mandar, no aprenda al pie de la letra esta lección, y la ponga en práctica algún día'. Cuando escribíamos esto el 11 de marzo al Ministro de Ultramar, distábamos siete meses del grito de Yara[...]

Crónica de la Visita Pastoral

El 23 de noviembre de 1866, el Obispo emprende su Santa Visita Pastoral que, con interrupciones necesarias, se prolongaría durante los restantes años de su episcopado en la Diócesis habanera.

El 22, después de reunirse en la Catedral con su «familia», el Seminario y varios sacerdotes de la Ciudad, salió al atrio a dar la bendición y partió en coche hacia la Estación de Villanueva para tomar el tren llegando a Bejucal, donde fue acogido por el Párroco y la población. Allí pernoctó y salió muy temprano en tren hacia Batabanó para tomar el vapor «Nuevo Cubano".

La primera etapa de la Visita fue la joven y floreciente ciudad de Cienfuegos donde resaltaba el buen gusto en la construcción de edificios públicos y de vivienda. Contrastando con ellos, la Parroquial Mayor constaba sí, de una hermosa torre y una fachada y enrejado pequeños y elegantes, pero el interior era demasiado pequeño aunque tuviera tres naves.

El Obispo encontró a un grupo de vecinos con posibilidades económicas y muy interesados en construir un templo grande, pero no habían logrado ponerse de acuerdo en los planos y la forma de ejecución de la obra. Sin mucha dilación, el Obispo determinó colocar la primera piedra el día de la fiesta patronal, 8 de diciembre, al terminar la solemne Misa pontifical. Así se hizo, y a las tres de la tarde se reunía una junta presidida por el Prelado para acordar el plano. Sería una iglesia de 58 varas de largo por treinta y ocho de ancho, con tres naves y dos torres.

En la primera sesión se recogieron 36,000 pesos duros además del dinero para las campanas de la segunda torre.

En el transcurso de cuatro años estaba concluida la hermosa Iglesia Parroquial de la Inmaculada Concepción de María convertida, a principios del siglo siguiente, en Santa Iglesia Catedral de la Diócesis de Cienfuegos.

En los días previos a la fiesta patronal, visitó los cuarteles, el cementerio, los hospitales militar y de caridad, administró la confirmación a 2,150 fieles y dio la comunión a otros 600.

Después de tres días de ejercicios espirituales dictados por los Padres Misioneros que se encontraban en Cienfuegos antes de su llegada, celebró la fiesta Patronal como dijimos antes. Al día siguiente emprendió la visita a los pueblos cercanos:

9 de diciembre: Partió del muelle para Cumanayagua en un vaporcito; llegó al ingenio La Conchita del Sr. Iznaga donde descansó un día; visitó el poblado de Arimao y señaló el lugar para edificar la iglesia. En el ingenio confirmó a 70 niños y predicó a la dotación de esclavos.

10 de diciembre: Pasó por el ingenio Galdo y llegó, montado a caballo, a Cumanayagua, allí confirmó a 200 fieles y entregó una cantidad de dinero para construir un sagrario y reconstruir el retablo de la parroquia.

San Fernando de Camarones donde confirmó a 1,500 fieles; permaneció tres días, predicó, celebró la Santa Misa y dio la comunión a 250 personas.

13 de diciembre: En viaje a Santa Isabel de las Lajas, visitó el ingenio Andreita y llegó a la estación de Cruces donde tomó el tren acompañado por las autoridades de Santa Isabel. El templo estaba en tan malas condiciones que su primera predicación fue dirigida a levantar los ánimos para emprender cuanto antes su reconstrucción. Sin dejar la misión, reunió una junta parroquial, y como en Cienfuegos, aunó las fuerzas, trazó el plano para una iglesia de tres naves y el frontis con torre. El día 21 colocó la primera piedra y empezaron las obras con una colecta de 7,000 pesos y suscripción pública que dio muy buen resultado.

Confirmó a 1,601 fieles y dio la comunión a 450.

22 de diciembre: 60 jinetes le acompañaron hasta el límite de la jurisdicción donde el Obispo se despidió y continuó viaje a Cartagena. Allí confirmó a 1,496 personas. No se detuvo más tiempo que el necesario para concluir la misión y llegar a Cienfuegos para celebrar las Fiestas de Navidad, «por donde quiera que pasó, Ciego Montero como en Palmira y hasta en las encrucijadas de los caminos salieron a saludarle masas compactas de ancianos, mujeres y niños que se arrodillaban para pedirle su bendición y besar su anillo, mientras le formaban numeroso acompañamiento los habitantes de las respectivas jurisdicciones a caballo.» (Boletines Eclesiásticos de la Diócesis de La Habana correspondientes al año 1867)

Después de celebrar las Fiestas Navideñas y de descansar un poco, reinició sus labores pastorales con una celebración insólita para aquella ciudad, confirió el Orden Sagrado del Presbiterado a dos Diáconos de la Congregación de San Vicente de Paúl (Paúles). ¿Era la primera vez que se hacía en aquella Iglesia Parroquial? No tenemos datos suficientes como para asegurarlo, pero todo hace pensar que era así.

2 de enero de 1867: Su Excelencia salió para el poblado de Yaguaramas, esta vez, acompañado con el Teniente Gobernador de Cienfuegos que quiso acompañarle.

Después de saludar la multitud que se había reunido cerca del muelle y con la interpretación de una banda musical, partieron en un pequeño vapor que, después de atravesar la bahía, les llevó por el río hasta el poblado llamado de los Abreus, en cuyo embarcadero le aguardaban los Párrocos de Yaguaramas y de Cartagena.

[...]En el altar que allí mismo formaron, oró S.E.I. Un buen rato, y viendo aquella muchedumbre les predicó, aceptando después un café, y accediendo a las súplicas que le hicieron para que a su regreso se detuviera con el objeto de administrar el sacramento de la Confirmación por la gran distancia que existe desde dicho punto hasta el poblado de Yaguarama[...]

En este poblado realizó 774 confirmaciones, 120 confesiones y repartió 80 comuniones. De regreso a los Abreus celebró la Santa Misa y confirió la Confirmación a más de 200 personas; allí almorzó y retornó por la misma vía a Cienfuegos.

La nueva etapa de la Visita era la Vicaría Foránea de Trinidad. El día señalado y en las mismas circunstancias que la vez anterior, tomó el vapor Villaclara bordeando toda la costa Sudeste hasta llegar al puerto de Casilda donde le aguardaban todas las autoridades civiles y militares, los Párrocos y los demás notables. Se trasladó a la ciudad de Trinidad en un tren extraordinario y al llegar, se encontraba la población agolpada para tributarle su más sincero reconocimiento. Después de orar en la Parroquial Mayor, predicó desde el atrio y bendijo a la población.

13 de enero: importante predicación en la que exhortó al pueblo a levanta el nuevo templo digno de la ciudad y bajo el lógico patronato de la Santísima Trinidad.

Distribución de premios a los mejores estudiantes de las escuelas públicas.

Visita al Hospital de Caridad. Por la noche inició la santa Misión.

14 de enero: Comienzo de las Confirmaciones que se prolongaron en los días siguientes.

Dispuso que se celebrase una Misión en la cárcel y un Triduo al Corazón de María para poner bajo su amparo la obra de construcción de la Parroquial iniciada en 1817.

El espíritu con el que el Obispo emprendió esta obra entusiasmó de tal forma a la población trinitaria que, sin distinción de clases sociales, acudieron hombres y mujeres a recoger escombros, trasladar piedras y cuanto hiciera falta para la ejecución de la obra.

[...]Así se ha visto a S.E.I. salir todas las tardes en dirección a dicha obra, dirigir palabras cariñosas a cuantos trabajaban, dar el ejemplo en privado dibujando los planos más exactos y minuciosos, y en público siendo el primero en recoger piedras con sus acompañantes y familiares y retirarse después de repartir medallas; el viajero que ha entrado en dicha ciudad ha podido ver a un pueblo agitarse en masa y marchar a la obra cristiana de la edificación del templo, y a las tiernas jóvenes de clase acomodada y distinguida posición social, acostumbrada al regalo y a la comodidad, volar presurosas a llevar piedras y escombros sin atender a que sus vestidos se ensuciaban con la arcillosa tierra, o se herían sus delicadas manos con el duro canto[...]

22 de enero: Visita a la Real Cárcel y celebración de la Santa Misa con una predicación cargada de consejos para la rehabilitación del preso. Como fruto de la misión, 70 reclusos se acercaron a recibir la comunión, algunos otros fueron confirmados y, al final, el Obispo saludó a cada recluso y les entregó una limosna y un mazo de tabacos.

24, 25 de enero: Continúan las Confirmaciones.

26 de enero: Visita a la Parroquia de San Francisco de Paula y celebración de la Eucaristía armonizada por una orquesta. Terminada la celebración, la banda del Regimiento de Isabel II interpretó una selección de piezas musicales en la plaza.

27 de enero: Visita a la ermita de Santa Ana donde celebró y predicó la Santa Misa dominical.

28 de enero: Visita a la ermita de Nuestra Señora de la Candelaria conocida, aún hoy, como «la Popa".

Según los cálculos de los cronistas, durante la Santa Visita Pastoral a la ciudad de Trinidad, las Confirmaciones sobrepasaron el número de las 2,000; las Comuniones, 1,500, escapándose del cálculo las confesiones.

31 de enero: Visita y celebración de la Santa Misa en la Parroquia de Casilda, donde finalizó esta etapa de la Visita Pastoral.

Termino aquí esta crónica de la Visita Pastoral del Obispo Martínez a la región de Cienfuegos y Trinidad. Considere el lector que he tenido que seleccionar y reducir muchas de las descripciones que aparecen en los textos originales por lo extenso de los mismos. Sólo quisiera añadir que en esa ocasión, el Obispo visitó también las Parroquias de Río de Ay y de Caracuey, y el pequeño y lejano poblado de San Pedro.

Es mi interés que el lector pueda valorar el trabajo pastoral que se hacía entonces, teniendo en cuenta las dificultades en transporte y condiciones ambientales; que los Obispos no atendían sólo a las clases altas de la Capital y principales ciudades y, lo que es mejor, hasta en los lugares más lejanos había una Parroquia, una Capilla o una Ermita, sin olvidar los oratorios de las haciendas e ingenios.

Durante la Visita Pastoral del Obispo Jacinto María Martínez a la zona antes señalada de la extensa Diócesis de San Cristóbal de La Habana, confirió el Orden Sacerdotal a dos miembros de la Congregación de la Misión (Padres Paúles); el sacramento de la Confirmación a 11, 400 fieles, además de 4, 892 Comuniones y 6, 600 confesiones

El Obispo Martínez Saez y la reconstrucción de los templos

Entre los aspectos que caracterizaron al gobierno pastoral del Obispo Jacinto María Martínez, se encuentra la reconstrucción de templos, en la que el prelado desplegó toda su energía y un carisma especial de constructor. Monseñor Martínez poseía un gusto especial por la belleza arquitectónica y al parecer había realizado algunos estudios «por cuenta propia» de proyectos, estilos y confección de planos, pues le encontramos diseñando, dirigiendo, criticando con propiedad como si fuera un arquitecto o un consumado maestro de obras.

Su antecesor, el Obispo Fleix y Solans erigió nuevas Parroquias, o más bien, puso en práctica las disposiciones establecidas por la reina Isabel II para la clasificación de las distintas iglesias de la extensa Diócesis.

Mons. Martínez se preocupó mucho del ornato material de los templos sin descuidar el aspecto espiritual de sus fieles. Sentía molestia por la poca elegancia o por el tamaño que caracterizaba a las iglesias de la Diócesis, en contraste con otras edificaciones públicas y privadas.

Y como era hombre enérgico y conocedor no perdió tiempo en desarrollar los proyectos.

En su Visita pastoral inició la construcción de los templos parroquiales de Cienfuegos, Santa Isabel de las Lajas y la Mayor de Trinidad.

Al ver la necesidad espiritual de tantos fieles que se agrupaban en poblados sin la presencia de un templo, emitió edictos de erección de parroquias y, en algunos casos, señaló el lugar donde se debía construir la iglesia.

Este es el caso de Manicaragua, Arimao, Ciego Montero, Padre las Casas o Palmira.

De estos lugares comentó el Obispo:

[...]Hay que advertir que en los cuatro puntos últimos hay Capitán Pedáneo, Juez de Paz y escuela de niños, pagado todo por el gobierno; pero sus míseros habitantes pasan años sin oír misa, sin entrar en una iglesia, sin confesarse, sin oír la Palabra de Dios, por no tener cerca de sí su propio párroco. Este suele decirles misa alguna vez, en alguna mala capilla, bautiza a los niños en la casa de sus padres, casa a sus fieles en su propio hogar, y en la última enfermedad les lleva la extremaunción, para todo lo cual tiene que andar buenas leguas para ir buenas para volver, sucediendo lo mismo en todas sus partes en casi todas las parroquias rurales[...]

Esto ocurría en la segunda mitad del siglo XIX y a poco tiempo de comenzar la Guerra de los Diez Años. ¿Qué pasaba con el Regio Patronato y la obligación de los monarcas españoles de patrocinar la obra evangelizadora y el crecimiento de la fe de sus súbditos?

La respuesta la encontramos en la «respuesta» del Patronato Regio a las demandas hechas por el Obispo Martínez ante la demora en expedir los permisos para la ejecución de obras o adjudicación de títulos parroquiales:

[...]que para resolver este asunto, le dijese primero con qué recursos contaba para hacer la iglesia[...]

A esta situación precaria se sumaba el abuso de poder por parte del Vicepatrono o Capitán general cuando exigía que el Obispo colocase en determinadas parroquias a los sacerdotes elegidos por él.

Comentario del Obispo:

[...]¡No cumplen sus obligaciones y quieren usurpar un derecho que es propio del Sr. Obispo, cual es juzgar de la idoneidad de sus sacerdotes, y previo un aviso oficial, y una justa oposición, otorgar las parroquias a los que se las merezcan[...]

En la capital, fueron beneficiadas las iglesias del **Santo Ángel Custodio**, totalmente remozada en los exteriores y en sus interiores, convirtiéndose en un de las más hermosas de la ciudad, con un estilo neogótico que la distinguía de las demás. Se dice que los planos fueron confeccionados por el propio Obispo y se pudo construir gracias a la generosidad de la Doña Josefa de Santa Cruz y Oviedo; remozadas o con las torres arregladas o construidas: Jesús del Monte, El Espíritu Santo, Jesús María, Guadalupe (La Caridad) y El Salvador del Cerro.

En el Seminario, mejoró la capilla, reparó pisos y claustros y aumentó el número de habitaciones para dar cabida a treinta alumnos más.

Mandó construir una escalinata ovalada para el atrio de la Catedral y la dotó de una hermosa custodia de plata en forma de iglesia gótica en gran parte costeada por Doña Josefa María de Santa Cruz y Oviedo.

También tuvo la dicha de ver terminadas las obras de construcción y ampliación de la Iglesia y Convento de La Merced, comenzadas en 1750, gracias al empeño y el aporte económico del Padre Jerónimo Viladás perteneciente a la Congregación de la Misión, comunidad religiosa que se le otorgó el antiguo convento de los Mercedarios y la hermosa iglesia.

Monseñor Martínez contó con la considerable ayuda económica de la Señora Santa Cruz y Oviedo, que había dejado establecido en su testamento se otorgara a la Iglesia Diocesana una alta suma de dinero para reconstruir iglesias pero dándole prioridad a las Iglesias de Santo Ángel, Bainoa y Versalles (Matanzas)

En la ciudad de matanzas, le puso frente y torre y amplió la iglesia de San Juan bautista en Pueblo Nuevo y contribuyó a la construcción del amplio cementerio y la Casa de Beneficencia para niñas atendida por las señoras de las Conferencias de San Vicente.

Nueva distribución de las distintas Parroquias según la clasificación establecida

En el transcurso de poco más de trece años, la distribución de las Parroquias según la clasificación establecida por la Real Cédula de 1853, experimentó un crecimiento en número y en condición; siendo así, que varias que habían sido clasificadas de ascenso, pasaron a término y otras que no eran Parroquias fueron tituladas como de ingreso. Como dato curioso le ofrecemos la lista de las Parroquias de la Diócesis de La Habana según su clasificación oficial:

De término:
El Sagrario de la Catedral, / El Espíritu Santo, / La Mayor de Sancti Spíritus, La Mayor de Trinidad, / Santa Clara de Asís en Villaclara, / San Juan de los Remedios, / Jesús del Monte, / San Carlos de Matanzas, / San Rosendo de Pinar del Río, / San Salvador del Cerro, / Guadalupe (La Caridad), / Santo Ángel Custodio, / San Nicolás de Bari(Ciudad-extramuros), / Monserrate, / Santo Cristo del Buen Viaje, / San Hilarión de Guanajay, / Jesús, María y José y Nuestra Señora del Pilar de Carraguao.

De ascenso:
San Agustín de Alquízar, / Nuestra Señora de la Visitación de Baja, / San Cipriano de Guamacaro (Limonar) o Purísima Concepción de Cárdenas, / La Inmaculada Concepción de Cienfuegos, / La Candelaria de Consolación del Sur, / San Basilio de Cacarajícara o Las Pozas, / San Julián de Güines, / San José de Güira de Melena, / Santa Ana de Guanacaje (Las Mangas), / San Hilario de Guamutas (Martí), / La Asunción de Guanabacoa, / San Juan Bautista de Jaruco, / Santa Catalina Mártir de Macuriges (Pedro Betancourt), / Nuestra Señora de las Nieves de Mantua, / El Ciego o Los Palacios, / San Narciso de Álvarez (Rancho Veloz), / Nuestra Señora del Rosario de Pipián, / San Pedro de Quivicán, / Santos Felipe y Santiago de Bejucal, / San Ildefonso de Guanes, / Santiago Apóstol en Santiago de las Vegas, / Santa María del Rosario (en el pueblo del mismo nombre), / San Antonio Abad en San Antonio de los Baños, / Santa Cruz de los Pinos (San Cristóbal), / Nuestra Señora de Regla (en el pueblo del mismo nombre), / San Miguel Arcángel en San Miguel del Padrón, / San Juan y Martínez y / Sagua la Grande.

De ingreso: / San Lorenzo de Aguacate, / Arroyo Blanco, / San Marcos de Artemisa, / Nuestra Señora de los Dolores de Bacuranao (Barreras), / La Divina Pastora de Batabanó, / Banao, / Bolondrón, / Bemba (Jovellanos), / El Carmen de Casa Blanca, / El Señor del Santo Calvario, / Nuestra Señora del Pilar de Cimarrones (Carlos Rojas), / San Eugenio de la Palma en Ciego de Ávila, / La Catalina, / San Matías Apóstol de Arcos de Canasí, / Santa Elena de Casilda, / San Antonio de Padua de Ceja de Pablo, / Corralillo, / Santa Cruz de Cumanayagua / San Fernando de Camarones, / San Agustín de Ceiba Mocha, / La Caridad de Sancti Spíritus, / San Luis Gonzaga de Ceiba del Agua, / Camarioca, / Cayajabos, / La Purísima Concepción de El Cano, / Candelaria, / La Guadalupe de Cabañas (La Dominica), / Caibarién, / Cartagena, / La Esperanza / la Santísima Trinidad de Guara, / San Francisco de Asís de Guayabal, / Nuestra Señora del Rosario de Guatao, / Nuestra Señora de la Altagracia de Hanábana (Jagüey Grande), / Nuestra Señora del Rosario de Yaguaramas, / Jesús Nazareno en Sancti Spíritus, / San Antonio

Abad del Jíbaro, / Lagunillas, / San Jerónimo de Mordazo (Puentes Grandes), / La Magdalena o Cifuentes, / San Antonio de Mayajigua, / Santa Teresa de Jesús del Mariel, / Nuestra Señora de la Candelaria de Morón, / Nuestra Señora del Rosario de Puerto Escondido (Corral Nuevo), / El Pilar de Vereda Nueva, / La Divina Pastora de Villaclara, / San Juan Bautista de Pueblo Nuevo en Matanzas, / La Purísima Concepción de Palmillas (Los Arabos), / San Blas de Palmarejo, / Nuestra Señora de la Paz en Nueva Paz de Palos y Bagaes (Nueva Paz), / Nuestra Señora del Carmen de la Puerta de la Güira, / San Francisco Javier de los Quemados (Marianao), / Purísima Concepción de Quemados de Güines, / El Recreo, / Nuestra Señora de la Candelaria del Río de Ay de Trinidad, / El Roque, / Santa Ana de Cidra, / Santo Cristo de la Salud en La Salud, / Guadalupe de Peñalver, / San Francisco de Paula en Trinidad, / San Diego de los Baños, / Nuestra Señora del Buen Viaje en Remedios, / San Matías de Río Blanco, / San Antonio de Río Blanco del Norte, / La Santa Cruz de Sabanilla del Encomendador (Juan Gualberto Gómez), / San Anastasio del Copey o Guaracabulla (Placetas), / San José de los Ramos, / San José de las Lajas, / San Antonio de Padua de las Vegas, / San Antonio de Padua de Cabezas, / San Diego Núñez, / Sipiabo, / San Nicolás de Bari de Güines, / El Santo, / Santo Domingo, / San Luis, / La Purísima Concepción de Tapaste, / Taguayabón, / La Candelaria de Wajay, / San Pedro de Versalles en Matanzas, / Santa Isabel de las Lajas, / San Pablo de Bainoa o Caraballo, / San Ignacio del Cupey o Guaracaba, / Santa Ana de Guanabo, / Arroyo Blanco, / Chorrera o Consolación del Norte(la Palma), / San Juan Bautista de Calabazar, / Alonso Rojas, / San Francisco de Paula de Alacranes, / San José de Bahía Honda, / San Pedro Apóstol de Casiguas (Río Blanco del Sur), / Nuestra Señora de los Dolores de Isla de Pinos, / San Lorenzo de Jibacoa, / Nueva Bermeja o Colón, / Quiebra Hacha, / Sábalo / y Cuartón del Sauto.

Salvo el caso de las Parroquias en la Ciudades, la gran mayoría se encontraban en poblados y zonas rurales. Varios de esos pueblos cambiaron el nombre en tiempo de la República y algunos, los menos, desaparecieron a lo largo de las dos contiendas libertadoras.

Esta lista corresponde al año 1868 y fue tomada de uno de los números del Boletín Eclesiástico de la Diócesis de La Habana correspondiente a ese año.

Las Parroquias sumaban 148; 35 más que en 1853.

El Papa Pío IX felicita al Obispo Martínez

Cuando el Obispo se encontraba ocupado con la Visita pastoral le fue enviada una Carta del Santo Padre con fecha 28 de noviembre de 1866 a través de la Nunciatura de Madrid. En ella, Pío IX acusaba recibo y le felicitaba por los dos libros escritos por Mons. Martínez, *El Paraíso hallado en las delicias de la Eucaristía* y *Tesoros del amor virginal encerrados en el corazón de la Madre de Dios*.

[...]Nos ha sido de mucho gusto el recibo del ejemplar elegante de cada una de estas dos obras... Para ti, como para tu Clero y para los fieles, encargados a tu vigilancia, damos como indicio de nuestro especial afecto, la Bendición Apostólica. PÍO, PAPA IX[...]

Por esos mismos meses, recibió la Gran Cruz de Nuestra Señora de Guadalupe, otorgada por el desafortunado emperador Maximiliano de México en agradecimiento a las atenciones que recibiera él y su familia de parte del Obispo cuando visitaron La Habana.

Comienzas los hostigamientos contra el Obispo

En el mes de mayo de 1867, después de conferir Órdenes Sagradas en la Catedral, parte hacia Roma para celebrar con el Papa y demás Obispos del Orbe Católico el 18º centenario del Glorioso Martirio de los Santos Apóstoles Pedro y Pablo.

En su ausencia apareció un libelo infamatorio en forma de carta pastoral donde, falsificando su estilo de escribir y entremezclando entre sus enseñanzas, expresiones y conceptos desviados de la sana doctrina, así como ciertas declaraciones de desprecio hacia sus fieles.

A la carta apócrifa siguieron otro libelo anónimo escrito en forma chabacana e injuriosa contra la moral del Obispo y un volante donde se le caricaturizaba llevando bultos de dinero bajo los brazos.

Descubierto el engaño de la pseudo carta, no faltaron las respuestas por parte del clero fiel, tanto cubanos como españoles, que le apoyaron con cartas y declaraciones en el Boletín Eclesiástico y en La Verdad Católica. De todas ellas se desprende la admiración y respeto que sentían por él, amén de todas las virtudes espirituales e intelectuales que este hombre de Dios tenía y que le hicieron acreedor de una gran estima en toda su Diócesis y aún fuera de ella.

Pero todo no era apoyo y admiración. Llama sobremanera la atención el silencio de los periódicos particulares y oficiales; y si muchos desoyeron las calumnias contra el Obispo, otros como el Capitán General y sus asesores las tomaron muy en cuenta cuando, pasado un corto tiempo, le acosaron con continuas llamadas a declarar en materia económica.

La intransigencia afloraba rápidamente en el escenario cubano y lo hacía en forma burda y despiadada. La política colonial estimulaba esta postura, pues lejos de buscar soluciones sabias a la crisis socio–económica que venía gestándose desde la primera mitad del siglo, cerraba las puertas al diálogo, los oídos a las justas demandas y amenazaba blandiendo el garrote y la espada en nombre de las glorias de un imperio a punto de desaparecer.

Esa fue la época en la que Monseñor Martínez pastoreó una grey tan necesitada del alimento espiritual que sólo sacia la doctrina cristiana.

Al llegar de Roma, el Obispo escribía a toda su feligresía:

[...]Al regresar a Nuestra Diócesis de la visita que hemos hecho a los sepulcros de los príncipes de los Apóstoles San Pedro y San Pablo, hemos tenido la satisfacción de enterarnos de las fervorosas protestaciones de amor, sumisión, obediencia y respeto hacia nuestra persona y hacia la dignidad Episcopal de que, aunque sin méritos, Dios nos ha investido, que varios párrocos y sacerdotes, siguiendo el buen ejemplo de nuestro venerable Cabildo, ha dirigido al Gobernador de la Diócesis en su ausencia[...]

El Seminario de San Carlos y San Ambrosio

Al igual que su antecesor, Mons. Martínez Saez hizo cuanto pudo para devolverle al Seminario la importancia alcanzada en las tres primeras décadas del siglo XIX.

En 1846, el Seminario contaba sólo con 24 estudiantes dedicados a los estudios eclesiásticos de nivel medio, pues ya había perdido su nivel universitario.

Las gestiones del Obispo fueron improductivas. En 1871, el Que había sido Real y Conciliar Colegio Seminario de San Carlos y San Ambrosio no sobrepasaba la condición de colegio de segunda enseñanza, incorporado y dependiente del Instituto de Segunda Enseñanza N° 1 de La Habana. Esto no imposibilitó que siguieran formándose los futuros sacerdotes de nuestra Iglesia. En 1866, Mons. Martínez ordenó 6 Presbíteros, entre ellos, Don Braulio Orúe y Vivanco, primer Obispo de Pinar del Río y Don Manuel Doval García, destacado orador sagrado que estuvo muy implicado en la Guerra del 95; 2 Diáconos y 5 Subdiáconos.

Un nuevo cementerio para la ciudad de La Habana

Pasados los años desde que el Obispo Espada inaugurara el primer Cementerio general de la ciudad de La Habana, su población continuó creciendo en orden progresivo. El Cementerio, llamado ahora de Espada en honor a su fundador, resultaba pequeño y, por tanto, incapaz de cumplir su función.

Esta situación había preocupado a Mons. Fleix y Solans que, puesto al habla con el entonces Gobernador General Marqués de la Pezuela, proyectó un nuevo cementerio y dijo asumir el monto de la obra.

Se pensó en unos terrenos cercanos a la loma de Aróstegui, a un costado del Castillo del Príncipe, pero al hacer las pruebas del terreno se comprobó que era «diente de perro»; entonces escogieron los terrenos que hoy ocupa, en la finca del Ingenio de San Antonio Chiquito.

Por distintos motivos la ejecución de obra quedó aplazada aunque se conservó un buena suma de dinero para llevarla a cabo.

Mons. Martínez retomó el proyecto, compro nuevas parcelas pensando en una obra de gran envergadura. Contaba con una fuerte suma – 203, 991 pesos oro.

La gran epidemia de cólera que azotó la ciudad, obligó a comenzar a enterrar sin iniciarse las obras. Ya se estaba enterrando en unos terrenos aledaños a Atares.

Los acontecimientos lamentables que más adelante narraremos, no le permitieron ver comenzar la obra, pues ésta se iniciaría en octubre de 1871.

Reinicio de la Visita Pastoral y de las hostilidades contra el Obispo

En febrero de 1868, el obispo reinició la Santa Visita Pastoral, esta vez, por Matanzas, Cárdenas, Sagua la grande, Sancti Spíritus y Villaclara.

Mientras el Obispo recorría la zona matancera ocurrió un hecho inusitado provocado por el Capitán General y Gobernador de la Isla el Teniente General Francisco Lersundi y Ormachea que, con un manifiesto deseo de intrincar la situación, ordena, en su visita a Vuelta Abajo (Pinar del Río), tocar las campanas de todas las iglesias a medida que iba pasando por las diferentes poblaciones.

Calculemos hasta donde es un hecho inusitado que, según las leyes establecidas por España, ni a los reyes se les tocaba campana.

El Obispo presentó una nota protestando por la medida y apoyando a los Párrocos y demás sacerdotes que se opusieron a cumplir la orden del Gobernador. La actitud de éste no pudo ser más provocativa, pues estando en Vuelta Arriba (Región Central) y coincidiendo con el Obispo, volvió a dar la orden.

Para entonces, había comenzado la Cuaresma y el Gobernador hacia desfiles militares, banquetes y fiestas de salón.

Dos Párrocos de Sancti Spíritus se negaron a tocar las campanas y como las puertas estaban cerradas, los soldados a una orden del oficial, arrancaron cerrojos y echaron abajo las puertas para tocar ellos mismos.

En medio de estos trajines que presagiaban desgracias, llegó un telegrama para el Obispo firmado por el Ministro de Ultramar en el cual, se le urgía a presentarse en la Corte para tratar asuntos de sumo interés para la Iglesia y el Estado. De Sancti Spíritus, donde se encontraba, tuvo que retornar a La Habana y tomar el primer correo que estuviese por salir.

No le quedó más tiempo que para preparar el viaje, dejar todo bien «amarrado» y consagrar los Santos Óleos fuera del día señalado por la Liturgia; y es que debía dejar preparada la Semana Santa y el tiempo de Pascua, no sólo para La Habana, sino también, para Santiago de Cuba, Puerto Rico y Yucatán que se encontraban con las sedes vacantes.

No sabemos cuáles serían los motivos que tendría Mons. Martínez para tomar esta determinación porque en aquel momento se encontraban en calidad de refugiados los Obispos de Talancingo, Mons. Ormachea Lersundi y de Cartagena de Indias, Mons. Bernardino Medina.

El día 30 de marzo, el Obispo partía para Madrid en el buque – correo sin saber todo el tiempo que le retendrían fuera de su Diócesis.

Estalla la Guerra del 68

Mientras Monseñor aguardaba con paciencia la urgente reunión a la que había sido convocado. El 20 de septiembre le sorprende como a muchos, un golpe de Estado provocado por el ala liberal del ejército que expulsa del trono a Isabel II quien parte para el exilio en Francia.

Antes de la revuelta, comenzaron a circular ciertos rumores que más tarde aparecieron en algunos periódicos, referentes a la persona del Obispo: que si no estaba en condiciones saludables para seguir ocupando la sede habanera, que cuál era el verdadero motivo de permanencia en la corte, o insinuando una supuesta desafección hacia la política de la Corona. Llegaron incluso a hablar de un nombramiento para cierta diócesis de la Península.

El Obispo que no era hombre de quedarse callado, respondió con energía y firmeza desmintiendo todas los falsos comentarios y aclarando su posición con respecto a la política. En La Habana, el Boletín Eclesiástico informaba sobre la buena salud del Prelado y su próximo retorno.

En ese ir y venir de comentarios, llegó el día 10 de octubre, era el año 1868, y en Cuba se iniciaba la insurrección armada con el grito de independencia lanzado por Carlos Manuel de Céspedes y López del Castillo en Yara, un pequeño poblado de la Región Oriental.

Aunque en Occidente no se sufrieron las consecuencias directas de la guerra, el espíritu que impulsaba la sublevación reclutaba, al menos en simpatía, a un buen número de cubanos del Centro y del Occidente.

Al conocerse la noticia en Madrid, Mons. Martínez pidió permiso para partir cuanto antes hacia su Diócesis. El día 4 de enero de 1869 llegó al puerto habanero en el mismo barco que trajo al nuevo Gobernador, el Teniente General Domingo Dulce y Garay, Marqués de Castell – Florite para sustituir a Lersundi.

Las Villas respondió a la Revolución de Yara con algunos núcleos de levantamiento, ardiendo varios poblados e iglesias como Caracusey (San Blas de Palmarejo) y El Río Ay.

El Obispo se ofreció al Gobierno Colonial como intermediario para tratar con la parte insurrecta y lograr una posible conciliación. Dulce no lo recibió ni puso atención al proyecto del Prelado. La orden era responder a la sublevación con fuerza y sin miramientos. El Mariscal de Campo Blas Villate y de la Hera, conde de Balmaseda, a la sazón Segundo Cabo de la Capitanía General del ejército español, partió al frente de un tropa numerosa y bien pertrechada hacia la Región Oriental. Llevaba la orden de sofocar la rebelión a como diera lugar, para lo cual, aplicó la estrategia de la «tea incendiaria".

Los integristas no aceptaban otra posición que no fuera el total apoyo a la política empleada por el Gobierno Colonial.

Monseñor Jacinto María Martínez era español, fiel súbdito de la Corona, miembro del Consejo de Su Majestad y Senador del Reino, pero pesaba mucho en él su condición de pastor de una grey que estaba formada por españoles y por cubanos y, además, se sentía totalmente comprometido con el Evangelio. Esto le trajo dificultades, porque no podía aceptarlo todo, no podía bendecir la lucha escarnecida y el crimen oficializado.

Comenzaron las detenciones y los juicios sumarios con las correspondientes penas de fusilamiento. Por decreto del 12 de febrero de 1869, fueron sometidos a consejo de guerra y confinados a la Isla de Fernando Poo (África), luego de estar detenidos durante tres meses en la fortaleza de la Cabaña, 250 cubanos acusados de infidencia; entre ellos se encontraban seis sacerdotes:

Pbro. José Cándido Valdés, Cura Párroco de Jaruco, de 60 años de edad.

Pbro. José Miguel de Hoyos y Barrutia, Cura Párroco de Guadalupe en Peñalver.

Pbro. Alonso del Castillo, Capellán del Convento de las Hijas de María de Sancti Spíritus.

Pbro. José Cecilio Santa Cruz, Cura Párroco de Guayabal.

Pbro. Rafael Sal y Lima, Cura Párroco de Calabazar.

Pbro. Pedro Nolasco Alberro, Cura Párroco de San Cristóbal, de 82 años de edad.

Las intervenciones del Obispo no se hicieron esperar, pero sólo obtuvieron una gracia para que el Padre Alberro, que por su ancianidad no parecía tan peligroso, fuera trasladado al Seminario de San Carlos en carácter de confinado.

El Cura Párroco de Güira de Melena, Pbro. José Alemán, fue incluido en un grupo de 73 desafectos, detenido con ellos y desapareció sin poderse conocer la suerte que corrió.

Pero el Obispo insistió en su misión escribiéndole al Presidente del Gobierno provisional de España, General Francisco Serrano, para interceder, no sólo por los sacerdotes condenados, sino por todos:

[...]Hay momentos en los cuales los Obispos, a quienes poco les ocupa los negocios de la política mundana, no pueden menos que dirigir su voz a los que llevan las riendas de los gobiernos, y hacerles presentes las necesidades de los pueblos, representarles y exponerles el espectáculo de su situación dolorosa, y rogar, suplicar y pedir para que se ponga remedio a sus males y cesen sus amarguras[...]
[...] Y hoy ha llegado, Excmo. Sr., para el Obispo de La Habana uno de esos momentos tristes y crueles para su corazón, pues se ve privado en un solo instante de trescientos feligreses, que salen deportados a Fernando Poo, entre los cuales se encuentran cinco sacerdotes; lo que no le permite permanecer silencioso ni mostrarse indiferente a los ruegos y súplicas que le han dirigido las familias desgraciadas[...]

El Obispo pedía, al menos, que se les cambiase el lugar de la deportación, pues era bien sabido que ir a Fernando Poo era ir a un cadalso prolongado

El caso Esquembre, un sacerdote fusilado

El caso clímax de los sacerdotes cubanos más o menos implicados en la Insurrección corresponde al Pbro. José Francisco Esquembre Guzmán, Párroco de Nuestra Señora del Rosario en Yaguaramas, que fue detenido bajo la acusación de infidencia por haber bendecido una bandera cubana y predicar un sermón en el que apoyaba abiertamente la insurrección.

El Presbítero Esquembre nació en la ciudad de Santiago de Cuba de padres desconocidos, pues siendo un niño de pocos días de nacido quedó expuesto en la puerta de la casa de Don Ciríaco Esquembre quien, junto con su esposa Doña Andrea Guzmán, le adoptó como hijo.

Le bautizaron en la S.M.I. Catedral de Santiago de Cuba, el día 28 de julio de 1838, con el nombre de José Francisco y le dieron sus apellidos.

En julio de 1855, el Arzobispo Claret le dio la primera Clerical Tonsura y las Órdenes Menores.

En 1861, Don Inocencio Agustín Llorente, Gobernador Eclesiástico «sede vacante» de Santiago de Cuba, expide las cartas dimisorias para que reciban el Presbíterado tres Diáconos de la Arquidiócesis, entre ellos, José Francisco.

Fueron ordenados en La Habana; el 15 de diciembre de 1863, por el Obispo Fleix y Solans.

De vuelta a su ciudad natal, recibe el nombramiento de Capellán de Coro de la Catedral de Santiago.

En 1865 residía en La Habana sin un cargo eclesiástico. El Obispo Fray José María Martínez le acoge y solicita del Arzobispo de Santiago las licencia necesarias para que el Padre Esquembre ocupe una capellanía en el Hospital de San Felipe y Santiago, a la vez que pueda permanecer como residente en la Diócesis habanera. El Obispo Martínez alude en su carta que hace todo esto «en atención a los cortos recursos con que para su subsistencia cuenta» el Padre Esquembre.

A los cuatro días del nombramiento, el Obispo recibió una carta del Padre donde le manifestaba su agradecimiento y al mismo tiempo su renuncia a la capellanía por no lograr percibir el alimento necesario para vivir, por sentirse físicamente delicado y enfermo y no resistir «la estrechez y malos olores de la habitación»

Podría parecernos una melindrería del Presbítero acostumbrado quizás a mejores condiciones de vida. Pero el Padre que le sustituye, renunciaba también por los mismos motivos. Y es que el Hospital se encontraba en las peores condiciones, pues ocupaba una sección del edificio de la Cárcel y acogía a 300 enfermos en un espacio donde sólo podían colocarse 200 camas.

Nos falta determinar si es en este momento que Martínez le nombra Cura Párroco de Yaguaramas.

El proceso del Padre Esquembre fue ciertamente ignominioso para la justicia española, pues el por qué de la acusación no correspondía a la sentencia y para hacer el proceso más escandaloso aún, se prescindió de los efectos del Indulto decretado por el mismo Gobernador.

La detención se realizó el día 29 de abril del año 69, mientras el Padre Esquembre se encontraba en La Habana, confiado de los efectos del Decreto de Indulto del Gobernador Dulce, emitido el 21 de febrero del 69, ya que los hechos que se le imputaron habían ocurrido el año anterior.

Se le siguió proceso sumarísimo en Consejo de Guerra verbal y, después de ser separado de su condición sacerdotal, se le trasladó a Cienfuegos, donde fue fusilado en los campos de Marsillán, a las 7 de la mañana del día 30 de abril de 1870.

Según consta en el exiguo expediente sobre el fallecimiento del Pbro. D. José Francisco Esquembre y Guzmán; en el Legajo 37, numero 43 del año 69, el Padre Esquembre se encontraba trabajando como Cura Párroco del Mariel y el Obispo le nombró, además, Cura Interino de la Parroquia de ingreso de Nuestra Señora de la Merced en Quiebra Hacha, por enfermedad del anterior Párroco.

Esto nos hace entender que ya había dejado su anterior Parroquia de Yaguaramas, y es de notar la gran distancia que media entre ambas. No sería extraño que, después de los sucesos del año 68, el Obispo Martínez haya considerado prudente y muy saludable para su sacerdote que abandonara aquella zona.

Ni el Obispo ni el Padre Esquembre pensaron jamás que aquellos hechos no serían olvidados por las autoridades oficiales o por algunos miembros influyentes del Cuerpo de Voluntarios que, en definitiva, fueron los que le descubrieron, le detuvieron y le acusaron.

Para esa fecha, el Obispo Martínez había emprendido viaje a Madrid y en la Diócesis quedó como Gobernador Eclesiástico el Dr. D. Benigno Merino y Mendi, Maestrescuela de la Iglesia Catedral.

El día 27 de abril de 1870, el Gobernador Eclesiástico convocó y presidió una reunión en la cual estaban presentes el Provisor y Vicario General Don Antonio María Pereira y demás miembros del Cabildo Catedral.

El motivo de dicha reunión no era otro que emitir un Auto Canónico por el que se degradaba al Padre Esquembre y se le entregaba al brazo secular para que se aplicase la sentencia emitida por el Consejo de Guerra. El Provisor y Vicario General fue el único que reservó su voto, el resto estuvo de acuerdo. El Padre Esquembre contaba con sólo 31 años de edad.

Ya en Cienfuegos, el Vicario Foráneo Pbro. Juan Bautista Sellas, dio cumplimiento a la orden como aparece en el expediente arriba citado.

Triste acto y triste sentencia. Valga la transcripción del siguiente párrafo:

> [...]Oida con sumisión y respeto por el ya citado Presbítero D. Francisco Esquembre y Guzman vestido de los ábitos sacerdotales, á saber, sombrero de teja, manteo, sotana y alzacuello, se le mandó se despojase de los predichos ábitos sacerdotales y acto continuo fue entregado al brazo secular[...]

El Diario de la Marina del día 3 de mayo de 1870, daba cuenta de la noticia:

> [...]En carta de Cienfuegos, fecha 30 de abril último, que hemos tenido a la vista, se comunica el fusilamiento allí, el mencionado día, del Pbro. Francisco Esquembre, cura párroco que fue del partido de

Yaguaramas. Juzgado en consejo de guerra por conducta que observó al estallar la insurrección, siendo acusado, entre otras cosas, de haber bendecido la bandera rebelde y predicado con tal motivo un sermón subversivo a las gavillas reunidas en Yaguaramas fue condenado a la última pena con arreglo a las leyes. ¡Que Dios se haya servido recibir con compasión su alma![...]

La Voz de Cuba, diario que fundó y dirigió uno de los más destacados mentores de la intransigencia española, Don Gonzalo Castañón, publicó un artículo con fecha 2 de mayo del mismo año, aplaudiendo el fusilamiento como buena medida de escarmiento para los infidentes.

Se desata la crisis

El Gobierno liberal de Madrid siguió una política más dura y absolutista que los monarcas por ellos destronados.

La situación en la colonia de Cuba era crítica, porque la insurrección tomaba cada vez más fuerza y las contradicciones internas aumentaban. Los intransigentes se hacían fuertes y exigían más al Gobernador. Dulce procuró ser conciliador y terminó pidiendo su traslado. Al marcharse, quedó como interino el Mariscal de Campo Don Felipe Ginovés Espinar hasta la llegada del Teniente general Don Antonio Caballero y Fernández de Rodas.

Monseñor Martínez partió el día 15 de abril para Cádiz. Su actitud intercesora por sus fieles comprometidos con la causa insurrecta y las manifestaciones de complacencia que tuvo hacia la política del general Dulce, provocaron la irritación de los voluntarios y demás recalcitrantes. Acusaciones, calumnias, libelos se sumaron con rapidez, provocando que el Gobierno de Madrid le llamara a rendir cuentas. Aunque el Obispo estaba preparando su viaje a Roma para participar en el Concilio Vaticano I, el viaje tuvo que agilizarse.

Esta sería la última vez que pisaría tierra cubana. En Cádiz fue detenido dándole por prisión una celda de convento donde quedó incomunicado, mientras se realizaba un alevoso registro a todo su equipaje pues, además de acusársele de «mal español», se añadía la de desfalco de la Diócesis.

Seis días duró aquella vejación, hasta que puesto en libertad, pudo viajar a Roma.

Mientras tanto, en La Habana pululaban los libelos difamatorios contra su persona, cargados de un odio grosero y firmados por *El Moro Muza* y *Juan Palomo*, entre otros.

Su participación en el Concilio fue destacada, interviniendo en varias congregaciones, principalmente en la referente al Catecismo único y a la definición del dogma de la Infalibilidad Pontificia.

Cuando éste fue promulgado el 18 de julio de 1870, el obispo escribe y envía a su Diócesis una Carta Pastoral para que se conozca y se incorpore al contenido de la Fe Católica este nuevo Dogma. Se sabe por un amplio expediente del Archivo Histórico Diocesano de La Habana, que la misma llegó y fue reproducida en número suficiente para ser leída por el clero; también se conoce que el Gobernador General Caballero Fernández de Rodas prohibió, por un tiempo, su propagación. No sabemos si por el contenido o por el autor.

En septiembre de 1870 entraban en Roma las tropas de Víctor Manuel para concluir, así, la ocupación de los Estados Pontificios. Pío IX se declaró prisionero en el Vaticano, suspendió el Concilio hasta tiempos mejores y excomulgó al nuevo Rey italiano.

Monseñor Martínez permaneció un tiempo más en la convulsa Roma pasando, después, al Sur de Francia hasta que decidió regresar a su no menos agitada Diócesis. Embarcó para Nueva York y, tras breve estancia, llegó al puerto de La Habana el día 12 de abril de 1873.

Avisado el viaje por telegrama, el muelle habanero se encontraba atestado de un público que, lejos de recibirle como al Pastor de la grey, proferían insultos y amenazas contra el Prelado. Además de los grupos intransigentes, se había citado todo el Cuerpo de Voluntarios de La Habana.

El Obispo protestó con firmeza y, sin poder bajar a tierra, telegrafió al Capitán General, Teniente general Don Cándido Pieltain y Jove-Huelgo, que se encontraba de viaje a Las Villas.

Transcribimos la respuesta al Jefe de la Plaza:

[...]Siento la situación en que se encuentra el Prelado. Reúna Usted a los jefes de voluntarios; si opinan por el desembarco, que se verifique.

De no, manifieste V.E. al prelado las circunstancias en que me encuentro[...]

La autoridad estaba en manos de los Voluntarios. La intransigencia hacía gala de su poder. No había más nada que hacer...

El Obispo entregó una arquilla conteniendo prendas pertenecientes a la Madres Carmelitas y que ellas le habían confiado y ratificó en el cargo al Gobernador Eclesiástico.

De regreso a Nueva York, determinó fijar su estancia en un convento capuchino de Roma donde pasó el resto de sus días, viviendo como un fraile más y dejando un digno ejemplo de humildad.

Nunca olvidó a su querida Diócesis por la que tanto había trabajado y sufrido.

Prueba de ello fue su carta pastoral escrita mientras permanecía en Nueva York, esta se refería a la declaración, por parte del Santo Padre, de San José como Patrono de la Iglesia Universal. Lo que nos llama la atención es la actitud expresada al finalizar la Carta. El Obispo, lejos de guardar rencor por los ultrajes recibidos en el puerto de La Habana, envía bendiciones a todos sin excepción.

[...]Recibid, pues, Nuestros muy amados hijos, el testimonio de nuestro paternal afecto: cada dia pedimos al cielo en nuestras pobres oraciones que os conceda por fin esa paz que abundaba tanto entre vosotros hace tres años: que derrame su gracia sobre todos cuantos viven en esa, para que las lanzas se conviertan en arados, y todos se crean, y se miren como hermanos, pues lo son por la religión, el idioma, las costumbres y la nacionalidad. Y en prueba de este nuestro más íntimo deseo os enviamos como prenda de Nuestro afecto, la bendición que os damos, á todos, á nuestras Iglesias, á Nuestros sacerdotes, á Nuestros queridos alumnos del Seminario, á Nuestras amadas congregaciones y a cuantos las componen, á Nuestras amadas hijas Religiosas, al Digno Gobernador de toda la Isla, al Ejército, á los Voluntarios, á las familias, á sus casas, en el nombre del + Padre, y del + Hijo, y del + Espíritu Santo. Así sea[...]

El Obispo Martínez falleció en Roma el 31 de octubre de 1873.

El Cabildo se reunió en sesión canónica el día 11 de noviembre, declarando la sede vacante y Vicario Capitular al que dejara como Gobernador el propio Obispo, el Ilustrísimo Señor Don Benigno Merino Mendi.

En su testamento, el Obispo pedía que sus restos descansaran algún día en su Catedral.

El primer Obispo cubano de La Habana, Monseñor Don Pedro González Estrada, quiso cumplimentar ese deseo pero, la costumbre de enterrar en esos conventos sin más señalamiento que una cruz impidió encontrar el cadáver.

No quisiéramos terminar lo referente a Mons. Martínez sin hacer mención de su abundante producción literaria – pastoral. A los pocos días de hacerse público su nombramiento como Obispo de La Habana escribió desde Madrid su primera Carta pastoral, era el año 1865. Conservamos en los Archivos Diocesanos de La Habana, un total de 15 Cartas; las tres últimas escritas desde el exilio.

En todas se percibe su talento, su formación teológica y su celo pastoral, cual de los tres mejores.

El Siervo de Dios Padre Jerónimo Usera (2ª parte de su vida en Cuba)
En diciembre de 1864 volvió a Cuba después de su estancia en Puerto Rico y España. Esta vez como Deán de la Catedral de La Habana y tomó posesión del mismo el día 23 como lo atestigua el Acta y nota de conocimiento del Cabildo catedralicio:

> [...]Ilmo. Sr. Dr. D. Bonifacio Quintín Villaescusa: A los fines convenientes, acompañamos adjunto a requisitos de estilo, posesión, Al Sr. Pbro. Dr. D. Gerónimo Usera del Deanato vacante en esta S.I. en 23 del mes actual[...]

En 1865 vemos al nuevo Deán haciendo noticias en los periódicos habaneros, presidiendo fiestas de fin de curso o predicando en el Triduo de honor de los entonces beatos Pedro Canisio y Juan de Berclemans en la Iglesia de Belén. En el mismo Triduo, hace el panegírico de San Ignacio de Loyola, que motivó el siguiente comentario:

> [...]Tuvo a su cargo el panegírico el Sr. Deán de la Catedral a quien tuvimos el gusto de oír por primera vez desde el púlpito, y que dio a conocer de un modo honrosísimo las dotes oratorias nada comunes que le adornan[...]

El 14 de junio recibe el nombramiento de Administrador del Hospital de los Santos Felipe y Santiago de la Ciudad y, sin dejar su responsabilidad de Deán, se entrega en cuerpo y alma a reformar dicha institución. Testigos de la época le recuerdan con su sotana raída, llevando la ayuda material y espiritual a los enfermos del hospital.

Muchos de sus contemporáneos pudieron disfrutar de las virtudes del Padre Usera, entre ellas, la ferviente caridad que le movía a desgastarse por el Reino de Dios; la humildad vivida sin afectaciones y su gran celo apostólico que le hacía estar al tanto de todas las necesidades de sus semejantes utilizar todos los medios disponibles y lícitos para procurar la promoción humana.

En 1867 el Ministro de Ultramar, Cánovas del Castillo, lo nombró miembro de la Junta de Información y Administración de Cuba y Puerto Rico.

De inmediato presentó un proyecto que quedó como «Moción para el establecimiento de un sistema de educación religiosa y social para los pobres de las Antillas», labor que debía llevarse a cabo por los Hermanos de las Escuelas Cristianas (La Salle)

Aunque nos resulta chocante por esa estela tan negativa que dejó en nuestra Historia el Cuerpo de Voluntarios, no debemos pasar por alto que el Padre Usera fue nombrado Capellán de uno de sus batallones, el de «Guardianes del Capitán General», cargo que mantuvo hasta su muerte pero que no lo llevó a tomar una postura política integrista.

Pudo mantener siempre esta postura porque no estuvo interesado ni por la política ni por los cargos honoríficos. Era un hombre muy austero y absorbido por la idea de servir y promover a sus semejantes, sobre todo, a los más pobres.

En el padre Usera se da esa combinación del hombre espiritual y del promotor social que sólo puede lograrse en el mejor equilibrio si se tiene la vida verdaderamente centrada en Cristo.

En 1874 aceptó el nombramiento de vocal de la Junta Superior de Sanidad de la Isla de Cuba.

En 1883, fundó la Sociedad Protectora de Niños de las islas de Cuba y Puerto Rico. Revisando sus objetivos descubrimos la mentalidad del Padre Usera.

Proteger al niño sin distinción de raza, clase social o condición económica, porque la protección está dirigida a la búsqueda de su promoción y, por tanto de su felicidad. Para librar a niño de la ignorancia, el abandono, la miseria, las enfermedades, los malos tratos y la inmoralidad, es necesario que la sociedad toda reciba una instrucción moral basada en la enseñanza evangélica.

El proyecto presentaba los medios para alcanzar sus objetivos:

Fundación de una Casa Refugio para niños extraviados, abandonados o huérfanos.

Establecimiento de un hospital para niños lisiados declarados incurables por la ciencia.

Un plan asumido por la Sociedad para evitar la mortalidad infantil y facilitar su desarrollo físico, moral e intelectual.

Creación de consultas médicas con atención gratuita para niños pobres y mujeres en estado de lactancia y carentes de suficientes recursos económicos.

Utilización de los medios de comunicación para popularizar todo lo referente a la salud de los niños y su desarrollo progresivo.

Establecimiento de Salas Cunas donde las madres obreras o de la servidumbre, pudiesen, con un módico aporte, dejar a sus hijos pequeños durante el horario de trabajo.

El Padre Usera fue un verdadero precursor de las sociedades protectoras de la infancia.

En los primeros meses del año 91, la enfermedad ha minado su cuerpo pero no su mente ni su espíritu de Pastor, por eso, desde su pobre lecho de enfermo, sigue dirigiendo obras y proyectos. El último fue el de la «Academia tipográfica para señoritas». Usera era un hombre «moderno». Estuvo al tanto de los avances de la técnica y de la ciencia, mirando siempre al futuro y pensando en su aplicación pastoral para el bien de sus semejantes.

Cuando presentó este proyecto, todavía no existía linotipia ni había llegado a Cuba la mecanografía; pero el Padre sabía de su existencia y pensaba que la mujer podía aprender esas técnicas con vista a su promoción.

La obra comenzó con un donativo de 2000 pesos oro ofrecidos por Da. Carmen Ribalta, una piadosa dama de Sagua la Grande. Era una buena cantidad pero no lo suficiente para realizar todo el proyecto. Por eso, no demoró en hacer publicar su «llamamiento a la opinion publica» del 3 de abril de 1891.

Este proyecto era el primero de esta clase en toda América y en los dominios españoles. Era la posibilidad de que las mujeres pobres encontraran una vía honrada de ganarse la vida y colaborar en su futuro hogar.

El proyecto no solo contemplaba la enseñanza de la tipografía sino, la promoción humana de las jóvenes, pues se preveía el aprendizaje de los buenos modales, preocupación por el aseo personal y el cuidado de su figura, así como las costumbres higiénicas para el hogar.

La dirección recayó en Da. Domitila García Coronado, hija de un periodista de aquella época y quizás, la única mujer en Cuba que conocía algo de tipografía.

El dia 10 de mayo de 1891 fue inaugurada la Academia con la presencia del Señor Obispo quien bendijo los diferentes locales. El Gobierno colonial la reconoció y le impuso el título de Escuela de Artes y Oficios. Comenzando con una capacidad de 40 alumnas, la obra se mantuvo por espacio de más de 20 años después del fallecimiento del benemérito sacerdote, quien pensó, también, en la situación de esas u otras mujeres que tendrían que trabajar fuera de sus hogares pero a la vez estar casadas y tener hijos. Para ellos pensó y creó el proyecto de Casas Cunas «en las cuales se atenderá a la subsistencia y cuidado de los niños pequeños de obreras o criadas durante las horas que éstas se dediquen al trabajo.»

La vida del sacerdote ejemplar llegaba a su final pero con el consuelo de haber trabajado sin descanso por la obra del Amor de Dios concretizado en la fundación de sus «monjitas» encargadas de continuar la obra a favor de los niños y niñas, de la mujer y de los negros, que para él eran los más abandonados por la Sociedad en que vivió.

El día 17 de mayo de 1891, después de recibir los Sacramentos y hacer profesión de su inquebrantable fe católica, entregó su alma al Creador.

Al día siguiente se efectuó el sepelio; una verdadera manifestación de reconocimiento y cariño hacia la persona de aquel sacerdote que puso todas sus capacidades al servicio de sus hermanos siguiendo los pasos de Cristo.

La Congregación para la Causa de los Santos ha proclamado las virtudes heroicas del Siervo de Dios Jerónimo Usera.

La Arquidiócesis de Santiago de Cuba en ausencia del Arzobispo Claret

La nueva situación del Arzobispo Claret como Confesor de la Reina no lo privó de su sede, al menos, en los dos años siguientes a su nombramiento, pues el Patronato no nombró nuevo Arzobispo y aceptó un Gobernador Eclesiástico de mutuo acuerdo con Claret, quien renunció el 7 de febrero de 1859.

En enero de 1860 llegaron a Santiago de Cuba el Licenciado Don Juan Vicente Carnicer, Provisor y Vicario General, además de Gobernador del Arzobispado; el Dr. D. Tomás Ubierna y los canónigos Dr. D. Benigno Merino Mendi – quien años después fuera Gobernador eclesiástico de La Habana en la ausencia del Obispo Martínez – y Lic. D. Modesto Negueruela Mendi.

Esta llegada fue una avanzadilla, pues para el 13 de febrero el Padre Modesto, hermano del nuevo Arzobispo, Monseñor Manuel María Negueruela y Mendi, tomaba posesión del Arzobispado en su nombre.

Al día siguiente, a las 5 de la tarde, hizo su entrada solemne como nuevo Arzobispo de Santiago de Cuba.

El Ilustrísimo Señor Licenciado Don Manuel María Negueruela y Mendi

Natural de Navarrete, Calahorra, Logroño, provincia española en la que nació el 2 de febrero de 1811. En el momento de ser preconizado (24 de septiembre de 1859) ocupaba una canongía en Valladolid. Fue ordenado por Mons. Lorenzo Barili, Arzobispo Titular de Tyana y Nuncio Apostólico en España, asistido por Mons. Tomás Iglesias, Patriarca de las Indias y por Mons. Antonio María Claret y Clará, Arzobispo Titular de Trajanópolis, en la Iglesia de las Salesas Reales de Madrid, el día 30 de noviembre de 1859.

Muy poco duró su episcopado. En la madrugada del día 29 de junio de 1861 fallecía el quinto Arzobispo de Santiago de Cuba, víctima de un carbunclo en el cuello. A pesar del poco tiempo transcurrido desde su llegada, su muerte fue muy sentida por la población santiaguera debido a su buen carácter, cultura, bondad y caridad.

La infección maligna obligó a que fuera enterrado ese mismo día en la tarde, en las criptas de la Catedral.

El Cabildo eligió como Vicario capitular al Vicario General Doctor Don Ignacio Agustín Llorente, quien ocupaba el cargo desde la muerte de su antecesor el Lic. D. Juan Vicente Carnicer.

Llama la atención como el Ayuntamiento, invocó el sentir del pueblo para pedir al Gobierno que fuera nombrado como Arzobispo al Canónigo Dr. D. Gabriel Marcelino Quiroga y Rubio, tesorero de la Iglesia diocesana; según consta en la solicitud, era ya anciano y tenía fama por sus méritos personales, sus virtudes sacerdotales y los servicios prestados.

Durante el corto tiempo que Mons. Negueruela y Mendi gobernó la Arquidiócesis, se terminaron los arreglos de la Iglesia y Convento de San Francisco y se abrió al culto con una solemne celebración en la que predicó el Pbro. D. Fabriciano Rodríguez Mora.

El Arzobispo visitó la ciudad de Santa María de Puerto Príncipe en julio del 60 y dio el visto bueno para que la antiguo Convento de San Francisco de esa ciudad, fuera demolido para poder construirse un nuevo edificio que serviría de local al también nuevo Colegio de San José de los Padres Escolapios, presentes en Camagüey desde 1857.

Fue el Padre Botey el encargado de cuidar aquel convento que se encontraba en muy mal estado hasta que, fuera aprobado en La Habana el permiso necesario para su demolición.

El 1º de diciembre de 1861 se recibe en Santiago la noticia del nombramiento del Ilmo. Sr. D. Primo Calvo y Lope como nuevo Arzobispo de la Sede Primada.

El Ilustrísimo Señor Licenciado Don Primo Calvo y Lope

El sexto Arzobispo de Santiago de Cuba nació en Burgo de Osma, España, el 9 de junio de 1808. Cuando fue elegido, el 23 de diciembre de 1861, ocupaba el cargo de Chantre de la Catedral de Tarragona.

Fue consagrado en la Capilla Real de Madrid por el Excmo. Sr. D. Lorenzo Barili, Arzobispo Titular de Tyana y Nuncio Apostólico en España, asistido por Mons. Tomás Iglesias, Patriarca de las Indias y por Mons. Antonio María Claret y Clará, Arzobispo Titular de Trajanópolis.

El nuevo Arzobispo llegó al puerto santiaguero en el vapor Pájaro del Océano el día 6 de junio de 1862, y tomó posesión de la sede por su apoderado el Deán Don Agapito Silva, haciendo su entrada pública ese mismo día. Trajo como Provisor y Vicario General al Padre José Orberá y de secretario al Padre Ciríaco Sancha.

Comienza sus labores

Entre sus primeras acciones pastorales y tomando en cuenta el crecimiento de algunos poblados, erige en la Parroquia de San Andrés de Guabasiabo en la zona centro occidental de la Región Oriental. Y reconstruye la Iglesia de Guantánamo dedicada a Santa Catalina de Ricci, ambas en 1863.

Al año siguiente, emprende la reconstrucción de la Parroquial mayor de Camagüey.

Ese mismo año funda la Casa de Beneficencia de Santiago de Cuba en los terrenos donados por Don Ángel Caula y con los grandes aportes, en dinero y terrenos urbanos, que había dejado en testamento, el ilustre Deán de la catedral Don Bernardo Antonio del Pico y Redín, conocido por el pueblo como el Padre Pico, y que había fallecido en 1813.

Para la atención de la Casa, destina a las Hijas de la Caridad de San Vicente de Paúl. La Obra se inició en 1864 y pronto quedó concluida, permaneciendo en sus funciones de atender niños y niñas huérfanos o abandonados, hasta el comienzo de la década del 60 en el siglo XX.

En una tarja, que no sabemos si se conserva, se grabó la siguiente leyenda referida al Padre Pico:

«Consagró su vida a la práctica del bien. Socorrió al pobre. Curó al enfermo. Amparó al desvalido. Legó sus bienes para la creación de la Casa de Beneficencia».

Un problema harto delicado: el Clero

En 1863, el Arzobispo escribía al Nuncio apostólico en Madrid:
[...]He dispuesto que en la santa visita me acompañen dos sacerdotes, uno del País y otro peninsular, para que entiendan que el prelado no pertenece a ningún partido, ni pueden ni deben pertenecer[...]
¿Por qué esta sana aclaración del Arzobispo?

La respuesta me parece encontrarla en el análisis de algunos textos que comienzan a aparecer en la segunda mitad del siglo XIX, y de determinadas situaciones ocurridas en el medio clerical de esa misma época, aunque tiene sus antecedentes.

La experiencia de la humanidad y la de más de mil quinientos años de vida eclesial, nos enseña que en materia de vocación, el ser humano se puede dividir en dos grandes grupos: los que la sienten de verdad y la viven y los que se han visto colocados en ella, no la experimentan y terminan viviendo de ella.

Por supuesto, en ambos grupos hay variaciones que crean subgrupos.

En la problemática del clero en Cuba debemos tener en cuenta sus componentes humanos y las condiciones sociales y religiosas de cada etapa de su historia.

Una de esas situaciones, que no podemos obviar, fueron las Leyes de desamortización y exclaustraciones a la que fue sometida la Iglesia y que produjo tantos frutos negativos; según mi opinión, la consecuencia más perjudicial fue la sustitución del clero criollo perteneciente a las órdenes religiosas, por un clero regular español que rápidamente se pasó al clero secular al sopesar las ventajas materiales que las Leyes liberales de la exclaustración le aportaba.

Por otra parte, la posición desventajosa en que las mismas leyes colocaron a la Universidad Pontificia y a los dos Seminarios Conciliares con que contaba la Iglesia en Cuba.

Las vocaciones criollas y el nivel de los estudios teológicos disminuyeron considerablemente. Fueron pocas las ordenaciones para el clero secular que, también, se vio disminuido en su componente criollo.

Por diferentes vías, los grupos de intelectuales se fueron distanciando de la práctica religiosa y hasta de la fe. Esto mismo ocurrió con la mayoría de los jóvenes. En esta época comenzó una marcada diferenciación entre los católicos que, habiendo nacido en Cuba o aun siendo peninsulares, deseaban una situación política y económica distinta a la que le seguían imponiendo desde Madrid, ahora, alternado su gobierno entre liberales y monárquicos, y los católicos fieles al sistema colonial; desgraciadamente, la Jerarquía y la mayor parte del clero español acompañados de peninsulares y criollos adeptos al régimen colonial, eran los que formaban parte de este segundo grupo.

No demoró mucho tiempo en que surgieran las contradicciones expresadas en posturas muy comprometidas políticamente, en escritos publicados dentro y fuera de la Isla y en libelos difamatorios para ambos grupos.

Iba pasando al olvido la obra del Obispo Espada, del Seminario San Carlos y de los insignes maestros y fieles colaboradores del Ilustre Obispo español, los Presbíteros Caballero y Varela.

El distanciamiento para muchos de la verdadera religión condujo a la superstición en todas sus formas; y el relativismo en que se hizo caer a la ética católica conllevó a la relajación de las buenas costumbres, el aumento de los vicios y la preocupación incontrolada por el aumento del capital.

A continuación ofrecemos algunas secciones de artículos publicados por entonces, que pueden ilustrarnos las dos posturas al analizar la situación religiosa de la isla.

[...]No hay pueblo más despreocupado de ideas místicas, ni donde haya más libertad de costumbres, reinando en toda su intensidad ese indiferentismo de los pueblos grandes y adelantados, fundado en el principio de no ocuparse de nadie para que nadie se ocupe de uno (...). La gente de color es la que practica la religión con más fe y aun fanatismo. Es la que da casi todo el contingente a las procesiones (...). Hay extranjeros de todas las religiones y sectas (...) y todos tratan e intiman con ellos sin preocuparse de si pertenecen o no a la misma confesión (y el clero es) tolerante[...][19]

El Brigadier Francisco de Acosta y Albear, nacido en La Habana y militar del Ejército español, participó en la primera contienda emancipadora. Su actuación en la guerra le acarreo malos informes al mando supremo por parte del General de la Concha. En su obra *Compendio histórico del pasado y el presente de Cuba*, publicado en Madrid en 1875, da su opinión sobre la situación de la religión en la Isla y que a continuación transcribimos en alguna de sus partes; pero antes, me parece interesante colocar un pequeño párrafo en que se puede vislumbrar la opinión que tenía de los cubanos cuando, al referirse a una de sus campañas dice: «que no las atacó con los 800 hombres que tenia, por la sencilla razon de no querer nadie singularizarse contra un enemigo que todo lo respetaba y á nadie dañaba.» [sic]

Con respecto a la situación religiosa dice:

[...]La religión en Cuba es un mito, aunque por experiencia nos conste cuan sensible son a sus efectos los habitantes, especialmente los de color[...]

Con respecto a la superstición y al fanatismo, no podemos olvidar que el Siervo de Dios Presbítero Félix Varela escribía con vehemencia sobre estos temas en su esclarecida obra «Cartas a Elpidio»; en ellas, se hace patente como estos dos males se pueden encontrar en la vida socio – política y religiosa de los habitantes de la Isla. Y eso era algunos años antes de su muerte en 1853.

El poeta y revolucionario santiaguero Pedro de Santacilia da otra visión de los valores del pueblo cubano y de la idea que tiene de la religión. En la selección que ofrecemos a continuación, extraída de un artículo que publicara en el periódico «El Cubano» con fecha de mayo de 1853 y desde Nueva York, se percibe la corriente librepensadora de influencia francesa y norteamericana, nada acorde con la prédica oficial de la Iglesia Católica de entonces, época que precede a la publicación del *Syllabus Errorum* (sumario de

---

[19] Antonio Barras y Prado, *La Habana a mediados del siglo XIX*, págs. 78 y 83.

errores) del Papa Pío IX, y que, sin embargo, estuvo tan presente en los cubanos cercanos o lejanos a la Iglesia.

[...]el gobierno despótico de aquel suelo ha tenido en todos tiempos un estudio particular y un empeño decidido en oponer obstáculos al progreso de las luces contrariando en cuanto ha podido las inclinaciones de los naturales. Cuba es pues un pueblo ilustrado y por consiguiente no puede ser un pueblo fanático; comprende la necesidad de una religión y profesa la de Cristo; pero tal como la predicó el Salvador, sin dejarse dominar jamás por preocupaciones creadas para embrutecer a los pueblos a fin de dominarlos más fácilmente por la superstición(...). Un pueblo adelantado que sabe apreciar en lo que vale la religión altamente civilizadora del Crucificado y que comprende la doctrina del Evangelio tal como en todos los tiempos la han comprendido los hombres eminentes del mundo y los sacerdotes más sabios de la cristiandad, es decir, tolerante y benigna como la presentó Fenelon; ilustrada y progresiva como la predica Lacordaire; liberal y democrática como la enseña Lammenais. Así y solo así comprenden los hijos de Cuba la religión eminentemente humanitaria del Dios que para hacer la felicidad del género humano nació en un pesebre y murió en una cruz[...]

Como reacción, y por distintas motivaciones, Obispos y clero de la mejor calidad, tomaron posturas un tanto extremas, al menos, en la forma de presentar la situación como algo caótico, usar sermones cargados de palabras duras y ofensivas hacia la población y presentar al criollo como poco culto o capacitado para determinadas responsabilidades.

Nos damos cuenta que en todas las posturas asumidas, aún por los más santos, subyace la ideología y una especie de sentido quijotesco de pertenencia a la Gloriosa España que pudo llevar a tomar posturas oscilantes desde lo sublime hasta lo ridículo.

Después de pasados más de cuatro siglos de la conquista y comienzo de la colonización de la Isla de Cuba, cabría preguntarse hasta que punto se preocupó el Patronato Regio de facilitar la propagación de la Fe en nuestro pueblo y en los demás de América. ¿No fue más bien un obstáculo con el que tuvieron que enfrentarse Obispos y Presbíteros? ¿No fue más bien un medio de control que obligaba a la Iglesia local a una dependencia, no pocas veces, paralizante?

Gracias a que contamos con una serie de dignos y preclaros Prelados y que, a veces, coincidieron con la presencia de buenos Gobernadores, la obra de la evangelización pudo abrirse paso y llegar mucho más allá de lo que las circunstancias le permitían.

Es interesante compara dos textos para descubrir como coinciden en presentar la problemática del clero y de la obra de la iglesia, aun cuando dichos textos provienen de fuentes tan disímiles e incluso, enfrentadas en el plano político.

El primero corresponde a unas recomendaciones que escribiera el General José Gutiérrez de la Concha al terminar su primer período de Gobierno general en la Isla:

[...]La tristísima situación a que el culto y el clero han llegado es la mejor prueba del abandono en que por largos años vienen allí todos los intereses morales(...) La ruina con que muchas de las iglesias, ermitas y oratorios amenazan hacen aun más lastimoso el cuadro del clero y el culto que ofrecen(...) Los virtuosos prelados que hoy se hallan al frente de las dos diócesis trabajan seguramente con evangélico celo por remediar tanto mal[...]

En el informe llama la atención al Gobierno de la Metrópoli para que busque una solución rápida a esta situación tan precaria que, por otra parte, contrasta con el desarrollo material de la Colonia.

Gutiérrez de la Concha que fue un Capitán General que gobernó en Cuba en tres períodos, el último de ellos en plena Guerra de los Diez Años, y que condujo siempre con mano fuerte – algunos opositores le llaman sanguinario y déspota -la situación crítica de la Colonia, no deja de comprender que la atención espiritual del pueblo es imprescindible para sanar el sentimiento nacional profundamente herido y, «satisfechas las grandes y urgentes necesidades que Cuba siente», pudiera ser el catolicismo el que proporcione una verdadera y estrecha unión entre Cuba y España.

El otro texto proviene de un Manifiesto de la Junta Cubana en el Exilio en Nueva York y fechado el 19 de octubre de 1852. Cuando éste se leyó, estaba presente el Pbro. cubano Joaquín Valdés, que desde julio de 1849 se encontraba en los Estados Unidos adonde huyó a causa de su simpatía expresada hacia la figura y obra de Narciso López. El Presbítero, que era Párroco de Sabanilla del Encomendador, fue condenado en ausencia a la pena del garrote vil en mayo de 1850, y en ese mismo año, se le privó de su curato por haberlo abandonado sin licencia; nos preguntamos hoy, si le habría dado tiempo a realizar los trámites.

[...]So pretexto de propagar el Cristianismo, España conquistó sus más vastas posesiones en América con la Cruz de Jesucristo en la mano y se santificó a los ojos de la divinidad; con todo es triste ver que hasta las ciudades principales no tienen en Cuba una iglesia digna de contener un altar(...), que territorios enteros carecen del pasto espiritual y, además si el Cura de un distrito no gana su simple subsistencia con alguna industria ajena a su vocación sagrada, todos los días está expuesto a sufrir las mayores privaciones, y esto a pesar que los labradores trabajan tanto, hasta sin descansar, pagan sus diezmos y disminuyen el pan que debían dar a sus hijos[...]

De acuerdo con los datos que hemos podido obtener de los documentos de archivo y de los informes de las Visitas Pastorales de los tres primeros Obispos del siglo XIX, esta situación tan precaria, sobre todo en el caso de la falta de templos, parece corresponder más a la zona oriental de la Isla; eso si, el Patronato Regio se ocupó muy poco en facilitar la construcción de templos hermosos en Cuba, pues la gran mayoría de las iglesia se construyeron con el aporte generoso de la población fiel y del peculio de Obispos y sacerdotes con posibilidades económicas.

Hombres como el Conde de Villanueva, el Padre Jerónimo Usera, Mons. Claret y, más tarde, Mons. Martínez, estuvieron preocupados por esta situación e hicieron cuanto pudieron por mejorarla.

En un informe dirigido por el Conde de Villanueva al Arzobispo Claret le dice que ha procurado «sacar el mejor partido posible para ese arzobispado» (Madrid, 1º de noviembre de 1852)

Por su parte el Padre Usera escribe oficialmente al Cabildo santiaguero:
[...] Los resultados han correspondido a mis deseos y llenando mis esperanzas(...)con la satisfacción de haber contribuido a resolver a favor del 'dignísimo clero cubano un asunto de merecida justicia[...]

Esto lo escribía desde Madrid el 31 de diciembre de 1852, pero más tarde, informaba a la Reina que «era tristísima la situación de aquella extensa diócesis por la escasez de clero, por la deforme demarcación de sus parroquias – recordemos el arduo trabajo que realizó Espada para lograr una mejor distribución topográfica de las parroquias de su Diócesis – y por la desigual y mezquina dotación de éstas y de sus ministros."

Si en las primeras décadas del siglo XIX una buena parte de los religiosos criollos compartían los anhelos económicos de sus compatriotas hacendados, y el presbítero santiaguero Juan Bernardo O'Gavan no sólo simpatizaba sino que defendía en las Cortes la presencia de esclavos africanos, uniéndose así a los que defendían las ideas de Arango y Parreño y del Conde de Villanueva – en su gran mayoría, hacendados criollos – ahora, en la segunda mitad del mismo siglo, recrudecida la situación política y las contradicciones sociales entre peninsulares y criollos, una gran parte del clero cubano se alinió con los movimientos independentistas, comprometiéndose, directa o indirectamente, en la Guerra de los Diez Años.

Escuela de Religiosas Claretianas

En 1865, el Pbro. José Orberá, que fungía como Provisor y Vicario General del Arzobispado, tomó gran empeño en mejorar el colegio de María Inmaculada atendido por las Madres Claretianas. Movilizando parte de sus reservas personales y con el aporte de la población, construyó una nueva edificación de dos pisos; el primero, dedicado a las clases y el segundo, para el noviciado. La obra terminada fue bendecida al año siguiente. El antiguo pabellón de clases fue dedicado a las niñas negras. Esto facilitó el aumento de la matrícula que, para asombro de muchos, llegó a ser mayor que la de las blancas.

Un asilo para niñas pobres

En el último año de gobierno eclesiástico de Monseñor Calvo Lope, 1867, se fundó un asilo dedicado a niñas «menesterosas". La fundación se debió en buena parte a la preocupación de Doña Josefa Betancourt por aquellas infelices que desde la más tierna edad tenían que sufrir las consecuencias de una sociedad injusta. La obra fue puesta bajo el patrocinio de San Juan Nepomuceno y se inició en una casa adjunta a la Iglesia del Carmen en Puerto Príncipe, con sólo doce becas. El Presbítero Félix Riverol fue encargado de la Administración y de la Capellanía, y siguiendo el ejemplo de Doña Josefa, costeó cuatro becas más.

Muchos eran los proyectos, pero en 1869 el Gobierno Civil dictó una orden de desalojo para convertir al Asilo en hospital del ejército bajo el pretexto de la Guerra. Ahí terminaron los proyectos porque al quitarse el hospital en 1874 el edificio fue entregado a la nueva Congregación de las Hermanas de los pobres.

El Arzobispo se marcha

En 1867, Mons. Calvo prepara una peregrinación a Roma según la convocatoria hecha por el Papa Pío IX para celebrar los 1 800 años del martirio de los Santos Apóstoles Pedro y Pablo, pero estando de regreso en Madrid le sorprende la muerte el 24 de septiembre del 68. En su testamento pedía ser enterrado en su Catedral pero todo contribuyó a que el cumplimiento de su última voluntad tuviera que aplazarse hasta enero del año siguiente.

En Madrid, los Militares liberales daban un golpe de estado destronando a Isabel II que partió de inmediato al exilio; en Cuba, estallaba la Revolución de Yara dando inicio a la primera Guerra independentista.

Al partir para su viaje a Roma, el Arzobispo nombró Gobernador Eclesiástico a su Provisor y Vicario General el Presbítero Doctor Don José

Orberá y Carrión, quien al morir el Arzobispo, fue elegido por el Cabildo y ratificado por el patronato como Vicario Capitular Sede Vacante.

El Padre Orberá no pensó nunca cuantos problemas tendría que enfrentar como Gobernador, primero, y como Vicario Capitular, después.

Antes de cumplirse el primer mes de muerto el Arzobispo, Carlos Manuel de Céspedes con un grupo de Patricios compuestos principalmente por bayameses y manzanilleros, iniciaba lo que sería la primera etapa de las guerras emancipadoras de Cuba.

Al parecer, el Grito de Independencia lanzado en Yara, no fue el primero pero sí el más importante hasta aquel momento, pues como fuerte chispa caída en un cañaveral, el fuego creció y se expandió quizás mucho más de lo que todos esperaban. A los insurrectos del Departamento Oriental se sumaron rápidamente los del Camagüey, tampoco se demoraron mucho los del Centro. Occidente quedaría como fuerte bastión del Gobierno español pero con la presencia de muchos cubanos que, de distintas formas, apoyarían la Revolución.

Es interesante escuchar al Padre Orberá cuando le describe la situación a la Madre María Antonia París, cofundadora de las Claretianas. La carta tiene fecha 7 de diciembre de 1868:

[...]Estamos esperando las tropas españolas como quien espera la venida del Mesías. Muy mal se pone esto. Se han levantado ya en dos haciendas los negros. El Gobierno de Madrid no puede pensar lo malo que está esto. Cada día emigra más gente. Es tal la miseria que se reparten cada día más de mil raciones de sopa a los pobres, en las parroquias. No pagan sueldos: todo está parado. No hay entradas en aduanas, ni quien preste una peseta. No se a donde vamos a ir a parar[...]

En medio de aquella borrasca, el Evangelio seguía siendo inspiración para que la Iglesia cumpliera su misión expresada en su labor asistencial. El día 5 de agosto de 1869, el entonces **Padre Ciriaco María Sancha y Hervás**, Secretario del Arzobispo de Santiago y que, más tarde, sería promovido a la Sede Primada de Toledo llegando a formar parte del Colegio Cardenalicio, creó el Asilo San José atendido por la Congregación de religiosas que él mismo fundara y que surgió con el nombre de Hermanas de los Pobres inválidos y de los Niños Pobres (Hijas de la Caridad del cardenal Sancha).

El Padre Sancha que, además de Secretario de Cámara era Canónigo Penitencial del Cabildo catedralicio, se destacó como un eclesiástico virtuoso y muy preocupado por los pobres en los cuales invertía casi todos sus bienes.

Al estallar la guerra aumenta el número de niños y ancianos desvalidos, primeras víctimas del hambre y las enfermedades que se derivaron de la contienda. Esta situación se convierte para el buen sacerdote en un llamado del Señor a iniciar una obra de caridad, la más importante en su vida sacerdotal.

Sin mucha demora, compró una casa situada en la calle Baja de Santo Tomás marcada con el número 50, y que sería la sede de la segunda fundación de religiosas realizada en Cuba.

Para llevar adelante su proyecto contó con la colaboración de cuatro muchachas que, desde hacia un tiempo, venían preparándose con él; estas fueron María caridad Flores, Concepción y Asunción Domingo, y Josefa Fernández.

Durante el gobierno eclesiástico del Padre Orberá como Vicario Capitular, concluyeron los trabajos de construcción de la iglesia de Songo que fue elevada a Parroquia, y de Nuestra Señora de los Desamparados en Santiago de Cuba.

La situación en España

En España seguía imperando el caos político con sus repercusiones sociales y económicas. Las dos primeras guerras carlistas causaron a España unos 300,000 muertos y pérdidas de grandes sumas de dinero. Los enfrentamientos entre absolutistas y liberales constituyen un mal político con alcance endémico, siendo los caudillos militares los que configuran toda la política Española de este período.

Después que Isabel II fue destronada, asume el gobierno el General Serrano que convoca a una Constituyente donde se reafirma el principio monárquico. El General Prim impone a su candidato Amadeo de Saboya para reinar en un período que va del 1869 al 73. Los liberales se fraccionan y los favorables a la dinastía borbónica ganan espacio con la abdicación de Isabel II a favor de su primogénito Alfonso XII.

Tras la abdicación de Amadeo I en 1873, surge la Primera República y con ella se hace fuerte la corriente federalista de tendencia socialista. Los presidentes se suceden: Estanislao Figueras, Francisco Pi y Margall, Nicolás Salmeron, Emilio Castelar, quien gobierna con poderes dictatoriales, reanuda las relaciones con el Vaticano y es depuesto por una sublevación del ejército.

Los generales Pavía, Serrano y Zavala, entre otros, se agrupan en torno al partido monárquico, que tiene como organizador y promotor a Don Antonio Cánovas del Castillo, para apoyar al príncipe Alfonso.

Por fin, en diciembre de 1874, el general Arsenio Martínez Campos proclama la restauración de la Monarquía en la persona de Alfonso XII de Borbón.

En medio de esta inestabilidad política y en el período de la Primera República, ocurre un hecho único en nuestra historia eclesiástica conocido como el *Cisma de Llorente*.

El cisma de Santiago de Cuba

El gobierno republicano, con Amadeo I de Saboya ocupando el trono español, y que mantenía rotas las relaciones con la Santa Sede, se inmiscuyó en los asuntos eclesiásticos, determinando, sin más, nombrar un Arzobispo para la sede vacante de Santiago de Cuba.

El Rey ordenó al Ilustrísimo Presidente y Cabildo de la S.I.M. Catedral de Santiago de Cuba, que dejasen gobernar la Arquidiócesis al Pbro. Lic. D. Pedro Llorente Miguel, de quien se habla utilizando el término de Excelentísimo Señor.

En el mismo documento se mencionan ciertas características del elegido: «celo religiosos, virtud, ilustración y demás circunstancias que concurren en el Presbítero Don Pedro Llorente, Licenciado en derecho civil y canónico y dignidad de Chantre...» (sic)

En la Real Orden, Amadeo recuerda su condición de Patrono de las Iglesias de las Indias y que, como tal, tiene el derecho de elegir y presentar al candidato.

Ciertamente era esta una prerrogativa real pero que dependía del nombramiento por parte del Sumo Pontífice, quien lo hacía público a través de las *Bulas Pontificias*. El elegido podía, en algunos casos de extrema gravedad, gobernar provisionalmente mientras llegaban las Bulas; por supuesto, nunca podía ser consagrado ni usar los atributos propios del Obispo.

El Gobierno de la Metrópoli mantuvo siempre la situación como de supuesta espera de las Bulas Pontificias.[20]

El 11 de octubre de 1872 el Cabildo metropolitano se reunió en sesión canónica con la presencia del Deán D. Manuel José Miura y Caballero, el Chantre Dr. D. Vicente José Picón y Tembra, el Canónigo de Merced D. Francisco de Paula Espinosa de los Monteros, el Canónigo D. Antonio Barjau y Codina, el Doctoral Dr. José Orberá y Carrión, el Penitenciario Lic. D. Ciriaco María Sancha y Hervás.

---

[20] Tomado del Archivo Histórico del Cabildo Catedral de Santiago de Cuba, Caja 1, Legajo 14.

El motivo de la reunión era aceptar la Real Cédula de Amadeo I, recibida el 11 de agosto, donde aparecía el nombramiento del elegido para ocupar la Sede santiaguera y el consecuente derecho de gobernar la Arquidiócesis «mientras tanto que S.S. el Papa mandara expedirle las Bulas Apostólicas de su confirmación.»

El Cabildo declaró por unanimidad que no podía dar al Sr. Llorente el poder y la jurisdicción para que ejerciera el gobierno eclesiástico, porque no los tenía, según lo establecido por el Concilio de Trento.

El Cabildo había nombrado el 27 de octubre de 1868, como Vicario Capitular al Canónigo Doctoral Orberá Carrión que fue ratificado en el cargo por el Gobierno.

Las normas del Derecho establecían que hasta que no tomara posesión el nuevo Obispo (con la aprobación y nombramiento del Papa), el gobierno eclesiástico correspondía sólo al Vicario Capitular.

El Padre Orberá en su calidad de Vicario Capitular, y quizás presintiendo o conociendo algún dato sobre los planes de la Metrópoli, se negó aceptar esa fanfarronería liberal y reafirmó su cargo hasta tanto no se recibiera una notificación de la Santa Sede.

El Clero santiaguero se reúne

El 28 de noviembre, siendo las once de la mañana, el clero del Arzobispado, citado el día anterior, se reunió a «puertas cerradas» en la Capilla del Seminario San Basilio Magno. Damos la lista de los sacerdotes reunidos porque algunos de esos nombres volverán a aparecer afectados por el cisma.

D. José Dolores Giró y Hernández, D. Francisco Salvador Marful y Rico, D. Isidoro Serrano, D. Mariano Calvo y Nuño, D. Federico Bestard y López Chávez, D. José R. Aranda, D. Benito Teixidor, D. Juan de Dios Portuondo, D. Manuel Mariano Espino y Prieto, D. José Caridad Acosta y Delgado, D. Pascual Rubio, D. Pedro Guerra y Cavado y D. Antonio Guastavino.

El Secretario de Cámara y Gobierno del Arzobispado Lic. D. Ciriaco María Sancha y Hervás, subió al púlpito y les leyó la Instrucción Pastoral que les dirigía al clero y al pueblo fiel, el Vicario Capitular.

La Instrucción, bien argumentada con abundantes datos sacados de la Tradición de la Iglesia, llamaba al clero y a los fieles a negarse a rendir obediencia al supuesto Arzobispo «mientras no obtuviera las Bulas Apostólicas de su confirmación"

Orberá envió la Instrucción al Cabildo para que acordara «lo que estime más conveniente para el sostenimiento de los derechos de la Iglesia y observancia de los Sagrados Cánones»; pero el Gobierno había prohibido ya la publicación de la Instrucción. El Cabildo la devolvió al Vicario capitular sin haberla leído.

Empiezan las presiones

El Gobierno civil quiso imponer la orden real y citó al Padre Orberá para la Real Audiencia el día 8 de enero de 1973. Cuando Orberá se enteró de que era un acto judicial relacionado con la Instrucción Pastoral, ignoró la competencia del tribunal y formuló una protesta formal ante el magistrado encargado de la causa D. Ramón de la Mata.

El 20 del mismo mes, el Fiscal de Su Majestad solicitó a la Real Audiencia que dictara un auto de suspención del ejercicio de las funciones de Vicario Capitular contra el Padre Orberá, el Auto le suspendía, también, del gobierno del Arzobispado y de su cargo de subdelegado castrense.

Ese mismo día, a la una de la tarde, Orberá presentó su protesta ante la suspención que quedó en acta levantada ante notario público y varios testigos.

A los pocos días, el 1º de febrero, la Real Audiencia notificaba el Dr. José Orberá y Carrión que se accedía «a la suspención solicitada por el señor fiscal, entendiéndose preventiva y contraída a las atribuciones que desempeña el procesado emanadas de la potestad real". La disposición fue entregada al Deán de la Catedral por el Presidente de la Real Audiencia y por el Gobernador Civil.

Era toda una estratagema para quitar de en medio a Orberá y dejar el camino limpio para cuando llegara Llorente a ocupar la Sede.

A la una de la tarde, fue citado el Cabildo Metropolitano en su sala capitular por convocatoria del Deán para que todos conocieran el Auto de suspención. Los Señores Orberá y Sancha no fueron citados. El deán Miura y los capitulares Picón y Espinosa aceptaron el Auto declarándose así como partidarios de Llorente.

El Sr. Barjau, recto y firme, combatió la posición y votó en contra del Auto por considerarlo contrario a la doctrina de la Iglesia.

El Deán ordenó al Secretario capitular D. Juan de Dios Portuondo que pasara a recoger los sello de Cabildo y el Poder que estaban en manos del Padre Orberá.

Por supuesto que Orberá no acató aquella determinación, protestó nuevamente a la Audiencia y negó toda potestad al Cabildo para adjudicarse la jurisdicción eclesiástica de acuerdo a lo establecido por el Derecho Canónico vigente.

Comienza el Cisma

Al día siguiente, el Deán acudió al Gobernador Civil para que les ayudase a cumplir las disposiciones del Cabildo. El Gobernador intimó a Orberá para que aceptara las disposiciones, y ante la negativa firme de Orberá, fue detenido y llevado por la Policía a presencia del Gobernador cuatro veces en el mismo día.

El Gobernador trataba de persuadir a Orberá para que obedeciera, pero el digno Vicario se negó a toda orden emanada del Cabildo que, desde que asumió esa actitud, dejaba de ser legítimo.

A las cuatro de la tarde, el Padre Orberá fue conducido por los guardias hasta el Seminario San Basilio en calidad de preso, con centinelas armados y bajo una rigurosa vigilancia.

Unas horas más tarde, hacía su entrada en la ciudad, procedente de la Península, el Lic. D. Pedro Llorente Miguel con todas las prerrogativas de Arzobispo de Santiago de Cuba según lo dispuesto por el rey Amadeo I.

Al día siguiente, 3 de febrero, Llorente remite solicitud formal al Cabildo metropolitano para que le entregue el gobierno del Arzobispado aunque aún no hubieran llegados las Bulas Pontificias. La solicitud iba acompañada de una orden disfrazada de súplica que el mismo Rey le enviaba al Cabildo.

El Deán citó y acudieron los Canónigos Picón, Espinosa, Barjau y Sancha. Orberá había sido citado sabiéndose que no podría asistir por estar preso, pero Sancha recogió su voto en sobre lacrado, de acuerdo al derecho que tenía.

Como es de suponer la sesión fue agitadísima. Las puertas de la catedral estaban guardadas por la Guardia Civil y algunos funcionarios del Ayuntamiento.

En la votación, los Señores Miura, Picón y Espino, votaron a favor de Llorente, mientras que Barjau, Sancha y Orberá dieron su voto negativo.

La votación no servía y el Deán de forma arbitraria y contraria a lo establecido para las votaciones de los Cabildos en todas las catedrales del Reino, colocó un segundo voto suyo. Barjau y Sancha después de una fuerte protesta, abandonaron el local.

A las cinco de la tarde, un pequeño grupo de presbíteros y fieles partidarios de Llorente asistieron a uno de los más burdos fraudes representados durante todo el período colonial, expresión de un poder civil que llamándose católico no respetó a la Iglesia sino que procuró utilizarla según sus conveniencias. ¡Lástima que se cayera tantas veces en la misma trampa!

Desde ese momento todos los que siguieron a Llorente fueron considerados cismáticos por los que seguían a Orberá y, aunque este hecho insólito en nuestra historia ocurría en la Región Oriental, la Diócesis de La Habana, desde que estuvo enterada de los acontecimiento por la carta que el Padre Orberá le envió al gobernador Eclesiástico, se unió al digno Vicario que mantuvo la fidelidad a Roma y al Sumo Pontífice.

A continuación la transcripción de la carta escrita por el Padre Orberá al Gobernador Eclesiástico de La Habana:

«El día 1º del mes actual se me notificó un auto de la Exma. Audiencia de esta Cíudad por medio del cual se me suspendía preventivamente en cuanto á las atribuciones que desempeñase emanadas de la potestad real, y con la mísma fecha me pasó el Dean de la Iglesia Metropolitana un oficio diciéndome que en sesión extraordinaria se acordó por pluralidad incautarse el Cabildo la jurisdicción que me había trasmitido á la muerte del último Prelado, y que entregase los Sellos al Secretario de dicha Corporación.

Hice protesta en debida forma contra el referido auto y contesté al Presidente del Cabildo Catedral diciéndole que era nulo el acuerdo habido en la citada sesión, porque no habían sido citados á esta los individuos del Cabildo Canónico que debieron ser citados, y porque aun cuando se hubiera llenado ese requisito, carecía el Cabildo de potestad para destituir al Vicario Capitular y asumirse la jurisdicción ordinaria que al mismo se trasmitió sin restricción alguna desde el momento en que fuí electo canónicamente.

El día 3 convocó al Cabildo Canónico el mencionado Dean y concurrieron los seis que tenían voto en él. Se trató sobre dar posesión del Gobierno del Arzobispado al Sor. D. Pedro Llorente y á pesar de haber habido tres votos negativos y tres afirmativos, resolvió el Presidente en virtud del voto decisivo que dijo corresponderle pasar a dar la mencionada posesión al candidato, como se verificó á las cínco de la tarde del expresado día sin la asistencia de la mitad de los Sres. Prebendados.

Lo que particípo á V.S.I., para que obre en su conocimiento y á los fines que estime convenientes.

Dios (rubricado)»[sic]

(A la vuelta de la hoja)
«que á V.S.I. muchos años.
Cuba 6 de Febrero de 1873.
José Obrerá (rubricado)» [sic]

La carta va dirigida al Ilustrísimo Señor Gobernador Eclesiástico de la Diócesis de La Habana.

Respuesta:

«Por el atento oficio de V.S.I. de la del corriente quedo enterado de todo lo ocurrido en esa con motivo de la llegada del S. Llorente.
Al paso que lamento los sucesos de aquellos dias y con funestas consecuencias no quedo menos que felicitar a V. S. I. Por haber sostenido los derechos de la Iglesia con lealtad, valor y prudencia, y adherirme con todo mi corazón a tan recto proceder.
Dios que a V. S. I. (muchos años en forma abreviada)
    Habana febrero 19/873, [sic]
Dirigida al Ilustrísimo Señor Gobernador Eclesiástico del Arzobispado de Cuba Dr. D. José Orberá, Pbro.» [sic][21]

Después del vergonzoso acontecimiento acaecido en al puerto habanero, en el que fue expulsado de Cuba el Obispo Jacinto María Martínez, y encontrándose accidentalmente en Madrid, recibe la noticia del llamado «cisma de Llorente» y escribe un decreto que transcribimos a continuación:

«Con esta fecha he tenido á bien el decretar lo siguiente:
'Considerando que el cisma es el mal más grave que puede hacerse a la Iglesia y que el Chantre de la Iglesia Metropolitana de Santiago de Cuba Pbro. Dn. Pedro Llorente lo ha planteado en dicha Archidiocesis, despojando en calidad de Arzobispo nombrado por el poder civil al Vicario Capitular legítimo el Sor. Dn. José Orberá del gobierno de la misma.
'Considerando que nos consta que nuestro Ssmo. Padre Papa Pio IX ha reprobado y condenado ese cisma y declarado incurso en excomunion mayor el mencionado Dn. Pedro Llorente y declarado Vicario Capitular verdadero y legítimo al también mencionado Dn. José Orberá Canónigo Doctoral de aquella Metropolitana y Provisor y Vicario General del Arzobispado, según consta por el articulo primero y cuarto del decreto expedido con este motivo por la Sagrada Congregacion del Concilio con fecha 30 de Abril del presente año.
'Considerando que, como sufraganeo de esa Provincia Metropolitana tenemos la obligación de cuidar de que se conserve en nuestra Diócesis la unidad católica, y no permitir que se coadyuve de modo alguno, directo o indirecto, al mencionado cisma, hemos tenido a

---

[21] Los dos textos son transcripción directa de los originales que se encuentran en la Sección de Comunicaciones, año 1873, Legajo 3º, Nº 47 del Archivo Histórico del Arzobispado de La Habana.

bien disponer de maduro examen y consulta con otros Prelados, y disponemos lo que sigue:

'Primero: Nuestro Gobernador Diocesano no dará contestacion oficial á ninguna comunicación, orden, ó mandato, ó ruego, ó encargo que le fuere dirigido de parte de Dn. Pedro Llorente en materia alguna de gobierno ó administracion eclesiástica, portandose para con él, como con un excomulgado vitando.

'Segundo: Nuestro Tribunal no admitirá, ni despachará apelacion alguna al Tribunal Metropolitano, ni despachará cartas con ese motivo ó con otro, ni poner la clausula condicional «con tal que sea para el Tribunal Metropolitano legítimo, conduciendose respecto el dicho Llorente según queda dispuesto en el artículo anterior, y no obedeciendo ni acatando orden alguna que le sea enviada por dicho Llorente ó por el Provisor nombrado por él.

'Tercero: Nuestro Provisor y Vicario General no acatará providencia alguna que descienda del tribunal Metropolitano, si no viniere otorgada por el Sor. Provisor legítimo Dn. José Orberá, ó por el que él delegare, ó la Santa Sede dispusiere, agravándose los asuntos del Cisma.'

Todo lo que observara V.I. en la parte que le corresponde dando copia legal de esta mi disposicion á mi Provisor en lo que le pertenece para el mas exacto cumplimiento, dandome cuentas de haberlo verificado.

Dios que á V.I. muchos años (abreviatura) Madrid y Agosto 12 de 1873.

Fr. Jacinto Maria, Obispo de la Habana (Rubricado)»[22]

Los cismáticos se posesionan del Arzobispado

El pretendido arzobispo Llorente y sus secuaces asumieron la postura de funcionarios del Gobierno Civil. Después de la fanfarronada del día 3 de febrero, las fuerzas de la policía ocuparon el Palacio Arzobispal y todas las demás dependencias, entre ellas el Seminario. Como primera medida, expulsaron a todos los que en esos lugares trabajaban o vivían.

Instalado ya en su nueva residencia, Llorente emitió una circular dirigida a todos los Vicarios foráneos anunciándoles la toma de posesión y las nuevas designaciones: el Dr. D. Vicente José Picón y Tembra, Rector del Seminario; el Lic. D. Eduardo de Lecanda y Mendieta, Secretario de Cámara y Gober-

---

[22] Transcrito textualmente del Legajo 3°, N° 45, Año 1873 de la Sección de Comunicaciones del Archivo Histórico Diocesano del Arzobispado de La Habana.

nación; D. Fabriciano Rodríguez Mora, Fiscal General Eclesiástico. Además nombraba Tesorero al Padre Picón y, a los otros dos, medio racioneros de la Catedral.

El Dr. Orberá fue puesto en libertad y pasó a residir en la casa n° 12 de la calle de la Catedral baja.

Mientras las tropas insurrectas mantenían la lucha en los campos orientales, camagüeyanos y villareños; en las calles de la Ciudad de Santiago «orberistas» y «llorentistas» se enfrentaban con insultos y hasta con el uso de la fuerza, provocando escándalos públicos. El 12 de febrero, Llorente exigió a Orberá que le entregase todos los fondos del Arzobispado; por supuesto, Orberá se negó rotundamente por lo cual, fue mandado a detener y ser conducido al Seminario. Orberá se negó a aceptar la orden del Gobernador civil.

Otro tanto hizo D. Juan Tomás Martínez y Vara del Rey, Cura Párroco de Dolores, cuando recibió la orden de Llorente de entregar la Parroquia a D. Juan Luis de Soleliac y Salomón. Ante la insistencia de Soleliac se inició una discusión tan fuerte que terminó en una pelea en la cual Soleliac fue arrojado a la calle por Martínez. Para cumplimentar la orden de Llorente, Soleliac tuvo que presentarse con el Jefe de Seguridad. Martínez, que ya estaba en calidad de detenido en Dolores, fue conducido preso al convento de San Francisco.

El día 22, el Brigadier D. Adolfo Morales de los Ríos, Gobernador civil y comandante interino, dictó la orden de trasladar al Padre Martínez al Morro para ser encarcelado. A los cinco días fue devuelto a la Ciudad pero siempre en calidad de preso.

Continúan las destituciones y las detenciones de clérigos

El día 27 de febrero fueron detenidos los Presbíteros D. Pascual Rubio, D, Antonio Guastavino y D. José Aranda. En Manzanillo queda destituido el Padre Tomás Elipe, dominico exclaustrado que ocupaba el doble cargo de Párroco y Vicario Foráneo.

A la semana, la policía se presenta de nuevo en casa de Orberá con la orden de llevárselo preso, y ante la negativa de este, seis miembros de la Guardia Civil lo levantan en peso y lo trasladan en el balance donde se mantuvo sentado hasta el Seminario. Como podemos imaginar, el traslado fue un verdadero escándalo, pues durante todo el viaje, clérigos y fieles adeptos al verdadero Vicario gritaron improperios contra Llorente y vivas a Orberá.

Fue recluido en un aposento del Seminario con centinelas armados y una total incomunicación.

El 20 de marzo se hizo pública la solicitud penal del Fiscal Civil ante la actitud de insubordinación y desacato a la Orden Real por parte del Dr. José Orberá Carrión y del Lic. Ciriaco Sancha Hervás. Para el primero pidió 20 años de relegación, otros 20 de sujeción a vigilancia de la autoridad, inhabilitación absoluta para ejercer cargos públicos y la mitad de las costas; para el segundo, 15 años de relegación, la misma inhabilitación y vigilancia y la mitad de las costas.

Pero Orberá había escrito unos días antes, una carta de protesta al Alcalde mayor del Distrito Sur, y éste dispuso su libertad inmediata.

Orberá escribe al Gobernador y Capitán General de la Isla D. Francisco Ceballos, pidiéndole que queden en suspenso las solicitudes del Fiscal y asegurándole que el se compromete a entregar los fondos del Arzobispado al Señor Llorente en cuanto lleguen las Bulas Pontificias. Orberá se mantenía en «sus trece».

El Padre Sancha es detenido y puesto en prisión. Orberá acude al Real e Ilustre Colegio de Abogados recordándoles su condición de Abogado de los Tribunales del reino. El Decano del Colegio declara que el Dr. Orberá está totalmente habilitado para poder defender su propia causa. Se logra que el Padre Sancha quede en libertad después de cuatro días de prisión.

Un sacerdote insurrecto cae prisionero

Desde los comienzos de la insurrección de Yara, el Presbítero cubano D. Julio Hermenegildo Villasana y Mas se había unido a las tropas insurrectas. En aquel momento era Cura de la Iglesia de santa Lucía y, antes, lo había sido de la Parroquia de la Caridad en Puerto Príncipe. Vale la pena que regresemos al año 68 y conozcamos en que situación quedó el Padre Villasana con el Vicario Capitular Orberá. Este último le había encomendado una misión que debía realizar en Nueva York y que consistía en crear las condiciones para una futura fundación del Instituto Apostólico de María Santísima y de la Enseñanza. El día antes de marchar para La Habana, el Dr. Orberá le entregó 70 pesos oro para sus gastos y el sacerdote se fue a la manigua.

En la carta que dirige Orberá a la Madre María Antonia, Superiora del Instituto, fechada el 7 de 1868, y de la cual saco estos datos, trata de excusar al Padre Villasana en estos términos:

> [...]Yo no sé verdaderamente cómo excusarle. Es cierto que él tiene con los rebeldes un hermano, que se fue con ellos, y está herido; pero, debía haberme dicho algo. ¡Qué tiempos, ya no sabe uno de quién fiarse![...]

El Padre Villasana se encontraba con un grupo de insurrectos del Camagüey que fueron acosados por las tropas españolas, hasta tal punto que no le quedó otra alternativa que presentarse en Puerto Príncipe con algunos otros – hombres, mujeres y niños enfermos, heridos o en estado de inanición -. El sacerdote fue trasladado a Santiago de Cuba pero no lo presentaron ante Llorente sino al Vicario Orberá, y ante él reconoció su indisciplina y pidió recibir la pena establecida. Pero Orberá, aunque no simpatizaba con la causa cubana, le perdonó personalmente, le levantó las censuras eclesiásticas y le rehabilitó en sus funciones ministeriales; no conforme con este hermoso gesto, le entregó cartas comendaticias para el Arzobispo de santo Domingo. El Padre Villasana terminó sus días en Venezuela.

De los demás sacerdotes cubanos que se unieron a las tropas insurreccionales, hablaremos más adelante.

Siguen los trajines del Cisma

La Constitución promulgada por los liberales y que fue aceptada por el rey Amadeo I, contemplaba la libertad de culto. Amparándose en este acápite, dos Presbíteros españoles que ejercían el ministerio en Santiago de Cuba, D. Antonio Lara y D. Isidoro Serrano, escribieron una carta al Gobernador General de la Isla solicitando permiso para «abrir una iglesia que se entienda directamente con el Papa y que sea regida y gobernada por los pastores que el mismo apruebe".

A pesar de la Constitución, el Gobernador Ceballos denegó el permiso y esto era lo que pretendían los dos Presbítero partidarios de Orberá, pues tanto el Gobierno de la Isla como el de la Metrópoli caían en franca contradicción al apoyar al falso Arzobispo y negar los principios establecidos entre el Regio Patronato y el Pontificado Romano.

El 30 de Abril de 1873, la Secretaría de la Congregación intérprete del Concilio de Trento y con la autorización del Papa Pío IX, lanzó un decreto de excomunión contra Llorente y sus seguidores, conocedora como era ya de los acontecimientos de la Arquidiócesis de Santiago de Cuba. Los desvelos de Padre Orberá no habían sido en vano.

El Decreto decía:

Primero: Que Pedro Llorente, nombrado por el Gobierno de España para la Iglesia Arzobispal de Santiago de Cuba, aunque de este nombramiento o presentación no haya ningún documento auténtico en la Santa Sede, ha incurrido **ipso jure** en las censuras eclesiásticas, y también en la excomunión mayor, y ha contraído otras penas eclesiásticas, porque sin obtener ninguna provisión consistorial de la Sede Apostólica, y mucho menos haber sido exhibidas al Cabildo de Santiago de Cuba, con temeraria audacia, y protegido por la potestad civil, empleada también la fuerza militar y despojando al legítimo

Vicario Capitular, invadió y usurpó la administración de la diócesis de Cuba.

La sagrada Congregación declara y decreta también que el mismo Llorente está destituído, tanto del canonicato que tenía en la Iglesia Metropolitana de Cuba, como de cualquier otro beneficio eclesiástico, y también que queda para lo futuro inhabilitado para obtener otros beneficios, cualesquiera que sean.

En las mismas circunstancias quedaban el Deán Manuel Miura como los demás individuos, ya fueran sacerdotes o seglares, que de alguna forman ayudaron a llevar adelante la mencionada invasión y usurpación de la Sede.

De esta declaración se desprendía la nulidad de todos los actos jurídicos emanados del falso Arzobispo, salvo aquellos que no incurrieran en vicio canónico.

Por último, la sagrada Congregación restituyó *in integrum* «al muy laudable sacerdote don José Orberá, legítimo Vicario Capitular de Santiago de Cuba, expulsado y despojado de su cargo de un modo inícuo por la malicia de los hombres» (sic)

Llorente tildó de apócrifo este documento oficial y prohibió que circulara por la Arquidiócesis. Eso, todavía podía hacerlo. Pero la prensa extranjera, la de España y la de La Habana, sí lo hizo público.

A partir de este momento, la falta de acatamiento de la disposición de la Santa Sede, convirtió el Cisma en algo oficial.

Reacción de los cismáticos

El día 12 de junio, fiesta del Corpus Christi, el Padre Llorente presidió la celebración en la Catedral utilizando el solideo morado como si fuera ya el arzobispo. El grupo de Orberá hizo protestas, no sólo por la celebración, sino porque el cismático, contrario a las costumbres litúrgicas de entonces, mantuvo puesto el solideo aun cuando estaba el Santísimo expuesto.

Para reafirmar la posición cismática estuvieron presentes en la Misa y en la procesión los presbíteros José Dolores Giró, Pedro Guerra, el Deán Miura, los prebendados Picón, Espinosa, Rabell, Rodríguez y Lecanda, los capellanes castrenses Plácido Jaime, León Francia y los sacerdotes de la jurisdicción ordinaria Francisco Salvador Marful, Victoriano López, Ismael José Bestard, Federico Bestard, Juan José Bonnafé, Sebastián Heredia, José Tomás Chamorro, Andrés Ramírez, Juan Luis Soleliac, Amador de Jesús Milanés, José Caridad Acosta, José Álvarez, Rafael Tirado y algunos ordenados.

A los cinco días, trajeron deportado de Manzanillo al Pbro. Tomás Elipe que, aunque maltratado por el Gobernador Buriel, fue puesto en libertad por Llorente a causa de sus ochenta años de edad; pero fue deportado a La

Habana el Pbro. Mariano Calvo Nuño, capellán del Morro y de las Monjas de la Enseñanza.

Pero no sólo se vieron afectados los miembros del clero que no aceptaron el cisma. El Cabildo en su sesión del 17 de junio, suspendió al tenor y al bajo de la capilla de la Catedral, los Srs. Jacinto Pagés Vía y Mariano Vaillant Téllez de Girón, por haber abandonado sus puestos al presentarse Llorente en la celebración del Corpus, a este último, lo encarcelaron por orden del propio Llorente. Ese mismo día fueron deportados para La Habana desde Manzanillo, los Pbros. D, Francisco Ribera, Cura de Yara, D. Melchor Guillén, Vicario Foráneo de Bayamo y D. Manuel Muñoz Morales, Cura castrense, y puestos todos a disposición del Gobernador General.

El 30 de junio, el Dr. Orberá recibió del Dr. D. Bernardino Merino Mendi, Gobernador Eclesiástico de La Habana, el texto oficial de la excomunión de Llorente y el 1º de julio, el Lic. D. Ciriaco Sancha Hervás, se presentó ante el Cabildo y, en presencia de todos los prebendados, entregó el texto al Deán.

El día 4, se reunió el Cabildo Metropolitano en sesión oficial. Presidió el Canónigo Tesorero Picón por estar enfermo el Deán Miura; estaban presentes los capitulares Espinosa, Orberá, Sancha, Navarro Vallejo, Rabell, Rodríguez y Lecanda, pero cuando se dieron cuenta que el sobre cerrado era el Decreto de excomunión, y que éste, sólo podía abrirse en presencia de todo el Cabildo, los cismáticos propusieron que no se abriera y se le enviara a Llorente al no haber llegado por conducto regular del correo.

La mayoría cismática aprobó la propuesta de Picón bajo las fuertes protestas de Orberá, Sancha y Navarro Vallejo.

El Gobernador Buriel dio la orden de deportación para España a los magistrados de la Real Audiencia D. Julián Peláez del Pozo y D. Ramón de la Mata por no haberse plegado a los deseos de Llorente de mandar a encarcelar por diecisiete meses al Dr. Orberá.

Llorente pierde terreno

Es el mes de julio de 1873, Llorente mantiene su posición aparentemente favorable, posee el apoyo gubernamental y la fuerza militar, vive en el Palacio Arzobispal y cuenta con la mayoría de la curia y de las iglesias de la ciudad y algunas foráneas.

Orberá sólo cuenta con las capillas de los Desamparados, de las Monjas de la Enseñanza y del Asilo de San José, tiene pocos sacerdotes a su favor, pues Llorente se ha encargado de deportar a 40 de los presbíteros orberistas, pero la mayoría de los fieles acuden al Vicario legítimo para todos los asuntos de índole eclesiástica. Llorente embargó o retuvo las rentas eclesiásticas de Orberá pero ni aun así lo ha logrado doblegar. Las entradas del Arzobispado son cada vez menos. La mayoría del pueblo se mantiene fiel al representante legítimo de la Iglesia.

Orberá se decidió a hacer pública la excomunión de los cismáticos, primero en la capilla del Colegio de las Monjas de Enseñanza, después, en el Asilo de San José y en la Real Casa de beneficencia. Y por si esto fuera poco, entregó copia al Gobernador de la Ciudad y a la Curia.

Hecha pública la excomunión, Llorente hace uso de la fuerza y encierra al Vicario en un calabozo del Seminario.

Llorente furioso, manda a buscar la Bula original y el magistrado encargado de cumplir la orden, después de registrar la casa de Orberá, lo manda a registrar dejándolo en paños menores.

Las deportaciones no cesan. El Pbro. D. Zacarías Irazoqui es desterrado a Santo Domingo. El falso arzobispo reclama que se castigue al Capellán del vapor de guerra El Tornado, D. José Vélez por negarse a reconocerle, pero sólo recibe una evasiva por respuesta.

La Real Audiencia vuelve a juzgar a Orberá y a Sancha con condenas de nueve años de prisión al primero y al segundo de veinte meses de prisión correccional, además de inhabilitación para ambos a ejercer el ministerio y a recibir rentas.

Para poder realizar esta farsa judicial, son deportados a España el magistrado D. Andrés Sitjar y el fiscal de Su Majestad D. Tomás Rodríguez Sopeña por no acatar las exigencias de Llorente.

Para terminar con los sacerdotes ortodoxos, Llorente expulsa al Padre Paúl Pedro Sainz, Capellán de las Hijas de la Caridad que atendían el Hospital Militar y la Real Casa de Beneficencia.

Orberá y Sancha son llevados a la Real Cárcel, y con ellos, al profesor público Don Onofre Valverde.

Desde la cárcel, el Lic. Sancha hace circular por toda la ciudad un escrito titulado «Cisma en Cuba», impreso en Madrid.

Crece el prestigio de Orberá

Según la opinión de Don Emilio Bacardí y de otros escritores, el Vicario Dr. José Orberá y Carrión era contrario al clero cubano. Faltaría una investigación seria para aceptar del todo esta afirmación, pues ya vimos como actuó con el Padre Villasana. Ahora, es un ilustre sacerdote cubano el que escribe una carta al Vicario preso en el Morro. Nada más y nada menos que el Pbro. D. Ricardo Arteaga y Montejo, a la sazón desterrado en La Habana por el consejo de guerra que lo declaró infidente.

La carta dice así:

[...]Yo escribí un artículo que ningún mérito tenía, pero lo dictaba mi corazón, al ver la injusticia con que se trataba a mis hermanos. Más hubiera escrito si la censura lo consintiese, pero para nosotros hay **lápiz rojo**. Pero como «verbum non est alligatum», hablo; sí, hablo en el confesionario, hablo en las cartas, hablo en las reuniones; si puedo, hablo en el púlpito, y siempre en defensa de la legítima autoridad eclesiástica de Cuba[...]

Es edificante saber que un hombre como el Padre Arteaga que, como otros sacerdotes cubanos, había sufrido agravios por sus ideas separatistas, tenía muy en alto su condición de eclesiástico, y fiel a la Santa Iglesia, pasaba por alto su diferencia de pensamiento, para ponerse al lado de su legítimo superior.

Pbro. D. Ricardo Arteaga

Llorente se traslada a La Habana

Con la intención de encontrarse con el Ministro de Ultramar el señor Soler Plá y con el nuevo Gobernador General D. Joaquín Jovellar, el titulado arzobispo Llorente viaja a La Habana. Además de no lograr lo que quería – el problema de la Guerra era mucho más importante que esta prolongada querella de clérigos–, el Gobernador Eclesiástico de La Habana Dr. Merino Mendi pasó una circular a todo el clero y consagrados para que no se recibiera ni se permitiera ejercer el ministerio al cismático Llorente. El clero de La Habana cerró filas y cumplió con su deber.

En Santiago de Cuba, Llorente fue recibido por sus adeptos con repiques de campanas.

¿Cómo terminó el triste caso del cisma de Llorente?

Hasta el mes de marzo de 1874, mientras la Guerra continuaba con altibajos para ambos bandos, el Arzobispado de Santiago de Cuba seguía dirigido por los cismáticos con Llorente al frente. ¿Por qué se prolongó tanto esta situación?

Simplemente, porque el Gobierno de la Metrópoli seguía en manos de los liberales y con un Rey que cumplía sus dictámenes.

Pero en España empezó a cambiar el panorama político. Amadeo de Saboya dimitía del trono, los gobiernos republicanos de Figueras, Salmerón, Pí y Margall y Castelar caían y se sucedían uno tras otro hasta que el General D. Francisco Serrano y Domínguez tomó el mando del poder ejecutivo como Presidente de la República.

El 29 de marzo, Domingo de Ramos, el Gobernador de Santiago, Brigadier D. Sabas Marín González y el Muy Ilustre Ayuntamiento, no asistieron a la bendición de los ramos en la Catedral. La asistencia de fieles fue poco numerosa.

Sacerdotes fieles a Orberá que pudieron regresar a Santiago celebraron la solemne liturgia en las capillas del Asilo San José, en la Real casa de Beneficencia, en la capilla de los Desamparados y en las Monjas de Enseñanza. Las comunidades de religiosas que siempre se mantuvieron fieles al Vicario.

A las nueve de la noche de aquel Domingo, mientras un grupo de sacerdotes visitaba al Padre Orberá y al fiel Secretario de Cámara, Padre Sancha, se presentaron el Alcalde municipal y un concejal para informar que se había recibido un telegrama del Gobernador Jovellar con la orden de embarque inmediato de Llorente a la capital.

Al día siguiente, en horas de la madrugada, se dio orden de que no se dijese misa en ninguna iglesia de la ciudad y fueran removidos de sus cargos todos los sacerdotes cismáticos y sustituidos por sacerdotes no excomulgados.

A las siete de la mañana, embarcaban en el vapor americano Niágara, fletado expresamente por el Gobierno para viajar hasta Cienfuegos, los Srs. Pedro Llorente Miguel, Vicente Picón Tembra, Eduardo de Lecanda Mendieta y Fabriciano Rodríguez Mora. El jefe de la policía y un piquete de guardias mantenían el orden en el muelle.

Los que antes deportaron, ahora eran deportados. Llegados a Cienfuegos, continuaron viaje por ferrocarril hasta La Habana.

Treintitrés sacerdotes llorentistas fueron removidos de sus cargos y quedaron suspendidos del ministerio. Algunos se resistieron, pero fueron desalojados por la policía,

Don Emilio Bacardí, en sus Crónicas de Santiago de Cuba, reporta: «(Martes Santo, 31 de Marzo). – Se ha restablecido la calma ya. Todo está tranquilo. Hoy han sido reconciliadas y purificadas todas las iglesias que ocuparon los cismáticos, con arreglo al ceremonial establecido por las rúbricas del Ritual Romano, y en seguida se ha celebrado misas en ellas y ha quedado restablecido el culto. Los señores Orberá y Sancha son objeto de innumerables felicitaciones por parte de los fieles católicos que se han mantenido leales al Sumo Pontífice.» (sic).

El Padre Llorente fue una pieza en este extraño juego que los liberales extremistas de España quisieron hacer en Cuba. Su vanidad lo llevó a romper con la comunión eclesial, arrastrando a unos cuantos. No sabemos cómo terminaron sus días y los de sus secuaces.

Una vez más, el poder civil pretendió imponerse y controlar en todo a la Iglesia, pero el resto fiel encabezados por el Padre Orberá y el Padre Sancha, supo resistir. Estos dignos sacerdotes estuvieron dispuestos a sufrirlo todo por mantener la integridad de la fe y la comunión con la Cátedra de Pedro. Gracias a Dios que en todos los tiempos, pasados y presentes, contamos con esos dignos eclesiásticos.

En julio de 1875, el Dr. D. José Orberá y Carrión, Vicario Capitular y Gobernador Eclesiástico de la Sede Vacante de Santiago de Cuba, anunció al Ayuntamiento de la ciudad su nombramiento como Obispo electo de la Diócesis de Santander en España; y el Canónigo Penitenciario de la Catedral, Lic. D. Ciriaco Sancha Hervás recibió el nombramiento de Obispo Titular de Areópolis y Auxiliar del Arzobispo de Toledo. Ciriaco Sancha llegó a ser Arzobispo Primado de Toledo y ocupó un puesto en el Colegio Cardenalicio.

FOTOS DE IGLESIAS DE CUBA[23]

---

[23] Nota del Editor: Aunque no necesariamente corresponden a la época estudiada en este primer tomo, y aprovechando un espacio, reproducimos a continuación algunas iglesias cubanas

Iglesia de San Francisco, La Habana.

Iglesia de San Salvador del Mundo (1850). La Habana.

Convento de Santo Domingo (Guanabacoa)

Catedral de Matanzas

Catedral de Camagüey

Altar de la parroquial mayor en Remedios.

Iglesia de San Juan de los Remedios, Remedios.

Parroquia de Sagua la Grande

Iglesia de San José en Holguín

www.ingramcontent.com/pod-product-compliance
Lightning Source LLC
Chambersburg PA
CBHW031359290426
44110CB00011B/214